国家重大学术文化工程、"十四五"规划项目
《（新编）中国通史》纂修工程重要阶段性成果

《（新编）中国通史纲要》
《中华文明史简明读本》

（新编）中国通史纲要 上

中国历史研究院 主编

中国社会科学出版社

图书在版编目（CIP）数据

（新编）中国通史纲要：全二册/中国历史研究院主编. —北京：
中国社会科学出版社，2024.1（2025.3 重印）
　ISBN 978-7-5227-2640-3

　Ⅰ.①新…　Ⅱ.①中…　Ⅲ.①中国历史　Ⅳ.①K20

中国国家版本馆CIP数据核字（2023）第189469号

审图号：GS（2023）4564号

出　版　人　赵剑英
责任编辑　钟　社
责任校对　闫　萃
责任印制　李寡寡

出　　　版　中国社会科学出版社
社　　　址　北京鼓楼西大街甲 158 号
邮　　　编　100720
网　　　址　http://www.csspw.cn
发　行　部　010-84083685
门　市　部　010-84029450
经　　　销　新华书店及其他书店

印刷装订　北京君升印刷有限公司
版　　　次　2024年1月第1版
印　　　次　2025年3月第4次印刷

开　　　本　710×1000　1/16
印　　　张　68.75
字　　　数　792千字
定　　　价　168.00元（全二册）

凡购买中国社会科学出版社图书，如有质量问题请与本社营销中心联系调换
电话：010-84083683

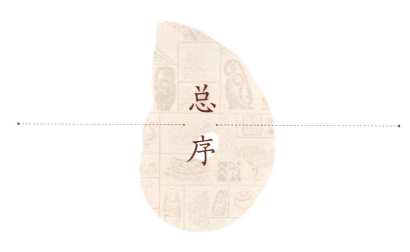

总序

盛世修史，资政弘文，述往开来。

我们的新时代，集大成而开新局。中华民族伟大复兴进入不可逆转的历史进程，世界百年未有之大变局加速演进，两个大局同步交织、相互激荡，人类文明走到新的十字路口。面对各种前所未有的风险和挑战，以习近平同志为核心的党中央从历史长河、时代大潮、全球风云中分析演变机理、探究内在逻辑，牢牢把握历史主动、锚定奋斗目标，坚持和发展中国特色社会主义，开辟中国式现代化新道路，创造人类文明新形态，标注中国发展新方位、中华文明新高度，为人类文明进步事业树立了中国典范。

站在新时代的历史制高点，编撰《（新编）中国通史纲要》和《中华文明史简明读本》，二者互为托举、相得益彰，以历史科学的宏阔视野，探求中华民族伟大复兴的历史底蕴和文明动因，揭示中国特色社会主义在五千多年中华文明史上的伟大意义，为广大干部群众增强历史自觉、坚定文化自信，坚定不移走中国特色社会主义道路厚植根基，培育沃土，提供滋养。

一

中国之为中国，是延绵五千多年而不绝的悠久历史，是广土众民凝聚不散的天下秩序，是时空经纬交织下，中华民族成长壮大的宏伟进程，是古今新旧相续中，中华文明不断自我涤荡、不断自我超越的革故鼎新。当代中国是历史中国的延续和发展，中华民族最深沉的精神追求，植根于五千多年中华文明的历史轴线上；中华民族独特的精神标识，奠基于五千多年中华文明的广袤沃土中。源远流长、博大精深的文明历史，培育了中华民族百折不挠、勇往直前的志气、骨气和底气，夯实了中华民族守正创新、昂扬向上的高尚品德和深厚的家国情怀。

"欲知大道，必先为史。"赓续不断的治史、修史传统，是中华五千多年文明薪火相传的文脉支点。自司马迁著《史记》以来，以贯通古今、涵纳天下为旨要的通史撰述传统，即贯穿于两千余年历史演进之中，"究天人之际，通古今之变"成为历代史家肩负的治史使命，"我欲载之空言，不如见之于行事之深切著明"成为历代史家不懈追求的修史精神。"史非一家之书，实千载之书"，正是透过浩如烟海的史学典籍，中华民族的成长历程、发展进程以及思想精华、价值理念得以呈现，得以流传，得以光大，厚植了中华民族生生不息、发展壮大的历史底蕴，增强了中华民族凝聚一统、阔步向前的历史自觉。正是在"承敝通变"的特质导引下，众多"通史"经典之作，积淀着中华民族最醇厚的基因谱系，系著于历久弥新的精神塑造，表征于多元一体的基本图景，构成了中华文明生机盎然的内在机制和演进路径。

五四运动以后，在仁人志士寻求中华民族复兴的伟大奋斗中，以唯物史观为指导、以社会形态研究为主体的马克思主义史学体系在中华大地生根、发芽、结果。这一崭新的学术体系，将中国现代史学与以儒家思想为指导的传统史学彻底区别开来，与以资产阶级意识形态为指导的近代史学彻底区别开来。在马克思主义光辉旗帜指引下，涌现出翦伯赞的《中国史纲要》、郭沫若的《中国史稿》、范文澜和蔡美彪的《中国通史》、白寿彝的《中国通史》等一批中国通史纂修的标志性成果。马克思主义史学前辈们沿着历史唯物主义指引的方向，以宏大的学术气派，细致考察人类历史变迁的内在轨迹，准确揭示了中华文明既遵循人类社会与世界文明发展的一般规律，又具有自身鲜明民族特色的独特发展道路。古老的通史撰述传统重光，在接续发展中焕发出新的活力。

二

中国共产党作为马克思主义政党，坚持把马克思主义基本原理同中国具体实际相结合、同中华优秀传统文化相结合，不断推动马克思主义中国化时代化，推进中华优秀传统文化创造性转化、创新性发展。我们党历来高度重视学习历史、研究历史、运用历史，善于从历史的兴衰成败中总结治国理政经验教训，从而牢牢把握历史规律和发展大势。在中华民族伟大复兴的关键时期，更加需要系统研究中国历史和文化，更加需要深刻把握人类发展历史规律，在对历史的深入思考中汲取智慧、走向未来。

近年来，一系列重大史学工程，如点校本"二十四史"修订工程、夏商周断代工程、中华文明探源工程、清史纂修工程等，有力推动了中国史学繁荣发展。在史学界同仁共同努力下，史学理论、史学方法推陈出新，新材料、新领域不断开拓，新技术、新手段在史学研究中广泛应用，学科交叉融合日益多元，史学成就硕果累累，史学队伍人才辈出。推出一部反映新时代中国史学学术水准、思想标杆的通史著作，可谓恰逢其时。

值得注意的是，西方学界关于中国历史的一些通史类著述，虽然多有史实硬伤，观点失之偏颇，但在国内外学术界和社会上却有不小影响。编撰《（新编）中国通史纲要》就是要继承和弘扬我国治史、修史的优良传统，在一代代史学家理论建树和丰厚学术研究积累的基础上，按照新时代新要求，正本清源、守正创新，以新理论、新材料、新方法，展现中国史学新成就，呈现中国史学新思想，传递中国史学新表达，在国际史学思潮的激荡中，清晰、坚定、响亮地发出新时代中国史学的正声，以新时代中国史学的崭新风貌为中国精神、中国价值、中国力量注入强大能量。

三

习近平总书记指出："一个国家和民族的文明是一个国家和民族的集体记忆。人类在漫长的历史长河中，创造和发展了多姿多彩的文明。从茹毛饮血到田园农耕，从工业革命到信息社会，构成了波澜壮阔的文明图谱，书写了激荡人心的文明华章。"

中华文明是与古埃及文明、两河文明、古印度文明并称的历史最悠久的世界四大古老文明之一，也是其中唯一未曾中断、延续至今的文明。只有厘清中华五千多年文明史的源头，才能真正把握中华文化的历史底蕴，才能培育出文化自信的宏大气度。探索中华文明起源，一是确立符合中国考古资料特征和中华文明特质的文明形成标准，二是追寻统一多民族中国的历史雏形。根据恩格斯"国家是文明社会的概括"的著名论断，我们以历史唯物主义为理论武器，形成符合中国历史实际的文明标准：生产发展，人口增加，城市出现；社会结构上出现社会分工、阶层分化，出现阶级；出现区域性"古国"政体或"早期国家"，形成各地区"相互作用圈"这一"最初的中国"形态。

在距今6000年至5300年前后，中国各地区相继进入早期文明阶段，"古国"——非严格意义上的国家，如"满天星斗"熠熠生辉。以良渚文化为代表的考古发现表明，距今约5300年前后，中国一些地区已经拥有更多"文明"社会的要素，使"中华民族五千多年文明史"的定论，拥有了充分的考古学实证。

内聚的地理环境、广阔的疆域和众多的人口，是中华文明传承的客观条件。农耕文明、游牧文明、海洋文明的相互交融，丰富了中华文明的形式与内涵。中央集权的政治制度，儒家学说为骨干的意识形态，为文明成长繁荣创造了条件。独特的史学传统造就了源远流长、延绵不断的文明传承意识。同域外文化相互交流交融，取长补短、兼收并蓄，是中华文明丰富发展的不竭动力。历经长期发展，中华文明培育出以道为统，以儒为基，以天人合一为根本理念，以民本为政治思想基底，以大一统为政治理想核心，以通变革新为鲜明品格，以天下大同为崇高理想的优秀传统文化，在符合自己特点的道路上生生不息、薪火相传。

中华优秀传统文化是中华文明的智慧结晶和精华所在，是中华民族的根和魂，是我们在世界文化激荡中站稳脚跟的根基。中华优秀传统文化蕴含的独特价值，凝聚多元区域和不同族群，汇聚成中华民族共同体的磅礴力量，而中华优秀传统文化在穷变通久、推陈出新中，展现出持久而强大的生命力，为人类进步和世界文明进步事业作出重大贡献。

近代以来，中华民族从国家蒙辱、人民蒙难、文明蒙尘的空前劫难，到经过百年奋斗逐步走向复兴、重铸文明新辉煌。中国共产党团结带领全国各族人民走上了符合国情的革命道路和发展道路，一步步实现独立自主的现代化，一步步激活中华文明的内在力量，一步步促进中华文明的现代转化，创造了经济快速发展奇迹和社会长期稳定奇迹，中华民族伟大复兴进入不可逆转的历史进程。正如习近平总书记指出的："在漫长的历史进程中，中华民族以自强不息的决心和意志，筚路蓝缕，跋山涉水，走过了不同于世界其他文明体的发展历程。"

一百多年来，党领导人民艰辛探索文明转型，成功走出中国式现代化道路，持续推进中华民族现代文明建设，深刻影响着世界历史进程。我们建设的中华民族现代文明，是中国共产党领导的社会主义文明，是植根中华优秀传统文化、具有中华文化主体性的文明，是借鉴吸收人类一切优秀文明成果的文明。这种新型文明既遵循人类文明发展的普遍规律，又具有鲜明的民族特色和时代特征，体现科学社会主义先进本质，代表人类文明进步的发展方向。

四

习近平总书记指出："在五千多年中华文明深厚基础上开辟和发展中国特色社会主义，把马克思主义基本原理同中国具体实际、同中华优秀传统文化相结合是必由之路。"中国特色社会主义从五千多年中华文明史中走来。"第二个结合"，立足波澜壮阔的中华五千多年文明史，中国道路的历史必然、文化内涵与独特优势，让中国特色社会主义道路有了更加宏阔深远的历史纵深，拓展了中国特色社会主义道路的文化根基。

中华文明具有从历史演进中探寻不变之常道的理性特质，"通古今之变"具有"究天人之际"的超越性意义。文明史视野在当代中国史学的回归，映照着新时代最深切的关怀。当代中国的每一次创造，都是五千多年文明历史的自我更化；中华民族的伟大复兴，也意味着中华文明的伟大复兴，不仅带动了现代世界文明版图的大变化，而且向世界昭示了人类文明的未来前景，昭示了更大格局的人类文明新形态。人类文明新形态是古老的中华文明实现现代化的形态，它根植于深厚的中华文明土壤，以人民至上的核心价值为导引，发挥集中统一的政治领导在组织经济社会生活中的效能；它凝聚起中华民族共同体意识，构建了天下一家的人类命运共同体理念，确立了"和而不同""不齐而齐"的和平发展、和谐共享的世界秩序观念。

中国式现代化道路所开创的文明新形态，不是与传统断裂的新文明，也不是照搬照抄其他国家现代化道路，而是从古老文明中走出来、从中华大地上长出来的古今一贯的中华民族现代文明，向世界彰显了熔旧铸新而非弃旧逐新、独立自主而非附属于他人的文明发展理念，为广大发展中国家的文明发展之路提供了全新启示和借鉴。恰如习近平总书记所言，"中国式现代化是中华民族的旧邦新命，必将推动中华文明重焕荣光。"

马克思、恩格斯指出，"文明"与人类的物质生产、精神生产相联系，以生产力发展水平为标志，标示着社会开化与进步，是人类认识和改造世界活动的全部成果。马克思主义文明理论的核心，是强调"文明是实践的事情，是一种社会品质"，科学阐述文明的实践性和社会性，以及二者在文明生成和发展中的内在逻辑联系。深刻理解人类文明新形态，唯有以唯物史观为根本指引，回到历史深处，才能回答好中华文明起源形成发展的基本图景、内在机制以及各区域文明演进路径，中华文明的精神特质和发展形态，中华文明与其他文明交流互鉴的历史进程与成就贡献等一系列重大问题。

将《中华文明史简明读本》与《（新编）中国通史纲要》配套编撰，同步完成，充分体现唯物史观的基本观点，即社会实践是文明生成、存在和发展的前提和基础。"文明"自生成之时起，就有实际的社会内容，不存在抽象的超社会之外的文明。以唯物史观为指导，是阐明中华民族共同体发展路向和中华民族多元一体演进格局，阐明中

华文明讲仁爱、重民本、守诚信、崇正义、尚和合、求大同的精神特质和发展形态，阐明中国道路深厚底蕴的唯一法宝。

五

编撰《（新编）中国通史纲要》和《中华文明史简明读本》是新时代赋予中国历史学的崇高使命，其最鲜明的底色就是以习近平新时代中国特色社会主义思想为旗帜和灵魂，以习近平总书记关于历史和历史科学重要论述为根本遵循，毫不动摇地把马克思主义立场、观点、方法贯穿于两书编撰全过程、各方面。其最显著的特色就是秉持大历史观，立足全局性、长时段、发展的眼光，全面考察历史之"变"，深入探究历史之"理"，努力攀登当代中国史学新高峰。其最核心的目标就是以科学回答中国之问、世界之问、人民之问、时代之问为己任，"以中国为观照、以时代为观照，立足中国实际，解决中国问题，不断推动中华优秀传统文化创造性转化、创新性发展，不断推进知识创新、理论创新、方法创新"，讲清楚中国是什么样的文明和什么样的国家，讲清楚中国人的宇宙观、天下观、社会观、道德观，展现中华文明的悠久历史和人文底蕴，揭示中国特色社会主义道路和人类文明新形态的历史渊源，昭示中华民族伟大复兴的必然趋势，展现新时代中国共产党人对中华民族历史、文明进程的基本立场、基本观点和基本看法，促使世界读懂中国、读懂中国人民、读懂中国共产党、读懂中华民族。

马克思主义社会形态理论是贯穿两书的核心指导思想，科学讲述五千多年中华文明史是两书的基本主旨。在体例上，真正做到"通古今之变"，从文明起源一直论述到2022年党的二十大胜利召开，这在我国史学同类著作中还是第一次。在学术上，立足前沿，力求有所创新与突破，如关于文明的界定、社会形态变迁、民族关系等问题，均不囿成说，提出新观点，运用新概念，做出新阐释。

《（新编）中国通史纲要》在厘清历朝历代主要史实和发展脉络的基础上，以国家统一、社会发展为主线，围绕中华民族历史的关键节点，关键之变，突出历史道路、历史主流、历史成就和历史趋势，讲透彻新时代如何从历史中国走来，新时代取得的辉煌成就和历史意义。全书分三部分：史前部分充分利用考古发掘与研究成果，辅之以出土、传世文献及相关学科的材料，梳理从旧石器时代到新石器时代、从氏族到部落到部落联盟的发展历程；古代史部分以政治和文化为纲，以中华民族成长与壮大为主干，叙述从夏商至清朝各个历史时期的重要史实；近现代史部分，以中华民族伟大复兴为主脉，阐述中国自主的近代化之路被西方列强入侵所打断，中国沉沦至半殖民地半封建社会深渊。在中国人民和中华民族伟大觉醒中，1921年中国共产党应运而生，开启中华民族伟大复兴之路。一百年来，中国共产党团结带领中国人民，坚持独立自主走自己的路，取得革命、建设、改革伟大胜利，开创、坚持、捍卫、发展中国特色社会主义。进入新时代，中华民族迎来从站起来、富起来到强起来的伟大飞跃，中华民族伟大复兴进入不可逆转的历史进程。

《中华文明史简明读本》按照文明成长历程，以思想文化、精神文明为主线，突出"文明地标"，凸显时代特色、世界意义，重点聚焦中国特色文明定义、中华文明发展演进的基本脉络、中华文明生成发展的内在动力，探讨中华文明的核心精神基因、现代元素和突出成就，展现中华文明和其他文明交流互动的历史真相，阐释人类文明新形态的历史渊源、独特品格和世界意义。全书从多重维度展开，以制度变迁和政治思想流变阐释中华政治文明，以绵长深厚的学术传统和灿烂辉煌的文化成就阐释中华精神文明，以传统农工商转向近代工业的发展脉络阐释中华经济文明，以生产工具和科学技术的迭代更新阐释中华科技文明。

"对历史最好的继承就是创造新的历史，对人类文明最大的礼敬就是创造人类文明新形态。"习近平总书记发出了新时代的最强音，为我们赓续中华历史文脉、担负起新的文化使命、建设中华民族现代文明指明了前进方向、提供了根本遵循。新时代的无数创造，无疑具有非同寻常的历史意义。新时代中国特色社会主义宏大实践，既是中华五千多年文明史上最耀眼的篇章，也是对人类文明历史最卓越的贡献。中华民族伟大复兴仍在路上，世界文明进步事业的大道仍充满激流险滩。然而，理想激励着我们，使命召唤着我们，我们要从中华文明中汲取滋养，确保中国特色社会主义实践创新建立在历史发展规律之上，行进在历史正确方向之上。要深刻把握中华民族的根和魂，推动中华优秀传统文化同社会主义社会相适应，更好构筑中国精神、中国价值、中国力量，为新时代改革发展注入强大动能。要坚定文化自信，立足中华民族伟大历史实践和当代实践，用中国道理总结好中国经验，把中国经验提升为中国理论，实现精神上的独立自主。要以开放包容的心态与其他文明交流

互鉴，讲好中华文明故事，弘扬中华文明蕴含的全人类共同价值，推动构建人类命运共同体。这就是我们编撰和出版《（新编）中国通史纲要》和《中华文明史简明读本》的初衷和最大的心愿。

两书编写组

2023 年 12 月

总目录

目录（上册）

第二章　夏商时期

第三章　西周、春秋和战国

第四章　秦汉一统

第五章　魏晋南北朝

第六章　隋唐五代

第七章　两宋

第八章　辽、夏、金

第九章　元朝

第一章

史前时代

孕育中华文明的摇篮，如三级巨大的阶梯。世界屋脊青藏高原，倚天而立，为第一级。大兴安岭、太行山、巫山和湘西群山由东北绵延到西南，西为以黄土高原为核心的第二级，东为各大平原和丘陵组成的第三级。

空中俯瞰，高居第一级的青藏高原，形状正如北冥之鲲：昂首为青藏腹地，遥望苍茫东海；垂须为云贵高原，直入中南半岛；摆尾横扫中亚草原，回勾成天山，分新疆为南北。

从巍巍祁连到莽莽昆仑，再到"苍茫云海间"的天山，清冽的冰峰雪水奔涌而下，穿流在河西走廊、南疆塔里木盆地和北疆准噶尔盆地，形成一个个生命绿洲，凿穿深入中亚草原地带的通道，推开东西交流的门户。

"黄河之水天上来"，在青藏高原极尽九曲回环之态，转过传说中大禹开始治水伟业的甘肃临夏积石山，贯穿青海循化盆地和甘肃临夏盆地，从高原降临黄土覆盖的第二级阶梯，绕过六盘山，沿贺兰山北上，开始世界大江大河中罕见的环绕盘旋。抵达巴彦淖尔之后，右折向东，在阴山之南，漫延出肥沃的河套平原；至准噶尔调头向南，奔涌于黄土高原和吕梁山脉之间，在壶口展现最壮丽的龙腾之态，经禹门口东转。穿过传说大禹劈开的三门峡，在中条山和崤山的夹峙中，穿函谷而过，在巩义接纳来自洛阳盆地的伊洛河，浩浩荡荡，注入第三级阶梯华北平原，东流入海。

长江则在上游以更迅猛之势，在青藏高原的峡谷间向南直下近1000千米，经虎跳峡，由第二级阶地的西南缘一跃而入四川盆地。雅砻江、岷江和嘉陵江的汇入更增其腾跃之势，终于冲破巫山的百里长峡，奔入第三级阶梯，在两湖平原舒展开来，干流如展翼之巨鸟。穿过大别山和皖南山地间的廊道，其古河道分为多条，经巢湖、入太湖，投入东海。

江、河之间，秦岭横亘，北有济水，南有淮河，与江、河合称"四渎"，将第三级阶梯的平原和丘陵织入干流和支流形成的网络。黄河之北，勾曲的辽河扼守华北与东北的门户；长江之南，珠江水系囊括华南。

世界其他原生文明的摇篮，在古埃及为尼罗河，在近东为幼发拉底和底格里斯两河，在古印度为印度河，范围不过数十万平方千米。中国的摇篮，仅算孕育早期文明的核心地区，也有近300万平方千米。既相对独立，又东南面向海洋、西北通达草原。长江南北、大河上下、高山盆地、平原丘陵，环境千变万化。多元的环境，养育多元人群和文化；独特的山川格局，促成多元人群互动和文化融合。

中国人的祖先，钟此天地之灵秀，得物华天宝，汇多元为一体，以成文明，以成中国。多元的中国史前文化，依靠辽阔的交流和发展空间，形成根基深厚、多元一体的中华文明。

在此地域辽阔的摇篮中，中国旧石器时代先民经过百万年漫长的演化，在万年前的新石器时代早期，培育出世界最早的水稻和粟、黍，完成农业革命，形成农耕文明基因，萌生多元文化传统，表现出突出的创新性。在距今5000多年，完成原始氏族社会向"古国"和"早期国家"的跨越，进入文明阶段。经过近1000年的各地竞相发展和动荡整合，在距今约4000年，建立最早的王朝，奠定中华文明以强大的统一性和连续性蓬勃发展的基础。

第一节　中国人的起源

　　古人类骨骼形态特征和中国旧石器工业独特发展道路等大量证据表明，中国学者提出的中国人"连续进化、附带杂交"的观点较为合理。距今4万年，现代人已在中国大地上出现。距今约1.8万年前，随着末次冰期的结束，气候开始变暖，先民的食物选择日趋多样化，并逐步掌握以燧石制作细石器的技术，人群流动范围更加广阔。为适应新的气候和人口增长，部分狩猎采集群体建立大本营，降低流动性，野生作物得到更多关注和利用，为农业革命和新石器时代到来奠定了基础。

一　东亚地区的古人类

　　"人猿相揖别，只几个石头磨过。"由猿到人的进化可以追溯到约距今700万年。时代邈远，遗存稀少，这伟大的演化历程仍充满谜团。

　　目前已发现的距今700万—200万年的古人类化石全部来自非洲，"人类起源于非洲"是学界的主流观点。非洲的南方古猿和能人演化成直立人后，在距今200万年前后，走出非洲，向世界扩散。中国是早期人类扩散和演化的重要区域，湖北建始人（距今200万年）、云南元谋人（距今170万年）和陕西蓝田人（距今160万年）是中国早期直立人的典型代表。此后，旧石器时代各时期，中国各地古人类狩猎采集身影多有出现，连接成一条完整的演化链条。中国境内发现的古人类主要有：北京人（距今78万—23万年）、陕西陈家窝人（距今65万年）、安徽华龙洞人（距今30万—27万年）、陕西大荔人（距今30万—26万年）、贵州盘县大洞人（距今28万—13万年）、贵州桐梓人（距今24万—17万年）、湖北长阳人（距今20万年）、广东马坝人（距今30万—13万年）、河南灵井人（距今12万—10万年）、湖南福岩洞人（距今12万—8万年）、山西丁村人（距今11万—7万年）、湖北黄龙洞人（距今10万—8万年）、广西智人洞人（距今10万年）、广西柳江人（距今6.7万年）和四川资阳人（距今3.5万年）等。

中国先民留存着数量巨大的旧石器时代打制石器，展示出颇具特色的制作传统。可以归结为：就地取材，机动灵活；制作简朴，加工随机；器类有限，变异性大；南北分异，多样性强。

以秦岭—淮河为界，北方旧石器工业传统以石片石器或小石器为特征。石器多以石片为毛坯，即先从石核上剥离石片，再将石片加工成器。石器类型以刮削器为主体，辅之以砍砸器和尖状器、石锥、石球等。石器加工相对精制，器形相对较小。

南方旧石器工业传统被称作"砾石石器传统"。多挑选合适的砾石（河卵石）直接加工石器。石器种类以砍砸器为主，刮削器和尖状器不发达。石器加工相对粗糙，以大型石器为主。虽然晚期石制品存在小型化的趋势，石片石器有所增加，但变化不明显，直至新石器时代仍延续大型砾石石器传统，细石器基本缺失。

南方和北方地区内部，又可以分为不同的类型，在石器原料、制作技术、种类和形态方面各有特色，呈现出多元发展的态势。

近年来，连续的重要发现，已让我们追踪到中国古人类攀登青藏高原的历史足迹。四川稻城皮洛遗址海拔超过3750米，年代可达距今13万年。约100万平方米的遗迹分布范围、多个古人类活动面、7000余件石制品、有刻画痕迹的岩块，展现出古人类高原求生的生动场景。最引人注目的是手斧、薄刃斧等精致石器，是东亚地区所见海拔最高、最精美、最成熟、最完备的源自欧洲的"阿舍利技术"（因最早发现于法国圣阿修尔遗址而得名）的器物，证明中国古人类与外来人群的交流。征服高原，原被认为是现代人才能完成的壮举；刻画岩块，是具有现代人特征的行为。新发现表明，中更新世晚期以来，中国古人类群体已出现行为复杂化、多样化情况。

二　现代人在中国的出现

从古人类头骨形态看，在漫长岁月中，中国古人类表现出连续演化的迹象。距今30万—25万年，大荔人颅骨出现诸多进步性状，颞骨的鳞部长高指数和鳞部与乳突部之间的切迹均接近现代人特征。距今12万—10万年的灵井人和距今约10万年广西崇左智人洞人下颌骨，均出现古老形态与现代特征结合的特点。如智人洞人下颌骨突起的联合结节、明显的颏窝、中等发育的侧突起、近乎垂直的下颌联合部、明显的下颌联合断面曲度，已经属于现代人的性状。同时，粗壮的下颌联合舌面和下颌体，又保留着原始特征。湖南道县福岩洞和湖北郧西黄龙洞等遗址发现的一些距今12万—5万年的人类牙齿，则具有完全现代人的形态特征。同时，这些古人类头骨一直保持着中国古人类独有的特征：包括头骨正中的矢状脊、突出的面部、高而前突的颧骨、阔鼻、铲形上门齿和下颌的圆枕等。这些特征，虽经百万年演化并未消退。

20世纪80年代，西方学者通过对现生人类DNA的测序分析，提出世界上所有现代人，在20万—10万年前起源于非洲，后逐步扩散到世界各地；第一次走出非洲、分布在各地的直立人或已灭绝，或被替代。这就是现在仍然盛行的第二次走出非洲说。据此说法，前文所述古人类都不是我们的真正祖先。2017年，科学家们从北京田园洞人的腿骨上提取样品，成功获得了其基因组信息，与现代人基因特征完全符合。这是目前在中国测出的最早的现代人古基因组，距今约4万年，也是目前获得的东亚最古老的人类基因组。但是，田园洞人虽属现代人的一支，却并没有繁衍下来。目前，有确凿古DNA证据的中国人最早的祖先，是距今1万多年的东北地区人群。

古DNA研究的最新结果显示，曾被认为灭绝的尼安德特人和丹尼索瓦人与现代人存在基因交流，推翻了第二次走出非洲说中其他古老人类全部灭绝或被完全替代的论点；综合古人类遗骨特征和中国旧石器工业独特发展道路等大量证据，目前中国学者提出的中国人"连续进化、附带杂交"的观点较为合理。

新研究为中国古人类向现代人演化的故事增添新内容。距今4万年，现代人已经在中国大地上出现，与世界其他地区现代人具有同样的基因和体质特征，站在同一起跑线上，整装待发。他们自信的面庞上，映照着农业革命的曙光。

三　从旧石器到新石器

　　细石器工业的出现，是旧石器时代晚期的一项重要革新，即用高质量的燧石等原料，加工成细石叶等精细石器。细石器技术有非常强的剥片计划性和独特的原料开发理念，涉及复杂的预制、生产过程，要使用软锤打击、间接剥片等技术。距今4万—3万年，中国北方局部区域短暂出现了为数不多的石叶技术遗存，最著名的是水洞沟第一地点的相关发现。当时，延续百万年的石片技术体系在北方地区依然广泛而持续分布，水洞沟遗址的石叶技术短暂出现后又被石片技术取代。与此同时，今俄罗斯及蒙古的阿尔泰、外贝加尔和西伯利亚地区出现了大量与典型细石叶技术具有相似剥片理念的产品。距今2.6万年前后，随着末次冰期的开始，寒冷的气候迫使西伯利亚地区人群南下，与中国本土人群发生交流。在此背景下，中国北方的山西下川和柿子滩、陕西龙王辿等遗址突然出现具有经过预制、可连续压制生产细石叶的细石核，标志着细石器工业在中国的正式形成。

　　距今15000年前后，随着气候变暖，细石叶技术出现爆发式流行，相关遗址广泛分布在华北、东北、西北及青藏高原地区。部分遗址遗存丰富，堆积较厚。例如水洞沟第12地点，在残存的断崖上可见到延续50米的文化堆积层，最厚处超过1米。较厚的文化层出土了丰富的石制品，包括细石叶技术产品以及磨盘、磨棒、磨光石斧等"新石器"；还有如骨针等骨制品、装饰品。研磨类工具及中小型动物资源的利用显示出食物的多样化。

　　总之，末次冰期结束，气候变暖以来，掌握细石叶技术人群的流动达到极致，足够支持其开发大部分地域；同时，此类人群将以前未受重视的资源纳入觅食范围，食物选择多样化，促成社会群体规模的增长。为适应新气候和人口增长，部分狩猎采集群体建立大本营，降低流动性，出现社会分工，组织任务小组，有针对性地外出获取资源。在这一变革中，农作物得到更多关注和利用，人群游动性减弱，为农业革命和新石器时代到来奠定了基础。

新石器时代要素一般包括定居及更多依赖植物类食物的采集和贮藏，由此出现加工植物类食物的磨石等磨制石器，以及盛贮和炊煮食物的陶器。中国北方地区旧新石器时代转变的代表性遗址有山西沁水下川（距今23900—16400年）、陕西宜川龙王辿（距今20000—15000年）、山西吉县柿子滩（距今21000—8500年）和河北阳原虎头梁（距今16300—14700年）等。以上遗址，均有出土磨盘、磨棒等研磨石器，用于加工橡子和豆类等。虎头梁遗址还出土中国北方地区最早的陶片，为平底罐形器物的残片。

在长江流域标志新旧石器时代转变的代表性遗址是江西万年仙人洞和吊桶环、湖南道县玉蟾岩（距今18000—14000年）等遗址。玉蟾岩发现的几处碎陶片堆积，复原后器型为尖圆底的釜，测定年代为距今18300—15430年，是目前所知世界上最早的陶器，是中华早期先民的创造性发明。

图1-1　江西万年仙人洞陶釜

在旧新石器时代过渡时期，逐渐出现农作物的驯化和种植，最终产生农业、定居村落和早期农耕社会。

第二节　中国农耕社会的形成

距今11000—9000年，北方地区发现炭化的粟、黍颗粒，是世界上最早的驯化粟和黍的证据；南方地区则培育出世界最早的驯化稻。农业革命是人类由从自然界直接获取食物到改造自然、驯化动植物、主动生产食物的划时代转变，极大提高了人类的生存能力，直接引发生活方式、社会组织和意识形态的深刻变革。由于对耕地的依赖，定居成为农业人群采取的居住方式。更稳定的食物来源，带来人口增长，社群规模扩大和文化发展，最终导致社会分化。

一　南北并进的农业起源

河南新密李家沟、河北徐水南庄头、北京门头沟东胡林和平谷转年、山东沂源扁扁洞等遗址年代在距今11000—9000年，遗址面积可达数千平方米，有丰富的火塘、灰坑以

图1-2　北京门头沟东胡林遗址炭化粟粒

及墓葬遗存，定居时间明显延长。陶器出土更多。在东胡林遗址土样浮选中，发现世界上最早的驯化炭化粟、黍颗粒，是北方旱作农业起源的证据。

进入距今8000年前后，西辽河流域兴隆洼文化的内蒙古敖汉旗兴隆沟遗址发现大量、处于驯化初期的炭化黍和粟。在大体同时期的后李文化山东济南月庄遗址、大地湾一期文化甘肃秦安大地湾遗址、磁山—裴李岗文化的河北武安磁山和河南新郑裴李岗遗址也有类似发现。但兴隆沟遗址出土的粟和黍只占浮选出植物籽粒的15%，对裴李岗文化河南新郑莪沟遗址磨石上残留物分析表明，粟和黍淀粉粒比例较低。兴隆洼文化出土的石锄和石铲等，曾被认定为农业工具。但是，对兴隆洼遗址石器的微痕分析表明，所谓"锄"和"铲"实际具有多种功能，可以进行挖土、砍伐树木、砍砸兽骨和鞣皮等多种工作；细石刀可能用来屠宰和切肉，并非用于收割。对石刀的分析显示，其被用于屠宰和切肉而非收割。因此，狩猎在食物资源获取中占有重要地位。

粟黍农业真正发展，在距今7000年前后。对仰韶文化早期的姜寨和史家遗址人骨同位素分析表明，居民饮食中粟黍所占比重已达到75%—85%。聚落数量和面积增加，一定程度上证明了人口增长与农业发展。

长江流域的玉蟾岩遗址文化堆积中发现的水稻植硅石表明，水稻已被采集食用，但更像是野生种，在食物中可能不占主要地位。稍后，浙江浦江上山遗址（距今11000—9000年）面积达2万平方米，发现有深70厘米的储藏窖穴、干栏式建筑的柱洞、大量陶器、磨制石器等丰富的遗迹和遗物，表明长期定居聚落已出现。上山文化陶器中夹杂大量

图1-3　上山文化浙江浦江桥头遗址炭化稻米

水稻颖壳，通过用显微镜对区分野生和驯化稻重要标准"小穗轴"观察，发现野生稻已改变性状，成为驯化稻。上山文化的浙江浦江桥头遗址，出土极丰富的水稻遗存，包括碳化的稻米、稻壳、小穗轴等不同部位，样品总量多达5万余个，表现出明显驯化特征。由此可见，距今1万年前后，世界最早的稻作农业已在中国萌芽。

距今约8000年，浙江萧山跨湖桥遗址中发现的120粒稻壳，42%为栽培稻；距今7000多年，太湖地区马家浜文化的浙江桐乡罗家角遗址和钱塘江南岸河姆渡文化的浙江余姚田螺山遗址，栽培稻的比例上升为51%，可以证明稻作农业已经基本确立。余姚施岙遗址发现河姆渡文化稻田，面积达数万平方米。

在长江中游，距今8000年前后的湖南澧县彭头山和八十垱遗址发现水稻遗存，表明该区域是水稻栽培的重要起源地区；淮河流域的河南舞阳贾湖遗址水稻遗存丰富，山东济南月庄遗址有少量发现，可见稻作农业向北方的传播。

二　原始氏族社会的发展

距今8000—7000年，早期农业初步形成，促进人口增长、较大规模聚落形成和原始氏族社会发展。

图1-4　内蒙古敖汉旗兴隆洼遗址的成排房屋和围沟

　　西辽河流域兴隆洼文化诸多遗址，提供了该时期最完整而丰富的聚落资料，是了解当时社会生活的重要依据。敖汉旗兴隆洼遗址为面积3万多平方米的环壕聚落，内有成排的半地穴式房屋百余间，各排均有大型房址。聚落中心位置的房屋最大，面积超过140平方米。内蒙古克什克腾旗南台子遗址最重要房址面积80余平方米，明显大于其他房址，位居最北一排的中心，虽不是聚落中心，却是遗址所在坡地上最高位置。大型房屋中往往有重要遗存。兴隆洼遗址最大房址内发现一座居室葬，随葬玉玦、磨光猪牙、兽牙饰品、骨梗石刃鱼镖和900余件细石叶，并有一公一母整猪两只。兴隆洼遗址出土玉器，更是中国最早以玉器表现身份的证据。

　　初级手工业专业化生产出现。对南台子遗址房屋中遗物分布情况的分析表明，部分由特殊本地稀缺原料制作的石器（如细石叶），

可能是由居住在大型房址中的成员组织居住在其周围、属于同一亲属集团人员生产。玉器和部分特殊骨器加工由专业人员完成。

兴隆洼文化出现与早期宗教有关的遗迹和遗物。遗物包括人顶骨制成的有钻孔的圆形饰品、石制或蚌制人面形坠饰以及摆放在火塘边的石雕像等。房屋地面摆放额头钻孔的鹿和猪的头骨。阜新查海遗址的中心广场上有以石块和碎陶片摆放的龙形遗迹，被认为是中国最早的龙的形象。有浓郁兴隆洼文化风格的河北易县北福地遗址出土大量陶制面具，尺寸与人面相仿，眼部镂空，适宜在仪式活动中佩戴。

兴隆洼文化之后的赵宝沟文化继承辽西地区农耕社会传统。敖汉旗赵宝沟遗址发现82座半地穴房址，从东北向西南成7排分布。经发掘的最大房屋面积90平方米，独自占据聚落中部的公共广场。敖汉旗南台地遗址最重要的房址位于坡地最高处，出土14件尊形器，其中4件有飞鹿纹。敖汉旗小山遗址两处最重要的房址同样位于遗址最高处。其中一座的地面上，发现了著名的"小山尊形器"，刻画有精美的鹿、猪、鸟纹。发现1件精致磨光石斧，一端刻画人面。出土细石叶3000多件，凸显该房址的特殊地位。

淮河流域，河南舞阳贾湖遗址裴李岗文化墓葬表现出明确的初步等级分化。一座2位成年男性的合葬墓中，有随葬品60件，包括5件牙饰、2件龟甲碎片和2件骨笛等特殊物品。一座成年男性单人墓中随葬品有33件，包括1件叉形器、2件骨笛和8件龟甲。贾湖骨笛以鹤尺骨制成，有的多达7孔，音律准确，制作技艺高超。龟甲内有石子，部分龟甲上有刻画符号，可能均与占卜有关。北美印第安人在龟壳中放置石子，在舞蹈时绑在腿上和胳膊上，以之为沙锤一样的乐器，贾湖龟壳可能也有类似功能，与骨笛均为仪式用品。可见裴李岗社会部分个体，因具有特殊的主持仪式活动能力而获得更高地位。淮河下游北侧支流区域的山东地区，北辛文化部分聚落面积可达10万平方米。

距今7000年，黄土高原地区，仰韶文化半坡类型兴起。临潼姜寨遗址一期聚落是较完整的半坡时期村落遗址，外有壕沟围护，内有房屋约120座，围绕中心广场，分为5组。每组中各有大、中、小型房屋，门道大体朝向中心广场。一般认为，每组房屋代表单个亲属组织，整个聚落代表亲属集团。围沟之外有墓葬区，分为3组，各自对应一组居住区。这些墓葬规模小、随葬品少，没有明确等级差别。此

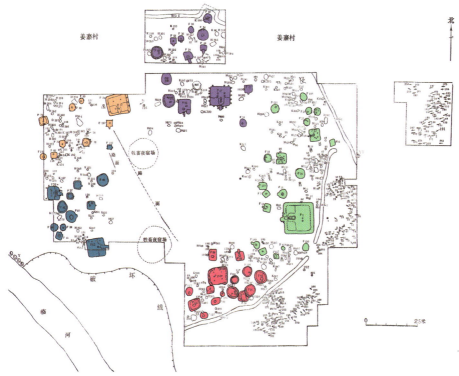

图1-5　陕西临潼姜寨遗址仰韶文化半坡类型聚落平面图

类布局反映出仰韶社会对亲属关系的重视和亲属组织间的平等关系。

半坡类型偏晚阶段，大型合葬墓开始流行，以陕西华阴横阵墓地、华县元君庙墓地和渭南史家墓地等为典型代表。横阵墓地发现3处大埋葬坑，共有15座多人二次合葬墓，人骨成层安放。第一号大坑，长10.4米，内套5个方形小葬坑，共有人骨44具。各小葬坑内人数不等，最多12具，最少4具。元君庙墓地的28座墓为多人合葬墓，一墓中少则2人，多者可达25人，一般都在4人以上。史家遗址发现40座多人二次合葬墓，每座墓埋葬4—51人，以埋葬20人左右的为多。部分墓有陶钵、陶罐、尖底瓶、石斧等少量随葬品，墓葬间无等级差别。大葬坑和里面的小葬坑，代表不同层级亲属组织。如此特殊的合葬习俗，充分反映出仰韶社会对亲属关系的特别重视。

长江流域的房屋以木结构干栏式建筑为主。宁绍平原河姆渡文化（距今7000—6000年）的浙江余姚河姆渡和田螺山等遗址，可以看到成排分布的房屋。关于长江流域早期亲族社会的更多认识来自墓葬。长江中游汤家岗文化（约距今6800—6300年）的湖南安乡汤家岗墓地是本时期社会发展的重要代表。该墓地经过两次发掘，揭露墓葬104座，分为南、北两个区，中间有10米的空白地带。南区又可分为3个小墓群，北区有2个小墓群，各墓群、墓区和整个墓地对应不同亲族组织。长江下游的马家浜文化（距今7000—6000年）墓地有同样的聚族而葬情况。

各地区农业村落，聚族而居、聚族而葬，表明亲属关系是社会构建的基础，在社会发展阶段上，处于原始氏族社会。有观点认为，半坡聚落中居住着母系家庭，半坡大型合葬墓中，埋葬母系家庭成员，但无确凿证据支持。兴隆洼文化的房屋内，储存食物的陶罐、加工食物的磨盘和磨棒等放在一侧，可能是女性生产空间；用于农业生产和砍伐树木的石器放在另一侧，可能是男性生产空间，即同一房屋内，出现男女分工生产现象。此外，每间房屋内，都有相似的生产工具和生活器物，存在比较独立的生产和生活单位。兴隆沟遗址一间房屋内，还埋葬一对成年男女。因此，每间房屋内可能居住着由一夫一妻和孩子组成的核心家庭。值得关注的是，初步的社会差别已出现，氏族核心成员居住在中心位置的大型房屋中，组织特殊物品生产，随葬品数量更多，有玉器、骨笛和龟甲等特殊物品。

三 多元文化传统的形成

各地区在陶器风格、聚落布局、墓葬习俗等方面各具特征，在原始宗教观念和社会发展道路上，已经初步形成自己的传统。

西辽河流域以筒形罐为典型器物，玉器这一中华文明的重要符号，在兴隆洼文化中初放异彩，其渊源或可追溯到距今约9000年的黑龙江小南山遗址。玉器种类不但有玦和坠等，还出现模仿昆虫的特殊器物。内蒙古林西白音长汗遗址兴隆洼文化墓葬随葬玉器中，1件形如柞蚕之蛹，另2件与柞蚕幼虫颇相似，可能是崇拜昆虫蜕变和羽化之力的证据，表明已形成原始宗教。在仪式活动中，巫者佩戴玉器制作的昆虫，获得昆虫蜕变一般的力量，化身为不同的形态，上天入地，沟通天地神灵。赵宝沟文化继承此宗教传统。内蒙古敖汉旗小山遗址出土的陶尊上，精细刻画变身飞鹿、飞鸟和钩虫之体的猪龙图像，可能分别代表北方玄武、南方朱雀和北斗三位星宿之神，体现原

图1-6　仰韶文化半坡类型鱼纹彩陶盆

始宗教与原始宇宙观的结合。

　　黄河流域，甘肃大地湾一期文化和陕西老官台文化流行三足钵和三足罐，随后发展成仰韶文化，以酿酒的小口尖底瓶为典型器物。仰韶文化半坡类型时期，彩陶艺术发展掀起第一个高潮。半坡彩陶的主题为鱼纹，既有写实者，又有以直线、三角等几何图形组成的抽象者。"人面鱼纹"是最引人关注的特殊图像，典型构图是圆面闭目之人口衔左右对称的双鱼，实为对人面之鱼正面和两个侧面的展示。水和鱼均为冥界的象征，人面鱼纹可能有冥界重生的内涵。半坡类型晚期，出现鱼鸟组合图像，鸟或在鱼之头、腹内，或飞出鱼口，表现同为卵生的鱼鸟之间的转化，具有重生转化，万物繁育的寓意。

　　淮河中上游，裴李岗文化流行三足器和双耳壶形器，贾湖骨笛，制作技艺高超，属世界最早的、音律精准的吹奏乐器。墓葬中流行随葬龟甲，内有石子。一些龟甲上还有刻画符号，开启"龟灵"崇拜的传统。绿松石装饰品可能与玉器有类似的功能。

　　淮河下游，安徽蚌埠双墩遗址（距今8000—7000年）以陶碗底部流行刻画纹而闻名。陶碗倒扣，正如盖天说中天体模型，而碗底正在天极位置，图像多应与以天极为宇宙运行枢纽的宇宙观有关。其中一类为单独符号，包括"十"字纹、双线"十"字纹、重环放射线纹和重环芒角纹等，表示天极为天体环绕运转中心和方向基点。另一类为复合符号，包括上述符号间的组合。还有些特殊图像，包括代表北斗的猪。一件碗底图像内容为蚕吐丝成网，多件器底有各种网格类图像，或与"天网"观念相关。

　　此后，淮河流域和山东西部、河南北部为后冈一期文化和北辛文化的范围，与占据黄土高原的半坡类型东西对峙，形成以鼎为主要炊器的传统。

　　长江中游的彭头山文化（距今9000—8000年）是稻作农业的早期开创者，并开启以圜底釜为主要炊器的区域传统。沅水流域的高庙文化（距今7800—6800年），流行精致白陶，上面刻画图像繁缛神秘。最具代表性者为形态各异的鸟纹、獠牙兽面纹、太阳纹和八角星纹。湖南洪江高庙遗址一件陶簋的戳印图像中，中心为阔口四獠牙兽面，上有两只小眼睛，下有一物下垂。兽面外有圆圈，圈外以不同图形分出八方，上下方向为尖顶屋宇形，左右方向为简化的鸟首，四维方向为长方形框内加尖顶形状。位居中心的阔口獠牙占据天极位置，代表天极之神的动物形象——虎。同时，还出现了朱红色或黑色的矿物颜料的彩绘、填彩艺术和彩绘图像。此类陶器制作精细、器类与器形都相对固定，应为仪式用品。

　　高庙遗址中还发现一处大型祭祀场所，面积1000平方米左右，沿南北中轴线布局，出主祭场所、祭祀坑以及附属建筑和窖穴组成。其中主祭场所居北，有一个"双阙"式建筑，面朝正南方的沅水。此建筑南面有祭祀坑39个，其中之一为人祭坑。高庙陶器图案及其蕴含的早期宗教和仪式传统对后来的长江流域史前文化产生深刻影响。随后汤家岗文化继承这一传统，汤家岗遗址一件白陶盘底部，有三重圆圈，内圈有八角星纹，其中心为一正方形，内有纽结纹，蕴含天极为八方中心，为天网枢纽观念。

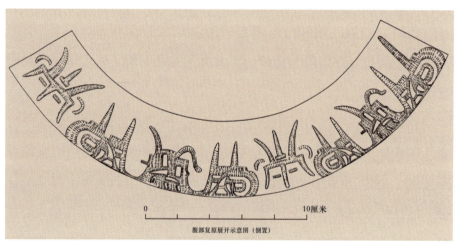

图1-7　湖南桂阳千家坪遗址白陶刻画图像（表现胸部和双翅有獠牙兽嘴的神鸟）

长江下游和钱塘江以南地区，上山文化使用大平底盆和圈足器，出现彩陶，分乳白彩和红彩两种。红彩以条带纹为主。乳白彩纹比较复杂，出现类似八卦的短线纹、太阳形纹、短线组合纹等图案，稍晚的跨湖桥文化开始流行与长江中游相似的圜底釜，彩陶的太阳形纹图案与上山文化一脉相承。此后，距今7000—6000年，太湖地区的马家浜文化，以平底釜为主要炊器，晚期受北方影响，鼎为重要炊器，并出现长江中游风格的白陶器。宁绍平原地区的河姆渡文化，以圜底釜为主要炊器，陶器刻画图像内容丰富，包括写实的动物和植物，有与宇宙观相关的内容。

从万年之前的农业革命开始，到距今6000年前后，南到长江，北到辽河，中国史前各文化区形成各自文化发展谱系和传统，通过自身"裂变"和初步交流，社会不断发展，点燃文明星火。中华文明的重要元素和基因已初步形成，先民们以血缘宗族凝聚社会，形成早期宇宙

图1-8 上山文化浙江仙居下汤遗址圈足彩陶钵

观，以沟通感应方式探究自然之奥秘、协调人与自然关系，以美玉、绿松石、象牙、精致白陶、刻画和彩绘图像物化信仰，展示艺术才华。各区域文化传统期待着相互激荡，掀起社会发展和文明演进的新浪潮，开始由原始氏族社会向"古国"阶段演进。

第三节　早期国家的形成

距今6000年前后，在农业成为强大经济基础的前提下，中国各史前文化区同步进入跨越式发展的灿烂转折期。以大规模中心聚落为

核心的区域聚落等级化形成，大型公共建筑兴修，宗教观念发展，宗教仪式中心建立，大型墓葬出现。专业化生产的精致玉器和象牙器标识出身份和等级分化，表明早期礼制初备。各地区开启社会复杂化进程，形成众多"古国"，呈现"满天星斗"之势。各地密切互动，形成"最初的中国"。距今5000年前后，良渚文化完成早期国家构建。随着经济、社会和文化发展，标志着中华文明的形成。

一 "满天星斗"的"古国"

"古国"是中国学者依据中华文明起源实际提出的重要概念，被定义为"高于氏族部落的、稳定的独立的政治实体"，用来描述距今6000年以来各地区跨越式发展形成的复杂地方政治组织。此前，经典理论中关于父系社会和军事民主部落联盟的论述，难以充分描述波澜壮阔的中华文明起源进程。有学者引入西方流行的"酋邦"概念，也如隔靴搔痒，难以激发认知中华文明特质的研究。"古国"之称，意在表明此类政治组织在地域范围、社会组织以及治理方式等方面已具备三代时期"国"的基本内涵。

仪式中心兴起　在西辽河地区，红山文化（距今6000—5100年）形成，并持续发展达到顶峰。

红山社会发展首先表现为聚落数量和总面积急剧增加。在内蒙古敖汉旗，红山文化遗址多达500余处，其前的兴隆洼文化和赵宝沟文化遗址加起来不过100处。对敖汉旗蚌河下游史前遗址系统调查共发现和确认红山文化遗址23处，遗址总面积约75万平方米。此区域内兴隆洼文化和赵宝沟文化遗址数量分别只有5处和6处、遗址总面积分别为3万多平方米和6万多平方米。更重要的是，红山文化各个遗址面积由2000平方米至21万平方米不等，形成以大型中心聚落为核心的等级化聚落群，这被称作"区域聚落等级化"，是考古学判断高等级社会组织出现的重要指标。

红山文化最重要的社会发展证据，来自大凌河流域辽宁建平和凌源交界处的牛河梁仪式中心。此是一处方圆50平方千米的与世隔绝的"圣地"，该范围内至今未见居住性聚落，集中分布着祭坛、积石冢和"女神庙"，大型墓葬随葬有特殊内涵的玉器。

图1-9　红山文化玉人

牛河梁16个地点发现墓葬70余座，与仪式性建筑紧密联系，几乎只随葬玉器，玉器主要为猪龙形器、勾云形器、斜口筒形器、鸟、昆虫、玉人等具有宗教内涵的器类。墓主人明显属于掌握宗教权力的特殊阶层。墓葬在结构、规模、位置、随葬玉器的种类和数量等方面，有明确等级差异。最高等级者为积石冢的中心大墓，位于冢的中心位置，有带阶梯的墓圹和石棺，随葬玉器种类更特殊、数量更多。牛河梁第十六地点的中心大墓即是其中代表。该墓上面的积石冢覆盖面积约90平方米，墓圹在基岩上开凿，长3.9米、宽3.1米、深4.68米，北壁有台阶。墓底的石棺以石板砌成，内葬一位年龄40—50岁成年男性。墓中随葬6件玉器和2件绿松

图1-10　牛河梁遗址第二地点祭坛和积石冢

石坠：墓主头顶下枕1件长20多厘米的回首敛翅玉鸟，右腹放1件玉斜口筒形器，左盆骨处放1件玉人，另有3件玉环，分别在右臂和下腹部。玉器数量虽不多，但玉鸟和玉人均仅见于此墓，斜口筒形器也是最高等级墓葬的标志。

红山文化的仪式性建筑包括所谓"女神庙"、祭坛、祭祀坑和祭祀平台。牛河梁第二地点的圆形和方形祭坛是天圆地方观念的表现，三重圆圈组成的圆形祭坛蕴含太阳在春分、秋分和夏至、冬至运行轨道的复杂天文知识。祭祀设施和积石冢与周围山川共同形成这处仪式圣地的神圣景观。在第一地点向南远望，可见正面有三座山峰聚集在一起，形如猪首或熊首。考虑到红山文化对猪有特别崇拜，有学者推测此山可能是整个红山祭祀景观的重要组成部分，甚至是牛河梁第一地点仪式活动的祭拜对象。

红山社会中，宗教权力具有特殊地位。红山宗教信仰与宇宙观密切相关。其核心内容包括：天极位居天顶中心，是天网枢纽，为控制宇宙关键；天极之神掌控天极，维护宇宙正常运转；天极之神的动物形象为虎，常以獠牙神面表现；北斗之神猪龙和神鸟均有辅助天极之神能力；特殊形态和功能玉器是助力通神的必要装备，也是宗教能力和等级身份标志；社会上层是能力最强的神巫，佩戴特殊玉器，如同昆虫蜕变和羽化，与神鸟和猪龙交流，甚至合体，与天极之神沟通，维护天体运转，四时变化，风调雨顺，作物丰产，因此获得威望和权力。

上述考古发现充分反映出红山文化社会高度复杂化的状况。蚌河流域聚落群应该代表着基本社会组织，已经达到"古国"标准。建设牛河梁这样大规模的"仪式圣地"，需要大量人力物力，可能要几百个村落支持，也就是说需要几十个像蚌河下游这样的"占国"群体。仪式中心不由某个聚落或"古国"独享，而是周边多个"古国"的共同圣地，并形成以宗教凝聚的古国联盟。

以玉通神　江淮之间的安徽含山凌家滩是来也突然，去也突然，只留下惊鸿一瞥的重要遗址。

遗址蔓延在长江支流裕溪河岸高岗之上，面积160万平方米，最高处为墓地和约1200平方米的人工堆砌祭坛。祭坛下层为黄斑土，中层为含有石块、小石英粒和粗黄沙的胶泥状土，顶层平整，由包含卵石、小石英颗粒、小黑色玛瑙颗粒的黏土铺成。墓葬就分布在祭坛之上及其周围，此外还有积石和祭祀坑等遗迹。

墓葬成排分布，目前发掘了50余座，呈现明确等级差别。大型墓

图1-11　安徽含山凌家滩遗址高等级墓葬

随葬品多在100件以上。随葬品最丰富的大墓中，填土里埋有一件长72厘米、重达88千克的玉猪，为中国史前时代最大的玉雕作品。该墓共有随葬品330件，包括玉器约200件、石器97件和陶器31件。墓主头部附近放置20多件玉环，大环套小环，环直径4—9厘米不等；胸部放置10件玉璜和34件玉玦；在腰部的位置发现象征龟体的玉斜口筒形器，里面放置玉签。玉钺、斧4件和石钺9件，放置在墓主身上；锛和凿分7排铺在墓底。

以上大型墓特征明显。玉器比重很大，超过2/3；石器、陶器数量相当少；与红山文化一样表现出对玉器的重视。

玉器中蕴含丰富的宇宙观知识，或具有昆虫蜕变内涵。玉版外表呈方形，侧视中部略凸起，上面刻画着复杂图案：中心为两重圆圈，内圈里有八角星纹，两圈间有形态如绳索的图案连接，外圈和玉版的四个顶点间有同样的"绳索"相连。双重圆圈代表圜天，玉版方形的轮廓象征大地，中心的八角星纹代表天极，绳索一样的图案表示不同层的天之间和天地之间有绳索相连。这与《楚辞·天问》中"圜则九重，孰营度之""斡维焉系，天极焉加"等词句表现出的宇宙观非常符合。玉版被放置在分体玉龟的腹甲和背甲之间。背甲和腹甲边缘都有穿孔，可以用绳子穿接，表明玉版和龟均与宇宙观密切相关。大型玉猪应是北斗之神。胸有八角星纹、双翅为猪首的玉鹰表明，凌家滩人宇宙观中，天极之神是由神鸟驮负的，北斗环绕天极旋转，是宇宙秩序标识。6件玉人，都是头戴"介"字冠，双膝微曲，腕带套环，双手背朝外放在颌下，为作法通神的巫师形象。

凌家滩墓地背后的政治组织应达到了"古国"发展阶段，宗教

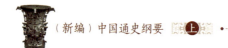

权力占有重要地位，以钺代表的世俗权力同样重要，玉器成为表达等级身份的重要标志，其使用开始制度化。

以陶为礼　被称作"海岱地区"的山东和江苏北部地区，距今6000年之后，进入大汶口文化早期。聚落的资料非常缺乏，但墓葬资料丰富。

大汶口墓地第二次发掘的46座墓葬已经表现出明确的等级差别。随葬品少的仅数件，多的可达百件以上，大墓集中分布。一座大型成年男性墓中，随葬品104件，包括觚形杯10件、豆19件（其中多件内有猪下颌骨）、高足杯7件、鼎3件、三足钵2件均盛猪下颌骨、三足盆各2件分别盛猪下颌骨和牛头，另有石钺2件、骨两端器24件、象牙器柄1件、獐牙6枚。江苏北部邳县大墩子遗址的一座大型成年男性墓中，随葬品52件，包括鼎6件、杯5件、大口缸1件、石钺1件、獐牙勾形器1件和獐牙4件，另随葬狗1只。

以上墓葬表现出大汶口社会复杂化的几个重要特点：一是随葬品数量和种类有明显差别，是社会等级身份的标志。二是随葬品以日用陶器为主，大墓中鼎、豆、杯等炊器、食器和饮器都是多件同出，食器中经常放置猪头等食物，并常见大口缸，表明宴飨或用酒食祭祀的仪式活动在社会中占有特殊地位，是展示身份的重要场合。三是有獐牙器、石钺等标示身份和权力的特殊物品。四是有龟甲、骨筒形器等与宗教仪式有关的物品。大汶口骨筒形器与上文所说的红山玉筒形器一样，是龟体的抽象表现。龟崇拜继承了源自贾湖，经北辛文化延续的传统，又有所发展。但此类器物数量少，仅见于随葬品不丰富的中型墓，表明宗教活动和宗教权力在社会中远不如世俗礼仪和权力重要。五是一些大墓墓主为未成年人，表明身份和权力可以不由个人能力而由血统获得。

大型墓葬所属的政治组织符合"古国"标准。以世俗礼仪和权力为核心展示个人身份、获得和维护权力是大汶口社会发展道路的基本特征。

陶玉结合　长江下游的环太湖地区，此时正当崧泽文化时期。

江苏张家港东山村遗址面积约25万平方米，是其所在区域的中心遗址，周围有小型聚落，形成明确的聚落等级分化。东山村遗址墓地分两个区，一区为平民墓区，随葬品多在10件以上，个别的有26件之多，较少的仅两三件。27座墓共有陶器、石器、玉器等140多件。二区为社会上层墓区，发现9座目前崧泽文化的最高规格墓葬。

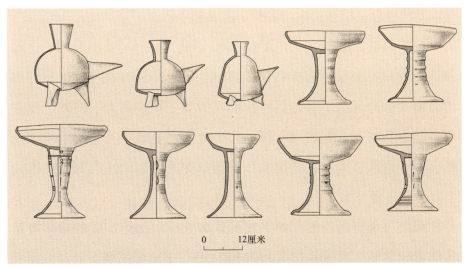

图1-12　江苏张家港东山村遗址墓葬M90随葬陶豆和陶鬶

　　编号为M90的墓葬，是迄今发现的崧泽文化墓葬中规模最大和随葬品数量最多的一座。随葬品共67件，包括5件大型石钺、2件大型石锛、19件玉器以及38件陶器等。玉器为环、玦和璜等装饰品。在头部的右上方出有1件石锥、1件砺石以及一堆石英砂，推测是一套制玉工具。石锥磨制光滑，有明显使用痕迹。陶器包括2件大口缸，1件为圜底，1件为尖底，另有9件细柄陶豆。

　　东山村遗址和墓地对应的政治组织正是该地区"古国"的代表。

　　长江下游地区虽然分属不同的考古学文化，但在陶器类型以至形态上有很强共性，社会发展道路也有共性。成套的玉饰是表现身份和财富的重要标志，形成与凌家滩相似的以玉为载体的"礼"制，但又都缺乏凌家滩那样有宗教内涵的玉器。钺成为表现权力的重要标志，大墓多随葬多件玉钺和石钺。大墓随葬玉料和玉、石加工工具表明对高级物品的原料、生产技术、工匠，可能还包括分配控制。这些是本地区社会上层获得财富和权力的共同手段。

　　宗族利益　仰韶文化在距今6000年进入庙底沟类型时期，以豫西、晋南和关中盆地为核心，覆盖整个黄土高原，并将河南东部和南部纳入势力范围。其独具特征的以弧线三角、圆点、曲线、花瓣和鸟形为基本元素的彩陶扩张到广大地区，显示出社会的繁荣和发展，大型遗址、大型公共建筑和大型墓葬的出现，更表明强劲的社会复杂化进程开始。

　　河南灵宝铸鼎原周围的系统聚落调查显示，该地区的聚落数量从仰韶半坡类型时期的13处增加到21处。更重要的是，遗址总面积从44万平方米急剧增加到近190万平方米，并出现大型遗址和区域聚落等级化。最大的北阳平遗址面积近100万平方米，次一级的中心性聚落西坡遗址面积40多万平方米。

西坡遗址核心部位发掘和对整个遗址系统钻探表明，该聚落东、西有河流，南、北各有一条壕沟，将整个聚落环护起来。聚落中心位置很可能存在一个广场，广场的四角各有一座大型半地穴房屋。西北角的房屋室内面积约

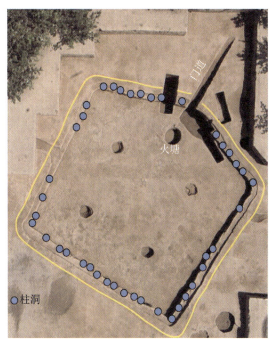

图1-13 河南灵宝西坡遗址仰韶文化庙底沟类型大型半地穴房屋

200平方米，外有回廊，占地面积达500余平方米，是当时最大的单体建筑。房屋规模、装饰方式和重要位置均表明，其不是普通人居所，而应是举行大型公共活动场所，是庙底沟时期社会发展的重要标志。

西坡遗址南壕沟外发现一处庙底沟类型最晚期墓地，发掘的34座墓葬表现出明确的等级分化。最大的墓葬长5米、宽3.4米，现存的深度近2米，出土量约20立方米，可以在墓上堆成底部直径5米、高3米的封丘，为目前发现的同时期规模最大的单体墓葬。墓室上面以木板覆盖，板上再覆盖麻布。墓圹全用特制的泥填埋，泥中还有意掺杂芦苇、枣、酸枣、旱柳、五蕊柳和野茉莉等十余种植物。墓主为

图1-14　河南灵宝西坡遗址仰韶文化庙底沟类型大墓随葬陶器

青年男性，随葬品只有9件陶器，除一对标志身份的大口缸，其余为釜灶等一般日用器物。其他大型和中型墓中随葬有玉钺和象牙筒形器等标志身份的特殊物品，但数量不过十余件。

对西坡各墓主腹部土样检测发现，大型墓主样品的寄生虫卵数量远远多于其他墓主，是墓主生前食用猪肉较多的证据。对人骨内氮15含量的分析显示出同样的结果：大墓墓主骨骼的氮15含量明显偏高，生前食用猪肉较多。猪肉在当时是奢侈的美味，只有在重要活动中才食用，大墓墓主明显是"肉食者"，比一般人主持和参加了更多享受消费肉食的重要活动。

庙底沟社会明显以与其他地区社会迥异的方式完成社会发展。社会上层重视组织大量人力物力、兴建用于公众仪式的大型公共建筑，组成大规模聚落。重墓葬规模，而忽视表现个人财富和地位的奢侈品，极少仪式用品，大墓与中小型墓同在一区域。这继承了仰韶文化早期重视亲属关系的传统，表现出浓厚的注重宗族整体团结和福祉的社会发展道路。铸鼎原周围聚落群表明类似红山文化聚落群规模的"古国"在庙底沟社会也已出现。

城垣初起　长江中游此时西部为大溪文化，东部为油子岭文化。

湖南澧阳平原的系统调查表明，大溪文化时期该地区遗址数量和面积均急剧增长，遗址数量达到50处，并出现区域聚落等级化。澹水上游以澧县城头山城址为核心聚落。城墙由黄色黏土垒筑而成。城外为宽12米的壕沟。城和围壕建设需要大量人力物力，有学者推测要100人工作半年时间才能完成。城内发现一处面积约200平方米的祭坛，上面有祭祀坑、瓮棺葬和土坑墓，周围还有40多个祭祀坑，表明核心性聚落在仪式活动中占有更重要地位。

更清晰的等级分化资料仍来自大量墓葬。

城头山遗址大溪文化土坑墓有215座，其中168座有随葬品，从1件到30多件不等，以陶器为主。随葬品10—20件的12座，20件以上的仅2座。随葬品最多有27件，为2件玉璜和25件陶器。陶器包括7件豆和4件盘。墓主左上臂边放置1个儿童的头骨。墓底有零星朱砂。油子岭文化湖北龙王山墓地中，墓葬等级差别更加明显。一座高等级墓葬有随葬品169件。陶器154件、陶纺轮4件、猪下颌骨11个。陶器中有鼎47件、小罐35件、豆11件。

长江中游与其他地区一样，开启了社会加速发展的进程。城头山城址是大型公共建设工程的代表，以该遗址为核心的聚落群可以作为本地区"古国"的代表。各墓地中社会上层墓葬的随葬品组合表现出强烈的"世俗"取向，主要以成套日用陶器表现身份和等级，

钺是重要的权力标志；极少量可能与仪式活动有关的龟、鱼等物品并未出现在社会上层墓葬中；虽然城头山遗址出现祭坛，但未见与复杂宗教仪式有关的遗迹和用品，高庙文化开启的宗教传统似乎并未得到充分发扬。

二　交流碰撞催生"最初的中国"

与各地区同步跨越式发展同样引人注目的是更加密切和深入的区域间交流，这促成跨越千里的"社会上层交流网"形成，至迟在距今5300年前后，催生出历史时期多民族统一国家雏形——"最初的中国"。

相隔1000余千米的凌家滩文化和红山文化在玉器上表现出深度相似，是社会上层远距离交流的坚实证据。归纳起来，两个文化相似的玉器种类包括玉人、写实玉龟、龟的抽象表现形式玉筒形器、勾体龙形器、双联璧、玉环、玉镯和玉璧等。玉人头戴矮冠、双手回放在颌下、腰束窄带、双膝微曲这些细节都酷似，玉筒形器在斜口、象征龟腹甲一面较平整、象征龟背一面凸起等细节上也相似。龟、鸟、猪等虽表现方式有差别，但蕴含着相似的内涵。凌家滩有胸负八角星、双翅为猪首的玉鹰，红山文化有鸟驮獠牙兽面的"枭形勾云形器"，同样表现出神鸟维护天极主题。

以上重要玉器蕴含着同样的宇宙观，直接交流是对这些相似性的合理解释。鉴于交流内容涉及玉器之类珍贵材质和宇宙观及相关仪式活动等高级知识，再考虑到居于红山文化和凌家滩之间的大汶口文化并未表现出如此强烈的宗教倾向，交流可能是通过掌握特殊物品和神秘知识的红山及凌家滩社会上层人物亲身旅行所完成。

距今5000多年的跨越1000千米的长途旅行可能出乎不少人的意料，但在西方民族学界和考古学界已经是一个被长期探讨的话题。对巴拿马早期酋邦社会的经典研究中，就发现酋长之子在继承酋长大位前要长距离旅行，到宗教圣地朝圣和学习高级知识。社会上层的亲身旅行至关重要：一方面，通过游学可以掌握本地民众难以获得的神秘知识和物品，使自己超凡脱俗；另一方面，充满传奇的长途旅行本身也是值得夸耀的传奇经历，是塑造自己英雄形象的最佳方式。考古资料显示，远距离交流不仅发生在红山和凌家滩社会之间，而是中国史前各主要文化区的普遍现象，各地新兴社会上层展开密切交流，形成远距离交流网。交流的证据包括龟的抽象形式筒形器、盛储仪式用酒的大口缸、象牙器、表达权力的钺等。最重要的交流内容是原始宇宙观、天文历法、高级物品制作技术、权力表达方式、丧葬和祭祀礼仪等只有社会上层才能掌握的、对维护其权力至关重要的知识，也涉及高级原料的贸易。目前的考古资料所揭示的只是交流的部分内容，当时发生的交流一定更加深入和广泛。

距今6000年以前，中国各地史前文化多元发展，虽有交流，但尚未形成文化共同体。距今6000年以后，各区域文化彼此密切联系起来，尤其是社会上层的远距离交流，促成各地区共享文化精粹。上述区域不仅具有很多相似文化因素，而且相互作用，彼此汲取社会发展实践的成功经验，放眼整个东亚地区，它们已经自成一体，地处历史时期中国地理核心，成为秦汉王朝统一国家的雏形。因此，有学者将之称作"中国相互作用圈"，或"最初的中国"。

三 良渚早期国家

距今约5300年，长江下游的良渚文化（距今5300—4300年）领导者有目的地借鉴和融合"最初的中国"内各地区"古国"政治实践经验，完成早期国家的构建。该地区社会之如蝉如蚕般的蜕变和羽化新生，从太湖东部，崧泽文化核心地区开始。江苏昆山张陵山和赵陵山为良渚文化早期重要墓地。

余杭良渚遗址群偏居整个良渚文化分布区西南一隅，却随后成为良渚文化最大的聚落群体和文化、宗教和政治中心。近年来，在浙

图1-15 良渚古城平面图

江余杭良渚的大雄山周围，发现重要的良渚早期聚落和高等级墓葬。官井头遗址有10座良渚早期贵族墓，玉器为随葬品主体，单墓随葬玉器23—53件，种类包括璜、镯、圆牌、小勾龙、镂空牌饰、玦、梳背、锥形器、管、珠、隧孔珠等十多种。一些玉器前所未见，可见良渚人创制新玉礼制时的最初设想。北村遗址发现一座良渚早期女性贵族墓，出土随葬品72件，其中玉器66件，包括1件写实的蝉。

距今5000年前后，以作为都邑的良渚古城形成为标志，良渚早期国家建立。古城可按照功能和结构划分为四重。

内城面积约300万平方米，城墙东北角和西南角分别借助雉山和凤山的自然山体，其余部分以泥土堆筑而成，下面以特意挑选的碎石为基础。内城最中心，为高约10米、面积约30万平方米的莫角山台基，其上又兴建大莫角山、小莫角山和乌龟山3个高土墩，并发现泥

图1-16 良渚文化水坝（可见草包泥块痕迹）

沙相间的夯土层、成排的大型柱洞、土坯和大型方木等建筑遗迹。大莫角山上确认的建筑基址有7处，面积在300—900平方米。整个莫角山范围应为宫庙区，此为第一重。

莫角山周边，南有皇坟山和池中寺。前者应为重要建筑所在，后者为仓储区，发现大面积碳化稻谷堆积，约相当于20万千克水稻。锶同位素分析表明，这些水稻来自良渚文化不同地区。西有反山和姜家山，前者为王陵所在，后者为贵族墓地。北有毛竹山、朱村坟、高北山等台地，可能为高等级行政管理区和贵族居住区。东有钟家港古河道，在其边缘发现大量玉料、玉钻芯、黑石英片等与玉器制作相关遗存，以及漆木器坯件、骨器残料等，说明此区域存在着王室专属的专门制作高等级玉石器、漆木器和骨器的手工业作坊。区域面积约110万平方米，此为第二重。

内城城墙之内与第二重之外，主要为手工业作坊区，以纵横交错的水网连为一体，面积近300万平方米，此为第三重。内城之外，北侧有扁担山、和尚地，东侧有美人地、里山、郑村，南侧有卞家山，均为人工堆筑长条土台，隐然如"外郭"城，囊括面积超过600万平方米，此为第四重。城内的毛竹山、高北山、沈家村等地点和城外的盛家村、金家头、美人地等地点的良渚文化生活废弃堆积中，发现与制作玉器、石器相关的成品半成品和加工玉石器的磨石、燧石，充分证实良渚古城核心区外同样存在各类手工业作坊区，尤其是玉石器作坊。

城址区以外为面积近40平方千米为"郊区"，调查和勘探工作比较充分的区域内，确认姚家墩、梅园里、官庄和下溪湾等聚落群组，

各有台地中心聚落，每组占
地面积约50万平方米，可能
是等级低于古城城址区的社
会组织。据此可以推测，整
个"郊区"的聚落总数可能
会超过600处。

良渚城址区和"郊区"
共同构成城乡结合的都邑。
古城周边有规模庞大的水利
设施，包括阻挡山洪的土筑
水坝和引水渠道，水利调节
面积达100平方千米以上。
整个古城系统土石方工程总
量1005万立方米，在当时位居世界前列。

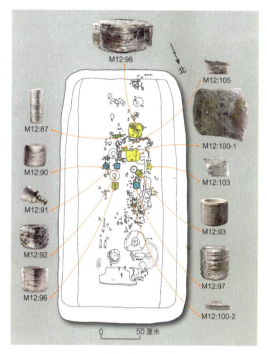

图1-17　浙江余杭良渚古城内
反山墓地高等级墓葬M12

都邑范围内的瑶山、反山等墓地，更充分地反映出社会等级的
"制度化"和王权出现，此两者，是国家级别社会形成的重要标志。

反山墓地在莫角山西北，是人工堆筑的土丘，高约7米，面积约
2700平方米。丘顶偏西部发现良渚文化墓葬11座，分为两排。随葬品
以玉器为主。陶器共出37件。石器54件均为钺。玉器3072件（不含
片、粒），种类包括标识宗教权力的琮、璧、三叉形器、锥形器、冠
状器和璜等，还有标志王权和军权的钺，另外有嵌玉漆器和象牙权杖
等。最"豪华"的12号墓位于南排较为居中位置，有独木棺，随葬品
658件，其中647件为玉器（不计大量玉粒和玉片）。冠状梳背、三叉

形器、锥形器等组成最高等级头饰组合；半圆形器为王冠上的装饰；钺仍是权力象征，被称作"钺王"的玉钺1件，长17.9厘米、刃宽16.8厘米，有精美的配套钺柄端和柄尾玉饰，雕刻有完整的神人兽面图像。另有石钺5件。琮的数量达到6件。其中最大者重达6.5千克，被称作"琮王"，上面刻有完整神人兽面图像。由随葬玉器组合推测，保存较好墓葬中，仅两座墓主为女性，其余7座均为男性。男性对权力的掌握更加牢固，但女性地位并未丧失。

反山墓地被称作"王陵"，男性墓主应是良渚早期国家的王者。总体而言，与此前高等级墓葬相比，大量玉料、复杂器型、繁缛纹饰被用来宣示王权和神权。钺和琮、璧大规模使用，表明王权和神权并重，是良渚王者树立威望，管理国家的重要依托。

因此，学界普遍认为良渚社会基本符合中国考古学对"国家"社会发展程度的定义，形成比一般"古国"更加成熟、可以称作"早期国家"的高级政体。2019年，良渚古城被列入世界文化遗产名录，表明世界对其文明发展水平的认可。

良渚文化主体人群是本地崧泽文化先民，如上所述，崧泽社会采取的是世俗权力为核心的发展道路。玉钺或石钺，是崧泽文化和同时期凌家滩、大汶口、仰韶等文化表达王权和军权的共同标识。良渚时期，与钺相关的礼制明显更加规范化，最高等级墓葬的玉钺有以玉饰装饰的精美漆木柄，并随葬大量次级玉钺和石钺，可能与当时的军事组织相关。但是，良渚早期国家的权力结构明显是以神权为核心。玉钺上都有典型的"神人兽面"纹饰。以宗教为中心凝聚大规模人群和构建早期国家方略，明显是融合红山文化和凌家滩

图1-18　反山M12随葬"琮王"

成功社会实践的结果。

　　良渚遗址群中，瑶山和汇观山遗址均经过对自然山体的改造而成，兼具高等级墓地和祭坛功能。瑶山遗址外围有石磡环绕，山顶祭坛中心呈较规整方形，铺垫红土，其外有方形灰土沟环绕，沟外铺垫黄土并覆盖砾石。汇观山遗址同样有外围石磡和近方形的以灰土沟界定出中心区域。有学者提出两座祭坛都与春分、秋分和夏至、冬至日出和日落方位观测有关，是与牛河梁遗址群一样的神圣空间构建。

　　良渚玉器上精细刻画的"神人兽面"图像，表现的是良渚王者在通灵状态下，与神鸟沟通结合，成为"人面神鸟"，托负猛虎形象的天极神兽，维护宇宙正常运转，这是自高庙文化时期已经出现，经红山文化和凌家滩文化发展成熟的、以对天极之神的崇拜和沟通为核心的宗教观念。昆虫蜕变和羽化信仰也是良渚宗教的重要内容。良渚文化早期的北村大墓和中期的反山大墓中都随葬有玉蝉。

良渚文化晚期，盛行有精细刻画图像的高等级陶器。千姿百态的鸟纹是最重要的图像主题。其中有的鸟纹身如弯钩，更有回环蜷曲之体附着鸟首的图像，被称作"蜷体鸟纹"，有些式样与红山文化玉器相似；有些则与庙底沟类型彩陶相似，包括：大鸟和小鸟组成的双鸟、三鸟和四鸟组合、群鸟齐飞场面，以及网格纹空白处的鸟纹等，均暗示良渚陶器刻画图像的鸟纹主题与庙底沟类型彩陶图像间有密切联系。

在广泛借鉴和融合的基础上，良渚社会上层将原始宗教发展到新高度，更规范的玉器形制和玉器上更整齐划一的刻画图像，更高水平的制作技术，以及在整个良渚文化分布区广大范围内的广泛使用，均表明宗教观念和仪式制度化。此外，象牙器和漆木器的发展达到新高度，是物化宗教观念和显示身份地位的重要载体。象牙权杖成为最高等级墓葬中的标志性随葬品。上海青浦吴家场大墓中的象牙权杖上，精雕繁缛细密的蜷曲地纹和层层叠起的神人兽面纹，工艺之精湛，令人叹为观止。丝绸很可能已经出现，有学者推测，对昆虫蜕变和羽化之力的崇拜，使得丝绸服饰成为具有特殊法力的宗教用品。

四 中华文明五千年的考古实证

从进化论角度观察，文明是人类社会发展的高级阶段，从世界文明多样性角度观察，文明是包含特定基因的物质和精神文化综合体。

恩格斯《家庭、私有制和国家的起源》一直是指导中华文明起源研究的重要经典，在"文明"的定义上，中国考古学界普遍认同"国家是文明社会的概括"，认为文明起源的实质，是在物质生产和精神生产发展基础上，原始社会氏族制度解体，建立国家组织的历史进程。在认定国家形成标准上，中国学界最初受到英国学者柴尔德对两河流域文明的研究，和英国学者丹尼尔综述世界文明起源研究的重要著作《最初的文明》影响，提出城市、金属和文字"三要素"说。若此，中国在殷墟时期才出现国家，形成文明。

20世纪80年代，面对红山文化和良渚文化的重大发现，更多学者认为以殷墟为中华文明起点，低估了距今5000多年即已经明确开始的史前社会跨越式发展。1991年的"中国文明起源研讨会"上，学者们普遍认为不应局限于"三要素"之有无，只要有足够反映"国家""实质"的考古证据，就可以认定国家出现、文明形成。21世纪初以来，"中华文明探源工程"持续开展，尝试提出文明起源的"中国方案"，取得广泛共识的内容包括：一是生产力高度发展，剩余食物积累，人口显著增加，社会分工明确，考古证据为大型水利设施、大规模农田建设、大量粮食的集中存储、出现制玉、鞣漆、丝织和高等级陶器制作等高级手工业。二是阶级和等级分化制度化。考古证据为墓葬悬殊的等级化，出现随葬品丰富的"王墓"，以用钺制度彰显王权和军权，以具有宗教内涵的玉器彰显宗教权力。三是出现都邑性城市。考古证据为城墙环绕的超过200万平方米的特大型遗址，规划严密，有宫殿、仓储、仪式场所等需要耗费大量人力物力兴建的大型公共设施，为政治、经济、宗教和文化中心。四是区域聚落等级化发展，呈现城乡差别。考古证据为在广大范围内，形成都邑、主要中心、次级中心和一般村落的多级聚落结构。五是文化发展。考古证据为玉器和刻画图像反映的"天极宇宙观"及相关天文知识，各种复杂建筑、高级手工制品、复杂的符号系统等。六是各地区在社会发展的同时，发生密切互动，共享文化精粹，形成"中国相互作用圈"或"最初的中国"，奠定历史时期中国的基础。

前五项内容，为世界文明起源研究公认的文明认定标准，但其考古证据则契合中国考古资料；第六项更是着眼于中国历史时期多民族统一国家的形成。按照此"中国方案"可以认定，中国史前各地区在距今6000—5300年同步跨越式发展，各地区相互交流碰撞形成被称作"最初的中国"的文明体，良渚文化在距今5000年前后形成早期国家，中华文明在5000多年前就已经形成。

五　各地区的动荡整合

灿烂的转折期后，"最初的中国"范围内各文化区并未继续共同发展，在距今5300—4300年，文化格局开始呈现东西对峙之势，两大地区发生不同的社会变革：在西部第二阶梯，仰韶文化及红山文化核心地区突然衰落，引发大规模人群流动和动荡整合；在东部第三阶梯，虽然发生凌家滩社会解体，但总体而言并未停下社会发展步伐，良渚文化大放光彩，成为新政治实践典范，大汶口文化中晚期，社会复杂化加强并大规模西进，油子岭文化演变为屈家岭和石家河文化，持续发展并强势北进。所有这些波澜起伏的变化，都应以"最初的中国"视角来观察和理解。

西部地区　庙底沟类型的核心区豫西、晋南和关中盆地地区，本时期进入仰韶文化晚期，呈现衰落态势。在灵宝铸鼎原周围地区，遗址数量由庙底沟时期的21处减到8处。更令人诧异的是文化面貌的突变：红陶为主变为灰黑色陶为主，彩陶急剧减少，残存者图案简单。出现由东方的大汶口文化和南方的屈家岭文化传播而来的豆和背壶等器物。

距今4800年后，本地区转入庙底沟二期文化阶段（距今4800—4300年），文化面貌发生改变，灰陶占绝大多数，彩陶消失，鼎流行，出现三袋足器鬲，窑洞成为主要居住形式。墓葬资料更反映出社会复杂化程度降低。庙底沟遗址发现本时期墓葬145座，仅两座有随葬品。此后数百年间，昔日彩陶灿烂的仰韶文化庙底沟类型核心地区一直保持初级复杂社会状态，直到陶寺文化在临汾盆地的崛起。

处于西部和东部交界的郑州和洛阳地区，巩义双槐树遗址出现短暂的高度发展。该遗址有三重环壕，面积100余万平方米。内壕中发现大型院落和大型夯土建筑。该遗址周边聚落密布，形成大规模聚落群，被称作"河洛古国"，但不久便在大汶口文化西进的浪潮中衰落。

包括天水、平凉、庆阳及宁夏南部的陇山东西两侧，一直是仰韶文化的重要分布区，仰韶文化晚期聚落数量大幅度增长。渭河北侧支流葫芦河流域的调查显示，遗址总面积由347.9万平方米增加到770.5万平方米。

天水秦安大地湾遗址分布在清水南岸的阶地和山坡上，面积超过100万平方米，在仰韶文化之前即已出现，此后历经仰韶早期和中期的发展，至此时期达到高峰，为其所在流域"古国"中心。大地湾遗址仰韶晚期聚落主体分布面积50万平方米，发现房屋56座，面积在100平方米以上的大型房屋有3座。编号为F901的大型房址，是面积420平方米的地上建筑，由中心主室、东西侧室、主室后面的后室和前面的附属建筑共五部分组成。主室面积131平方米，内有直径2.5平方米的灶。此建筑位居遗址高处，周围近1000平方米无其他建筑，为公共活动广场，明显是举行大规模公共活动的场所。甘肃庆阳南佐遗址为该区域"古国"都邑。发现面积约700平方米、由前厅和后堂组成的超大型夯土地面建筑。废弃时被大型夯土台精心覆盖，所以保持完好。附近一座附属房屋中发现精致白陶器和大型彩陶等特殊器物。

距今4800年前后，常山下层文化取代甘肃东部地区的仰韶晚期文化。文化面貌发生改变，彩陶比例很少，流行各种单耳和双耳罐，多见蓝纹。居住形式为窑洞，流行竖穴侧室墓和屈肢葬。葫芦河流域调查显示，遗址数量从仰韶晚期的67处增加到80处，遗址总面积略有增加到800万平方米，但遗址平均面积实际有所减少，文化堆积总体积更是从1561.1万立方米急降到880万立方米，表明遗址数量虽多，但聚落连续使用时间缩短。大地湾遗址这样的中心遗址被废弃。

庙底沟核心地区人群西进脚步并未止步于陇东地区，而是直达此前人烟稀少的甘肃洮河流域，并扩散至河西走廊东部及青海的湟水流域，在其他地区彩陶纷纷衰败形势下，逆势而上，创造了以绚丽彩陶为特征、持续千年的马家窑文化（距今5300—3900年，从早到晚分为马家窑、半山和马厂3个时期）。

由临洮境内洮河流域资料看，17处马家窑期聚落可以分为三级，最大的寺洼遗址面积可达100万平方米，为中心聚落，朱家坪和马家窑遗址面积约数十万平方米，为二级聚落，其余为普通聚落。

更能反映马家窑社会复杂化程度的是墓葬资料。青海同德宗日遗址发掘墓葬222座，其中部分属于马家窑期及其向半山过渡期。由发表的资料看，随葬品均只有数件。一座高等级墓葬中，墓室以石板封盖，墓主左腕有精致的臂穿，为骨筒形器表面粘贴绿松石制成；颈部有项链串珠，但此外只有两件彩陶器。随葬著名的彩陶集体舞蹈人盆的墓葬，只有4件彩陶。

半山时期墓葬显示出以随葬品数量为标志的等级化略有加强。青海民和阳山半山类型墓地，发现218座墓葬，分为北区、南区和东区。北区为一个亲属集团，流行屈肢葬，此区又可以分为3群。南区和东区属于另一个亲属集团下的两个分支，均流行俯身葬，南区下又分3群，群下还可以分组；东区下分4群，群下也可分组，每组对应一个家族。墓地中有35座合葬墓，合葬人数2—5人。以上都是半山社会中重视亲属关系的证据。随葬品方面，各墓有所差别，绝大多数都超过5件，但超过20件随葬品的多为合葬墓，因此单人平均随葬品的差别不是很明显。

总体观之，强势进入甘肃西部和青海东部创造马家窑文化人群在马家窑期继承庙底沟社会发展模式，即形成大规模聚落，有规模较大、结构复杂的墓葬，但不用丰富随葬品表达身份。宗日舞蹈彩陶盆生动描绘出集体仪式活动场景，阳山墓地发现仪式活动遗迹，马家窑彩陶中的蛙纹等纹饰被认为具有宗教或巫术内涵，但马家窑社会明显更加"世俗化"，阳山墓地表现出对亲属关系和祖先祭祀的重视，是

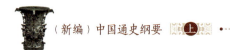

维系社会的重要力量。

东部地区　大汶口文化此时进入中期和晚期。济南焦家遗址发现大汶口中期和晚期房址116座。中期开始即出现夯土围墙，将遗址中心部位围护起来。中期的47座房屋为半地穴式，面积5—15平方米，分组聚集，但无等级差别。晚期69座为地上连间排房，也无等级差别。

安徽蒙城尉迟寺遗址是目前唯一被完整清理的大汶口晚期聚落，面积8万平方米，有宽阔的环壕围绕。壕内有排房式地面建筑，可以分为20个对应扩展家庭单元，整个聚落居住人口约300人。房屋形制无等级差别。

大汶口社会更明确的等级差别证据仍来自墓葬。大汶口墓地第一次发掘的133座墓葬均属于大汶口中期，排列规整，大体可分为3个区，墓葬存在明显的等级差别，大中型墓聚集分布。一座大型墓中有61件随葬品，包括11件陶器，1件精美象牙梳形饰，1件石钺及柄端的骨饰，3件象牙"琮"形饰品，2件石锥形器（发饰），猪獠牙束发器、1副龟甲，双手握獐牙器。规格最高的一座墓葬长4.2米、宽3.2米，结构复杂，有木制葬具痕迹，墓主为50—55岁女性。随葬品中，陶器就有93件，包括彩陶、白陶和精致黑陶，多成对放置，陶瓶达38件。玉石器10件（套），头部佩戴27枚石片和31颗石珠组成的2串发饰，颈部绿松石1串（19枚），佩戴玉质臂环、指环，有玉钺1件即骨制柄饰。骨角牙器7件，包括完全相同的象牙筒形器2件和象牙梳型发饰1件，双手握獐牙器，另有鳄鱼骨板84片（为以鳄鱼皮制作的"鼍鼓"的遗迹），猪头2个。

这些墓葬表明大汶口社会继承早期开启的传统，并更加制度化。宴飨或用酒食祭祀仪式活动在社会中仍占有特殊地位，所用器具更加精致而独特，涉及礼仪更加繁缛，在葬仪中会用更加奢华和复杂的方式表达出来。

蓬勃发展的大汶口文化中晚人群开启夸父追日般的强劲西进。移动的人群或沿汶水和泗水南下，从微山湖东侧抵达淮河干流，或由大汶口文化的传统区域苏北直接沿淮河西进，在皖北建立大量聚落；再溯颍水、涡河而上，到达豫东，而后则主要沿颍水及其支流贾鲁河到达豫中的平顶山、许昌、郑州地区；继而西进至豫西的伊、洛河流域，部分大汶口人可能沿淮河支流到达信阳、新蔡、南阳等地区。

长江中游在距今5300年以后进入屈家岭文化时期，至距今4600年前后演变为石家河文化。自屈家岭文化时期开始，遗址数量大规模增长，并出现很多有城垣和壕沟环绕的大型遗址。湖北天门石家河遗址在屈家岭时期即出现面积约180万平方米的城址，持续使用到石家河文化时期，周围有一系列遗址环绕，构成本地区最大的"古国"级别遗址群。其他面积在10万—100万平方米的城址，遍布各地。核心遗址内有大型仪式活动遗迹。部分遗址发现屈家岭文化的管状大型陶器连续套接遗迹，周围密布祭祀坑。石家河遗址三房湾地点发现大规模石家河文化红陶杯堆积，陶杯数量达到惊人的200余万件。石家河遗址一座灰坑中，发现巫师抱鱼和鱼尾之鸟的陶塑。以上都是仪式活动的遗存。但整体而言，世俗权力在社会发展中的作用更为重要。墓葬表现出明显的社会等级化。湖北沙阳城河遗址墓地等级差别明确。大型墓的面积均在10平方米左右，墓室深达2.5

米，随葬品数量最多的可达60余件，以陶器为主，还有少量漆器、象牙器和玉、石钺等。

江汉地区人群势力强盛，占据南阳盆地等河南南部地区，南阳黄山遗址发现的屈家岭时期大型墓葬中，随葬400余件猪下颌骨，并有玉钺和长弓劲矢，尽显北上的江汉人群首领之勇武豪迈。

距今4300年前后，良渚早期国家的解体，如一石入水，激起万顷波澜，各地区竞相发展，热烈互动，进入龙山时代（距今4300—3800年）。中华文明迎来新的发展时期，中国第一个王朝——夏王朝呼之欲出。

第四节　王朝的诞生

龙山时代的中国各地，呈现出古史记载中五帝时代"万邦林立"的政治图景。石峁、陶寺等早期国家并进发展。与尧的记载颇为符合的陶寺遗址的重要考古发现，反映出"协和万邦"政治理想形成。环嵩山地区，位于中原之核心，是东西南北各方势力激荡整合的熔炉，严峻的政治环境，迫使龙山社会领导者们实践更有效的社会组织方式，激发出更具雄心的政治理想，成为以二里头文化为代表的夏王朝的孕育之地。

一　万邦林立

龙山时代，中国各地呈现不同的发展态势，黄土高原东部、海岱地区和环嵩山地区，呈现出众多古国和石峁、陶寺等早期国家并进发展、此起彼伏的态势，颇为符合古史记载中五帝时代"万邦林立"的政治图景。

山东地区的大汶口文化发展为龙山文化，社会发展、城邦并立。

龙山文化遗址数量增长至近1500处，几乎为大汶口文化遗址数量的3倍。鲁西北地区，出现大量以夯土城墙和城壕围护的城址，并以这些城址为中心，在一定区域内形成等级化的聚落群体。以上城址，城内面积数万至数十万平方米不等，相互距离多在30—50千米，每个核心城址的控制区域近1000平方千米，大约为一般"古国"范围。城址为"古国"聚落群中心，下面有不同等级聚落。鲁东南地区，则出现两城镇和尧王城两座大型遗址，尧王城遗址有三重城墙，面积达300万平方米。以这两座城址为中心，同样形成不同等级遗址形成的聚落群。尤其重要的是，出现了可能具有军事意义的特殊聚落。

龙山社会复杂化发展最明确的表现是，"礼仪"制度更加完备的大型墓葬出现。山东临朐西朱封遗址大墓规模大，均有棺椁，随葬品以成套的、礼仪化的精致陶器为主，也有玉簪、玉柄形饰、玉刀、玉铲、绿松石饰物、石镞、漆木器、鳄鱼皮鼍鼓和獐牙等。蛋壳陶杯是龙山文化礼仪陶器的代表，因其陶胎薄如蛋壳而得名，最薄部位多在杯口，一般厚度在0.2—0.3毫米，重则不超过70克。陶质极纯，皆为精加淘洗的细泥质黑陶，不含任何杂质，黑如漆，亮如镜，薄如纸，硬如瓷。陶杯不同部位要分别制作，再拼合在一起。分工制作理念，器身上平行细密的凸棱装饰、规则的几何镂空，让人能从小小的陶器上，感受出龙山社会制度的精巧和严谨。

　　汉水中游的屈家岭—石家河文化发展为肖家屋脊文化，仍以石家河遗址为核心。该遗址的肖家屋脊和谭家岭地点，发现随葬精美玉器的瓮棺葬。对蝉的重视是肖家屋脊文化的重要特色，玉蝉成为高等级墓葬中最重要的随葬品类型之一，仅在肖家屋脊地点的一个瓮棺葬中就随葬11件。玉虎形象大为流行，有写实虎首、虎首镂空牌饰和虎侧身像，正是天极之神的动物形象。谭家岭地点的1件玉器，整体形态为抽象的蝉形，背部凸出人像，细长目的尾梢吊起，写实而生动地表现神巫如蝉蜕一样，破蝉背而出的状态。可见，此前更注重世俗权力的江汉地区，转而接受良渚成功实践的以宗教凝聚人群的社会发展道路。

　　在黄河上游的洮河和湟水流域，从陇东地区西进的人群发展出齐家文化，与马家窑文化马厂期人群共存。齐家文化在中西交流中发挥着重要作用，在距今4300年前后，自欧亚大陆草原地带引入金属冶炼技术、小麦、羊和牛。甘肃张掖西城驿遗址（距今4300—3600年），出土冶铸相关的遗物，包括炉渣、矿石、炉壁、石范等，操作链基本完整。科学分析显示，西城驿冶炼工匠已经能够使用普通铜矿石冶炼红铜，再配入锡、砷、铅等成分冶炼铜合金，但产品以红铜和砷青铜为主。河西走廊地区已经成为早期冶金中心，开始冶金技术本土化和向东传播进程。据不完全统计，中国西北地区目前出土的早期金属器已超过千件。铜器种类以个人装饰物和工具为主，包括耳环、臂钏、手镯、管饰、泡、项饰、牌饰、刀、斧、锥等，也有少量兵器和作为权力或身份象征的特殊器物。新农作物和牲畜及金属冶炼技术继续东传，成为龙山时代社会发展和早期王朝建立的催化剂。

2011年对陕西神木石峁遗址详细调查探明，石峁古城由皇城台、内城和外城三重结构组成，有城门、墩台、马面、角台等附属城防设施，形制完备、保存良好，总面积达400万平方米以上，是目前所见龙山时代最大的城址。

图1-19　陕西神木石峁遗址皇城台

外城东门两侧有高大的墩台，形成狭长的门道，方向为北偏东31度，正是石峁时期夏至日出的方位。在修建外城东门及其北侧的外城城墙时，埋入近百颗人头。这些头骨被埋在城门入口处、城墙外及城墙下的5个祭祀坑中，每处埋置头骨个数8—24个不等，部分头骨上有明显的砍斫和砸击痕迹，甚至整个头骨裂开。部分头骨枕骨和下颌部位有灼烧迹象。经初步鉴定，这些头骨以年轻女性居多。东门外的1号祭祀坑中，发现24颗年轻女性头骨。1号祭祀坑和门道内的2号祭祀坑之间连线，指向北偏东31度。2号祭祀坑和4号、5号、6号祭祀坑连成一线，方向为北偏西31度，正是夏至日落的方位。藏玉于墙，是石峁城另一个重要特征，即将玉器砌入石墙中。各地点发现了几十件玉器，包括玉钺、玉铲、牙璋等。

皇城台是石峁遗址最核心的区域，位于内城偏西的中心部位，为一座以石墙包砌自然山体形成的"金字塔"式台城。石墙分为十多层，每层3—4米，重叠高起达70余米，有大量高约40厘米的陶鹰环绕。台顶面积8万余平方米。

台顶东部发现一处规模宏大的建筑台基，边长约130米，四周墙体用大小不一的砂岩石块错缝筑砌，石块之间用草拌泥黏结，墙内有粗大的纴木以加强台基牢固性。台顶发现超过1万枚骨针，20余件口簧，成层分布的100余片卜骨，数量可观的建筑用瓦，牙璋、琮、钺、环等玉器，锥、刀、环等铜器以及海贝、象牙、丝织品等高等级遗物。

大台基的墙体上和倒塌堆积中，发现石雕70余块。雕刻内容大致可分为神面、人面、神兽、动物和符号五类，其中神面石雕体量最大，最大者长度超过2.6米。台前的通道上，发现一个立柱型石雕，高近1米，为两面对称的神像。石雕多为对称式构图，以一正视神面为中心，两侧雕出侧视神面，其内容和形式均开启商代青铜器主题纹样先河。神像虽没有明确的四颗獠牙，但狞目露齿的面容仍是天极之神的典型特征，神像两侧也常有勾首之鸟形象。从主题到形式都与肖家屋脊文化玉器相同。兽面蛇身的形象，与陶寺陶盘底部的"蟠龙"

颇为形似，更可以确定为二里头文化绿松石龙形器的原型。

很明显，石峁领导者们利用宗教树立自己的权威，打造圣地。秃尾河为黄河一级支流，其流域内密集分布着100余处龙山时代聚落，包括石城聚落十余处。聚落分为10万平方米以下、10万—100万平方米、100万平方米以上三个等级，是社会分化的典型表现。石峁遗址为最大石城聚落，形成以石峁为核心的强大"古国"，甚至早期国家级别的政体，与山西南部的陶寺政体形成南北对峙的局面。

陕北"边地"的崛起，与其所处地理位置密切相关，需要在更广大的自然和人文地理背景下解读。石峁遗址目前发现的绵羊和山羊骨骼已经多达十余万件，毋庸置疑，羊在经济生活中占据重要地位。这一巨大转变得益于跨区域交流。石峁可以间接地从甘青地区的齐家文化获得各种技术和理念，也有可能直接与其北部的鄂尔多斯高原人群交流。

二　"宅兹中国"

陶寺遗址位居西部地区与东部地区交汇之地，与文献中帝尧的活动区域正相符合。该遗址有两重城垣，外城面积约300万平方米。内城为宫城，发现大型建筑的夯土基址和柱础。在外城南垣外发现观察日出位置以判断时令的观象台。

外城东南部发现墓葬1000多座，表现出明显的等级分化。大型墓只有9座，中型墓约80座，其余为墓穴小且无葬具的小型墓。大型墓葬的规模和随葬品种类及数量都在中国史前时代位于前列，漆柄玉钺、刀、俎、豆、石磬、鼍鼓等表现出明显的礼仪化倾向。规模最大的墓葬面积约20平方米，随葬品超过百件，有漆柄玉钺、漆木长弓、成捆的箭、玉器等高等级物品，并有1名殉人和被劈成两片的猪10头。成套的陶器，表现出东方的陶礼器特征。残陶壶上发现朱书陶文，为汉字前身。

尤为引人注目的是，陶寺遗址表现出融合四方的特征。典型陶器具有山东、河南、江汉、西北和关中地区龙山时代文化因素；玉琮、玉璧和大型厨刀继承良渚文化传统；透雕兽面玉佩受到山东龙山文化和肖家屋脊文化共同影响，鳄鱼皮制作的"鼍鼓"来自山东龙山文化；铃和齿轮形器等铜器则是接受西北地区冶金技术的成果。陶寺显贵阶层的特大型墓葬中，着意展示来自不同地区的仪式用品，很明显，融合四方礼仪已成为陶寺社会上层着意展现的能力。

这种超越良渚社会的"融合"方略，表明陶寺的王者胸怀四方，并刻意彰显自己在四方中的核心地位，形成促进"最初的中国"一体化的政治蓝图。《尚书·尧典》中提到的尧分命羲和、羲叔、和仲、和叔宅于四方，"历象日月星辰，敬授民时"，不能仅以传说视之，而是将宇宙观政治化，促进各地区一体化进程的实践；"协和万邦"和"光被四表"并非完全是后代的称颂，而是以当时天下政治态势为背景的追述。

临汾盆地和邻近地区考古调查表明，陶寺是一个广大区域内的核心聚落，周边有次级中心，一般核心聚落和普通聚落，形成超过同时期其他城址的政治控制规模。综合这些迹象，可以推测陶寺政体达到了早期国家的标准，并成为中国早期王朝的滥觞。

陶寺文化兴起后，陕北地区在稍晚时期形成以石峁和芦山峁等遗址为代表的强大文化集团。石峁人群与陶寺有密切交流甚至冲突，可能是造成陶寺在距今4000年前后衰落的重要因素。

龙山时代的环嵩山地区，像海岱地区一样，形成诸城林立局面。嵩山东南地区遗址尤其密集。在古城寨遗址，距今4000多年的夯土城墙，历尽龙山时代的动荡，仍巍然屹立，宣示着环嵩山地区古国社会的组织力、行动力和在动荡中求生存、求发展的坚定意志。与文献记载的禹都"阳城"地望相符的登封王城岗遗址由小城和大城组成。小城分东、西两部分，西城面积近1万平方米，中西部较高，发现多处夯土建筑基址，并有13处埋葬人牲的奠基坑，出土铜容器残片。大城面积近35万平方米，内有多处大型夯土基址和祭祀坑，出有玉石琮和白陶器。这类大型城址应为古国政体的核心都邑。

嵩山东部地区有王城岗这样的大型都邑，也有淮阳平粮台等有城墙围护、面积数万平方米的军事堡垒。新发现的淮阳时庄遗址则是目前龙山时代仅见的一处粮食仓储聚落。这些发现强化了我们对龙山时代聚落功能多样性的认识。难以独立生存的特殊聚落，明显是大规模政治组织大范围政治、经济和军事部署的一部分。环嵩山地区，位于中原之核心，是东西南北各方势力激荡整合的熔炉。严峻的政治环境，迫使龙山社会的领导者们实践出更有效的社会组织方式，激发出更具雄心的政治理想，成为以二里头文化为代表的夏王朝孕育之地。目前，河南龙山文化中并未发现大型墓葬，重要遗址中出土少量肖家屋脊文化风格玉器，也发现埋葬整牛的祭祀坑，宗教在社会发展中应该发挥着重要作用。但总体而言，其社会发展方略与山东龙山文化和陶寺文化更接近，王权和军权具有更重要的作用。

二里头政体崛起，是环嵩山地带龙山丛体中因风云际会造就的英雄人物，融汇各种已有宗教、政治、经济和军事成果，施展陶寺王者即已形成的政治宏图成就的伟业。二里头文化最精彩的遗物，包括青铜器、绿松石镶嵌器和玉器等，均与宗教仪式有关，使用玉瓒（柄形器）的裸酒之礼可以直接追溯到良渚文化，宗教因素较龙山时代明显加强。二里头遗址发现有来自南方的印文硬陶、鸭形壶和海贝，来自西北地区的青铜战斧和环首刀，来自东方的酒器，肖家屋脊文化风格的玉器。这些考古证据表明，高居二里头宫殿中的王者胸怀天下的政治理想，并以最强大的文化中心地位，在一个甚至超出九州的地理范围内施展政治、经济和军事手段，获取资源、推广礼仪。

在龙山时代各地区的相互激荡中，我们看到经济、政治制度和宗教权力的发展，也看到将"最初的中国"文化共同体内各地区融为一体政治理想的产生与实践。《尚书·尧典》歌颂帝尧："克明俊德，以亲九族；九族既睦，平章百姓；百姓昭明，协和万邦。"我们相信，陶寺和环嵩山地区的领导者中，正有这样心怀天下的英雄，占据"中国"之地，努力完成早期王朝的构建。自距今4500年以后，考古资料确实与古史记载存在着更强的对应关系。被广泛讨论并接受的对应包括：晋南临汾盆地陶寺聚落群与帝尧集团的对应关系，龙山时期山东和河南东部大量城址反映出"执玉帛者万国"的社会发展阶段和政治格局，河南登封王城岗等城址与夏代早期都城地望符合，河南龙山文化南下和肖家屋脊文化的衰落与"禹征三苗"的关系，以及淮河下游黄河河道的演变与古史记载的水患的关系等。

考古资料与古史记载的结合充分证明古史记载并非完全虚构，

而是以真实事件为背景。以考古资料结合文献"释古"已成为以考古学为基础的中国古史重建的主流，为中华文明独特发展道路研究提供不可缺少的认知角度。

中国史前时代的社会发展和中华文明的形成，呈现出多元一体的特质。

在"多元"方面，不仅是文化面貌的多元，而且包含以下要点。

首先，各地区相对独立发展，开启文明化进程，没有证据表明某一地区在"最初的中国"初步形成过程中发挥了引领其他地区的核心作用。

其次，各地新兴社会上层的表达等级、展示权力和维持统治策略各不相同。凌家滩和红山社会均大量使用蕴含宇宙观的玉器，宗教气息浓郁，但红山社会独有以牛河梁遗址群为代表的隔绝世俗的仪式圣地。大汶口文化社会高等级墓葬随葬品奢华，但以表达世俗身份、威望、地位和财富的精美陶器、饰品和猪下颌骨等为主，缺乏特殊玉器等宗教仪式用品；崧泽文化与之相似。长江中游社会的大型墓葬随葬品数量大，但以明器化的日用陶器为主。仰韶文化庙底沟类型社会中，大型墓葬规格庞大，但随葬品数量少，同时存在大型聚落和大型公共建筑。很明显，各地区的文明化进程不尽相同，所选择的社会复杂化道路各具特色。

最后，各地区社会上层在交流中采取的是各取所需，而非全盘接受态度。例如，凌家滩和红山文化之间的大汶口文化与南北两个邻居均有交流，但仍然坚持选择更适合于本地传统的世俗化社会发展道路。因此，虽然存在密切交流，但各地区在文化面貌和社会发展道路

上仍然保持着各自的特色。

在"一体"方面，也不仅限于在密切的交流中，各地区多出现相似陶器，形成以彩陶广泛传播等现象为代表的"时代风尚"，还包括两个要点。

第一，各地区逐渐开始共享相似的文化精髓，包括相似宇宙观、天文历法、沟通天地的手段、各种礼仪和权力表达形式等。放眼东亚大地，这些相互作用的文化区形成了区别于周边地区的、进入更高发展阶段的文化共同体。

第二，踊跃参与着区域间交流的各地区社会精英们很可能已经认识到此文化共同体的存在。以亲身旅行方式参与远距离交流的社会上层，积累了丰富的自然地理和人文地理知识，并产生对相应的地理范围的文化认同。各地区当然未必认为自己属于同一个更高层次的政体，但至少已经认识到彼此共同拥有一个可以相互交流，共享文化要素的"天下"。

"最初的中国"形成到夏王朝建立的进程，各地区的发展可概括为"裂变""撞击"和"融合"三种形式。

"裂变"可以理解为各地区在经济发展基础上、基于本地自然环境和文化传统完成的社会复杂化的初步发展。"裂变"在距今8000—6000年普遍且持续地在各文化区出现。通过考古资料可以辨识的主要表现有农业经济初步形成和发展，数万平方米的较大型聚落出现，大型房屋出现，随葬品较丰富的墓葬出现，原始宗教和仪式活动初步发展等。

"撞击"可以理解为自距今约6000年开始，各地区在社会复杂化加剧、社会上层集团出现后，以"社会上层远距离交流网"为核心的区域互动促成飞跃式的、达到"古国"阶段的社会发展。比起一般的文化交流，相互"撞击"才能促进各地区社会飞跃式的快速发展。如果仅有自我"裂变"而没有相互"撞击"，各地区可能难以同步取得飞跃式社会发展。在相互"撞击"中，各地区形成称为"最初的中国"的"相互作用圈"，中国文明初步形成。

"融合"可以理解为"古国"社会"满天星斗"式普遍发展、各类型政治构想被广泛实践、"最初的中国"形成的壮阔进程孕育出的更具雄心的领导者，在更宏大的政治理想促动下，有目的地借鉴各地区"古国"兴衰经验、构建早期国家的政治实践。良渚早期国家是"融合"式发展的第一个典型。陶寺和石峁早期国家构建是龙山时代"融合"形式发展的重要例证。如果说良渚文化的"融合"主要是借鉴同属"宗教取向"的凌家滩和红山社会的话，陶寺社会领导者则以更宏大的政治理想，实施更广泛的"融合"策略。与夏王朝对应的二里头文化也是以"融合"的方式建立起第一个王朝。

正是在不断"裂变""撞击"和"融合"中，中国史前时代先民完成了从原始氏族社会向广域王朝国家的发展，为历史时期更波澜壮阔的"大一统"文明型国家构建奠定基础。

本章参考文献

陈星灿：《中国史前考古学史研究（1895—1949）》，社会科学文献出版社2007年版。

刘莉、陈星灿：《中国考古学：旧石器时代晚期到早期青铜时代》，生活·读书·新知三联书店2017年版。

苏秉琦：《中国文明起源新探》，生活·读书·新知三联书店2019年版。

韩建业：《庙底沟时代与"早期中国"》，《考古》2012年第3期。

李新伟：《中国史前社会上层远距离交流网的形成》，《文物》2015年第4期。

严文明：《中国史前文化的统一性与多样性》，《文物》1987年第3期。

［美］张光直：《古代中国考古学》，印群译，生活·读书·新知三联书店2013年版。

本章图片来源

图1-1　中国国家博物馆网站，https://www.chnmuseum.cn/zp/zpml/kgdjp/202008/t20200824_247234.shtml，2023年11月28日。

图1-2　赵志军等：《北京东胡林遗址植物遗存浮选结果及分析》，《考古》2020年第7期。

图1-3　《稻·源·启明：浙江上山文化考古特展》，山东美术出版社2021年版，第112页。

图1-4　《中国百年百大考古发现》，文物出版社2022年版，第33页。

图1-5　《姜寨——新石器时代遗址发掘报告》（上），文物出版社1988年版，图六。

图1-6　《中国出土彩陶全集（7）·甘肃》（上），科学出版社、龙门书局2021年版，第4页。

图1-7　《凤舞潇湘——桂阳千家坪出土陶器》（下），故宫出版社2020年版，第532页。

图1-8　《稻·源·启明：浙江上山文化考古特展》，山东美术出版社2021年版，第50页。

图1-9　《牛河梁：红山文化遗址发掘报告（1983-2003年度）》（下），文物出版社2012年版，图版二七九。

图1-10　《牛河梁：红山文化遗址发掘报告（1983-2003年度）》（下），文物出版社2012年版，图版三九。

图1-11　《安徽含山县凌家滩遗址第五次发掘的新发现》,《考古》2008年第3期，图版肆。

图1-12　《东山村：新石器时代遗址发掘报告》（上），文物出版社2016年版，第206-208页。

图1-13　中国社会科学院考古研究所供图。

图1-14　中国社会科学院考古研究所供图。

图1-15　据《良渚古城综合研究报告》（文物出版社2019年版，第139页，图7-3）改绘。

图1-16　《杭州发现中国已知最早水利工程，距今5000年》，新华网，2016年3月16日，http://www.xinhuanet.com//politics/2016-03/16/c_128803149_4.htm。

图1-17　《良渚玉工：良渚玉器工艺源流论集》，香港中文大学中国考古艺术研究中心，2015年，第34页。

图1-18　良渚博物院供图。

图1-19　陕西省考古研究院供图。

第二章

夏商时期

章首语

在原始社会瓦解过程中，社会分化出不同阶级，由于生产力发展水平低下，平民（或自由民）阶层的生产能力基本只能满足自身需要，无法为社会发展提供充足的剩余产品，而榨取奴隶劳动可以不考虑其自身需求，于是奴隶成为社会剩余价值的主要生产者。奴隶在一定时期内成为生产的主要承担者，奴隶社会成为人类历史上第一个建立在剥削制度基础上的社会经济形态。

中国在原始社会末期就已出现奴隶制萌芽，夏商则是中国历史上的奴隶制社会。与古希腊、罗马等的古典奴隶制不同，夏商奴隶制主要体现为世袭君主制下以血缘为基础的家族奴隶制。笼罩在血缘和氏族温情下的家族奴隶制，除含有支配家族经济等主要权力的家长（即氏族首领）及家族骨干成员外，还包含经济上相对自由但政治上处于无权地位、无法脱离家族生存的其他家族成员，以及家族中的生产性奴隶和少数家内非生产性奴隶，从而以家族为单位，形成自给自足的社会经济单位，最终实现以夏王、商王为代表的奴隶主阶级对全国氏族成员的占有和统治。

夏商时期是中国国家形成的初期阶段，在这一阶段，族群突破原有血缘组织，形成跨血缘的大地域政治组织，社会由原来的方国联盟进入国家形态，中原地区的政治文化中心地位得以确立，中央王朝政治模式建立并逐渐推广开来。

在中央王朝形成前，中原地区已经出现由不同地方政治势力组成的方国联盟。随着交流和融合的加强，方国联盟日益向统一的政治实体转化，为实现政治一体化，联盟各成员通过协商方式产生共同的最高首领，并开始建立统一的行为准则，这一时期即是文献中以禅让制著称的尧舜禹时代。

到禹的时代，为建设大型公共工程和应对经常性军事冲突，首领权威不断加强，王族地位不断提升，最终禹之子启继承首领之位，从此开始王位世袭，中国进入王朝国家模式，最高首领成为天下共主。在原有方国联盟模式下，各政治单位之间是平等的联盟关系，进入王朝国家模式后，中央与地方之间转变为主从关系，夏王朝历史的重要特征是不断向外推广这种主从关系。

商王朝通过武力推翻夏王朝，继承夏的天下共主地位，继续维系着原有中央与地方间的主从模式。同时，商王朝还利用战争中获取的土地和人口，建立起初步的分封制，把原有的主从模式发展为君臣模式，中央控制力大幅度提升，中央王朝政治疆域不断扩展。

第一节 夏朝建立与王朝的初形

夏王朝的建立，是各地族群在中原地区长期融合的结果。中原地区的地理环境优越，居于黄河中下游，土地肥沃，水资源丰沛，有发展农耕的优良自然条件；同时又是黄河、济水、淮河、长江支流汇集的地区，不同地区人群和文化可以沿河集中到这一区域，是人群和文化交流的枢纽。从距今5000多年前开始，中国境内即已经出现多个高度发达的地方文化，分别建立起复杂的社会体系，文化和人群在应对自然环境变化过程中，汇集到中原地区，开始融合和重构的过程。

在这一过程中，社会组织逐步突破血缘和地域限制，统一行为准则和政治实体开始形成。到大禹时代，统一行为准则和政治实体已经基本成形，为夏王朝建立奠定了基础。

一 从禅让到家天下

在古代史书记载中，中国早期历史从五帝时代开始。司马迁《史记》以黄帝、颛顼、帝喾、尧、舜、禹作为记述开端，这一时期距今5000—4100年。但黄帝、颛顼、帝喾时代更多是传说，从尧时代开始，才呈现历史的样貌。

尧是明确拥有政治联盟首领身份的第一个圣王，他智慧有谋，能够协调不同族群之间的关系，并开始早期国家制度建设。尧最重要

图2-1　汉画像石中的古代帝王图

的功绩，是建立统一的历法。尧的时代，是国家成形的阶段，处于不同地区的不同族群开始突破界限，融合为政治共同体。要建成政治共同体，使不同地区、不同族群的人们统一起来共同行动，首要在于统一时间标准，只有遵循共同的时间标准才可能实现共同行动。尧的都城在今天的山西南部地区，尧以此为中心，向四方派出天文官员，建立观测点，通过观察广大地区内的天象，建立起适合整个中原地区的历法，为统一政治活动奠定基础。从农业起源到尧时代已经数千年，单纯的生产性历法已经成熟，生产历法更注重各地的作物需要，不注重统一性，所以尧制定历法并不是单纯改进生产历法，而是制定统一的政治历法。山西襄汾县陶寺遗址，规模宏大，城内还发现有天文观象台遗迹，被认为是尧的都城。

　　尧年老时，召集群臣推选继承王位的人选，四岳先后推举尧的儿子丹朱以及大臣放齐、欢兜等人，尧认为他们才德不足以承担首领职位，四岳又推荐正在负责治水的鲧，尧对鲧进行了九年的考察，最终还是否定了其继承资格。四岳又向尧推荐舜，尧对舜进行细致考验后，决定把王位传给舜，后来舜接替尧成为部落联盟的首领。历史上，这种用推举传承王位的方式称作禅让制。禅让制不是一种稳固的制度，是在社会从小地域、血缘化组织向大地域、跨血缘国家形态转化阶段出现的特殊权力传承方式，这一方式能够最大限度团结不同族群，促使各个族群联合成为一体化政治组织。

舜成为部落联盟首领时，族群融合已达到一定程度，需要制定共同行为规范，于是舜开始早期国家制度建设。舜巡狩四方，祭祀各地的山川，接见当地的首领，给他们颁发中央的信物；舜把强制力引入社会运行，处罚了共工、讙兜等人，初步制定法律；舜委派禹、契、弃、伯益等人分别负责治水、教化、农业、山林等事务，初步建立起官制。舜的时代是早期国家制度建设的重要时期，所以后人认为"天下明德皆自虞帝始"。舜年老的时候，以禅让方式把位置传给禹。

禹接替舜成为部落首领时，以中原为中心的政治共同体已进入早期国家状态，面临早期国家必须解决的加强中央权力、强化社会组织、提高强制力等问题。

禹时代最重要的事情是治水和修建道路。从尧的时候开始，有相当大的地域内出现洪水，影响到人们的正常生活，人们被迫沿河上溯到地势较高的中原一带躲避水患。禹的父亲鲧受尧、舜的委派，负责治水，鲧采取筑坝堵防方式治水，没有取得成功，被舜流放到羽山并死在那里。禹接手治水的任务，开始带领广大地区人们治理洪水，即使登上联盟首领位置后，依然辗转各处，为治水奔劳。禹采用疏通河道的方式，把洪水引导向大海，最终消除水患，禹成为中国历史上著名的圣王和治水英雄。

大禹治水并不是单纯疏浚河道，而是与建立水路、陆路交通系统同时进行。大禹组织治水和通路工程产生多重效果，一是因为治水是涉及整个流域甚至几个大河流域的大型工程，需要广大地域内的人群紧密合作，这就要求加强人群融合和建立更紧密的社会组织；二是为协调大地域内的人群合作，要求提高中央决策者权威，所以中央权力不断加强；三是治水通过疏导河道方式进行，在建成排泄洪水通道的同时，也构筑起水陆交通体系，把广大地区联结起来，为建立统一的行政体系奠定了交通基础。大禹治水极大促进了早期国家形态的强化。

禹时期的另一个重要历史事件是与南方苗蛮部族的武装冲突。从尧舜时代开始，随着中原政治一体化增强，中原地区以粟作为主的部族与南方以稻作为主的部族，因政治、经济、文化模式差别，对抗和冲突日益增多。尧、舜时期就曾征伐苗蛮，据典籍记载，尧曾派军队在丹水岸边打败南蛮，舜派军队击败苗民后迫使他们改变风俗，这表明尧、舜时期中原部族在南方的开拓取得一定成果。但中原与苗蛮之间的冲突并没有停止，禹时又与苗蛮发生战争，苗蛮失败，向南退却，禹对苗蛮的征伐取得胜利。

在广大地域范围内治水，必须依靠强大的协调能力，治理洪水需要建立适应处置紧急状况的应急机制，这要求公共权力有较强的强制力。同时，与南方部族的武装冲突长期存在，战争也不断促成公共权力的强制力增强。所以，禹时代公共权力中强制力因素日益加强，刑罚开始成为处理社会事务的常见方式，据《国语·鲁语下》记载，禹在涂山召集当地各族首领盟会，防风氏首领因迟到，被禹下令处以死刑。这说明刑罚开始成为管理社会运行的重要方式，禹由政治联盟首领蜕变为君主，国家已经初步形成。

禹年老后，与大臣协商，先是确定皋陶为继承人，但皋陶先禹而去世，于是禹又指定伯益为继承人。

但是，随着国家形成和制度建设，禹的权威不断加强，首领家族地位随之提高，禹的家庭成员更是掌握了重要权力，成为政治结构中的中心力量。加之禹在位时间较长，最高权力逐渐与特定人物和家族产生固定联系，禹的儿子启逐渐成为举足轻重的人物。当禹去世之后，伯益未能顺利继承权力，而是启成为最高首领，建立起君主制王朝。历史上称启所建立的王朝为夏朝，启被称为夏后启。

夏后启继承其父亲禹的地位，打破通过推举传承权力的禅让制，从此历史进入王位世袭的"家天下"时代，标志着中国历史正式进入王朝国家时代。

二　夏朝初年的动荡与巩固

夏人起源于何处，文献记载中存在多种说法，山西南部、河南西部、河南东部以及山东西部一带，都曾被认为是夏人的起源地。但至少到鲧的时候，夏人已经居住在河南西部的伊洛盆地，文献中称鲧为崇伯鲧，还说在夏人兴起之际，崇山一带曾经发生祥瑞，崇山就是今天的嵩山，可见鲧居住在今嵩山一带。到大禹的时候，禹为让位给舜的儿子就逃避到阳城（今河南登封），阳城在今嵩山附近。近年来，河南登封发现王城岗遗址，学者认为可能是鲧或禹所居的阳城。夏人世代居于嵩山周围，说明夏人是中原的本土族群。嵩山一带正是中原的中心地区，启能够实现接替禹而世袭王位，离不开夏人族群支持和本土优势。

夏后启成为最高首领后，将都城迁到阳翟（今河南禹州），建立起夏王朝，成为天下共主。王朝体制建立，需要建立相应的制度，夏后启采取多种方式，加强制度建设和王权。

夏后启把各地的首领召集到钧台，与他们举行会盟，确立自己的领导权，要求各地服从王朝领导，这一事件被称为"钧台之享"。钧台之享是夏后启与诸侯建立正式主从关系的开端，标志着部族政治联盟关系最终瓦解，夏王朝正式进入国家形态。夏后启后来还举行过类似会盟，以重申自己天下共主的地位。

夏后启继承父位而夺走属于伯益首领位置的做法，破坏了原有的以禅让传承权力的方式，引起许多部族不满。这些部族联合起来，不肯服从他的领导。夏后启采取军事行动打击伯益及其支持者，其中最重要的一次战役是甘之战。有扈氏反对夏后启，夏后启调集军队讨伐有扈，两军在甘展开大战，夏后启在战前誓词中称自己攻打有扈氏是代表上天执行刑罚，将自己描述为上天命令的代行者。夏后启军打败有扈氏，并将其灭族，在此威慑下，各地势力纷纷归服夏王朝。通过战争，夏后启实现了继禹为王的目的。夏后启与有扈氏等族的战争，与此前的战争不同，此前的战争都是在不同团体之间进行的，是平等主体之间的战争。夏后启所进行的战争则被表述为同一政治共同体之内的战争，是中央王朝对下属的征伐，这标志着军事成为整合国家政治结构的重要途径，为日后"大刑用甲兵"统治方式开启了先河。

为巩固统治地位，夏后启还进行巡狩，推行中央规范。传说夏后启从上天处得到《九辩》《九歌》，发展出名为"九韶"的歌舞，并在巡狩期间向诸侯展示九韶之乐。音乐在古代宗教、政治领域中占有重要地位，是达成人神沟通、实现等级礼仪的重要工具。夏后启从上天那里得到《九辩》《九歌》的传说，说明夏后启曾以上天的名义改进音乐，以便利用宗教与音乐强化自身政治地位。

夏王朝毕竟处于国家形成初期，制度尚不完善。还没有明确约束最高统治者的行为规范，夏后启行为十分随意，喜欢游乐，《墨子·非乐》说他"淫溢康乐"，《楚辞·离骚》则说他"康娱以自纵"；王族内部权力分配机制也不完善，导致王室因为觊觎权力而发生争斗，夏后启的儿子武观（又作五观）曾在西河叛乱，夏后启不得不亲自率军平叛。

尽管如此，经过夏后启在政治、军事、文化方面的构建，夏王朝的统治得以稳定下来。

第二节 夏朝的国家拓展与制度建设

夏王朝是在原有方国联盟基础上建立起来的，虽然伴随着军事征服，有强迫某些部族承认王朝地位的情况，但更多是在承认原有政治架构基础上的提升，中央对地方实际控制能力不足，地方势力对中央王朝权威并不完全信服，尤其是实力强大的东夷部族，成为中央王朝的挑战者。因此，在夏王朝早期，中央王朝与东夷部族之间的博弈成为历史进程的主要内容之一。

夏王朝虽然在实际政治运行上受到东夷等势力挑战，但其进行的统一规则建设依然卓有成效，统一的时间标准建立起来，最早的会盟得以举行，天下共主观念得以确立并得到推广，中央与地方的主从原则得到申述，初期礼乐制度得以构建，为后来的王朝政治奠定了良好的制度和文化基础。

一　夷夏之争与王朝的拓展

夏后启死后，他的儿子太康继位，把都城从阳翟迁到了斟寻（今河南巩义）。

太康不是一个合格的君主，他不理政事，喜欢田猎歌舞，经常在外面游猎不归。太康的行为，既引发王朝内部的不满，也引起周边族群的窥伺，尤其是东夷部族对夏王朝虎视眈眈。

在夏王朝时期，从政治地理上看，主要有三个群体：中原地区的夏王朝、南方江汉地区的苗蛮部族和东方山东、江苏等地的东夷部族，三者存在着复杂的博弈与合作关系。从地理方位上看，夏王朝与苗蛮的关系，是南北之争，夏王朝与东夷之间的关系，则是东西之争。中原王朝与苗蛮的南北之争以及其与东夷部族的东西之争，贯穿整个先秦时期。

夏王朝在中原地区，是名义上的天下共主，处于政治上的中央地位，它希望把苗蛮和东夷纳入自己政治秩序当中。江汉地区气候湿热，适合稻作农业，而中原的夏人主营旱地粟作农业，所以在南北关系上，夏王朝更看重政治上的主从关系，而不是生存空间的竞争。经过尧、舜、禹对南方的征伐，苗蛮或者迁徙或者归服，与中央形成虽然疏远但较稳定的关系。东面山东地区的气候与中原相差不大，东夷族也主营粟作农业，夏人向东扩张不仅是要求东夷族归服，还有生产空间竞争的因素，因此东西关系长期成为影响夏王朝政治稳定的主要因素。

东夷族发展较早，从考古上看，山东龙山文化十分先进，夏商时期的岳石文化也是独立于中原体系的考古文化。因地缘与人群关系，东夷与中原关系密切，从相关记录看，在早期部落联盟时期，中原部族与东夷部族曾联合在一起，例如在实行禅让制时，尧是西方首领，其所挑选的舜则有东夷族色彩，被称为"东夷之人"；舜再禅让给禹，禹之族居于中原，有一定西方身份，号称"禹兴于西羌"；禹又禅让给皋陶、伯益，皋陶和伯益都出身于东夷族，说明在中国国家形成初期，中原与东夷曾经结成政治共同体并轮流出任最高首领，但在进入国家阶段时，中原率先实现组织紧密化，建立起中原王朝，从此中原与东夷由原有的联盟关系转化为中央政权与地方势力关系，两者间新的竞争和博弈不断出现。

太康在位时，外出游猎数月未归，东夷族有穷氏首领后羿，趁机带领东夷人攻入夏都，掌握夏王朝政权，"因夏民以代夏政"，史称"太康失国"，这是中原与东夷竞争的结果。

后羿虽夺取夏王朝政权，却无意管理政事，他把政务托付给亲信寒浞，自己专注于打猎游乐。寒浞本是伯明氏成员，因故被伯明氏驱逐出族，后羿收养了他，后来他成为后羿的心腹。寒浞趁着替后羿处理政务的机会，逐渐掌握大权，野心膨胀起来。寒浞派刺客把后羿暗杀在田猎归来路上，篡夺权力并取代后羿，成为把持夏政权的新主人。

被后羿攻入都城后，太康被迫流亡在外，依靠部分诸侯支持，依然维持夏王名号。太康死后，其弟仲康继位，仲康死后，把王位传给自己的儿子相。相在夏与东夷边界的豫东、鲁西一带活动，为扩大势力范围，相向东夷地区拓展，迫使东夷一些部族来归附。相还取得同族斟寻和斟灌（今河南范县）的支持，迁到斟灌居住。寒浞为彻底铲除夏的王族势力，派其子浇率军攻破斟寻和斟灌，并杀死相。相的妻子后缗已怀孕，从墙洞里逃出，投奔到其母家有仍氏（今山东东平），并在有仍氏生下少康。

少康长大后，任有仍氏的牧正。寒浞知道少康在有仍氏后，派浇带人去捉拿，少康就逃到有虞氏。有虞氏让他经营纶邑，少康"有田一成，有众一旅"，即拥有方圆十里土地和五百人部众。少康以此为基础，积极招徕夏的余众，积聚力量，并派人到浇那里搜集情报。这时候，夏朝另一位大臣靡在有鬲氏（今山东德州）召集斟寻和斟灌余部，谋划复夏。经过长期准备，少康和靡联合有鬲氏等各部，攻杀寒浞，恢复了夏人的中央地位，又乘胜追击，杀死寒浞的两个儿子浇和豷，最终复兴夏政权。少康是一位有作为的君主，他兴修水利，恢复农业生产，修复与诸侯的关系，夏王朝统治得以重新巩固，被称作"少康中兴"。少康中兴既是早期历史上的东西部族之争，也是早期国家出现的中央与地方关系之争，夏王朝的复兴和胜利，使中央王朝国家模式稳定下来，具有重要意义。

少康死后，其子杼继承王位。杼在少康复国活动中已经成长起来，并指挥过灭豷之战，很有能力。杼继位后，改进武器和军队，向东扩展，一直到达海边，被认为是能继承大禹功业的名王，受到夏人报祭。

杼死后，夏朝经历槐（帝芬）、后芒（后荒）、泄三王，槐、后芒和泄的主要活动依然是向东夷地区扩展，强化中央王朝在东夷地区的统治。

泄的儿子不降继位后，夏王朝经略方向发生变化，转向西方，征伐九苑（今河南洛阳）。不降死后，其弟扃继位，扃死后，不降的儿子廑继位为王，又称胤甲。胤甲常居于西河，西河在今晋南、豫西一带。

从泄到胤甲，夏王朝的关注点从东方转向西方，说明中央王朝与东夷地区的关系已经基本稳定。

二　夏朝政治制度的构建与推行

夏朝是在原政治联盟基础上建立起来的，禹、启原是众多联盟首领中的一员，经过特殊的神圣化，才将权力与出身固定在一起，成为至高无上的世袭君主，完成从禅让制到家天下的转变。在这一转变过程中，为王权神圣化提供理论支持的是天命观。夏人天命观主要有两点：一是君权神授，认为政权是由上天所授，君主是上天在人间的代表，代替上天行使权力；二是中央权力具有唯一性，夏人经历了从族群融合到中央权力形成的过程，从中认识到一元化最高政治权力是实现社会秩序的重要基础，所以夏人宣扬王即是太阳，世间唯一。通过天命观，夏王成为唯一拥有神授权力的最高统治者，取得天下共主名号，获得带有宗教色彩的天子称号。天下共主和天子观念的产生，极大影响了中国历史进程。

夏朝建立，是中原、东夷等广大地域内的人群融合达到一定程度后，中原地区人群率先组织紧密化的结果。所以，中央王朝建立后，面临中央秩序向外拓展的任务。中央秩序拓展需要强大的中央权

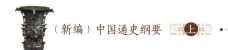

力，但在夏朝建立过程中，虽有军事因素推进，但中央权力主要通过治水等大型公共工程逐步集中和加强起来，中央王朝协调能力很强，但强制力十分有限，加之受当时交通、传播条件限制，很难在短时间内将中央王朝的政治秩序和运行原则推广到远方。所以，夏王朝的拓展呈现出波次特征，空间上越接近中央的地区和时间上越早融入中心群体的部族，对中央认同度越高，中央对这些地区和族群的管理体制与中央地区越类似，而空间上远和时间上晚融入的群体，独立性则相对较强，中央王朝对这些地区管理也更多保留本地传统。因此，夏王朝的政治构架呈现出以中央为中心，从内向外的波次变化，形成国家治理上最早的内外服制。

内外服制使夏王朝在向外拓展过程中，保留此前政治联盟时期长期奉行的抚柔传统，所以虽然很多时候依靠武力向前推进疆界，但武力手段的主要目的不是征服和占领，而是迫使对方归服。只要被征伐部族承认中央天下共主地位，即被认同为王朝的地方势力，由中央王朝授予名号，成为天子之下的诸侯，并按这些部族原有权力结构和

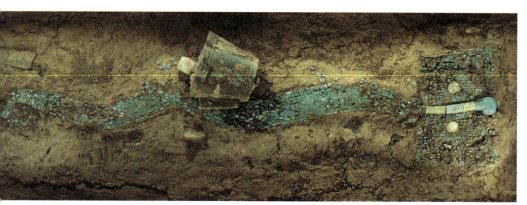

图2-2　二里头遗址出土的绿松石龙形器

风俗习惯继续运行。在内外服制下，从中央层面而言，夏王朝侧重的是地方对中央名义上的归服，而不是对地方进行实际的行政管理，所以即使中央力量不强，依然能够实现对众多部族的震慑和威服；从地方层面而言，服从的只是中央名义上的领导权，实际权力和资源由地方掌握的原状并没有改变，而且还会从中央获得名号、封赏和一定保护，所以不会竭力抵制中央王朝。依靠内外服制的灵活性，夏王朝在实力较弱和交通条件较差的情况下，依然将中央王朝国家体制推广至较远范围，使中国在历史早期即建立起地域广大的国家。内外服制基本保留诸侯和方国原有的氏族组织、权力结构和信仰风俗，使得血缘属性和各地信仰较完整地保留在王朝政治体系当中。内外服制的运行机制，在内部治理时体现的是中央与地方关系，扩而大之用于对外关系，即是朝贡体系，对后来的历史产生深远影响。

在夏王朝制度中，历法是一个重要方面。历法作为国家统一行动的基础，早在部落联盟时就由尧建立。夏王朝建立后，原先扁平化的政治联盟转变为立体化的王朝国家，共同活动增多，更需加强政治历法统一；随着中央权力形成，国家对农业管理加强，由稷专门主管农业。尤其值得注意的是，尧舜禹时代正是小麦等农作物从西亚传入并传播的时代，中国北方的气温和降水情况与小麦原产地有很大差别，如何发展出适合小麦在中国大规模种植的技术，依靠个体生产者很难完成，必须通过国家力量实现小麦种植的本土化和规模化。农业管理加强和外来作物本土化技术提升要求生产历法调整。面对政治历法和生产历法调整的双重需求，夏人改进历法，使历法可以同时满足纪时和生产需要。夏朝历法影响很大，直到春秋时期孔子还主张"行夏之时"。历法具有非常重要的意义，所以成为政权的外在象征之一，政权更替要"改朔历"，以表明朝代更迭。

夏王朝还建立起象征中央地位的礼乐之制。大禹时即铸造九鼎，"昔夏之方有德也，远方图物，贡金九牧，铸鼎象物，百物而为之备，使民知神奸"，九鼎后来成为正统王朝象征。启的时候，制作九韶乐舞，展示给天下诸侯。考古学印证了夏朝礼乐建设成就，在河南偃师二里头遗址出土有鼎、爵、斝等青铜礼器，玉圭、玉戈、牙璋等玉礼器，礼制成为夏王朝制度文明的重要部分。夏朝礼制和礼器成为后世仿效的榜样，为礼乐文化奠定基础。

夏王朝还建立起相对完备的官制，《礼记·明堂位》记载："夏后氏官百。"中央王朝设六卿，又称"六事之人"，平时是行政长官，战时为军事长官。六卿之外的其他官职可以大致分为经济类职官、文化宗教类职官和司法类职官。经济类职官包括稷、冥、牧正、车正、庖正等，分别掌管农业、水利、牧业、造车、饮食等事务；文化宗教类职官主要包括主管天文、占卜、祭祀的官员，另外还有遒人、瞽等，这两职分别负责诗歌传播和吟诵；夏朝还有士，也称大理，负责司法。可以看到，夏王朝的职官设

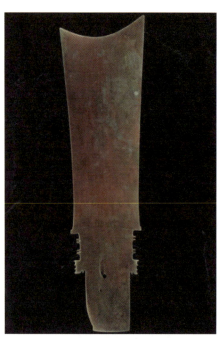

图2-3 二里头遗址出土牙璋

置尚十分原始，所设官职主要集中在生产、文化、宗教等对专业技能要求较高的领域，其他领域尤其是军事类职官很少，还是以兼职为主。

夏王朝拥有强大的武装力量。夏王朝建立后，要确立和推广中央权威，必须借助武力为后盾。夏王朝经常进行军事行动，例如夏后启讨伐有扈氏，杼在位时征伐东夷，但夏王朝常备军规模并不大，这支人数较少的军队的主要任务是维护夏王安全和王畿秩序，遇到较大规模军事行动时，夏王朝主要靠调集诸侯、部族兵力参加。诸侯部队平时务农，战时为兵，受到中央命令，集结成军，承担王朝的军事任务。这种军事义务的范围很广，即使归服中央的部族也需要承担，例如夏桀在对抗商汤时，即征发东夷之师。这种以地方武力为基础的军事制度展现出夏王朝在国家初创时期的原始性，因为族众与军队合一，所以没有发达的军事机构和专业的军事职官。从文献记载看，夏代兵种有车兵和步兵，《尚书·甘誓》中有"御非其马之正"，指的即是车兵。从二里头等夏代考古遗址中出土的武器有钺、戈、镞等，钺不是常规兵器，所以夏代步兵主体应该是弓箭兵和戈兵。二里头遗址发现过车轮遗迹，但轨距只有1.2米，应该是人力车，所以夏代有无车兵，尚缺乏资料支持，无法判断。

夏代已有刑法。夏王朝的刑法继承自舜、禹时代，舜就命皋陶作刑，大禹时期以皋陶之刑为蓝本制定禹刑，《左传·昭公四年》载："夏有乱政，而作禹刑。"禹刑已经失载，仅能从文献中遗留的皋陶之刑得见一斑，《左传·昭公十四年》引《夏书》："昏、墨、贼，杀。皋陶之刑。"以抢劫、贪腐、杀人为三大罪，要治以死罪。夏王朝出现了监狱，称作圜土。

夏代建立了赋役制度。当公共权力和公共机构建立后，就出现公共开支，夏王朝作为天下共主，承担着大量公共管理任务，取得赋税是必然的。王畿居民和各地诸侯、部族有向中央缴纳一定财富的义务，例如禹铸九鼎，用的就是各地的贡纳，"远方图物，贡金九牧"。但在当时经济条件下，主要财富形式依然是粮食、布帛等实用物资，不便于远距离运输，如果长途运输，很可能消耗部分比运达目的地部分还多。因此，夏代最主要的资源征取方式不是征取物资，而是征取人力。夏王朝的公共资源的征取，以物质财富为辅，以兵役、力役为主，《孟子·滕文公上》载夏人贡赋之法为"五十而贡"，即是夏人每户耕种50亩土地，其中5亩是公田，由夏民负责耕种，收获物交给国家作田赋，类似后世的劳役地租。归服诸侯和方国的赋役，以兵役、力役为主，遇到战事，则诸侯自备物资和兵力为中央王朝服务。兵役与力役，是不能积累的资源，中央王朝如果不及时征用，也不会累积下来，因此中央有充分利用各地兵力和人力的内在意愿，这使得夏王朝充满拓展动力。这种拓展动力与内外服制的灵活性相结合，使得夏王朝在中央直属力量不足的情况下，依然能够集中力量，将影响力投射到远方，表现出强烈的扩张性。

夏王朝的建立，使得中原地区出现组织紧密、制度文化发达的政治中心，这一中心拥有明显的先发优势和强大的扩张能力，改变了广大地域内政治实体的扁平联系，从而建立起全新的层阶化主从关系，并把中央王朝理念、制度和文化向外传播，中国文明由多元化向一体化迈进。

三　夏朝的衰落与灭亡

　　夏朝的衰落从孔甲开始，据文献记载，孔甲不敬鬼神，疏于祭祀，生活荒淫糜烂，引起各地诸侯的强烈不满，纷纷叛乱。在早期国家中，祭祀、神权和政治紧密联系在一起，是国家运行的重要内容，王朝祭祀发挥三个重要作用，一是确保王对天命的独占，二是维系王族团结，三是通过对各地神灵的祭祀将地方纳入中央体系。孔甲对祭祀规则的破坏，必然伴随着权力和资源的重新分配，这导致夏人和诸侯的不满和对抗，夏王朝的国力开始出现衰落的迹象，史称"昔孔甲乱夏，四世而陨"。孔甲死后，其子皋继位，皋在位时的史事无载，皋死后葬在崤山。孔甲、皋二王的主要精力放在王朝的西部。

　　皋死后，其子发继位为王。发把王朝经略方向再次转向东方，东夷诸族恢复对夏王的朝拜，到夏都来觐见夏王发。发死后，王位由其子桀继承。

　　桀是中国历史上有名的暴君，他对内压榨民力，对外频繁用兵，将夏朝推向灭亡。夏桀的主要罪状有：一是劳民伤财，桀大兴土木，修筑宫室，《竹书纪年》称夏桀"筑倾宫，饰瑶台"；二是生活荒淫，《管子·轻重甲》称："桀之时，女乐三万人"；三是刑杀大臣，处死进谏的关龙逢等人；四是滥用武力，对东夷各族时加征伐，伐有施氏，得到美女妹喜，伐岷山氏得到琬、琰二女。

图2-4　汉画像石中的夏桀

　　由于桀的穷奢极侈和穷兵黩武，极大消耗王朝财富，为弥补财用不足，桀对夏民的搜刮不断加剧，周公曾批评桀使人民不得不进献财富，备受荼毒。夏桀的暴行引起人民反抗，他们痛恨夏桀，甚至发出"时日何丧，予与女偕亡"（《尚书·汤誓》）的呐喊，即情愿与桀同归于尽；桀对大臣的刑杀，引起统治阶层内部不满；桀的荒淫，使夫妻关系破裂，失去妻族支持；桀对诸侯的征伐，则使诸侯人心离散，尤其是东夷地区反抗激烈。为威慑各种反对势力，夏桀在有仍会盟诸侯，结果激起更强烈的反抗，"夏桀为仍之会，有缗叛之"。夏桀只好从有仍返回，抽调兵力攻打有缗，虽然最终平定有缗之乱，但耗费大量资源，实力大为削弱，后人认为征服有缗是夏灭亡的重要原因，说"桀克有缗，以丧其国"。在夏王朝内部矛盾日益激烈的时候，又遇上严重的旱灾，关乎王畿命脉的伊水和洛水干涸，这对于夏王朝是一个重要打击，《国语·周语》记载："伊洛竭而夏亡。"

　　在夏王朝内外交困情况下，原本归服于夏王朝的商族兴起，在首领商汤的带领下发起反对夏桀的战争，商汤在鸣条之战争中打败夏桀，进而占领夏王朝的中心地带，夏桀被迫流亡南巢，夏朝灭亡。

　　夏王朝是中国历史第一个中央王朝，在历史上占有重要地位。夏王朝的建立，使中央拥有强大的拓展能力，制度和文化不断向外传播。从考古看，二里头文化大范围传播，二里头文化风格礼器的分布范围北到内蒙，南到长江，西至甘青，东到山东。二里头文化风格的牙璋，甚至影响到四川、香港、越南等地。夏王朝开启中国政治一体化进程，所建立的天下共主和中央王朝体系，成为后世政治构建的基本模式；夏王朝的建立促进人群融合，以禹为代表的夏人、伯益为代表的东夷都在王朝内部找到自己的位置，奠定了此后华夏族的主体构架。

第三节　商朝的建立与巩固

商王朝的建立有两个特点，一是商王朝是中国历史上第一个通过军事手段建立起来的中央王朝，二是商王朝较完整地继承夏王朝的政治遗产，这两个特点决定了商王朝早期的历史走向。

作为武力建立起来的王朝，商王朝的统治具有浓厚的军事色彩，并把武力开拓贯彻到自己的统治当中。商人长期作为夏王朝的地方势力存在，接受并利用夏王朝的制度发展自身势力，最终取代夏人成为天下共主，建立继夏王朝而兴的第二个王朝。商人不再满足于夏朝那种名义上的中央与地方关系，而是努力建立起中央对地方的实际统属。军事传统与中央努力建立对地方实际统属关系政策相结合，使得商王朝表现出积极的开拓精神。

一　商族起源与商朝的建立

商人是原居于今天冀南、豫东的一个部族。根据传说，商人始祖名叫契，他的母亲是有娀氏的简狄，简狄因吞燕子卵而怀孕，生下契，这件事在《诗经·商颂·长发》记载为"天命玄鸟，降而生商"。通过出生神话，契被赋予特殊地位，被认为是上天所立负有使命的人物，文献说他是"有娀方将，帝立子生商"。

契生活在尧、舜、禹的时代，被舜任命为政治联盟的司徒，负

责教化。契因协助禹治水有功，舜把商地封给他。从这些情况看，商族很早就是政治联盟的重要成员，与政治核心群体有密切关系。

商人早期迁徙频繁，《史记·殷本纪》说："自契至汤八迁"，即从契到成汤时，商人的活动中心变动八次。商人迁徙的范围基本在今天冀中、冀南、豫东和鲁西地区，在太行山以东和古黄河两岸。在契之后，商人经过十四代人的发展，最终由成汤代夏立商，文献称"玄王勤商，十有四世而兴"，这里的玄王指的就是契。

契的儿子叫昭明，昭明迁居到砥石（今河北元氏县），商人势力向北推进。昭明之后，他的儿子相土带领商人向东发展，一直抵达东部沿海，文献中歌颂他"相土烈烈，海外有截"，相土迁居到商丘（河南商丘或濮阳），把势力延伸到漳河以南很远的地方。文献中记载"相土作乘马"，即发明以马拉车的技术。马拉车的出现，使商人拥有远距离运输物资和投送兵力的能力，为车兵出现奠定了基础，极大增强了商人实力。商人在这段时间的迅猛发展，很可能与太康失国之后夏王朝的动乱有关。

相土之后，商人经历昌若和曹圉两人的领导。随着少康中兴和夏王朝权威的恢复，商人恢复对中央王朝的归服，曹圉死后，其子冥继承商族领导权，冥还担任夏王朝的水官，并最终死在治水的工作中，文献记载"冥勤其官而水死"。冥的贡献和在中央王朝的地位提高了商人的影响力，商人对他施以隆重的郊祭。

冥死后，他的儿子王亥继位。王亥发明用牛拉车的技术,《世本·作篇》记载"王亥作服牛"。与马相比，牛更容易被饲养和驯服，耐力更久，适合日常使用和大负重长途运输，推动了商族贸易发展。王亥带牛羊到有易氏贸易，有易之君绵臣杀死王亥，夺走牛羊。王亥的儿子上甲微向河伯借兵，打败有易氏，夺回牛羊。上甲微借征伐有易的契机，加强权力，商族正式进入国家形态，上甲微是商人历史上第一位真正具有王属性的首领。王亥和上甲在商人观念中拥有特殊地位，甲骨文中有大量祭祀王亥的记录，并称他为"高祖亥"，对上甲的祭祀尤为隆重，常在合祭时把他置于首位，文献中说"上甲微，能帅契者也，商人报焉"。

上甲以后，商人用日名称呼自己的先王，先后经历报乙、报丙、报丁、示壬、示癸五代先王的统治后，成汤登上历史舞台。

图2-5 甲骨文中的王亥、上甲与河（合集34294）

成汤当上商族首领后，商人依然归服于夏王朝，是中央王朝的地方势力，文献中成汤被称作商侯，是夏朝诸侯之一。夏桀的暴虐，激起各地的反抗，成汤产生灭夏的意图。成汤积极招揽人才，伊尹、仲虺、女鸠、女房、咎单等一大批有才干的人投奔成汤，成为成汤的辅佐；成汤在国内施行仁政，以宽松的政策治理人民，除去妨碍民生的因素，即使打猎时也网开三面，以体现宽仁。成汤的仁政与夏桀的严酷形成鲜明对比，众多部族纷纷归服成汤；成汤还联络各方势力组成政治同盟，成汤的重要大臣中有很多来自东夷，如伊尹来自有莘氏、仲虺来自任姓的薛，都是东夷之族。南方的苗蛮部族，一部分因成汤行仁政主动归服，据说汉水流域的40个小国被成汤的仁政感动，主动向成汤归服；成汤还利用自己是夏朝诸侯的身份进行征伐，用武力迫使一些地方势力归顺。成汤最先讨伐的是葛，以"葛伯不祀"违反天命为理由，征服了葛，使商的势力在夏王畿与东夷中间安插下来，后又打败南方的荆国，迫使荆国归降，荆的臣服使商人势力到达汉水流域。经过成汤的努力，形成了一个以商族为中心包括多个东夷、苗蛮部族在内的势力集团，从东、南两个方向对夏朝王畿形成包围。成汤还积极关注夏王朝的动向，派伊尹到夏桀处搜集情报。

商人的兴起引发夏桀的猜忌，夏桀召唤成汤到夏都，并把他囚禁在夏台。但面对诸侯群起反抗的局面，夏桀还需要成汤为他平定局势，不久后又把他释放。

成汤归商后，会盟诸侯讨伐夏桀，正式开始灭夏的过程。成汤先灭温，又与昆吾对峙。此间，成汤召集诸侯在景亳会盟，得到诸侯支持，反夏联盟正式建立。经过成汤的攻伐和招揽，夏只剩下韦、顾、昆吾等少数几个盟国。

成汤灭夏的路线是由东向西，先后攻灭韦、顾、昆吾，然后攻打夏桀，文献记载此事为"韦、顾既伐，昆吾夏桀"。成汤和夏桀的军队在鸣条展开决战，成汤在战前发布誓词，称"有夏多罪，天命殛之"，"余畏上帝，不敢不正"，成汤以上天的任命者自居，宣称自己率众罚夏是"致天之罚"，最终大败夏军。夏桀逃往南巢，最终死在那里，夏朝灭亡。

成汤灭夏后，返回亳都，在亳大会诸侯，正式代夏继承天子之位，建立了商朝。为镇抚夏人，成汤在夏朝原来的统治中心地区建立了都城，称为亳（今河南偃师）。

二 商王朝的东方战略与屡次迁徙

成汤建立商朝后，调整官制，设置左右相，以伊尹为右相，仲虺为左相；任用咎单制定《明居》之法，改进对土地和人口的管理方法；委派伊尹制定《四方献令》，发布规范，确立中央与地方诸侯的关系。通过制度建设，商王朝的统治确立下来。

成汤在位期间，重用伊尹并委以国政。伊尹原本是有莘氏的小臣，成汤与有莘氏联姻，伊尹作为陪嫁人员随有莘氏女到商。伊尹用烹饪之道阐发治国道理，得到成汤的赏识，遂任用他为大臣。伊尹在灭夏的过程中立了大功，商王朝建立后担任右相，商人赞颂他是辅佐成汤的贤臣，称他为阿衡，"实维阿衡，实左右商王"。成汤死后，伊尹以元老重臣身份主持国政。

成汤的长子太丁早死，未能继位，伊尹就立太丁的弟弟外丙为王；外丙在位3年去世，伊尹又立外丙的弟弟仲壬为王；仲壬为王4年之后去世，于是伊尹又拥立太丁的儿子太甲登上王位。太甲是成汤的嫡孙，却十分暴虐，不遵守成汤制定的制度，影响到了王朝稳定。为避免出现政治动荡，伊尹把太甲流放到桐宫，由伊尹摄政，管理国事。在桐宫幽禁3年后，太甲改过自新。伊尹见太甲已经悔过，就迎回王都，并还政于他。太甲吸取教训，励精图治，商王朝的国力得到发展，被后世尊为太宗。

太甲死后，其子沃丁继位，沃丁之后，商朝又经历太庚、小甲、雍己三王。雍己在位期间，王朝实力减弱，出现诸侯不朝的局面。继雍己登上王位的是其弟太戊，太戊在位期间，修身勤政，重用伊陟、巫咸、臣扈等贤臣，国家大治，诸侯复来朝拜，商王朝统治得以巩固和加强。

太戊死，他的儿子仲丁继位。自仲丁开始，先后有外壬、河亶甲、祖乙、祖辛、沃甲、祖丁、南庚、阳甲八王先后继位，在这几个

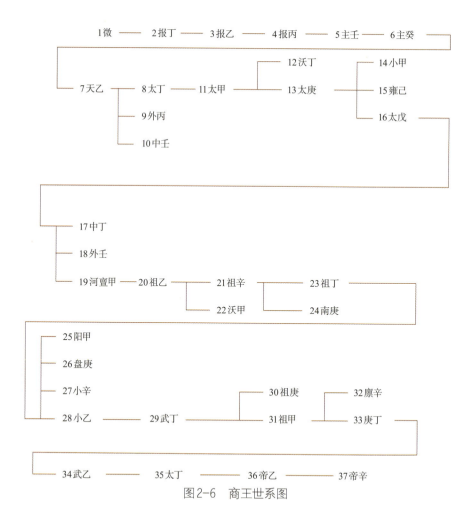

图2-6　商王世系图

商王的统治期间，商王朝进入一个特殊的时期。从表面上看，王都频繁迁徙，王位传承出现混乱，中央与诸侯之间的关系变得紧张，所以文献记载称这一时期为"比九世乱"。实际上，这是商王朝发展的一个重要时期。商人原本只是归服于夏朝的一支地方势力，后来灭掉夏王朝成为天下共主。在灭夏过程中，商人与东夷各部族结成同盟关系，商朝建立之初，为稳定统治，需要东夷各族的配合。所以，商朝初年，东夷各族拥有很强的独立性，东夷的势力范围也迫近到商朝的王畿。到了太戊时期，商朝的统治已经稳固下来，需要强化中央权威，拓展中央直接控制区域，商朝与东夷的冲突不可避免。从仲丁开始的九代商王，都对东夷进行征伐，控制范围不断向东推进。

为方便对东夷的征伐，仲丁将都城从亳迁到隞（今河南郑州），然后出兵攻打蓝夷。仲丁之后，其弟外壬继位，继续征伐东夷的事业，引起东夷的邳人、侁人叛乱。外壬死，其弟河亶甲继位，河亶甲将都城迁到相（今河南安阳），派兵讨伐邳、侁、蓝夷。河亶甲死后，其子祖乙继位，祖乙把都城从相迁到邢（今河北邢台），积蓄力量，巩固征伐的成果。此后的商王基本坚持加强对东夷地区控制的战略，南庚时把都城从邢迁到奄（今山东曲阜），以增强商王朝在东方的实力。

商王朝对东夷的长期征伐，需要中央时刻保有一位强有力的领导者，所以这一时期的王位传承不再严格遵循原来的"兄终弟及"或"父死子继"制度，而是由有继承资格者中的强者担任，祖乙死后，王位传给他的儿子祖辛，祖辛之后，王位由弟弟沃甲继承，沃甲死，王位又回传给祖辛的儿子祖丁，祖丁死，又转传给沃甲的儿子南庚，南庚死，王位又回传给祖丁的儿子阳甲。这种有违常规而貌似混乱的

做法，是在战争时期应对紧急形势的王位传承方式，目的在于保持王朝持续的决策效率和行动能力。

经仲丁到阳甲九位商王的拓展，商王朝的实际控制疆域大为扩大，从考古资料看，在这一时期，商文化从河南中部向东快速拓展，直达山东中部地区，商王朝的实力得到空前加强。看似混乱的王都迁徙、战争冲突和王位继承突破常规，其实都是商王朝为拓展势力范围所采取的应对方式，不能简单地视作"比九世乱"。

第四节　商朝的兴盛与制度完善

商王朝通过武力推翻夏朝统治，是中国历史上第一次政权革命。在这次政权革命中，不仅实现统治权的转移，同时也出现物质资源的转移，商人在获得天下共主地位的同时，从夏人处获取大量土地和人口。基于天下共主的政治地位和大量可支配的土地、人口资源，商人建立了分封制，并力图把这一制度推广到整个王朝的政治运行当中。

政权革命和分封制建立，极大影响了商王朝的制度、文化建设。商王朝发展了原有天命观，为政权更迭和维系提供正当性，同时把分封制下的君臣关系加以规范，努力加强王权。商王朝的战略、制度和文化表现出强劲的中央集权特征。

一　盘庚迁殷与战略调整

公元前13世纪，商王盘庚把都城从奄迁到殷（今河南安阳），此后的273年间，商人一直定都于此，改变了原本"荡析离居""不常厥邑"的局面，殷成为商朝后期的主要历史舞台，所以商朝也称殷朝。

关于盘庚迁都的原因，学者说法不一，有去奢就俭说、摆脱旧贵族说、土地退化说、河患说等多种观点。盘庚迁殷的主要原因是商王朝战略方向的调整，经过从仲丁到阳甲九代商王的开拓后，商朝向东方的推进已经达到中央控制力的上限，中央与其余东夷部族的对峙达成新的平衡，东夷的对抗虽没彻底消除，但商朝在东方的边界已大致稳定下来。与此同时，来自西北方游牧部族的侵扰不断加强，南方江汉地区的分裂倾向也日益明显，商王朝需要把主要精力转向西方和南方，巩固东方的同时，抵御西方和开拓南方成为新的战略。为适应新战略需要，盘庚将政治中心向西迁移。殷在今天的安阳一带，地处太行山与古黄河之间，具有被山带河的防御优势；同时又靠近穿越太行山连接华北平原与山西河谷的数条重要通道，具有快速进出西北晋中南地区的交通优势；殷所在的豫北、冀南地区则是商人灭夏前长期经营的传统势力区，可为王都提供有效的战略纵深。故而，盘庚选择把都城迁往殷。

商朝的普通贵族和平民还沉浸在向东方拓展的惯性思维当中，对于在东部扩张中获得的土地、人口等财富割舍不下，所以很多人反对盘庚迁都。为实现迁都目的，盘庚多次对商人进行引导和训诫，盘庚的训诰被详细记录在《尚书·盘庚》三篇。在《盘庚》三篇中，盘庚告诉商人迁都是"视民利用迁"，目的是"安定厥邦"，对听从命令积极迁徙者，予以奖赏，如果敢违抗命令拒不迁徙者，则"我乃劓殄灭之，无遗育，无俾易种于兹新邑"。通过软硬兼施，盘庚克服阻力，终将都城迁到殷，开启商王朝的新阶段。

盘庚迁殷后，对新都进行规划和建设，同时开始向西方发展，任命亚圉等西方部族首领为诸侯，商王朝进入又一轮兴盛期，史书称盘庚"行汤之政，然后百姓由宁，殷道复兴"。盘庚所迁的都城，即是现在安阳殷墟，殷墟遗址面积达30多平方千米，分布着宫殿区、居住区、手工业区和墓葬区，出土大量精美的铜器、玉器、骨器等商代遗物，还出土大批甲骨文，规模宏大的建筑基址和珍贵的文物充分显示出殷都的宏大气象。

盘庚死后，他的弟弟阳甲、小辛、小乙先后继位，小乙死后，王位传到小乙的儿子武丁手里。武丁在做太子时，小乙就派他到民间体察民情，所以他深谙民间疾苦。武丁继位后，三年不谈国事，政务委托给臣下，自己专门思考治国安邦方略。经过深思熟虑后，武丁假托自己梦中见到圣人，派人四处寻找，在傅岩（今山西平陆）找到从事版筑劳作的傅说。武丁起用傅说，任命他做相，成为王朝重臣。武丁在傅说的辅佐下，国家治理得井井有条，国力日益强盛，开创了商朝的全盛时期，被后人尊为高宗。武丁在位共59年，这一时期被称为"武丁中兴"。

商王朝的西向战略，在阳甲时期即初见端倪。阳甲曾西征，盘庚迁殷开始步入正轨，但真正大规模实施这一战略的是武丁。随着国力增强，武丁正式对西方和北方不服从商朝的方国展开征伐，其中受到打击最重的有土方、舌方、鬼方、羌方等。土方处于商的北面，时常侵扰商的边境和同盟小国，甲骨文中有土方袭击村庄和掠夺人口的记载。商朝多次派兵征讨土方，武丁和王后妇好都曾亲自率军出征，动用兵力多时达5000人，战事十分激烈。舌方在商的西北方向，甲骨卜辞中经常出现舌方入侵的记录，商王武丁和王后以及大臣子画、师般、禽等都曾率军征讨。处于西北方的鬼方也遭到讨伐，史载"高宗伐鬼方，三年克之"；羌方也是经常受到征伐的地方势力，羌方在商的西面，分布范围较广，应是多个部族的泛称。商王朝征伐羌方，除消除军事威胁外，还有捕获人口的目的，甲骨卜辞有大量用羌人为奴甚至用作人牲的记录。

江汉地区早在成汤时期即已归附，后因商王朝战略重心转向东夷，无力顾及这一地区，由是出现分裂倾向。武丁向南方的汉水流域进军，加强与曾、舆等亲商势力的关系，对虎方、雩方、归方等不服的方国加以征伐。甲骨卜辞记载了商人南征的多次战斗，这次战争也被记载在文献中，《诗经·商颂·殷武》有"挞彼殷武，奋伐荆楚，冞入其阻，裒荆之旅，有截其所，汤孙之绪"，即是歌颂武丁恢复江汉流域的功业。长江中游有丰富的铜矿资源，早在商朝初年，商人就打通了一条运铜的通道，并建立据点守护，今天武汉黄陂的盘龙遗址就是其中最重要的一个。武丁南征的重要目的，是恢复对铜矿资源的占有和运输通道的畅通。

在拓展西方和南方的同时，武丁继续巩固在东方的统治，《竹书纪年》记载武丁攻打过东方的大彭和豕韦。

武丁时期，商王朝达到全盛，其能有效控制的范围东至海滨，西抵关中平原西部，北达燕山，南到长江，基本奠定秦统一前中央王朝的政治疆域格局。

二 制度构建与王权加强

商朝制度建设的重要内容是分封制。夏代建成了中央王朝，在加强中央权力过程中，政治和行政关系不断加强，血缘和宗族关系相应地开始削弱，在国家生活中，统治阶层与普通平民的区分方式，逐渐超越部族内自然性的伦理与分工关系。这种模式不断向外传播，各部族血缘属性不断削弱，日益向政治性组织转化。经过数百年发展，到夏朝末年，各地部族已经转化为统治阶层与平民阶层区分清晰的方国，这种统治者与平民界限明显的社会结构，为分封制出现奠定了基础。商人灭夏，是通过对夏朝及其附属方国的战争形式完成。在推翻夏朝过程中，商人用军事手段消灭和打跑夏朝及其同盟方国的统治阶层，获得大量土地和人口。商人从"地方百里"的地方势力发展起来，自身没有足够力量直接控制所有被征服地区，所以商人采取把新征服地区分封给子弟和功臣管理的统治方式。接受分封的人带领自己宗族武装，在被征服地区内建立据点，取代当地原有的统治阶层发号施令，对封地内的原平民阶层实行统治，成为拥有一方的诸侯。这些诸侯服从商王的领导，承认中央的权威，承担一定的义务，同时又拥有相对独立的行政、财政、军事权力，全面负责地方事务，其职位也在家族内部世袭，这就是分封制。分封的形式很可能在夏朝就已经出现，但到商王朝时才有大规模推行的历史条件，并形成相对稳定的制度。分封制的形成，极大影响了中国历史的走向。

商人灭夏，征服了许多方国，占领夏王朝中心区域，即今天的豫西、晋南地区。在这些地方，原有的统治阶层被推翻，商王朝利用获得的土地和人口进行分封，建立诸侯国。分封制的实施，使整个王朝的组织形式发生变化。诸侯由商王分封，土地和人口来自商王，所以从理论上而言，诸侯附属于商王；诸侯所统治的属民，是尚存敌对心理的被征服地区原居民，诸侯要实现稳固的统治，需要来自中央的支持；与原来方国有浓厚血缘性不同，诸侯与属民之间是统治阶层与平民之间的关系，政治原则超过血缘原则成为主要组织原则。分封之后，中央与地方的关系，由夏朝的等级化同盟关系转化为王与诸侯的君臣关系，整个国家的结构和组织原则发生根本性变化。

商朝初年，商与东夷各部族的关系保持着同盟形式。随着商王朝的稳固，中央需要用王与诸侯式的君臣关系取代原来的同盟关系，所以从仲丁开始，与东夷发生长期的战争。商朝与东夷的战争，不只是生存空间争夺，更重要的是中央统治模式统一化的结果。

在分封制影响下，商代内外服制与夏朝存在显著差异，夏朝内外服制是基于空间、时间因素，长期演化的结果，而商朝是通过战争和分封快速建立内外服，地域和职官成为确定内外服的标准。在地域条件下，王畿内称内服，王畿以外称外服；王畿内和畿外官员的职责有所不同，故可以按职责描述内外服，《尚书·酒诰》谈到商朝的内外服制时说："越在外服：侯、甸、男、卫、邦伯；越在内服：百僚、庶尹、惟亚、惟服、宗工，越百姓、里居。"外服包括侯、甸、男、卫和邦伯，侯、甸、男、卫通常是王朝派出的商族成员担任，也可以由当地方国首领担任，邦伯则主要是由当地首领担任。内服包括的众多职官主要是朝廷官员和各族族长以及地域组织"里"的长官，通常由商族成员担任。朝廷的高级职务有时会引入方国首领担任，例如周文王、鬼侯、鄂侯曾经担任商纣王的三公。

图2-7　郑州出土窖藏青铜器

分封制的另一重要成果，是促使商朝进入贵族社会。分封制与商朝的扩张政策结合在一起，形成一个产生诸侯的稳定机制，诸侯世袭制则使家族地位稳固下来，分封制和世袭制相结合，使得商王朝形成稳定的贵族产生和维持机制。商王朝通过不断的军事扩张，获得土地和人口，通过分封制，把土地和人口封赐给子弟和功臣，使之转化为诸侯。诸侯职位世袭，诸侯子弟拥有天然的政治地位和权力，从而成为贵族。这种通过政治产生贵族的机制，使商王朝逐渐建立起贵族社会。贵族和诸侯虽是通过政治方式产生，但朝廷和诸侯国统治阶层的主要成员都属于同一宗族，血缘属性在政治生活中保留下来，随着职位世袭和宗族职能扩大，血缘越来越政治化。血缘的政治化是先秦社会的重要特征。

商王是全国最高政治首领，自称"一人"或"予一人"。与夏朝一样，商朝王权的合法性来源是神权。与夏朝不同的是，新社会机制和制度设计使商王的权力大大加强。商朝是通过战争建立，又通过战争扩大疆域，战争获得的土地和人口归商王支配，商王逐渐不再只是名义上的天下共主，而被认为是天下的实际占有者。在分封制下，诸侯的名位、人口和土地都来自商王，诸侯与王之间形成明显的依附关系，商王对臣下的支配权得到空前加强，拥有对臣民生杀予夺的大权。

商朝的职官分为内外服。外服职官是侯、甸、男、卫、邦伯，主要负责军事、生产等功能。内服职官可以分为外廷官和内廷官两类，外廷官包括主政长官、政务官员、事务官员、军事官员和宗教文化官员5部分。主政长官，早期是左、右相，后设置三公，辅佐商王处理政务。在主政长官下有政务官团体，在文献中称卿士寮，在甲骨文有"多尹"。事务官员，主要管理王朝的经济，有小籍臣、牧正、犬、司工等，分别掌管农业、牧业、山林、手工业等。军事职官有师、亚、马、射、戍等，负责指挥战斗、管理特殊技术兵种或驻守某地。宗教文化职官构成比较复杂，大致可以分为占卜官、史官、乐舞之官、祭祀官4类，占卜职官包括贞人、筮人、巫等；史官包括大史、小史、右史、作册等；乐舞之官包括少师、大师、多万等；祭祀官主要有巫、祝等，但因祭祀频繁，多种职官都部分负有参与祭祀的责任。除专门的技术性职官外，很多官员是兼职，尤其是各族族长，经常同时是负责政务、军事和祭祀的官员。

商朝已有常备军，分为左、中、右三师。但商朝主要军事力量依靠临战征集，甲骨卜辞有很多战时"登人""共人""致人"的例子，都是征召军队之意。这些军队属于诸侯或贵族，受到商王召唤时即率军出征。军队基本以血缘为纽带组成，由本族头领指挥。商代兵

图2-8 盘龙城出土青铜提梁卣

种为车兵和步兵，车兵配备为每车两马三人，装备弓、矢、戈等兵器；步兵以弓兵和戈盾兵为主。商军在战斗中采取车、步混编方式，十分注意阵型，往往按左、中、右排布。

商朝建立初，即制定法律，"商有乱政，而作《汤刑》"，即成汤时已有成文法，祖甲时对法律进行改革，《竹书纪年》记载祖甲"重作汤刑"。从甲骨文记载看，商代已经有墨、劓、刖、宫、杀五刑。商朝法律以严酷著称，《韩非子·内储说》记载"殷之法，弃灰于公道者断其手"。商代还建有监狱，文献中称为圜土，甲骨卜辞有囷，像人手戴刑具囚于室内的形状，即是监狱。

商代建立了财政制度。商朝的财政收入主要有3部分，即田赋、贡纳和王室产业。商代实行"七十而助"的田赋方式，即一个农户分七十亩土地，其中七亩土地为公田，由农户耕种，收入归王朝所有。贵族、诸侯和方国要向中央缴纳一定的贡物，虽然更多是象征性，但也是一笔不小的收入。王室还在各地设立田庄、牧场、手工业工场，这些产业给商王提供大笔收入。值得注意的是，商王朝建立了仓廪体系，在各地设立仓廪，将收到的粮食、布帛等物资就地储存，到需要的时候，就近启用，节省了大量运输成本。

三 商代的观念与文化

天命观是商代最重要的思想之一。"君权神授"观念早已有之，夏朝利用它为自己提供政权合法性，商人继承君权神授的观点，成汤在讨夏的战争中即说"有夏多罪，天命殛之"，"予畏上帝，不敢不正"。商朝建立后，宣扬天命依然是商朝政治建设的重要内容，担任成汤左相的仲虺就说"我闻于夏人，矫天命，布命于下。帝伐之恶，龚丧厥师"。在日常行政中，天命更是成为商王发布命令的依据，盘庚在强迫臣民迁都的时候就说，"天其永我命于兹新邑，绍复先王之大业，底绥四方"。

但是，单纯的君权神授已不能满足商代政治需要。因为商人是从夏朝手中夺取的政权，要对天命转移的原因加以解释；同时，原有部族社会大都转变为有统治阶层与平民阶层分别的等级社会，需要对天子、贵族和平民在天命观中的地位做出说明；所以商人的天命观有所发展。商人认为，上天厌恶夏桀的罪行，是夏人灭亡的主要原因。在这个认识中，上天积极介入人间事务，上天的意志起了主要作用，选择的主要依据是惩恶。所以，商人特别重视祭祀，同时特别重视占卜，并留下占卜的记录。商人这么做的主要原因，是商人认为通过沟通和讨好神灵能够得到福佑，并能改变原定的不利结果。商人开始重视人自身在天命变化中的作用，将人置于重要的位置上，《尚书·高宗肜日》中说："惟天监下民，典厥义。降年有永有不永，非天夭民，民中绝命。"意思是上天监督下民，考察他们做事是否合乎道义，上天能够赐福，也会降祸，并不是上天降祸于人，而是人自取其祸。但是，这样的观念并没有成为主流，上天意志具有决定性作用依然是商人的主流认识，最好的例子在《尚书·西伯戡黎》中，祖伊对商纣王说"惟王淫戏用自绝，故天弃我"，认为上天抛弃商朝的主要原因是商纣王自己的恶行，但商纣王的回答却是"我生不有命在天"，意思是我命是上天授予，绝不会改变。

配合天命思想，商朝建立了国家化的祖先神系统。商王朝建立起中央与地方的君臣化等级关系，各个地方政权集中到国家体系中，用天命观提供政治上的合法性。但是，各地方势力保留了浓厚的血缘色彩，在族群关系上依然无法整合在一起，要求有一种认同观念以迎合这种状况。由是，商人建立了一个包括各族祖先在内的祖先神系统，这个系统中既有商王的祖先，也有重要贵族的祖先，由国家统一进行祭祀，盘庚即对臣下说"兹予大享于先王，尔祖其从与享之"，甲骨文证明伊尹、巫咸等商朝重臣都进入这个祭祀系统。国家化的祖先神系统以及常规化祭祀，有效地把各群体整合到同一认同单位中，促进商朝各部族的融合。

商代还初步出现哲学化宇宙观。商人的信仰以人格化的神灵与上帝为主，同时初步建立起一个物质化的宇宙系统，这一点主要反映在《尚书·洪范》中。洪范的意思是大法，是商人治国的基本法则，据说是箕子接受周武王咨询时，陈述给周武王，后来被整理成《洪范》。洪范共有九畴，就是九种，第一畴讲的是五行，概括宇宙运行的基本原理，第二至第七畴，讲的是制度设定和君主的统治原则，第八畴讲的是自然通过天象对人事显现的反馈和征兆，第九畴讲引导人们行为的方法。洪范九畴形成一个完整的系统，在此系统中，人格化的神灵让位给物质化的运行规律，构建出一个按规律运行的宇宙模式。这种观念为后来的阴阳学说开创了先河，深远影响了中国历史。

商代已有成熟文字，并应用在多个领域，用笔墨书写是当时的主要记录方式。考古资料发现写在陶器、玉器和骨头上的文字，还有更多写在竹简和木牍上的文字，因载体的原因已经腐朽不可得见，遗留下来最多的是刻在甲骨上的文字，所以甲骨文成为认识商朝历史的重要资料。商王朝把文字作为政治统治的重要工具，曾推广给远在西陲的周人，今天发现的西周甲骨文与商代文字属于同一个系统。

商代构建起发达的礼乐文化，形成完整的青铜礼器系统，既有包括爵、觚、斝在内的酒器组群，也有包括鼎、簋在内的食器组群，器形别致，花纹精美，有效地标志着使用者的身份和等级，反映出时人的思想与追求。商人礼器的影响很大，传播到广大地区，从燕山南北到江西湖南，从东海之滨到甘青地区，各地遗址都出土过商式青铜礼器。

第五节　商朝的灭亡与教训

商王朝始终保持武力开拓和加强集权的趋势，使得权力、资源越来越向中央和商王集中。但是，商王朝的社会基础依然保持原有状态，分散的宗族和拥有相对独立行政权的地方势力，导致社会基层组织形式与中央集权方式之间产生矛盾。

商王朝没有能力改变社会基层组织情况，也不愿放弃加强中央集权的努力，使得社会运行方式与权力集中趋势之间的矛盾越来越严重。到商代末年，商纣王试图通过强硬手段加强王权，原有矛盾更加激化，最终导致商朝的灭亡。

一 商朝的灭亡

武丁死后，其子祖庚、祖甲相继继位，祖甲在位前期继续执行盘庚以来的西方战略，征伐西戎，命周人的首领亚圉为侯；祖甲还改革祭祀方式，建立规范的祭祀制度。依靠武丁中兴的威势，祖甲保持了国家稳定，周人曾称赞他"作其即位，爰知小人之依，能保惠于庶民，弗敢侮鳏寡"。但到执政后期，祖甲日益昏庸，国家渐显衰落之势，祖甲在文献中又称帝甲，史载"帝甲淫乱，殷道衰"。祖甲的淫乱，给商朝带来的负面影响很大，所以后人总结说"帝甲乱之，七世而殒"，把他视作商朝灭亡的始作俑者。

祖甲之后的商王更加昏乱，他们"生则逸，弗知稼穑之艰难，弗闻小人之劳，惟耽乐之从"，经过廪辛、康丁，武乙继位为王。武乙更加昏暴，他喜欢田猎，无视法度，据说他曾与天神争胜，"为偶人，谓之天神。与之博，令人为行，天神不胜，乃僇辱之。为革囊，盛血，卬而射之，命曰'射天'"。武乙到河渭之间打猎时，被雷震死。武乙猎

图2-9 《四祀邲其卣》铭文（集成5413-3）

于河渭，说明他并没有完全放弃商朝开拓西方的战略。

　　武乙死后，文丁做了商王。文丁也关注西方的情势，他任命周人的首领季历担任牧师，也就是诸侯之长，为商朝统领西部的方国。当他发现周人势力越来越大，对商朝构成威胁时，他又杀掉了季历。继文丁为王的是他的儿子帝乙，帝乙继续保持对西方用兵，曾经征伐昆夷。

　　商朝的最后一个王是帝辛，名受，被称为商纣王。商纣王在位期间，社会矛盾已经十分尖锐。统治者骄奢淫逸，放纵于酒；平民对统治者不满，起来相抗争，商纣王同父异母的哥哥微子就曾忧叹"小民方兴，相为敌仇"；统治阶级内部矛盾重重，新旧贵族为争夺权力而钩心斗角。商朝的外部环境十分恶劣，西方周人兴起，对中央权力虎视眈眈，东方的东夷各族不满王朝日益加强的控制，蠢蠢欲动，南方江汉诸国，早已脱离中央控制，商王朝的势力退回到华北平原。

　　商纣王没有及时调和内外矛盾，反而追求穷奢极欲的生活和不受限制的权力。在生活上，纣王广建别宫离馆，造酒池肉林，昼夜歌舞不息；在经济上，为满足奢靡的生活，不断增加赋税，搜刮财富，加重人民负担；在政治上，听信妇言，重用恶来、费仲等奸臣，疏远微子、箕子、比干等宗室重臣；在宗教上，疏于祭祀，侮慢鬼神。纣王的这些行为，引起王朝贵族和平民的不满，为压制臣民的反抗，纣王加重刑罚，制作炮烙之刑，对反对者加以威吓，社会矛盾更加尖锐。

　　在处理与周边方国关系时，纣王没能缓解与周边方国的冲突，只是一味使用强硬手段。为稳固在西方的统治，纣王调集大军在黎（今山西黎城东南）举行蒐礼（阅兵），对西方诸侯进行威慑。这导致商朝在东南地区兵力空虚，东夷趁机发动叛乱，史载此事为"商纣为黎之蒐，东夷叛之"。纣王不得不调派军力奔赴东方平叛，经过长期战争，商朝虽然打败东部的叛乱势力，但耗费大量的兵力和财力，元气大伤，后人评价说"纣克东夷，而殒其身"。

纣王统治不得人心，内部众叛亲离，外部方国反抗，国家陷于混乱。这时，兴起于关中平原的周人，已经积聚起强大的力量。公元前1046年，周武王率领周军和多个方国组成的联军直扑商都。纣王率商军在朝歌城外的牧野（今河南新乡北）与周联军展开决战，部分对纣王不满的商军阵前倒戈，引导周军攻入朝歌，纣王在鹿台自焚而死，商朝灭亡。

二　商朝灭亡的制度原因

从表面上看，商朝灭亡是由于纣王暴虐，实际上，商朝灭亡有特殊的历史背景因素，也有深层的制度原因。

社会进入国家形态之后，加强中央权力和王权是必然过程，商朝正处于这个发展阶段。但是，商代的社会组织、政治制度未能符合加强中央权力和王权的需要，统治者又在加强王权和中央权力过程中急于求成，残伤百姓，最终导致商朝的动荡和崩溃。

商朝问题的结点主要有两个，一个是血缘组织强大，另一个是分封制度尚不完善。

宗族是天然的政治组织，利用宗族和血缘纽带组织力量，成本低而效率高，是早期国家经常采用的组织方式。商人在灭夏过程中，依靠宗族武装推翻夏朝。商朝建立后，宗族组织方式保留下来，族长既是血缘家长，也是本族的行政首领。在这种情况下产生两个问题：一是宗族势力妨碍王权的加强，宗族实力强大，长期垄断重要职位，与日益集中的王权发生矛盾；二是人口和财富多驻留于宗族当中，商王很难从中取得自己所需要的资源。

分封制和世袭制相结合，建立起一个稳定的贵族群体，使商朝能够实现对广大地域的有效统治。但是，在分封制下，商王把爵位、土地和人口一次性支付给贵族和诸侯，一旦分封完成，资源即属于贵族和诸侯，商王缺乏控制贵族和诸侯的其他手段。贵族和诸侯拥有很强的独立性，容易产生脱离中央的倾向。

分封制需要大量可分配的土地和人口为支撑，商朝建立之初，只有在被征服的夏朝中心地区，才可获得用于分封的土地和人口，所以分封规模较小。商朝的分封，主要是在后来数百年间，中央王朝向外扩张的过程中分散进行。这导致各地诸侯没有统一的等级和统属关系，很难建立起高效统一的行政体系，无法满足中央和商王加强权力的需求。为解决这一问题，商朝任命方伯，由方伯统摄某一地区内的诸侯，形成介于商王与诸侯的一级权力，但方伯也是由原有诸侯担任，存在与商王之间的相对独立性，所以总体上收效不大。

商王朝建立后，在原夏王朝中心区的豫西和晋南，商王通过分割土地和人口给诸侯，在二者之间建立起依附性君臣关系，由是形成新型等级化的中央与地方关系。这种中央和地方关系，有利于中央权力的集中，商王朝希望把这种模式推广至其他地区，以扩大自己的权力。但这种中央和地方关系会改变商王朝与其余部族之间原有的平等同盟关系，遭到各部族抵制，商王朝不得不用武力推行。所以，商王朝自建立始，就一直处于征战当中，先是攻打东夷，在当地巩固新型央地关系后，又开拓西方和南方。商文化有很强的扩张性，很大程度上是基于商王朝的这种央地关系新模式。

到商纣王时代，随着几百年的发展，宗族势力更加雄厚，对官职的垄断、人口和财富的控制更加有力，各地诸侯的独立性不断增长。中央未能找到有效的应对之策，把分散的诸侯统合到一起，形成更高效的行政体系。中央向四方的拓展接近实力的上限，很难再向外推进边界。

为改变现状，纣王采取多种措施。为摆脱旧贵族的势力，纣王起用恶来、费仲等人，甲骨卜辞中则记载了大量小臣，小臣是商王为制衡旧贵族而起用的人才；为能够获取人力资源，纣王采取严刑峻法，借助罪犯隶属国家的规则，把大量人口从宗族中剥离出来，成为商王的从属；为提高对诸侯的管理能力，商王任命方伯，以管理某一区域内的诸侯，例如曾命周文王担任西伯，维护王朝西部边疆的安全；为向前推进王朝边界，纣王采取更频繁的军事行动，甲骨文中记载纣王讨伐夷方、林方、盂方等方国，发生多次战争。

纣王的这些措施直接粗暴，在短时间内可能有效，但未从根本上改变社会环境，也没有制度上的改进，所以很快引起负面反应。王朝内部臣民怨声载道，纷纷反抗，镇压不暇；外部方国不再归服，纷纷叛离作乱，使王朝东西不能兼顾。在这种情况下，商王朝终于耗尽最后一丝国力，在周人进攻和内部接应下丧失政权。

商朝的灭亡有纣王个人施政不当的原因，但总体而言，制度性原因更为主要，是国家在形成初期，王朝加强中央控制力、加强王权的需求与分散的宗族权力、地方权力发生冲突，又未能找到合适解决方法的结果。

本章参考文献

郭沫若主编：《中国史稿》，人民出版社1979年版。

金景芳：《中国奴隶社会史》，上海人民出版社1983年版。

李学勤：《古文字学初阶》，中华书局1985年版。

沈长云：《先秦史》，人民出版社2006年版。

宋镇豪主编：《商代史》，中国社会科学出版社2010—2011年版。

孙淼：《夏商史稿》，文物出版社1987年版。

王宇信、杨升南主编：《甲骨学一百年》，社会科学文献出版社1999年版。

王玉哲：《中华远古史》，上海人民出版社2003年版。

徐旭生：《中国古史的传说时代》，广西师范大学出版社2003年版。

詹子庆：《夏史与夏代文明》，上海科学技术文献出版社2007年版。

朱凤瀚：《中国青铜器综论》，上海古籍出版社2009年版。

〔美〕张光直：《商代文明》，北京工艺美术出版社1999年版。

本章图片来源

图2-1　朱锡禄编著：《武氏祠汉画像石》，山东美术出版社1986年版，第13页。

图2-2　中国社会科学院考古研究所供图。

图2-3　邓聪主编：《牙璋与国家起源：牙璋图录及论集》，科学出版社2018年版，第138页。

图2-4　朱锡禄编著：《武氏祠汉画像石》，山东美术出版社1986年版，第14页。

图2-5 《甲骨文合集》第9册，中华书局1980年版，第4271页。

图2-6 常玉芝：《商代周祭制度》，线装书局2009年版，第110页。

图2-7 张巍主编：《郑州商城研究》，河南人民出版社2006年版。

图2-8 《盘龙城——1963—1994年考古发掘报告》（下），文物出版社2009年版，彩版二四。

图2-9 《殷周金文集成》第10册，中华书局1990年版，第331页。

第三章

西周、春秋和战国

　　周王朝是中国历史发展的关键时期，其文化、制度建设取得巨大成就。

　　西周以血缘为纽带"封邦建国"，是中文"封建"一词的古典意义来源，形式上接近欧洲中世纪以feudalism为名的领主封建制；但在内涵上，以血缘为纽带的西周封建制，不同于基于契约关系的欧洲领主封建制，可以称为宗法封建制。宗法封建制，既是政治权力分割方式，又是生产资料所有制体现形式，主要是土地分配方式。无论是领主封建制还是宗法封建制，土地皆是运行机制的最重要内容，对土地的占有决定基本的政治人际关系。此外，与夏商奴隶制不同，西周很少见到人牲和人殉情况。人牲、人殉情况的巨大改变，说明社会结构已发生本质性变化，是奴隶制到封建制度变化的表征。

　　周人较早就与中央王朝发生并保持联系，并在商代晚期进入中央王朝的权力中心，并最终取代商王朝建立周朝。周王朝充分吸收夏、商王朝的制度、文化成果，并根据实际情况加以调整，建立起完备的周礼，对后世产生深远影响。

周代制度建设的核心是分封制。周人通过政权革命取代商王朝，在继承商王朝政治遗产和获取充足政治、经济资源基础上，周人开始进行大规模分封。通过分封，王室原有的血缘亲属关系转化为政治等级关系，血缘和政治有机融合起来。为适应血缘和政治的融合，周人制定了完善的宗法制，形成宗统与君统相表里的制度特征。

以宗法封建制为基础，周人又建立起姻亲制度、姓氏制度，为国家提供了兼容血缘和政治的规则体系。在这一体系下，血缘原则和政治原则同时发挥作用，血缘温情和政治威严并重，由此形成独特的礼制，称为"周礼"。

周人制定周礼并建立相应的维系机制，为政治运行提供基本的规则平台，各种势力通过这一平台融入中央王朝政治体系；同时周礼又保持务虚性，给诸侯和地方保持充足的发展空间，使得周王朝具有强大的拓展能力和较强的稳定性。周王朝能够统治广大的疆域并维持数百年，与周礼这一特点密不可分。

第一节　西周王朝的建立和制礼作乐

周人原是远在西部边陲的地方势力，以小邦周取代大邑商而成天下共主，这深刻影响着周人的文化和制度，周人既保持小邦的清醒和谦虚，同时又发展天下共主的博大和威严。

周人虽然是用武力夺取政权，但没有以征服者自居，而是强调天下共主的包容性，将殷遗民和各地部族与周族一样，视作王朝臣民。尤其是将血缘原则融入政治生活，将天下所有人纳于虚拟的血缘关系，使整个王朝既是政治团体，同时又是血缘团体。

血缘与政治的融合，使周代制度和文化中温情和等级并重，决定了周人在实际的生活中，需要同时考虑血缘和政治两种因素来处理社会关系。周人血缘与政治融合的制度，适应了中国古代社会以宗族作为国家基层组织的形势，为社会运行提供了适合的规则。宗族与国家、血缘原则与政治原则相融合，是周王朝在制度上超越商王朝的重要成就。

一　周族起源与周朝的建立

周族是一个古老的部族，长期生活在今陕甘黄土高原和渭水流域，因邻近姬水而得姓姬。周族的始祖名叫弃，弃的母亲名叫姜嫄，姜嫄因践"巨人迹"而怀孕，生下弃，周人这一起源神话载于《诗经·大雅·生民》，"厥初生民，时维姜嫄。生民如何，克禋克祀，以

弗无子。履帝武敏歆，攸介攸止。载震载夙，载生载育，时维后稷"。弃擅长耕稼，尧尊他为农师，舜任命他为稷，稷是管理农业的官职，所以后人称他为后稷。

周族早期历史记载有缺失，从尧舜时代到商朝末年的1000多年里，周人世系只有后稷、不窋、鞠、公刘、庆节、皇仆、差弗、毁隃、公非、高圉、亚圉、公叔祖类、古公亶父、季历14代祖先，而同时段内商人世系达到30代。但周族历史的发展过程和关键时期，依然大致清晰。

不窋时，周人向北迁移，"自窜于戎狄之间"，与北方的部族杂处。到不窋的孙子公刘时，又迁徙到豳（今陕西旬邑西南），周人在这里修建宫室，发展生产，组建军队，开始进入国家形态。公刘之后的八代人，都居住在豳。在商王祖乙在位时，周人的首领高圉被商朝任命为邠侯，盘庚时又册命亚圉为侯，周人成为商王朝在西部边疆的重要依靠。

古公亶父做首领时，周人从豳迁徙到周原（今陕西扶风、岐山一带）。周原一带土地肥沃，交通便利，古公亶父带领周族和随同迁来的各个部族，在这里规划土地，营建城邑，筑立宗庙，设置官职，周族发展成为一支强大的力量，为后来灭商奠定坚实基础，因为古公亶父的巨大功绩，周人尊他为"太王"，《诗经·鲁颂·閟宫》里说："后稷之孙，实为大王，居岐之阳，实始翦商。"

古公亶父有三个儿子，太伯、虞仲和季历。季历的儿子昌聪慧，古公亶父希望他将来成为周族首领。要让昌顺利当上首领，就需他的父亲季历先当上首领。为了能让季历继承首领之位，太伯和虞仲主动放弃继承权，流亡到荆楚，又迁徙到东南太湖一带，成为后来吴国的祖先。古公亶父死，季历成为周族首领。

季历即位后，先是娶了与商朝有密切关系的挚国的女子为妻，又到商都觐见商王武乙，接受商朝册命。此后，季历利用商朝的名义，先后灭掉周边的西落鬼戎、余无之戎等方国，势力大增。商王文丁时，任命季历为商朝的牧师，牧师即是方伯，替商朝统管一方诸侯。季历继续讨伐戎狄各部，势力范围不断扩大，甚至达到今天山西的汾河上游地区。周人实力的增长，使商朝感受到威胁，于是文丁设计处死了季历。

季历死后，他的儿子昌继位，昌就是后来的周文王。昌继位后，依然臣服于商朝，还娶了商王帝乙的妹妹，被商朝册命为管理西方的方伯，称西伯。西伯昌推行仁政，声名远播，太颠、闳夭、散宜生等大批有才干的人都来投奔西伯。西伯昌和鬼侯、鄂侯一起担任商朝的三公，鬼侯有好女进献给纣王，纣王却因为鬼侯女"不熹淫"把她杀掉，鬼侯被连带处以醢刑。鄂侯为此与纣王争辩，惹怒纣王，被纣王处以脯刑。西伯昌听说这件事，叹息质疑，崇侯虎趁机向纣王告发，纣王于是把西伯昌囚禁在羑里。西伯昌的臣下闳夭等求得美女、良马等进献给纣王，请求释放西伯昌，恰巧当时西方几个方国发生叛乱，纣王需要西伯昌帮他平定叛乱，于是就释放西伯，并赐给他弓矢斧钺和征伐的权力。

西伯获释归来，更加受到西方诸侯的崇信。这时候，虞国和芮国因为土地归属发生争端，两国没有到商王朝诉讼，反而向西伯寻求仲裁。据说虞、芮两国君主在去见西伯的路上，看到周人都恭谦辞让，深受感动，于是和好回国，并归附西伯。这件事被视作西伯受天命的象征，所以西伯昌虽在克商前就去世，但仍被视为受命之君，尊为文王，即中国历史上著名的周文王。

文王受命后，先是西伐犬戎、密须（今甘肃灵台），解除后顾之忧，然后向东灭掉黎国（今山西长治西南），夺取穿越太行山直入商王都的通道，再灭邘国（今河南温县西），前哨推进到商王畿西部，然后又灭崇（今河南嵩县西），消除了商朝在西面最坚固的屏障。为巩固战果，进一步向东推进，文王把都城从周原迁到丰（今陕西西安西南）。经过数代人精心经营，到文王时，周人势力向北到达汾河上游，在南方与江汉流域的诸侯结成同盟，太伯在东南地区建立勾吴与文王遥相呼应，他们共同从西、南、东3个方向，形成对商朝的包围，后人说文王"三分天下有其二"。周人伐商的时机已近成熟。

文王迁丰后第二年去世，其子发继位，是为周武王。武王继续伐商大业，任命太公望（姜尚）为师，周公、召公等人为辅，修治军事。同时把都城从丰向东迁到镐（陕西西安斗门镇），作为征商的指挥中心。武王嗣位第二年，率军东出到达孟津，与诸侯会盟，来参加会盟的诸侯达八百多人，史称"盟津之会"。"盟津之会"并未真正伐商，只是对商王朝的试探，但为灭商提供了充足的组织和舆论准备。

公元前1046年，武王率领周军和庸、蜀、羌、髳、微、卢、彭、濮等方国组成的联军大举伐商，联军于二月甲子日清晨在牧野与商军展开决战，打败商军，攻入朝歌，商纣败死。周武王在商都安抚百姓，并派兵扫除纣王的残余势力，很快占据商王畿及其周边地区。

周武王建国，定都镐京（也称宗周），取代商人成为天下共主，史称西周。

二　周初的分封制与制礼作乐

周人是商的诸侯，虽灭商而立，但毕竟是"小邦周"取代"大邑商"，无论人口、经济、文化还是军事潜力上，都远不如商。面对强大的商遗民势力，周武王采取威抚并用政策，以分封方式，将子弟、功臣和部分原商朝降臣封为诸侯，以巩固统治。

周武王让纣王的儿子武庚（即王子禄父）继续统治商都附近地区，奉守商人的宗庙和祭祀。为监督武庚和殷遗民，武王把原商王畿分为3部分，派自己的3个弟弟主管，东为卫，任管叔为监，北为邶，任霍叔为监，西为鄘，任蔡叔为监，史称"三监"。

周武王还沿商朝疆域边缘进行分封，封召公于燕（今北京房山），封姜太公于齐（今山东淄博），封周公于鲁（今山东曲阜），三封国位于商朝疆域边缘的关键点，能够确保周人完整继承商朝疆域。

武王还对先代之后进行分封，《史记·乐书》记载"武王克殷反商，未及下车，而封黄帝之后于蓟，封帝尧之后于祝，封帝舜之后于陈；下车而封夏后氏之后于杞，封殷之后于宋"，武王对黄帝、尧、舜、夏、商等先代圣王后裔的分封，不仅有助于扩大政治联盟，还为周人构建出自黄帝以来的正统身份，提升了政治合法性。

武王在克商二年后死去，成王继位。成王年幼，又面临着政权初立形势不稳的局面，于是武王的弟弟周公摄政。周公摄政，引起统治集团中其他成员的猜忌，管叔带头散布流言，说周公意在篡位，

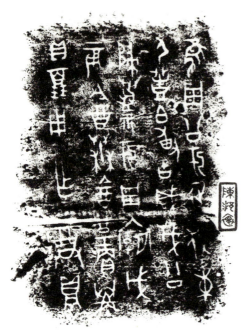

图3-1 《冉方鼎》铭文（集成2739）

进而联合武庚、蔡叔等，鼓动徐、奄、薄姑、熊盈等东夷部族作乱，史称"三监之乱"。周公迅速协调统治集团内部的矛盾，联合各地诸侯，开始为期3年的东征。在东征中，周公杀掉管叔，流放蔡叔，废掉霍叔，迫使武庚逃亡到北方，东夷诸族被驱逐到海边，最终平息叛乱。

三监之乱后，为稳固周朝统治，周公做了3件大事：营建洛邑、分封诸侯和制礼作乐。

营建洛邑是周武王的既定政策，还没来得及实施，武王就已去世。平定三监之乱后，周公联合召公重新规划和建设洛邑，把各地有反抗能力的殷遗民迁到洛邑，设置殷八师加以震慑。洛邑建成后，成为周朝在东方的政治中心和军事据点，城中设有王城，周王和大臣经常在此发布政令和举行活动，是与镐京并肩的东都，也称成周。

经过3年东征，周朝"灭国者五十"，完全征服和继承了商朝原有疆域，获得大量可以支配的土地和人口。凭借充足的资源，周公再次进行大规模分封，建立起以王室子弟为主体的诸侯体系，据《荀子·儒效》篇记载，"（周公）兼制天下，立七十一国，姬姓（周王室为姬姓）独居五十三"。通过分封，王室子弟转而成为诸侯，原有的血缘关系转变成政治关系，以实现"封建亲戚，以藩屏周"的目的。借助分封，周公还规定诸侯之间的等级关系，形成公、侯、伯、子、男的爵制。

伴随分封制大规模推行，礼乐制度建设逐步推进，成为周朝运行的基本规范。

周王是全国最高首脑，为天下共主，掌握着政治、经济、军事、司法及宗教各方面的大权。周王之下，设立太师、太傅和太保，称为三公。中央设卿士寮，以太师或太保为长官，下辖司徒、司马、司空等属官，主管王朝政务。另设太史寮，由太史执掌，统领史、卜、祝、作册等官员，主管文化宗教类事务。

西周军队主要有西六师和殷八师两支，西六师驻扎在宗周，拱卫都城；殷八师驻扎在成周，也称成周八师，镇抚东方。除王朝军队以外，各诸侯国有自己的军队，各贵族有自己的族武装。周代军队主要由族兵构成，日常生活和训练在族中进行，战时集结成伍。周朝的兵种主要是车兵和步兵，也称甲士和徒卒。

周文王时期，即制定过刑罚，《尚书·康诰》说"文王作罚"，周公对法律进行完善。周代法律主要有墨、劓、刖、宫、大辟五刑，其中墨刑和劓刑各1000条，刖刑500条，宫刑300条，大辟200条，共计3000条。除五刑外，还有鞭刑、扑刑、流刑等刑罚。周代已有民法，形成比较成熟的处理经济纠纷的规则，也可以用缴纳财物的方式替代刑罚，称为赎刑。周代监狱制度更加完备，不仅有固定的囚禁地，还设置掌囚等管理监狱的官职。

周朝财政收入主要依靠田赋、工商食官和诸侯的贡纳。田赋主

要有两种，一种是井田制，井田制是在征服战争后，国家控制大量人口和土地基础上，以8家为一个生产单位，划分给方圆一里的土地，其中有900亩为耕田，8家各耕种100亩为私人收入，共同耕种剩余100亩，收入归公。井田制是一种以人统地的管理模式，是在战争结束后，存在大量自由支配人口基础上形成，后来逐渐减少并趋于消失；另外一种就是夏商以来通用的田赋方式，每家授予田百亩，其中90亩的收入归私，其余10亩的收入归公。这是一种以地统人的管理模式，是周代田赋制度的常规方式。周代建立起工商食官制度，手工业生产和商业贸易由国家主导和安排，为王朝带来大笔收入。各地诸侯的贡纳，也是中央财政的重要来源。

三　明德保民与商周之变的实质

经过夏、商两代1000多年的整合，到周朝建立时候，已经形成紧密的王朝政治共同体。政治共同体中各个部分具有很强的认同感，族群冲突被当作王朝的内部矛盾，如武王在克商战争中并不把商人当作敌人，而是以商人解放者自居；中央和王的天下共主地位得到广泛承认，与此相应，最高首领被认为是社会责任的承担者，武王在《牧誓》中即把矛头都指向纣王一人。以上行为和思想充分利用了天命观。

周人宣扬受命于天，把天命作为代商的依据，但也看到上天授命于夏，又授命于商，如今天命又落入自己手中，感到天命靡常。为继续利用天命，周人对天命观进行了改进。周人提高人在天命中的作用，把人的德行当成天命转移依据。当天命转移依据由上天的意志转变为人的德行，上帝就由主动的抉择者变为旁观的监督者，而人的德行和判定德行的标准成为天命观的关键因素。这种转变，把人提升为天命观中最核心的因素，奠定了中国思想史中人本化思想的基础。

在周人天命观中，上天依然是政权的授予者，所以周人提出要"敬天"。但是，上天作用弱化，德是天命所归的依据，统治者行为既是获得政权的原因，又是维持政权的依据。因此，德和德的评判标准成为天命观的关键内容，君、臣、民的关系成为主要方面。周人由此提出实行德治，强调关心民之所欲，行政要顺天而应人，即保民思想。为实现保民，统治者应当"明德"，以宽厚治民，同时要慎罚，避免严刑峻法。因此，敬天、保民、明德、慎罚成为周人施政的指导思想。

周代还通过分封制，建立起全新的统治方式。周人利用灭商获得的充足资源，通过分封把王室子弟整体转化诸侯，王室子弟成为诸侯的主体。王室原有的血缘关系同时成为政治关系，亲疏差异成为等级差别，血缘和政治融合在一起。为适合血缘与政治融合的情况，周人建立了完善的宗法制。宗，即是宗庙，是表明宗族关系的场所。宗法制以嫡长子继承制为基础，用嫡庶和长幼关系确定亲疏关系，由亲疏关系决定享有政治权力的大小。在宗法制下，嫡长子为宗主，主持大宗，其他嫡子和庶子分别主持自己的家族，为小宗，小宗附属于大宗，组成一个融合血缘与政治的共同体。在这种制度下，周王既是国家最高首领，又是姬姓诸侯最高家长，国与家相融合，君统与宗统相表里。

宗法制使姬姓诸侯构成严密的政治集团，在这个集团中，无论血缘关系多疏远，都不可以结成婚姻关系。因为一旦结成婚姻关系，兄弟变成姻亲，宗法关系将受到冲击，宗法背后的政治等级关系将被破坏，因而周人实行严格的同姓不婚原则。分封制还确定严格的等级，要求统治者在联姻时要遵循等级原则，使诸侯和贵族的婚姻限定在统治集团内部。在统治集团中，姬姓贵族占据大多数，又同姓不婚，数量较少的异姓诸侯成为姬姓诸侯争相联姻的对象，所有异姓诸侯都被拉入到姬姓诸侯的婚姻关系网络。在这种情况下，异姓诸侯与姬姓诸侯形成普遍的甥舅关系。姬姓与异姓之间普遍的甥舅关系和姬姓集团内部普遍的父兄关系相结合，使周王朝成为"父兄甥舅"之国，组成一个亲属集团。

因为国家是一个亲属集团，亲属关系是政治关系，伦理道德就成为政治原则，孝、悌表达的不只是对父子长幼的伦理关怀，同时是对君长的义务与服从。违背孝、悌等道德原则，则是对政治秩序的挑战，是威胁王朝统治的"元恶大憝"。因此，周王朝将道德伦理制度化，形成所谓礼制，"周之制度典礼，实皆为道德而设"，"周之制度典礼，乃道德之器械"。

在分封中，土地和人口一次性支付给诸侯。分封完成后，周王就失去随时向诸侯宣示王权的手段，所以周王朝制定出朝、聘、会、盟等制度，通过不断举行公共活动，重申和强化中央与地方的君臣关系；同时，分封制下的诸侯有较强的独立性，王会见诸侯的活动，主要是申明权力，而不是发布具体的命令和指示，中央与诸侯之间不是严格意义上的行政统属和工作指挥关系。

全国既然是一个亲属集团，需要体现血缘与温情；中央与地方之间又不是严格意义上的行政统属关系，就没有严刑峻法的必要，这种现实情况使周王朝在制度制定上表现出很强的抚柔性，明德和慎罚成为主流。

因此，周朝以礼治国，制定了完备的吉、凶、军、宾、嘉五礼，作为国家运行规范，称为周礼。周王朝制定各种规范和礼仪，特别注重象征性和展示性，利用精美的礼器和复杂的仪式表达等级与长幼关系，呈现出"郁郁乎文哉"的特点。周礼的温情和象征性限制了周王的实际权力，表面上周王占据至高无上的天子之位，但在实际政治运行中，有明显的虚君特征。周礼适应了血缘与政治相融合的政治现实，成为后世制度的范本。

分封制还催生出国野制度，国指国都，主要居住外来的统治者和随迁部属，因为居住在国中，所以称国人；野，指国都之外的乡野地区，主要居住被统治的土著居民，因居住在野中，所以称野人。在立国初期，各诸侯国大多只有一个中心城邑，外来人口居住在城邑中，和当地人口界限分明，国野分界明确。但随着更多城邑建立和人口融合，国野界线越来越模糊，但依然起着重要作用。

周代通过分封和世袭建立起稳定的贵族产生机制，用礼作为贵族社会的运行机制，历史正式进入成熟的贵族社会。

整个国家表现为一个血缘集团，增强了国家凝聚力。但血缘具有闭合性，周朝的血缘和一定等级和规范相联系，这使得异族难以通过单纯的政治认同融入进来，所以从西周开始，夷夏关系越来越成为一个重要主题，周人对中原各族称诸夏，而对中原之外各族称为夷、狄、戎、蛮，表现出越来越明显的差异，逐渐发展出内外有别的夷夏

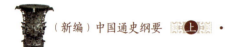
观念。

比起商代，周王朝的政治制度和政治思想是一个飞跃。商周制度的巨大变化，被后人总结为立子立嫡之制、庙数之制、同姓不婚之制，但实际上这些制度在商代都初步出现，只是尚未成为根本性规则。商周之际发生如此巨大的变化，主要是两者分封情况不同，商代分封是分散进行，主体是功臣，王室没有整体转化为诸侯，血缘与政治融合程度较低，嫡庶、庙制、婚姻制度的影响主要在血缘事务方面，不会对政治资源分割产生根本性影响。但周代分封是快速把王室子弟整体转化为诸侯，又与异姓诸侯结成政治婚姻，血缘与政治高度融合在一起，嫡庶、庙制、婚姻不再单纯表达血缘关系，而与政治资源分割紧密联系，任何微小的变动，都会导致其背后政治资源的巨大变动，所以周人把嫡庶、庙制和婚姻作为基本原则。商周之变的根本原因，是血缘和政治融合程度不同。

第二节　西周的强盛与衰落

周礼既维护中央王朝权威，又给诸侯和地方以充分的空间和自主权，使周王朝充分调动中央和地方资源，将更多地方纳入中央王朝政治体系。周礼的怀柔特征和严盛仪式，对周边部族具有充足的吸引力，使之归附到周礼体系中。周王朝在前代王朝势力范围基础上，更加向外拓展，尤其是在制度和文化影响力上，远远超越前代王朝。

周礼的缺陷是无法动态制衡王朝中的各方势力。基于分封制的政治机制，需要通过分割中央资源维持政治体系，导致中央实力不断削弱；拥有相对独立权力的诸侯，则通过各种手段不断扩张实力。当实力对比变化达到一定程度，原有的稳定政治架构将被破坏，王朝衰落随之来临。

一　征伐四方与文化圈的扩大

周公分封诸侯和制礼作乐之后，周王朝的中心区域稳定下来。接下来，周王朝的主要任务有3个，一是巩固周人的统治，基本方式是通过继续分封，获得更多新支持者；二是开拓和保卫疆域，基本形式是征伐；三是推行周礼，基本方式是朝聘会盟。此后历代周王的行动，基本围绕这3个方面展开。

周公摄政7年后，还政给成王。成王在朝廷任用周公、召公、毕公、荣伯等老臣，王畿外依仗康叔等诸侯，推行王朝新制定的礼制，以仁政治国。在政治上，成王将象征中央权力的九鼎迁到洛邑，展示正统性；在岐阳举行会盟，向各地诸侯宣扬天下共主地位。军事上，成王多次命召公、周公子明保等打击东夷残余势力，成王甚至亲自出

图3-2　周公辅成王汉画像石

征东夷。同时，成王继续进行大规模分封，《左传·僖公十四年》记载"邢、晋、应、韩，武之穆也，凡、蒋、邢、茅、胙、祭，周公之胤也"，武王和周公的儿子成为诸侯，主要由成王分封。成王死后，康王继位。康王在内政方面延续成王做法，简政息民，封建诸侯。对外继续用兵，向东追击东夷，一直攻伐到海边；向北派井侯征伐戎狄，平定北方；向南派南宫毛征伐虎方，进入江汉平原。经过成王和康王的努力，周朝统治稳固，"刑错四十余年不用"，呈现出欣欣向荣的局面，史称"成康之治"。

经过成康之治，分封诸侯和确立周礼的任务基本完成，开拓和保卫疆域成为主要任务。周王朝开拓疆域主要在3个方向，一个是东方，东夷因为文化早发优势，一直是与中央抗衡的势力；一个在西北，当地游牧群体与中原的农耕群体长期对抗，威胁周朝安定；一个是南方，主要是江汉流域的方国势力，当地稻作文化与中原粟作文化频繁冲突，是历史遗留问题。

康王死后，昭王即位。昭王继位时，经过成、康数十年大规模分封，从克商战争中获得的礼器、土地和人口等财富已经所剩无几，要维持王朝封赐，必须开发新资源。昭王经营重点在南土，以扩大铜和其他财富输入。周王朝在江汉流域与新兴的楚国发生冲突，昭王两次南征，第二次南征时，昭王乘坐的船只沉没，昭王淹死在汉水中。昭王南征失败，大大削弱了周王朝实力，动摇了周王作为天子和天下共主的威望，诸侯和归服者开始轻视中央政权，"自是荒服者不至"。

穆王继位时，周王朝已经立国百年，经过100年发展，许多诸侯实力增强，开始不听从周王号令，出现诸侯国互相兼并现象，"诸侯有不睦者"。为应对这种情况，穆王修订刑法，作《吕刑》，以慎罚之名加强实际管理中的强制性，实现对诸侯的威慑。

穆王时虽然有衰落迹象，但周王朝依然拥有强大实力，穆王在西、东、南3个方向都展开军事行动。穆王先是向西攻打犬戎，"得四白狼、四白鹿以归"，虽然获得胜利，但失去西方诸戎支持，致使许多部族叛离。在穆王西征时，东方徐夷趁机叛乱，穆王迅速赶回，联合东方的楚等诸侯打败徐夷。此后，穆王在东方发动多次军事行动，派毛伯、虢公、曾伯、伯雍父等征伐东夷和淮夷，这些事迹被记录在青铜器铭文中。穆王还曾出兵伐楚，可能与争夺青铜资源有关。穆王四处征战，消耗国力，此后诸王再无能力向外拓展。

周恭王继位后，对外采取守势，对内加强对诸侯的控制，灭掉与王室同是姬氏的密国。恭王灭密，等于周王带头破坏周礼，开启了武力征服分封诸侯国的恶例。

从武王到恭王的100多年间，周王朝总体上处于向外拓展阶段，在包括关中平原、华北平原和江汉地区在内的广大地域内建立起诸侯国体系，将周礼推广到这些区域，建立起各国交流的有效平台，极大促进各地政治、文化和人群一体化进程。从考古资料看，西周青铜礼器发展到全新阶段，不仅礼器组合完备，而且高度统一，边远地区出土的礼器与周朝中心区域出土的礼器高度一

图3-3　《过伯簋》铭文

致，证明全国已形成统一的礼制。

二 周朝衰亡及其原因

周懿王时，周朝实力已经无法抵御外族入侵，戎人先后侵袭到周原和镐京，引起恐慌，懿王甚至离开镐京躲避到槐里，据说《诗经·小雅·采薇》中"靡室靡家，猃狁之故；不遑启处，猃狁之故"描绘的即是懿王时的情况，《史记·周本纪》记载说："懿王之时，王室遂衰，诗人作刺。"

周懿王死后，继承王位的不是懿王的儿子，而是他的叔叔，是为孝王。面对戎人进攻，孝王曾派申侯反击，但效果不大，故又命申侯同戎人讲和。孝王以懿王叔叔身份登上王位，违反父子相传的王位继承制度，遭到诸侯抵制，当孝王去世后，"诸侯复立懿王太子燮，是为夷王"。

周夷王由诸侯拥立，诸侯干涉王位的结果是使周夷王权威大为下降，甚至在举行觐礼时下堂接见诸侯，《礼记·郊特牲》评论这件事说："觐礼，天子不下堂而见诸侯。下堂而见诸侯，天子之失礼也，由夷王以下。"为挽回天子权威，夷王借纪侯谮毁齐哀公的机会，把齐哀公召唤到镐京，当着众多诸侯的面烹杀齐哀公。但这种恐吓的效果并不大，诸侯之间开始互相讨伐。天子权威动摇的同时，对南方的控制也出现危机，楚国趁中原混乱，在江汉流域四处扩张，楚君熊渠甚至封自己的3个儿子为王，显示对周王权威的挑战。

在风雨飘摇的形势下，厉王继位。厉王意图改变王室衰微局面，他任命荣夷公为王室卿士，荣夷公善于搜刮财富，实行专利政策，垄断山川林泽，不许国人随意采樵渔猎。荣夷公的政策引起国人不满。为禁止国人对朝廷的非议，厉王起用卫巫监视国人，受到告发的人会被处以死刑。大臣召穆公劝谏厉王说："民不堪命矣"，"防民之口，甚于防川"，不要逼迫人民铤而走险。厉王不听，继续实行高压政策。国人终于忍无可忍，公元前841年，在镐京爆发国人暴动，愤怒的国人攻入王宫，厉王被迫逃走。国人还想杀掉厉王的儿子太子静，召公把自己的儿子冒充太子静交给国人，把太子静保护下来。厉王逃出京城后流亡到彘（今山西霍县东北），此事被称为"彘之乱"，也称"国人暴动"。赶走厉王后，国人推举贤臣共伯和摄政，史称"共和执政"。共和元年（前841）是中国有明确纪年的开始。

共和十四年（前828），厉王死于彘。共伯、周公和召公拥立太子静继位，即周宣王。

周宣王是一位有作为的君主，为避免重蹈父亲厉王覆辙，重塑天子权威，宣王整顿军力，发动对周边部族的战争。宣王在3个方面发起进攻，一是向西向北讨伐猃狁，一直打到太原；二是征讨南方荆楚，迫使楚国重新归服，宣王趁机在荆楚一带建立申、吕二国，部分恢复对汉江地区的控制；三是对东南地区以徐戎为首的南淮夷进行征伐，迫使淮夷请服，向周室贡纳大量财物。宣王的武功一定程度上恢复了周朝权威，周室一度呈现出兴盛的气象，历史上把这一时期称为"宣王中兴"。

宣王虽在军事方面取得成功，但在内政处理上却多有败笔。为显示天子威严，宣王强迫鲁武公立与自己亲近的少子戏为太子，而不立长子括，违反了嫡长子继承制，引起鲁国人不满。太子戏登上君位，是为鲁懿公，鲁人不接受不合礼制上台的君主，于是杀掉懿公，立鲁武公的嫡孙伯御为君。宣王出兵伐鲁，杀伯御，立懿公的弟弟为君。宣王的行为，严重违反周礼，诸侯对他失去信心，"自是后，诸侯多畔王命"。宣王还在其他方面违背祖制，例如放弃籍田礼，籍田礼是周王劝导农业的重要制度，放弃籍田礼，表明宣王越来越不把周礼放在眼里。

宣王看到诸侯疏远，想再次通过战争收拢人心，于是多次发动对戎狄的战争，结果在千亩被姜氏之戎打得大败，军队损失殆尽。为征发更多的兵力，宣王不得不"料民于太原"。料民，即统计人口。在原来的分封体系下，人口附属于贵族和诸侯，贵族和诸侯根据所承担的义务向王室提供相应兵力，宣王料民，意味着中央要越过贵族和诸侯，直接从社会获取资源，这是明显违反礼制的行为。宣王用武力短暂恢复了周王朝的威严，但却频繁破坏作为国家基石的周礼，不仅无法从根本上扭转周朝衰落的局势，反而加速了周王朝的衰败。

继宣王为君的幽王上台时，周王朝面临着诸侯叛离、四夷交侵的严峻局面，恰恰又遇上天灾，先是地震，岐山崩塌，泾、渭、洛三河干涸，接着又发生旱灾，造成普遍饥荒，整个社会财力匮乏，兵力枯竭，面临解体危险。

面对如此严重的情况，幽王不仅不励精图治，反而任用"善谀好利"的虢石父，对人民巧取豪夺，引起人民的强烈愤慨。幽王宠爱褒姒，就废掉原来的王后申后和太子宜臼，立褒姒为王后，立褒姒的儿子伯服为太子。宜臼逃奔到申后的母家申侯处避难，幽王就派兵攻打申侯，要除掉宜臼。申侯联合缯、犬戎等国反抗，攻打幽王，幽王众叛亲离，被犬戎杀死在骊山之下，西周灭亡。这一年是公元前771年。

西周灭亡的原因很多，分封制的缺陷是其中一个重要因素。分封制把土地和人口授予诸侯，换取诸侯对天子的效忠，土地和人口需要长期经营才能产出财富，一经付出，就不能收回，导致天子缺乏控制诸侯的手段；诸侯拥有独立的行政权，独立性随着时间推移而增强，出现不断增长的分裂倾向；中央要获得新的支持，就要把自己占有的土地和人口资源分割出去以建立新诸侯，这使得周王在获得新支持者的同时，也削弱自己的力量，可见分封制是一种天然的资源消耗机制；周王要想维持分封，就要不停获得新资源，分封制存在内驱的战争动力，不断消耗周人的国力；分封制所形成的夷夏观，使外族难以顺利融入共同体，影响周朝对外扩展。上述分封制的缺陷使周王朝不可避免的走向衰落。

周礼建立了一个制衡体系，在一定程度上弥补了分封制的不足，例如"礼乐征伐自天子出"，在确立周王权威的同时，限制诸侯之间的兼并；朝聘会盟，在申明等级关系的时候，形成和加强天子与诸侯之间的制衡。但是，周礼的弹性过大，对于权力的制衡能力不足，很容易被权力打破。从表面看，西周政治秩序的破坏似乎是诸侯不服从周王所致，但实际上更多时候周王才是周礼的破坏者，从恭王灭密、厉王专利止谤、宣王强立鲁君到幽王废嫡立庶，都是周王对周礼破坏的不断加深。周王破坏周礼的行为，被崛起的诸侯所仿效，诸侯加入破坏礼制的队伍，周王朝的衰落速度开始加快。

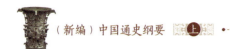

分封制有天生的缺陷，维护分封体系的周礼又无法弥补，是西周衰落和灭亡的主要原因。

第三节　春秋争霸与文化发展

春秋时期是王权衰落的时期，周王失去钳制诸侯和维护周礼的实力，但原有政治格局的惯性依然强大，有实力的诸侯开始出面维护周礼和原有政治机制运行，即春秋争霸。春秋争霸原本是周礼体系中主导地位的争夺，但随着楚、越等边缘诸侯加入，周礼体系开始受到威胁。

诸侯争霸带来两个结果，一是诸侯国之间征伐兴起，大量诸侯国被兼并；二是诸侯参与争霸，需要调动资源参与竞争，导致各诸侯国内原有资源布局发生变化，国君与贵族之间、以身份获位的旧贵族与以功业获位的新贵族之间，产生各种矛盾，各国纷纷出现不同程度的政治重新整合。

诸侯之间的兼并和诸侯国内部动荡，使得大批贵族失去原有地位，沦为下层平民。有知识有思考能力的平民开始出现，使得思考视角和立场发生转变，春秋时期的文化和思想建设出现关键性的转折。

一　春秋霸主的更替

西周灭亡后，申侯、鲁侯和许文公立太子宜臼为王，是为周平王。平王当国时，国力衰弱，无力抵挡犬戎进攻，于公元前770年放弃镐京，迁都洛邑，历史进入东周时期。东周又被分为春秋和战国两个阶段，公元前770年平王东迁至公元前453年三家分晋，为春秋时期。

周平王到达洛邑后，境况十分困窘。平王王位还不稳固，幽王死后，虢文公在携立王子余臣为王，是为携王，携王与平王争夺最高权力，周朝出现二王并立局面。直到公元前750年，平王借晋文侯力量杀掉携王，巩固王位。这时候，王室控制的土地仅限于洛阳盆地及周边不过方圆六百里的地区，还又把潼关以东的温、原等地赏赐给护送平王东迁有功的郑国和晋国，王畿更加狭小。狭小的地域，使王室收入微薄，财政入不敷出，平王去世后，其嫡孙林继位，是为周桓王，当时周王室连安葬平王的钱都没有，桓王只好派人向鲁等诸侯国"求赙"，赙，即助丧钱，这种行为打破了周礼"天子不私求财"的规定，天子威严大大被削弱。

随着王室地位下降，诸侯开始挑战天子权威，最先发难的是郑庄公。郑庄公任平王卿士，两人互不信任，交换儿子作为人质，这件事被称为"周郑交质"，这表明天子几乎降低到与诸侯平等的地位。周桓王继位后，起用虢公参政，郑伯十分不满，派人割了洛邑的庄稼，周、郑的关系更加紧张。公元前707年，桓王率领蔡、卫等国军队讨伐郑国，双方战于繻葛，王师大败，桓王肩膀中了一箭，天子威严扫地。繻葛之战标志着"礼乐征伐自天子出"的时代成为过去，历史进入大国争霸时期。

春秋时期，列国政治经济发展不平衡，强弱各不相同，大国有吞并小国的动力和实力。周王实力强大时，可以维持局面，周王一旦无力维持，诸侯之间的冲突一触即发。为避免全国陷入混乱，部分有实力的诸侯开始出面代替周王维持政治秩序，这就是争霸。春秋早期的争霸不是对周王权威和周礼的完全否定，而是在周天子和周礼名义下，由强大诸侯实际主导的王朝体制。周王依然是名义上的天下共主，占据政权最高点，周礼依然是维系社会运转的重要纽带。诸侯打着"尊王"旗号，以达成争霸目的。

随着周王朝衰微，周边部族入侵越发严重，形成"南夷与北狄交，中国不绝若线"的局面，谁能抵御夷狄入侵，维护中原安全，谁就会得到诸侯认同，成为霸主。因此，诸侯争霸的另一个旗号是"攘夷"。

首先登上霸主地位的是齐桓公。齐桓公任用管仲为相，推行改革。管仲改革主要有三方面内容。一是行政机构改革，实行"三其国而五其鄙"制度，把国都及其附近地区划分为二十一个乡，士农之乡十五，工乡三，商乡三；把国都以外的野，分为五属，设五大夫主管，属下分级设县、乡、卒、邑等行政单位，各设官员管理。在国野分治基础上，按士、农、工、商四民分区居住，分别管理。二是军事组织改革，以行政区划为基础，每五个士乡出兵一万人，编成一军，共三军，分别由国君和国、高二卿率领，平时农耕，战时出征。三是实行新的经济政策，"相地而衰征"，即根据土地情况征收赋税，并设立官员管理山川林泽，鼓励工商贸易。管仲改革，一定程度上突破了分封制的禁锢，取得了富国强兵的效果。

公元前681年，齐桓公以帮助宋国平定内乱为名，会宋、陈、蔡等国于北杏（今山东东阿），开始称霸行动。公元前679年，齐桓公又会诸侯于鄄（今山东鄄城西北），周釐王派单伯代表王室出席会盟，齐桓公正式成为霸主。

图3-4　武氏祠齐桓公管仲汉画像石

为巩固霸主地位，齐桓公打出"尊王攘夷"的旗号。

在尊王方面，齐桓公先是受周惠王命讨伐干预王位传承的卫国，后来王室出现太子郑与王子带争夺王位的情况，齐桓公又带领诸侯在首止（今河南睢县东）会盟，支持太子郑。惠王去世后，齐桓公率领诸侯拥立太子郑继位，是为周襄王。

在攘夷方面，齐桓公先后两次派兵帮助邢国抵御狄人，并在夷仪（今山东聊城）为邢建立新都；齐桓公还帮助被狄人打散的卫国重新立国，为其在楚丘（今河南滑县东）建都，史称"存邢救卫"。齐桓还出兵救援遭到山戎攻击的燕国，并深入北方打击山戎，捍卫北方诸侯安全。在南方，齐桓公联合鲁、宋等国帮助郑国抵御楚国的进攻，迫使楚国签订召陵之盟，遏制楚国北进势头。

齐桓公的作为得到王室和诸侯一致拥护，成为公认的霸主。公元前651年，齐桓公召集诸侯在葵丘会盟，周襄王派宰孔代表王室送来祭肉，认同齐桓公霸主地位，齐桓公的霸业达到顶峰。

齐桓公死后，诸子争立，宋襄公联合卫、曹等国送齐桓公世子昭回齐国继位，是为齐孝公。宋襄公以拥立齐孝公为政治资本，试图继承齐国的霸主地位。为实现目的，公元前639年，宋襄公邀齐、楚会盟，试图让楚国出面推举自己为霸主，楚成王假装答应，随后却在盂地的会盟中抓走宋襄公。在鲁国的调停下，楚国释放宋襄公，宋襄公执意要当霸主，又联合卫、许等国伐郑。楚国救郑，与宋师战于泓水，宋师大败，宋襄公受伤，不久死去。

接续齐桓公霸业的是晋文公。晋文公名重耳，是晋献公的儿子。晋国在晋献公时得到长足发展，国力强盛，但因为立储发生动乱，时为公子的重耳被迫出逃，在外流亡19年。公元前636年，重耳在秦穆公的帮助下回国继位，是为晋文公。

晋文公掌握政权后，政治上，重用狐偃、赵衰等有才干的旧臣，同时注意团结国内原有的政治势力，发展农业和工商业，晋国很快振兴。

晋文公当政第一年，正好遇上周王室发生王子带之乱，周襄王被其弟王子带勾结狄人赶出王都。晋文公得到消息，立即带兵帮助襄王返回王都，并处死王子带。于是，晋文公取得"尊王"之名。

晋文公又承担起攘夷的责任，对手是楚国。楚国趁中原内乱，迫使宋、卫、鲁、曹、陈、蔡等归顺楚国。晋文公名声兴起后，宋国转投晋国，于是楚国伐宋。晋文公联合齐、秦等国救宋，并攻击楚国盟国曹、卫，双方军队在城濮（今山东鄄城）开战，晋军大胜，楚军败退。城濮之战后不久，晋文公在践土（今河南原阳）会盟诸侯，周襄王亲自与会，册命晋文公为"侯伯"，晋文公正式成为霸主。

晋国称霸的时候，西方的秦国希望进军中原。早在王子带之乱时，秦穆公就想通过勤王得到霸主之位，但因为晋文公捷足先登，秦国没有得逞。公元前627年，晋文公去世，秦穆公趁晋丧派兵远袭郑国，但被郑国发现，秦军只好撤回，在途经崤山时遭到晋军伏击，全军覆灭。秦穆公见东进无望，于是全力向西发展，"益国十二，开地千里，遂霸西戎"。

楚、秦加入争霸行列，春秋才真正进入争霸阶段。春秋争霸是一个变化的过程，最初的齐桓公、宋襄公和晋文公都是希望依靠自己的实力，维持周朝建立的政治体系。所以，霸主要通过"尊王"和"攘夷"实现目的，霸主地位不完全是通过战争抢来，而是通过诸侯和周王的承认获得。当楚国加入争霸行列，争霸性质开始发生变化，楚国是蛮夷之国，原本是中原诸侯攘夷的对象，楚国争霸，并不在意天子权威与周礼秩序，完全是为争夺领导权。在实现方式上，楚不依靠周王和诸侯承认，而专意于武力夺取。可见，晋楚最初的争霸，是中原系统的晋国与蛮夷系统的楚国之间的竞争。至于秦国，情况有所不同，秦本在戎狄之中，直到平王时才获封为诸侯。秦虽然不是中原体系一员，但发展还要依赖周王朝权威，并不敢像楚一样强硬，依然表现出对周王室的尊重，所以秦取得"遂霸西戎"的成功后，"天子使召公过贺缪公（穆公）以金鼓"。秦在西戎的成功虽然得到天子承认，但其霸主地位只限于在西戎地区，不是真正意义上的霸主。

楚国虽然在城濮之战中失利，但争霸中原的野心并没有停止。到楚庄王时，任用孙叔敖为令尹，整顿内政，国力复盛，再次开始争霸的进程。公元前606年，楚庄王借攻打陆浑之戎的时机，在洛邑陈兵示威，派使者向周问"九鼎"轻重，表现出要取代周王朝的气势。公元前597年，楚攻打郑国，晋国救郑，两军在邲（今河南郑州北）大战，晋军大败，楚开始称霸中原。公元前589年，楚与齐、秦、鲁、宋、卫、郑等国会盟于蜀，各国承认楚国霸主地位，楚国霸业大成。

此后，晋、楚进行长期争霸，互相争战不休。长期的争霸战争给中原各国带来巨大灾难，晋、楚精疲力尽，于是产生罢战的需求，宋国开始倡导"弭兵"。各国先后召开两次弭兵之会，第一次是公元前579年，由宋国大夫华元发起，双方签订条约，但不久被打破，晋、楚之间先后发生鄢陵之战和湛阪之战。第二次是公元前546年，由宋国大夫向戌发起，14个诸侯国在宋都会盟，议定晋、楚两国同为霸主，小国向两个霸主同时纳贡。此后，晋、楚争霸战争基本停止。第二次弭兵之会是一个转折点，同时承认晋、楚两国的霸主地位，说明原有的中原天子权威和周礼体系开始被放弃，各国正式进入实力角逐阶段。

在中原地区的争霸将要平息之时，吴国和越国又拉开东南地区争霸的帷幕。

吴国在今太湖一带，据说是太伯所建，到吴王寿梦时与晋国发生联系。晋国为打击楚国，派申公巫臣到吴，帮助吴国训练军队，对抗楚国。吴王阖闾时，任用伍子胥、孙武等人，整顿军政，国力大增。公元前506年，吴国联合唐国和蔡国攻打楚国，一直攻入楚国郢都（今湖北荆州）。这时候，越国趁吴国军队与楚国作战，攻入吴都姑苏。吴军被迫从楚撤军，与越国军队在槜李（今浙江嘉兴）展开激战，吴军战败，吴王阖闾伤趾而死。阖闾的儿子夫差继位，于3年后举兵伐越，越军惨败，越王勾践请降。夫差认为越国已平，遂将精力转向中原，北上争霸。公元前484年，吴伐齐，败齐军于艾陵（今山东莱芜西北）。公元前482年，夫差会诸侯于黄池（今河南封丘西南），与晋争做霸主，正当盟会进行时，越军偷袭，攻入吴都。

越人居于今天的浙江地区，自认是大禹之后。勾践在被吴国打败后，卧薪尝胆，奋发图强，经过"十年生聚，而十年教训"，积聚强大力量，大举攻吴。公元前473年，勾践灭掉吴国。灭吴后，勾践北上争霸，曾在徐州（今山东滕州市）会盟诸侯，号称霸主。吴越争霸是边地新兴政治势力崛起的过程，也是他们试图加入中原政治体系的过程。

经过春秋长期的战争和兼并，许多诸侯国消失，出现局部统一的大国，周礼逐渐被放弃，建立起效率更高的管理制度，各族之间融合大为加强，华夏族主体已经形成。

二 春秋政治格局的变化

春秋时期，以周天子为中心的政权体系逐步被霸主主导的政权体系取代，齐、晋、楚等霸主先后出现，形成多个有实力的政治权力中心。

春秋时期，地缘政治格局发生巨大变化。中原地区诸侯国数量众多，领土狭小，但政治、经济、军事多较为发达，又有完备的周礼约束，彼此之间互相制衡，无法进行大规模兼并，没有出现实力超强的大国。因此，中原地区国家无力争夺霸主地位。但是，中原地区作为传统上的王畿，在政治和周礼上的传统地位和影响力仍在，霸主地

位的取得，主要依靠中原各诸侯国承认。

中原地区之外的齐、晋、楚、秦等诸侯，没有拥挤的诸侯互相制衡，居民又多土著，不受周礼束缚，同时还邻近戎狄蛮夷之地，有广阔的扩张空间。经过兼并和扩张，齐、晋、楚、秦成为疆域广大、人口众多、拥有强大实力的大国，并成为左右政治格局的新兴政治中心。中原地区维持意识上的中心地位，但真正影响政治秩序的力量分布在周边，形成"名在中原而实在边缘"的多中心政治格局。

春秋时期，王权已经不起实际作用，霸主的作用简化为争夺利益的工具，从总体层面进行政治管理已经不复存在，诸侯国成为政治活动的主体。由于分封制和宗法制逐步废弃，贵族产生机制日益毁坏，行政职权成为衡量地位的新标准，原来以血缘为基础的贵族集团衰落，以职权为基础的卿大夫集团兴起。随着宗法贵族逐渐被拥有行政职权的卿大夫取代，各诸侯国政治格局由原先国君、贵族和平民组成的结构，变成国君、卿大夫和平民组成的结构。

在周王朝统治稳固时，诸侯国内部有稳定的贵族团体，遵行周礼和宗法，地位、财富配置稳定，社会变量不大。进入春秋时期后，周礼和宗法废弛，权力和财富变动增加，加上频繁的战争和向霸主纳贡，需要筹集更多财富，这就要求打破旧有社会格局。在旧有社会格局解体过程中，国君想改变周礼导致的虚君局面，获得与自己名位匹配的实际权力，卿大夫则希望进一步扩大已有的职权。国君与卿大夫的权力之争日益加剧，以国君为首的公室、公族与卿大夫集团争斗成为历史主流。在各国国君与卿大夫的争夺中，比较代表性的有鲁国"三桓"分政、齐国"田氏代齐"和晋国"三家分晋"。这三国分别代

表三种不同类型，鲁国是严格的周礼维系国家，国君与同姓卿大夫展开争斗；齐国是异姓诸侯，实行周礼与时势结合的策略，国君联合传统卿大夫和新兴卿大夫相斗争；晋国是姬姓诸侯，但发生过大规模的灭公族运动，几乎没有公族势力，主要是国君与异姓卿大夫以及异姓卿大夫之间相争斗。

鲁国大夫势力最强的是鲁桓公后裔季孙氏、孟孙氏和叔孙氏，称为"三桓"。他们都是鲁君本族，长期把持执政地位，鲁君权力被架空。鲁宣公曾想借助东门氏取代三桓，但收效不大，鲁宣公死后，三桓驱逐东门氏，此后三桓轮流执政。在鲁襄公和鲁昭公时，三桓两次改建军制，趁机将公室军队瓜分，鲁君失去军队控制权。公元前517年，鲁昭公联合臧氏、郈氏攻打季氏，想夺回权力，但被三桓打败，只好流亡到齐国。鲁哀公时又计划借越国力量驱逐三桓，遭遇失败被迫流亡。至鲁悼公时，"鲁如小侯，卑于三桓家"，鲁国权力完全掌握在三桓手中。

齐国立国之初，就有国、高二卿，是周王所任命的异姓卿大夫。到春秋中期，齐君本族的崔氏、庆氏势力发展起来，卿大夫集团内部冲突不断。在冲突过程中，田氏逐渐强大起来。田氏祖先田完本是陈国贵族，因避乱逃到齐国，发展为田氏一族。田氏在卿大夫集团斗争中厚施于民，取得底层民众支持，驱逐多位实权卿大夫。公元前489年，田僖子联合鲍氏等驱逐资历久远的国氏、高氏，拥立公子阳生为君，是为齐悼公，此后军政大权被田氏掌握。公元前481年，田成子诛杀意图分夺田氏权力的齐简公，另立齐平公，田氏完全掌握齐国政权。田和时，迁齐康公于海上，姜齐灭亡，田齐建立。

　　晋国虽然是姬姓诸侯，但地处北部戎狄之地，安全环境恶劣，需要加强君主权力应付危局。为强化和确保国君权力，早在晋献公时就"尽杀诸公子"，之后几位晋君皆奉行"不畜养公子"的政策，故而晋国只有以国君本人为核心的公室，而没有以姬姓为基础的公族，晋国卿大夫基本出于异姓。晋成公时，赐各卿大夫嫡子为公族，庶子为公行，晋君的依靠力量完全掌握在卿大夫手中。卿大夫们为争夺权力斗争不断，属于公室的先氏、郤氏、栾氏先后被消灭，形成韩、赵、魏、智、范、中行氏六卿轮流执政局面。后来，赵氏灭掉中行氏和范氏，晋国只剩下韩、赵、魏、智四卿。公元前453年，当政的智伯向赵、韩、魏三家索取土地，并胁迫韩、魏围攻赵氏，最后赵联合韩、魏两家灭掉智伯，瓜分了智伯的土地。自此，晋国由赵、韩、魏三家掌握，晋君名存实亡。

　　诸侯国经过内部权力斗争，建成新的行政体系，虽然各不相同，但都表现出共同倾向：一是按地域管理居民趋势加强。各国新扩张的土地，不再全部分给大夫和勋臣，而是设立县、郡、里等行政机构管理。二是官员任命制开始替代世官制。县、郡官员由国家任命，实行跨血缘管理。三是法律逐步替代周礼。郑、晋等国开始制定成文法，用法律管理国政。四是土地管理制度变化。改变借力役耕公田的方式，而代之以军赋或田税。以上变化基本都围绕一个中心，即逐步淡化血缘对政治的影响，构建以行政为中心的国家管理模式。

　　如果没有卿大夫集团干涉，诸侯国极可能建立以国君为中心的政治体制，但周礼固有的虚君特征，使卿大夫在行政方式转变过程中逐渐掌握实权，造成"下克上"的局面。权力合理性与行政执行力脱离、名位颠倒的情况，引起巨大的政治混乱。直到卿大夫推翻原有政权，自己上升为君主，名位与实权才得以合一，政治走上正轨，最终形成君主掌握实权的政治模式。

楚、秦情况比较特殊。楚原本就自认"我蛮夷也"，并不严格遵行周礼，楚王掌握实际权力，加之楚先与晋、后与吴长期争战，内部矛盾没有机会充分发育，虽然贵族势力很大，发生过驱逐楚灵王与白公胜之乱，但依然是血缘贵族对君主的挑战，而不是君主与卿大夫集团斗争。秦国春秋初年才获封诸侯，没有经过严格的周礼熏陶，国家处于西陲敌对势力中，需要不断开疆拓土和应付战争。秦国采取县制与封邑并行制度，新开拓的土地，设为县，置官管理，对有功之臣，则给予封邑，封邑具有一定独立性，拥有自己的武装。君主与封邑之臣的矛盾，到后来才逐渐显露出来。秦这种国君强势和郡县为主的管理模式，后来随着秦的统一而上升为全国性政策，产生了深远影响。

三　春秋时期的文化转型

春秋时期是一个文化转型时期。

西周天命观中，只有王是天子，是天命所及的对象。春秋时期，天命对象开始扩大，除周王是天子，人们认为霸主和诸侯也是上天选择的结果，文献记载时人之语说："天方相晋"，"天方授楚"，将天命与晋君和楚君相关联，秦国统治者更宣称"我先祖受天命，赏宅受国"（秦公镈）。天命对象扩大，使各诸侯具备竞争最高领导权的资格，为后来的兼并天下提供理论依据。

春秋时期，政治生活发生变化，原来的朝、聘、会、盟等象征性的事务日益减少，实际统属功能的行政性事务越来越多，行政关系超越血缘关系，行政义务超越宗族义务，这要求每个人都了解自己所处的职位和承担的责任。原有的侧重血缘的周礼已不适用，要求建立更注重实效的更严格的规范。所以，法治日益受到重视。公元前536年，郑国子产铸刑书，将法律条文铸造在铜鼎上，向公众展示。在春秋以前，普通民众隶属于贵族，并不独立承担社会责任，法律规范约束的主体是各级贵族和从政人员。因此，成文法由贵族掌握，主要是针对贵族，并不向普通民众公布。成文法向民众公布，意味着法律对象和社会结构发生变化。晋国叔向得知子产铸刑鼎后，写信批评他说："民知有辟（法），则不忌于上，并有争心，以征于书。"意思是人民知道法律条文，就不再顾忌上司想法，而会根据法律条文为自己谋利。不久，晋国的赵鞅、荀寅也"赋晋国一鼓铁，以铸刑鼎"。春秋铸刑鼎，标志着普通民众成为法律的规范对象，为日后法家兴起奠定了基础。

春秋时期，对政治品德的认识也发生变化。由于国君被卿大夫架空，国君与卿大夫之间的博弈在社会生活中不是主流，君与卿大夫之间的规范被忽视；随着卿大夫成为实际行政主体，原先属于卿大夫管理家臣的规则越来越受重视。卿大夫与家臣之间的规范是忠，家臣对家主效忠要超越对国家效忠，例如南蒯本是鲁国季孙氏家臣，但他想帮助鲁昭公和公室驱逐季孙氏，有人讽刺他说："家臣而君图，有人矣哉。"事败后，南蒯逃到齐国，齐太子指责他说："家臣而欲张公室，罪莫大焉。"南蒯的际遇表明，家臣对家主本人效忠，要远远超过对国家的责任。随着卿大夫在权力斗争中获胜，取代原来的统治者成为新的国君，其家臣转变为国家的大臣，效忠原则随之转化为国君与大臣之间的规范，成为国家层面的政治品德。

　　春秋时期的文化格局也发生变化。在西周时期，学在官府，从事学术的主体是王朝和各国的卜、史、宗、祝等宗教文化官员，思考的主要内容是天命、礼乐等政治内容。进入春秋以后，王朝和周礼衰落，官府无力供养人数众多的宗教文化官员，很多人离开官府寻找出路，成为为民间提供婚丧冠祭礼仪服务的技艺之士，官方知识体系下传。同时，大量诸侯国被兼并，国家原来的统治阶层沦为平民，这些人多有知识、技艺和思考能力，于是知识阶层开始下移。另外，春秋时期各国行政管理越来越严密，专业人才需求不断增加，这为更多的人才流动提供了渠道。于是，春秋时期出现一个明显现象，即学术从政治体系里脱离出来，独立发展，并成为政治的重要支撑，文化格局发生重大变化。

　　文化格局变化主要体现在私人著述出现、私学兴起和普适性思想萌生。老子、孔子、孙子等是最重要的代表人物。

　　老子，名老聃，又名李耳，著有《老子》一书，又名《道德经》。老子认为道是世界的本源，道是无知无欲自在自存的非人格化存在，按一定规律自我运行。人类应该仿效和回归道，不预设目的也不互相竞争，顺其自然地发展。老子强烈反对战争，主张人类精神上

图3-5　孔子见老子汉画像石

要守弱不争，社会要回归到小国寡民状态。

孔子看到春秋时期卿大夫专政局面，认识到政治上如果名位与实权颠倒，将导致社会动荡。孔子认为周礼是一种有效的制衡体系，能够避免君臣因某一方实力过强而引发混乱，孔子主张继承周王朝的经验，恢复周王和国君权力，对诸侯、卿大夫进行制衡，提出"克己复礼"的主张。孔子还认识到春秋时期社会结构已经发生变化，原来的周礼已不能完全适用，所以孔子指出对历代之"礼"要有所"损益"，即进行适当改造。针对礼主要是贵族的行为规范，其适用范围不能涵盖所有社会成员的局限，孔子提出更高层面的概念"仁"，仁即爱人，将道德伦理和政治规范都包容在其中。"仁"是一个普适性概念，深刻影响了中国文化。

孔子兴办私学，提出有"有教无类"的主张，并提出"因材施教"的教育方法，学和思结合的学习方法，以礼、乐、射、御、书、数六艺为载体，以仁政为目的，培养了大批学生。这些学生把孔子学说传播到各诸侯国，为儒家学说兴盛奠定了基础。

孔子的思想不是个人的自由发挥，而是对前代智慧和经验的总结。为便于教学，孔子对《诗》《书》等文献进行重新编纂，作为其学说的基础依据。这些经典随着孔子学生传播，成为后世的宝贵财富。孔子还以鲁国史料为基础编订《春秋》，与《诗》《书》的"述而不作"不同，《春秋》是根据价值判断和历史观编成的史书，具有重要意义，历史学的特殊地位由孔子和《春秋》开始奠定下来。

孙武，齐国人，曾在吴国为将。孙武著《孙子兵法》13篇，对战争地位、战略战术的基本原则进行阐述，提出"知己知彼""出其不意""上兵伐谋"等用兵法则，归纳了虚实、奇正等基本原理。《孙子兵法》是世界上第一部专门的军事学著作，对后世产生了深远影响。

春秋时期，大量因兼并失去国家的贵族沦落为平民，同时由于社会结构变化，平民的地位和作用得到提升，平民第一次有了与社会精英对话的能力。这使得平民与精英阶层实现了对接和转化，子产公布刑书的基础，即是平民中有数量众多的有阅读能力的人，孔子开办私学的基础，也是平民中有许多既有经济基础又有学习能力的人。以上因素相叠加，使春秋时期出现明显的文化下达过程。文化下达和底层知识分子出现，使思想者开始把所有成员当作思考对象，思考内容从政治推广到生活的各领域，由此产生普适性思想，最终成为人类文明轴心时代的一部分。

春秋时期，存在明显的学术与政治相分离的过程，形成各个独立学派，分别按各自的目的和体系阐释世界，并保持到战国晚期。齐国稷下学宫出现，国君开始利用政治力量介入学术，学术开始重新被纳回政治的过程，直到汉代独尊儒术，基本将学术纳入政治体系。春秋战国是中国学术、思想演变的特殊时期。

第四节　战国时期的社会转型

战国时代是中国历史从分封贵族制向郡县官僚制转变的关键时期，对后世历史发展产生了深远影响。

经过春秋兼并，原有的周礼体系已经完全失效，分封制不再实行。各国在战争新获得的土地、人口等资源不再分给子弟或功臣，而归国君掌握，国君将这些土地设置为郡县，委派官僚代替自己管理。由此，新的政治机制建立起来，中央、郡县的立体行政等级形成，依附于君主的官僚集团产生，郡县制和官僚制成为决定社会形态和历史走向的关键性因素。

由于战争不断发生，国家需要直接掌握和自由调动人力和物力资源，于是建立起编户齐民制度，抛弃原有士、农、工、商体系，将所有人置于同等的国民地位，以便国家征取兵力和税赋。与此同时，贵族形成机制和贵族团体逐步消失，社会结构日趋简化为君、臣、民体系。

一 战国初期的兼并与变法

从公元前453年三家分晋到公元前221年秦统一，为战国时期。

战国初期，周王名义上的天子地位依稀尚存，但到公元前403年，周威烈王承认韩、赵、魏三家为诸侯，利用天子的残余影响力，赋予篡位卿大夫以合法性，这从根本上否定了周礼体系。此后，周天子地位进入加速崩解时期。公元前334年，魏、齐两国相约称王，标志着周王象征性权威在中原政治体系的崩溃。公元前323年，魏又与韩、赵、燕、中山五国相约称王，标志着周王象征地位的最终完结。以五国称王为界标，战国时期可以分为前后两个阶段，前期为诸国改革称王时期，后期为合纵与统一时期，贯穿始终的是兼并战争。

到战国初期，剩余诸侯国仅有十几个，其中齐、楚、燕、韩、赵、魏、秦实力最强，被称为"战国七雄"，赵、韩、魏三国是晋国分裂而成，因此被合称为三晋。这时候，各国内部社会结构发生变化，需要与之适应的新制度，外部要应对持续不断的兼并战争，则需要改变现有机制以增强实力。在这种情况下，各国纷纷展开变法运动，其中魏国、楚国、秦国变法力度最大。

魏文侯任用李悝为相进行改革。政治上，废除世卿世禄制度，"食有劳而禄有功"。经济上，推行"尽地力之教"和"平籴法"，"尽地力之教"即督促农民努力耕作、改进耕作技术，以增加粮食产量；"平籴法"即政府在丰收时购粮，荒歉时售粮，平抑粮价，以保护农民利益。法律上，制定《法经》，分为盗、贼、囚、捕、杂、具六篇，涉及盗窃、杀人罪名的处罚，监禁、抓捕程序，特殊情况处置等方面。在军事上，魏国起用吴起，制定武卒制，按严格的标准挑选士兵，称为武卒，给武卒以优厚待遇，并按特长分编成近战、越障、远袭三种队伍，战时配合作战。李悝和吴起的改革，使魏国最先强大起来，成为战国初年的霸主。

魏文侯死后，吴起受到排挤，于是离开魏国来到楚国。楚悼王任用吴起为令尹，进行改革。吴起认为楚国的问题在于"大臣太重，封君太众"，导致君权轻微和国家贫弱。吴起革除世官世禄，封君三世以上收回爵禄，打击旧贵族；裁撤不必要官职，节省经费用于练兵；整顿吏治，强化廉政制度。吴起改革，增强了楚国的实力，但妨碍了旧贵族利益，引起旧贵族不满，楚悼王死后，一些旧贵族发动叛乱杀死吴起，楚国的改革就此停止。

秦国旧贵族势力强大，国君权力受制，秦孝公希望改变局势，于是任用商鞅变法。商鞅先后进行两次变法，主要内容在于加强君主权力、发展经济和增加财政收入。在加强君主权力方面，一是废除贵族世袭，代之以军功爵。奖励军功，制定军功爵，按斩获敌人的首级数量赏给爵位与田宅。贵族立有军功才可承袭或得到爵位，没有军功的贵族会失去原有田宅；二是普遍推行县制，全国划为41县，设令、丞管理；三是编制户籍，实行连坐之法，加强对民众的控制，同时禁止诗书，限制商业，防止出现脱离户籍的流动人口。在发展经济方面，一是发展农业，奖励耕织；二是废除井田制，允许和鼓励开垦荒地；三是统一度量衡，加强国家对经济的管理。在增加财政收入方面，主要是统一赋税，要求所有农户缴纳相同税赋。商鞅变法把爵位、人口、赋税统统收归中央，由国君支配，极大削弱旧贵族权力，而大大加强君主权力。商鞅变法触及了秦国旧贵族利益，遭到反对，秦孝公支持变法，处罚了公子虔等反对派，新法得以推广。秦孝公死后，继位的秦惠文王听信公子虔等人的告发，处死商鞅。商鞅虽死，但他制定的制度却保留下来，秦国因此

图3-6　商鞅方升

获得巨大发展。

其他各国也进行了不同程度的变法。赵烈侯以公仲连为相，起用牛畜、苟欣、徐越等人，施行仁政，节财俭用，选拔贤才。韩昭侯用申不害为相，申不害建立"循功劳，视次第"的官僚考核制度，还教韩昭侯"术"，以驾驭群臣，提高君主权威。齐威王任用邹忌、淳于髡等人，广开言路，整治吏治，齐国实力大增。各国变法旨在加强君主权力和国家控制力，基本内容都是削弱旧权贵，建立由国君直接控制人力和财富的制度。

经过变法，各国实力得到加强，兼并战争不断加剧。起初各国还延续春秋争霸的老路，通过周天子的认同确立霸主地位。后来，随着周天子权威的逐步消失，各国开始称王运动。

最先取得霸主地位的是魏国。魏文侯多次攻打秦国，占领秦的河西之地，又北克中山，把中山变为属国，复联合赵、韩向东打败齐国，并迫使齐与三晋一起请求周王封魏、赵、韩为诸侯，并最终在公元前403年正式取得诸侯称号。魏武侯时，三晋联合伐楚，一直打到汉水流域，魏作为三晋领袖，俨然成为霸主。魏惠侯与兄弟争位，赵、韩两国联合干涉，并围魏惠侯于浊泽（今山西运城西南），但韩、赵在怎么处置魏国上发生分歧，最终各自退走。自是，三晋联盟破裂，魏国地位暂时弱化。

此时齐、秦二国开始崛起，与魏国争夺领导权。秦首先向魏进攻，先后在石门（今山西运城南）、少梁（今陕西韩城西南）大败魏军，魏被迫在西面筑城防御秦国。赵国又进攻归附于魏的卫国，魏于是联合宋、卫两国攻赵，包围赵都邯郸。赵国向齐国求救，齐国派田忌、孙膑率军救赵，鉴于魏军强大，齐军没有到邯郸救援，而是直接攻入魏国，迫使魏军回援，然后在桂陵（今河南长垣西北）打败魏军，即历史上著名的围魏救赵。秦国则趁魏国忙于与赵、齐争斗，再次入侵魏国，攻克少梁，攻打安邑，试图削弱魏国实力。

魏国稳住阵脚后，开始反击，先是联合韩国在襄陵（今河南睢县西）打败齐军，迫使齐国求和。又向西攻打秦国定阳（今陕西延安东），迫使秦国求和。魏国同时打败齐、秦两个大国，声威大振，魏惠侯自称夏王，中原诸侯称王由此开始。公元前344年，魏国在逢泽（今河南开封南）会盟诸侯，会后一同朝见周天子，魏国的霸业达到顶峰。魏惠侯虽自称夏王，但仍通过周天子确立盟主地位，其称王应该只是限于国内，尚未在外交场合正式称王。

逢泽之会后，魏国以韩国未参加会盟为借口，于公元前343年发兵攻打韩国。韩国向齐国求救，齐国再次派田忌、孙膑率兵救韩，齐军采取诱敌深入方法，在马陵大败魏军，杀死魏国大将庞涓，俘虏魏国太子申，魏国元气大伤。接着，齐、赵、秦发起对魏国的围攻，秦国几次打败魏国，魏公子卬被俘，大将魏错战死。魏国国力大损，无力与诸国抗衡，于是向齐国屈服，公元前334年，魏国、韩国与齐国在徐州（今山东滕州市东南）会盟，尊齐君为王，齐国承认魏国国君称王，魏、齐两国君主分别被称魏惠王和齐威王，史称“徐州相王”，此后战国霸权从魏国转移到齐国。

“徐州相王”是中原政治体系内诸侯首次在正式会盟中称王，开始打破周天子才能称王的规则，标志着周王朝政治体系的崩溃。

“徐州相王”曾引起一些诸侯国的声讨，但很快就有更多诸侯称王，公元前325年，秦、魏、韩互尊为王，公元前323年，魏国国相公孙衍发起"五国相王"，除原已称王的魏、韩外，赵、燕、中山（被魏灭后又复国）三国君主也互相称王。至此，除宋国国君以外，各国君主都已经称王（楚国在春秋时即已称王）。"五国相王"标志着各国基本放弃了天子与诸侯的政治体系，历史进入诸国争雄时期。

二　政治改革与社会结构变化

与前代相比，战国社会结构发生巨大变化。首先是郡县制取代分封制，地域管理方式超越血缘管理方式；其次是官僚制取代贵族制，政府组织形式从以宗族为中心转向以行政为中心，由此产生全新的君臣关系和相关制度；再次是实行户籍制度，人口变成国家直接控制的资源；最后是与周边民族的关系，变化为政治实体之间的关系。上述变化导致君主权力大为加强，中央集权体制初步形成。

战国时期，各国普遍实行郡县制，郡长官为太守，既负责行政，也负责军事；县长官称令，下设丞、尉，丞主管民政，尉主管军事。郡县以下，还设有乡、里等级管理机构。郡县是按地理划分的行政区划。

官僚制替代贵族制，官员主要由任命而非世袭产生，君主掌握官员任免权。由此形成战国新型官僚管理制度。

一是文武分职。君主之下设相，或称丞相，为最高行政官员，率领其下官员管理行政事务，为文职；外设将，管理军事事务。文武分职，既能发挥各自所长，又互相牵制，利于君权集中。

二是考核制度。各国建立"上计"制，官员把自己的职责和完

成情况写在木券上，一式两份，一份上交，一份自存。年终时，官员要按照记录汇报，上级根据副本考核，最后根据考核情况进行赏罚或升黜。

三是俸禄制度。君主按级别支付给官员一定数量粮食为俸禄，有时还会赏赐钱、物，高官则赐给食邑，收取邑中赋税作为俸禄。俸禄把君臣关系变为一种雇佣关系，大大加强君主权力。

四是玺符制度。君主发给官吏玺印，作为行使权力的凭证，分享国家权力，如果收回玺印，则代表收回权力。重要行动时，则用符，君主掌握右符，官员掌握左符，遇事君主派人持右符前往传达命令，官员合符验证后，方可执行。玺符制度使国君把权力牢牢控制在自己手中。

在西周和春秋时期，贵族政治主体是天子与诸侯的关系，由周礼维护，天子与诸侯不是一种纯粹的工作关系，诸侯分享天子所受天命及其带来的神圣性，是天生的贵族。到战国时期，官僚制度下的君臣关系是纯粹的工作关系，由法律维护，神圣性由君主独享，臣下只是君主意志的执行者，随时可以替代。因为官员不是天生，而是从普通人中选拔出来，所以理论上说，他们本质属于民。于是，社会划分就从春秋以前的天子、贵族、平民三级关系简化为君、民两级关系，只有在具体行政过程中，才区分为君、臣、民。

户籍制度产生于春秋战国时期。"户籍"一词最早见诸《史记·秦本纪》，秦献公十年"为户籍相伍"，不是说这时才出现户籍制度，而是指此时开始将居民户籍按5户为一个行政单位编制起来。当时的户籍内容包括居民身份、年龄、身高、家庭关系、赋税徭役情况等，对户籍的管理包括申报、立户、迁徙、核销多个程序。户籍制度逐步消除了原来的士、农、工、商身份区分，全体居民在理论上具有同等身份，被平等地置于国家直接控制下，国家权力集中趋势不断增强。

编制户籍的目的，在行政管理之外，还有赋税目的。国家通过户籍制度，掌握人户情况，按照户籍授予家庭土地，同时征收人头税、土地税和徭役。人头税一般称作"口赋"或"算赋"，按家中人数收取；土地税即"田租"，一般是收获物的1/10；徭役则是成年男丁每年为国家承担一定义务劳动。以上共同构成国家财政收入的主体。

户籍制度与国家授田结合在一起，使中国形成稳定的以小农为主的社会结构，并为普遍的兵役提供条件。战国时代，成年男子有定期服兵役的义务，以秦国为例，每个成年男子每年在本地区服徭役一个月，一生中还要为国家服两年兵役，一年戍守京城或边疆，一年驻防本地。普遍兵役制，使得国家可以稳定地维持一支规模庞大的常备军，也有条件训练复杂的兵种，战国时期出现了步兵、车兵、骑兵、弓弩兵在内的多个兵种。

官僚集团出现、常备军加强，使得社会阶层结构产生巨大变化。官僚集团从国家取得大量薪俸，这些薪俸往往是单一的粮食，间或是布帛或铜，官僚集团需要通过交换把这些单一物品变成其他物品，以满足生活需要。大规模的常备军，除需要兵器、车马之外，还需要社会提供大量粮食、布帛等物资以至娱乐等服

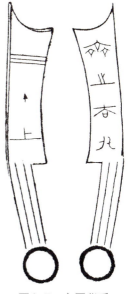

图3-7　齐国货币

务。这些都需要通过贸易完成，所以战国时代的商业获得巨大发展。随着商业发展，货币需求增加，大量货币被铸造出来。因此，战国时期经济结构发生巨大变化，商业和货币开始成为影响社会生活的重要因素。

在战国以前，各国兵力有限，只能据城或据关防守；兵种主要是车兵和步兵，受道路条件限制，很难迅速到达边远地区，所以当时的国家无法建立有效的边防，并不是严格的疆域国家。战国时代，随着国家行政体系强化，以及骑兵等快速兵种出现，各国兵力可以迅速投送到紧急事件发生地点，由此建立起有效的边防，各国进入疆域国家阶段。

战国时期的战争形态也发生根本性变化。春秋时期，天子权威还在，天下诸侯都是名义上的亲属关系，战争争夺的是王朝体系中发号施令的制高点；贵族体制下，贵族和平民截然分开，只有贵族才承担军事和效忠义务，国家兼并只是上层贵族集团的取代，不涉及对平民的征服。因此，春秋时期的争霸战争，带有强烈的礼仪战争色彩，不以杀伤为目的，宋襄公敢以弱小的宋国争霸主之位，很大程度上正缘于此。战国时代，各国都是平等政治实体，战争是现实利益之争，不再是号令制高点的争夺；各国实现普遍兵役制，全部平民都和国家捆绑在一起，战争不再是上层对抗，而是整体对抗；疆域国家建成，对土地的争夺成为中心内容。上述原因使得战争规模不断扩大，杀伤人员成为重要手段，甚至出现了"尚首功"的现象。同时，因为国家掌握资源的能力提高和兵种、兵器技术的进步，为持久战争提供了条件。因此，从战国时代开始，战争成为大规模的、持久的、追求人员杀伤的国家行为。

战国时期，各国对边疆的控制越来越严格。在构建边防的过程中，北方的燕、赵等国面临的对手是北方游牧骑兵，他们来去迅猛，即使以骑兵对抗，也无法有效将他们阻止在边境，于是燕、赵开始修筑长城，以对抗北方的游牧民族。当明确的边界建立起来，国家则能够有效地阻绝农耕居民与游牧居民交往。由于只能生产单一畜牧产品，游牧民族对于贸易有天然的依赖性，在交往阻绝后，迫使他们建立更加紧密的社会组织，以集中力量打破边界，获取需要的物资。随着北方游牧部族社会组织紧密化，中原与北方的关系逐渐从夷狄观念的对抗，转变为政治实体的对抗。

第五节　战国纷争与秦的统一

战国后期，各国国内君主集权的政治机制基本形成，国家间"竞于气力"的合理性则由五德终始说等理论提供支持，由是，争雄和统一战争呈现不可遏止的情势。

战国时代一个重要变化，是战争正当性和战争残酷性出现。战国以前，周礼用名位和道义将资源固化，将战争限定在一定范围之内，不以杀伤为目的；战国来临，各国争夺的不再是道义高地和名位优势，而是实际的土地和财富。所以，一方面要赋予战争自身以正当性，另一方面为实现目的而残酷杀戮。战国时期战争的正当性和残酷性，是一种负面历史资产。

由于已经打破道义约束，各国在竞争中都是基于利益考量和实力对比，由此而衍生出合纵与连横，并根据自身需要，不断调整与各国的关系，敌友关系反复无常。

在争雄天下的过程中，秦国通过多次变法，将国家完全变为战时机制，最大限度地将人力、物力资源投入到战争，最终打败六国而统一天下。

一　合纵与连横

各国称王以后，诸国争雄时代来临。齐国是东方大国，齐宣王时，先是向西攻魏，败魏军于观泽（今河南清丰南），又趁燕国因燕王哙把王位禅让给子之而发生混乱的时机，于公元前314年大举伐燕，攻克燕都，杀死燕王哙和子之，齐国威名大振。齐国又与楚国结成联盟，形成对各国的震慑，成为威震东方的强国。西方秦国也强势崛起，先是攻打魏国，迫使魏国割让河西之地。又越过黄河，攻取魏国的曲沃（今山西闻喜东北）和平周（今山西介休），实力大增，成为雄踞西方的强国。至此，形成了齐、秦两强并立的局面。

随着两强并立格局逐渐形成，出现了诸国之间的合纵与连横。纵，指南北方向，此方向上分布着燕、赵、韩、魏、楚，国力稍弱；横，指东西方向，此方向东为强齐，西为强秦。合纵即是以三晋为中心，南北方向联合燕、楚东抗齐或西抗秦；连横也是以三晋为中心，东联齐攻秦，或西联秦攻齐。合纵和连横原本是为应对齐、秦两强出现的，到战国后期，只剩秦国一个强国，合纵和连横的含义发生变化，各国联合对付秦国叫合纵，各国分别和秦国联合叫连横。

面对秦国威胁，魏相公孙衍于公元前318年发动魏、赵、韩、燕、楚五国合纵攻秦，然而燕、楚并不热心，只有三晋军队攻至函谷关下，秦人开关迎敌，三晋退兵。第二年，秦国出击，败三晋于脩鱼（今河南原阳西南）。三晋不得不解除合纵，臣服于秦。由是形成秦、魏、韩联盟与齐、楚联盟两个势力集团。

　　形势暂时稳定后，秦于公元前316年，派司马错率军攻取蜀地，把今四川盆地纳入自己的疆域，实力更为强大，同时拥有沿长江东下攻楚的地理优势。楚国国力强盛，又与齐国结盟，是秦国强劲的对手。为削弱楚国，秦派张仪用商於六百里土地作诱饵，哄骗楚怀王断绝与齐国的联盟关系，楚怀王相信张仪的言辞，派人与齐国绝交。楚国与齐国绝交后，却得不到商於的土地，受骗的楚怀王大怒，于公元前312年发兵攻秦，两军战于丹阳（今河南淅川），楚军大败，损失兵力8万，主将屈匄战死，70余名将领被俘。秦乘势占领汉中，楚怀王派兵反攻，在蓝田（今湖北钟祥西北）与秦军开战，再度败绩。齐国因为楚国毁约弃盟，也攻打楚国。公元前301年，齐联合韩、魏两国在垂沙（今河南唐河西南）大败楚军，杀楚将唐昧，楚大片土地被韩、魏占领。第二年，秦国攻取楚国新城（今河南伊川西南），杀楚将景缺，斩首3万余人。公元前299年，秦昭王再度攻楚，又约楚怀王在武关（今陕西丹凤）会盟，楚怀王参加会盟时被秦扣押，后来死在秦国。在接连不断的打击下，楚国衰落下去。

　　秦国在侵占楚国大片土地后，又调转矛头指向韩、魏，秦将白起、司马错多次打败韩、魏两国军队，韩、魏被迫割让大片土地给秦国，秦国成为最强的国家。秦国的强大引起齐国的恐慌，齐相孟尝君

图3-8 《胡服骑射》邮票（2000年）

发动齐、韩、魏三国合纵攻秦，经过3年苦战，于公元前296年，攻入函谷关，迫使秦国归还部分侵夺韩、魏的土地。

在齐、秦相争之时，北方的赵国强大起来。公元前307年，赵武灵王实行"胡服骑射"，建立起强大的骑兵部队，实力大增。赵武灵王灭掉中山国，又攻打林胡、楼烦，疆土不断扩大，成为北方强国。赵国的崛起引起秦、齐的警惕，秦国计划联合齐国削弱赵国，于是派魏冉出使齐国，建议齐、秦同时称帝，齐湣王为东帝，秦昭襄王为西帝，两国结盟攻赵。齐湣王接受苏秦的劝告，放弃帝号，孤立秦国，然后由苏秦策划，于公元前287年，组成齐、赵、韩、魏、燕五国联军伐秦，迫使秦昭襄王取消帝号并退还赵、魏部分侵地请和。这时候，形成齐、秦、赵争胜局面。

在五国攻秦期间，齐国派兵灭掉宋国，引起各国不满，秦国趁机联合赵、魏、韩、燕组成联军反齐。公元前284年，各国共推燕将乐毅为统帅，率五国联军攻入齐国，联军在济西（今山东高唐、聊城一带）大破齐军。事后，赵、秦、魏各略取齐地，唯独乐毅继续率军向东追击齐军。燕军执意攻齐，主要是为报此前齐攻杀燕王哙之仇，燕昭王任用乐毅、邹衍等人进行政治改革，积聚起强大的军事力量，在此次攻齐行动中发挥了主力作用。燕军攻入齐都，齐湣王逃到莒（今山东莒县）。楚国以救齐为名，派淖齿率兵进入齐国，齐湣王欲借楚军抗燕，委任淖齿为相，但不久被淖齿杀死。乐毅率燕军在齐占领5年，攻下70余城，只有莒和即墨（今山东平度东）未攻下。公元前279年，燕昭王去世，新继位的燕惠王不信任乐毅，派骑劫代替乐毅为将。齐将田单假称投降，燕军放松警惕，田单趁夜使用火牛阵大破燕军，骑劫被杀。齐军趁势反攻，一举收复全部城池。齐国虽然复国，但经过5年战争破坏，国力大损，从此一蹶不振。

齐国衰落后，秦国成为唯一强国，仅有赵国军事上能与秦国抗衡。

二　百家争鸣与礼法之争

战国时期，君主集权政体已经成熟，政府需要大量有知识和技能的人才进入行政体系；同时，由于诸国争雄，各国都需要富国强兵的治国理论，以便在争雄中夺得优势地位，为实现这个目的，统治者允许和支持各学派的发展。在这种形势下，教育得到长足发展，许多学者兴办私学，如子夏在西河设馆授徒；有的高官养士，供养大量门客，门客构成十分复杂，形成包含各派学者和各种技能人才的混杂团体，例如吕不韦就召集门客写成《吕氏春秋》；各国还建立官方的学术机构，支持学术讨论，例如齐国设立稷下学宫，吸收各学派学者一起交流辩论。在这种情况下，社会上不仅出现许多学术门派，还逐渐形成一个跨越不同阶层的学者阶层，学术成为有影响的相对独立力量。

战国时期林立的学派，被称为"诸子百家"。各个学派站在不同立场，针对不同情况和需要，提出自己的观点和解决方案，彼此之间不断争论，形成"百家争鸣"局面。参与"百家争鸣"的学派很多，对后世产生较大影响的有儒家、法家、道家、墨家、名家、阴阳家、纵横家等。

战国时期儒家的主要代表人物是孟子和荀子。

孟子，名轲，战国邹（今山东邹城市）人。孟子主张性善论，认为人生来就有恻隐之心、羞恶之心、是非之心、辞让之心，由此四心产生出仁、义、智、礼的道德规范。孟子把君和民同置于人性标准上考量，提出"民为贵，社稷次之，君为轻"，把民作为社会根本。"民为贵"，所以要实行"仁政"，要确保人民在物质上有宽裕的经济条件，在精神上能享受到知识教化。孟子提出"君为轻"，把君主从天命观和忠的政治道德庇护下剥离出来，认为君主的权利和义务要对等，人民有评判和对等对待君主的权利，所谓"君之视臣如土芥，则臣视君如寇雠"，有选择君主的权利，所谓"君有大过则谏，反覆之而不听，则易位"，并为推翻暴政提供理论依据，"贼仁者，谓之贼；贼义者，谓之残。残贼之人，谓之一夫。闻诛一夫纣矣，未闻弑君也"。

图3-9 荀子像

荀子，名况，战国时期赵国人。荀子认为上天是非人格化存在，按自己的规律运行，不受道德伦理影响，提出"天行有常，不为尧存，不为桀亡"。因为天只是自然性存在和规律性运动，所以人无法与天交流，只能利用，"从天而颂之，孰与制天命而用之"。荀子主张性恶论，明确提出"人之性恶，其善者伪也"。自然天命观与性恶论相配合，为荀子强化对人的约束提供了理论支持。荀子强调规范的重要性，主张要"礼治"和"法治"并重，以"礼"划定人的地位与职责，用"法"约束人实践自己的职责。国家的管理任务，即是制定符合"礼义"的"王者之法"，作为全体社会成员的行为规范，"王者之法"既要考虑人的欲望，体现仁政，又要高度统一，确保约束有效性。荀子学说强调约束，是法家学说的理论来源之一。

法家是国家由周礼体系向集权体系转变过程中，逐渐发展起来的学说，其主要理论和方案着意于加强君主权力和强化社会秩序。李悝、吴起、申不害、慎到等是法家的早期代表，战国时期的代表人物是韩非。

韩非，韩国贵族，著有《韩非子》。韩非的理论基础有二，一是性恶论，他继承荀子人性本恶理论，以此为基础否定仁政，肯定法治；二是演进的历史观，韩非认为历史是变化的，儒家所说古代圣王学说不适用于今天。韩非解决社会问题的主要方式有二，一是加强君主权力。韩非提出把"法""势""术"结合在一起，强化君主集权，"法"即一切以法律为评判标准，要"无书简之文，以法为教；无先王之语，以吏为师"，"势"即加强君主权力和威势，"术"指君主要有驾驭臣下的手段，以此建立君主的无上权威。二是提倡耕战。韩非主张耕战为本，其他都是末业，要重农抑商，防止以末害本，以此把所有社会成员都束缚在耕战体系当中，为中央集权国家服务。韩非的理论有利于加强中央集权，对后来的历史发展产生了重要影响。

战国时期道家的代表人物是庄子。庄子名周，宋国人。庄子继承和发扬了道的概念，认为道是亘古不变的世界本源，道的运动产生万物；进一步发展气的概念，认为万物本皆一气，把世界本质归结为物质性的气，是哲学上的进步。因为世界皆源于道，本质同是气，所以所有事物从根本上说是相同的，没有差别的。在这一理论前提下，大小、寿夭、生死都无差别，庄周甚至提出"梦蝶"理论，声称不确定庄周是蝴蝶还是蝴蝶是庄周，以此来指导人生，则是奋斗和怠惰、有用和无用并无差别。庄子用形而上的世界观指导生活，以此消磨个体积极性，但在追求内心宁静、阐释人人平等方面，则有显著效果。道家更注重个体修行，难以用于政治实践，对战国形势发展未产生重大影响。

墨家创始者是墨子，名翟，宋国人。墨子理论的基础是"天志"和"明鬼"，上天有兴利除害的意志，鬼神有惩恶扬善的能力，人的命运不是注定不变，即"非命"，人会因为自己的作为，随时受到上天和鬼神的评判和赏罚。墨子借助上天和鬼神的好恶提出各种主张，在社会治理中，要"兼爱""非攻"，即人要互爱互利，不能互相攻讦；在人才管理方面，要"尚贤"，即选择贤人治国，君主也要通过考察才德选立；在经济方面，要"节用""节葬"，禁止资源浪费；在个人情志上，要"非乐"，拒绝奢侈生活。在墨子理论体系里，上天有善恶意志，统治者是通过"尚贤"选取的有德之人，社会成员都拥有"兼爱""节用"的高尚品质，所以下级可以完全听从上级命令，形成高度统一的社会意志，即"尚同"。墨子的主张务实而直接，受到大众欢迎，墨学一度成为战国显学。但墨家理论对于现有政治原则和秩序改变过大，很难从国家层面普遍实行。当诸国竞争和制衡所产生的社会容纳空间消失，大一统思想、政治机制形成后，墨学随之逐步衰落。

　　战国时期还有一批纵横家，以张仪、苏秦最为著名，在各国之间奔走，用所学知识为君主服务，换取名位和利益。纵横家曾经十分兴盛，但因为过于注重实效，缺乏稳定的价值观和完整的理论体系，战国末年随时势变化而逐步消失。

　　随着各学派兴起，争执和辩论成为常事，辩论中需要说明概念与义理，因此辩论术语和辩论技巧逐渐发展为独立学派，以名家最为典型，代表人物是惠施、公孙龙等。名家因为没有提出系统的政治理论，在实际政治事务中影响不大，但其学说在思想史和逻辑学史上占有一定地位。

　　战国诸子中，真正对政治形势和历史走向产生重大影响的是儒家和法家。儒家完整继承商周以来的政治、文化经验，建立起成熟的理论体系，提出适合长治久安的施政方案，还编纂基本教材，形成人才培养机制，具有迅速介入国家管理的能力，受到各国统治者重视。但是，儒家强调法先王和行仁政，不符合战国时期加强君主权力和中央集权的时势需求，各国政府难以完全接受。法家与儒家有千丝万缕的关系，法家的主要代表，大都出身儒家，李悝、吴起等受教于子夏，李斯、韩非等从学于荀子，这两种学说有着近乎相同的理论背景，所使用术语、典故大都相同，只是两者的目的和方案存在不同，法家理论在一定程度上是对儒家学说中强制性因素的极致发挥。法家的理论建设不如儒家，具体方案不像儒家顾及社会各方面，但针对性强，直接瞄准战国时代最核心的内容，即加强君主权力和强化中央集权，这种直接高效的处理问题方式，受到大多数君主的欢迎。随着郡县官僚制成熟和国家控制力提升，法家越来越为各国所接受，超越儒家的地位，成为主流施政思想。法家思想贯彻最彻底的地方是秦国，法家学说随着秦国统一六国而上升为国家思想。

战国时期另一种重要学说是阴阳学说，其代表人物是邹衍。阴阳学说发端于商，经历西周和春秋，有着复杂的学术体系，被应用于占卜、医学等方面。但作为一种社会学说，则是在战国时期成熟起来。西周和春秋以前，战争是为了争霸，争夺的是名位，目的是在周礼体系占据优势地位，需要道德制高点配合，战争的威慑作用大于实战作用，甚至要服从于礼乐，不以杀人为目的，所谓"君子不重伤，不禽二毛"。但到战国时代，各国战争已经从争霸战争变为灭国战争，从名位之争变为利益之战，杀伤敌方有生力量，灭掉对方国家，成为战争的手段和目的。在这种情况下，原有的以"德"为核心因素的天命观，就无法为血腥的战争提供理论支持，为削弱天命观中的道德成分，适应现实的兼并和灭国战争，各学派对天命进行了不同程度的改造，如荀子提出"天行有常，不为尧存，不为桀亡"，将上天表述为不受道德伦理影响的自然性存在。这种理论建设，到邹衍时达到成熟，邹衍将历史发展进程与物质演化规律结合起来，将历史上的朝代更替视作金、木、水、火、土相生相克般的物质性运动规律，灭国和杀戮就得以从人格化和道德化的天那里解脱出来，摆脱道德伦理对战争和杀戮的束缚，为战国"当今争于气力"提供合理性支持。

五德终始说把历史发展和物质规律相结合，形成一种带有物质规律的历史循环论，为夺取最高权力和使用军事手段摆脱了道义束缚，为战争和统一提供理论支持，后来演化为中国政权革命和朝代更替的主要理论依据，对历史产生了深远影响。

三　秦并六国

齐国衰落后，秦国在东方没有了劲敌，于是在北面与赵国结盟，然后抽调兵力专心对付南方的楚国。公元前278年，秦将白起率军攻入楚都郢，楚国被迫迁都于陈（今河南周口市淮阳区）。

攻楚取得决定性胜利后，秦国再一次攻魏，秦国连续打败魏、韩联军，魏献南阳之地请和。

随着韩、魏臣服，秦与赵国的矛盾上升。公元前270年，秦军进攻赵国的阏与（今山西和顺），赵国派赵奢率军前往救援，赵奢佯装怯战，驻军不前，趁秦军松懈时，举兵奔袭，大败秦军。秦国不甘心失败，又进攻赵国的幾邑（今河北大名东南），再次为赵奢所败。

这时候，秦昭王起用范雎为相，范雎提出"远交近攻"的外交策略，建议集中兵力攻打相邻的韩、魏、赵三国，逐步吞并其土地，同时提出"毋独攻其地而攻其人"，即不仅占领土地，还要大量杀伤敌方有生力量。这一策略使秦国的兼并战争发生了转折，加快了统一六国步伐。

公元前265年，秦国起兵攻韩，夺取中条山以南大片土地。公元前262年，秦军攻占野王（今河南沁阳），切断上党郡与韩国本土的联系。上党郡太守冯亭不愿投降秦国，于是选择将上党郡献给赵国。赵国派平原君赵胜接受上党，同时派廉颇率军驻守长平（今山西高平西北）。

秦将王龁率军攻打长平，长平守将廉颇避秦军锋芒，筑垒坚守不出，双方在长平相持达3年之久。到公元前260年，由于长期对峙，赵国粮草供应出现困难，赵孝成王催促廉颇速战速决，廉颇不听。秦国趁机使用反间计，流言廉颇将要降秦。赵孝成王中计，改派赵括代替廉颇为将。秦国得知消息后，秘密派白起代替王龁，主持长平军事。赵括改变凭垒固守的战术，主动出兵进攻秦军。秦军佯装败退，诱敌深入，同时派出两支奇兵，切断赵军退路，赵军陷入包围。赵军被围46天，数次突围未果，赵括亲自率军冲杀，被秦军射死，断绝粮草已久的赵军无力再战，全军投降。秦军将赵军中200多名年幼者放回，其余40多万人全部坑杀。长平一战，赵国主力尽失，再无能力单独对抗秦国。

秦国乘胜前进，公元前259年，秦将王陵率军包围赵都邯郸。赵国军民同仇敌忾，坚守邯郸，秦军久攻不下，秦昭王派王龁、郑安平代替王陵统领秦军，继续猛攻。公元前257年，魏派晋鄙带兵救赵，但又怕秦军报复，犹疑不前，魏公子信陵君窃取兵符，杀死晋鄙，带兵进抵邯郸。这时，楚国将军景阳率领的救兵也到达邯郸。赵、魏、楚三军联合攻击秦军，秦军大败，王龁逃走，郑安平投降，邯郸之围解除。

秦军虽然在邯郸遭遇失败，但主力未损，很快就恢复对东方的进攻。秦分别于公元前256年、公元前249年灭掉周王朝最后的遗留政权西周和东周，同时攻取韩、魏大片领土。在面临秦国进攻的情况下，东方各国再次合纵，公元前247年，魏信陵君率领魏、赵、韩、楚、燕五国联军攻秦，在河外大败秦军，一直追到函谷关，秦军不敢出。秦国再次使用反间计，声称信陵君要篡夺君权，魏安釐王中计，解除信陵君兵权，五国合纵瓦解。

　　五国合纵威胁解除后，秦军再度恢复进攻的步伐，攻取魏国大片土地，一直打到与齐国接壤的地方，隔绝了南北方之间的联系。在秦国的强大压力下，关东各国又一次合纵，公元前241年，赵将庞煖率赵、韩、魏、楚、燕五国军队攻打秦国，一度进军至蕞（今陕西西安市临潼区东），但一遇到秦军反击，各国军队便纷纷撤退，战国时期最后一次合纵就此失败。此后，东方六国再没能联合起来，秦统一的脚步已势不可当。

　　公元前246年，秦王政继位。秦王政继位时，年龄尚幼，权力由吕不韦、太后掌握。秦王政成年后，先后铲除太后和吕不韦势力，把大权集中到自己手中，开始了扫灭六国的最后进程。

　　公元前230年，秦派内史腾攻打韩国，秦军攻入韩都新郑，俘虏韩王安，韩国灭亡。

　　公元前229年，秦将王翦带兵攻赵，赵派李牧率军守御，李牧多次打败秦军。秦收买赵王宠臣郭开，郭开诈言李牧谋反，赵王迁杀掉李牧，秦军趁机进攻。公元前228年，王翦攻克邯郸，赵王迁投降，赵国灭亡。

　　赵国灭亡后，赵公子嘉逃到代郡（今河北蔚县一带），自立为代王。秦军北上灭代，大军压迫燕国边境。燕国恐慌，燕太子丹派荆轲以献地图为名进入秦宫，趁机刺杀秦王，但未能成功。秦王政大怒，派王翦、辛胜率军攻燕，公元前226年，秦军攻克燕都蓟（今北京），燕王喜逃往辽东，杀太子丹请和。因遭遇严寒风雪，进军不便，秦军暂时中止攻燕。

公元前225年，秦将王贲率军攻克魏都大梁，魏王假投降，魏国灭亡。

灭魏之后，秦国立即派李信、蒙恬率领20万秦军攻楚，结果遭到失败。于是改命王翦为将，于公元前224年率60万大军攻楚，秦军在蕲（今安徽宿县东南）大破楚军，楚将项燕自杀，公元前223年，秦军攻破楚都寿春（今安徽寿县），俘虏楚王负刍，楚国灭亡。

公元前222年，秦将王贲率军攻入辽东，俘虏燕王喜，燕国灭亡。

在秦横扫关东各国时，齐国却只顾自保，不肯救援。公元前221年，王贲率灭燕大军从北方大举攻齐，一路势如破竹，迅速攻入齐都临淄，齐王建投降，齐国灭亡。

秦的统一，结束了春秋战国以来长期的分裂与战乱，建立起第一个统一的多民族中央集权国家，为中国以后长期的统一局面奠定了基础，对中国历史产生了深远影响。

本章参考文献

曹玮：《周原甲骨文》，世界图书出版公司2002年版。

晁福林：《夏商西周的社会变迁》，北京师范大学出版社1996年版。

顾德融、朱顺龙：《春秋史》，上海人民出版社2003年版。

李峰：《西周的灭亡：中国早期国家的地理和政治危机》，上海古籍出版社2007年版。

刘泽华：《先秦政治思想史》，南开大学出版社1984年版。

童书业：《春秋史》，山东大学出版社1987年版。

许倬云：《西周史》，生活·读书·新知三联书店1994年版。

杨宽：《西周史》，上海人民出版社2003年版。

杨宽：《战国史》，上海人民出版社2003年版。

赵伯雄：《周代国家形态研究》，湖南教育出版社1990年版。

赵光贤：《周代社会辨析》，人民出版社1980年版。

赵世超：《周代国野制度研究》，陕西人民出版社1991年版。

本章图片来源

图3-1　《殷周金文集成》第5册，中华书局1985年版，第134页。

图3-2　《中国画像石全集1·山东汉画像石》第1册，山东美术出版社2000年版，第58页。

图3-3　《殷周金文集成》第7册，中华书局1987年版，第123页。

图3-4　《中国画像石全集1·山东汉画像石》第1册，山东美术出版社2000年版，第29页。

图3-5　《中国画像石全集2·山东汉画像石》第1册，山东美术出版社2000年版，第90页。

图3-6　《宅兹中国：河南夏商周三代文明》，上海书画出版社2000年版，第302页。

图3-7　《齐币图释》，齐鲁书社1996年版，第156页。

图3-9　《中国历代名人画像谱》，海峡文艺出版社2003年版，第10页。

第四章

秦汉一统

　　战国时，军功赏田把土地从世族世官的垄断下解放出来，宗法封建制逐步解体，最终在秦汉确立了地主土地所有制。

　　秦汉是中国地主封建社会形成的关键阶段，在数千年的历史中也占有极为重要的地位。第一，秦的统一，结束了战国时期诸侯争雄、长期争战的局面。第二，秦始皇建立起第一个中央集权的封建王朝，地主封建制生产关系逐步发展；秦朝推行皇帝制度、郡县制度、官僚制度，汉承秦制并有所发展和完善，为此后历代封建王朝的基本政治制度奠定了基础。第三，秦汉两朝积极开疆拓土，建立起一个以汉族为主体的多民族共同发展的国家，从此，国家统一和民族团结成为中国历史的主旋律，各个民族逐步交融，疆域不断开拓，形成今天中华民族多元一体的命运共同体。第四，秦汉在治理国家的意识形态方面也做出了有益的探索。秦专任法家，西汉初奉行黄老之学，汉武帝以后，在秦朝崇尚法家的基础上，尊崇儒术，形成内法外儒的治国理论，为后世所继承。儒家文化为统一思想观念，整齐风俗，巩固中央集权的专制主义政治制度，发挥了很大作用。第五，以张骞通西域为标志，国家主导下的中外文化交流在这一历史时期正式发端，中国开始以高度的文明和富裕强大而闻名于世，与同一时期的罗马帝国、安息帝国和贵霜帝国并称为丝绸之路上的四大强国。同时，域外的物产和文化越来越多地传入汉朝，促进了汉朝的经济发展，丰富了中原地区的生活，影响深远，表现出中华文化对世界文明兼收并蓄的开放胸怀。

总之，秦汉是中华文明波澜壮阔的发展历程中的一个高峰，为古代中国的发展积累了经验，奠定了基础，创造了条件。从此，中国历史的发展走上了一条与西方历史不同的道路，强调天下一统和中央集权成为中国古代政治理念的核心。中华文明的特性从根本上决定了中华各民族文化融为一体，即使遭遇重大挫折也牢固凝聚，决定了国土不可分、国家不可乱、民族不可散、文明不可断的共同信念，决定了国家统一永远是中国的核心利益，决定了一个坚强统一的国家是各族人民的命运所系。

第一节　秦王朝与秦政

公元前221年，秦王政（前259—前210）统一六国，建立秦王朝（前221—前207）。秦王朝虽享国短暂，但在中国历史上的地位十分重要，它所建立的统一的中央集权制度，成为其后历代王朝的基本政治框架，它所施行的一系列政策，也对后世产生深远影响。

一　秦王朝的建立

秦王朝疆域辽阔，东至海滨，西至陇西，南至岭南，北至河套、阴山、辽东。为了适应大一统形势的需要，治理广土众民，秦王朝沿用秦国自商鞅变法后形成的政治体制，创立了以皇帝为最高统治者的中央集权制度。

皇帝制度　西周时期，"王"这个称号专指周王，诸侯国分别为公、侯、伯、子、男五等爵。进入战国，原有的政治秩序被打破，周王的威权日益衰微，各诸侯国君主纷纷僭越称王。公元前288年，秦昭王自称西帝，建议齐湣王自为东帝，但很快齐与秦又都先后放弃帝号。这是秦国首次尝试称帝，反映了秦国已经有君临天下之心。待秦灭六国，实现统一，秦王政认为自己功高五帝，德侔三皇，继续沿用"王"的称号已经无法彰显自己的伟大功业，决定兼采传说中三皇五帝的尊号，宣布自己为天下第一个皇帝，即始皇帝，后世子孙代代相承，递称二世、三世，至千万世，传之无穷。

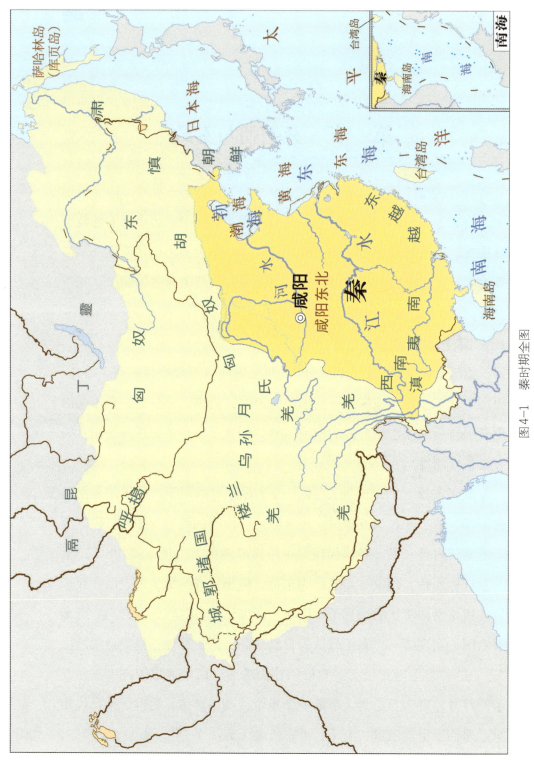

图 4-1 秦时期全图

秦始皇认为给死去的帝王定谥号有损于帝王的尊严，宣布取消谥法。他创立了一套显示皇帝唯我独尊的制度，比如皇帝发布的命令称"制"和"诏"；原来任何人的印章皆可称"玺"，此时则只有皇帝的印章方可称"玺"；原来并非君主专用的第一人称"朕"，此时只有皇帝才可以使用。

　　皇帝总揽全国的政治、军事、财政、司法等大权，权力至高无上，政事不论大小，最终由皇帝裁决，真正做到"法令由一统"。

　　官僚体制　天下广大，皇帝无法一人独治。为此，秦始皇建立了一套庞大的官僚机构，在皇帝的驾驭之下处理国家各类政务。

　　在中央，皇帝之下设三公，即主管行政事务的左、右丞相，主管军事事务的太尉，主管监察的御史大夫；下设廷尉、治粟内史、少府、中尉等诸卿，分别掌管司法、财政、皇室事务、京师戍卫等具体政务。在地方，彻底废除分封诸侯的制度，将郡县制推行于全国，建立起郡、县、乡三级地方行政体制。郡设守、尉、监，守为一郡负责行政、军事、司法、财政主要长官，尉协助郡守掌管军事，监负责监察。郡之下设有若干县，在少数民族地区设相当于县的道。县的长官为令（万户以上的县）或长（万户以下的县）；另设县丞，协助县令（长）处理县内政务与司法等；设县尉，佐助县令（长）管理军事、治安和兵役等事务。县下设乡，每乡设三老，掌教化；啬夫，掌赋役、狱讼；游徼，掌巡察治安，抓捕盗贼。乡下设里，里有里典，里中五家为伍，伍有伍老，彼此监督，互相担保。另设亭，有亭长，掌治安。如此，秦王朝在世界上最早建立起一套自中央到郡县乡里的严密行政系统和完备的官僚制度，此后中国古代两千多年中央集权政治

185

制度基本沿袭了这一模式。

二　巩固统一的各项措施

秦始皇为了巩固统一，颁布了不少政令措施，对于加强统治产生了积极意义。

第一，国家授田，统一田亩规划。农业时代，土地是最重要的生产资源。秦王朝对土地拥有最高控制权，编户齐民耕种的土地统一由国家授予，这是推行中央集权政治制度的经济基础，也是国家向编户齐民征收田租赋税、征发徭役的基本保障。此外，春秋战国时期，各诸侯国一亩农田的大小不同，有160步、200步、240步等标准。秦统一后，为方便田租的征收，向全国各地推行秦国240步为一亩的标准，同时明确田亩规划、封埒设置，禁止私自移动地界标志。

第二，统一文字。战国时期，各国的文字字形差异明显，这对于统一之后的国家治理，特别是官府文书的上行下达和国家政令的发布、执行非常不利。秦始皇下令统一文字，以秦国文字为基础，对文字字形进行整理，以小篆和隶书作为标准文字颁行天下。现在各地出土秦代简牍文书、律令皆以隶书书写，反映了文字统一对国家治理的意义和成效。

第三，统一度量衡。战国时期，各国度量衡制

图4-2　秦铜量

度极不一致。统一之后，秦始皇二十六年（前221）颁布诏书，在全国范围内推行秦的度量衡标准，制作颁行标准器，且设机构每年检查校正生产和商业活动中使用的度量衡。迄今为止，在原秦国之外的很多地方均出土过刻有诏文的秦权，

图4-3　秦铜权

证明秦始皇在全国成功推行了统一度量衡制度。

第四，统一货币。战国时期，商品经济发展很快，客观上需要统一的货币体系。但当时各国货币种类很多，形制和轻重大小各不相同，例如齐、燕等地用刀币，三晋用布币，秦用圜钱。刀币、布币各自又有多种。货币的不统一，影响了区域间商品流通。秦灭六国之后，废止六国货币，推行黄金和铜钱两种货币，黄金为上币，以镒（20两）为单位；以秦国旧行的圆形方孔铜钱为下币，铸文曰半两，重如其文，从而结束了货币混乱的状况。

第五，统一交通制度，修建全国交通干线。战国时，诸国互设关卡，车轨尺度不一，阻碍了各地区的政治、经济、文化交流。统一以后，秦始皇下令拆除六国之间人为设置的川防障碍；

图4-4　秦半两铜钱及钱范

规定车同轨；以咸阳为中心，修建通往各地的驰道，建成贯通全国的陆路交通干线网络，确保政令传达畅通无阻。为了便于兵员输送和后勤补给，加强对北边匈奴的防御，秦修筑了从甘泉宫直达九原的直道。此外，秦在征服南越之后，开通了一条新道，又名越道；在西南边境修筑五尺道。通过这些道路的修建，把全国各大城市和经济中心联系起来，内地和边疆联系起来，对国家政治、经济、文化的交流与发展，对国防安全，都发挥着重大历史作用。

第六，加强对东方六国旧地的控制。秦在兼并六国的过程中，随时将所灭之国的贵族及豪强或是杀掉，或是迁徙到边远之地。在完成统一之后，秦始皇二十六年（前221），又迁徙各地豪富12万户到咸阳，进一步加强对他们的控制。六国贵族和豪富是秦王朝地方政权的潜在威胁，将其迁离本土，可以削弱其社会影响力。鉴于东方六国尚未完全接受秦的统治，秦始皇二十八年至三十七年，曾前后四次巡行关东郡县，宣扬秦的成功和威德，镇抚六国人民。

三　对边疆民族地区的统一

秦灭六国，并未停止征伐的脚步，而是继续开拓边疆，首次建立起一个多民族的统一国家。

秦在崛起过程中已征服西戎，称霸西方。统一之后，派蒙恬领兵，继续西逐诸戎，北却众狄，修筑长城，将拒绝接受秦王朝统治的羌戎阻挡在长城以外。

匈奴是北方草原上的游牧民族，战国时与燕、赵、秦三国接邻，战国末年经常南下侵扰，三国皆在北边筑长城，派兵驻守。秦统一六国后，秦始皇三十二年（前215）巡视北边，派蒙恬率30万大军抗击匈奴，夺回河南地（今内蒙古自治区河套地区），次年进一步驱逐匈奴，置九原郡，修筑长城，将原燕、赵、秦三国长城修复并连接起来，形成西起临洮、东至辽东的长城，阻止匈奴南侵。秦又向河套地区大规模移民，对于边地的开垦和边防的加强起到积极作用。

越人分布在华东、华南地区，分为闽越、东瓯、南越、西瓯等。秦王政二十四年（前223），秦在灭楚之后，降服越君，在其地设会稽郡；二十六年，秦始皇派屠睢发卒50万人，经过数年战争，灭东瓯和闽越，设闽中郡；又统一南越和西瓯，设桂林、南海、象郡，并谪迁一部分人到南越，最终有数十万北方人口与越人杂处，共同开发岭南。

秦始皇的开拓，使秦王朝的疆域空前辽阔，大大超过了前代。

四　秦王朝二世而亡

秦王朝对于统一多民族中央集权国家的建立和巩固做出了积极贡献，但秦始皇和秦二世都很残暴，其统治政策有不少极端的地方，激化了社会矛盾，葬送了秦的统治。

为统一法度，秦始皇三十四年（前213）接受李斯建议，禁止民间私学，想学法律的，拜官吏为师。还规定，除了《秦记》，其他各诸侯国的史书都烧掉；博士官外，其他人收藏的《诗》《书》和诸子百家之书，尽数烧毁。禁止人们谈论《诗》《书》，否则弃市。次年，有方士议论、批评秦始皇的统治，秦始皇十分恼怒，派人抓捕并坑杀儒生方士460多人。焚书坑儒的真实目的是束缚思想，钳制舆论，树立皇帝的绝对权威。这些政策残暴野蛮，造成书籍的严重损失，破坏了文化，战国时期百家争鸣的局面从此基本结束。秦始皇多次大规模巡游全国，每次出巡都跟随众多的文武百官和庞大的车马仪仗，这些人马沿途所到之处，饮食财物消耗巨大，劳民伤财。

连年的战争，需要从全国各地征调兵员和钱财物资，加重了农民负担。最远的是从滨海地区输送到遥远的边地，经年累月，既耗损惊人，又耽误农事，破坏生产。修筑驰道、直道、长城、宫殿和秦始皇陵等大型土木工程，有的需要动员70多万人，百姓承受沉重的劳役和租赋剥削。这些举措令百姓苦不堪言。

不仅如此，秦代法网严密，百姓摇手触禁，动辄被治罪，而且刑罚酷烈，单是死刑就有弃市、腰斩、车裂、坑、磔、镬烹、族、夷三族等，其他则多为亏残肢体的肉刑。百姓受到严刑峻法的残酷压迫。全国有2000多万人口，刑徒有100万人左右，整个国家已经成为一座大监狱。

公元前210年，秦始皇在最后一次巡视天下返回的途中病逝，胡亥在赵高、李斯的帮助之下篡夺皇位，这就是秦二世。秦二世的治国能力远不及始皇，而其昏庸残暴则有过之，在他即位之后，统治阶级内部矛盾激化，民众身上的赋税徭役负担有增无减，秦的统治无法继续。

秦二世元年（前209）七月，陈胜、吴广在大泽乡（今安徽宿州市东南四十里）揭竿而起，陈胜在陈自立为楚王，建立张楚政权，天下云集响应。秦二世二年，项羽在巨鹿之战中大败章邯所率秦军主力，秦朝已名存实亡。刘邦于秦二世三年八月突破武关，十月进入咸阳，秦王子婴出降。欲传之无穷的秦王朝仅仅存在了15年，便在各地起义武装的打击下灭亡了。

第二节　西汉前期统治秩序的建立与调整

西汉政权建立在秦末战乱的废墟之上，作为历史上第一个由布衣将相创立的王朝，汉初的统治者需要解决许多难题，包括经济和社会秩序的恢复、治国模式的探索、分封制度的调整、周边民族问题的应对等。稳定和发展成为西汉前期的主旋律。

一　从楚汉相争到西汉建立

秦朝灭亡之后，项羽西进关中，入咸阳，烧杀抢掠。他在各地反秦武装各自称雄并立的既成事实下，主持分封，自立为西楚霸王，分封十八王，皆受制于西楚霸王。项羽的分封没有平衡各方势力，反而恶化了割据形势。不久，诸侯混战爆发。刘邦重用韩信为大将，由汉中还定三秦。之后，楚汉相争持续五年（前206—前202），刘邦与项羽"战荥阳，争成皋之口，大战七十，小战四十"，屡败屡战，在张良、萧何、韩信等辅佐之下，最后于垓下一役，彻底击败项羽，项羽自刎于乌江。汉五年（前202）二月甲午日，刘邦接受群臣劝进，在汜水北岸（今山东定陶官堌堆）称帝，建立汉帝国，历史上称为西汉，中国再次统一。

刘邦集团的军事力量远远比不上项羽集团，双方交战，刘邦几乎每次都是大败而归，为什么最后结局却是刘邦胜而项羽败呢？第一，刘邦主张天下一统，他在自己占领的地方推行郡县制，符合历史发展的趋势；项羽则完全实行霸主分封制，是政治上落后势力的代表。第二，刘邦善于赢取民心。例如刘邦进入关中，与关中父老约法三章，除去秦的苛法；自汉中还定三秦后，又开放秦的苑囿园池，让百姓耕种，给人以宽厚长者的形象。而项羽入关后，烧杀抢掠，令秦人很失望。第三，刘邦有物产富饶的关中作为巩固的后方，每次战败，失军亡众，萧何都能及时从关中发兵，源源不断地向前方输送粮食。第四，善于抢占政治道义的高地。项羽在分封十八王后，派英布把义帝杀死，大失民心。刘邦获知义帝死讯后，向天下发布檄文，指斥项羽弑君，大逆不道，天下诸侯群起响应。甚至汉高祖五年（前202），刘邦灭项羽，统一天下，建立汉王朝后，仍派王陵、周勃、樊哙三侯至郴祭祀义帝。这让刘邦赢得绝大多数诸侯的支持。第五，善于发现和使用人才。刘邦能听从萧何的举荐，把韩信这样的军事奇才从一个籍籍无名之辈一下子提拔为大将，这不仅是项羽做不到的，其他任何一位诸侯恐怕都难以做到。张良作为六国贵族的后裔也敬佩刘邦知人善任，善于听取建言，总能在关键时刻做出正确决策，心甘情愿追随刘邦。陈平、英布等原本皆在项羽阵营，最终为刘邦所用。而项羽则人才匮乏，仅有一位高级参谋范增，也因为项羽轻信离间而不得信任。项羽最终众叛亲离，不能成就大事。因此，楚汉相争最终以刘邦胜出，项羽失败而结束，并非偶然。

二　汉初社会秩序的重建

西汉建立之初，面临着诸多困难。汉高祖先后采取措施，加强集权，发展生产，重建秩序，使西汉政权避免了秦朝短命而亡的悲剧。

第一，定都长安。刘邦于定陶称帝之后，当年五月即移驾洛阳，准备以洛阳为都城。但洛阳为四战之地，无险阻可守。齐人娄敬建议刘邦移都关中，关中在政治、经济、军事等各方面均优于洛阳。当时，功臣将领皆关东人，不愿意离乡。张良力排众议，刘邦听取意见，下令迁都长安。

图4-5　未央宫及前殿遗址（航拍，由北向南）

第二，分封功臣。汉高祖刘邦在参加反秦起义和楚汉争霸过程中，为了笼络各地英豪，获取各个武装力量对自己的支持，不吝各种封赏允诺。天下安定后，所有的军功将领皆对论功行赏翘首以盼。汉高祖恢复分封制，赏赐、安抚军功将领。

第三，制定礼仪，建立尊卑等级秩序，维护皇帝权威。刘邦君臣大都出身平民，不懂朝廷礼仪。刘邦称帝之后，为了简便，甚至一度废弃了秦的仪法，结果这些布衣将相们在殿上饮酒时论争功劳大小，乱喊乱叫，甚至拔剑击柱，毫无君臣尊卑等级秩序。刘邦接受叔孙通建议，制定新的朝仪，朝贺时尊卑秩序井然，举止不合乎礼仪的皆被执法的御史带出殿外，群臣莫不震恐肃敬，无人再敢喧哗失礼。

第四，颁布官爵制度与制定法律。楚汉之际，刘邦使用的官制、爵称是楚制和秦制的混合。统一之后，则全用秦制。职官设置以秦的职官为蓝本，军功爵制采用秦的二十等爵制。法典方面，刘邦初入关中时，认为秦法繁苛，曾与父老约法三章。称帝之后，发现三章之法太简陋，难以适应统治天下的需要，命萧何以秦律为蓝本，根据现实的需要制定《九章律》。

第五，恢复农业生产。秦末长达七年的战争，争战各方动辄屠城，死伤无数，满目疮痍。不少农民为躲避战乱，流亡他乡，甚至不少人被迫卖妻鬻子，或自卖为奴。良田荒芜，粮食短缺，物价踊贵，米一石值万钱，马一匹值百金。新建立的西汉政权，府库空虚，财政困难，甚至天子车驾的马匹都不能凑出毛色一致的，将相乘车出行只能用牛车。西汉统治者首要之务是采取切实措施，恢复农业生产，稳定社会秩序。首先是让士兵复员回家，按照功劳大小分配耕地和住宅，享受免除徭役的待遇。因战乱而逃亡在外或囤聚山泽自保的人各归本县，恢复秦朝时的爵位和田宅。因为饥饿而自卖为奴婢的人，一律免为庶人。同时，限制商人的身份地位，对商人加倍征收算赋，对农民则减轻田租，十五税一。这些措施的推行，稳定了民心，促使尽量多的劳动力从事农业生产，保证每人有田耕种，提高了农民的生产积极性。西汉王朝的秩序初步建立，统治逐渐稳定。

三 黄老思想与文景之治

刘邦君臣数年间从草莽转身高居庙堂，他们亲眼见到秦王朝不可一世的统治竟然转瞬间灰飞烟灭，历史的巨变给汉初君臣以深刻冲击。为了谋求长治久安，永享富贵，统治者吸取秦亡的教训，改弦更张。陆贾奏呈《新语》，指出秦的灭亡在于刑罚严酷，徭役繁重，汉朝应该奉行无为而治，与民休息。刘邦很赞赏陆贾的建议，采用轻徭薄赋缓刑的政策，缓和官民矛盾，开启汉初黄老政治的先河。"黄老无为"的政治思想从汉高祖开始，一直到文景时期，持续70年左右。

汉文帝轻徭薄赋，丁男徭役减为3年征发一次，算赋由每年120钱减为40钱。文帝重视农业，屡次要求郡县官员劝课农桑，奖励耕织。文帝前元十三年（前167），下诏免除田租；景帝前元元年（前156），将田租降低一半，实行三十税一，并成为汉朝定制。文帝还弛山泽之禁，促进了盐铁业的发展，允许农民进入山泽樵采、捕鱼、狩猎，对保障农民生活有一定帮助。

文帝提倡节俭，亲自降低膳食标准，把上书囊拆开缝缀在一起做殿帷。他在位23年，宫室苑囿，车骑服御，都无所增益。他曾经计划建造露台，经计算，造价百金，相当于中民十家的财产，就没有修建。他身衣弋绨，所宠幸的慎夫人也衣不曳地，帷帐无文绣。

在黄老思想指导下，汉初对秦法严酷一面有所改革。惠帝四年（前191），把法令中某些不适合现实需要的严酷条款废除，取消挟书律。吕后元年（前187），废除三族罪、妖言令。文帝、景帝又相继

图4-6 张家山汉简《二年律令》

废除了黥、劓等肉刑，减轻了笞刑。这些改革是古代法制史的进步。

文景时期是西汉的黄金时代，统治者清静无为，国家少事，百姓的租赋徭役负担较轻，经济发展较快，财富积累丰厚，只要是没有水旱灾害，百姓家家富足，各地官府的粮仓都堆满了粮食，府库里堆满了钱财，史书称当时"京师之钱累巨万，贯朽而不可校。太仓之粟陈陈相因，充溢露积于外，至腐败不可食。众庶街巷有马，阡陌之间成群"。这幅富足的景象是汉高祖时无法想象的，史称"文景之治"。

四　分封制与七国之乱

西汉建立时，诸侯王有7个：楚王韩信、梁王彭越、淮南王英布、韩王信、赵王张耳、燕王臧荼、长沙王吴芮，史称"异姓诸王"。异姓诸王据有关东的广大区域，拥兵自重，雄踞一方，是汉政权统治的隐患。汉高祖以各种借口和方式，在数年之内除掉异姓诸王。只有长沙国因地处僻远，势力不强，又处在汉与南越之间，可以起缓冲作用，直到文帝时因无后而国除。

在消灭异姓诸王的同时，汉高祖"惩戒亡秦孤立之败"，分封自己的子弟为王，用以藩屏汉室，史称"同姓诸王"。同姓王国有9个：吴、淮南、淮阳、楚、梁、齐、赵、代、燕，辖地有39郡之多，而朝廷直辖的郡只有15个，其中还夹杂了不少列侯的食邑和公主的汤沐邑。大的王国跨州连郡，拥有数十座城池。王国的宫室车驾规格和职官设置都跟汉朝廷一样，王国的官员，除了太傅和丞相由汉朝廷委派外，其他均由诸侯王自己任命。诸侯王在国内可以自征租赋徭役，自铸货币，自行纪年，还有一定军权，处于半独立状态，必然与中央集权的体制产生矛盾。随着汉初经济的恢复，王国势力也日益强大，专恣自为，蔑视朝廷，尾大不掉，形同割据。

文帝时，贾谊上《治安策》，较早提醒朝廷注意王国势力强大所带来的政治隐患，认为当时朝廷和王国之间是枝强干弱的关系，最好的治疗方法是将大的王国分解为若干小国，国小力弱，则对朝廷构不成威胁。文帝前元十六年（前164），贾谊已去世四年，文帝才采用该建议。当时，齐王肥死后无子，文帝把齐国分为六国，立齐王肥的庶子六人。又把淮南之地分成三国。但吴、楚仍是大国，特别是吴王濞久有谋反之心。

公元前157年，景帝继位。御史大夫晁错上《削藩策》，又提出削夺王国封地。景帝先后下令削夺赵王、胶西王、楚王、吴王的部分封地，引发诸侯王们的不安。景帝三年春正月（前154），削夺会稽郡、豫章郡的诏令送达吴国，吴王刘濞随即起兵，诛杀汉朝任命的二千石以下官吏，联合楚、赵、胶西、胶东、菑川、济南六国以诛晁错为名联兵反叛，是为吴楚七国之乱。汉太尉周亚夫在三个月内平定叛乱。刘濞为越人所杀，其余六王皆自杀，七国被废除。

七国之乱平定后，景帝改革王国制度，诸侯王不得治民，仅衣食租税；王国官吏全部由天子任免，改王国的丞相为相，取消御史大夫、廷尉、少府、宗正、博士等职官，大夫、谒者、郎诸官长丞等也都削减员额。诸侯王国自此基本不能对中央构成大的威胁，基本解决了汉初分封诸侯王所产生的弊病，巩固了中央集权和国家统一。

第三节　武帝的功业

经过汉初数十年的休养生息，社会生产不仅恢复，而且有了很大发展，这为汉武帝的文治武功奠定了雄厚基础。汉武帝在位54年（前140—前87），是西汉王朝的鼎盛时期，在政治、经济、军事等方面采取了许多改革措施，以适应统一政权的现实需要。

一　中央集权的加强

第一，继续削弱王侯势力。汉武帝时，诸侯王国已经不像七国之乱前那样强大难制，但诸侯王所据领地疆域广大，平时骄奢淫逸，一旦出现政治动荡，就会成为威胁朝廷的力量，而直接削减封地，易引发叛乱。元朔二年（前127），汉武帝采纳主父偃的建议，实行推恩令，规定：诸侯王死后，除嫡长子继承王位外，其他子弟也可分得王国的一部分土地成为列侯，侯国由皇帝立号封授，直接隶属于所在郡。诸侯王往往子孙众多，推恩令以和平的方式，实现了"众建诸侯而少其力"的目标。王国封地越分越小，势力越来越弱，而汉天子直接管辖的地区日益扩大。汉武帝还经常借各种理由废除诸侯王国，其中因犯罪而国除者居多。汉武帝还颁布"左官之律"和"附益阿党之法"，限制士人与诸侯王交游，遏止诸侯王养士之风。经过这些措施的削弱，"诸侯惟得衣食租税，不与政事"，其中支脉疏远的人，更是与一般富室无异。

诸侯王外，还有因军功和恩泽封赐的列侯，列侯群体庞大，他们封国中的户口、田地占全国人口、土地的很大一部分，这些土地和人口缴纳的租赋都直接为列侯所享用，不入国家财政。为了收回这部分财税，汉武帝借用酎金制度将一大批列侯废掉。元鼎五年（前112），汉武帝以诸侯王所献"酎金"成色不好或斤两不足为由，将106位列侯夺爵，占当时列侯的半数。之后，元封六年（前105）、征和二年（前91），乃至宣帝地节四年（前66）、五凤四年（前54），又发生过小规模的酎金夺爵事件。夺爵后的列侯封国，都直接归所在郡县管辖，成为汉王朝租赋徭役的来源，既彻底消除了列侯对政治和社会的影响，又增加了中央财政收入。

第二，打击地方豪强。汉初在无为而治的政治氛围下，地方豪强势力发展起来，他们大多是战国以来的强宗大族，也有新暴发户。这些豪强兼并土地，横行乡里，妨碍国家统一政令的贯彻和执行。刘邦定都长安，即迁徙六国贵族及豪杰十多万口到关中定居。景帝时，济南瞷氏宗人300多家，横行地方，中郎将郅都为太守，诛杀瞷氏首恶，震慑住该宗族。长安的宗室外戚多犯法，景帝派宁成加以严惩。到武帝时，打击豪强更加严厉。当时的酷吏周阳由、义纵、王温舒等都以敢于诛锄豪强而闻名。汉武帝设刺史督查地方的主要事项之一即为强宗豪右，凡是恃强凌弱，侵犯乡邻，或者与官员勾结，干扰政令，皆在打击范围内。

第三，加强对地方官员的监察。秦在地方各郡设监御史，负责对郡的监察。汉初，废监御史，由丞相府派遣史到各郡监察，不常置。武帝元封五年（前106），初置部刺史，把郡国按照地域划分为13州，即13个监察区，每州派1名刺史，负责以六条问事，巡察州内各郡，调查各郡治理的优劣，考察官员的治绩和能力，审理冤狱。六条问事的主要对象是郡国守相和地方豪强。刺史每年秋天出巡考察，岁尽回京师汇报。京师和弘农郡则设司隶校尉，职责与刺史类似。刺史秩600石，位卑权重，专司监察，直接听命于皇帝，有效地强化了皇帝对地方官员的控制。

第四，罢黜百家，尊崇儒术。汉初崇尚黄老思想，儒学不受重视。汉武帝时，黄老学说已经不能适应历史发展的需要，亟须一种新的思想作为治国理论。建元六年（前135），掌控朝政的窦太后去世，武帝开始亲政，起用舅舅田蚡为相。田蚡好儒术，优礼延揽儒生数百人。次年，令郡国举孝廉，又诏令所举的贤良对策。董仲舒在对策答问时以儒家思想阐发，很适合汉武帝的政治需要。董仲舒提出"《春秋》大一统"的观点，认为孔子的学说最正确最完备，是行动指南，为统一天下思想，应该独尊儒术。独尊儒术以后，官吏主要出自儒生。新的儒家思想在先秦儒家学说之外，吸取了阴阳五行家的思想成分，将君权神化。

第五，人才选拔与察举制度的确立。汉初，选用官吏大致有二途：一是军功。汉初官吏多为军功将士，军功吏多不谙政事，通过军功选拔官吏不能适应汉武帝的施政需要。二是由郎官入仕。郎是皇帝的侍从，可以补授别的官职。做郎官的途径可以"任子为郎"，可以"以赀为郎"，也可以候选为郎。郎官之选是汉代官员的一大来源，二百石以上的长吏有很多出身于郎中、中郎、吏二千石子弟，但是这种按照出身和家产选人的方式未必都能选拔出优秀人才，难以适应王朝的需要。

武帝以前，汉虽有察举之事，但未形成制度。元光元年（前134），武帝"初令郡国举孝、廉各一人"。这一年，又诏贤良对策，董仲舒建议令列侯、郡守二千石等官员每年向朝廷举荐人才。元光五年，下令郡国"征吏民有明当时之务，习先圣之术者"。因为察举制度初设，地方官员执行未必认真，且制度尚不完善，元朔元年（前128）颁布诏书，严令郡国切实做好人才察举，"不举孝，不奉诏，当以不敬论；不察廉，不胜任也，当免"。从此，郡国岁举孝廉成为定制，孝廉一科成为士大夫仕进的主要途径。其他察举科目有茂才（西汉曰秀才，东汉避光武帝名讳改为茂材或茂才）、贤良方正、文学等，这类察举属于特科性质，并不经常举行。

察举之外，武帝还用"征召"的方式，直接派人到各地寻访、罗致人才。又令吏民上书言得失，从中物色有见识有能力的人选。

　　董仲舒曾建议国家设立太学，养天下之士。公孙弘就太学弟子的员额、选送、培养方式、考核、任用等具体问题拟定了方案。武帝接受了他们的建议，在长安为太常博士的弟子兴建太学，使他们在太学中随博士受业，经考试后，按等第录用。各郡国也都设立学校。太学和郡国学培养的人才分别进入各级官府，成为基层小吏。

　　汉武帝通过广开仕途，广求人才，让各阶层的优秀分子进入官僚队伍中，史称"汉之得人，于兹为盛"。

　　第六，建立"中朝"，削弱相权。西汉初，任丞相者皆为开国功臣，位高权重。丞相不必上奏即可专杀违法的二千石官吏，又可以二千石官位授人。此时的丞相敢于直言进谏。景帝时，高祖功臣尽皆去世，陶青、刘舍等人以功臣子列侯为丞相，权力开始弱化。元朔五年（前124），武帝擢用公孙弘为相，开布衣登相位的先例，结束了功臣列侯子孙独占相位的局面。随着君主集权加强，丞相的权力削弱，在位者皆谨小慎微，不敢违背皇帝旨意。而在皇帝身边负责具体事务的侍中、尚书等人员受到重用，地位日益重要。为了充实内廷近臣队伍，武帝从贤良文学或上书言事的人当中选用优秀者为郎，给他们加上侍中、给事中、常侍等头衔，便于他们出入禁省，随侍左右，顾问应对，参与大政。武帝还任用宦官为中书，掌尚书之职。于是在皇帝身边逐渐形成一个新的决策机构，称为"内朝"或"中朝"，以丞相为首的三公九卿等组成的政务机关成为"外朝"。中、外朝分立之后，中朝决策，支配外朝，丞相的权力日益转移到中朝。与皇帝最为亲密的宦官、外戚，极易变为中朝主宰。

　　总之，汉武帝时期，权力向皇帝高度集中，中央集权愈益强化。

二　财政经济政策

汉武帝即位之后，对外连续发动多次大规模战争，对内大兴土木，汉初70年积累的财富消耗殆尽。而富商大贾却囤积居奇，大发横财，以至于列侯有时也要有求于他们。有的冶铸煮盐，累计财富万金，却不肯佐助国家之急，反而使百姓陷入更深的穷困。在这种情况下，为了增加中央财政收入，挽救财政危机，制定并推行了一系列财经政策。

统一货币　西汉货币制度承袭秦制，仍是铜钱和黄金两种。黄金的称重单位，秦为镒，汉恢复了周制，改为斤。铜钱自汉初以来，多次改铸，先后铸造过榆荚钱（重三铢）、八铢钱、五分钱、四铢钱。至武帝建元元年（前140），改行三铢钱。三铢钱重如其文。建元五年，又罢三铢钱，行半两钱。元狩四年（前119），又销毁半两钱，更铸三铢钱，依旧重如其文，禁止民间盗铸，然吏民犯者不可胜数。次年，又罢三铢钱，更铸五铢钱。元鼎二年（前115），铸赤仄钱，后因钱轻，民不便，废止。汉初所铸钱币，大都质量低劣，加上钱币频繁改铸，非常不利于商品交换。自文帝开始还允许私铸，诸王、达官、豪商大量铸钱牟利，因此货币大小不一，轻重不同，对社会经济的运行干扰很大。

元鼎四年（前113），武帝下令禁止郡国铸钱，铸钱的权力统一收归水衡都尉下属的钟官、辨铜、均输三官，以前各地所铸

图4-7　西汉五铢钱

的钱一律销毁，所得铜料输给三官，铸造新的五铢钱，称为三官钱。这次禁令很严格，新铸造的钱币质量高，盗铸者无利可图，货币制度从此得到较长期的稳定发展。

盐铁官营 汉初，政府允许盐铁私营，由政府收税。文帝时"弛山泽之禁"，盐铁家暴富。武帝元狩年间，政府采纳盐铁丞孔仅和东郭咸阳的建议，实行盐铁国营政策，禁止私人冶铸和煮盐。政府在产盐区设盐官，备置煮盐用的"牢盆"，募人煮盐，盐由官家收购发卖；在产铁区设铁官，负责矿石开采冶炼和铁器铸造发卖。盐官、铁官统属于大农令（后来更名大司农）。盐铁官营政策的实施，使国家垄断了关系国计民生的手工业和商业的经营和利润，百姓赋税负担没有加重，而国家财政收入大增，有力地支持了大规模的对外战争；同时，打击了豪强兼并之徒。但官营也产生了一些弊端，官卒徒生产积极性不高，官府只管完成生产额度，不考虑实际需求，产品质量下降；产销成本也较大，价格抬高，给百姓造成很多不便。

均输和平准 这两项制度是元封元年（前110）大司农桑弘羊提议并推行的。均输法是由大司农在各地设均输官，把各地原应贡献京师的物产，从产地转运他处销售，因为产地和非产地存在价格差，官府可以从中赚取利润。

平准法是由大司农设平准官于京师，接收各地输送京师的物产，根据长安市场物价涨落情况，贵则出售，贱则收购，以此调节市场供需平衡，控制物价。

均输、平准在商品流通环节为国家开启了新的财政来源，满足了汉武帝巡狩、赏赐的挥霍需要和巨额的战争费用，但也使富商大贾无所牟大利，后来盐铁会议上被批评说是与民争利。

算缗和告缗 对匈奴的连年战争，消耗了无数财富。元狩四年（前119），山东（太行山以东）又发生水灾，70余万饥民无以为生。武帝根据御史大夫张汤和侍中桑弘羊的建议，颁布了直接剥夺大商贾财产的算缗令和告缗令。

元狩四年（前119），武帝"初算缗钱"，规定商人及手工业者无论有无市籍，凡是从事放贷、商品买卖、囤积货物者，都必须向政府申报财产和经营数额，每2000钱纳税1算，即120钱；自产自销的手工产品，每4000钱纳税1算。轺车1乘纳税1算，商人轺车纳税加倍；船5丈以上纳税1算。商人隐瞒财产不报或报而不实，罚没其财产，并罚戍边1年。有市籍的商人及其家属，禁止占有土地，否则没收所占土地和奴僮。元鼎三年（前114），武帝下令"告缗"，鼓励民间相互告发违反算缗令的行为，以所没收违令商人资财的一半奖给告发人。经过民间告发，政府没收了数以亿计的财产和以千万计的奴婢，大县没收的田地有数百顷，小县有百余顷，没收的宅第数额也与此大致相当。商贾中家以上几乎都破产。算缗、告缗缓解了财政危机，但国家对民间财富的暴力掠夺，使民间工商业受到一次沉重的打击。

三 积极进取的民族与边疆政策

西汉时期，各民族间的政治、经济、文化交往进一步加强，特别是自汉武帝以后，国家力量深入边疆民族地区，汉族和匈奴、西域各族、越族、西南和东北各族人民的经济文化交流及友好往来得到发展。虽然各族统治者间有过矛盾甚至战争，但各族间交融的趋势增强了，共同为开发边疆、促进多民族国家的统一和发展做出了贡献。

反击匈奴 秦汉之际，匈奴冒顿单于即位，对周边民族发动战争，东破东胡，西击月氏，还趁中原战乱之机越过长城，南并楼烦、白羊河南王，收复河南地。后又北服丁灵等部族，匈奴势力达到鼎盛。汉高祖在消灭异姓诸侯王时，与匈奴邻接的诸侯王有的向匈奴投降，有的与匈奴勾结，使其入侵汉边郡。汉七年（前200），汉高祖进击韩王信及其与匈奴的联军，被匈奴围困于白登（今山西大同市东北马铺山）七昼夜，最后用陈平之计才得以脱身，史称"白登之围"。刚成立的西汉王朝国力虚弱，无力抗击匈奴，刘邦只好采用娄敬建议，与匈奴"和亲"，每年馈赠絮缯酒食等礼物，以换取些许平安。文景时期，继续与匈奴和亲，厚予馈赠，但是匈奴恃其强盛，屡屡背约，侵扰汉边郡，杀戮吏民，掳掠人畜。

汉武帝即位数年后，决定改变屈辱的和亲政策，反击匈奴。元光二年（前133），汉在马邑（今山西朔州市朔城区）设30余万伏兵，计划一举歼灭匈奴单于主力。单于入塞后发觉并撤回，汉军计划落空。从此以后，匈奴屡次大规模进攻边郡，汉军也屡次发动反击和进攻，有3次战役影响较大。

元朔二年（前127），汉将卫青领兵出云中，北抵高阙，迂回至陇西，取河南地，解除了匈奴对长安的直接威胁。汉在那里设置朔方郡（治今内蒙古杭锦旗北），并修缮秦时所筑边塞。同年夏，汉王朝募民10万口徙于朔方。

元狩二年（前121）春，霍去病出陇西，过焉支山（今甘肃山丹县境），西入匈奴境内千余里，缴获匈奴休屠王祭天用的金人。同年夏，霍去病从北地郡出兵，越过居延海，南下祁连山，围歼匈奴，俘获匈奴五王、匈奴单于的阏氏及王子等，匈奴右部遭受沉重打击，匈奴浑邪王杀休屠王，率部4万余人归降。汉朝设置5个属国，分散安置其部众于西北边塞外，保留其生活习俗。后又把关东贫民72万余口迁徙到陇西、北地、西河、上郡等地，在原来浑邪王、休屠王控制的河西地区，陆续设立酒泉、武威、张掖、敦煌四郡。河西四郡的设立隔断了匈奴与羌人的联系，加强了汉朝对这些地区的经营和控制，打开了中原与西域的交通。

元狩四年（前119），卫青、霍去病分别从定襄、代郡出发，向漠北穷追匈奴。卫青在漠北击败单于，汉兵北至寘颜山（今蒙古国境内杭爱山脉南面的一支）赵信城而还。霍去病军出塞2000余里，与匈奴左部左屠耆王接战获胜，至狼居胥山（今蒙古国境内肯特山），临瀚海而还。经过此役，匈奴主力被迫向西北远徙，"幕南无王庭"。朔方以西至张掖、居延间的大片土地纳入汉朝统治，保障了河西走廊的安全。

汉朝发起的几次重大战役，沉重打击、削弱了匈奴。匈奴失去河西、漠南及左地，退至漠北。除对西域各国保有一定控制，不再向东向南发展。从此，汉与匈奴的强弱形势发生了根本转变。

开通西域　西汉初年，西域共有36国，绝大多数分布在天山南北，各国语言不一，互不统属。与西域相邻的中亚诸国主要有大宛、大月氏、安息、康居等。

出玉门关、阳关通往西域的道路主要有两条：一条为南道，从鄯善沿昆仑山北麓西行，直到莎车。由南道继续西行，越过葱岭，可到达中亚一带的大月氏、安息。另一条为北道，从车师前王庭（今新疆吐鲁番西），沿天山南麓西行至疏勒。由北道继续西行，翻过葱岭，可到达中亚的大宛、康居、奄蔡。

西汉初年，匈奴势力强盛，控制了西域，匈奴日逐王在西域的焉耆、危须、尉犁之间置"僮仆都尉"，向西域各国征收赋税，作为南侵汉朝的基地。汉武帝要解决匈奴问题，不能不开通和经营西域，断掉"匈奴右臂"。

建元年间，汉武帝从投降汉朝的匈奴人那里得知，大月氏因被匈奴从河西故地赶走，怨恨匈奴，意欲复仇，武帝因此招募人员出使大月氏，计划联合大月氏夹击匈奴。建元三年（前138），以郎应募的张骞率百余人向西域进发，前后13年，历尽各种艰险。元朔三年（前126），张骞回到长安，元朔六年受封为博望侯。张骞通西域的历史意义重大，被称为"凿空"，汉朝首次较为全面地获取了有关西域的知识，汉朝的声威和文化从此传播到遥远的西域。

元狩二年（前121），汉军击破匈奴，取得河西之地，通向西域的沿途不再有匈奴的阻碍。元狩四年（前119），张骞再度出使西域，试图招引乌孙东归故地，并与西域各国联系。目的虽未达到，但此行加强了汉朝与西域各国的联系，各国也纷纷向汉朝派遣使者。

当时，西域诸国仍受到匈奴的控制，西域东端的楼兰和姑师与匈奴关系最为紧密，他们在匈奴的唆使下，常常遮断道路，劫掠出使西域的汉使。为了确保汉朝与西域之间的联系畅通无阻，元封三年（前108），汉派王恢击破楼兰，赵破奴击破姑师。元封六年，汉武帝安排宗室女细君与乌孙王和亲。细君去世后，汉又以宗室女解忧和亲。细君与解忧的和亲巩固了汉与乌孙的联系，使乌孙成为配合汉朝钳制匈奴的重要力量。

为了打破匈奴对大宛的控制并获得大宛的汗血马，武帝于太初元年（前104）派贰师将军李广利领军数万击大宛，无功而还。太初三年，李广利二次西征，攻破了宛都外城，迫使大宛言和，汉得汗血马。此后，汉政府在轮台、渠犁等地各驻兵数百，进行屯垦，置使者校尉领护，这是西汉王朝在西域设置行政机构的开始。

汉武帝开通西域，是中国历史上影响深远的大事，首先，断了匈奴右臂，对于制止匈奴侵扰中原和残酷蹂躏西域都有重大意义。其次，促进了西域与中原在经济文化上的联系和交流。汉朝先进的冶铁、井渠等技术传入西域，西域的特有物产如葡萄、石榴、苜蓿等植物，良马、橐驼及各种奇禽异兽，纷纷传入汉朝。频繁的经济、文化交流，推动了西域的发展，丰富了中原地区的物质和精神生活。

用兵朝鲜　战国以来，中国与朝鲜半岛的交流日益增多。秦汉之际，很多中国人为了躲避战乱移居朝鲜半岛。燕人卫满入朝鲜后建国称王，都于王险城（今朝鲜平壤市），其疆域包括今辽宁东南的一部分和朝鲜半岛的西北部。汉武帝元封二年（前109），朝鲜王卫右渠发兵袭击曾出使朝鲜的汉辽东郡东部都尉，汉即发兵从海陆两路讨伐卫氏朝鲜。次年，朝鲜贵族杀卫右渠而降，汉封其贵族数人为侯，以其地设置真番、临屯、玄菟、乐浪四郡。

平定诸越　秦始皇时大举进攻百越之地，东瓯、闽越、南越、西瓯和雒越等百越政权皆被平定，设郡县管辖其地。秦末，被秦废黜的闽越王无诸和东海王摇，率部众参加反秦起义，以后又助汉灭楚。

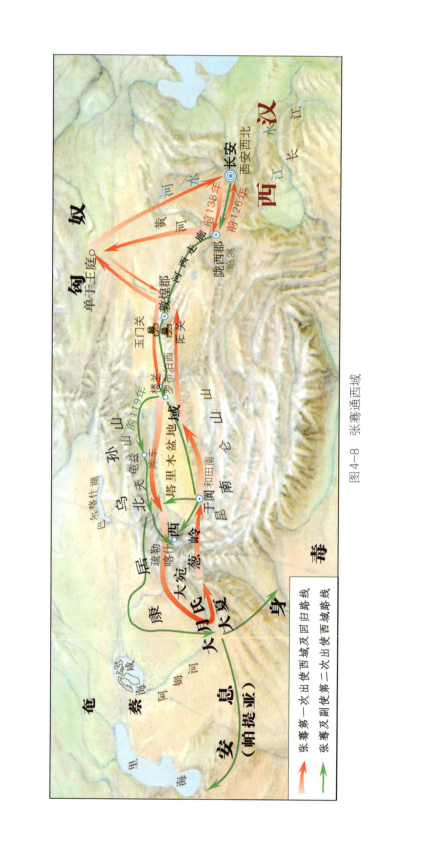

图4-8 张骞通西域

汉高祖称帝，无诸因功复立为闽越王，都东冶（今福建福州）；惠帝时，摇也复立为东海王（又称东瓯王），都东瓯（今浙江温州）。景帝时，东瓯王参与七国之乱，因其在叛乱失败时杀死吴王刘濞，景帝对东瓯就没有追究。武帝建元三年（前138），闽越攻东瓯，东瓯请举国内徙，被安置在江淮之间。

南越之地本是秦朝的郡县，越、汉杂居。秦末农民起义时，秦龙川令赵佗行南海尉事占据岭南，自立为南越王。赵佗依靠汉越地主贵族进行统治，保境安民。汉高祖十一年（前196），派陆贾出使南越，册封赵佗为南越王，令他"和集百越"，为汉藩辅。吕后统治时期，因限制南越关市，引起赵佗不满，赵佗自称南越武帝，发兵攻打长沙国边邑。文帝即位后，继续"休养生息"，尽量避免对南越用兵。他按照赵佗的要求，罢省边界戍军，并为赵佗修治真定（今河北正定）祖坟，给赵佗在故乡的兄弟以尊官厚赐。然后，派陆贾再次出使南越，说服赵佗撤去帝号，恢复藩属关系。汉武帝元鼎四年（前113），南越王赵兴遵其母邯郸人樛太后的旨意上书请求内属，遭到丞相吕嘉反对。次年，武帝派韩千秋率兵两千往讨，吕嘉杀死赵兴、樛太后及汉使者，举兵反汉。汉武帝遂派伏波将军路博德和楼船将军杨仆统兵十万，于元鼎六年灭南越，在其地设置南海、苍梧、郁林、合浦、交趾、九真、日南七郡，元封元年（前110）又设置珠崖、儋耳两郡。

元鼎六年（前111）秋，东越王余善反。元封元年（前110）冬，汉出兵讨之，越繇王与越贵族杀余善以降，汉武帝把越人迁徙到江淮一带，与汉人融合，成为汉朝的编户齐民。

统一西南夷　西南地区，分布着许多语言、习俗不同的民族，有夜郎、且兰、滇、嶲、昆明、邛都、徙、笮都、冉駹等，汉朝时统称为西南夷。甘肃南部的白马氏，当时也列在西南夷中。秦朝的势力曾达到西南夷，在今四川宜宾至昭通一带开通"五尺道"，并在附近各地设置官吏。秦末战乱，西南夷与中原王朝的政治联系中断。

武帝建元六年（前135），汉番阳令唐蒙在南越发现了蜀地出产的枸酱，探知从蜀经西南夷有路可以通达南越，建议武帝发夜郎兵顺牂牁江抄袭南越。武帝派唐蒙出使夜郎，夜郎君及周边一些小部落都愿意归属汉朝。稍后，汉在这一带置犍为郡，郡治在僰道（今四川宜宾西南）。又命司马相如到邛、笮、冉駹，在那里设置十几个县，归蜀郡管辖，但不久罢省。

元鼎五年（前112），汉为攻打南越，向夜郎附近诸部征发兵员，且兰君因此反汉。次年，汉发兵征服且兰，在其地设牂柯郡（治今贵州凯里西北）。此后，汉又于邛都设越嶲郡（治今四川西昌东南），于笮都设沈黎郡（治今四川汉源东北），于冉駹设汶山郡（治今四川茂汶北），于白马设武都郡（治今甘肃成县西）。元封二年（前109），武帝发兵深入西南，滇王降，武帝赐滇王金印，以其地为益州郡（治今云南晋宁东）。从此，西南地区的大部分归入中原王朝版图。

图4-9　西汉"滇王之印"

经过汉武帝的积极开拓，汉朝疆土较秦朝更为广大，东到今东部沿海以及朝鲜半岛北部，北到内蒙古中西部，西到甘肃西部、四川西部，南到海南岛及越南北部，是当时世界上疆域最广阔、势力最强盛的国家。坚强统一的国家成为各族人民的命运所系。

四　武帝后期的社会政治危机与轮台诏

汉武帝在位期间，外事征伐，内兴功作，劳民伤财。自元光二年（前133）马邑之谋起，战争持续30多年，死伤众多，天下户口减半，财富虚耗。每次征战，汉武帝经常炫耀性地大量赏赐。他还好神仙，多次巡游全国，祭祀名山大川。为满足其求仙的需求，各地缮治离宫别馆，名山神祠。为举行封禅大典，事先搞了一场"振兵经旅"活动，勒兵十八万骑，旌旗连绵千余里。所有这些活动，都需要巨额财政支出，远非当时正常财政能力所能支撑，所以武帝采取了一些行政手段聚敛民间财富，普通民众在承受战争带来家人伤亡的巨大代价的同时，租赋徭役负担也更加沉重，一旦遇上严重的水旱灾害，更是雪上加霜。武帝晚年，社会危机日益加深，阶级矛盾加剧。徐乐曾上书武帝，指出当时社会已呈土崩之势。

首先是流民大量出现。元封四年（前107），关东流民200万人，流亡到他乡之后没有登记户籍的就有40万人。

其次是民众武力反抗。武帝前期，东郡（治今河南濮阳）一带到处有农民暴动发生。天汉二年（前99）以后，南阳、楚、齐、燕、赵之间，农民暴动不时发生，规模较大的有数千人，他们建立名号，攻打城邑，夺取武库兵器，释放死罪囚徒，诛杀郡守、都尉。至于数百为群，在乡里抢夺粮食财物，更是不可胜数。汉武帝派御史中丞、丞相长史以及身穿绣衣的直指使者到各地督促镇压，大肆屠杀。又出台"沉命法"，规定太守及以下官吏如果对民众暴动不能及时发觉并予以镇压，最高可判处死罪。地方官吏害怕被处死，在无法镇压的情况下，有的就隐瞒不报。

武帝晚年迷信方士神巫，偏执多疑，喜怒无常。正是在此背景下，发生了巫蛊之祸。汉代人认为，通过巫师祠祭或以桐木偶人埋于地下的方式来诅咒所怨恨的人，被诅咒者就会遇到灾难，这就是巫蛊术。征和二年（前91），有人告发说丞相公孙贺之子公孙敬声用巫蛊诅咒武帝，并与阳石公主通奸，公孙贺父子下狱死，诸邑公主与阳石公主、卫青之子长平侯卫伉都因此被处死。武帝派遣宠臣江充查处巫蛊案，江充用酷刑和栽赃迫使人认罪，很多人不得不胡乱招认，数万人被牵连而死。江充与太子刘据有矛盾，趁机陷害太子，太子无从辩解，恐惧之下，发兵诛杀江充，最终被镇压，皇后卫子夫和太子先后自杀，史称巫蛊之祸。巫蛊之祸是汉武帝在位后期发生的一次激烈的政治风暴，导致了汉王朝上层统治集团出现严重的政治危机。

阶级矛盾引发的社会危机和统治者内部残杀引起的政治危机，促使汉武帝考虑必须调整政策，否则汉王朝很有可能重蹈亡秦覆辙。征和四年（前89），为他求仙药而伤民靡费的方士被断然罢黜。同一年，桑弘羊等奏请在轮台（今新疆轮台）屯田远戍的建议，也被他拒绝，甚至下诏自责，追悔以往劳民伤财之举，明令"当今务在禁苛暴，止擅赋，力本农，修马复令（养马者得免徭役）以补缺，毋乏武备而已"。从此，停止征伐，减轻租赋徭役。又封丞相田千秋为富民侯，表明"休养生息""思富养民"的决心。他命赵过推行代田法，改进农具，发展农业生产。这些措施收到了一定成效，民众生产生活趋于安定，社会秩序逐渐恢复。

第四节　从昭宣中兴到王莽改制

西汉王朝经历了文景之治和武帝初期、中期的辉煌之后，到武帝晚年，已呈现出衰败迹象。因为政策调整及时，昭宣时期出现短暂的中兴局面，但社会内部长期积累的矛盾无法自行消除，元帝、成帝以后急剧恶化，社会政治日趋黑暗，土地兼并愈加严重，农民大量破产，西汉王朝走上了崩溃的道路。

一　昭宣时期社会经济的恢复和发展

武帝死后，年幼的昭帝即位，霍光等辅政。后来宣帝即位，依旧委政于霍光，直到地节二年（前68）霍光死后，才开始亲政。昭宣时期，继续实行武帝晚年以来的"与民休息"政策，注意减轻人民负担，恢复和发展农业生产。这个时期的统治也相对稳定，史称"昭宣中兴"。

武帝时期实行的盐铁官营等经济政策，固然使政府财政收入增加，但也产生了很多弊端，引发民众不满。汉昭帝始元六年（前81）二月，举行盐铁会议，就武帝时期推行的各项政策，尤其是盐铁专卖制度，进行全面的反思和辩论。贤良、文学批评盐铁官营、酒榷、均输等是"与民争利"，力主废除。对于其他内外政策也提出许多主张。贤良、文学之议有利于"休养生息"政策的继续实行；但是他们关于改革盐铁官营制度等方面的呼吁，多未被政府采纳，盐铁等政策仍遵武帝之旧，仅在始元六年七月，下诏罢除郡国榷酤和关内铁官而已。

昭宣时期继续推行缓和社会矛盾的宽政，主要体现在以下几个方面：

第一，重视农业，劝课农桑。在朝廷的倡导下，不少地方官吏都以劝课农桑为务。宣帝时勃海太守龚遂、南阳太守召信臣、颍川太守黄霸都是这方面的优秀官吏。

第二，减轻徭役。这一时期因为对外用兵大为减少，徭役和兵役也相应减少。宣帝五凤四年（前54），匈奴单于称臣，边塞不再有敌寇入侵，省减了1/5的戍卒。这一年，采纳大司农中丞耿寿昌的建议，在边郡设立常平仓，谷贱则籴，谷贵则粜，以调剂边地的需要，减省转输漕运之费和徭役征发。

第三，减轻田租赋税。昭帝始元二年（前85），因头一年灾害多发，桑蚕和小麦收成受很大影响，故免除当年田租。两年后，又废除以前"令民共出马"的规定。元凤二年（前79），免除了当年的马口钱。元凤四年，诏令元凤三年以前所欠的更赋全部免收，并免收当年和明年的口赋。元平元年（前74），诏令减免口赋钱3/10。宣帝本始元年（前73），免收当年租税。本始三年，因为大旱，诏令郡国受旱情影响大的地方，民众不需要缴纳本年度的租赋。次年，49个郡国发生地震，有的地方山崩水出，下令免除地震灾害严重地区的租赋。神爵元年（前61），宣帝行幸河东，祠后土，下令所经过的地方一律不用缴纳当年租赋。五凤三年（前55），减征口钱。甘露二年（前52），减民算赋，每算减收30钱。次年，免征当年田租。

第四，安辑流民，赈贷困穷。流民太多，容易成为不稳定因素，所以统治者常采用赈赡贫乏、招引流民返回乡里的措施，以安定社会秩序。昭帝和宣帝皆多次颁布赈贷困乏、招徕流民、假贷公田、免除赋税和徭役的命令。

第五，平理刑狱。宣帝地节四年（前66），针对当时掠笞系囚以及囚犯因饥寒病死于狱中的情况，下令郡国每年上报因掠笞及病死系囚的名号爵里，由丞相、御史进行考课。元康二年（前64）下诏，凡是断狱不公平、捏造罪名的官员，一律不予任用。元康四年下令，凡80岁以上的老人，所犯只要不是诬告、杀人罪，皆不治罪。五凤四年（前54），派遣丞相、御史掾24人，巡行天下，检查有无冤狱，有没有官员断狱深刻。宣帝时，设置廷平4人，平理刑狱，选于定国为廷尉，明察宽恕的黄霸等任廷平。宣帝还亲临宣室，"斋居而决事，狱刑号为平矣"。

第六，重视吏治。宣帝对地方官吏的考察，注重综核名实。每次任命刺史、守、相时，都当面问其欲如何施政，然后考察他到任后是如何施政、管理的。元康四年（前62），派遣太中大夫强等12人循行天下，任务之一是察吏治得失。宣帝认为，官吏如果不廉洁公平，必然吏治衰败；对政绩优异的二千石官吏及郡国守相，以玺

书嘉奖，增秩赐金，或加官晋爵。因此，史称"汉世良吏，于是为盛，称中兴焉"。

二 西汉经学

儒家学派自春秋末期由孔子创立以后，到战国时期成为重要学派之一，出现了孟轲、荀况等影响深远的思想家。秦统一六国，虽然设置儒学博士，不过是"备顾问"而已，地位无足轻重。秦灭亡后，其专任法制的统治政策虽然受到质疑和责难，但儒学并未取而代之。在汉初几十年中，儒学获得了比秦代宽松的环境，特别是惠帝以后，先后废除挟书律、妖言令。儒生们又开始讲习和传授经典，努力复兴儒学。贾谊继承和发展了荀子的学说，主张"以礼为治"。董仲舒提出"大一统"、天人感应和"以德化民"的政治理论。

文帝时，故秦博士伏生出其壁藏《尚书》20余篇，文帝命晁错从其受业。儒家的《书》《诗》《春秋》以及《论语》《孝经》《孟子》《尔雅》，都设有博士。由于经学师承的不同，一经兼有数家，各家屡有分合兴废。盛时，《易》有施、孟、梁丘，《书》有欧阳、夏侯胜、夏侯建（大、小夏侯），《诗》有齐、鲁、韩，《礼》有后氏，《春秋》有公羊、穀梁，共12位博士。

汉宣帝时，为了进一步统一儒家学说，加强思想统治，于甘露三年（前51）诏萧望之、刘向等儒生，在长安未央宫北的石渠阁讲论"五经"异同，太子太傅萧望之等平奏其议，汉宣帝亲自裁定评判。这次讨论之后，博士员中《易》增立"梁丘"，《书》增立"大、小夏侯"，《春秋》增立"穀梁"。

秦始皇焚书使包括儒家经书在内的众多典籍被毁掉。到西汉，《诗》《书》《礼》《易》《春秋》等儒家经书都是用当时通行的隶书书写下来的，称为今文经。立博士于官府的五经都是今文经。但民间仍有用秦以前的古文字写成的儒经，称为古文经。西汉建立后，陆续有战国文字书写的经书被发现。鲁恭王从孔子旧宅的墙壁夹层中发现古文《尚书》《礼记》《论语》《孝经》数十篇，孔子十二世孙孔安国向朝廷献古文《尚书》16篇。后来，刘歆在整理秘府藏书时，发现古文《春秋左氏传》，并利用它来解《春秋经》。哀帝建平年间，刘歆提出立《左氏春秋》《毛诗》《逸礼》和《古文尚书》于学官，遭到今文家们的激烈反对，其主张没有实现。从此，经学出现了今文和古文两个派别，双方争论前后延续了近200年。

　　汉武帝开始，虽然尊崇儒学，但汉朝治理国家的核心指导理论仍是法家思想。无论雄才大略的武帝，还是致汉中兴的宣帝，都重用文法吏，以刑名为考核官吏的标准。

三　昭宣时期的民族与边疆政策

　　昭宣时期，汉朝的民族关系得到发展，总体比较融洽，北方边境较为安宁。

　　匈奴　汉昭帝时，匈奴出兵攻打西域的乌孙国，远嫁乌孙的解忧公主向汉朝求救。本始二年（前72），宣帝派范明友、赵充国等5位将军讨伐匈奴，汉军出塞1000多里，匈奴闻讯仓皇奔走。随后，汉朝派驻在西域的校尉常惠与乌孙国联合进攻，大败匈奴。本始三年，单于自将万骑击乌孙，返回途中遭遇特大降雪，人民畜产冻死，还者不能什一。丁令、乌桓和乌孙趁匈奴虚弱，从各个方向对匈奴进行攻击。汉军也趁机进攻匈奴。匈奴损失惨重，力量更加削弱。神爵二年（前60），匈奴内部权力争夺导致分裂，控制西域的日逐王归降汉朝。五凤元年（前57），匈奴五单于争立，互相攻杀。最后剩下呼韩邪、郅支二单于。后来，呼韩邪归附汉朝。汉元帝竟宁元年（前33），以宫女王嫱（昭君）嫁于呼韩邪单于，汉与匈奴和好40余年。

图4-10 西汉"四夷尽服""单于天降""单于和亲"瓦当

西域 神爵二年（前60），日逐王归汉之后，匈奴设在西域的僮仆都尉不复存在，再也无力介入西域。汉开始设立西域都护，驻扎乌垒城（今新疆轮台东北），负责监护丝路南道和北道诸国，同时督察乌孙、康居等外国的动静，一旦发现有反汉迹象，迅速报告朝廷。西域都护的设立，使天山南北地区正式归属于西汉中央政权，西域诸国与汉朝的臣属关系由此确定，具有划时代的重大意义。元帝初元元年（前48），汉朝为了加强车师的屯田和防务，设立戊、己二校尉。

元帝建昭三年（前36），西域副校尉陈汤发西域各国兵远征康居，击杀了挟持西域各国的郅支单于，匈奴的势力在西域消失，汉与西域的通道更为安全。

羌　羌族是我国古老的民族之一，秦汉时期，主要集中于河湟地区、西域和陇南至川西北一带。其中河湟地区是羌人的主要聚集地。冒顿单于兴起后，诸羌臣服于匈奴，羌人成为匈奴的人力、财力来源和侵扰陇西的重要基地。汉景帝时期，羌人留何率领种落求守陇西塞，汉朝于是徙留何等于狄道、安故，至临洮、氐道、羌道。

汉武帝将匈奴从河西驱逐后，筑令居塞于今甘肃永登县境，并在河西走廊设置武威、张掖、酒泉、敦煌四郡，以隔断匈奴与羌人的交通往来。元鼎五年（前112），羌人中的先零、封养、牢姐种结盟，与匈奴联合，攻打令居、安故等地，包围枹罕（今甘肃临夏）。元鼎六年，汉朝派遣将军李息、郎中令徐自为领兵10万人讨伐。此后汉朝设置护羌校尉一职，加强对羌人的控制。但汉与羌之间的矛盾并没有缓解，仍然十分尖锐。

神爵元年（前61）春，羌人攻打金城。宣帝派遣赵充国等人率兵六万平定羌地，置金城属国以接纳归附的羌人。此后宣帝对羌人各部采取羁縻政策，给各酋豪封王、封侯、封君，汉羌关系保持了稳定的局面。一部分羌人逐渐内徙，在金城、陇西一带与汉人杂居。汉元帝永光二年（前42）七月，乡姐等7个种落联合反叛，围攻金城，汉派遣右将军冯奉世等平叛，大败叛羌，斩首数千级，其余叛羌逃出塞外。

乌桓　乌桓是东胡的分支，自汉初就一直在西喇木伦河以北的乌桓山一带活动，故称乌桓，以射猎和游牧为生，居无常处。西汉初，力量孤弱的乌桓被匈奴冒顿单于击败，被迫臣服，接受匈奴贵族奴役，每年及时进贡牛马羊皮等大量财物，否则要受匈奴惩罚。武帝时霍去病率军击破匈奴左地，乌桓人请求内属，一部分乌桓人迁徙到上谷、渔阳、右北平、辽西、辽东五郡（今河北北部及辽宁南部）的塞外，汉设护乌桓校尉进行管理，让他们为汉朝侦察匈奴动静。昭帝以后，乌桓逐渐强盛，经常侵扰汉幽州边郡，也攻击匈奴。

四　西汉后期的社会问题

西汉自元帝以后转入衰亡期。元帝不问政事，外戚放纵，宦官弄权，皇室贵族挥霍无度，政治日益黑暗，地方豪强势力膨胀，土地兼并加剧。农民穷困到了极点，即便官府赐给他一份田地，也不愿意耕种，而是贱价卖掉，甚至干脆造反。汉成帝也极其荒淫奢侈，前后为自己造两座陵墓，耗工上亿，费时15年。外戚王氏专权，朝中重要职位的官吏和地方的许多刺史郡守，都出自王氏门下。外戚极为贪婪，贪贿掠夺惊人，不仅大筑宅第，蓄妻妾以百数，僮仆以千计，而且仗势掠夺土地。

不少官僚也依恃权力地位，广占良田。例如丞相张禹买田400顷，都是方便灌溉的肥沃土地。哀帝宠臣董贤获赐农田2000多顷，他死后，家产被卖掉，竟然得钱达43亿。

商人势力壮大。在成都、临淄、洛阳、长安和附近诸县等当时的发达城市，都有资财巨万的大商人。成都罗裒往来长安、巴蜀之间，除了垄断巴蜀盐井之利，还贿赂外戚王根、幸臣淳于长，借助他们的权力，在各地放高利贷。

成帝建始四年（前29）至永始三年（前14）的十几年中，在今山西、四川、河南、山东等地，先后都发生过农民或铁官徒的暴动，其中，永始三年山阳郡（治今山东金乡）铁官徒苏令等的暴动声势最大。

哀帝时的危机更加严重。朝廷想限田、限奴婢，受到当权的外戚官僚反对，成为一纸空文。鲍宣给汉哀帝上书说，在官府和地主的双重压迫下，农民"有七亡而无一得""有七死而无一生"。西汉统治岌岌可危。

五　王莽改制

王莽是汉元帝皇后王政君的侄子。成帝时，王氏有5人相继为大司马、大将军，有9人受封为列侯，是西汉末年权势最显赫的外戚。王莽任大司马、大将军之后，为了收揽民心，屡屡捐钱献地。他在政治上排除异己，借吕宽之狱，穷治牵涉其中的平帝外家卫氏，并株连大批非议自己的郡国豪杰，杀死数百人。他树立党羽，对儒生加以笼络，让各地献祥瑞、符命，上书颂扬其功德，力图证明汉朝运祚已尽，王莽应为天子。

公元6年，王莽毒死平帝，把两岁的孺子婴立为皇帝。王莽以皇帝年幼为由继续辅政，先后称假皇帝和摄皇帝。居摄三年（8，初始元年），王莽正式代汉称帝，国号曰新。

王莽称帝之后，西汉后期累积的社会问题依旧存在，阶级矛盾仍然很尖锐。王莽为了缓解土地兼并、贫富悬殊等引发的统治危机，陆续颁布一些法令。其主要内容有以下几个方面。

其一，"王田""私属"制。针对土地兼并严重、私奴婢增多的现实问题，始建国元年（9），王莽下诏令，将天下田改称王田，奴婢改称私属，均不得买卖，违者治罪。一家的男丁不足8口而田超过1井（900亩）的，要将多余的土地分给族人或邻里。该诏令的目的是想缓和土地兼并和农民奴隶化的过程，遭到地主官僚强烈反对。始建国四年，王莽不得不取消该诏令。

其二，"五均六筦"。始建国二年（10），王莽下诏实行五均六筦，企图以此制止高利贷者的猖獗活动，使国家获得经济利益。五均是国家在长安以及洛阳、邯郸、临淄、宛、成都等大都市设立五均司市师，掌管平抑物价，征收各种赋税，以及向因祭祀或办理丧事、经营生意而需要资金的人员借贷。六筦是由国家垄断盐、铁、酒、铸钱、山林川泽、五均赊贷六项事业，不许私人经营。六筦中除五均赊贷一项是平准法的新发展以外，其余五项都在汉武帝时实行过。推行五均六筦的多是一些大商贾，这些人假公济私，与地方官员勾结，盘剥人民，中饱私囊，社会更加混乱。

其三，改革货币。居摄二年（7），王莽效仿周代铸大钱之说，铸造错刀（一值五千）、契刀（一值五百）、大钱（一值五十）等三种钱币，与原有的五铢钱一并流通。始建国元年（9），王莽又废除错刀、契刀与五铢钱，另铸小钱，与大钱并行，并严禁盗铸。次年，王莽改作金、银、龟、贝、钱、布，名曰宝货，凡五物

图4-11　王莽货币

（钱、布皆用铜，共为一物）、六名、二十八品。名目繁杂，币制紊乱，百姓纷纷抵制，私下仍然使用五铢钱。在官府无法禁止的情况下，王莽迫不得已，暂废龟、贝等物，只行大、小钱，同时对盗铸者的处罚更加严重，"一家铸钱，五家坐之，没入为奴婢"。地皇元年（20），王莽又把旧币全部废除，铸造发行货布、货泉。王莽不切实际地频繁改易货币，引起经济秩序的极大混乱，加速了人民的破产。

其四，改易官名、地名。王莽附会《周礼》官制，恢复五等爵制，滥加封赏，滥改官名，如中央置四辅、三公、四将、六监、九卿、二十七大夫、八十一元士等，改郡守为卒正、连率或大尹，改县令长为宰，等等。又随意变更行政区划及其名称，有的地名连改数次后又用原名，对日常行政运作和民众生活造成很大混乱。少数民族首领的封号也被更改，如改匈奴单于为降奴服于，改高句骊王为下句骊侯等，充满歧视。这种荒唐之举只会引起民族纠纷，加剧民族矛盾。

王莽附会《周礼》，托古改制，推出的措施脱离现实，有的毫无必要，有的虽有必要却失败，所引起的混乱越来越大，局势岌岌可危。他为了挽救自己的统治，利用神道设教，假造符命，继续欺骗民众。他还挑起对匈奴和东北、西南边境各族的不义战争，转移社会矛盾。发动战争带来的沉重赋役征发，对边郡的骚扰，残酷的刑罚，使广大民众失去了生路。天灾又引发严重饥荒，米价跃升至1石高达5000钱乃至1万钱，甚至黄金1斤也只能换取5升豆子，经济的混乱和凋敝，使整个社会面临严重的动荡，民众起义迅速蔓延全国，形成推翻新莽政权的洪流。

六 绿林、赤眉起义

反抗王莽的农民起义，最先发生在北方边郡。王莽为了出击匈奴而大肆征发赋役，民众颇受骚扰，边郡尤其严重。边民不堪其苦，始建国三年（11），大批边民弃城郭流亡，各地发生暴动，并州、平州一带更为激烈。天凤二年（15），五原、代郡民举行起义，数千人结为一伙，很快向其他地区蔓延。天凤四年，临淮人瓜田仪在会稽长洲（今江苏吴县）起义，吕母在海曲（今山东日照）起义，影响都比较大。规模最大的是绿林军和赤眉军。

绿林军因最初隐蔽于绿林山（今湖北当阳境）而得名。地皇四年（23）二月，绿林军建立政权，立刘玄为帝，恢复汉的国号，年号为更始。五月，攻占宛（今河南南阳），更始帝刘玄随即在这里建立统治中心。王莽发州郡兵42万镇压，围绿林军于昆阳（今河南叶县）。绿林军坚守昆阳，内外夹击，以少胜多，消灭了王莽的军事主力。

昆阳之战后，绿林军分兵两路进击王莽，一路攻克洛阳，另一路西入武关，直取长安，关中震动。更始元年（23，新莽地皇四年）九月，长安发生暴动，王莽被冲入宫中的商人杜吴杀死，其首级被传送到宛城，悬于城头。新莽政权灭亡。绿林军占领长安。更始帝自宛城迁都洛阳。次年年初，更始帝迁都长安。

稍晚于绿林起义，琅琊人樊崇等在莒县举兵。不久，青、徐等地的起义领袖逄安、徐宣、谢禄、杨音等率部归附。起义军多次打败前来镇压的新莽军队，势力扩大。在与王匡和廉丹所部莽军作战时，为了与官军易于识别，起义军用朱红色涂染眉毛，获得赤眉军的称号。

后来，赤眉军攻入关中，推翻了刘玄更始政权的统治。但赤眉军在长安遭到豪强地主的抵制，最终粮尽不支，撤离长安。建武三年（27）春，向刘秀投降。

第五节　东汉前期的发展

东汉王朝始于光武帝建武元年（25），终于献帝延康元年（220）。但自中平元年（184）黄巾起义爆发，东汉的统治秩序已被打乱，政治上陷入豪强军阀割据与混战中，皇帝不过是某一军阀的傀儡，朝廷无力控制地方，东汉王朝名存实亡。因此，史学界习惯将汉献帝初平元年（190）以后的历史划入三国时期。

东汉历史大致可以分为前期、后期两个阶段。前期是光武帝和明帝、章帝统治时期，和帝以后为后期。光武帝和明帝、章帝统治时期是东汉建立、发展阶段，统治者吸取西汉诸侯王叛乱、王莽篡权和农民起义等重大政治事件的教训，采取措施，加强中央集权，恢复生产，发展经济，出现了短暂的兴盛局面。

一　光武中兴

统一天下　光武帝刘秀为西汉宗室后裔，是南阳一位豪族地主。新莽地皇三年（22），刘秀与兄长刘縯以"复高祖之业"相号召，联合各县豪强武装，在宛城起兵反莽，加入绿林军。更始元年（23）十月，刘秀被派到黄河以北去发展势力。刘秀渡河北上后，逐步脱离了更始政权的控制。刘秀依靠信都太守任光、刘植、耿纯等人的支持，以及上谷太守耿况、渔阳太守彭宠的援助，击败了河北一带最大的割据势力王郎，逐一吞灭了铜马、高湖、重连等武装。

更始三年（25，建武元年）六月，刘秀在鄗（今河北柏乡）南登基称帝，国号仍为汉，年号为建武。其后不久定都洛阳，史称东汉。

刘秀称帝后，致力于削平各地的割据势力。当时，各地存在不少割据势力，他们各立名号，彼此有一定联系，东部以刘永为盟主，西部以公孙述为首领。

刘秀先东后西，首先翦灭刘永。刘永是梁孝王的八世孙，曾诏封梁王，宗法血统比刘秀纯正，他在更始帝败亡后自称天子，拥有28城之地，又号令张步、董宪、李宪，因此对刘秀的威胁最大。自建武二年（26）夏至建武六年二月，经过三年半的艰苦征战，刘秀取得对刘永及其党羽的胜利，山东平定。与此同时，刘秀又遣别将征秦丰、延岑、田戎，皆获胜利。此前，割据渔阳（今北京密云西南）的彭宠为人所杀。于是，北自幽燕，南至荆襄，皆次第平定。

平定东方之后，刘秀决定以武力统一西北和西南。建武九年（33）春，隗嚣病死，其部属立其子隗纯为王。汉军趁机发动进攻，建武五年已归附刘秀割据河西的窦融，率军配合夹击。次年十月，大破隗纯于落门（今甘肃甘谷县西），隗纯投降，陇右平定。刘秀乘势大举发兵，分南北两路进攻公孙述。建武十二年冬，汉军攻破成都，公孙述被创而死，巴蜀平。

最后剩下卢芳。卢芳据有今晋、陕北部和内蒙古一带，因为有匈奴援助，刘秀屡次派兵进攻，均未成功。建武十二年（36），卢芳知刘秀已统一全国，自己孤立不能与之相敌，逃亡匈奴。至此，全国基本实现统一。

恢复经济和社会秩序　东汉之初，经过多年的战乱，人口锐减，经济凋敝。很多城郭成为废墟，百姓死亡殆尽，边郡更是一片萧条。当时可以统计到的人口仅有西汉末年的十之二三。刘秀继位之后，首先要恢复经济，增加财政收入，为此陆续采取了以下政策：

其一，释放奴婢，提高奴婢的身份地位。针对西汉中后期农民因破产而大量卖身为奴的问题，刘秀自建武二年（26）至十四年，连续6次下令释放奴婢和3次下令禁止杀伤奴婢。释放奴婢的范围包括王莽时被没入官为奴而不合汉法者，因贫困被卖为奴而自己要求离去者，因战乱被掳卖为奴者，被主人灸灼者，等等。奴隶主人如果违令拘留不放，以西汉的"略人法"治罪；杀奴婢者不得减罪；残伤奴婢者按律论罪。另外，废除奴婢射伤人的弃市律。这些诏令的颁布，缓解了奴婢问题，增加了农业劳动力，有利于恢复和发展社会经济，也缓和了阶级矛盾，有利于社会秩序的稳定。

其二，实行"精兵简政"。建武六年（30），鉴于战后各地人口锐减，裁并了400多个县，约等于当时刘秀实际控制县数的1/3。又减省吏职9/10，约裁撤数万名吏员。次年春，由于战事减少，诏令大规模省罢地方军队，安排士兵复员，这既减轻了农民的兵役、徭役，又让大量劳动力回到农业生产中去。

其三，鼓励流民返乡生产，并把一些荒地、公田赐予贫民耕种。

其四，减免租赋徭役。东汉建立之初，统一战争还在进行，国家财政困难，不得不在辖区内对田租实行什一税制。还令军队屯田。之后，裁减官吏和复员军队节省了开支，而通过屯田储积了较为充足

的军粮，于是在平定山东后的建武六年（30）十二月，刘秀下诏恢复西汉田租三十税一之制。此后，还多次减免各地徭役。

其五，度田。为了掌握确切的田亩和户口数，便于国家征收租赋和征调徭役，建武十五年（39），刘秀下诏，命各州郡核检垦田顷亩和户口、年纪，名曰度田。豪强地主多抗拒度田，而州郡官吏畏惧豪强，不敢认真核检豪强的田地，对豪强隐瞒土地和人口视而不见，反而欺压普通农民，把农民的房舍等也当作田亩上报充数，以弥补统计差额。光武帝以度田不实的罪名处死了十几个郡守，表明将度田政策推行下去的决心。不久，失去地方官员庇护的豪强公开发动武装骚乱，杀害长吏。光武帝对他们采取武装镇压和分化瓦解的办法，大姓兵长被捕获后，迁徙它郡，割断他们与故土的联系，同时，作为安抚，在迁徙地分给他们田地耕种。经过这次度田斗争，虽然还会有隐瞒土地和人口的现象，但官府一年一次的度田与按比户口的制度作为定制得以推行。

完善中央集权　鉴于西汉末年权臣篡夺帝位的教训，从光武帝刘秀开始，东汉初的统治者着力于从制度上加强皇帝对权力的控制，避免皇权旁落。

东汉初年，功臣众多，封侯者百余人。为了协调皇帝与功臣的关系，加强皇权，刘秀采取了封赏功臣优厚而不给职权的办法。除了任边将者继续握有兵权和少数几个有吏治才能的人参与政事外，多数功臣不任以吏职，只是在京城以列侯奉朝请。又鉴于王莽以外戚代汉，光武帝不封外戚为侯，不让外戚参政。对于宗室诸王，光武帝申明西汉"阿附蕃王法"，禁止他们蓄养宾客，结交党羽。

"退功臣"的同时，刘秀"进文吏"，选任熟悉儒家经典和典章制度的儒学之士为官。建武年间获光武重用的文吏，普遍具备儒学的背景，多为儒者所宗。光武选用"文吏"时，对于"名儒旧臣"尤为青睐，既关心候选者在学界的声望，又注重其从政的经历。

东汉的太尉、司徒、司空虽然号称三公，但只是名义上的宰相，实际权力则在中朝的尚书台。皇帝挑选亲信的大臣"录尚书事"，无异于自己直接指挥尚书台。皇权加强，相权削弱，在东汉后期王朝衰败的条件下，导致了外戚、宦官挟主专权，这是东汉统治者始料不及的。

为加强对地方官员的控制，刘秀在恢复西汉监察制度的基础上，扩大了刺史权力。东汉的刺史不仅有了固定的治所，而且举劾官吏不再经过三公派吏按验即可直接罢免。刺史也不再亲自到京师奏事，只是在年终派上计吏奏报本州一年的政绩。随着权力的加强和形势的变化，到东汉末年，刺史逐渐由监察官变成比郡守高一级的地方官；州也由监察区转变成比郡高一级的地方行政区域。

集中军权。刘秀在东汉初即裁撤内郡都尉，将地方郡国的兵权集中于太守。建武六年（30），因中央军力量强大和山东割据势力已经平定，即下令废除地方兵。郡县每年一次的都试制度也随之取消。较大的战争必须依靠中央正规军，如南军、北军、黎阳营、雍营或边防军等。如此，全国军队的指挥权进一步集中到皇帝手中，州郡豪强掌握本地军队的机会大大降低。不过，整个东汉一代，内郡的地方兵并未完全废除，有事之时，仍常调遣内郡地方兵，由太守或刺史率领作战。因为训练不足，东汉内郡地方兵的战斗力较弱。

二　重视儒学

光武帝在西汉时曾在长安太学学习，对儒学在治国理政中的重要作用有深刻认识，所以他重视经学教育，提倡讲经论理，选拔儒生中那些能够协助他治理天下的人才。建武五年（29），天下尚未统一，光武帝就建太学，置博士，让他们各以"家法"传授诸经。太子和诸侯功臣子弟皆前往就学，甚至匈奴也派遣子弟入学，人数众多。明帝即位后，招纳名儒，有时还亲自到太学授经讲学。顺帝、质帝在位期间先后扩建太学，扩大生源和增加太学生名额。直到东汉末年，太学生经常维持在3万人左右。永平九年（66），明帝还为外戚樊、郭、阴、马四姓子弟立学校，置五经师授业，号"四姓小侯"之学。此外，又大兴郡国之学，私学也很发达。

东汉在官学教育发达的基础上，广开仕宦之途。例如太学每年考试一次，设科射策，七年考试合格者为"小成"，九年考试合格者为"大成"。朝廷根据考试情况授予官职。教育的兴盛推动了东汉经学的发展和文化的繁荣。

东汉初年，今文经学与古文经学之间的争论再次趋于激烈，焦点依然是古文经学是否应立学官。当时，只有今文经学立十四博士于学官，古文经学在王莽时短暂立于学官之后，再次被排斥于学官之外。贾逵给汉章帝的奏疏说："光武皇帝，奋独见之明，兴立《左氏》《穀梁》，会二家先师不晓图谶，故令中道而废。"据此推测，当时古文经之所以不得立于学官，恐在于古文经的师说大都不涉图谶，与今古文之争未必有关。图谶与纬书相关，而纬书多成于西汉今文经学派之手。建武中元元年（56），光武帝宣布图谶于天下，谶纬之学正式被纳入官方统治思想。不涉图谶的古文经学自然被学官排斥。汉章帝重视古文经学，虽未因此立于学官，但下诏选取高才生学习《古文尚书》《毛诗》《左氏春秋》等，并且在建初四年（79），将经今古文著名儒生召集于洛阳白虎观，讨论五经异同，章帝亲临裁决，目的是统一和融合经今古文两派，同时进一步将谶纬与经学结合。今古文经学的争论对汉代经学的发展是有益的，二者也呈现综合趋势。著名经学大师马融注经兼采众家之长，而郑玄更能择善而从，综合今古文经学之大成。

三　大地主田庄与社会经济的发展

东汉初年，光武帝采取了一些恢复生产的举措，改善了农民处境，对经济的发展很有利。明帝、章帝继续奉行刘秀时期的各项制度和措施，并根据需要采取了一些做法，使东汉王朝的社会经济出现了较为兴盛的局面。

西汉末年，黄河决口，河水泛滥，数十县被淹没。东汉成立之初，国力贫弱，无力修治，黄河以南的兖、豫等地百姓，受灾达60年之久。明帝永平十二年（69），王景与王吴率几十万士卒治理黄河，堵住了决口，疏通河道，使黄河、汴河分流，消除了水患，从此，数十县荒废的土地重新得到耕种。此后800余年，黄河未再改道，没出现大的水患。工程完成后，明帝下令把临近引水渠的农田分给贫民，禁止豪右抢先占有这些灌溉便利的肥沃土地。黄河水患的治理，有利于沿岸地区农业的恢复和发展。

各地的陂池灌溉工程也陆续兴建起来。汝南太守邓晨、鲍昱先后修复鸿郤陂，南阳太守杜诗修复陂池，新开垦土田。张堪在任渔阳太守时，于狐奴（今北京顺义）修引水渠灌溉农田，开辟8000多顷稻田。章帝时，王景任庐江太守，修复芍陂（在今安徽寿县），境内大量田地得以灌溉，岁常丰稔。下邳相张禹修复蒲阳陂，通水渠，开垦、灌溉良田千余顷，得谷百万斛。广陵太守马棱修复陂湖，灌溉农田20000顷。江南的会稽郡在稍晚的时候修起了镜湖，周围筑塘300多里，溉田9000多顷。此外，各地兴复或修建的陂湖渠道还有不少。

东汉时的农业生产工具和生产技术也得到改进，农作物的亩产量显著提高。煮盐、铜铁冶铸、漆器加工、纺织等手工业也得到发展，造纸术发明和改良，生产技术均较西汉时有所进步。

南方的农业、蚕桑业、水利、铜铁冶铸等方面都有显著提高。南方人口也大量增加，扬州人口数从西汉时的321万人增加到东汉时的434万人，荆州从374万人增加到627万人，益州从455万人增加到724万人。南方经济的发展，使东汉后期得以屡次调拨荆、扬各郡租米赈济中原灾民。

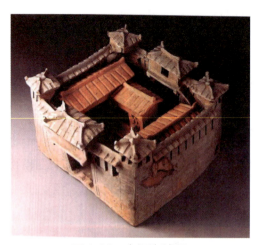

图4-12　东汉陶城堡

东汉社会经济的另一个特点是大地主田庄的发展。田庄大都经过数十年甚至近百年的经营，规模很大，产业多样，除了主体为农业外，还有林、牧、渔等副业及手工业、商业，可以"闭门成市"，不需外界供给。典型的例子如光武外祖父湖阳（今河南唐河西南）樊重的田庄，"能治田殖，至三百顷，广起庐舍，高楼连阁，波陂灌注，竹木成林，六畜放牧，鱼嬴梨果，檀棘桑麻，闭门成市。兵弩器械，赀至百万。其兴工造作，为无穷之功，巧不可言，富拟封君"。山东出土的东汉画像石，四川出土的东汉画像砖，里面都有不少刻画着地主宅院和稻田、池塘、山林、盐井、冶铁等内容的画像，说明东汉地主田庄分布的普遍性。这些豪强地主往往荫庇自己的宗族、宾客作为依附户，后者甚至逃避向国家缴纳赋税和服徭役。依附农民的地位很低，终生劳苦，仍然无法衣食丰足，遇上灾荒年，说不定就得卖妻鬻子。地主为了使依附农民不致逃亡，在一定的时节按亲疏关系进行救济。

田庄还拥有私家武装，由田庄内的依附农民组成。每年二三月青黄不接和八九月霜冻来临时，地主就要组织一部分农民，警戒守备，防御可能闯入田庄抢掠的饥荒人群。

地主田庄的发展，使东汉各地形成了众多豪强地主势力，控制了地方的政治、经济，成为东汉末年军阀割据的社会基础。同样，东汉不少自耕农的土地被兼并，国家财政来源减少。所以对于东汉王朝来说，社会经济的发展，不是像西汉那样表现为国家的强大和统一的巩固，而是表现为国家的贫弱和政治的不稳定。

四　东汉王朝同边境各族的关系

匈奴　东汉初年，光武帝刘秀忙于统一战争，匈奴趁中原战乱之机，扩张势力，控制了东起乌桓、鲜卑，西至西域的广大区域，甚至与汉朝北部边郡的某些割据势力联合，成为东汉王朝严重威胁。建武二十二年（46），匈奴上层为争夺单于的位置而发生内讧，本应继承单于权位的日逐王比未得立，心怀怨怒。建武二十四年，南边八部拥立日逐王比为南单于，仍然使用其祖父呼韩邪单于称号，派使者到汉边塞联络，归附汉朝。从此，匈奴分裂为南北两部。北匈奴屡次被南匈奴击败，被迫向北迁徙。此时的匈奴已经遭受连年旱灾蝗灾，饥荒、疾疫严重，人口和牲畜大量死亡，外加乌桓进击，势力大为削弱。

南匈奴的归附，使原来匈奴对北方边郡的侵扰和威胁解除，边郡获得较为安宁的生产和生活环境，原来为躲避匈奴而迁居内地的居民，此时也陆续回到本郡。南匈奴迁到汉朝边塞附近之后，增加了与中原经济和文化的接触，有利于文化交流和民族交融。

此时，漠北草原上的北匈奴力量孤弱，也多次请求与汉和亲，光武帝担心影响与南匈奴的关系，没有接受，而是采用羁縻政策，后同意合市。为了防止南、北匈奴往来联络，以便分而治之，汉朝设置度辽营，屯兵于五原曼柏（今内蒙古伊克昭盟东北部）。

北匈奴的存在终究是汉朝的心头之患，汉明帝时，北匈奴就先后入侵河西诸郡、云中郡、渔阳郡，汉与西域的交通因此中断。随着东汉社会经济的恢复和发展，对北匈奴的政策也由羁縻转为进攻。而北匈奴正被周边其他游牧民族和南匈奴夹攻，势力衰弱，部众离散。为了保障河西四郡的安全，并相继恢复同西域的交通，东汉王朝利用这一时机，于永平十六年（73）发动对北匈奴的进攻。窦固、耿秉等率部，会同南匈奴、乌桓、鲜卑等数万人，分四路出击。窦固在天山击败呼衍王部，追至蒲类海（今新疆巴里坤湖），占据伊吾卢（今新疆哈密）。和帝永元元年（89），窦宪、耿秉率师，会合南单于部众，出击北匈奴，汉军出塞 3000 余里，大破北匈奴，登燕然山，勒石纪功而还。永元三年，窦宪命耿夔出居延塞，在金微山包围北单于，北匈奴战败，被迫向西远徙。从西汉初开始，历经 300 年，匈奴对汉朝北部边疆的威胁到此时终于彻底解除。

西域 王莽末至东汉初，中原王朝无力顾及西域，西域逐渐被匈奴控制，与中原的联系断绝。

从西汉以来的治理经验来看，如果要解除匈奴威胁，必须经营好西域。明帝永平十六年（73），窦固、耿忠击败北匈奴后，在伊吾卢（今新疆哈密）设置宜禾都尉进行屯田。次年，东汉恢复了西域都护，以陈睦充任，并以耿恭为戊校尉，关宠为己校尉，分驻车师后王部和前王部，防御匈奴，监护西域诸国。同时，派假司马班超出使西域南道各国，随行仅吏士 36 人，目的是争取各国君长脱离匈奴，同东汉一起抗拒匈奴。

班超首先攻杀北匈奴出使鄯善的使者，迫使摇摆不定的鄯善国王归附汉朝，南道诸国慑于班超威名，也纷纷归附。但永平十八年（75），北匈奴控制的焉耆、龟兹等国发兵攻杀西域都护陈睦，围困己校尉兵，杀校尉关宠；车师也发兵襄助北匈奴，攻戊校尉耿恭。东汉无力固守车师，撤销都护和戊、己校尉，班超被召回国。建初二年（77），东汉撤退伊吾屯田兵，西域门户重新被匈奴掌握。

南道诸国怕班超离开后北匈奴卷土重来，进行报复，苦留班超，班超决心留驻西域，经过努力，控制南道诸国，西域南道得以畅通。

和帝永元元年至三年（89—91），汉军连破北匈奴，北匈奴主力西迁。班超被任命为西域都护，驻龟兹，恢复戊、己校尉。班超陆续降服焉耆、尉犁、危须等国，北道再次打通，西域南北道再度置于汉朝控制之下，班超以此封为定远侯。

班超出使西域30年，使西域重新与内地联为一体，为巩固西部疆域和多民族国家的发展做出了重大贡献。永元十四年（102）八月，班超回到洛阳，九月病卒。

班超之后，因继任的都护任尚没有处理好与西域诸国的关系，加上强人阻断陇道，西域交通中断。北匈奴在天山与阿尔泰山间的残部趁机占领伊吾卢，寇掠河西。延光二年（123），班勇出任西域长史，屯柳中，逐退北匈奴的残余势力，恢复西域道路，保障了河西边塞。

桓帝以后，东汉无力控制西域，西域内部情况也混乱起来。但是西域长史和戊己校尉作为凉州刺史的属官，一直存在到灵帝末年。建安时凉州大乱，东汉与西域的交通断绝。

乌桓与鲜卑　东汉初年，乌桓常与匈奴联结，骚扰北方沿边各郡。建武二十二年（46），乌桓趁匈奴内讧攻击之，光武帝遂以币帛招服乌桓。建武二十五年，辽西乌桓头领一行922人抵达洛阳，贡献奴婢和物产，以示臣服。光武帝封酋长81人为侯王君长，允许其率领部居塞内，为东汉侦察匈奴、鲜卑的动静。为加强对汉与乌桓、鲜卑互市事务的管理，在上谷宁城（今河北张家口市宣化区附近）置护乌桓校尉。安帝永初三年（109），乌桓与鲜卑、南匈奴联合入侵汉边。顺帝阳嘉四年（135），乌桓侵扰云中郡，掠夺汉商贾牛车千余辆，与汉军战于兰池城。灵帝中平四年（187），前中山太守张纯叛入乌桓，为各郡乌桓元帅，寇掠今河北、山东一带。

东汉初年，鲜卑人受匈奴控制，常与乌桓、匈奴共同入侵汉朝北边。光武帝末年，鲜卑各部的首领陆续归附，东汉封其为王侯，每年给钱2.7亿，予以安抚。和帝永元年间，北匈奴西迁，鲜卑逐步占据了匈奴故地。北匈奴在漠北残余10多万落，融入鲜卑。鲜卑逐渐强盛，不断侵扰汉边郡。桓帝、灵帝时，檀石槐统一鲜卑各部，完全占据匈奴故地，拒绝汉朝的封王与和亲政策，东汉的幽、并、凉三州边郡几乎无岁不被鲜卑寇掠杀戮。灵帝光和四年（181），檀石槐死，各部纷纷独立，互相攻击，鲜卑力量渐衰。

第六节　东汉后期的衰败

东汉在光武帝、明帝、章帝统治时期出现短暂的兴盛局面，自和帝以后进入衰退。东汉权力高度集中于皇帝手中，一旦遇到皇帝早死，继位的新皇帝年幼不能亲理朝政，通常由太后临朝称制，太后没有处理政务的经验，又不便接触大臣，只能依靠自己的父兄等外戚，几乎无一例外地导致外戚专权。皇帝成年后，不甘心受外戚控制，为夺回权力，身边的宦官是唯一可以信赖和借助的力量。宦官协助皇帝发动政变，除掉外戚，因功而受到皇帝重用，又不可避免地造成宦官弄权。如此反复，外戚、宦官两个集团皆假借皇权，威福自行，争权夺利，最终酿成东汉覆灭的灾祸。

一　外戚与宦官专权

和帝10岁即位，窦太后临朝。她以窦宪为侍中，控制权力中枢，窦宪诸弟都居亲要之职，大批窦氏党徒做了朝官或守令。窦氏的奴仆杀人越货，横行京师。永元四年（92），窦氏图谋杀害年龄渐大的和帝，和帝得知，与宦官郑众等密谋，消灭了窦氏势力。郑众因功封为鄛乡侯，参预政事，这是宦官用权和封侯的开始。

和帝驾崩后，邓太后为了便于把持朝政，废黜了和帝的长子，立出生仅百日的殇帝。殇帝死，立仅13岁的安帝，继续掌权，其兄弟邓骘等人辅政。邓太后死，为争权夺利，安帝乳母王圣与宦官李闰、江京等诬告邓骘兄弟图谋废立，铲除了邓氏势力。安帝亲政，皇后阎氏的兄弟阎显等人也居卿校之位，掌握禁兵，李闰、江京等宦官则并掌机要，形成外戚与宦官共同把持朝政的局面，货赂公行，政治败坏。

安帝死后，阎显想依恃阎太后的声势继续掌握大权。不久，宦官孙程等19人杀掉阎显，拥立之前被废掉的皇太子刘保，是为顺帝，孙程等19人被封侯，充任朝官，权势大增。后来，梁商之女被册封为皇后，梁商及其子梁冀相继拜为大将军，朝政逐渐落入外戚梁氏之手。

顺帝死，梁太后和梁冀先后立年幼的冲帝（2岁）、质帝（8岁）、桓帝（15岁）。梁冀专权近20年，质帝说了他一句"跋扈将军"，就被他毒死。梁氏宗亲姻戚布满朝廷和郡县，官吏升迁都得先向他送礼谢恩，各地的贡品要先把上品送给他，再将次品给皇帝。他在洛阳周围强占土地，调发卒徒，为自己修建一座绵延近千里的苑囿，严禁他人触动苑中一草一木。有人误杀一兔，牵连致死的竟至10多人。他还强行将几千口良人作为奴婢，谎称是"自卖人"。延熹二年（159），梁皇后死，桓帝与宦官单超等人合谋消灭梁氏，公卿、刺史、太守受牵连处死的有数十人，被免官的达300余人。梁冀被抄没的家财价值

30多亿钱，等于当时国家半年的租税收入。

因讨灭梁冀之功，宦官单超等五人同日封侯，世称"五侯"。他们"手握王爵，口含天宪"，独揽朝政，势焰熏天。中常侍侯览贪赃以巨万计，先后强占民田118顷，民宅381所，模仿皇宫修建大型住宅16处。宦官的兄弟姻亲在各州郡担任要职，作威作福，残害民众，与盗贼无异。灵帝时，中常侍张让、赵忠竟然被灵帝视作父母。这种宦官独霸朝政的局面直到灵帝末年袁绍杀尽宦官才结束。

东汉的外戚、宦官长期专权，是皇权制度和东汉特殊历史背景下的必然结果。随着这种党争的愈演愈烈，东汉统治越来越腐朽，大规模社会暴动的条件也越来越成熟。

二　清议与党锢

外戚和宦官的腐朽统治，加重了东汉的社会危机，一部分官僚士大夫忧心忡忡，他们反对外戚宦官专权，通过"清议"，品评人物，激浊扬清，在当时政治极端腐败的情况下，多少起到一些积极作用。

太学是清议的中心。顺帝时太学生多至3万余人，他们有相当一部分出身官僚富户阶层，同官僚士大夫联系密切。太学生反对宦官外戚，既是为了挽救东汉统治危机，也是因为外戚宦官专权，大量任用自己的家人和爪牙党羽，堵塞了太学生们的政治出路。从朝廷到州郡，选举不实，民谣称："举秀才，不知书。察孝廉，父别居。寒素清白浊如泥，高第良将怯如鸡。"选举的混乱，使很多太学生不能沿着正常途径进入仕途，引起太学生的强烈不满，他们议论政治，猛烈攻击宦官，极力赞美敢于反抗权贵的士人。官僚、太学生的这些活

动，使当政的宦官势力不得不有所收敛，也必然受到他们的敌视。灵帝熹平元年（172），因朱雀阙出现匿名书，指斥宦官专权，主持搜查的司隶校尉段颎四出逐捕，收捕太学生1000多人。

在官僚士大夫与宦官斗争的过程中，发生了两次党锢之祸。

第一次发生于汉桓帝延熹九年（166），河内郡术士张成预测朝廷将大赦，教子杀人。河南尹李膺督促收捕，后来皇帝果真颁布了赦免诏书。张成与宦官关系密切。在反抗宦官集团的斗争中，李膺敢于打击当权宦官，成为士大夫中的领袖人物。他对宦官的党羽张成利用术数草菅人命的行为很愤怒，不顾赦令，将其处死。张成弟子上书诬告李膺等人与太学生和郡国生徒"共为部党，诽讪朝廷，疑乱风俗"。桓帝诏令抓捕李膺入狱，并下令郡国搜捕"党人"，相互牵连共达200多人。次年，经尚书霍谞、城门校尉窦武奏请，李膺及其他党人被赦归田里，禁锢终身。

第二次发生于汉灵帝建宁元年（168），大将军窦武（窦太后之父）辅政，他与太傅陈蕃合作，起用被禁锢的李膺等所谓"党人"，密谋除掉宦官。宦官曹节、王甫等获悉，发动政变，窦武兵败自杀，陈蕃等人被害，二人宗亲宾客姻属皆遭株连而死，门生故吏被免官禁锢。建宁二年，宦官侯览等诬告张俭"共为部党，图危社稷"，曹节趁机奏捕"党人"。李膺、杜密、虞放、范滂等100多人横死狱中，其他因牵连而死、徙、废、禁者多达六七百人。熹平五年（176），又诏命州郡禁锢党人的门生故吏、父子兄弟和五服以内的亲属。直到黄巾起义爆发，才宣布赦免党人。

党锢事件并未阻止士大夫们对宦官势力的斗争，清议的浪潮更加高涨，那些不畏宦官权势的正直之士，分别被冠以三君、八俊、八顾、八及、八厨等美称。士大夫和太学生的反宦官斗争反映了广大民众的利益和愿望，博得社会的普遍同情和支持，张俭在被追捕时，许多人为救助和保护他而不惜破家，使他得以逃亡出塞。

三　羌、汉人民的反抗斗争

王莽末年，很多羌人迁徙到塞内居住，散布在金城等郡，与汉人杂处。他们受到官吏的欺压奴役，常常起而反抗。羌人的大规模反抗始自安帝永初元年（107），到灵帝中平元年（184）黄巾大起义爆发后仍未停止，断断续续数十年。在镇压羌人反抗的过程中，东汉官军和部分羌人头领到处烧杀劫掠，士卒和羌汉百姓死伤数十万人。为了坚壁清野，战争频仍的西北各郡居民被官府强令内迁，百姓背井离乡，道死相望。

在对羌族的长期战争中，内地的男丁征发已尽，劳动力锐减，农业生产遭到很大破坏。而东汉王朝也耗费了大量的人力、物力、财力，其军费高达300余亿钱，国力损伤严重。财政日益窘迫的官府不得不加重对农民的租赋征收和徭役征发，交替专权的外戚和宦官也竞相搜刮财富，抢占土地，加上连年不断的水旱虫蝗风雹地震等自然灾害，破坏了农村经济，农民只能四处流亡。流民数量越来越多，至桓帝永兴元年（153）竟达数十万户。地方官吏为了邀赏，常常隐瞒灾情，虚报户口和垦田数字，这又大大增加了农民的赋税负担，促使更多的农民逃亡异乡，走投无路的就只能铤而走险，武装反抗。流民暴动的规模从几百人、几千人扩展到几万人、十几万人。一些暴动的流民武装，还与反对东汉王朝的羌人、蛮人等相呼应。从安帝到灵帝的80多年内，史书记载规模大小不等的农民暴动将近百次，至于各地所谓"春饥草窃之寇""寒冻穷厄之寇"更是不可胜数。起义的首领或称将军、皇帝，或称"黄帝""黑帝""真人"等，表示他们懂得利用宗教组织农民，以与官府抗衡。

东汉后期，羌族人民和汉族人民反抗东汉腐朽黑暗统治的斗争此起彼伏，从未间断，东汉统治者虽然镇压了这些反抗斗争，但也在社会长期的动荡中走向衰败。

四　黄巾起义与东汉灭亡

图4-13　东汉建宁三年（170）"仓天乃死"铭文砖

灵帝时，道教的一支——太平道广泛传布。张角是太平道的首领，称"大贤良师"，道徒发展到几十万人，遍布在青、徐、幽、冀、荆、扬、兖、豫八州。张角部署道徒为三十六方，大方万余人，小方六七千人，各立首领，由他统一指挥；并制造"苍天已死，黄天当立，岁在甲子，天下大吉"的谶语，表示东汉很快就要崩溃，新的王朝即将取而代之。

中平元年（184，甲子年）初，太平道各地徒众相约在三月初五同时举行暴动。因叛徒告密，计划泄露，部分徒众和首领被杀。张角通知三十六方提前起事。同年二月，以黄巾为标识的农民军在七州二十八郡一时俱起，张角兄弟三人分别称"天公将军"（张角）、"地公将军"（张宝）、"人公将军"（张梁）。旬日之间，天下响应，京师震动。东汉王朝紧急从全国各地调集精兵，消灭黄巾军。各地豪强地主也纷纷成立自己的武装，配合官军镇压起义，其中袁绍、袁术、公孙瓒、曹操、孙坚、刘备等势力最大最著名。在官军的镇压之下，各地黄巾军相继失败，腐朽的东汉王朝也名存实亡。

本章参考文献

司马迁：《史记》，中华书局2014年版。

班固：《汉书》，中华书局1962年版。

范晔：《后汉书》，中华书局1965年版。

陈寿：《三国志》，中华书局1959年版。

白寿彝主编：《中国通史》第四卷《秦汉时期》，人民出版社1999年版。

邓之诚：《中华二千年史》（第一册），中华书局1983年版。

范文澜：《中国通史简编》，河北教育出版社2000年版。

方诗铭：《中国历史纪年表》（增订本），上海人民出版社2007年版。

郭沫若主编，中国社会科学院历史研究所编：《中国史稿地图集》（上册），中国地图出版社1996年版。

翦伯赞主编：《中国史纲要》（增订本），北京大学出版社2006年版。

吕思勉：《吕著中国通史》，华东师范大学出版社1992年版。

吕思勉：《秦汉史》，上海古籍出版社1983年版。

谭其骧主编：《中国历史地图册》（第二册），地图出版社1982年版。

田昌五、安作璋主编：《秦汉史》，人民出版社2008年版。

张帆：《中国古代简史》（第二版），北京大学出版社2015年版。

张岂之总主编：《中国历史：秦汉魏晋南北朝卷》（本册主编：王子今、方光华），高等教育出版社2001年版。

赵毅、赵轶峰主编：《中国古代史》，高等教育出版社2010年版。

朱绍侯主编，龚留柱执行主编：《中国古代史教程》，河南大学出版社2010年版。

《中华文明史》第3卷《秦汉》（本卷主编：唐赞功），河北教育出版社1999年版。

《中国大百科全书·中国历史：秦汉史》，中国大百科全书出版社1986年版。

本章图片来源

图4-1、4-8　中国地图出版社授权使用。

图4-2至4-4、4-11　《文物中国史》第4册《秦汉时代》，山西教育出版社2003年版。

图4-5　中国社会科学院考古研究所：《长安城未央宫：1980-1989年考古发掘报告》，中国大百科全书出版社1996年版，图版一。

图4-6　张家山二四七号汉墓竹简整理小组编著：《张家山汉墓竹简（二四七号墓）》，文物出版社2001年版，第7页。

图4-7　马飞海主编：《秦汉三国两晋南北朝货币》，上海辞书出版社2002年版，第132页。

图4-9　云南晋宁石寨山6号墓出土，中国国家博物馆网站，www.chnmuseum.cn，2023年12月1日。

图4-10　内蒙古自治区包头市郊区M47填土中发现，见姚旭《西汉单于天降瓦当》，《文物鉴定与鉴赏》2019年第21期。

图4-12　1956年广州东郊麻鹰岗出土，见《文物中国史》第4册《秦汉时代》，山西教育出版社2003年版。

图4-13　安徽亳州市曹氏宗族墓出土，见《文物中国史》第4册《秦汉时代》，山西教育出版社2003年版。

第五章

魏晋南北朝

章首语

　　魏晋南北朝时期是继秦汉之后中国地主封建社会初期的第二阶段。3—6世纪，天灾人祸不断，社会动荡，呈现出长期分裂与短期统一局面。政治上，世家大族成为重要政治力量，士族政治成为主导，皇权受士族力量牵制而呈强化或衰微而重振的波动状态，士族与庶族的地位消长成为统治集团内部政治斗争主线；政治制度上，秦汉时期确立的皇帝制度得以延续，三公九卿制逐步向三省六部制发展，呈现出初步的决策权、执行权、审议权三权分立的格局；经济上，地主土地所有制日益发展，等级土地所有制不断推广，商品经济受到破坏后逐步恢复和发展，即使在战争或政权对峙状态下，双边互市仍持续进行，江南得到大开发，南方经济地位上升；社会上，人身依附关系加强，灾荒、频繁战乱和政权纷争等导致人口大规模迁徙；民族关系上，战争和人口流动促进多民族交流交往交融；南北方少数民族政权普遍认同华夏文明，尽管北齐政权一度采取反汉化措施，汉化仍成为民族交融的主流。为适应人口迁徙、社会流动频繁和民族混居的现状，各政

权相应调整政策，推进社会变革，努力维系人文教化，使华夏文明历经动乱而延绵不绝。历经数世纪动乱割据，社会逐步走向统一，各民族及其文化冲突与交融成为历史主流，逐渐抟成多元一体的民族共同体，酝酿出涵育多民族文化的中华文明。这一时期，中国与东亚、东南亚、南亚和中亚诸多国家均有使节来往，并与欧洲的罗马帝国保持通好关系。中亚文化元素通过北魏政权得以与中原文化融合。随着佛教持续进入中国并产生影响，佛教文化逐步转化为中国传统文化的重要组成部分。中华文明日益彰显出包容性、多样性，越发表现出创造性和活力。

第一节　时代变迁与政权更替

东汉灭亡后，中国经历三国鼎立、两晋十六国、南北朝时期。近4个世纪里，虽有短暂统一，但大部分时间处于分裂状态。直至公元589年，隋朝灭陈，才再次实现中国的统一。虽因区域和民族差异，各政权统治各具特点，但秦汉以来确立的中央集权制保留其影响力，各政权在不同程度上继承和发展了以中央集权制为导向、以官僚集团和文书行政为核心的各项制度。在皇权与官僚集团抗衡过程中，在保留皇帝制度的同时，为适应统治区域向纵深扩展、内政外交复杂形势的需要，三公九卿制逐渐向更加复杂高效的三省六部制演变。在"大一统"正统观念指导下，前秦、北魏曾先后统一北方，最后以皇权强盛、国力雄厚的北朝为出口，重建起融汇南北方制度和文化、多元繁盛的隋唐王朝。

一　三国鼎立局面的形成

在黄巾起义的沉重打击下，东汉王朝统治濒临瓦解，但统治集团中外戚、宦官的权力之争仍如火如荼。手握重兵的并州牧董卓趁机进京，废少帝，立献帝，独揽大权。关东地方豪强以讨伐董卓为名纷纷起兵，于初平元年（190）结成以袁绍为盟主的"关东军"，但诸势力集团以壮大自身力量为先，并未团结一致讨伐董卓。董卓挟持汉献帝西迁长安后，中原陷入大规模割据混战。建安（196—220）初，全国逐渐形成几支大的割据势力：袁绍占据冀、青、并三州，曹操占据兖、豫二州，公孙瓒占据幽州，陶谦占据徐州，袁术占据扬州，刘表占据荆州，刘焉占据益州，孙策占据江东，韩遂、马腾占据凉州，公孙度占据辽东，刘备则无固定势力范围。

在这些割据势力中，袁绍、曹操实力最强，对北方控制权的争夺很快在他们之间展开。袁绍出身于四世三公、门生故吏遍天下的汝南袁氏家族，在士族群体中有很强的号召力，兵多势众，粮草充足，因此踌躇满志，甚至想取代汉室称帝，但他刚愎自用，集团内部矛盾重重。曹操出身于地方豪强，有勇有谋，迎汉献帝于许（今河南许昌），取得号令天下的政治主动权，又广设屯田，积蓄军资，积极拉拢各地豪强地主，增强军事实力。建安五年（200），双方在官渡（今河南中牟东北）展开大战。曹操兵寡粮少，但指挥得当，击溃袁绍大军，以少胜多，取得官渡大捷。次年，袁绍忧愤而死，曹操利用袁氏诸子的矛盾，全面接收袁绍地盘。建安十二年，曹操亲率大军北征乌桓，肃清袁氏残余势力，基本统一中国北方。

曹操受到连战大捷的鼓舞，次年挥师南下，打算一鼓作气，统一长江流域。在南方，他最主要的敌人是依附荆州刘表的刘备和控制江东六郡的孙策之弟孙权。曹操南征荆州时，刘表已经病逝，其子刘琮不战而降。面对曹军追击，刘备被迫从樊城（今湖北襄阳北）退往江陵、夏口（今湖北武汉汉阳地区），长江下游的孙权也受到严重威胁。为共同抗曹，孙、刘结成联盟。20余万曹军与5万孙刘联军在赤壁（今湖北嘉鱼）[①]相遇。曹军连年征战，且北人不习水战，

---

① 赤壁之战的具体地点尚未有定论，有湖北蒲圻、黄州、汉阳、江夏等诸说。

军中疫病流行，荆州降卒观望不前。孙刘联军兵力少，但长于水战，且面临生死存亡关头，士气旺盛。孙军主帅周瑜派大将黄盖诈降，因风纵火，焚毁曹军连环战船，并乘势与刘备军队水陆并进，取得赤壁之战的胜利，曹操被迫退回北方。

赤壁之战后，曹、孙、刘三分天下的格局初步形成。此后，刘备占领益州，夺得汉中，势力继续发展。孙权占据岭南，后联合曹军袭杀

图5-1 曹操高陵出土石牌

刘备大将关羽，夺取荆州。自此，三方形成事实上的鼎立局面。220年，曹操病逝，其子曹丕以禅让方式废汉自立，都洛阳，改国号为魏，史称曹魏。221年，刘备称帝，都成都，国号汉，史称蜀汉。222年，孙权称吴王，229年改称皇帝，都建业（今江苏南京），国号吴，史称孙吴。

魏、蜀、吴三国鼎立局面的形成，是多方势力抗衡的结果，结束了汉末以来军阀割据混战的局面，实现了局部统一。各国顺应统治需要，采取招纳人才、重视法治、倡导儒学、推广屯田、鼓励农耕、发展水利、协调民族关系等措施，促进了社会经济的恢复和发展。在

国家治理方面，曹魏和蜀汉较重视法治；在文化方面，蜀汉和孙吴传承汉代经学，曹魏中后期则玄风大畅；在制度方面，曹魏创建九品中正制、设立中书省，孙吴实行复客制。以上因应现实的政治举措和文化风尚，对两晋南北朝产生深远影响。

二　西晋短暂统一与东晋播迁

曹魏后期，统治集团日益崇尚奢华，权力斗争加剧。魏明帝去世前，嘱托宗室曹爽与河内士族出身的司马懿共同辅佐幼主曹芳。官僚集团以曹爽、司马氏父子为中心展开较量。正始十年（249）正月，曹爽陪同曹芳到洛阳城郊祭扫明帝高平陵，司马懿趁机发动政变，将曹爽集团一网打尽，垄断军政大权。此后，司马氏集团镇压"淮南三叛"，清除地方反对力量，进一步巩固权势。

景元四年（263），魏兵灭蜀，蜀帝刘禅投降。咸熙二年（265），司马炎以"禅让"方式废魏元帝自立，国号晋，都洛阳，史称西晋。咸宁五年（279），晋派六路大军攻吴，直逼建业。次年三月，吴帝孙皓投降，吴亡。自董卓之乱起持续90年的分裂混战终于结束，中国再次实现统一。

西晋立国后，采取措施稳固统治，发展国力。在经济上，劝课农桑，废除屯田制，将屯田客变为编户齐民，颁行占田制。占田制规定：男子可占田70亩，女子30亩；丁男课田50亩，丁女20亩，次丁男25亩。占田指农民保有土地数量的指标，课田指农民应负担田租的土地数量，这两者与农民实际占有的土地数量无关。统一的社会环境和占田制的推行促进了农业发展。太康年间（280—289），出现和平安定、百姓安居乐业的繁荣局面。有鉴于曹魏过度防范宗室而导致权力转移的历史，西晋政权大封宗室诸王，广树王国，派诸王出任地方都督，掌握地方军政大权。宗室诸王不但未能拱卫京师，反而争夺最高统治权的野心蠢蠢欲动，晋初表面的繁华下隐藏着巨大的危机。太熙元年（290），晋武帝去世，惠帝即位，太后父杨骏专权，皇后贾南风不满。她倚重父亲贾充和外甥贾谧把持朝政，相继杀死辅政大臣杨骏、汝南王司马亮、太保卫瓘和楚王司马玮。永康元年（300），贾后杀死非己所生的太子司马遹，激起宗室诸王强烈反对。赵王伦、齐王冏、长沙王乂、成都王颖、河间王颙、东海王越等相继卷入这场混战，史称"八王之乱"。光熙元年（306），东海王司马越控制朝政，毒死惠帝，另立怀帝司马炽，诸王力量消耗殆尽，宗室内乱至此才终结。

这场长达16年的战乱造成数十万人死亡，严重破坏社会经济，加之自然灾害、饥荒和瘟疫连年不断，隐伏已久的阶级矛盾和民族矛盾相继爆发，各地流民起义此起彼伏。虽然起义最后都被镇压下去，但沉重打击了西晋的腐朽统治。

自东汉以来，以匈奴、鲜卑、羯、氐、羌为主的北方少数民族不断内迁，与汉人杂处。为反抗统治者奴役、压迫，他们纷纷揭竿而起。永嘉五年（311），匈奴首领刘渊与羯族首领石勒攻入西晋都城洛阳，俘虏晋怀帝，诛杀百官士民3万余人，是为"永嘉之乱"。建兴四年（316），刘渊部下刘曜攻陷长安，俘获晋愍帝，西晋灭亡。

公元317年，镇守扬州的西晋宗室司马睿在南迁士族和江东士族支持下复兴晋室，定都建康，史称东晋。东晋建立后，始终面临安定内部统治秩序和抵御北方少数民族政权侵扰的严峻形势。由于皇室软弱，朝政一直为门阀士族把持，皇族与士族、士族内部之间矛盾重重，先后发生王敦之乱、苏峻之乱。为安置南渡流民，东晋政府推行侨置郡县，给予流民经济、政治上的优待。后来，为解决财政困难、缓解侨民与土著的紧张关系，晋廷实行"土断"，将侨民纳入居住地户籍，统一管理。一些士族极力主张北伐，其中以祖逖、桓温最著名。祖逖厉兵秣马，攻打后赵石勒，收复黄河以南的土地，取得一定成就，但王敦之乱后，这些成果化为乌有。自永和十年（354）起，桓温三次北伐，均以失败告终，南北双方出现势均力敌的平衡局面。太元八年（383），前秦苻坚企图统一中国，率领25万大军进攻东晋。东晋宰相谢安派侄子谢玄率领北府兵8万人应战，取得淝水大战的胜利。淝水之战再次确定南北对峙的局面。

隆安三年（399），宗室司马元显为加强京师防卫，在三吴地区征发免奴为客者当兵，称其为"乐属"，激起士族不满和"乐属"反抗，最终引发孙恩、卢循起义。这次起义持续12年，有数十万民众参加。他们活动于长江中下游以南的广大地区，沉重打击了门阀士族势力。在镇压起义过程中，出身寒门的刘裕树立起政治威望。420年，他废晋恭帝自立，国号宋，东晋灭亡。

在世家大族支持下建立的两晋政权，采取了系列措施保障士族权益，促进地主土地所有制发展，却使中央集权体制受到制约，造成统治集团内部的腐化。在法律建设上，晋律吸纳儒家思想，规定亲属间相互侵害准照五服制度定罪，进一步夯实了士族的社会基础。尽管统治集团内部不断有人呼吁推进政治改革，实行并官省职，整顿吏

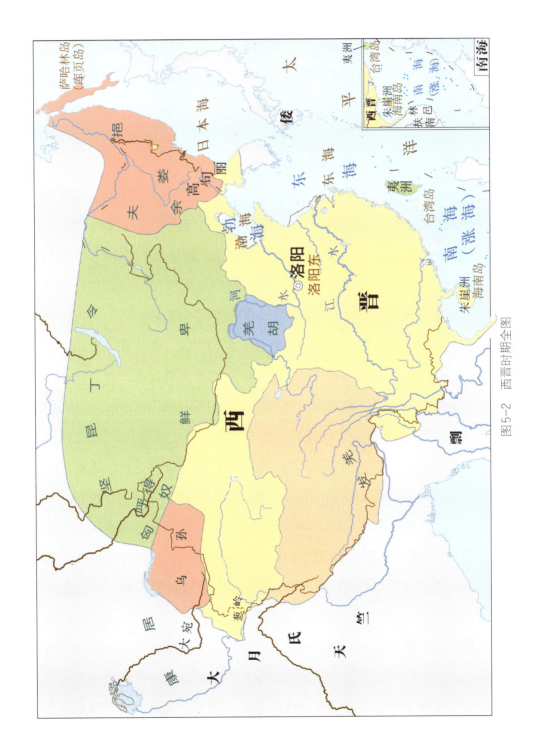

图5-2 西晋时期全图

南海

萨哈林岛
（库页岛）

夫余

挹娄

高句丽

日本海

倭

大

平

洋

夷洲

台湾岛

朱崖洲
（海南岛）

南海（涨海）

林邑

扶南

西晋

渤海

勃海

洛阳

洛阳东

东海

东海

夷洲

台湾岛

南海（涨海）

朱崖洲
（海南岛）

河

河水

羌

胡

江水

晋

令

鲜

卑

丁

昆

坚

呼得

匈奴

孙

乌

葱岭

居

大宛

康

大

月

氏

天

竺

晋

治，提升行政效率，但在保障士族权益的前提下，改革难以落实。永嘉之乱后，南迁士族意识到保家需先安邦，士族间互相妥协以努力维系东晋政权的存在，使得中华文明得以延续。

三 十六国政权与黄河流域统一

晋室南迁后，北方陷入以匈奴、鲜卑、羯、氐、羌为主的少数民族混战割据局面，先后出现过多个政权，一般称为"五胡十六国"。实际上，这些政权并非都由少数民族建立，数量也不止16个，但境内都有多个民族，且都延续秦汉以来的中央集权制，封建化程度不同，处于奴隶制社会向地主封建社会转型的不同阶段。

公元304年，匈奴刘渊起兵反晋，定国号汉，都平阳（今山西临汾）。其子刘聪在位期间，灭西晋，控制黄河中游地区。针对境内多民族共存的局面，汉政权创造性地实行"胡汉分治"：设单于左右辅、都尉，统治20万落少数民族；设左右司隶、内史、令长，统治40多万户汉族百姓。汉昌元年（318），外戚靳准发动政变，尽诛刘聪子孙。刘聪族弟刘曜灭靳氏，在长安称帝，改国号为赵，史称前赵。光初二年（319），刘渊部将石勒脱离前赵自立，称赵王，都襄国（今河北邢台），史称后赵。公元329年，后赵灭前赵，石勒称皇帝，迁都邺城（今河北临漳西南）。石勒依靠羯人和其他少数民族，建立强大的禁卫军；拉拢汉族士人，实行九品中正制，设立学校，提倡佛教；检核户口，奖励耕织，减轻赋役。后赵国力不断增强，一度统一除河西、辽西、辽东以外的中国北方，与东晋抗衡。但继位的皇帝石虎穷奢极欲，残暴野蛮，激发各种社会矛盾。他死后，诸子为争夺皇位互相残杀。350年，石虎养孙汉人冉闵杀死后赵傀儡皇帝，自立为帝，改国号魏，史称冉魏。次年，后赵灭亡。

此时，还有汉人张轨在凉州建立前凉政权；流民起义首领巴氏人李雄在巴蜀建立大成（后改为汉，史称成汉）政权。

慕容氏是鲜卑族的一支，长期居住在辽河流域。晋咸康三年（337），慕容皝自称燕王，建立前燕，迁都龙城（今辽宁朝阳）。慕容氏以侨置郡县安置流民，实行屯田，重用汉族士人，发展文化教育。鲜卑族走上汉化道路，国力增强。慕容儁继位后，攻蓟城（今天津蓟州区），灭冉魏，并于元玺元年（352）改称皇帝，定都邺城。自此，前燕雄踞中原，与关中的前秦东西对峙。但因慕容氏贵族腐化堕落，

图5-3　拓跋鲜卑祖居地嘎仙洞遗址

建熙十一年（370），前燕为前秦所灭。

氐族豪强苻氏曾追随刘曜、石虎。351年，苻健自称天王，国号秦，都长安，史称前秦。其侄苻坚夺取王位，在汉人王猛辅佐下，进行系列改革：整顿吏治，重用有才之人；兴办学校，提倡儒学；改进农业技术，劝课农桑。这些措施使前秦走向强盛。前秦相继灭前燕、仇池、前凉、代国，基本统一中国北方。苻坚受大一统观念影响，不听从王猛等人劝阻，发动对东晋的战争，结果在淝水之战中大败，使得国内各种矛盾激化，前秦迅速土崩瓦解，北方再次陷入分裂。

384年，鲜卑慕容垂建立后燕，羌族姚苌建立后秦。386年，鲜卑拓跋珪重建代国，后称魏，即北魏。396年，北魏击溃后燕，后燕一分为二。398年，慕容德镇守邺城，建立南燕。慕容宝退守龙城，被汉人冯跋夺取政权，407年建立北燕。385年，鲜卑乞伏国仁在陇西建立西秦，氐人吕光在凉州建立后凉。397年，鲜卑秃发乌孤建立南凉。400年，汉人李暠在敦煌建立西凉。401年，匈奴沮渠蒙逊在河西走廊建立北凉。407年，匈奴赫连勃勃在朔方建立夏国。此外，北方还存在过西燕、翟魏、蜀及仇池等辖域较小的政权。各割据政权基本无心经营内政，忙于争战，因此维系时间都不长。

北魏逐渐发展为北方最强大的国家。拓跋珪之孙拓跋焘继位时，经过吞并战争，北方割据政权只剩下北凉、北燕、夏和西秦。431年，夏灭西秦，同年，吐谷浑灭夏。436年、439年，北魏先后灭北燕、北凉，统一中国北方，与南方的刘宋王朝对峙，历史进入南北朝时期。

表5-1　　　　　　十六国兴亡表（附冉魏、西燕）

国名	创建人	民族	起止时间	灭于何国
汉、前赵	刘渊	匈奴	304—329	后赵
成汉	李雄	巴氐	304—347	东晋
前凉	张寔	汉	317—376	前秦
后赵	石勒	羯	319—351	冉魏
冉魏	冉闵	汉	350—352	前燕
前燕	慕容儁	鲜卑	337—370	前秦
前秦	苻洪	氐	350—394	西秦
后秦	姚苌	羌	384—417	东晋
后燕	慕容垂	鲜卑	384—407	北燕
西燕	慕容泓	鲜卑	384—394	后燕
西秦	乞伏国仁	鲜卑	385—431	夏
后凉	吕光	氐	386—403	后秦
南凉	秃发乌孤	鲜卑	397—414	西秦
南燕	慕容德	鲜卑	398—410	东晋
西凉	李暠	汉	400—421	北凉
夏	赫连勃勃	匈奴	407—431	吐谷浑
北燕	冯跋	汉	407—436	北魏
北凉	沮渠蒙逊	匈奴	401—439	北魏

　　十六国时期，各政权均面临复杂的民族问题和社会矛盾。统治集团大多欣慕华夏文明，一方面主动吸收汉族士大夫进入政权，在治国方略、制度建设、文教举措各方面模仿汉族政权，为中华文明的延续和传播提供了文化认同基础；另一方面坚持本族利益优先政策，未成功处理境内外民族边疆事务，最终因缺乏坚实的统治基石而灭亡。各少数民族政权不同程度的汉化和封建化，顺应了历史潮流的发展，推动了中华民族多元一体格局的形成。

四　南北朝对立与走向统一

继东晋之后，南方相继建立宋、齐、梁、陈四个朝代，定都建康，统称南朝。大约同时，北方先后出现北魏、东魏、西魏、北齐、北周几个政权，统称北朝。

宋武帝刘裕励精图治，整饬吏治，抑制豪强，奖励耕织，减轻赋税。其子宋文帝刘义隆延续其各项举措，政治清明，社会安定，经济发展，史称"元嘉之治"。他去世后，宗室诸王为争夺皇权纷争不断，极大削弱了统治力量。升明三年（479），禁军将领萧道成废宋自立，改国号为齐，史称南齐。他一度针对东晋以来的避税冒籍现象实行"检籍"。因检籍官员贪赃舞弊，民众十分不满，引发唐寓之起义。永明八年（490），齐武帝被迫停止检籍，恢复宋末所注户籍原状。萧齐士族官僚奢侈腐化，宗室相残，加之北魏频繁入侵，统治衰弱不振。中兴元年（501），萧道成族弟萧衍起兵，攻入建康。次年，他自立为帝，建立梁朝，即梁武帝。梁武帝前期治国勤勉，后期怠于朝政，耽于奉佛，大建寺院，并三次舍身同泰寺。他姑息纵容宗室和官僚，苛待百姓，民怨沸腾。太清元年（547），他接受东魏大将侯景的投降，此后欲以侯景交换被北魏俘虏的宗室萧渊明，酿成侯景之乱。建康城被洗劫一空，江南经济受到严重破坏，梁武帝饿死台城。557年，陈霸先自立为帝，建立陈朝。陈朝前期尚重视发展生产，但后主陈叔宝不理政事，国内豪强割据，在与北方的战争中屡次惨败，国力日益衰弱。589年，继承北周基业的隋朝出兵伐陈，陈朝灭亡。

北魏统一北方后，汉、氐、羌、匈奴等族人民起义连绵不断。

为缓和社会矛盾，巩固统治，北魏冯太后和孝文帝先后推行改革，促进汉化和封建化。冯太后执政期间，开展多项变革：政治上，整顿吏治，严惩贪污，选拔人才，制定俸禄制度，废除宗主督护制，实行三长制，完善基层统治机构；经济上，实行均田制和新租调法，规定庶民、奴婢、官吏等拥有一定数额的土地，并承担相应赋役。孝文帝亲政后，将都城从平城迁至洛阳，改官制、禁胡服、断北语、改姓氏、定族姓。这一系列改革，推动了北魏从奴隶社会向封建社会的转型，加速了民族交融。北魏后期，统治集团腐化堕落，佞佛成风，各种矛盾日益尖锐，最终爆发六镇起义、河北起义、山东起义和关陇起义。528年，尔朱荣发动河阴之变，控制了北魏政权，地方势力纷纷割据。534年，高欢拥立孝静帝迁都邺城（今河北临漳西南），史称东魏。535年，宇文泰拥立文帝都长安，史称西魏。550年，高欢之子高洋废东魏，建立北齐；557年，宇文泰之子宇文觉废西魏，建立北周。

东魏、北齐的统治集团主要由六镇鲜卑和河北汉族地主组成，贪污横行，土地兼并严重，民族矛盾尖锐，统治衰弱。西魏、北周地域狭小，经济薄弱，但通过推行计帐和户籍制度、限制门阀、重建均田制、实行府兵制、抑制佛教发展、释放奴婢等改革措施，国势逐渐强大。建德四年（575），周武帝挥师东进，两年后灭北齐，统一中国北方。因周武帝早逝，北周政权落入外戚杨坚之手。581年杨坚建立隋朝，北周灭亡。

南北方政权之间虽有和平来往，但战事不断。422年，北魏趁宋武帝去世之机，攻取滑台（今河南滑县东）、虎牢（今河南荥阳西

图5-4　云冈石窟第20窟

北）、洛阳三镇，将势力扩张到黄河以南。元嘉七年（430），宋文帝北伐，企图夺取失地，但三镇得而复失。此后，双方相安无事20余年，直至元嘉二十七年（450），爆发"元嘉之战"。这场战争给南北各地特别是江淮之间的人民带来深重灾难，自此北强南弱局面形成。萧齐初年与北魏通好，维持着刘宋末年的局面。北魏孝文帝迁都洛阳后，亲率大军攻占萧齐南阳等城，此后夺取寿春，将势力推进到淮河以南。梁天监年间（502—519），北魏攻取萧梁大别山要塞义阳三关（今河南信阳境内）、司州（治今河南荥阳）和汉中。侯景之乱后，西魏和北齐趁机南下，分别夺取益州和淮南。西魏扶持萧詧建立傀儡政权后梁，在江陵烧杀抢掠，制造"江陵之变"，严重破坏江南经济。陈宣帝企图恢复旧土，派吴明彻北伐北齐，夺取吕梁（今江苏徐州东南）和寿阳，但与北周交战时惨败，战果尽失。从此，陈朝龟缩于长江以南，589年最终为隋所灭。

南朝是继东晋之后，由汉族在南方建立的政权，建康、江陵、扬州、成都等南方城市随之兴盛，农业和工商活动得到发展，对中华文明的传播起到积极作用。然而，南朝开国君主多是庶族出身，信赖寒人，而寒人往往关注自身利益不重名节，加之社会风气浮华颓靡，士族耽于享受，顾家而不念国，以致统治集团腐化严重，内部矛盾重重。在国家治理、制度建设方面，南朝虽继承汉魏以来的制度文化并有所发展，但统治者安于现状，难以进取，后期制度逐渐僵化，精神文化失去活力，国家实力日渐衰朽，远远不像北方少数民族政权因其游牧民族背景、涵摄南北制度文化那样富有勃勃生机。最终，北方政权以其精悍雄劲的国力和与时俱进的创新精神实现了中国的再次统一，彰显出中华文明强大的凝聚力和开拓性。

第二节　士族政治兴衰与皇权重振

魏晋南北朝时期，各地相继出现不少世家大族，拥有雄厚的社会根基，经营庄园，有私兵部曲，形成独特的家风家学，具有相当强的独立性。士族子弟占据中央地方要职，与皇权相抗衡，甚至在东晋出现"王与马，共天下"的门阀政治格局。士族政治局面下，统治集团内部政治活动的主线是皇权与士族、不同士族之间、士族与寒人庶族之间势力的消长。东晋皇权衰弱，受到士族制约。南朝皇帝倚重寒人重振皇权，士族在政治斗争中实力被削弱。北方政权借助士族实现封建化，孝文帝改革制造出一批新士族。以隋灭陈、再次实现全国统一为终结，中央政权重新确立起皇权至上的地位。

一　魏晋士族政治的形成与发展

战国、秦时已出现豪强地主。他们利用宗法关系，结成强宗大族，控制乡里，兼并土地。秦始皇时期和汉初都曾徙豪强到京城以削弱其地方势力。汉武帝设立刺史，"以六条问事"，第一条即针对"强宗豪右田宅逾制，以强凌弱，以众暴寡"，一定程度上制约其势力发展。随着汉武帝统治中期政策变化，豪强地主利用各种途径进入政权，与国家体制相结合。两汉之际，他们建立坞堡，加强武备，称霸一方。

东汉光武帝为南阳豪强地主出身，在群雄逐鹿中原过程中，得到南阳、河北等地豪强地主的支持。他即位后，曾颁布度田令，企图限制豪强地主兼并土地和荫庇人口的数量，激起反抗。光武帝剿抚并

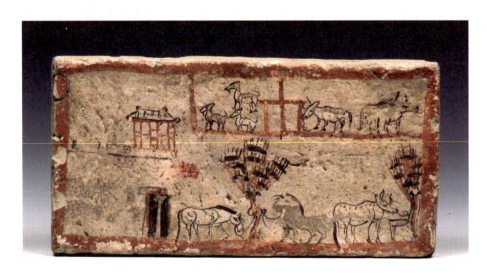

图5-5　魏晋时期"坞"字壁画砖

用，平抑叛乱，削弱豪强地主势力。随着东汉中后期皇权削弱和官僚集团势力发展，豪强地主死灰复燃。他们占有大量土地，发展庄园经济，依托宗族、宾客、部曲等依附人口，拥有独立的军事武装，形成游离于中央政府之外的地方社会力量。

汉代推行察举征辟制选拔官吏，重视经明行修，看重个人在乡里的名声。东汉后期，政治腐败，乡党舆论逐渐被官僚家族、地方大姓把持。阀阅功劳、门第族望日益成为选举的主要依据。大族在政治上通过察举、征辟、任子制占据仕途，文化上重视经学传家，由此出现累世通经、世代公卿的世家大族，如弘农杨氏、汝南袁氏等。士族子弟在中央和地方担任要职。举主、长官与门生、弟子、故吏之间结成密切的关系，在东汉后期政治中发挥重要作用。党锢事件使得士人治国平天下价值观念和尽忠报国的政治伦理观念受到冲击，保身全家成为多数士人面临困境时的行事准则。魏晋南北朝时期天灾人祸不断，动荡不宁的时局进一步强化了家重于国、孝先于忠的观念，大量的家训、家诫反映了士林的保身固家观念比忠君报国观念浓厚的社会现象。

出身于宦官家庭的曹操，在汉末军阀混战中崛起时，曾积极笼络中原士族豪强，获取他们的支持。在政治地位上升后，士族成为他实行独裁专制的绊脚石。曹操对于士族崇信的礼教相当不屑，采取打击士族势力的措施，如清除汝南袁氏，削弱弘农杨氏。他数次发布求贤令，提倡"唯才是举"，强调即使士人德行有亏，如其有治国统兵经世之才，亦可做官，由此改变了汉代选举重视道德名节的社会风尚。魏文帝采纳尚书陈群建议，实行九品中正制，把官吏选举权集中于中央。中央选取贤能而有识见的官员兼任大中正，在郡县设立小中正，负责考察本籍（包括流散在外地者）士人和官吏，分为上上、上中、上下、中上、中中、中下、下上、下中、下下九个等级，写出评语上报中央，作为吏部任官和黜陟官吏的依据。九品中正制实行之初，中正品评人物时重视人才优劣，并不看重门第，体现出"唯才是举"精神。但至曹魏后期，中正一职多为士族出身的官僚把持，门第成为品评人物的首要条件，于是九品中正制变成培植门阀士族势力的温床，加速了门阀士族的形成和发展。

孙吴政权面临着淮泗集团与江东世家大族的矛盾。孙权对大族采取优容政策，实行世袭领兵制和赐田复客制，允许将帅父子兄弟相代，拥有私兵部曲，并赏赐土地、战俘和屯田户给有功的将领，免除其依附人口的赋税徭役，促进了豪强大族发展。以顾、陆、朱、张为代表的江东土著大族势力雄厚，形成"朱文、张武、顾忠、陆厚"的门风。孙吴政权逐步吸纳江东土著大族子弟进入统治集团。皇权与大族之间存在矛盾：顾、陆氏役使官兵，藏纳逋逃，官府却奈何不得；孙权曾设立校事来监视群臣，制约士族，却激化了统治集团内部矛盾。面临曹魏、蜀汉和西晋政权的存在，皇权与大族之间被迫妥协、合作。

作为外来势力的刘备入主巴蜀后，接收刘璋行政机构中的各派政治力量，但始终面临客主、新旧势力的冲突。刘备、诸葛亮表面上努力协调各方矛盾，但其政策立足点是压制当地豪族，重用刘备集团骨干。针对蜀中人士专权自恣、不顾君臣之道的恶习，诸葛亮采取恩威并用的方式来约束巴蜀豪强。

司马懿父子三代苦心经营，获取世家大族支持，以禅让方式建立西晋，并保留曹魏时期显贵的势力。西晋政权虽限制和剥夺士族的军事实力，禁止其将国家编户齐民召募为佃客，但实行品官占田荫客制、荫族制、九品中正制等来保障世家大族利益。品官占田荫客制规定：一品官可占田50顷，以下每品依次递减5顷，至第九品占田10顷。荫庇佃客的户数，自一品50户至九品1户不等。荫庇衣食客数量，自一品3人到九品1人不等。荫族制规定官员有权根据官品高低荫庇亲属获得免役权，免役范围多者及于九族，少者三代。获得荫庇的佃客、衣食客和亲属不负担国家赋税徭役。这一特权为宗室或皇族、国宾如曹魏、蜀汉、孙吴退位的皇帝及其嫡系后裔、先贤之后、士人子孙等享有。世家大族拥有自给自足的庄园，役使奴婢、部曲、佃客从事生产劳动，经济实力雄厚，国家对其缺乏有效的制约手段，因此成为中央政权的潜在对抗力量和国家分裂势力。九品中正制使得士族子弟凭借"世资"，即可进入中央政权，从而形成公门有公、卿门有卿的局面。士族之间通过修族谱、讲究门第婚等方式，在地方上具备深厚的社会基础，在官场占据要津，保持文化上的优势，与庶族寒门形成明显差距。

　　永嘉之际，士族分流。范阳卢氏、博陵崔氏、弘农杨氏等士族留守北方，成为各少数民族拉拢的对象。一些士族纷纷南渡，占山据水，求田问舍，抓住机会在中央政府站住脚跟，发展势力。

　　在出身于琅邪王氏的王导和王敦为代表的南渡士族和江东士族支持下，东晋政权得以建立。东晋一朝，皇帝虽贵为至尊，却无实权，"宰辅执政，政出多门，权去公家"。继琅邪王氏之后，先后有颍川庾氏、龙亢桓氏、陈郡谢氏家族与司马氏联合执掌东晋政权。

门阀政治是指士族利用尚书省、中书省等核心权力机构，掌握朝廷政令，控制政治方向。中央和地方官员几乎都由侨姓和吴姓士族子弟担任。门阀士族享有政治、经济和法律特权，还控制各军事重镇。尽管东晋政权曾试图采用各种手段重建国家军队，但国家兵户地位低，战斗力远不如士族的私兵和部曲，因而皇权始终未得到有力的军事保障。

门阀政治是东晋特殊政局下形成的皇权政治变态形式。它是皇权与士族力量抗衡的结果。建立东晋政权的司马睿是西晋王室疏属，不具备继承帝位的法统和实力，无法拥有强有力的皇权。在琅邪王氏家族成员王敦、王导内外相助下，司马睿获得南渡士族和江东土著士族支持，建立东晋政权。在北方少数民族纷争、民族危机紧张状态下，各南迁士族均需一强大的政权来保全家族利益。权衡之下，奉晋室正朔，拥晋室名号，各士族联合起来对抗北方政权，才是最好的办法。司马氏曾屡次尝试重振皇权，企图摆脱士族约束，而士族不容许皇权侵犯其特殊地位和权益，使得司马氏重振皇权的努力均以失败告终。士族之间，也努力保持平衡，不容许任何一姓士族独自坐大。皇权与士族共治天下，维持相对稳定的政局以对抗北方割据政权。在东晋门阀政治中发挥重要影响的士族为维护门第而争夺中央议政权和州郡军权，消耗了东晋王朝的整体实力。

淝水之战后，因士族当权人物不再具备像王导、谢安那样的才能，孝武帝倚重会稽王司马道子伸张皇权，门阀政治格局难以维系。社会矛盾激化，长期受压制的次等士族趁机发展势力，皇权得以摆脱门阀士族而逐渐强化。

二　寒人典机要与南朝皇权重振

九品中正制本是为适应汉末军阀割据、社会动荡情形下士人播迁、选举困难局面而创立，结果选举权被大族垄断。到西晋时，出现"上品无寒门，下品无势族"的现象。在选拔官员过程中，逐渐出现资品与官品对应、资品与父祖功劳资历相关联的趋势，由此形成一个高贵而相对封闭的社会等级。当时官分清浊，悠闲而不负实际责任者为清官，庶务繁剧者为浊官。士族子弟只希望有机会参议朝章大典，不屑于处理繁杂的具体事务。尽管东晋不乏如王导、谢安一类既有风流才行，又有经世之能的士流，也不乏如陶侃那样务实勤勉的士大夫，但"居官无官官之事，处事无事事之心"成为士流向往的行为风范，慕清鄙浊、浮华务虚如王徽之者更多。

南朝创业之君多出身寒素，先掌握兵权，再通过禅让方式取得政权。为加强皇权，皇帝多重用寒人，由此形成寒人掌机要的政局。中书省是掌出纳帝命、草拟诏令的决策机构，其属吏中书通事舍人虽为八品小官，因传递奏疏，出宣诏令，参与决策，权势显赫，多由寒人担任。为监督州镇军政，皇帝借助负责管理文书的典签一职，要求州郡要务均需经过典签签署方可执行，而典签都由寒人执掌。刘宋时期，农家出身、目不识丁的沈庆之官至侍中，小贩出身的戴法兴在孝武帝时任南台侍御史兼中书通事舍人。齐武帝以出身寒微的纪僧真为中书舍人，他根本不看好士族子弟的行政能力，认为学士们不堪经国，只会读书。梁武帝虽宽待士族，但实际事务交由寒门庶人负责。在看

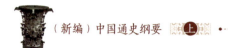

重门第的社会环境下，寒人深感自卑，急切希望通过积极参政获取荣华富贵，往往刻意迎合君王意愿，因此容易受到君王信用而成为权臣，但他们不重视节操，得势后易利用权势贪污受贿，以致祸害国家。

与寒人兴起相始终的历史现象，是门阀士族的衰落。东晋南朝政府实行土断、放免奴客等措施，削弱士族势力。南朝家族析分现象十分普遍。家族析分后，财产分散，各分支关系逐渐疏远，宗法观念淡漠，动摇了家族的社会基础。东晋南朝时期多次发生的农民起义和统治集团内部相杀，使得士族整体实力减弱。自刘宋以后，门阀士族虽担任高官，位尊望重，但大多无实权，尤其不掌管军权。因此时高门大族门户地位已确立，中书令、尚书仆射、三司等高官为士族占据，门阀士族子弟"平流进取，坐至公卿"，鄙弃实务和武功，日渐丧失作为文化贵族当具有的文化素养和处理实际政务的能力，反而试图通过标榜门第、讲究郡望、区别士庶、反对婚姻失类等途径来维持其社会地位。只要门第不衰，他们就能享受父祖荫庇，过着锦衣玉食、雍容闲适的贵族生活，所以士族子弟崇尚明哲保身，将政权转移视作家产改换主人。士族在南朝不断遭受政治打击，到陈朝时，其政治影响力、人才实力都已一蹶不振，但仍保持着强大的社会力量，始终掣肘南朝中央权力。他们养尊处优，肤脆骨柔，不耐寒暑，以致在侯景之乱和江陵之变中，转死于沟壑之间，亡身于兵刃之下，其势力被严重削弱。

三 北朝国家重构与皇权政治

八王之乱后，北方陷入混乱纷争局面，曾出现多个少数民族建立的政权。这些政权大多抱持本族中心主义观念，利用或役使其他民族，常常面临境内异族人民反抗。为此，各少数民族政权建立和发展起一支以本族成员为核心的军队，将其部署在京畿和重要城镇、要塞，实行军政合一的统治方式。其他处于游离状态的少数民族民众和北方汉人所结成的军事力量，被迫依附于强大的少数民族集团，受其控制。部族兵制统治极易瓦解。一旦本族皇室子弟为争夺皇权而互相残杀，使得本族军事势力削弱，其他依附或对立状态的部族则乘机取代其统治。因此，北方割据政权的军事统治始终处于不稳固状态。

自汉代以来，为应对战乱，北方豪强大族联合宗族、乡党、姻亲、故旧、门生、义故、部曲、宾客结成坞壁自保。坞壁聚集少则数百家、多则数千家甚至上万家民众。豪强地主担任坞主或壁帅，一面组织生产，一面组织武装力量保护坞壁。部曲或佃客成为士族的苞荫户，对坞主有程度不等的封建依附关系。他们只对割据政权缴纳赋税，割据政权不干预坞堡内部生活。十六国后期，百室合户或千丁共籍现象相当普遍。坞堡数量众多，具有一定独立性，成为政权频繁更替的重要影响因素。

为适应辖域内少数民族和汉人共存的局面，北方少数民族政权大都采取"胡汉分治"的政治策略，即对汉族采用汉制，对本族或其他少数民族采用部族制。在职官设置和制度层面，采用"胡汉杂糅"方针，传统汉族政治制度与其本族政治制度并存。

十六国时期，各政权的开创者大都经历过称号从王到天王再到皇帝的变化过程，其中11个少数民族政权采纳汉代以来的五德终始说，通过标榜自身承继五德推移顺序，将政权置于中国正统王朝之列，以此来确立政权合法性，表现出统治集团在国家意识形态上对汉人传统观念的接受。

北魏建国之初，柔然势力强盛，每年冬天都进入大漠以南劫掠。为阻止柔然南侵，拓跋珪6次大规模出征柔然，最终削弱柔然汗国的势力，北魏的政治重心得以从争夺阴山南北草原地区转向争夺中原地区。拓跋氏在进入中原的过程中，为缓和与汉族的矛盾，逐渐学习汉人政治制度。拓跋珪即位后，曾下诏解散各部落，分土定居，不准迁徙，改游牧生活为定居生活，部落贵族成为国家编户，部民成为国家直接控制的人口。明元帝拓跋嗣招纳豪门强族和先贤贵胄，获取他们的支持。山东、河北的一些世家大族逐渐改变对北魏政权的态度，参与到政治、礼仪、法制建设中。太武帝拓跋焘废除掌管朝政的六部大人，设立尚书省、秘书省，修改律令。他积极笼络世家大族。不少士族子弟应召到平城，被安置在中书省或秘书省，或参议政事，或掌管图籍，或从事教学。拓跋焘灭南凉后，河西地区士族大多被迁入平城，从事文教活动。大批汉人进入平城政权，改变了北魏统治阶层的民族结构，促进了北魏政权封建化。

北魏前期，政治上仍实行"胡汉分治"政策，保留"胡汉杂糅"特色。中央行政机构分为内行官和外朝官两个系统。地方上，为取得世家大族支持，承认士族对坞堡享有自治权，以坞帅为宗主，督护百姓，实行宗主督护制；在少数民族和汉人混居的边要地带设立军镇来管理，实行镇戍制。北魏中期，为稳定统治并长久立足于内地，冯太后、孝文帝更多采用汉族传统的政治、经济制度，并实行官制改革，合并内行官和外朝官。北魏政府对境内百姓重新编定户籍，健全州郡机构和地方基层组织。以上制度大多被东魏、西魏、北齐、北周所继承。西魏宇文泰信任汉族名士苏绰，采纳其"六条诏书"（治心身；敦教化；尽地利；擢贤良；恤狱讼；均赋役）为治国方略。北周武帝时，延续并改革西魏的府兵制度，并实行劝课农桑等措施，增强国力。

北方长期割据纷争的过程中，先后建立起统治时间长短不一的少数民族政权，为适应民族混居而实行部族制、胡汉双轨制，后来转而推行封建化政策，进行建设多元一体民族共同体的多种尝试。北朝推行各项政治制度以建立健全政府机关和社会基层组织，各项经济制度则以整顿土地、清理户籍为主要手段，落实国家对土地、人口、赋税的管理。这些措施和制度巩固了皇权，加强了中央集权，为重建大一统政权奠定了坚实的基础。

第三节　南北迥异的经济发展路径

为应对战争需求，魏、蜀、吴三国实行屯田政策，重视发展水利，促进了社会经济恢复和发展。孙吴和蜀汉建立，为江东和西南输入劳动力和先进技术，促进了南方开发。东晋十六国和南北朝对峙时期，南北方经济走上不同的发展道路。在政府保障士族特权的政策支持下，大土地所有制成为主要土地占有形式，商品经济逐渐复苏、活跃。十六国时期频繁的战争使得政府恢复和发展生产的努力常付诸东流，大土地所有制发展一定程度上受限。北方政权拥有较多国家直接控制的土地，为保持自耕农数量，创立均田制和租庸调制，并被隋唐沿用。南北朝政权都存在大量依附民，以部曲佃客制为特征的人身依附关系始终存在。

一　江南开发与大土地所有制推广

自东汉末年以来，中原地区战乱不断，立足于江南的六朝（孙吴、东晋和南朝）社会相对安定。北方流民不断南下，为地广人稀的江南输送大批劳动力，带来先进的农具和生产技术。南方少数民族与汉族逐渐交融，学到先进的技术和经验。六朝时期江南地区迎来开发的黄金时期。

六朝以前，南方普遍种植水稻，并采用原始火耕水耨的耕作方式。六朝时期，耕作方式得到改进，在水田整地技术、田间管理方面取得一定成就。政府采取"水旱兼济"的农耕策略，积极引进、推广以粟麦为主的旱地作物。先进的铁犁和牛耕以及积粪肥田、精耕细作技术得到应用。东晋初期，区种法自北方传入南方，不但增强了江南农作物的抗旱能力，提高了单位面积产量，而且有利于不宜稻作的山地、丘陵开发。另外，六朝政府积极兴修水利工程，曲阿新丰塘、吴兴狄塘、乌程吴兴塘、句容赤山塘、广陵裘塘、豫州仓陵塘、荆州江陵大堤等都沿用多年。这些水利工程在灌溉农田、防洪减灾方面发挥巨大作用，极大地提高了生产效率。

经过长期开发，江南农业取得很大进步。农作物种类大大增加，粮食、蔬菜、果木等农作物种类繁多。谢灵运的庄园始宁墅里种植的粮食作物有稻、菽、麦、胡麦、胡麻、大豆、小豆、香粳、粟等。不仅平原地区的荒地被开辟为良田，不少丘陵、山地、湿地也被开垦出来。其中，洞庭湖、鄱阳湖、太湖流域成为重要粮食产区。三吴地区百姓勤劳务农，丰年则粮食可供数郡，最为富庶。荆州田土肥美，堪称南楚之富。受自然条件限制，江南各地发展并不平衡，岭南、福建等山区腹地较落后。

六朝时期，江南大土地所有制持续发展。孙吴世家大族"僮仆成军，闭门为市。牛羊掩原隰，田池布千里"。东晋豪强大族封山占湖现象非常严重，如刁氏占据山泽，奴客纵横，为京口一霸。咸康二年（336），晋成帝下令禁止占山护泽，但无济于事。南朝宋孝武帝颁布占山令：允许百官及百姓按官品高低占有一定数额的山泽，一品、二品3顷，以下每降两品减少50亩，九品及百姓1顷；已占足者，不得再占，不足者可依法补足；先已封占并继续经营者，不追回；若有违犯，依律处置。此令本为限制豪强大族侵占山泽土地，但以法律形式肯定了私人占有山林川泽的合法性。此后，以屯封别墅为主的大土地所有制发展迅速，贵族豪强占据的土地跨山越岭。孔灵符在永兴的地产方圆33里，水田旱地共265顷，包括2座山、9处果园。谢灵运在会稽经营始宁墅，面积广阔，资源丰富，还可缫丝织布，烧炭制陶，采蜜酿酒，养鱼造纸。大庄园高度自给自足，只有盐需购入。地主占山护泽虽然有利于开发江南山林川泽，但他们不择手段，严重影响到普通民众的生活，加重了对百姓的剥削。

除屯封别墅，各种形式的国有土地也是大土地所有制的组成部分。东晋南朝的军府和州县都有公田，并由吏民耕种。

二 江南商品经济发展与赋税制度

魏晋南北朝时期，虽然自给自足的自然经济占据重要地位，但商品经济仍有一定程度的恢复和发展。南方相对安定，加之有大批劳动力和先进的生产技术输入，农业、手工业发展较快，因此商品经济发展远远超过战乱不断的北方。

南方市场上的商品种类繁富，不仅有米谷、食盐、水产品、禽肉、茶叶、绢帛、纸、席、漆、蜜、蜡等生活日用品，各种农具、手工业生产工具及耕牛等，还有专供豪门贵族的奢侈品，如明珠、翠羽、香料、象牙、珊瑚、琉璃等。

商业发展促进了城市繁荣，南方出现了不少商业都会。其中，都城建康最为繁华。梁代建康城人口有28万户，城区面积扩大，东西南北各40里。城内有以大市、北市、东市、斗场市等大小市场，形成众多商业区，可与汉代的长安、洛阳相媲美。此外，京口、广陵、吴兴、会稽、山阴、宣城、毗陵、余杭、东阳等都是著名的商业都会，城内有繁华的市场。除正规市场，在州县城郊或交通枢纽处自然形成了临时性草市。长途贩运贸易十分活跃。东晋元兴三年（404），建康发大水，上万商船被摧毁。南北互市和国际贸易也相当频繁。刘宋、北魏两国元嘉之战期间，双方仍维持互市。齐、梁、陈三代，南北方政府间聘使贸易和边境互市未曾间断。东晋南朝不但保持着与西域的陆路交通，还与南海诸国、朝鲜半岛、日本甚至大秦、波斯、天竺等国保持着密切的贸易往来，海上丝绸之路十分繁荣，广州成为重要的国际贸易港口。

政府对维持市场良性发展和征收商税相当重视。东晋南朝设市

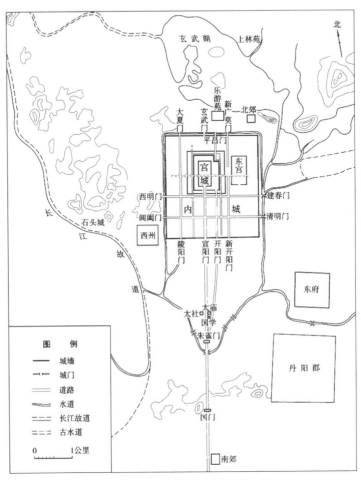

图5-6 东晋、南朝建康城平面复原图

令，或称市长，下有市吏、录事。东晋会稽内史王彪之针对山阴市店肆混乱、偷税漏税现象，曾颁布《整市教》以整顿市场秩序。商税成为国家财政收入的重要来源，大体可分为三类。其一，市税，又称市租、市调，是商人在官立市区内占有一定场所而缴纳的税。其二，估税，又称文券税，是交易成功后由买卖双方缴纳的交易税，买方与卖方分别承担交易额的3/100与1/100。大宗或特定商品的交易，立有契券，称为输估；小额日常交易不立文券，称为散估。二者税率相同。其三，关津税，即通过关津时缴纳的税，其法定税额高达1/10，实际征收时甚至超过这一限额。南方水运发达，政府在河埠津口建有不少桁渡、牛埭，因此关津税中还有桁渡税、牛埭税。二者逐渐成为关津税之外的独立税目。此外，政府还针对不少单项货物抽税，如鱼税、木材税、皮毛税等。南朝商税征收还通过竞标方式承包给私人。包税制加重了百姓负担，各朝多提出从优核减，但几乎都成一纸具文，未见执行。

太康元年（280），西晋正式制定户调制，规定：丁男为户主的户每年纳绢3匹、绵3斤，以妇女为户主或次丁男为户主的户每年征收减半；边郡民户只纳规定数目的2/3，更远者纳1/3；少数民族按地方远近，每户纳賨布1匹或1丈。以上户调数额只是平均标准，实际征收时采取九品混通的办法，根据屋宅、田桑等家赀多少将农户分为9等，按其等位高低征收不同数量的绢绵，但征收总量必须与各地丁男、丁女和次丁男户数须纳户调总额相等。大概赀产满3000是缴纳户调的最低标准。地方富户常利用权势，将负担转嫁给普通百姓。州郡官吏为完成征收任务，计赀苛刻，以致百姓砍树揭瓦以缴纳重赋，加剧了社会不平等，生产发展因此受阻。刘宋时周朗提出按人头缴纳户调。梁、陈改为按丁征收户调。

户调征收品常为纺织品，还可以折纳货币。东晋时期，麻、布比重不断增加。永明四年（486），南齐推出按比例折纳货币的制度，准许扬州、南徐州将当年户租的2/3纳布，1/3折换为钱。折纳货币说明当时商品经济的发展，但由于货币严重短缺，币制混乱，钱贵物贱，百姓的赋税负担因此大为增加。

三　北朝的均田制与租庸调制

　　鲜卑拓跋部建国后，逐渐由游牧向农耕转化。官僚贵族大肆兼并土地，导致农民破产流亡。为发展农业，解决粮食问题，并与贵族官僚争夺人口与土地，北魏统治者试图改革土地制度。当时中原地区存在大量无主荒地，官府掌握着不少官田废地，为改革提供可能。太和九年（485），北魏发布均田令，推行均田制，主要内容有以下几方面。

　　其一，15岁以上的男子受露田40亩、桑田20亩；妇人受露田20亩。为满足轮耕需求，露田加倍授给受田人。露田不得买卖，不得种桑榆枣果；年老免课，身死还田。桑田为个人永久所有，不需还官，且在一定条件下可以买卖，可以种谷物。受田人必须遵照政府规定在桑田里种上一定数量的桑、榆、枣树。不宜种桑的地区，男子受麻田10亩，妇人5亩，还受法同露田。

　　其二，奴婢受田与良人相同。耕牛每头受田30亩，限4牛。

　　其三，土广民稀处，若民有余力，政府可借地给百姓，任其超额耕种。土狭民稠处，民众应受田而无田可受，可迁徙至地广的州郡，但不得逃避赋役。新迁来的百姓，3口给1亩宅居地。若不愿迁往宽乡，以桑田抵新丁的正田，如仍不足，则正田减额。地足之处，不得无故迁徙。

　　其四，因犯罪发配远方、没有子孙及绝户者，墟宅、桑榆地都收为公田，转分给他人。分配前，可借给亲属耕种。

其五，官吏给公田，刺史15顷，太守10顷，治中、别驾8顷，县令、郡丞6顷。离职时交给下任，不得买卖。

十六国以来，北方继承西晋户调制。北魏前期规定：每年每户帛2匹、絮2斤、丝1斤、粟20石，调外之费帛1匹2丈。太和十年（486），配合均田制，北魏实行新的租庸调制，以一夫一妇（一床）为征收单位：一夫一妇每年出帛1匹、粟2石；15岁以上未婚男丁4人、从事耕织的奴婢8人、耕牛20头，分别出一夫一妇的租调；麻布之乡，改帛为布；调帛中，每10匹以5匹为公调（入国库），2匹为调外费，3匹为内外百官俸禄；80岁以上老人允许1子不服役，老弱病残及特困户由三长内居民轮流赡养。

均田制并未触动豪强地主已占有的土地。地主因有奴婢和耕牛而受田，所以并不是平均分配土地，但政府将国家控制的土地和无主荒地分配给农民耕种，使农民拥有一定数量的私有土地。露田不准买卖，一定程度上抑制了土地兼并。新的租庸调制与均田制相辅相成，改变以往赋税征收的混乱状况，有利于调动农民生产积极性，有利于开垦荒地，发展生产，在减轻农民租调负担的同时，增加了国家财政收入。

东魏、北齐和西魏、北周沿用了北魏的均田制和租庸调制，具体措施有一定变化。

东魏和北齐前期，土地兼并严重。河清三年（564），北齐颁布均田令：男子受露田80亩，妇人40亩，不再给倍田；每丁给20亩桑田，不宜种桑处给麻田，作为永业田；奴婢受田与良人相同，受田奴婢数按照奴婢主人的官品高低，限制在300人至60人之间；丁牛1头受田60亩，限4牛。同时，北齐相应调整租庸调制：18岁至65岁的农民须输租调，一夫一妇调绢1匹、绵8两、垦租2石、义租5斗；未婚者纳半床租调，奴婢缴纳平民租调的一半；牛调绢2尺、租1斗5升。政府增加了奴婢租调，以限制地主豪强。但由于豪强势力强大，政治昏暗，常常根据奴婢、丁牛先占满均田定额，贫民连分内定额都未能满足，实施效果极差。

西魏初期即颁行均田制。北周明确规定：有室者（一夫一妇）受田140亩，丁者（未娶妻）受田百亩。18岁至64岁的农民须输租调，一夫一妇每年纳绢1匹、绵8两、粟5斛，麻乡纳布1匹、麻10斤。未娶妻者纳半数。18岁至59岁者承担徭役，丰年30天，中年20天，下年10天。在颁布均田制和租庸调制同时，宇文泰整顿吏治，颁布"六条诏书"，使其得以顺利推行，有效抑制了土地兼并，促进了经济的发展。

北魏确立的均田制和租庸调制一直沿用至隋及唐前期，对其后几百年的经济社会恢复与发展产生了长期影响。

四 部曲佃客制与人身依附关系的变化

魏晋南北朝时期，由于战乱频发、大土地所有制发展，流亡百姓增多，依附民大量出现，最终形成以部曲佃客为特征的人身依附关系。

东汉末年，大姓豪强纷纷组建私人武装。原来作为军队编制名称的"部曲"，开始专门用来指私兵。这些私人部曲既是作战士兵，也从事农业生产，而且同客一样，身份日益卑微。三国时期，在曹魏士家制度和孙吴世袭领兵制下，士兵社会地位进一步降低。刘宋后期，战争频发，将帅纷纷招募士兵。百姓苦于赋役繁重，争相投充，部曲数量大大增加，其中有相当部分从事农业生产。北周后期第一次确定部曲的身份。建德六年（577），周武帝下诏放免奴婢为平民，但"若旧主人犹须共居，听留为部曲及客女"。诏书说明若奴婢留为部曲或客女，就没有独立户口，只附注在主人户下，身份高于奴婢，但低于普通编户民。这表明部曲身份与佃客相当。此时部曲和军事已没有必然关系，多是大土地所有制下的直接劳动者，对主人有较强的依附性。

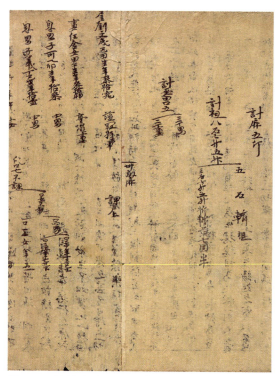

图5-7　敦煌文书S.613V《西魏大统十三年（547）瓜州效谷郡户籍》（局部）

客的本义是外来人，但东汉末期大量流亡百姓投庇豪强以躲避徭役，成为大族豪强的依附民。荆州豪强刘节荫庇宾客千余家，从不服役，县长司马芝强征其宾客王同等人为兵。可见，此时国家并不允许豪强私占宾客。曹魏实行屯田制，将编户民变为国家依附民，后期又将租牛客户（屯田客户）赏赐给公卿大臣。孙吴实行复客制，将屯田民和战俘赏赐给功臣为客。这些客不承担国家赋役，这实际上是国家承认了豪族荫占依附民的合法性。长沙走马楼吴简中，以"佃客""衣食客"等称呼依附民。晋武帝即位后，一度禁止募客，但太康元年（280）颁布的户调式规定贵族官僚享有以下特权。其一，可按官品高低荫占依附民：一品、二品50户，三品10户，四品7户，五品5户，六品3户，七品2户，八品、九品1户；六品以上可荫衣食客3人，七品、八品2人，九品1人。其二，可按品级高低荫庇亲属，多者九族，少者三世。户调式虽明确限制士族官僚拥有的依附民数量，但第一次在法律上明确了客的依附民身份。太兴四年（321），晋朝再次强调各级官员依品荫客限额：一品、二品佃客不得超过40户，以下按品递减5户，至九品5户。南朝时，流民多依托大姓为客，被称为"属名"或"程荫"。在北方，十六国时期出现的坞壁，既是军事性防御组织，也是经济性生产组织。以宗族、乡里为纽带的坞壁主和坞壁农民本质上是地主与依附民的关系。北魏前期实行以宗族为基础的宗主督护制，承认旧有依附关系。荫附者不承担官役，豪强征敛比公赋更重。无论是坞壁农民还是荫附者，与佃客身份、地位基本相同。

　　这一时期的史籍中常见"奴客"并称，一方面因佃客身份卑微化，另一方面则因奴的客化。朝廷不但严禁掠卖和卖人为奴婢，且多次大规模放免官私奴婢，但这些奴婢大多不是成为编户民，而是成为依附主人的佃客。魏晋之际，奴婢不再作为赀产而是作为人口记入户籍，其数量成为国家人口总数的一部分。在《西魏大统十三年瓜州效谷郡户籍》中，官府将奴婢作为在籍人口中的贱民计入家口数。这表

明：尽管魏晋以后奴婢在法律上仍被视为主人的财产，但社会地位有所提升，与部曲、佃客逐渐混同。

此外，南北朝时期还有营户、隶户、军户、屯户、牧户、乐户、金户、伎作户等专属国家的依附民。南朝梁、陈和北朝中叶后，随着佛教兴盛、寺院经济发展，寺院有作为依附民的佛图户和僧祇户。前者以罪犯或官奴充任，供寺院杂役，兼营田输粟；后者每年向寺院缴纳60斛谷物。

第四节　人口迁徙与民族交融

自东汉中后期以降，北方少数民族不断内迁。曹魏时期，西北诸郡都是少数民族居住地，关中人口百余万，其中戎狄占一半。公元3—5世纪从北方、西方迁徙到中原的少数民族中，以五胡影响最大。实际上，这一时期活跃的少数民族还有丁零、乌桓、夫余、高句丽等，以及被称为巴人、蛮人、俚人、僚人的南方族群。北方各少数民族政权统治者大都欣慕华夏文明，采用五德终始说来论证政权合法性，在官制、政治措施、文化教育方面借鉴汉族政权。北魏孝文帝改革推行汉化最彻底，影响最深远。虽然北齐时期一度出现鲜卑化现象，但汉化始终是民族交融和历史发展的主流。在南方，随着江南的开发，少数民族与汉族的交往增多，交融加速。经过数百年民族间交往交流交融，各少数民族融入中华民族大家庭中，为中国文化注入新的活力，进一步增强了中华文明的凝聚力。

一 魏晋南北朝时期的人口迁徙

自公元前1世纪至公元6世纪，全球气候变冷，出现了全球性移民浪潮。战乱、饥馑、灾荒导致大量民众离开故土而成为流民。北方少数民族或因受丰美水草和定居生活吸引而向中国内地迁徙，或因民族间冲突而转徙他地。北方人口向南方大迁徙成为这一时期蔚为壮观的移民洪流。此外，还有在官府主导下，被征服地区百姓被迫强制迁徙，或山区民众迁徙到平原丘陵地带，如孙吴征服山越后，要求住在深山老林的山越出山。

西晋惠帝即位后，连年旱灾，饥荒严重。元康六年（296），匈奴郝度元发动反对西晋的叛乱。秦州、雍州百姓为避难而向汉中、巴蜀流移。关中氐族、羌族拥立氐族齐万年为帝，主要在屯山（今陕西乾县）一带活动，长期与晋军作战，直到元康九年被西晋政府平定。巴氐人李特在此阶段从关中流亡到汉中，并进一步迁徙到四川，建立成汉政权。为镇压李特集团，西晋政府征发荆州武勇，反而激起武勇叛乱。他们在河南、湖北、湖南、江苏各地活动。部分关中流民沿汉水进入河南。当李特进入四川时，有巴蜀流民数万家从四川沿江东进入湖北、湖南。他们拥立杜弢为首，转战湖南、江西，最后被东晋将领陶侃镇压。河北王弥集团寇掠山东、河南。因匈奴刘渊势力扩张，并州（约今山西省）百姓先后追随并州刺史转任都督邺城诸军事的司马腾、东海王司马越、王浚，活动于华北各地，时间长达百余年。这些流民被称为"乞活"。

在北方，流民从关中迁徙到河西走廊以及河湟谷地，从关东迁徙到幽州、平州，从山东半岛迁徙到辽东半岛，从华北的冀州（今河

北省南部）、并州地区迁往华东的兖州（今山东省西部）、青州（约今山东省）。永嘉五年（311），洛阳陷落，大量百姓从中原前往相对安定的凉州（今甘肃省）。

永嘉之乱后，从华北逃亡到江南的流民达90万人。后赵政权解体、淝水之战后前秦政权衰落，再度掀起南迁高潮。此后直到宋泰始年间（465—471），出现过多次北方流民南迁高潮。这一时期主要有东、中、西三条迁徙线路。

东线：分别以淮河及入淮支流和沟通江淮的邗沟为主要水路，辅以陆路交通。今河南、山东和安徽、江苏北部的司州、豫州、兖州、青州、徐州诸州移民大多由此线南渡，今山西、河北的并州、冀州、幽州流民渡过黄河后由此线向南迁徙。由今河南和淮北渡过淮河的北人常居留在淮南，或沿陆路南下到皖南、赣北沿江地带。由今山东、豫东南下的流民多居留于泗水边的彭城、下相、淮阴一带，或渡淮居于苏北，或由邗沟南下广陵（今江苏扬州），过江后到京口（今江苏镇江），定居江南。少数人由山东或苏北经海路到广陵或江南，甚至到达东南或南方沿海。本线起点和终点分别是北方和南方经济文化最发达地区，这是最主要的线路。永嘉乱后宗室、官僚、世家大族多由此线南迁。

中线：起点主要是洛阳和关中，分别由洛阳经南阳盆地，或由关中越过秦岭东南经南阳盆地，或由关中越过秦岭至汉中盆地顺汉水而下，最后汇聚于襄阳，再由汉水下行。今甘肃、陕西、山西和河南西部的秦州、雍州、梁州、司州、并州流民多走此线南迁，居留于襄阳、江陵等汉水流域和长江中游地区。还有部分民众从南阳盆地向东南越过桐柏山、大别山进入江汉平原。

西线：今甘肃、宁夏、陕西、青海境内的凉州、秦州、雍州流民，穿越秦岭栈道进入汉中盆地，或沿剑阁道继续南下入蜀，或定居于嘉陵江流域和成都平原，或由今甘肃南部沿白龙江向东南迁徙。蜀地发生战乱期间，部分流民沿江东下，进入长江中下游。

南北朝时期，人口迁徙仍在继续，但只是余波。北魏与夏在关陇的战争，宋、魏与氐人间的反复争夺，都导致关陇和汉中流民多次迁徙，最终流入巴蜀。随着北方汉化程度加深，民族矛盾缓和，除因政治斗争失败、逃避惩处、边地灾荒等投奔南方，或南朝对北方军事胜利而强制徙民外，较大规模的南迁不复存在。

东晋南朝对境内少数民族如蛮族常发动掠夺性徙民，但迁徙频次和规模都较此前减弱。侯景之乱、江陵之变和梁陈易代之际，梁朝宗室、官僚和难民避难而北迁者不少。承圣三年（554），西魏攻破江陵（今湖北荆州），掳掠男女数万口为奴婢，押送到长安。这批人在周武帝时才被解除奴婢身份。北周初期一度与陈交好，约定允许境内流寓人士返还本国。陈朝灭亡后，陈朝皇帝及王公百官全部被迁到长安。陈朝皇室子孙被安置在陇右、河西诸州，直到隋炀帝时才被召还京师，随才叙用，为官四方。

六镇之乱后，北方战乱频仍，边地人口大量内迁。东魏、西魏和之后的北齐、北周之间因被俘、归附、投降等而产生不少新移民。天平元年（534），高欢迁出邺城（今河南临漳西南）以西百里内居民，以安置魏静帝等40万户。建德六年（577），周灭齐后，将并州军民4万户迁往关中。

东魏、北齐在对北方和东北诸族、北周用兵时，曾迁徙不少人口到内地。突厥利用北周、北齐间战事，频频掳掠中原人口。北齐灭亡后，突厥人不断南侵，东起幽州（今北京市）、西至酒泉（今甘肃酒泉），均深受其扰。

大体上说来，魏晋南北朝时期的人口迁徙可分为以下几种。

第一，政权间的掠夺性迁徙。政权或势力集团为保障物质生产和充足兵源，掠夺对方人口，既削弱对方实力，又可弥补自身不足。南方政权和北方河西、辽东地区的政权较少采用掠夺方式，而黄河中下游的政权不断掳掠周边人口。十六国和北朝前期掠夺人口频繁，后期则相对减少。游牧民族常以掳掠手段获取物资和人口，作为战利品

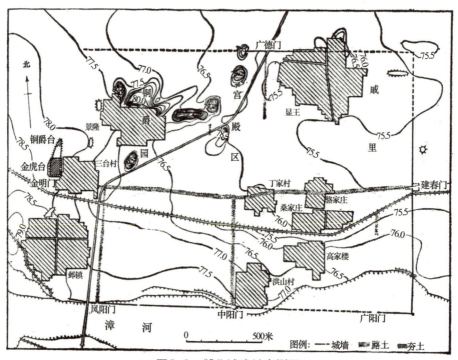

图5-8　邺北城遗址实测图

赏赐或充为奴婢。五胡十六国时期，近150年间，徙民规模远远超过1500万人。

第二，政权内部的强制性迁徙。伴随军事据点转移、各军事集团之间战争等，各政权不断强制性将人口迁至都城周围及其他指定地点。十六国和北朝政权为保持本民族的绝对军事优势和政治力量，常将本族人口集中到都城一带，或将其他民族迁到便于控制的地区或边远地区。因政权关系变动复杂，为避开外敌造成的压力，或因领土缩小，或从地方政权向中原政权变迁，统治者屡次迁都以确保在诸国分立状态下掌握对都城地区的主导权。而每次迁都，都伴随着数万人规模的人口移动。关中和关东是各势力争夺的焦点，长安和邺城曾被多个政权作为首都。那些不再作为首都的城市成为战略据点和人口移动的中心。北魏孝文帝迁都洛阳，带来上百万南迁人口，还吸引来各地和境外大批移民。东晋南朝政权强迫边远地区少数民族移民，以补充兵源或充当官私奴婢。冉闵曾勒令青、雍、幽、荆州徙户及诸氐、羌、胡、蛮族数百万人各还本土。

第三，基于民族区别的意识，汉族中上层人士在意华夷之辨而选择迁居汉族政权所在地或汉人聚居地。

第四，社会动荡时期，以宗族为核心形成流民集团，表现出强烈的宗族性、地域性、集团性。流民队伍并非只有汉族。巴氐人李特率领部族从关中流亡到四川。淝水之战后，鲜卑部族从关中迁徙到关东。太元十一年（386），2万卢水胡进入长安。东晋南朝为安置移民而实行侨州郡县制，后来实行土断，将侨民纳入户籍，加强对民众管理，正为应对人口迁徙居留问题。

尽管迁徙动因有别，就其结果而言，延续数世纪的人口大迁徙在造成社会动荡、资源消耗的同时，促进了南方开发和南北方民族交融。

二 孝文帝改革与北方民族大交融

早在秦汉时期，青藏高原上的羌族不断东迁。东汉时期，大批羌人被迫迁徙到今甘肃、陕西。汉末，先零羌、湟中羌响应黄巾起义，被董卓镇压后参与军阀混战。羌人长期与汉族杂居，汉化较深。

自汉末三国以来，不少北方少数民族南下中原，与汉人混居。建安年间，曹操将匈奴分为五部，择立酋长为帅，选汉人为司马监督匈奴。魏末，改帅为都尉。左部都尉所统万余落，居住在太原兹氏县（今山西汾阳）；右部都尉领6000余落，居祁县（今山西祁县）；南部都尉统3000余落，居蒲子县（今山西隰县）；北部都尉领4000余落，居新兴县（今甘肃武山县）；中部都尉统领6000余落，居大陵县（今山西文水县）。西晋初，塞外匈奴数十万人内迁到并州各郡与汉人杂居，其中平阳（今山西临汾）、上党（今山西长治）为匈奴聚居中心。依附匈奴的羯族伴随匈奴内迁，分布于上党地区。南匈奴内迁、北匈奴西迁之后，鲜卑人辗转迁徙而占据匈奴故地。当匈奴、鲜卑大规模南迁后，丁零中的翟氏部分部族进入中原，大部分仍留在漠北。因其车轮高大，而被称为高车，漠北人称其为敕勒。北魏太武帝征服敕勒数十万落，将其迁居漠南草原。留居漠北的敕勒被柔然征服。487年，以副伏罗部为首的十余万落脱离柔然统治，西迁到车师前部（今新疆吐鲁番），建立高车国。

曹魏时期，曾从武都迁徙20多万氐人到关中扶风、始平、京兆及天水、南安诸郡。西晋初，氐族杨氏返回略阳（今甘肃秦安东南），后占有武都郡（今甘肃西和），建立仇池政权。

吐谷浑本是鲜卑慕容部一支。4世纪自内蒙古的西拉木伦河流域（今内蒙古赤峰市）西迁，途中不断吸纳匈奴人，到青海地区后，兼并氐、羌部落，控制青海、甘肃地区，势力强盛。南北朝初期，吐谷浑遣使与刘宋、北魏通好，北魏不断出兵讨伐。太平真君六年（445），吐谷浑被迫西逃占据于阗（今新疆南部），后又迁回青海地区。

柔然由匈奴、乌桓、鲜卑等融合而成，4世纪末在蒙古高原崛起。在征服高车后，柔然势力强盛，常与北魏作战。在北魏太武帝打击下，柔然部落离散，后来向西扩张，兼并高昌，征服西域龟兹等国。高车脱离柔然控制后，柔然势力渐弱，被突厥所灭。

突厥最初生活在今叶赛尼河上游。因受匈奴骚扰，突厥迁居高昌北山（今博格达山）。柔然攻破高昌时，掳掠突厥人为锻奴。6世纪，高车与柔然争战，突厥乘机摆脱柔然控制，逐渐强盛。546年，突厥酋长阿史那兼并高车5万余落；553年，突厥击溃柔然，统一漠北，成为北朝政权的主要边患。

十六国北朝时期，政权的频繁更换和民族间的迁徙、征战和分化，改变了少数民族原有的社会结构。民族混居、人口流动的加剧，使民族交融呈现出复杂的样态。北魏统一北方后，民族交融一度表现为拓跋鲜卑对其他民族的同化。北齐甚至有明显的鲜卑化趋势。北朝后期，一些汉族子弟学习鲜卑语，以迎合统治阶级的需要，边镇地区的汉人也有胡化现象。但是，匈奴、鲜卑、氐、羌等少数民族的汉化，始终是北朝时期民族交融的主要趋势。至北朝末期，内迁的匈奴、鲜卑等已与汉族区别不大。

由于北方政权多为少数民族建立和掌权，民族交融主要表现为少数民族统治集团主导下的汉化。东汉末，匈奴贵族自以祖辈曾被西汉皇帝认作外孙，改姓刘。匈奴刘渊师事上党崔游，学习儒家经典。他即位后，以崔游为御史大夫，以大儒卢志为太子刘聪之师。前赵刘曜在长安设立太学和小学，招收年龄在13—25岁之间的匈奴和汉人子弟入学，选明经笃学的宿儒为师。羯人石勒虽不识字，却喜欢让人为他讲诵史书。他设立太学和郡国学，实行秀才、孝廉试经之制，提倡儒学。氐族苻坚广修学宫，每月3次到太学考试诸生经义，实行奖惩制度以督学。他重用汉人王猛，甚至不惜打击反对王猛的氐族贵族，以确立全民汉化的政治方向。羌族长期与汉族混居，汉化较深。后秦建立伊始，姚苌即采用汉制。姚兴礼聘名儒到长安讲学，生徒多达万余人。他还常与名儒讨论道艺、名理。

鲜卑拓跋什翼犍为代王期间，起用汉族士人，分置百官，开启汉化之路。北魏建立前期，在改革鲜卑旧俗、加速汉化问题上，统治阶层未达成一致意见。真正推动北魏政权汉化的是出身于汉族的冯太后和孝文帝。493—499年间，孝文帝迁都洛阳后，推行一系列汉化措施：其一，穿汉服。要求百姓穿汉服，不得穿胡服。其二，改籍贯，禁归葬。迁居洛阳的鲜卑人籍贯为河南洛阳，死后葬于洛阳，不得归葬北方。其三，禁胡语，说汉话。规定30岁以下朝官必须说汉语，否则贬黜；30岁以上朝官可逐渐学说汉语。政府公文中鲜卑语名词禁止音译，改用汉文，如"可汗"改为"皇帝"。其四，改汉姓，禁止鲜卑同姓通婚，倡导鲜卑贵族与汉族大姓通婚。鲜卑族人的复姓改为汉人的单姓，如皇族拓跋氏改姓元，独孤氏改姓刘。孝文帝纳汉族士族如清河崔氏、范阳卢氏之女入后宫，其弟元勰娶陇西李氏李冲之女为妻。其五，尊孔崇儒，推行汉化教育。修建孔庙，祭祀孔子，并提供田产给孔子后人，命其敬奉孔子香火。孝文帝积极创办学校，组织搜集、整理汉籍，鼓励鲜卑人学习汉文化。他还参照汉制改革官制、修订法律，推行"士族化政策"。改革遭到一些鲜卑贵族守旧派如元丕、太子元恂的反对，但改革本身顺应了民族交融的客观趋势，达到了促进民族交融的效果。

政治层面的汉化之外，民族间生产和生活上的交流交融相当丰富。生产方面，长期过着游牧生活的少数民族，逐渐向半农半牧演变。马、骡、

图5-9　北魏司马金龙墓石雕柱础

骆驼等牲畜的驯养及治疗技术被带到中原地区。鲜卑和匈奴人制造精良钢刀的技术传播开来。生活方面，自东汉中后期以来，少数民族的生活用品、饮食、服饰大量进入内地。汉人胡服胡食、胡汉通婚日益寻常。胡乐、胡舞流行，为汉文化融入了新鲜活力和异域色彩。北齐时汉族士大夫子弟学习胡语、胡乐，成为时髦现象。随着民族大迁徙，鲜卑、吐谷浑、高丽、龟兹、疏勒、西凉、高昌、康国、天竺等地音乐的传播及胡笳、琵琶、羌笛等乐器的输入，使汉族传统音乐异

彩纷呈。少数民族利用的药材也逐步进入汉人的医疗生活。

长期民族混居使不同区域各民族文化不断吸收与交融，促进了多元一体民族共同体的形成，丰富了中华文明的内涵。河北文化含有匈奴、羯及鲜卑慕容部、拓跋部的文化因素，河西文化含有氐、羌、鲜卑秃发等部的文化因素。胡人汉化和汉人胡化同步进行，最终熔炼出华夷一家、包容开放的盛唐时代。

三　衣冠南渡与南方各族的交融

魏晋南北朝时期，孙吴与南朝政权建立后，在开发江南过程中，面临与南方少数民族的冲突与交融。中原汉人因战争、经商或动乱而转徙江南，其中规模最大、影响深远的是一批士族南迁。他们率领家族成员，先后占据沿江一带水土丰美的地带，甚至深入今宣城、九江、南昌等地。他们定居江南，促进了汉文化与南方少数民族文化融合。

山越是南方越人的后裔，分布在今江苏、浙江、安徽南部、福建、广东等山区，从事原始农业、渔猎。他们不纳赋税，常出山劫掠，或聚集起来反抗孙吴统治，成为孙吴内患。嘉禾三年（234），孙权以诸葛恪（203—253，琅邪阳都人，吴大将军）为抚越将军，负责招抚山越。诸葛恪一面坚壁清野，一面招抚劝慰。十余万山越人被迫陆续出山。官府择其强壮者入军，命其余越人迁居平原地区，纳入国家户籍管理，或赏赐给功臣和世家大族作为佃客。山越人逐渐融入汉族之中。

汉代以来，今云南、贵州和四川南部地区生活着西南夷。蜀汉政权建立后，注意搞好夷汉关系。建兴元年（223），刘备去世后，益州郡（今云南晋宁）大姓雍闿起事，鼓动族人反蜀附吴。牂牁郡（今贵州遵义）太守朱褒和越巂郡（今四川西昌）豪酋高定等起兵响应。南中诸郡相继叛乱。建兴三年（225），诸葛亮亲征南中。他采取攻心术，使南中酋帅孟获信服，最终平定了南中。为改善民族关系，他选用当地汉人或少数民族首领担任地方官吏，并尊重少数民族的风俗习惯。

东晋南朝政权面临如何与南方蛮、僚、俚、僝等境内少数民族相处的问题。蛮族主要生活在今两湖地区的山壑峡谷中。这一时期，武陵蛮北上荆州（今湖北江陵）、雍州（今湖北襄阳）一带，生活在人迹罕至的深山中。一部分武陵蛮进入北魏南境。一些原居南郡（今湖北江陵）的蛮人迁徙到庐江郡（治今安徽庐江）。最大的一支蛮族部落分布在西阳（今湖北黄冈）。刘宋政府规定：归顺的蛮民，一户只需缴纳数斛谷，没有其他杂调。因官吏屡次违背政令，肆意榨取蛮民，激起蛮人不断反抗，刘宋连年派大军征讨。苦于赋役繁重的贫民多逃入蛮中。

僚族生活在今四川和陕西南部。他们常被掠卖为奴婢。成汉末，僚人大量涌入巴西、广汉、资中、阳安、渠川等郡，攻占郡县，导致成汉灭亡。蜀人东流后，僚人占据险峻之地，依山傍谷而居。与汉人杂居者被纳入编户，缴纳租赋；居于深山者，则不输赋。

俚族生活在今江西南部和广东北部。他们往往聚居于山洞中，尚武善斗，体形和语言与汉人有别。受汉文化影响，他们多为天师道信徒。

俚族生活在今广东和湖南南部、广西东南部山区，民风轻悍。元嘉十三年（436），北魏攻灭北燕，北燕宗室冯业率领300人航海归宋，定居新会（今广东新会北）。自冯业至冯融，冯氏三代担任地方长官，但不被土著信服。高凉（今广东茂名）人冼氏世代领部落十余万家。梁大同（535—546）初，时任罗州刺史的冯融让儿子高凉太守冯宝与俚人首领冼挺的妹妹冼英结婚，从此改变冯氏虽为守牧而号令不行的困境，得到俚人全力支持。冯宝去世后，冼夫人安定岭南数州，助陈朝平定广州刺史欧阳纥之叛。陈朝灭亡后，岭南奉冼夫人为首领，号"圣母"。冼夫人迎隋将韦洸入广州，让其孙冯盎率军助隋平叛。她身穿戎装护卫隋使裴矩，招抚诸州。隋封冼氏为谯国夫人，

图5-10 竹林七贤与荣启期砖画

开府管领六州部落兵马。冼夫人颇具胆识，审时度势，致力于安定地方，协调汉俚关系。

南朝政权不断向深山老林、偏远地区开发，设置左郡、左县管理少数民族，将他们编入国家户籍，收缴租赋，或将他们送往京师作营户、充军。

综上，伴随着孙吴、蜀汉、东晋南朝政权的统治向南方纵深推进，土著居民与汉族的交往、交流与交融与日俱进，逐渐融入中华民族的大家庭中。至隋代，生活在今湖南、江西、湖北等地长期与汉族混居的少数民族，大多与汉人差别不大。生活在偏僻山区的少数民族，则言语不通，保留了浓厚的本族习俗。

魏晋南北朝时期是中国继春秋战国之后第二个大的转型时期。经过近4个世纪的政权兴灭、版图分合，重新建立起大一统王朝。经由三公九卿制解体到三省六部制形成，皇权经历被权臣和门阀限制而衰弱的低谷，得以重振；中央集权和官僚政治从制度上得到强化。大土地所有制发展和依附关系加强，极大程度上约束了国家经济实力。商品经济受到战争和分裂影响，呈现曲折上升趋势。世家大族因政治斗争和家族析分而实力削弱，但在社会上仍相当有影响力。大规模人口迁徙、民族流动，使得民族交流交往成为常态，民族交融成为主流。权威思想经历了崩溃而重建的过程。如何应对国家治理，寻求社会安定？如何解答人生困惑、消解死亡焦虑？对此，魏晋南北朝士人在重释先秦经典、融汇异域文化的思考中，逐渐确立以儒家为主体、儒道互补、儒佛道合一的文化结构，展现出中华文明高度的继承性、创新性和包容性。

本章参考文献

白钢主编：《中国政治制度史》，天津人民出版社2016年版。

曹树基：《中国移民史》第二卷，福建人民出版社1997年版。

晁福林：《中国古代史》，北京师范大学出版社2016年版。

陈寅恪：《隋唐制度渊源略论稿》，生活·读书·新知三联书店2001年版。

高敏主编：《魏晋南北朝经济史》，上海人民出版社1996年版。

葛兆光：《中国思想史》，复旦大学出版社2013年版。

翦伯赞：《中国史纲要》（增订本），北京大学出版社2006年版。

李泽厚：《美的历程》，生活·读书·新知三联书店2009年版。

马良怀：《崩溃与重建中的困惑：魏晋风度研究》，中国社会科学出版社1993年版。

唐长孺：《魏晋南北朝隋唐史三论》，中华书局2011年版。

田余庆：《东晋门阀政治》，北京大学出版社2012年版。

阎步克：《波谷与波峰——秦汉魏晋南北朝的政治文明》，北京大学出版社2017年版。

袁行霈主编：《中华文明史》第四卷《魏晋南北朝》，河北教育出版社1992年版。

张岂之主编：《中国历史·秦汉魏晋南北朝卷》，高等教育出版社2001年版。

张荣强：《汉唐籍帐制度研究》，商务印书馆2010年版。

赵毅、赵轶峰主编：《中国古代史》，高等教育出版社2010年版。

本章图片来源

图5-1　河南省文物考古研究院编著：《曹操高陵》，中国社会科学出版社2016年版，彩版图79。

图5-2　中国地图出版社授权使用。

图5-3　王晓琨：《无问西东：锡林郭勒考古所见的文化交流与互动》，中国社会科学出版社2022年版，第83页。

图5-4　云冈石窟网站，https://www.yungang.org/dzb/index，2023年11月21日。

图5-5　嘉峪关长城博物馆网站，http://www.jygccbwg.cn/articles/2018/11/05/article_38_77078_1.html，2023年11月21日。

图5-6　《中国考古学·三国两晋南北朝卷》，中国社会科学出版社2018年版，第74页。

图5-8　中国社会科学院考古研究所、河北省文物研究所、邺城考古工作队：《河北临漳邺北城遗址勘探发掘简报》，《考古》1990年第7期。

图5-9　山西博物院网站，www.shanximuseum.com，2023年11月21日。

图5-10　南京博物院网站，https://www.njmuseum.com/zh/zoomPreview?id=465&n=0，2023年11月21日。

第六章

隋唐五代

　　隋唐五代是中国地主封建社会中期的开端，生产关系迅速发展，隋与唐前期依然实行均田制，土地国有制较为发达。安史之乱后，土地所有制与赋税制度发生显著变化，以"两税法"实施为标志，与均田制相适应的封建国家土地所有制日益衰落，土地私有化程度逐渐上升。

　　隋唐五代是中国古代文明发展的又一个高峰。从三省六部制确立到中书门下体制变革，政治体制建设有力地保证了国家稳定，为中华文明发展提供制度保证。这一时期农业生产大发展，城镇商业繁荣，为中华文明发展提供经济基础。隋唐制度与文化同样对日本、新罗等周边国家产生深远影响。从唐代开始，瓷器成为中国出口的大宗货物，甚至远销至地中海，深受世界人民喜爱。瓷器成为继丝绸之后，中华文明又一重要物质文明标志。

　　隋唐五代是突出体现中华文明传承性、创新性与包容性的时期。唐朝在延续汉代以来中华文明发展轨迹的基础上，充分总结吸收南北朝时期的各种创新因素，形成了较完善的均田制、租庸调制、府兵制、科举制等制度，建立起较完备的律令体系，推动了盛世的到来。随着政治经济形势发生新变化，唐代也出现使职差遣、两税法等新的制度探索，为此后中国制度文明的发展提供了新的方向。唐代陆上丝绸之路鼎盛，海上丝绸之路开拓，大量舶来品及艺术、宗教等进入中原，唐人以开放的胸怀对外来文明兼收并蓄，为中华文明增添了新的元素。

隋唐五代是中华民族多元一体格局形成的重要时期，突出体现了中华文明的统一性与和平性。唐太宗对待华夷"爱之如一"的观念成为中国古代各民族相互尊重包容的典范。这一时期数量众多的各民族百姓在中原生活，极大地促进了各民族交往交流交融，唐朝与周边民族在不断互动中增进交流。隋唐时代结束了南北朝数百年的分裂局面，再次实现统一，国力强盛，百姓富足。五代十国虽然是分裂时期，但五代在更替中孕育着新的统一因素，南方诸国则重视保境安民、发展经济，为宋代再次一统和文明发展奠定基础。

第一节　隋朝再造统一

公元581年，北周外戚杨坚受禅称帝，建立隋朝，是为隋文帝。开皇九年（589），隋灭陈，结束了此前近300年的分裂时期，再造统一局面。隋文帝励精图治，开创开皇之治，隋王朝盛极一时。仁寿四年（604），杨广即位，改元大业，是为隋炀帝。炀帝自恃天下富强，大兴土木，四处巡狩，干戈屡动，民力为之耗尽，到大业七年（611），农民战争爆发，天下纷扰。大业十四年，炀帝在江都之变中被杀。隋朝虽然享国短暂，但在中国历史上却具有承前启后的重要地位，不仅在政治上结束了魏晋南北朝的分裂局面，奠定了新的统一格局，而且在制度建设上对唐以后的王朝产生了深远影响。

一　隋朝的立国

隋朝建立　隋朝立国之时，经历近300年政权分立与民族冲突的交流时代，已经出现明显的国家统一与民族融合的历史趋势。特别是北魏孝文帝改革后，北方尖锐的民族矛盾得到极大缓和，经济得到一定发展，军事上逐渐对南朝取得较大优势。虽然北魏此后分裂为东魏、西魏，继而演变为对峙的北齐、北周，但在隋朝建立前夕的建德六年（577），北周灭北齐，重新实现北方统一。同时，长江上游的益州（治今四川成都）等地已在北周统治之下，割据江陵（今湖北荆州）的后梁是北周的傀儡政权，南朝势力范围不断被压缩，南北统一势在必行。北周武帝在统一北方后，曾立志平突厥，定江南，一两年间使天下一统，但在建德七年意外染病去世。继位的宣帝昏庸无度，即位1年便将皇位传给他7岁的儿子，是为静帝，自己则以天元皇帝名义掌权。当时北周政治矛盾尖锐、内外离心，为杨坚取代北周提供契机。

杨坚出身关陇军事政治集团，为北周宣帝皇后杨氏之父。大象二年（580），宣帝去世，杨坚得到大批汉族官僚与鲜卑权贵支持，入总朝政，并于次年登基称帝。表面看来，杨隋代周同魏周禅代一样，是政权在关陇集团内不同家族间的转移，但其背后隐藏着一个重要变化，即在这一政治集团中，起主导作用的力量已经由鲜卑贵族变为汉人贵族。在平定三总管之乱后，杨坚下令西魏时宇文泰改为鲜卑姓氏的汉族文武大臣恢复汉姓，自己由原来的姓名"普六茹坚"恢复为"杨坚"。恢复汉姓标志着杨坚进一步与宇文氏和鲜卑贵族划清界限，随后杨坚废除北周六官，"依汉、魏之旧"，表明自己是汉文化正统的代表者。

平陈之役 隋朝建立之初，面临北有突厥，南有西梁、陈朝的局面。杨坚取得政权后，很快进行了针对陈朝的战略部署，任命贺若弼为吴州总管，镇广陵（今江苏扬州），韩擒虎为庐州总管，镇庐江（今安徽合肥），但经历多年的充分准备才大举伐陈。其间，隋朝初步解决了北方突厥问题。突厥是北朝末年崛起于塞北草原的游牧民族，有数十万精锐骑兵，许多部族都归附其下，6世纪中叶更成为北亚草原霸主。为争取突厥支持，北周、北齐争相向其请求和亲，并倾府库之财与之交好，突厥自然乐得坐山观虎斗，佗钵可汗甚至说："我在南两儿常孝顺，何患贫也！"隋朝建立后，文帝决定对突厥采取强硬政策，不仅在边疆修缮长城、囤聚重兵，更采纳长孙晟提出的远交近攻、离强合弱策略，利用突厥内部矛盾，联络西面的达头可汗，最终在开皇三年（583）出兵击败东面的沙钵略可汗。随着东、西突厥之间的相互攻伐和东突厥内乱爆发，沙钵略可汗只得转而与隋朝交好，开皇四年沙钵略请赐此前和亲突厥的北周千金公主为杨姓，并上表称臣，隋朝由此解决了北方的后顾之忧。

隋文帝为平陈进行了周密计划，采纳尚书左仆射高颎建议，每于江南水田早熟之时声言偷袭，以废其农时，不断削弱陈朝经济基础，并麻痹陈军。开皇七年（587），隋朝又派大军屯驻江陵，废去后梁，为平陈做好准备。开皇八年，隋文帝下诏列数陈后主昏乱无能之状，并抄写30万份，遍谕江南。同年十月，隋文帝以晋王杨广、秦王杨俊、信州总管杨素等为行军元帅，率军50万，从长江上游、下游及海路大举南征，诸军皆受杨广节度。面对大兵压境的隋军，陈后主犹自纵酒作乐，并言："王气在此。齐兵三来，周师再来，无不摧败，彼何为者邪！"都官尚书孔范附和说："长江天堑，古以为限隔南北，今日虏军岂能飞渡邪？"其政治腐朽可见一斑。十二月，杨素自永安（今重庆奉节）出三峡，击败长江中上游的陈朝水军，与秦王杨俊合兵于汉口（今湖北武昌）。开皇九年正月初一，长江下游的隋军发起总攻，贺若弼、韩擒虎部趁大雾分别自广陵、横江（今安徽和县东南）渡过长江，对陈朝首都建康（今江苏南京）形成夹击。同月，贺若弼、韩擒虎攻入建康，生擒陈后主，陈朝灭亡。隋朝实现南北统一，结束了西晋灭亡以来近300年的南北分裂局面，为隋唐盛世奠定了坚实基础。

平陈之后，隋文帝采取了一系列巩固统一策略。他将均田制和租庸力役制推广到江南，又将隋初所铸新币推行至陈朝故地，实现货币统一。与此同时，文帝着手统一度量衡，颁布开皇新制，为市场交易和百姓缴纳租调制定统一标准。统一多民族国家的进程在隋代得到进一步发展，开皇九年（589），突厥启民可汗带领部众南下归降，隋朝与北方民族的关系进入和平发展阶段。隋朝的再造统一及其巩固策略弥合了南北差异，完成了民族大融合历史进程。

大运河的开通及其影响　隋炀帝时，大运河开凿是维护与巩固国家统一的重要举措。以隋代大运河为前身的今京杭大运河，是世界上开凿最早、里程最长、工程最大的运河，北起今北京，南到今杭州，全长近1800千米，对中国南北地区之间的经济、文化发展与交流起到巨大作用。

隋代大运河分为四段：一是通济渠。主要连接黄河、淮河两大水系。大业元年（605）三月，炀帝下诏"发河南诸郡男女百余万开通济渠"，至当年八月即竣工。该渠分东、西二段，西段起自东都洛阳西苑，循东汉阳渠故道至偃师入洛水，由洛水入黄河；东段起自板渚（今河南荥阳市北）东行汴水故道，至今河南开封别汴水折向东南，经蕲水故道再入淮河。通济渠因是炀帝巡游所用，亦称御河，唐代改名为广济渠。二是邗沟。主要连接淮河、长江两大水系。大业元年，在开凿通济渠的同时，炀帝"发淮南丁夫十余万，开邗沟三百余里""渠广四十步，渠旁皆筑御道，树以柳"。邗沟即山阳渎，经过隋代的疏浚，自扬州直达淮安，不再向东绕道。三是永济渠。主要沟通

图6-1　隋代运河图

黄河、海河两大水系。大业四年正月，炀帝下诏"发河北诸军男女百余万开永济渠"。该渠南引沁水通黄河，北通涿郡（今北京），是隋唐时期向辽东用兵时运输军需粮草的主要交通干线。四是江南河。主要沟通长江、钱塘江两大水系。大业六年冬十二月，炀帝下诏"穿江南河"。该渠利用六朝以来旧渠重新疏浚加宽，起自京口（今江苏镇江），绕太湖之东，直达余杭（今浙江杭州）。

大运河沟通了海河、黄河、淮河、长江、钱塘江五大水系，奠定了隋唐盛世的水运交通基础。大量粮食通过运河汇聚洛阳，在一定程度上解决了隋朝的粮食转运问题。虽然开凿大运河给隋朝百姓带来了沉重的劳役负担，但对后世意义重大，中唐宰相李吉甫就说："隋氏作之虽劳，后代实受其利焉。"随着唐代江南经济进一步发展，大运河的作用愈加凸显，当时南北船货往来，通行无阻。晚唐诗人皮日休作《汴河铭》，称大运河"北通涿郡之渔商，南运江都之转输，其为利也博哉"！大运河开通是一项伟大的工程，在此后1000多年，它都宛如一条闪光的纽带，连接着中国南北地区，发挥维系国家统一、促进经济发展的巨大作用。

二 巩固中央集权的政治制度改革

为巩固中央集权，隋代在远承汉魏制度基础上，吸收借鉴十六国以来各民族政权制度因素，对礼乐、职官、律令、兵制等方面进行了系统变革。例如，平陈后的开皇十年（590）五月，隋文帝下诏："凡是军人，可悉属州县，垦田籍帐，一与民同。"从制度上确立府兵"兵农合一"的原则。同时，文帝还罢废山东、河南及北方缘边新置军府，使军府集中在关中地区，有利于加强中央对地方的控制。这些都是隋朝府兵制的重大改革。当然，隋代政治制度方面的改革对后代影响更为深远。

三省六部制的建立　三省是指尚书省、内史省（唐称中书省）、门下省，内史省主要负责草拟诏敕；门下省主要负责审议诏敕，如发现有违失，可发回中书重拟；尚书省总领吏、户、礼、兵、刑、工六部，分别负责贯彻各种政令。"中书取旨，门下封驳，尚书奉而行之"，三省各有分工，又彼此制约，共掌国家大政。三省六部制在隋代初步确立，是对秦、汉以来数百年间政治制度发展的总结，奠定了此后中国政治制度的基本框架。

尚书省由东汉时期的尚书台发展而来，魏晋时已成为总揽政务的重要机构。中书省和门下省形成于三国，目的在于分割和限制尚书省权力，但仍属于皇帝的秘书、侍从机构，没有形成独立的权力系统。隋朝建立后，罢废北周附会《周礼》而设立的六官制度，设立了尚书、门下、内史、秘书、内侍五省，其中参与国家政务的主要是尚书、门下、内史三省。同时整顿三省建制，尚书省设尚书令（常缺）及左、右仆射各1人，所属六部各设立四司，形成共二十四司的严整系统；内史省设内史令2人、内史侍郎4人、内史舍人8人；门下省设纳言2人、黄门侍郎4人。大业三年（607），炀帝将侍奉皇帝的部门从门下省移出，同时在门下省设立给事郎，专门负责文书奏案审议，使门下省成为独立处理政务的国家政权机关。三省体制的建立改变了南北朝以来三省与集书、秘书、内侍等省并存的状况，三省成为按职能和政务处理程序分工的有机整体。

在隋代三省政务流程中，门下省居于枢纽地位，中书省起草的诏令要经过门下省下发，尚书省的奏案要经过门下省审读。不通过门下省，尚书省的政令和中书省起草的诏令都无法运转。三省各有分工而又互相依存，共同组成最高政权机关。当然，尚书省从权力与地位来说更加显赫，《隋书·百官志》载尚书省"事无不总"，"朝之众务，总归于台阁"，尚书仆射的品级和权力都在内史令与纳言之上。文帝时尚书左仆射为首相，高颎任此职达19年，综理全国政务。开皇九年（589）后，左、右仆射专掌朝政。文帝末年，因猜忌杨素而逐渐剥夺仆射实权，炀帝大业三年（607）后更是不再任命仆射。唐代三省六部制则在继承隋代基础上不断调整完善，成为走向盛世的制度基础。

地方行政制度变革　在魏晋南北朝时期，各个政权通常都实行州、郡、县三级制，其数量随着时间的推移逐渐膨胀，史称"百室之邑，便立州名，三户之民，空张郡目"。到了隋初，这种情况越发严重，据《隋书·地理志》记载，开皇初年有211州、508郡，官吏众多，十羊九牧，既增加国家的财政负担，又极大影响行政效率。开皇三年（583），隋文帝采纳杨尚希的建议，下诏罢废郡一级建置，以州统县，实行州、县二级制。开皇九年平陈后，在全国重新析置州县，至仁寿年间共置311州。大业三年（607），炀帝再次实施改革，改州为郡，以郡统县，实行郡、县二级制。同时对郡县大加省并，到大业五年存190郡、1255县。行政层级减少和政区整顿，有利于提高行政效率、减少开支，促进隋代的政治经济发展。

此外，隋代还废除了地方长官辟署本地人担任佐官的制度，地方佐官全部改由中央任免。东汉以后，随着豪强大族势力发展，担任地方佐官成为豪强直接控制地方行政的重要方式。隋文帝在废郡的同时，将州县佐官改由中央的吏部任免，每年由吏部进行考核，即所谓"大小之官，悉由吏部，纤介之迹，皆属考功"（《隋书·儒林传》），同时规定刺史、县令3年一迁，佐官4年一迁。从制度上避免了豪强大族长期垄断地方权力的弊端。从此以后，地方财政、军事、司法等各项工作最后都要集中到中央处理，实现了地方权力向中央集中，在中国古代地方行政制度史上可谓划时代的创举。

三　隋朝的灭亡

在隋文帝统治的23年中，除平陈之役及开皇末年对高丽和突厥的两次小规模战争外，社会相当安定。杨坚一直推行劝课农桑、轻徭薄赋政策，他还完善均田制，抑制豪强地主多占土地；整顿清查户口，扩大赋税征收；精简机构，减少政府开支；推行节俭，惩治贪污。在这一背景下，隋朝农业获得长足发展，人口迅速增加。至589年全国统一时，国家控制户口为700万户左右，到文帝晚年的604年，户口已超过890万户，短短15年时间内增加近200万户。政府积累了大量财富，河南、河北诸州的租物运抵京师，相属于路，昼夜不绝，至开皇十二年（592）更是"库藏皆满"。甚至直到唐太宗贞观十一年（637），隋朝留下的京师库藏仍未用尽，可见其财政之充盈。

隋炀帝所继承的，正是这样一个繁荣富庶的国家，史称"炀帝嗣位，天下全盛"。然而，他却滥用民力，大兴土木，四出巡狩，致使民怨沸腾，动摇国家根基，最终未能维持来之不易的统一局面，隋王朝仅统治37年便灭亡。

大型工程方面，炀帝大业元年（605）修筑东都，每月役丁200万，死者十之四五。开通济渠发民百余万。大业三年，发丁男百余万筑长城，死者十之五六。大业四年，发河北郡民百余万开永济渠，"以丁男不供，始以妇人从役"，说明当时河北地区已经丧失大量丁男。

巡狩方面，炀帝在位14年间共8次出巡，其中包括3次南下江都，4次北巡，1次西巡张掖。皇帝亲自巡行，虽然可以促进政治统一和边疆安定，但却消耗大量民力。每次出巡都有众多王公贵族和兵士随从，沿途消耗都要由郡县供给，地方官吏只能盘剥百姓以供所求。炀帝即位后命裴矩赴张掖，掌管西域诸蕃与中国的互市，然而裴矩劝西域商胡入朝，往来相继，所经州郡，疲于送迎。大业五年（609）炀帝西巡时，更"令武威、张掖士女，盛饰纵观。衣服车马不鲜者，州县督课，以夸示之"。虽然达到政治宣传目的，客观上有利于丝绸之路的繁荣，但难免劳民伤财。

对外战争方面，大业七年（611）炀帝筹备攻打高丽，在涿郡集结兵士100余万人，从事运输的民夫200万人。民夫"往还在道，常数十万人，填咽于道，昼夜不绝，死者相枕，臭秽盈路"。又在东莱海口造船300艘，工匠在水中昼夜赶工，"自腰以下，无不生蛆，死者十三四"。炀帝共发动3次对高丽的征伐，已经超过河北百姓承受能力极限。

大业七年（611）炀帝下诏征讨高丽时，山东邹平人王薄就在长白山（今山东章丘）起义，并作《无向辽东浪死歌》，黄河下游百姓纷纷响应。大业九年，炀帝亲率大军第二次征伐高丽，杨素之子、礼部尚书杨玄感在黎阳起兵，兵锋直指东都，勋贵子弟群起响应。炀帝只得自辽东撤兵，虽然很快镇压了杨玄感，但隋朝统治却遭到沉重打击。大业十二年，各路起义军风起云涌，四处攻占郡县。炀帝仓皇之下出巡江都（今江苏扬州），并长住不还，放弃对中原地区的直接控制，起义军获得更大的发展空间。至大业十三年，农民起义军已发展形成3支重要力量，包括翟让、李密率领的瓦岗军，窦建德率领的河北义军，以及杜伏威、辅公祏率领的江淮义军。中原隋军残部被分割包围在洛阳等几个地区，各地官僚贵族如朔方（今陕西横山）梁师都、马邑（今山西朔州市朔城区）刘武周、金城（今甘肃兰州）薛举、武威李轨、太原李渊等相继反隋，隋王朝陷于土崩瓦解的境地。

大业十四年（618），右屯卫将军宇文化及杀炀帝，立炀帝之侄秦王杨浩为帝，引兵十万北上，欲返回长安。不久宇文化及杀掉杨浩，自行称帝，随后被瓦岗军及窦建德等击溃。得知炀帝死讯后，洛阳拥立炀帝之孙越王杨侗为帝，改元皇泰，是为隋末帝。次年，王世充废黜杨侗，改国号为郑，隋朝灭亡。

第二节　从大唐开国到武周革命

公元618年，李渊在长安称帝，建立唐朝，改元武德，是为唐高祖。随后几年内，唐朝相继消灭各路起义军与割据势力，统一全国。经过玄武门之变，李世民登上皇位，在魏徵、房玄龄等名臣匡辅下，以民为本，君臣孜孜论治，最终实现从马上打天下到马下治天下的转型，开创为后世艳称的"贞观之治"。唐代前期是中国古代女性

南海

唐

求流

平

洋

大

流求

南海（涨海）

窟说部

靺鞨

日本海

新罗海

渤海

黄海

东海

东海

室

韦

日本

高利干

回纥

突厥

黄河

唐

长安

长安 ⊙ 西安

江

长

吐谷浑

吐蕃

望郡

部

骠

国

结骨

逻逻禄

昌逻禄

葱岭

逻些 ⊙

吐

蕃

竺

天

波斯

图6-2　唐时期全图（669年）

参政意识最强的时代，武则天借助佛教教义，因缘际会，走向政治舞台中央，天授元年（690）改唐为周，成为中国历史上唯一一位女皇帝。武周政权与李唐一脉相承，在边疆政策、民族关系及选官用人等方面，武则天继承并发展了唐初以来的政策，成为连接贞观之治与开天盛世的重要纽带。唐代前期也是制度建设的重要时期，永徽时期颁行的《唐律疏议》不仅是唐代法典体系核心，也成为后世及东亚诸国刑律蓝本。隋代创立的科举制，在唐代更加完备，成为国家选拔人才的重要途径，其中进士科日渐成为高级官吏的主要来源。

一　李唐建国

唐高祖李渊与隋文帝杨坚一样，出身关陇贵族集团。李唐皇室虽然将其郡望定为陇西，但实际上李氏是起家于北魏武川镇（今内蒙古武川西）的军功家族。李渊祖父李虎在西魏时官至太尉，为八柱国之一，北周时追封为唐国公。隋文帝皇后独孤氏为李渊姨母，故杨、李两家有着较近的姻亲关系。隋大业十三年（617），李渊出任太原留守。面对天下风起云涌的反隋局面，李渊于太原起兵，并借刘武周攻打汾阳宫之机大举募兵。当年六月起事，自称义兵，并于十一月攻克长安。李渊拥立代王杨侑为隋帝，遥尊炀帝为太上皇，改年号为义宁。义宁二年（618）五月，隋帝逊位，李渊在长安即皇帝位，改元武德，唐朝正式建立。

唐朝立国之初控制了关中与河东（今山西），又有各地州县陆续归附，但当时仍有大大小小近50支起义军或割据势力，各自称王称帝，分占一州或数州，亟待统一。武德元年（618）十一月，秦王李世民西讨，擒获占据金城（今甘肃兰州）的薛仁杲；武德二年五月，凉州（今甘肃武威）军将安修仁执李轨降附，唐朝统一河西走廊，解除了西面的后顾之忧。武德三年四月，李世民又击败刘武周，稳定河东局势，七月即率军出击盘踞洛阳的王世充。当时瓦岗军已经瓦解，山东（今太行山以东）最大势力是洛阳的王世充与河北的窦建德，在王世充的请求下，窦建德南下救援，与唐军展开决战。武德四年五月，李世民在虎牢关一举擒获窦建德，王世充随即投降，唐朝取得决定性胜利。同年十月，赵郡王李孝恭与李靖率唐军击败占据江陵（今湖北荆州）的萧铣，消灭江南最大的割据势力，李靖随即安抚岭南等地。武德六年正月，皇太子李建成擒获窦建德部将刘黑闼，稳定山东地区。武德七年三月，李孝恭、李靖又消灭占据丹阳（今江苏南京）的辅公祏。至此，除依附突厥、割据朔方的梁师都外，唐朝基本实现国家统一。

唐朝在统一过程中面临着两个问题：一是与突厥的关系。启民可汗时代，突厥与隋朝保持较为稳定的关系，然而在始毕可汗在位时期，突厥开始与隋朝交恶。隋末唐初之际中原战乱，突厥再次成为影响中原局势的一支重要力量，刘武周、梁师都、郭子和等盘踞边疆的割据势力先后向突厥称臣，并获得突厥封赐的可汗号或官号。其中，梁师都就号称"大度毗伽可汗、解事天子"。唐高祖李渊在起兵之初也曾向突厥称臣。在唐朝逐渐消灭群雄后，突厥除支持刘武周、梁师都等势力南下骚扰外，武德七年几次向关中进攻，威胁长安。武德九年八月，突厥颉利可汗更是率兵直达渭水桥边，唐朝付出巨大的经济代价才换来突厥撤兵。如何应对突厥威胁是唐朝面临的一项重要问题。

二是内部权力斗争问题。李建成虽然是皇太子，但秦王李世民在四处征战中积累了巨大的军功和威望，特别是李世民在武德四年消灭窦建德、王世充后，开馆延请四方文学之士，注意搜罗王佐之才，与太子的争斗开始激烈起来。武德九年（626）六月，李世民发动"玄武门之变"，杀死太子李建成、齐王李元吉，囚禁高祖李渊。八月，李世民即位，是为太宗。"玄武门之变"开唐代宫廷政变之先河，使刚刚统一的唐朝一度面临政治动荡的危险。为稳固统治，太宗任用魏徵、王珪等太子旧部，并派遣魏徵出使河北，实现天下和解，为唐代的承平发展奠定基础。

二 贞观之治

唐太宗统治时期，虽然经济尚未恢复到隋代水平，但国家已进入相对稳定的治世。政治清平安定，经济恢复发展，文化上初步繁荣，国力日益强大，史称"贞观之治"。其特点，一是将民本思想落在实处；二是君臣孜孜论政的政治文化，进谏、纳谏成为风尚。贞观之治的出现，得益于贞观君臣对隋朝速亡历史教训的深刻总结。繁荣富强的隋王朝，不到40年就土崩瓦解，是唐初君臣目睹的事实，故深怀戒惧。如何以史为鉴，实现国家长治久安，成为贞观君臣关注的时代主题。

以民为本，与民休息 民本思想是

图6-3 唐太宗像

中国古代一种非常宝贵的思想传统，所谓"民本"，顾名思义，即"以民为本"，强调百姓是国家之根本。唐太宗认为，"为君之道，必须先存百姓"，只有百姓有最基本的生存和活路，社会才能安定。太宗曾如此比喻："若损百姓以奉其身，犹割胫以啖腹，腹饱而身毙。"贞观君臣能对百姓的重要性有如此深刻认识，与他们对国家权力来源的认识密不可分。太宗曾说"天子者，有道则人推而为主，无道则人弃而不用，诚可畏也"，他并未奢谈天命，将皇权视作上天的安排与恩德，而认为天子只是因为其德行、德政而为百姓所推举，一旦他们失德，则一定会被百姓放弃和反对。魏徵更引古语"水能载舟，亦能覆舟"之说作答，君臣二人的看法高度一致。

更重要的是，贞观君臣将以民为本思想贯彻在朝廷各项重大政策中。在魏徵的建议下，太宗确立"王道"路线，采取一系列与民休息、促进农业生产的措施。唐代政府推行以庸代役，减少徭役征发，即便有兵役、徭役，也注意不夺农时，尽量在冬季农闲时征发。如贞观五年（631）二月皇太子行冠礼，需要征发府兵作为仪仗，但为不误农时，太宗特意将冠礼推迟到十月。太宗亦曾下诏鼓励男女适时婚配，以户口增多作为州县官员的考课项目。鉴于"民少吏多"的情况，下诏省并州县、精简机构，以减轻民众负担。贞观二年，在全国推广义仓制度，平时积累粮食，专门用于饥年赈灾，使百姓有基本的保障。通过这些举措，唐代社会经济得到较快恢复，贞观四年以后连续数年丰收，社会安定，形成"商旅野次，无复盗贼，囹圄常空，马牛布野，外户不闭"的局面。

政治开明，兼听纳谏　贞观之治之所以为后世所称颂，一个重要原因是当时宽松、清明的政治环境，而这种政治环境的形成，与唐太宗及贞观朝野普遍的进谏与纳谏思想密不可分。贞观二年（628），太宗与魏徵谈论治道时，魏徵便指出兼听则明、偏信则暗，并列举隋炀帝偏信内史侍郎虞世基导致危亡的事例。贞观四年，太宗与御史大夫萧瑀讨论隋炀帝"不肯信任百司"时提出，皇帝不可能遍知天下之事，

图6-4　魏徵像

独断专行一定会造成大量讹谬，应与百司商量、宰相筹划之后方可推行。同时下令如果诏敕有不稳便，臣下必须执奏，不能顺旨执行。贞观四年，太宗下诏修复洛阳乾元殿，给事中张玄素即上书切谏，认为兴此大役劳动百姓，其弊更甚于隋炀帝。太宗接受张玄素的建议，停止工程，并赏赐张玄素以资鼓励。太宗经常命令群臣献言献策，布衣马周就因为上言得到太宗赏识，后官至中书令。太宗同时强化谏官职能，规定朝廷御前会议必须要有谏官参与，随时谏言。此外还广任贤良，提倡徇公灭私，开创"志存公道"的局面。太宗坚持兼听纳谏，创造较为宽松的政治环境，减少了决策和政务处理失误。

"天可汗"与中华民族多元一体的推进　贞观三年（629）末，唐太宗趁突厥内乱、实力削弱之机，任命李靖为定襄道行军总管北伐。李靖突袭定襄，于贞观四年三月擒获颉利可汗，强盛一时的突厥

图6-5 《步辇图》

汗国随之瓦解。颉利可汗被送至长安，归附的突厥首领为唐太宗奉上"天可汗"称号，太宗欣然接受，由此成为兼统中原与草原的君主。针对南下的突厥诸部，太宗采取中书令温彦博建议，将其安置在唐朝的北部边疆，并在诸部设立羁縻府州。羁縻府州一般不向朝廷申报户口、缴纳赋税，但要接受所在边州长官征调，并向朝廷进贡。一方面其长官由朝廷册立任命，但另一方面其部落首领则保持原有称号与权力，以传统方式处理本族内部事务，有相对独立的自治权。应该说，这个政策符合唐王朝和各民族的共同利益。贞观二十年，唐朝出兵漠北，击败薛延陀。铁勒诸部使者数千人赴灵州面见太宗，皆愿归附唐朝，请唐太宗为"天可汗"。铁勒诸酋长又请开"参天可汗道"，加强与朝廷的联系。太宗即在铁勒诸部设立6个羁縻都督府和7个羁縻州，同时于黄河北岸设立燕然都护府以统领漠北诸府州。自此，北方草原维持了数十年的安定局面。太宗强调："自古皆贵中华，贱夷狄，朕独爱之如一，故其种落皆依朕如父母。"太宗能够平等对待周边民族，是诸蕃君长心向唐朝的重要原因。

三　武则天与武周政权

武则天为唐高宗李治皇后，后改唐为周，称帝后更名武曌，成为中国历史上唯一的女皇帝。武则天14岁时，被太宗选为才人。贞观二十三年（649）太宗卒，武则天削发为尼，居于感业寺。不久，新即位的高宗将武则天召回宫中，立为昭仪，进号宸妃。永徽六年（655），高宗在司空李勣的支持下废黜皇后王氏，立武则天为皇后。同时，高宗将反对立后的元老旧臣长孙无忌、褚遂良贬死，宰相韩瑗、来济等被贬逐，支持武则天的许敬宗、李义府等则得到重用。"废王立武"标志着西魏、北周以来关陇军事政治集团统治的终结，也意味着中国古代士族门阀政治的进一步瓦解。

显庆五年（660）以后，高宗因"风眩头重，目不能视"，时常让武则天协助决断百司奏事，武则天因天性明敏、涉猎文史，处理事务都妥当称旨，由此得到高宗信任，开始更多地参与国政。随着武则天逐渐用事，高宗担心难以控制，麟德元年（664）命西台侍郎上官仪草诏废掉武则天，最终在武则天的自诉下，上官仪被诬陷致死。上元元年（674），高宗号天皇，武则天亦号天后，并称为"二圣"。弘道元年（683）十二月，高宗卒，传位于太子李显，是为唐中宗。武则天虽被尊为皇太后，但在宰相裴炎的配合下临朝称制，掌握实际权力。嗣圣元年（684）二月，武则天废皇帝为庐陵王，将其幽禁，立豫王李旦为皇帝，是为睿宗，武则天仍然临朝称制。

嗣圣元年（684）九月，武则天改元光宅，改旗帜为金色，同时更改政府机构和官职名称，按帝王制度追尊先祖为王，并立武氏七庙。此举遭到不少大臣反对，李勣之孙徐敬业在扬州起兵，声言匡复庐陵王，裴炎借机要求还政于睿宗。但很快徐敬业就被镇压，裴炎被武则天下狱处死。垂拱四年（688），魏王武承嗣伪造瑞石，上有文曰"圣母临人，永昌帝业"。武则天大悦，加尊号曰圣母神皇，称帝之意越发明显。当年八月，越王李贞等宗室诸王相继举兵，但因起事仓促很快被镇压。

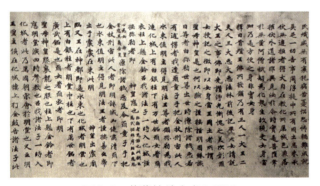

图6-6　英藏敦煌文书S.6502
《大云经神皇授记义疏》（局部）

然而，武力和屠杀并不能解决所有问题。作为一名女性，要登上并坐稳皇位，武则天面临着巨大的困难和挑战。如何制造舆论，向朝野上下宣扬武周政权的合法性与正当性，成为当务之急。在"天人感应"的思想基础上，白雀、嘉禾、醴泉等祥瑞在各地被制造出来，甚至连混浊的黄河水也一度变得清澈，共同向天下百姓展示着武则天的仁德和神圣，证明其改朝换代是天命所在。当然，武则天称帝最有力的支持来自佛教，英藏敦煌文书S.6502《大云经神皇授记义疏》是一份武周革命的政治宣传品。在《大云经》中，有净光天女以女身而当称王于阎浮提国土的记载，《义疏》遂直接采用各种祥瑞与谶言，把武则天与净光天女比附，用以证明武则天称帝的正当性："佛即先赞净光惭愧之美，次彰天女授记之征，即以女身当王国土者，所谓圣母神皇是也。"对无法从儒家政治传统中获取有利资源的武则天而言，来自佛教义理方面的支持，对其政权的合法性极为重要。

载初元年（690）九月，武则天改国号为周，正式登基为皇帝，改元天授，加尊号曰圣神皇帝，史称"武周革命"。自临朝称制至神功元年（697）前后的十余年间，武则天实行威刑以禁绝异议，任用周兴、来俊臣、索元礼等酷吏，罗织罪名，内外大臣大量被杀或流贬，李唐宗室被屠戮殆尽。不过继承人的安排是武周政权的最大症结，武则天以自己的儿子李旦为皇嗣，然而如果李旦顺利继承皇位，武周政权又会变回唐朝。武则天的侄子武承嗣企图争取成为太子，

图6-7　升仙太子碑碑额拓片

但遭到朝野上下一致反对。宰相李昭德、狄仁杰等反复劝谏，提出如果武承嗣即位，按照儒家礼仪传统武则天甚至无法配享太庙。武则天最终选择李显为继承人。神龙元年（705）正月，中书侍郎张柬之等起兵拥立中宗复位，二月恢复唐朝国号。当年十一月，武则天去世，她的时代就此结束。

武则天为培植自己的政治力量，扩大政权社会基础，采取了一系列广纳贤才的措施。她大开制举，选拔较有文化素养和政治才干的

人才，无官者亦可应举，有官者可破格升迁，为低级官吏提供升迁通道。自垂拱四年（688）至万岁通天二年（697），共有8年举行了制举，选拔出张说、张柬之、崔沔、苏颋、卢从愿、刘幽求等著名能臣。武则天还两次下诏令官人及百姓自举，又于长安二年（702）设武举，开创选拔武艺人才的新途径。不拘一格的选拔措施使武则天发现大量人才，包括后来唐玄宗时代的名相姚崇、宋璟等，都是在武则天时期开始崭露头角。

武则天时代是一个制度变革的时期。自高宗时代开始，吐蕃崛起为一支较强的势力，开始与唐朝在西北边疆展开角逐。唐朝无法通过组织大规模行军消灭吐蕃，只能加强边疆防御。至武周时，不仅吐蕃大举进攻安西四镇，北方的突厥政权再次崛起，东北的奚、契丹两蕃也开始与武周军事对抗，边疆形势严峻。此前唐代作为临时征行的行军开始陆续转变为长期驻扎的镇军，边疆军力有限的镇戍体系开始被大规模驻军的军镇体系替代，开启军事体制的变革。此外，武则天时期逃户问题日趋严重，大量百姓为逃避租调和徭役而逃亡。长安三年（703），武则天派出御史进行括户，将逃户追回原籍，开启唐代财政使职的先声。

四　律令与科举制

唐初在继承隋制基础上有所变革，发展了三省六部制、均田制、府兵制等制度，其中影响较为深远的是律令的整合完善与科举制的最终确立。

律令的完善　隋唐在统一的基础上，对典章制度进行了有意识的整合，并将其规范化。隋文帝即位之初便开始着手制定律令，开皇元年（581）即命高颎、杨素等人参酌魏晋南北朝以来的旧律，"更定新律"。次年，又完成令、格、式的修订。仁寿二年（602），再次修订五礼及律、令、格、式。至隋炀帝时，认为仍然有法网深刻之嫌，再次删定律令，于大业三年（607）颁布《大业律》。

唐朝建立之初的武德元年（618），唐高祖便命刘文静等人在《开皇律》基础上编订《武德律》，于武德七年颁布。太宗时期进一步"削烦去蠹"，于贞观十一年（637）颁行《贞观律》。高宗又命长孙无忌等在《贞观律》基础上修订《永徽律》，于永徽二年（651）颁布。永徽三年，高宗又令长孙无忌等对《永徽律》进行具体解释，说明疑义，撰成《律疏》三十卷。永徽

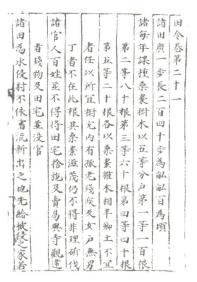

图6-8　明抄本《天圣令》书影

四年，《律疏》与《律》合为一体正式颁行，统称《永徽律疏》，今称《唐律疏议》。《唐律疏议》总结以往历朝的立法经验及司法实践，折中损益，使之系统化和周密化，故其立法比较审慎周详，条目简明，解释确当，成为此后历代刑律的蓝本。

刑律之外，唐朝重视令文的编纂。令是规定国家各种制度的法规性条文，唐朝在武德年间修订唐律的同时也编订了唐令。至贞观初，太宗命房玄龄等刊定，共1590条，分30卷，于贞观十一年颁布。

以后多次刊定，至开元二十五年（737）又经过一次大的整理，定令为1546条。唐令原本今已不存，其条文散见于《唐六典》《唐会要》《通典》以及日本的《令义解》《令集解》等书，20世纪90年代发现的浙江宁波天一阁藏明钞本北宋《天圣令》保存了大量唐令条文，成为复原唐令的重要依据。律、令、格、式的法典体系还广泛影响了东亚各国，日本受到的影响尤为显著。

科举制的确立　科举制是中国古代一种选拔官吏的考试制度。隋朝建立后，废除九品中正制以及州郡长官辟举佐官的制度，各级官吏一律由中央任免。隋代形成以秀才、明经、进士三科选士的格局，唐代在此基础上进一步完善科举制度。

唐代科举分为常科和制科。常举主要有秀才、进士、明经、明法、明书、明算、道举、童子八科。以一般士人参与最多的明经、进士两科为例，官学中完成学业的学生由国子监组织考试，再按规定人数举送尚书省参加各科考试。不在官学的，则要自己向籍贯所在地报名，先由县进行考试，再由州府考试，合格者给予解状，再送到朝廷的尚书省，称为"乡贡"。举子取得解状后，一般是年底随地方的朝集使至京，通过各项审核后，于来年正月参加由尚书省礼部主持（开元二十四年以前为吏部）的考试，称为"春闱"。考试通过之后，再根据身、言、书、判四个方面的标准来进行授官前的铨选。

整体来看，科举制在唐代已经形成一套相对完整的考试流程和选拔规范，保证国家可以选拔到优秀人才。在常科之外还有制举，也称制科，是皇帝临时下诏访求人才的方式，常见的有贤良方正、直言极谏等科。制科有荐举和自举两种形式，但也要通过考试，在形式上一般是由皇帝亲自主持。这就形成了既有常科的标准考试流程，又有制科作为补充的官员考试选拔制度。

当然，唐代科举制度仍然处在刚刚形成的阶段，每年登科的人数并不是很多。但是，科举制的出现为中国古代的官员选拔提供了一种新的思路和方式，且相对来说更为公平，为更广泛的社会阶层提供上升渠道。隋唐确立科举制度之后，此后历代王朝虽然在具体考试内容和取士标准方面各有侧重，但以科举取士作为官吏选拔主要手段的形式一直延续下来。

第三节　开天盛世

唐玄宗在位时期（712—756），无论是在政治、经济、军事，还是文化、艺术、宗教方面，都迈入巅峰时代，因玄宗行用较长的年号为开元、天宝，后人称之为"开天盛世"。在开元之初，姚崇、宋璟相继为相，采取一系列措施，革除神龙以来诸多弊政，使政局走向稳定。开、天时期，人口大量增加，农业、手工业、商业获得巨大发展，社会经济空前繁荣。与此同时，玄宗时期与周边诸民族的关系有了密切发展，丝绸之路传来的外来宗教、思想、风俗等，使唐代文化呈现出多姿多彩的风貌。唐代前期是中国文化富有积极进取的精神和博大胸怀的时代，对这种宏大开阔、昂扬向上的精神，人们称为"盛唐气象"。然而，在盛世的表象之下，孕育着复杂的矛盾，最终酿成

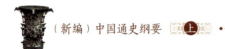

安史之乱，唐朝的繁华一去不返。

一　盛世的到来

开天盛世是从终结乱象中诞生的。神龙政变之后的十年，是大唐开国以来政局最为动荡的岁月。与武则天时代相比，中宗时的朝政更加混乱，野心勃勃的韦皇后和女儿安乐公主一心想步武则天后尘，武三思等武氏家族成员力图保持此前获得的各种特权，朝中的大臣则纷纷拉帮结派，一时间卖官鬻爵、大兴土木，使得朝纲大坏。景龙四年（710）六月，韦后毒杀中宗，立温王李重茂为皇帝，自称皇太后，并临朝摄政，刚刚复辟的唐王朝再次面临被篡夺的危险。危急时刻，临淄王李隆基站了出来，他联合姑姑太平公主，掌控禁军，于六月十九日夜发动政变，杀死韦后与安乐公主，并拥立父亲李旦重登皇位，自己则成为皇太子，史称"唐隆政变"。

很快，极富政治权谋与野心的太平公主发现李隆基不易被控制，开始积极活动，企图说服睿宗换掉太子，却未能成功。两年之后，睿宗下诏传位给太子，但自己仍掌握着军国大事的决定权。太平公主仍不放弃，她在7位宰相中安插4位自己的亲信，并试图控制禁军。先天二年（713）七月，唐玄宗得知太平公主即将举兵作乱的密谋，立即先发制人，粉碎了这次未遂政变，太平公主被赐死于家。至此，玄宗真正掌握军国大权，开天盛世的大幕正式拉开。

玄宗即位后，利用开元元年（713）骊山讲武阅兵之机，罢黜兵部尚书郭元振的兵权，并任用姚崇为相，在其辅佐下进一步稳定政局。玄宗首先是将兄弟宋王成器、岐王隆范等派往外州担任刺史，政变功臣张说、刘幽求等全部外贬，从而杜绝宗王与功臣再次发动宫廷政变的可能。其次是整顿吏治，开元二年下诏将武后以及中宗、睿宗时大量委派的斜封官，以及试、摄、判、知等非正职的冗官予以裁撤精简，并严禁皇亲国戚为人请托。最后是注重恢复社会生产，宽赋敛，节征徭。至开元四年姚崇罢相时，唐朝已政局稳固，姚崇被称为"救时之相"。

开元九年（721），张说重新担任宰相，外放诸王被相继召还长安，表明政局已经彻底稳定下来，社会开始进入承平发展时期。张说奏罢边疆戍兵20余万使其还农，又改用募兵以充宿卫。此时玄宗大兴文治，张说作为当时的文坛领袖极受重用，开元十一年玄宗设立丽正书院，由他担任知书院事。在张说支持下，开元十三年十一月，唐玄宗在东岳泰山举行盛大的封禅典礼，向天地报告自己统治的成功，而突厥、契丹、日本、新罗、大食、日南等周边民族与国家都派使者参加这次盛典，造成一种万国来朝、天下一家的太平氛围。张说极力任用文学之士，并以文章作为选拔官吏的标准。与此同时，玄宗为解决财政问题，任用宇文融等长于吏治的官员以括户、治钱谷。于是朝中形成了文学与吏治两派，相互争斗，直到开元十五年张说、崔隐甫同时罢相，宇文融出为魏州刺史，玄宗同时罢黜两派。此后，萧嵩、裴光庭、裴耀卿、张九龄等相继执政，解决了西北边防、铨选、漕运等问题。

盛世修书，玄宗下令组织编纂《大唐开元礼》与《唐六典》。前者从开元十四年（726）开始编纂，直到开元二十年才得以成书。后者修纂历时更长，从开元十年开始，直到开元二十六年才最终成书。这两部书虽然内容不同，但都是在玄宗制礼作乐背景下修成。《大唐开

礼》主要内容是唐代五礼制度中各种仪式的仪注，而《唐六典》的内容则是唐代各官府机构设置、人员构成及其执掌，它们都是唐玄宗营造盛世的产物，撰作目的是树立本朝典制的权威。

二　玄宗时期的经济与民族关系

社会经济的空前繁荣　开天时期，政治安定为经济发展创造了条件，社会经济十分繁荣。杜甫在《忆昔》诗中写道："忆昔开元全盛日，小邑犹藏万家室。稻米流脂粟米白，公私仓廪俱丰实。"这是中国古代最为人称道的盛世景象。

唐初土地荒废现象十分严重，经过一个多世纪的不断努力，除经营中原的耕地外，还在江淮、沿海、河西乃至西域地区大量开垦荒地，"高山绝壑，耒耜亦满"。据杜佑《通典》记载，天宝年间政府青苗簿上登记的耕地有600余万顷。据估计，当时的耕地面积能够达到800万顷。唐前期人口高速增长，永徽三年（652）全国只有380万户，至天宝十三载（754）增长至918万户，总人口达到5200万人。天宝年间，每年主要国家收入（包括租庸调、地税、户税）达到粟2500余万石，布绢绵2700余万段（屯、匹），钱200余万贯，不仅中央财政有大量储蓄，诸州也仓廪丰实。当时社会物阜民丰，开元十三年（725）玄宗东封泰山，1斗米的价钱为1文，青、齐（今山东青州、济南）地区1斗谷更是低至5文。史称"自后天下无贵物"，两京1斗米不超过20文，1斗面32文，1匹绢210文。所谓"人家粮储，皆及数岁。太仓委积，陈腐不可校量"。从国家到百姓都是一派富足的景象。

社会生产的发展促进了城镇活跃与商业繁荣。唐代京师长安是当时世界上最重要的商业中心之一，城内设有东市和西市，各占2坊之地，市内有220行，共数千家店铺。特别是西市，西域商人大多在此落脚交易，来自粟特（今泽拉夫善河流域地区）、波斯（今伊朗）、大食（今阿拉伯地区）等地的商人云集，四方珍奇货物聚积。仅史籍所见的西市商行就有衣肆、坟典肆、药材行、凶肆、波斯邸、鞦辔行、绢行、秤行、麸行、帛行、张家楼、窦家店、寄附铺等。东都洛阳则设有南市、北市和西市，仅南市就有120行，3000余家店铺。据房山石经题记所见，范阳郡（今北京）及涿州就有米行、白米行、粳米行、大米行、肉行、屠行、油行、五熟行、果子行、椒笋行、绢行、新绢行、大绢行、小绢行、丝棉彩帛绢行、丝绢彩帛行、丝棉行、丝锦彩帛行、丝绸彩帛行、彩帛行、布行、小彩行、幞头行、靴行、曾（缯）行、磨行、炭行、生铁行、新货行、朵货行、朵行、角社等，体现了当时城镇商业的活跃。

繁荣的商业催生了众多富商大贾，玄宗曾召见巨豪王元宝，问他家财多少，王元宝回答说："臣请以绢一匹，系陛下南山树，南山树尽，臣绢未穷。"玄宗不禁为之感叹。当时全国范围内商贸繁荣，货物往来畅通无阻。据杜佑《通典》记载玄宗朝国力的昌盛曰："东至宋（今河南商丘）、汴（今河南开封），西至岐州（今陕西凤翔），夹路列店肆待客，酒馔丰溢。每店皆有驴赁客乘，倏忽数十里，谓之驿驴。南诣荆襄（今湖北荆州、襄阳），北至太原、范阳，西至蜀川（今四川成都）、凉府（今甘肃武威），皆有店肆，以供商旅，远适数千里，不持寸刃。"足见开天时期商业繁茂，道路畅通，行旅安全。

天宝二年（743）三月在长安城东广运潭的一次盛会，可被视作这个富庶时代的标志性事件。陕郡（今河南三门峡市陕州区）太守兼水陆转运使韦坚开凿广运潭，沟通关中漕渠，以通山东租赋。功成之后，他准备了二三百艘船，分别标示各郡之名，每艘船上都陈列了本郡的土特产，如广陵郡（今江苏扬州）的锦、铜镜、铜器、海味；南海郡（今广东广州）的玳瑁、真珠、象牙、沉香；豫章郡（今江西南昌）的名瓷、酒器、茶釜、茶铛、茶椀；宣城郡（今安徽宣城）的空青石、纸、笔、黄连等。这些土特产透露出许多宝贵信息，如安史之乱前唐朝的茶叶生产与消费已颇成规模，宣城已成为文房四宝的生产基地，广州的海外贸易在这一时期有了巨大发展。在望春楼下，这支庞大的船队接受玄宗检阅，成千上万的长安百姓都涌到广运潭边观看。这次盛会展现出开天盛世的繁华与安定。

民族关系的发展 玄宗开元年间，唐朝虽然与吐蕃、契丹等时有军事冲突，但总体来看唐朝在边疆主要采取防御策略，与周边民族关系进一步发展，为开天盛世创造相对稳定的环境。

图6-9 阙特勤碑

唐高宗时，突厥诸部陆续起兵，脱离唐朝控制，在草原重新形成较为强大的政权。默啜可汗时期突厥势力更盛，一度剽掠武周的河北诸县，玄宗初年默啜亦曾与契丹联合，多次侵扰边疆。开元四年（716）前后，默啜可汗在征讨拔野古部落时意外身死，突厥陷入内部动荡，大量草原部落南下依附唐朝，被安置在边疆地区。不久，阙特勤控制突厥政局，拥立其兄默棘连，是为毗伽可汗。毗伽可汗即位后，原打算南下袭掠唐朝边境，但曾成长于唐朝的老臣暾欲谷认为现在唐朝天子英武、人和岁丰，劝止南下计划。开元十三年，玄宗东封泰山，邀请突厥大臣前来观礼，毗伽可汗派遣阿史德颉利发等前来。开元十五年，吐蕃致书突厥希望合兵攻唐，毗伽可汗将书信告知玄宗，唐朝自是开西受降城与突厥互市，每年输送绢帛10万匹。开元十九年，阙特勤去世，玄宗派遣大臣前去吊唁，并为其立碑，玄宗亲自撰写碑文。开元二十二年，毗伽可汗被大臣梅录啜毒杀，玄宗再次派人前去吊唁并为其立碑庙。1889年，俄国学者在今蒙古国境内的鄂尔浑河流域发现阙特勤碑、毗伽可汗碑，皆用突厥文、汉文撰写，是唐朝与突厥关系的重要见证。

玄宗时曾册封多个民族政权，进一步加强了与周边民族的联系。武周时期，粟末靺鞨首领大祚荣以今牡丹江上游敦化、安定为中心建立政权。先天二年（713），唐朝封大祚荣为左骁卫大将军、渤海郡王、忽汗州都督，由此大祚荣政权改称渤海。南诏原为居于蒙舍（今云南巍山西北）的乌蛮部落，玄宗时在唐朝扶持下统一六诏，定都于羊（阳）苴咩城（今云南大理）。开元二十六年（738），玄宗赐名皮逻阁为蒙归义，封云南王。拔汗那为西域古国，在锡尔河中游谷地（今中亚费尔干纳地区），开元二十七年阿悉烂达干帮助唐朝击败突骑施可汗吐火仙，被册封为奉化王。天宝三载（744）唐朝将其

国号改为宁远，嫁义和公主和亲。天宝十三载宁远王忠节遣其子薛裕入唐。

三　盛唐气象

对盛世而言，仅有政治稳定与经济繁荣，是远远不够的，伟大的精神创造尤为重要。盛唐就是这样一个时代，诗歌、绘画、书法等领域涌现出一大批中国文化史上的巨匠，其风格多姿多彩，且大多具有青春勃发、气势磅礴的精神风貌，即后人所称的"盛唐气象"。宋代苏轼曾说："诗至于杜子美，文至于韩退之，画至于吴道子，书至于颜鲁公，而古今之变，天下之能事尽矣。"的确，杜甫、韩愈、吴道子、颜真卿，代表着中国古代文学艺术领域的最高峰，除韩愈之外，其他三位都生活于盛唐时期。

开天时期的画坛群星闪耀，无论是善于表现贵族妇女闲适生活的张萱，长于描绘鞍马人物的韩幹，还是金碧山水画的代表、被称为"大小李将军"的李思训、李昭道父子，以及开创后世水墨山水画传统的王维，都在各自领域里熠熠生辉。当然，最具代表性的大师当属"画圣"吴道子。无论是人物、花鸟，还是台阁、山水，几乎无所不精，他高超的绘画技艺即使是在其生前就已被民间神话。据说吴道子在洛阳景云寺绘制的"地狱变"壁画，将地狱的阴森恐怖描绘得淋漓尽致，甚至使不少以杀生为业的屠户和渔夫因此改行。从流传到日本的《送子天王图》来看，整幅画作兰叶描，并略作渲染，用线挺拔，轻重顿挫似有节奏，衣带随风飘举，与《历代名画记》所描绘的吴道子"虬须云鬓，数尺飞动，毛根出肉，力健有余"

的笔法若合符节。

盛唐的书坛同样精彩。无论是张旭、怀素、贺知章的草书，还是李邕的行书、楷书，都冠绝一时。李阳冰的篆书，更被称为秦代李斯后第一人，颜真卿青年时代同样是在开天时期度过。不过，最具盛唐气象的当数张旭的草书。"张旭三杯草圣传，

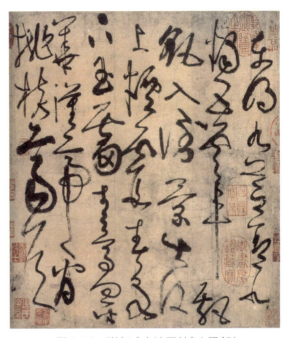

图6-10　张旭《古诗四帖》（局部）

脱帽露顶王公前，挥毫落纸如云烟。"杜甫《酒中八仙歌》将一个豪放不羁、旁若无人的艺术家形象刻画得淋漓尽致，今天，我们依然可从辽宁省博物馆所藏《古诗四帖》感受其满纸云烟的草书神韵。

在盛唐诗坛，杜甫与李白双峰并峙，代表着中国古代诗歌艺术的最高峰。杜甫的意义，不仅在于他写出了被后世称为"诗史"的大量现实主义诗篇，更在于他的诗歌实践已成为后世诗人学习的典范。天纵奇才的李白则更能代表盛唐气象。他的诗歌具有一往无前的豪迈的浪漫主义风格，语言瑰丽，意境辽远，既有"黄河之水天上来，奔流到海不复回"的恣意汪洋气势，也有"天生我材必有用，千金散尽还复来"的乐观与自信，更有"安能摧眉折腰事权贵，使我不得开心颜"的愤懑与坚定。

图6-11　李白《上阳台帖》

"九天阊阖开宫殿，万国衣冠拜冕旒"，盛唐开放的胸襟、包容的心态和繁荣的文化吸引了全世界的目光。来自世界各地的使者、商人、留学生和僧侣，通过水陆两路络绎不绝地来到中国，学习先进的中国文化。他们带来的文化、宗教与风俗，为盛唐文化增添了更多的色彩和活力。

四　盛世危机

盛世的危机　在开天盛世繁华景象下，也孕育着来自朝廷与边疆两个方面的危机。

天宝初年，太子与权相李林甫矛盾逐渐尖锐。如果太子即位，曾策划拥立寿王的李林甫必然会大权旁落，而太子亲信如皇甫惟明、王忠嗣、韦坚等人必然会威胁到他的地位，于是李林甫不惜多次兴起冤狱，以动摇东宫。天宝七载（748），太子附属势力被翦除，玄宗拔擢杨贵妃族兄杨国忠（本名杨钊），逐步形成杨国忠与李林甫争权的局面。天宝十一载，李林甫病逝，杨国忠把持朝政，继续压制太子。李林甫、杨国忠都是中国历史上最为有名的权臣，前者更是独揽朝政达十八年之久，在整个唐朝的历史上极为罕见。开元十一年（723），张说奏改政事堂为"中书门下"，宰相机构开始独立于三省制之外，从此宰相在决策权之外也掌握了行政权，权力越发集中。

　　唐朝边疆军事格局变化造成了更大的隐患。在唐前期的府兵制下，国家战略格局是居内驭外，关中、河南等地的军府数大大超过其他地区，整个军事态势是内重外轻。不过，自高宗、武后时起，为因应边疆形势的发展变化，唐王朝开始实行募兵制，在边地设立大量军镇、守捉，于是又出现统领这些军事机构的使职，称为节度使。唐玄宗时期，节度使制度逐渐完备，自东北至西南边疆形成平卢（治今辽宁朝阳）、范阳（治今北京）、河东（治今山西太原）、朔方（治今宁夏灵武）、陇右（治今青海乐都）、河西（治今甘肃武威）、安西（治今新疆库车）、北庭（治今新疆吉木萨尔）、剑南（治今四川成都）九节度使，以及岭南五府经略使（治今广东广州），形成固定的军政区域，史称"天宝十节度"。这些节度使不仅囤积了大量常备军，战斗力非常强劲，而且天宝以后，节度使又兼任监督州县之采访使，集军、民、财三政于一身。相比之下，内地防卫非常薄弱，除长安的一些禁军之外，基本上没有常备军可言，内地百姓已多年不闻干戈之声，国家出现外重内轻的危险局面。本末倒置的战略格局，为盛世的终结埋下祸根。

　　安史之乱　天宝十四载（755）十一月，身兼平卢、范阳、河东

三镇节度使的安禄山以讨杨国忠为名，在范阳起兵。内地州县承平日久，不修守备，叛军迅速南下，兵锋直指洛阳。玄宗派遣刚好在长安述职的安西兼北庭节度使封常清赴洛阳备战。封常清在洛阳募兵六万，但很快被叛军击败，洛阳失守，封常清一路退守潼关。玄宗斩杀封常清，又委任在京养病的前河西节度使哥舒翰率军驻守潼关。

天宝十五载（756）正月，安禄山在洛阳登基称帝，国号燕，改元圣武。常山（今河北正定）太守颜杲卿与平原（今山东德州市陵城区）太守颜真卿起兵讨安禄山，河北诸郡群起响应。唐将郭子仪、李光弼则率领朔方军队自河东进入河北，与颜真卿等合力，多次击败叛军，安禄山一度想放弃洛阳逃回范阳。在大好形势下，杨国忠因猜忌驻守潼关的哥舒翰，怂恿玄宗命哥舒翰出兵收复洛阳。六月，哥舒翰被迫出兵，与安禄山先锋部队决战，结果唐军大败，潼关失守。玄宗仓促出逃，行至马嵬驿（今陕西兴平西）时兵士哗变，杀死杨国忠并逼迫玄宗缢杀杨贵妃。此后，玄宗逃往成都，太子李亨则北上灵武，计划召集西北边军以收复两京。天宝十五载七月，李亨在灵武即位，改元至德，是为肃宗。肃宗召郭子仪、李光弼返回朔方，同时召集河西、陇右、安西、北庭等西北边军，于阗（今新疆和田）国王尉迟胜亲自率兵随唐军入关，回纥可汗亦遣其长子叶护率兵四千助战。

至德二载（757）正月，安禄山被其子安庆绪杀死。九月，诸路援军集结于凤翔（今陕西宝鸡），天下兵马元帅、广平王李俶（后改名李豫）、副元帅郭子仪率军收复长安。十月，唐军收复洛阳，肃宗还京，安庆绪则退保邺城（今河南安阳）。乾元元年（758）九月，以郭子仪、李光弼为首的九路节度使围攻邺城，先前已降唐的史思明再叛，率军南下救援安庆绪。乾元二年三月，缺乏统一指挥的唐军全线溃退。史思明杀死安庆绪，回到范阳登基，自称大燕皇帝。九月，叛军再次攻克洛阳，与唐军在河南相持。在此前后，唐将鲁炅、张巡等在南阳（今河南邓州）、睢阳（今河南商丘）固守，阻挡叛军南下，保证江南物资对唐廷的补给。

上元二年（761）三月，史思明被其子史朝义杀死。宝应元年（762）四月，玄宗、肃宗相继去世，李豫即位，是为代宗。当年十月，唐军在回纥兵的助战下再次收复洛阳，唐将仆固怀恩率军追击史朝义，河北叛军纷纷归降。宝应二年正月，史朝义自杀，安史之乱终于平定。

安史之乱是唐王朝盛极而衰的转折点，对唐朝的历史进程影响极大。其一，唐朝虽然稳定了统治秩序，但却并未完全消灭叛军势力，由此形成藩镇割据局面。其二，吐蕃借机占领唐朝的河西、陇右，白居易诗曰："平时安西万里疆，今日边防在凤翔。"说的就是唐后期吐蕃的巨大威胁，广德二年（764）吐蕃甚至曾一度攻入长安，安西、北庭坚守至德宗贞元年间也相继陷落。其三，国家控制的人口大幅下降，从天宝年间的900多万户锐减到乱后的不足300万。大量人口南迁，在中晚唐河北财赋不纳于朝廷情况下，江南成为国家财政支柱，使唐王朝得以延续下去。其四，唐

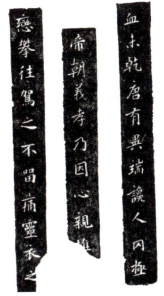

图6-12　史思明玉册

人开放、包容的心态有所转变。由于安禄山、史思明的粟特胡人身份，夷夏之辨重新成为社会关注的话题。虽然唐王朝在安史之乱后又走过100多年，但盛唐那种繁荣、稳定的局面一去不复返。

第四节　中晚唐的困局与变革

在唐朝的繁华之下隐藏着危机，最终引发为期近8年的安史之乱，使唐王朝受到沉重打击。乱平之后，朝廷力图重建权威，并实行诸多政治、经济、军事等改革，不断积蓄力量，为削平藩镇、收复河陇、恢复盛世做出巨大努力。然而，中晚唐的困局，除藩镇问题，还有宦官专权与朋党问题。虽然唐王朝一度出现"元和中兴"的局面，但这些痼疾使得朝廷重建权威的努力最终失败，唐朝无可挽回地走向崩解。

一　藩镇：从安史之乱到元和中兴

安史之乱后朝廷面临的最大困局，无疑是藩镇割据。为尽快平乱，唐王朝先后任命田承嗣、薛嵩、李宝臣、李怀仙等安史旧部担任节度使，借以换取暂时的安宁与秩序。在这些藩镇中，魏博（治今河北大名）、成德（治今河北正定）、幽州（治今北京）合称"河朔三镇"，最为跋扈。藩镇名义上尊奉朝廷，但具有很强的独立性，"既有其土地，又有其人民，又有其甲兵，又有其财赋"，节度使通常由本镇拥立，父死子代，长期割据一方。中唐以后，河朔三镇成为朝廷的心腹大患，时常连兵对抗朝廷，对中晚唐的政局产生巨大影响。此后，淄青（治今山东青州、郓城）、淮西（治今河南汝南）、易定（治今河北定州）、沧景（治今河北沧州）等一度也成为割据藩镇，但以河朔三镇割据时间最长，直至唐末仍未完全平定。不过，正如李德裕所言："河朔兵力虽强，然不能自立，须借朝廷官爵威命以安军情。"河北藩镇的信条是"礼邻藩、奉朝廷，则家业不坠"。显然，经过一系列的武力冲突，朝廷与河北藩镇取得了政治平衡与默契。

在战争进程中，唐朝在内地广泛设立节度使、观察使、防御使、团练使等，以抵御叛军。这些中原藩镇驻扎重兵，赋税基本上供应当道，虽然是唐朝消弭藩镇叛乱的重要力量，但自身也经常发生兵乱，时或出现不听朝廷调遣的藩帅。此外，由于安史乱后失去河西、陇右的天然屏障，为应对吐蕃近在咫尺的威胁，唐朝不得不在长安西、北设立不少藩镇，以拱卫京师安全。这些藩镇同样驻有重兵，除营田自供外，还有大量开支需朝廷供给，时常出现军士哗变。

藩镇割据是困扰中晚唐朝廷的痼疾，地方藩镇军政合一又手握重兵，朝廷却没有能够掌控全局的军事力量，完全依赖藩镇势力之间的平衡关系才得以维持，正如《唐语林》所云："其先也，欲以方镇御四夷，而其后也，则以方镇御方镇。"直到德宗时大力加强神策军建设，这种情况才得以缓解。对于中晚唐朝廷而言，江南八道具有极其重要的地位，史称"两河宿兵，户赋不入，军国资用，取资江淮"。江南诸镇兵力很少，长官多为观察使兼防御使或团练使等，极少用武将出任，且更换频繁，因此受到朝廷的绝对掌控。

代宗时安史之乱虽然平定，但河朔三镇割据自立，淄青（治今山东青州）李正己、山南东道（治今湖北襄阳）梁崇义等效法割据。德宗即位后励精图治，试图武力削藩，建中二年（781）利用成德节度使李宝臣去世之机，拒绝承认其子继承节度使，并出兵重创反叛藩镇，消灭梁崇义。建中三年，河朔三镇及淄青节度使又各自称王，淮西李希烈自称天下都元帅、太尉、建兴王，起兵反叛。德宗急调京西北地区的泾原（治今甘肃泾川）兵驰援。建中四年十月，泾原兵到达长安后发动兵变，拥立前幽州节度使朱泚为帝，德宗被迫逃往奉天（今陕西乾县），史称"泾原兵变"。兴元元年（784）二月，回援京师的唐将李怀光顺势反叛，德宗又逃至梁州（今陕西汉中）。贞元元年（785）叛乱平息，割据藩镇表示服从中央。德宗经此大难，转而对藩镇采取姑息政策，同时加强中央控制的神策军，充实府库，并趁机稳定一些有叛乱倾向的内地藩镇。

宪宗即位后，利用德宗积累20余年之军力、财力，开始执行削藩政策。宪宗首先武力平定有叛乱倾向的内地藩镇，元和元年（806）派神策军平定剑南西川节度使（治今四川成都）刘辟，同年平定夏绥节度使（治今陕西靖边）杨惠琳，元和二年平定浙西节度使（治今江苏镇江）李锜。随后又伺机对割据藩镇用兵，元和四年征讨成德不利，但元和七年成功争取到魏博节度使田兴归顺。元和九年，宪宗力主征讨淮西，战事持续多年，主战的宰相武元衡被暗中支持淮西的淄青节度使派人刺杀。元和十二年，唐将李愬雪夜袭破蔡州，平定淮西，取得对割据藩镇势力的重大胜利。"忽惊元和十二载，重见天宝承平时"。淮西平定，使天下为之震动，诸镇强藩如成德、幽州、沧景等节度使纷纷要求归附朝廷。元和十四年，又平定淄青。史称："自广德以来垂六十年，藩镇跋扈河南、北三十余州，自除官吏，不供贡赋，至是尽遵朝廷约束。"藩镇割据得到暂时解决，史称"元和中兴"。

不过，中兴局面并未维持太久，元和十五年（820）宪宗去世，穆宗即位后推行"销兵"政策以节省财政开支，引起士卒不满。长庆元年（821）幽州发生兵乱，成德、魏博相继起事，河朔再叛。此时中央财政积蓄已经枯竭，征讨无功。之后唐朝只能借助藩镇间的相互制衡来维持局面，再无力实现中兴。

二　中书门下体制与两税法

中晚唐朝廷为解决困局，采取一系列政治经济变革措施，维持统一的局面。其中影响较为深远的是巩固中书门下体制与实行两税法改革。

使职体系发展与中书门下体制的巩固　唐初，三省六部的行政体系已较为完善，形成三省分工制衡，尚书六部统领寺监和州县的体制。高宗、武后时期以来，随着政治经济发展出现了很多六部职责之外的新问题，需要不断派遣使职处理。临时派遣的使职逐渐演化为固定职务，形成新的行政体系。玄宗开元年间，宇文融充使进行大规模括户工作。为削弱宇文融的权势，开元十一年（723）宰相张说奏改宰相议事的政事堂为中书门下，并列五房以分理政事，将宇文融等使职的政务纳入宰相管辖之下。由此中书门下成为一个宰相处理政务的实体机构，标志着中书门下体制的建立。

安史之乱后，唐代的政治经济格局发生剧烈变化，为应对层出不穷的新问题，行政制度上的使职体系初步形成。肃宗乾元元年（758）第五琦任山南等五道度支使，以解决军费激增后的财政收支问题，自此度支使逐渐成为专掌财政的使职，常以宰相兼领。其后又形成盐铁使、度支使、户部使分掌财政的局面，合称三司。

此外，还出现了由御史台、大理寺和刑部官员组成的审理案件的三司使，整顿礼仪制度的礼仪使等。在新形势下，过于强调整齐划一的尚书六部体制有闲废的趋向，使职差遣体制发挥着越发重要的作用。在这种情况下，掌管具体事务的中书门下取代尚书省成为新的行政枢纽。代宗大历、德宗建中时期，曾采取恢复尚书省职权的措施，但很快就被废弃。至德宗贞元时，全国政务汇总于中书门下，中书门下作为行政枢纽的地位逐渐巩固。

两税法改革　唐初行用均田制，以保证农民拥有土地，并在此基础上实行租庸调制，以"丁身为本"收取赋税。随着土地兼并的发展，玄宗时期逃户大量增加，均田制遭到严重破坏，租庸调制难以维持，按垦田面积征收的地税和按贫富等级征收的户税逐渐重要起来。安史之乱后，国家财政收入十分困难，各地军政长官巧立名目向百姓摊派，造成30余年间"科敛之命凡数百"，百姓疲于供输，天下凋残。代宗即位后，对赋税制度进行局部改革，先后于宝应元年（762）及广德二年（764）下诏，要求按当前的户口和贫富等第来征税和差派徭役。

德宗即位后，宰相杨炎实行两税法改革，建中元年（780）正式颁诏施行。具体做法为：第一，将建中以前正税、杂税及杂徭合并为一个总额，称为"两税元额"。分地税、户税两种，按土地面积摊征斛斗（即谷物），按户等高下摊征税钱。停止一切苛杂的征派。第二，中央将两税元额摊派到各州县，并长期固定下来，州县再按垦田面积和户等高下将额度摊分给每户。第三，每年分夏、秋两次征收，夏税不得过六月，秋税不得过十一月。第四，无固定居处的商人，所在州县依照其收入的1/30征税。第五，租、庸、杂徭悉省，但为应付临时差役而不废丁额。

两税法的原则是"户无主客，以见居为簿；人无丁中，以贫富为差"，即无论原先籍贯，只按现居地来征税；不论租庸调制的丁中原则，按贫富等级来征税。两税法体现了杨炎"量出以制入"的思想，固定两税的征收总额，以纠正地方州县赋敛无度的状况，缓和社会矛盾。两税法虽然在具体执行过程中出现长期不调整户等、物轻钱重加重税钱征收等问题，但还是规范并保证了中晚唐政府基本的财政收入。两税法是中国土地制度和赋税制度史上的一大变化，以财产、土地征税的原则奠定此后历代税制的基础。

三　宦官与朋党

宦官专权　与藩镇割据相比，宦官专权是中晚唐政治生活中一个更加难解的问题，其特点是宦官直接威胁皇权，掌握皇帝的废立。宪宗以后的皇帝中，七帝为宦官所立，而宪宗、敬宗死于宦官之手。晚唐大宦官杨复恭更以"定策国老"自居，而将昭宗皇帝视作"负心门生天子"。在宦官内部也有不同派系之间的争斗，又与外朝官僚的党争纠缠在一起，深刻影响了中晚唐的政治。

《资治通鉴》称："宦官之祸，始于明皇，盛于肃、代，成于德宗，极于昭宗。"勾画了宦官问题的发展脉络。唐代宦官如此猖獗，

图6-13　宦官俑

一个最核心的原因是宦官典兵，即掌握禁军。德宗贞元十二年（796）设立左右神策护军中尉，由宦官担任，统领神策军。神策军达15万人左右，待遇优厚，战斗力比较强，是朝廷制衡藩镇的重要工具。当这支最强大的禁军掌握在宦官手里时，他们就掌握了最大的话语权。与此同时，宪宗元和中又置枢密使二人，负责机要，特别是负责在皇帝与宰相、翰林学士之间传达文书，故职任极重，与两中尉并称"四贵"。至此，唐代宦官完成了从内廷杂役到"内大臣"的变化，成为官僚体系的重要组成部分。

中晚唐的宦官机构非常庞大，除了"四贵"，还有为数众多的内诸司使，其中比较重要的如宣徽使、飞龙使、军器使、弓箭库使、鸿胪礼宾使、翰林使、内庄宅使等，也有自己的迁转系统。另外，唐代宦官还在天下诸镇派遣监军使，一些雄镇的监军使后来往往升迁为两军中尉或二枢密。

唐代前期宦官多来自岭南和福建（所谓"南口"），或为政治斗争失败的罪臣子弟。不过，唐代中后期的宦官许多来自北方，且在贞元时出现了一批"良胄入仕"的宦官如梁守谦、刘弘规、马存亮等，是德宗有意为之，试图以此纠正此前权宦对皇权的威胁。不过，唐代宦官往往通过收养义子的手段，来维系自身权势，出现了刘氏、杨氏等持续多年的宦官家族。

宦官手握禁军军权，势力膨胀，骄横跋扈，也引起了朝臣的反对，常常爆发冲突。由于宦官机构在北面的宫城，朝官衙署在南面的皇城，因此朝官和宦官的斗争被称为"南衙北司之争"。这种斗争在文宗时期达到高潮。大和九年（835）十一月，文宗为消除宦官的警觉，起用与宦官关系密切的李训、郑注，共同策划了一个剪除宦官的计划。但计划泄露，宦官仇士良派神策军捕杀李训、郑注及众宰相，血洗长安，朝列几乎为之一空。这一事件被称为"甘露之变"。直到唐末，再无皇帝主动对宦官采取大规模剪除行动，南北司更如同水火，从此，"天下事皆决于北司，宰相行文书而已"，直到唐朝灭亡。

牛李党争　朋党之争是中晚唐政局的另一痼疾。特别是宪宗以后，出现影响朝政40余年的所谓"牛李党争"。牛党以牛僧孺、李宗闵为主，李党以李德裕为主，历经穆、敬、文、武、宣五朝。元和三年（808）制举，青年官员牛僧孺、李宗闵等痛斥时政，宰相李吉甫大为不满，向宪宗陈诉翰林学士裴垍等覆策有私，此为两派党争之渊源。穆宗长庆元年（821），前宰相段文昌奏称进士录取不公，穆宗询问翰林学士李德裕、元稹等，皆同意段文昌所说，于是穆宗将涉嫌请托的李宗闵等人贬官。自此李德裕与李宗闵等各为朋党，相互倾轧。长庆三年，穆宗任命牛僧孺为宰相，李德裕则长期出任浙西观察使，得不到升迁，由是牛李之间的怨恨愈深。文宗大和三年（829），李宗闵又抢在李德裕之前入相，李德裕再次外出任节度使。李宗闵又引牛僧孺同为宰相，二人唱和，凡李德裕之党皆罢逐。此后两党多有进退，文宗怨恨李宗闵、李德裕多朋党，甘露之变前索性两党皆弃而不用。开成五年（840）武宗即位后，李德裕入为宰相，李党独掌朝政，牛党皆被贬斥。会昌六年（846）宣宗即位后，将李德裕贬为崖州（今海南海口市琼山区）司户，牛党掌握朝政。李德裕死于贬所，牛李党争落下帷幕。

牛李党争的主要内容是争夺最高执政权，具有争权夺利、相互倾轧的性质。有学者认为，牛党重科举、姑息藩镇，而李党重门第、主张对藩镇用兵，但一般认为穆宗以后两派政见并无明显界限，主要是派系私利的争夺，党争主要表现是以人画线，此进彼退，互相倾轧。旷日持久的党争消耗了朝廷力量，使宦官有渔利之机，使朝廷未能有效解决藩镇问题，文宗甚至感叹"去河北贼易，去朝廷朋党难"。

四　黄巢起义与唐朝的覆灭

晚唐时期农民大量逃亡，徭役、差科逐步加重，政治日趋腐败，致使海内困穷，处处流散，官乱人贫，盗贼并起。宣宗大中年间与南诏发生大战，财政紧张，江淮一带又连年水旱，民不聊生。大中十三年（859）裘甫在浙江起义；咸通九年（868），庞勋率领驻守桂林的兵士结队北上，转战淮南、淮北。两次起义很快都被镇压，但不久之后更大规模的农民战争爆发。

黄巢为曹州人，屡举进士不第，以贩私盐为业，家富于财。乾符二年（875），王仙芝、尚让等在长垣发动起义，黄巢在曹州举兵响应。王、黄号称草军，转战河南、湖北、淮南等地，农民纷纷响应。

乾符五年，王仙芝战死，起义军推举黄巢为黄王，号称冲天大将军。黄巢率军南下渡江，又自浙江南进，攻克福州。乾符六年，又南下攻克广州。黄巢自号"义军都统"，自桂州（今广西桂林）率10万大军北伐，至荆门战败后东进，自采石（今安徽马鞍山西南）渡过长江。广明元年（880）十一月，攻克洛阳。起义军一路军纪严明，农民踊跃参加。十二月，黄巢突破潼关，攻占长安，僖宗逃往成都。起义军安抚百姓，并宣告："黄王起兵，本为百姓，非如李氏不爱汝曹，汝曹但安居无恐！"十二月十三日，黄巢即位于含元殿，国号大齐，改元金统。起义军在长安严惩皇族公卿，没收富豪财产，号称"淘物"。中和二年（882），齐将朱温叛变降唐，黄巢只得于中和三年撤出长安，转战河南。中和四年，黄巢屡战不利，退至虎狼谷（今山东莱芜西南）自杀，历时9年多的农民战争至此结束。

黄巢起义的成功之处在于利用藩镇矛盾，流动作战，失败在于没有建立牢固的根据地，攻占长安后又不能及时追歼逃亡的唐僖宗。这次大起义削弱了各级官吏和贵族豪强势力，沉重打击了唐王朝统治。

中和五年（885），僖宗回到长安，但当时内地为剿灭黄巢兴起了诸多新的割据藩镇，唐朝更加风雨飘摇。河中节度使（治今山西永济）王重荣联合河东节度使李克用进逼长安，僖宗逃至凤翔，次年又逃往兴元（今陕西南郑），直到文德元年（888）才返回长安，不久暴卒。昭宗即位后，内有宦官杨复恭专权，外有朱全忠（即朱温）、李克用等藩镇势大，逐渐失去对政局的掌控。天复元年（901），宰相崔胤召朱全忠入关，虽然达成诛杀宦官的目的，但朝政亦落入朱全忠手中。天复四年（904），朱全忠胁迫昭宗迁居洛阳，不久便派人杀之，

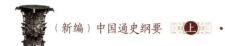

并立其子李柷为皇帝，是为哀帝。天祐四年（907），朱全忠逼迫哀帝禅位，改国号为梁，唐朝至此灭亡。

第五节　五代十国的乱世烽烟

唐朝灭亡后，中国再次陷入分裂时期，史称五代十国。所谓五代，是指中原地区先后出现后梁、后唐、后晋、后汉、后周五个朝代。十国是指同时期在南方和山西等地先后出现的十个割据政权，与五代并立。五代十国时期政权更迭频繁，战乱不断，是中国历史上又一个大分裂时代，同时是唐、宋之间建立新秩序的重要过渡时期。

一　梁唐争霸

梁唐正统之争　五代乱局来源于唐末的藩镇兼并战争。农民战争结束后，大量割据藩镇开始转入相互兼并的战争，在北方逐渐形成汴州朱全忠、太原李克用、凤翔李茂贞等较强的藩镇。当时朱全忠控制黄河中下游大部分地区，与盘踞在河东的李克用连年攻伐，形成争霸之势。

天祐四年（907），朱全忠在汴州称帝，国号梁（史称后梁），是为太祖。梁太祖之篡唐，号称得自禅代，自命为中国正统。又因唐朝为土德，梁太祖自称"金德王"，试图以传统的五德相生相克说来解释其政权合法性。然而后梁的正统性并没有得到普遍承认，凤翔、淮南仍然使用唐昭宗"天祐"年号，西川则使用昭宗"天复"年号。河东李克用在朱全忠胁迫昭宗迁都洛阳时，表示坚决反对，坚持使用迁都前的"天复"年号。后梁建立后，李克用改用"天祐"年号，始终奉唐朝正朔，以此作为抗衡后梁的政治宣传武器。开平二年（908），李克用病逝，其子李存勖袭位。乾化三年（913），后梁太祖被其子朱友珪弑杀，另一子朱友贞即位。梁、唐双方各谓正统，连年交兵，北方百姓苦于战乱。

天祐十二年（915），李存勖称帝，国号唐（史称后唐），是为庄宗。同年，后唐大举南下进攻开封，灭亡后梁，庄宗随即迁都洛阳。后唐庄宗以唐朝的继

图6-14　五代王处直墓出土彩绘武士浮雕

任者自居，号称"中兴唐祚"，而将后梁称为"伪梁""伪命"。庄宗又于晋阳建"中兴宗庙"，除追尊父祖三代外，还将唐高祖、太宗、懿宗、昭宗并列于宗庙中，以体现其继承唐朝的合法性。后唐与继起的后晋、后汉、后周皆出自代北一系，在正统性上一脉相承，将后梁视为"伪"朝的传统在后周时才有所淡化。梁唐正统之争体现了二者尖锐的政治矛盾，同时反映出五代统治者实现政治稳定、再造统一的强烈诉求。

后唐统一北方与晋汉兴替　史传李克用临终时，曾以三矢付李存勖说：一矢讨刘仁恭（割据幽州的燕王），一矢击契丹，一矢灭朱

温。李存勖天祐十年（913）灭燕，至天祐十三年又陆续吞并河北州县，同光元年（923）灭后梁，又多次击退契丹，完成李克用的夙愿，基本统一北方。割据凤翔的李茂贞与南方的吴越、楚、闽、南平都称臣于后唐。后唐明宗去世后朝政混乱，末帝李从珂与明宗女婿、河东节度使石敬瑭相互猜忌。清泰三年（936），石敬瑭向契丹奉表称臣，请求割地以换取援军。在契丹援助下，石敬瑭击败唐军，在太原称帝，国号晋（史称后晋），是为高祖。后晋高祖如约将幽蓟十六州割让给契丹，并每年向契丹贡帛30万匹，旋即引契丹兵攻占洛阳，后唐灭亡。

天福七年（942），后晋少帝（或称出帝）即位，致书契丹时称孙不称臣，激怒契丹。开运元年（944）、开运二年契丹两次南下，皆被后晋击败。947年，契丹主耶律德光率军攻入开封，后晋灭亡。耶律德光在开封称帝，国号辽，改元大同。契丹未能安抚百姓，而是纵兵抢劫，农村及城市百姓的财物都被掠夺一空，中原人民掀起声势浩大的反抗斗争，耶律德光只得放弃开封北返。河东节度使刘知远借契丹北撤之机，在太原称帝，出兵占领洛阳、开封，收复河南、河北诸州。同年，刘知远定都开封，国号汉，史称后汉。

梁唐时期的制度变革　后梁开平三年（909），下令各地在两税外不得随意增加赋敛和差役。四年，又下令天下镇使无论官秩高低，地位都在令长之下，这是提高文官地位、扭转武官干涉地方行政的新尝试。此外，后梁、后唐时期，政治制度出现一些承上启下的重要变化。中晚唐时宦官专权，把持神策军两护军中尉与两枢密使职位。唐末朱全忠诛杀宦官后，开始起用朝臣出任枢密使。后唐庄宗时，其亲信郭崇韬以枢密使的身份同时担任宰相，常与皇帝商讨军国大事，使枢密使地位凌驾于宰相之上。由于战事频繁，枢密院主司军事机要，成为宋代中书和枢密对掌文武二柄的开端。财政使职方面，后梁设租庸使，管辖盐铁、度支、户部三司。后唐明宗时又废租庸使，改设三司使，由此成为定制，成为北宋前期三司理财体制的渊源。

二　后周对统一的追求

后汉乾祐三年（950），邺都留守郭威引兵南下，攻入开封，后汉灭亡。广顺元年（951）正月，郭威在开封称帝，国号周，是为太祖，史称后周。后周太祖及其继任者世宗柴荣（太祖养子）实行一系列改革，为统一积蓄力量。

加强禁军，削弱藩镇　后周太祖吸取梁、唐、晋、汉频繁更替的教训，力图削弱藩镇力量。主要措施是罢诸道作院，禁止藩镇"课造军器"；明确规定"其婚田争讼，赋税丁徭，合是令佐之职；其擒奸捕盗，庇护部民，合是军镇警察之职"，要求军政分离，从而使中央有效控制地方财政和民事权。世宗即位后，更是着力增强中央禁军的军力。通过裁汰冗兵惰将，整肃军纪，招募晓勇，强化训练，造成"甲兵之盛，近代无比"之势，使禁军实力压倒藩镇。

重用文臣，严格科举　唐末以来战乱不止，逐渐形成重武轻文的风尚。后周太祖鉴于武夫治国的种种弊害，信重文臣，选拔李谷、范质、王溥等新进文士担任枢密使或宰相，同时鼓励朝臣直陈己见，不得推诿。太祖访求范质时正值大雪，解所服紫袍衣之，此后礼遇文士成为后周一以贯之的国策。后周时参加科举的人数增加，及第者中有

357

不少滥进之人，世宗亲自主持科举复核，同时恢复久已废止的制举。

严明律法、整顿吏治 唐末以来，法律制度遭到严重破坏，各级官吏肆意妄为，腐败横行。后周太祖废止后汉的严刑峻法，又下令修订关于刑法的敕令，编成《大周续编敕》二卷。显德四年（957）世宗下诏删改旧行法典，"务从简要"，次年撰定《大周刑统》，颁行全国，从而结束法律混乱的局面。后周太祖、世宗还提倡节俭政策，大力惩治贪污腐败，整顿社会风气。

恢复生产，鼓励农耕 五代时期战乱频仍，农业生产遭到极大破坏，各地军阀横征暴敛，民不聊生。后周太祖即位后，即停罢各地所进羡余、珍巧、器甲等，规定正税之外不得强征余额，以减轻百姓负担。广顺三年（953），太祖下诏将各地营田割属州县，分给农民，提高了生产积极性。世宗时又检田定租，鼓励农民开垦荒地，同时堵塞黄河决口，疏通开封周边水道，促进南北交通。

随着改革的推进，后周进一步稳定了统治秩序，国用丰富，军力强盛，为进行统一战争提供条件。显德元年（954），世宗亲率大军击败北汉、辽联军，稳定北部边防。显德二年，比部郎中王朴献《平边策》，提出先易后难的战略方针，建议先取南唐江北诸州，继取江南、巴蜀、岭南，最后攻取太原，这一建议成为后周及北宋统一全国的指导方针。此后，世宗击败后蜀，夺取四州。又三次亲征南唐，夺得淮南、江北十四州，与南唐划江为界。显德六年，世宗趁辽内乱，率军收复河北三州，不过世宗在征途中突患重病，不久去世。其子柴宗训继位，是为恭帝。显德七年，殿前都点检赵匡胤在陈桥（今河南开封陈桥镇）发动兵变，率军返京，废恭帝自立，改国号为宋，五代时期至此结束。后周改革及统一战争，为宋代实现全国统一奠定了坚实基础。

三　十国分立与南方经济发展

十国的分立与消亡　五代统治者以正统自居，事实上是同时与地方割据政权并立。南方出现过9个政权，北方有后周建立后割据山西的北汉政权，合称十国。**前蜀**。后梁开平元年（907），王建在成都称帝，国号蜀，史称前蜀。同光三年（925）被后唐庄宗消灭。**后蜀**。应顺元年（934），孟知祥在成都称帝，国号蜀，史称后蜀。乾德三年（965）为宋所灭。**吴**。天复二年（902），杨行密被唐封为吴王，建都广陵。其子杨浦称帝，后被大臣废黜。**南唐**。天福二年（937），徐知诰自立，国号齐。次年改姓名为李昪，国号为唐。开宝八年（975）为宋所灭。**吴越**。开平元年，钱镠受封吴越王，建都杭州。太平兴国三年（978）纳土于宋。**闽**。景福二年（893），王潮在福建割据。保大三年（945）被南唐所灭。**楚**。开平元年马殷被封为楚王。广顺元年（951）被南唐所灭。**南平（或称荆南）**。同光二年（924），高季兴被封为南平王。宋建隆四年（963）为宋所灭。**南汉**。刘隐唐末割据岭南。贞明三年（917），其弟刘岩称帝，国号越，后改称汉。宋开宝四年（971）为宋所灭。**北汉**。广顺元年（951）刘崇占据河东称帝，仍以汉为国号。太平兴国四年为宋所灭。

南方各政权大多以"保境息民"为宗旨，保证了大体上的政治经济稳定。唐末杨行密曾与钱镠为争夺江南大动干戈，但五代时吴及后来的吴越与南唐互相牵制，保持了数十年的和平关系。杨行密借机"招抚流散，轻徭薄敛，未及数年，公私富庶"，使江淮恢复了昔日的繁华景象。南唐建立时，曾有大臣建议兼并吴越、闽、楚等国，李昪则认为徒得尺寸之地而享天下之恶名，不如通过结盟来互为屏障。李昪整饬朝政，保境安民，江淮之地"频年丰稔"，南唐成为五代时期少有的繁盛地区。与南唐相表里的吴越，立国80余年，轻徭薄赋，劝课农桑，社会经济稳定发展。割据福建的王审知"轻徭薄赋，与民休息，三十年间，一境晏然"。南方割据政权凭借特殊的地理条件以及相互制衡的政治格局，得以暂时偏安，形成较为稳定繁荣的局面。

南方经济的发展　唐末以来战乱不断，黄河中下游地区的农业生产遭到极大破坏，梁唐争霸、契丹劫掠使北方民不聊生，不少地方"里无麦禾，邑无烟火"。直到后周时期经济改革，农业生产才得到较好的恢复。十国时期南方战乱相对较少，社会经济稳步发展，进一步确立了经济重心南移的大趋势。

农业方面，江淮、两浙地区最为富庶。徐知诰执政吴国时期，大力奖励农桑，"江淮间旷土日辟，桑柘满野，国以富强"。南唐时李昪鼓励垦田，"每丁垦田及八十亩者，赐钱二万，皆五年勿收租税"，并以土地肥瘠来确定田税。吴越钱氏政权重视兴修水利，太湖、西湖等处都有营田捞清卒负责疏浚，保证农田灌溉。在农垦发展的基础上，茶叶、桑蚕生产在南方有较大发展。楚政权向中原出售茶叶的利益，每年达到百万。同时，南方的制瓷业、纺织业、雕版印刷业、农产品加工业都得到广泛发展，促进了商品经济繁荣。江西、福建等地聚集大量移民，矿场、税场发展壮大，促进了山林谷地的经济开发。商品贸易持续发展，吴越、闽、楚、南平等国都以朝贡和民间贸易形式与中原王朝展开贸易，契丹以羊、马换取吴和南唐的丝绸、茶叶。

明州、福州、泉州、广州是当时重要的贸易港口，贸易往来远至高丽、日本、大食、占城（今越南中南部）、三佛齐（今印度尼西亚苏门答腊岛东南部）等，海上丝绸之路持续繁荣。

四　五代时期民族关系的发展

中原地区的民族交融　五代中后唐、后晋、后汉的统治者都是沙陀人后裔，随着沙陀人的汉化，中原地区各民族走向融合，"胡汉"语境逐渐消解。沙陀人的先祖为居住在天山北麓的处月部，在唐北庭都护府辖下。北庭失守后，吐蕃将该部迁至甘州（今甘肃张掖），唐宪宗元和三年（808）首领朱邪执宜率部归附唐朝，最终定居于河东北部，并在晚唐战乱中崛起。沙陀统治者的先代长期担任中原王朝军将，侵染中原风习，取得政权后继续汉化。后唐庄宗13岁学习《春秋》，亲自缮写，略通大义。后晋高祖读兵法，推崇李牧、周亚夫，又喜好《道德经》。国家制度方面，五代时期基本延续了唐朝的制度框架，并试图恢复一些在唐末战乱中遗失的典章旧制。五代时，北方的契丹经常突入中原，激起活动于中原地区各民族的警惕与团结，加速了民族融合的进程。如后晋时节度使安重荣，就曾称后晋向契丹称臣纳贡是"诎中国以尊夷狄"，显然就是标榜"中国"的立场，将契丹划为"夷狄"。即便安重荣本人是出身沙陀族群的粟特后裔，但他仍然有着很强的"中国"身份认同。

其他政权的民族交往　除中原地区先后有五代与十国并立外，中国境内还存在各民族建立的其他政权。与中原王朝交往较多的有辽、归义军、高昌回鹘、甘州回鹘、于阗等。各民族之间交往互通，促进了中华民族多元一体格局的形成。

辽是契丹建立的王朝。后梁贞明二年（916），耶律阿保机称帝，建元神册，定都临潢府（今内蒙古巴林左旗），国号契丹，是为辽太祖。辽太祖在大臣韩延徽、康默记、突吕不等的协助下，参照中原国家模式，开始典章制度和文化建设，确立世袭皇权。神册三年（918），辽太祖在潢河以北建造皇都，并建有孔庙、佛寺和道观。后梁贞明五年，仿汉字偏旁制成契丹大字，此后又参考回鹘造字法制成契丹小字。辽太祖还设立州县以统治契丹境内的渤海人和汉人。契丹统一了中国北疆的大片地区和草原各游牧民族，促进了北方诸民族融合。

归义军、高昌回鹘及于阗等政权与中原都有往来。安史之乱后，吐蕃占领河西、陇右诸州。唐大中二年（848）张议潮率领沙州（今甘肃敦煌）百姓起义，驱逐吐蕃守将，被唐宣宗任命为归义军节度使。张议潮恢复唐制，并安抚汉人、粟特、龙家、退浑、通颊等各族，一度收复河西大部地区。后梁时，节度使曹仁贵努力改善与周边少数民族关系，又多次派遣使者赴后梁朝贡。在曹氏归义军政权的带动下，甘州回鹘、高昌回鹘和于阗等少数民族政权也不断遣使向中原王朝朝贡。后梁乾化二年（912）于阗王李圣天自称唐之宗属，使用同庆年号。李圣天与沙州归义军政权往来频繁，并遣使中原。天福三年（938），后晋高祖遣使于阗，册封李圣天为大宝于阗国王。

本章参考文献

陈寅恪：《唐代政治史述论稿》，生活·读书·新知三联书店2015年版。

吴宗国：《隋唐五代简史》，福建人民出版社2006年版。

吴宗国：《唐代科举制度研究》，北京大学出版社2010年版。

吴宗国主编：《盛唐政治制度研究》，中国人民大学出版社2019年版。

王素：《三省制略论》（增订本），中西书局2021年版。

荣新江：《中古中国与外来文明》，生活·读书·新知三联书店2014年版。

刘后滨：《唐代中书门下体制研究：公文形态、政务运行与制度变迁》（增订版），中国人民大学出版社2022年版。

孟宪实：《武则天研究》，四川人民出版社2021年版。

陆扬：《清流文化与唐帝国》，北京大学出版社2016年版。

李碧妍：《危机与重构——唐帝国及其地方诸侯》，北京师范大学出版社2015年版。

仇鹿鸣：《长安与河北之间——中晚唐的政治与文化》，北京师范大学出版社2018年版。

王赓武：《五代时期北方中国的权力结构》，中西书局2014年版。

任爽：《南唐史》，东北师范大学出版社1994年版。

［加］蒲立本：《安禄山叛乱的背景》，丁俊译，中西书局2018年版。

本章图片来源

图6-1、6-2　中国地图出版社授权使用。

图6-3　台北"故宫博物院"网站，https://theme.npm.edu.tw/，2023年11月9日。

图6-4　台北"故宫博物院"网站，https://theme.npm.edu.tw/，2023年11月9日。

图6-5　故宫博物院网站，https://www.dpm.org.cn/，2023年11月9日。

图6-6　Antonino Forte, *Political Propaganda and Ideology in China at the End of the Seventh Century: Inquiry into the Nature, Authors and Function of the Tunhuang Document S.6502, Followed by an Annotated Translation*. Kyoto: Scuola Italiana di Studi sull'Asia Orientale, 2005.

图6-7　黄明兰、朱亮主编：《洛阳名碑集释》，朝华出版社2003年版，

第124页。

图6-8　《天一阁藏明钞本天圣令校证（附唐令复原研究）》上，中华书局2006年版。

图6-9　罗丰：《蒙古国纪行》，生活·读书·新知三联书店2018年版，第130页。

图6-10　《中国历代法书精品大全（5）·唐五代》，辽宁美术出版社2016年版，第42页。

图6-11　故宫博物院藏。

图6-12　段熙仲：《丰台唐墓玉册初探》，《中华文史论丛》第8辑，上海古籍出版社1978年版，第185页。

图6-13　《丝路瑰宝：新疆馆藏文物精品图录》，新疆人民出版社2011年版，第114页。

图6-14　《国家宝藏 国宝省亲 国宝汇聚：河南博物院八十周年特展》，河南博物院，2007年，第108页。

第七章

两宋

章首语

　　两宋历时319年，共十八帝，分为北宋和南宋。北宋始自960年赵匡胤发动陈桥兵变，代周建宋，终于1127年靖康之难，历九帝，167年。南宋始自高宗赵构登基，终于1279年崖山海战，历九帝，偏安东南一隅，与金、西夏和蒙元形成对峙，政权内部多次出现权臣把持朝政局面，最终被元军灭亡。

　　赵匡胤发动陈桥兵变，建立宋朝，不仅收武将兵权，还削弱藩镇，从而加强中央集权，并通过统一战争，结束了自唐末以来的藩镇割据局面，实现了局部统一。在政治制度上，采用崇文抑武的措施，限制武将特权，提高士大夫地位，形成"与士大夫共治天下"的政治模式。随着科举制的进一步推行，士大夫地位大为提高，士大夫群体内部出现派别分野。先有旧党与新党之争，后有改革派与保守派之争。改革派为解决积贫积弱的问题先后推行庆历新政和王安石变法，取得一定的效果。然而维系祖宗之法的保守派与主张革新变法的改革派两党之间由于政见分歧，最终演化为党争，特别是北宋末期蔡京、

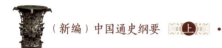

童贯等人掌权，动摇了北宋统治。靖康之难后，南宋政权被迫偏安东南一隅，为加强政权控制，皇帝多用亲信近臣为相，致使政治上多次出现权臣擅政的局面。

两宋时期中国经济重心完成南移，社会经济、科技文化空前繁荣。经济发展达到空前的高度，文化成就出现前所未有的高峰。经济的发展源于宋代所采取的对外策略。北宋和辽朝签订澶渊之盟，对西夏采取妥协策略，从而为经济的恢复和发展赢得时间。在前期恢复基础上，经济获得高速发展。由于北宋采取"不抑兼并"的政策，地主经济得到明显发展，特别是租佃生产关系渐渐占据重要地位。汴京、临安出现商业繁荣的景象，《清明上河图》即展现了北宋汴京商业经济的繁荣，市镇经济得到进一步发展，出现世界上最早的纸币交子。两宋时期，中国海运发达，对外交往和贸易达到一个高峰。中国的火药、指南针、活字印刷术开始外传，直接或间接地影响了世界不同地区科技和文化的发展，在一定程度上推动了世界文明进程。

第一节　北宋的建立与政权建设

960年，赵匡胤利用其身为殿前都点检的职务之便，发动陈桥兵变，建立宋朝，史称北宋。为稳固新政权，宋从收兵权入手，削弱藩镇势力，从而加强中央集权，并采用崇文抑武方针，形成以中书省与枢密院为核心的行政机构和官、职、差遣的官员任用体系，地方上则设转运使路，州县长官由节度使、刺史转为知州及其属官，大大限制了武将权力。宋初还平定了川蜀地区的全师雄兵变和王均兵变，镇压了王小波、李顺起义。宋采取先南后北的策略，相继吞并荆湘、后蜀，攻占南汉、南唐，讨伐北汉，收复泉漳、吴越等地，最终完成局部统一。面对与其鼎立的辽朝，雍熙北伐失利后，宋太宗守内虚外的政策得到支持，而对西夏的求和，宋太宗选择了妥协。

一　陈桥兵变与北宋的建立

赵匡胤祖籍涿州，927年生于洛阳，出身将门，家境优渥。父亲赵弘殷为后唐禁军将领，后汉时任侍卫马军护圣军都指挥使，后周时为侍卫亲军马军司的高级将领。赵匡胤少年离家，几经周折后，最终应募在郭威帐下，成为郭威部属，开启戎马生涯。虽然跻身军旅，但他仍重视读书，"虽在军中，手不释卷"。他还好藏书，"欲广闻见，增智虑也"。赵匡胤寡言少语，但善于交际，与郭威帐下的一批年轻军官结为"义社十兄弟"。这些人大都在后周禁军中任职，成为赵匡

图7-1　宋太祖像

胤发动兵变的重要力量，是宋朝的开国勋臣。

赵匡胤追随周世宗柴荣时表现出卓越的军事才能。与后汉的高平一战中，他身先士卒，带兵赢得胜利，以战功升任殿前都虞候。显德三年（956），他随周世宗攻伐淮南地区，屡立战功，升任匡国军节度使兼殿前都指挥使，获得武官最高的节度使衔，声望和地位迅速提高。其父赵弘殷因率龙捷军右厢都指挥使追随韩令坤攻占扬州，升任侍卫马军副都指挥使。虽然不久赵弘殷去世，但他多年在侍卫马军司的经营颇为深厚，为赵匡胤获得侍卫亲军司马步军将领的支持提供了条件。

显德三年（956），赵匡胤组建节度使幕府，吸引众多有识之士。赵普率先进入幕府。赵普字则平，祖籍幽州蓟县，精于吏道，是兵变建宋的关键人物。不久沈义伦、吕余庆等进入幕府，次年王仁赡、李处耘、楚昭辅也进入幕府，皆成为兵变的主要谋臣。

显德四年（957），周世宗出兵淮南，先后攻占濠州、泗州。南唐迫于压力臣服，将淮南地区割予后周。赵匡胤因军功升任忠武军节度使。次年，周世宗北征，赵匡胤所部在瓦桥关收降辽将，得到周世宗的信任。周世宗回师开封后，封长子柴宗训为梁王，由赵匡胤担任殿前都点检之职。世宗去世后，柴宗训即位，是为周恭帝。周恭帝和首相范质将统率重兵的李重进、韩令坤调离京师，并提拔声望较低的高怀德、张令铎分别担任侍卫马步军都指挥使。这一巩固帝位的措施，为赵匡胤发动兵变创造了条件。此后，赵匡胤获封开国侯，任归德军节度使，殿前司的重要职位都被赵匡胤亲信占据。

显德七年（960），赵匡胤以后周恭帝年幼，发动陈桥兵变，黄袍加身，取而代之。正月初一日，他派人谎报契丹入寇的消息，范质和次相王溥商定由身居殿前都点检的赵匡胤统率殿前司、侍卫司北上抗辽。赵匡胤首先将殿前司副都点检慕容延钊调离京师，由亲信石守信、王审琦作为殿前司最高指挥官驻守京城，以作内应。初三日，在赵普等人的精心安排下，在黄河南岸的陈桥驿，军士们"策点检为天子"，将事先准备好的黄袍披在赵匡胤身上，山呼万岁。赵匡胤重申不得抢劫市民（夯市）、府库，不得凌辱后周君臣的禁令后，回军京师。控制京城后，争取到范质的支持，正式登基。因曾任归德军节度使，而归德军治所在宋州（今河南商丘市睢阳区），故建国号为宋，改元建隆，史称北宋，以东京开封府为都城。

宋朝建立后，宋太祖首先对兵变中拥戴有功的石守信、高怀德、张令铎、王审琦、张光翰、赵彦徽六人委以要职。其次安抚统率重兵的侍卫司马步军都虞候韩令坤、殿前司副都点检慕容延钊，提升赵普等谋臣的地位，留用范质、王溥等后周旧臣，免去参知枢密院事的实际职务而提高名义职位，以换取旧臣支持。宋太祖还平定昭义军节度使李筠的泽潞叛乱，以及淮南节度使李重进的反宋战事，削弱了各地节度使的职权和兵权，稳定了政治局势。此后，宋初统治集团内部的主要矛盾转为帝位继承之争。太祖之弟赵光义信用赵普，借机登上皇位，是为太宗。两兄弟间的"斧声烛影"成为千古之谜。宋太宗稳固政权后，先后将宋太祖之子赵德昭及其弟赵廷美迫害致死，解除了皇位的威胁。至道三年（997），宋太宗去世，在吕端等人支持下，赵恒得以登上皇位，是为宋真宗。

二　宋初的统一战争

五代十国时期，中国陷入分裂割据的局面。宋太祖建立北宋政权后，急需完成统一大业，为此制定了先南后北的战略，发动统一战争，相继吞并荆南、湖南、后蜀、南汉、南唐诸政权。宋太宗则迫使吴越、泉漳纳土归顺，攻灭北汉，实现局部统一。

荆湘都是割据势力。荆南具有特殊的战略地位，宋太祖垂涎已久。建隆三年（962），宋太祖想借张文表叛乱之机，吞并荆南、湖南。武平军节度使周保权一方面向荆南求援，另一方面上表请求宋朝镇压张文表。宋太祖则允许张文表归顺，并命荆南发兵救助周保权，同时大举南征。张文表表示归顺，但周保权切断张文表与宋的联系，私自以谋反为名处死了张文表，平定叛乱。宋军南下过程中，荆南节度使高继冲投降，荆南平定。不久又击败周保权军，湖南平定。宋太祖留用归顺宋朝的地方官，王仁赡改任权知荆南军府事，成为荆南的实际长官。湖南地区除留用旧官外，潭州、朗州、衡州则委派吕余庆、薛居正、李昉权知州，另设通判一职，以监察留用官员。这次南征兵不血刃，加速了宋朝的统一进程。

乾德二年（964），后蜀欲联合北汉抵御宋朝。宋朝获知消息，任命王全斌为主帅，刘光义为偏师主将，曹彬为都监，分路进讨。王全斌率军一路连胜蜀军，迫其退守剑门关。刘光义则率军从江陵逆长江西上，连败后蜀水军。十二月，攻占后蜀的门户夔州。次年宋军合力攻占剑门关。后蜀主孟昶奉表投降，后蜀灭亡。宋太祖以吕余庆权知成都府，控制巴蜀地区。

　　宋朝建立后，曾命南唐李煜劝降南汉。南汉借助地理偏远而明确拒绝。加之南汉借湖南灭亡之机，出兵侵扰桂阳、江华地区。宋太祖遂出兵伐南汉。乾德二年（964）九月，宋太祖以丁德裕为统帅进攻南汉。不久攻占南汉所辖的彬州。南汉军虽然节节败退，但仍侵扰宋朝边境。宋太祖试图劝降南汉末帝，但均遭拒绝。开宝三年（970）九月，宋军南下，相继攻占了贺州、昭州、桂州、连州、韶州。次年正月，宋军又攻占雄州、英州。南汉主刘铩一面请降，一面命南汉军殊死抵抗。但南汉军屡战屡败，最终宋军到达广州近郊。迫于局势，刘铩出降，南汉灭亡。潘美、尹崇珂同知广州，控制广南地区。

　　南唐是五代时期南方重要的割据政权，曾在五代中叶吞并闽楚，达到极盛。周世宗多次南征，迫使南唐称国主，割让江北之地。宋太祖灭掉南汉后，南唐后主改南唐国主为江南国主，改中央官制为内史府、司会府、司宪府、光政院等，同时做好战备以随时抗击宋军。宋太祖则拉拢吴越，一则避免南唐、吴越组成联盟；二则联合吴越，以牵制南唐兵力。开宝七年（974），宋太祖以曹彬为主帅，潘美为副帅进攻江南。宋军自荆南向东，水陆并进，连续攻克池州、芜湖、当涂、采石，并从采石渡江。次年，宋军进攻江南首府金陵而不得，吴越则进兵常州城下，占据润州。李煜遣使入贡，以作缓兵之计。此后虽有朱令赟率军救援，但最终金陵城破，李煜出降，江南（南唐）灭亡。但仍有不少地方力量因忠于南唐李氏而长期抗击宋军。

宋初，泉、漳地区的割据者留从效臣属于南唐，不久遣使奉表臣服宋朝。此后陈洪进同样既臣服于南唐，又臣服于宋朝。太平兴国二年（977），陈洪进朝觐太宗时被扣押，次年不得不接受幕僚的建议，奉表纳泉、漳二州之地，史称"泉漳纳土"。陈洪进则被封为武宁军节度使，加同平章事，但留京师。

吴越钱俶在宋朝建立之初即遣使朝贡，以示归附，并参加宋灭南唐的战争。宋太祖对其十分优渥。泉漳纳土后，钱俶要求解除吴越国王封号以及天下兵马大元帅之职，未获允许。太平兴国三年（978）五月，上表向宋太宗献纳吴越国土，史称"吴越归地"。钱俶被封为淮海国王，但只能留居京师。

北汉是后汉河东节度使刘崇建立的政权。继任者刘钧对辽穆宗称"男"，是继石敬瑭后的另一个儿皇帝。北汉时常借助辽朝的力量来对抗宋朝。宋太祖曾下定决心灭掉北汉，但因专注于南方战事，无暇北顾。乾德元年（963），北宋吞并荆湘之后，转而对北

图7-2　宋太宗像

汉采取攻势，发动三次战争，都无果而终。开宝元年（968）八月，刘继恩立，宋太祖乘机派兵进攻北汉，直逼太原城下。后刘继元立，北汉借助辽朝力量迫使宋军撤退。次年二月，宋太祖御驾亲征，但辽朝救援北汉，加之疾疫流行，宋军被迫班师。开宝九年（976），宋太祖接纳赵普建议，讨伐北汉，进军颇为顺利，不久因太祖去世而回师，但逐渐削弱北汉的战略意图已经达到。宋太宗太平兴国四年（979），太宗亲征，委派潘美等人征讨北汉，北汉向辽寻求救援。宋军趁辽军举足未稳，在白马岭击败辽军。北汉等不到辽军救援，且其百姓被迁徙到河洛之间，经济、军事等实力大为下降，最终末帝刘继元于五月初五降宋，北汉灭亡。

至此，经过宋太祖、太宗两朝的努力，宋朝结束了五代分裂割据的局面，实现了局部统一，最终形成宋、辽与西夏对峙的局面。

三　中央集权秩序的恢复

宋太祖意识到五代兵变迭发、政权更迭频繁的主要原因在于发动兵变者掌握中央禁军的兵权。为避免此类事件重演，他处心积虑剥夺高级将领兵权，削弱地方节度使权力，加强中央集权，以巩固新建的政权。

中央集权秩序的恢复是从收禁军兵权开始。宋太祖首先解除张光翰、赵彦徽的节度使兼侍卫亲军司马军和步军都指挥使职权，分别改命永清军和建雄军等地方节度使。慕容延钊虽高居殿前都点检，但宋太祖并没有让他回京履职。慕容延钊担心惹祸上身，遂自请解除兵权，转为山南东道节度使。殿前都点检职位从此彻底废除。与宋太祖

要好的韩令坤同时被剥夺兵权，出任成德军节度使。不久，宋太祖在一次宴会上表达了对"黄袍加身"历史重演的担心。石守信、高怀德、王审琦、张令铎等人皆请罢军职，多出为地方节度使。从此侍卫亲军司马、步军二直属机构成为独立的机构，取代了侍卫亲军司，彻底消除禁军所构成的威胁。

自唐后期以来，藩镇力量逐渐增强，五代中梁、唐、晋、汉四朝均为节度使依靠兵力获取中央政权而建立的朝代。赵普即指出"方镇太重，君弱而已"，解决办法是"稍夺其权，制其钱谷，收其精兵"，宋太祖削弱藩镇的方略基本上依此而行。

稍夺其权　宋太祖下令缩小节度使的统辖范围，首先将节度使赵普所统辖的支郡怀州收归京师。直至宋人宗太平兴国二年（977），将所有节镇的支郡共三十九州改属中央，从此节镇再无领支郡的权力。建隆三年（962），宋太祖重设县尉，节度使辖区内的乡村治安和案件审理由县尉管理。开宝三年（970），剥夺节度使控制城镇事务的职权，至太宗太平兴国二年（977），彻底将原由节度使控制的城乡治安和案件审理权收归中央。太祖乾德元年（963），由中央委派朝官分任知县，从而逐渐削弱了节度使对属县的控制。同年宋太祖以文臣知州，限制地方节度使权力。针对节度使兼任知州的情况，宋太祖首先在湖南、四川等地设置各州通判，作为监郡，进而推广到全国。各州政令需知州、通判联署才可生效。宋太祖还将各州的死刑复核权收归刑部。

制其钱谷　宋太祖将地方节镇的赋税收入收归中央。乾德二年（964），宋太祖下令诸州每年田赋和榷课收入除留有必要的用度外，其余悉辇送京师。次年三月，又申命诸州除度支经费外，"悉送都下，无得占留"。各路设转运使负责运输。

收其精兵 开宝二年（969），宋太祖在后苑举行宴会，削弱王彦超等五位节度使的兵权，这就是著名的"后苑罢节镇"。宋太祖首先命令各地选择骁勇之兵卒送至开封，以充实禁军。其次下令选择强壮兵卒，定为兵样，以作为各州选送兵卒的样本。各地方军组成厢军，以维持治安和服力役，达到中央集权的目的。开封常驻十万精兵，各地驻军也有十万之众，形成兵力上的内外相制。此外，宋太祖频繁调换节度使，使节度使在地方不能形成割据势力。

如此，地方上针对节镇，由中央委派朝官出知州军，以转运使掌财政、司法和监察权，节度使失去军权、财权，州则直属中央，节度使、防御使、团练使、刺史虽仍为州长官，但权知州或知州不断增多。宋太祖时期，随着节度使权力式微，逐渐建立起中央集权的新秩序。

宋太宗继续在太祖强干弱枝政策基础上推进，进一步解决藩镇权力过大问题。首先是进一步废除节度使所统辖支郡。太平兴国二年（977）八月，宋太宗采纳李瀚的建议，下诏将全国各州郡一律直属中央管辖，"天下节镇无复领支郡者"。其次是扩大转运使职权。太平兴国元年（976）十一月，转运使的职权除理财外，还兼及监察，以考核地方官员绩效。淳化年间，转运使又被赋予审理诉讼、维持治安的职能。咸平三年（1000），太宗明确指出，宰执大臣出任知州，须受转运使节制，转运使遂具备朝廷使臣和地方长官的两重性质。最后是确立转运使路制。至道三年（997），全国确定划分为十五路，正式施行路、州、县三级建制。此处的路并非地方行政机构，其主要长官为转运使，转运使虽无路之行政权，但仍被视作一路长官。路级机构设置有提点刑狱（宪臣）掌管司法，提举常平（仓臣）负责常平仓、农田水利，安抚使（帅臣）管理军政。州的长官则从原来的节度使、刺史，转化为知州。知州受路级官员管理，又直属朝廷，因此州具有半行政区划半监察区的性质。县则设县令、主簿，重设县尉，将节度使的审判权、治安权收归县令、县尉，任命朝官担任知县，从而形成知县或县令为长官，主簿掌簿书，县尉掌乡村治安和审判的基本格局，消除了唐末以来镇将管县的局面。县下设镇，镇官镇吏多由初级文官担任。以上措施有效地防止了地方割据的发生。

宋太祖时，官员选授与差遣出现了官、职、差遣分离的现象。宋人宗设置差遣院、三班院以选授差遣官员，标志着官、职、差遣体系的形成。宋初三省六部及寺监的职权大多被剥夺，为便于加强中央集权，宋初扩大了差遣的范围。官，称寄禄官，作为品级和领取俸禄的标志，而无实际权力，从而将官名与实际职权分离。官员担任实际职务则称为"差遣"，有时有职衔。职，称职名，指担任馆阁大学士、学士、直学士等中高级文官的荣誉衔。如此，官员选任权收归中央，具有较大的灵活性，同时逐渐出现了官员较之实际职务多的"冗官"问题。

宋太祖平定了川蜀地区的兵变，进一步稳固了政权。宋太祖建宋之时，即强调军队不得抢掠百姓，但这种事情仍时有发生，部分军士仍积习难改。归降的诸国将领兵卒屡遭歧视，后蜀士兵降宋后备受屈辱。原后蜀文州刺史全师雄被推为主帅，发动兵变，得到后蜀百姓支持。宋将领王全斌派朱光绪前去招抚，但朱光绪的所作所为彻底断绝了全师雄归降的念头。起初全师雄攻占彭州、绵州、汉州等地，但最终被宋军攻破腹地灌口，全师雄不久去世，其余部很快被平定。宋太宗淳化四年（993），川蜀地区爆发王小波、李顺起义。王小波提出"吾疾贫富不均，今为汝均之"的口号。王小波不久受伤身亡，其妻弟李顺为首领攻占成都，建立政权，称大蜀王。宋太宗派王继恩率军征讨，不久收复成都，俘虏李顺，但起义军张余部仍在战斗。直至至道元年（995）二月，张余被俘杀，北宋重新控制川蜀地区。王小波、李顺起义彻底平定。与全师雄兵变不同，王均兵变则是禁军内部之间的斗争。至道三年（997）八月，刘旰发动兵变，但很快平息。宋太宗增派侍卫亲军中的精锐神卫军赴川，由王均、董福担任指挥使，戍益州。而益州钤辖符昭寿的所作所为引起兵士不满。王均所部军士赵延顺借机杀死符昭寿，拥立王均为首领。王均称帝，建国号大蜀。最终宋军攻占王均的根据地益州。不久王均被迫自缢而亡，兵变得以平息。

四　崇文抑武与守内虚外

鉴于唐末五代时期重武轻文的政治局面，宋太祖为巩固政权，转而以文官政治取代武将专政，注重文治。首先对以科举制度为主的选官制度进行改革。乾德元年（963），废除公荐制度，违反者严惩。公荐制度源自唐代，是士族门阀把持官员选任的重要手段。公荐罢黜后，科举考试更加公平公正，维护贫寒士子进阶之路，科举取士开放程度亦得到提升。次年，创立复试制度。开宝元年（968），规定官员子弟要参加复试。开宝六年（973），宋太祖为防止科场舞弊，强调在省试后增加殿试，即由皇帝在金殿上亲自面试，从而使科举形成解试、省试和殿试的三级考试制度。中举者不再是主考官的门生，而是天子门生。

宋太祖时期实行文武并重的政策。由于他本人是行伍出身，其在加强武备上颇有作为。首先扩充军队，总数由初年的12万人，扩展到开宝年间的37.8万人，大约是后周军队的三倍。宋太祖更注重军队的精锐，他严格训练保留下的兵士，采取旬教、月教和春秋大阅，施行更戍法，不断改变禁军的镇戍地点，杜绝兵将合一。他还严肃军纪，亲自制定阶级法，确立自厢都指挥使至长行（士兵）的绝对隶属关系，使上下相制，下级绝对服从上级，以扭转五代时期士卒骄横，侵逼主帅的状况。以上措施增强了军队战力。

宋太宗并非出身行伍，因此其登上皇位后便"欲兴文教，抑武事"，具体说来即重文治，抑武将。

宋太宗的文治策略，首先是兴建馆阁。馆阁包括昭文馆、集贤院和史馆，组织力量先后编纂《太平广记》《太平御览》《文苑英华》等类书，重视修史，设立专门机构，编撰起居注、时政记、日历、实录等。其次，改革科举制度，选拔文臣。宋太宗提高科举制度的地位，具体表现在新科进士授官从优，且升迁增速。太平兴国二年（977），新科进士前四名被委任为将作监丞，其余则授予大理评事。这些人一举成为京官，可充各州通判。宋太宗还增加科举取士的名额，在其统治期间，共录取进士1457人。科举地位的提高，使社会上读书蔚然成风。

宋太宗在重文治的同时，压制武将。首先将战争指挥权收归皇帝，宋太宗甚至还向前线将帅预授阵图。雍熙北伐中，三路宋军互不统属，将从中御，最高军事指挥权只掌握在皇帝一人手中，这是雍熙北伐失败的关键。其次用文臣统兵。不仅掌管军政的枢密使多用文臣，边境州郡知州知府也多用文臣，还调任一批文臣到军中任职，武将则受文臣节制，从而形成文臣统兵的格局。此外，宋太宗还委派宦官担任监军，担任走马承受公事，其主要任务是监视军队。更有甚者部分宦官代替武将直接统率军队。统兵官选用并非以才能，而更注重是否听从指挥，并收回宋太祖曾给予边将的部分权力。宋太宗的做法虽能防止武将以兵变篡夺皇位，但武将畏首畏尾，行动受限，造成宋朝积弱不武。军队数量虽有所增加，但战斗力削弱明显，对外战争多以失利告终。

宋初沿用后周旧制，以中书门下为最高行政机构，破除了原有的三省六部制，形成中书门下（又称政事堂、政府、东府）和枢密院（又称枢府、西府）为中心的二府制。宰相职衔分侍中和同平章政事，而以同平章政事的低级职衔较多。宰相沿袭唐、五代旧制，兼三馆馆职。宋初还设置使相，乾德二年（964），赵光义为使相行使宰相职权，委任赵普为宰相。起初参知政事只是宰相助理，但太宗末年，参知政事地位有所提升，中书门下职官则由宰相和参知政事（副相）共同构成行政首脑。宋太宗时，重要文臣大多是科举出身。宰相9人中，全是文官，科举出身者有6人。

宋初，禁军逐渐由殿前司、侍卫亲军司的二司制过渡到三衙制统领，形成枢密院、三衙和地方州军三者握兵权、调兵权和统兵权分立的局面，限制军事将领的权力。枢密院为最高军事机构，既收兵部掌兵权，又分宰相军事权。枢密院长官为正副枢密使。枢密使逐渐多由文官担任。宋太宗时期，掌管军政的枢密院35名正副枢密使中，文官达到21人。

宋初沿袭旧制，设三司为最高财政机构，侵夺中书门下中户部和工部的职权。三司指盐铁、度支、户部，称作计省。长官为三司使，也称计相，地位仅次于执政。太平兴国八年（983）三月，宋太宗分设盐铁使、度支使和户部使。淳化四年（993），又合为三司。之后又有所分合。最终在咸平六年（1003）又恢复为一个机构，分盐铁七案、度支八案、户部五案，分案处理事务，从而实现财权的独立。此外，宋初还设立了一些机构，如新设审官院、流内铨、审刑院、纠察等在事务工作中发挥作用，以分中书之权力。雍熙四年（987），设置二班院，剥夺宣徽院管理低级武官权力。

宋太祖对辽朝的战略也是先南后北。为保证统一战争的顺利，对北方辽朝采取积极防御战略，但不主动出击。除曾在宋征伐北汉的战争中阻击救援的辽军外，双方没有发生大的战事。宋辽双方遣使交聘，建立了正常的外交关系，不过这一关系因宋太宗发动征伐北汉的战争而告终。

太平兴国四年（979），宋灭掉北汉。宋太宗乘势攻占辽燕京，双方在高梁河展开大战，宋军大败而归。面对辽军的进攻，宋军取得满城、瓦桥关之战的胜利。此时辽军无力南下，对宋军采取防御战略。然而辽军的防御策略激发了北宋边将的兴致，乘机奏请宋太宗出兵。雍熙三年（986）宋军兵分三路伐辽，东路军曹彬贸然进兵涿州，退兵过程中被辽军追击，在岐沟关之战中失利。与此同时，西路军奉诏退兵。退守之际，西路军内部发生矛盾，导致杨业部全军覆没。宋军精兵损失殆尽，雍熙北伐以失败而告结束。

张齐贤在高梁河之战失利后，即提出"安内以养外"。雍熙北伐失利后，这种论调逐渐得到士大夫们的支持。宋太宗制定了守内虚外的国策，强调内患较之外忧更为可惧，决意不再北伐，从而放弃燕云地区。辽军则不断南下侵扰。雍熙三年（986）冬，双方在河间的君子馆展开激战，宋军几乎全军覆没，先锋被俘。面对辽军的进攻，士大夫们或主张妥协求和，或建议消极防御。端拱元年（988），辽军攻占涿州、满城，不久战败退兵。此后，宋辽两方虽然有小规模冲突，但十余年间没有大规模战争。

西部的党项羌逐渐强盛，拥有夏、宥、绥、银、静五州之地。宋朝建立后，李继捧奉五州之地于宋，其族弟李继迁则不断骚扰宋边境。宋军采取"穷讨则不足，防遏则有余"的守势。李继迁子李德明则表示臣服于宋。宋太宗雍熙年间，宋辽激战于燕云地区，李继迁依靠辽朝力量壮大起来，在与宋的战争中屡挫宋军。宋太宗则利用李继捧制约李继迁，李继迁战败后，被赐名为赵保吉。由于李继迁叛服无常，至道二年（996），宋派军分五路讨伐西夏，但双方互有伤亡，最终李继迁求和，宋太宗任其为定难军节度使，承认其统治。

第二节　北宋中期的发展

澶渊之盟后，宋辽双方赢得了发展的时间和空间。为摆脱积贫积弱的局面，宋朝统治者开始思考通过怎样的途径来改善当前的境遇。宋仁宗时任用支持改革的范仲淹等人施行庆历新政。但庆历新政为期不长，便以失败而告终。在经历短暂的英宗朝后，宋神宗利用王安石施行变法。王安石变法以富国强兵为目的，实行包括青苗法、农田水利法等在内的多项改革措施，是一次较为全面的革新。但新法只注重增收，未强调节流，只重变法，而忽视整顿吏治，加之新旧党争的存在，王安石两次罢相。新法虽然取得一定效果，但时断时续。最终宋神宗亲自主持元丰改革，不仅改革官制，还坚持施行王安石变法的措施，从而为北宋的繁荣奠定基础。人口和耕地面积有所增加，市镇有所发展，《清明上河图》所展现的汴京经济的繁荣直观地展现了当时的风貌。

一 澶渊之盟

至道三年（997），宋太宗因箭疮不治而亡，终年59岁。其子赵恒遵遗诏登上皇位，是为宋真宗。宋真宗继位并不顺利。其长兄赵元佐被废黜，而其二哥赵元僖病亡，赵恒被立为太子，判开封府事，治理有方。但王继恩用权，勾结李皇后，试图拥立赵元佐，宰相吕端及时发现，措施得当，避免了这场宫廷变故。最终宋真宗顺利登上皇位。宋真宗登上皇位后，即着手调整宗室内部关系，追封赵廷美，追赠赵德昭、赵德芳，恢复赵元佐楚王封号，缓和了内部矛盾，稳定了政治局面。

宋真宗施行无为而治，沿袭宋太祖、宋太宗的祖宗之法，尊重宰相的权力，重视科举，甚至在读书人中选拔将领。但是以文驭武和强干弱枝的祖宗之法逐渐出现一些弊端，有些不合时宜。强干弱枝导致中央权力过于集中。王禹偁等人意识到这一问题，主张因时立法，提出减冗兵、冗吏，严格科举制度。柳开则提出省冗官，减虚费。真宗部分地采取了他们的建议，施行劝课农桑、免除逋负、减省冗吏等措施，但效果甚微。

宋真宗原本可以据其精兵有所作为，但他目睹宋太宗死于箭疮，畏惧与辽作战，寻求和议，辽圣宗和萧太后则趁机率军南下。咸平二年（999）九月，主持河北防务的傅潜畏惧辽军，按兵不动。真宗不得已只得亲征，削去傅潜官爵，流放房州，任用杨嗣和杨延昭取得局部胜利，辽军则在掳掠一番后班师。咸平四年（1001）十月，真宗任命王显加强战备，宋辽双方互有胜负，最终以辽军班师而结束。

景德元年（1004），辽军第三次南下，由辽圣宗、萧太后亲征。宋军利用城池与辽军作战，辽军则绕过瀛洲、大名，抵达澶州，有直趋开封之势。面对辽军进犯，王钦若等大臣主张南逃，宰相寇准则坚持让真宗亲征。最终真宗登上澶州北城城楼，鼓舞宋军士气，迫使辽接受议和。宋真宗坚定不移地沿袭宋太宗的议和战略，辽也希望用议和来换取财富。议和于十一月底开始，双方围绕割地和岁币数额展开争论，最终缔结盟约：辽圣宗称宋真宗为兄，真宗尊萧太后为叔母；宋每年给辽银10万两，绢20万匹；双方各守疆界，互不侵犯。史称"澶渊之盟"。

澶渊之盟的签订是当时双方都可以接受的结果，在某种程度上为北宋社会经济发展提供了有利时机。不过澶渊之盟后，宋朝不得不支付相当多的绢帛给辽朝，同时内部消耗无度，加之宋军缺乏战斗力，北宋中期出现了"积贫积弱"的局面。澶渊之盟后，寇准等曾主持裁减北方军备力量，与民休息，恢复生产，发展经济。然而宋真宗偏听王钦若之言，罢免寇准，疏于朝政。又崇信"神道设教"之说，通过制造天书符瑞、举行"东封西祀"等政治宣传运动，试图神化皇权，以摆脱澶渊之盟签订后的政治困境，证明赵宋统治的合法性。这些行为挥霍了太祖太宗朝的积蓄，仅东封西祀的开支即超过1700万贯钱，从而将宋朝推向积贫积弱的境地。

景德年间，宋和西夏李德明议和，并于景德三年（1006）九月达成和议：任命李德明为定难军节度使，封为西平王；每年岁赐党项金帛缗钱各4万，茶2万斤；给李德明内地节度使的俸禄；西夏保证不扩张地盘，送还俘获的宋朝官吏和军民，解散军队等。宋夏和议的性质与澶渊之盟大致相同。

二　庆历新政

宋真宗去世，赵祯即位，是为仁宗。他即位时只有13岁，故由刘太后（宋真宗皇后，宋仁宗嫡母，名不详，谥号"章献明肃皇后"）摄政。刘太后在真宗晚年磨炼出处理政事的才干，乾兴元年（1022）二月，刘太后临朝，贬斥主张太子监国的寇准和李迪，处死权倾一时的丁谓，其服饰车舆、出入礼仪与皇帝同，颁布制令称"吾"。刘太后临朝期间，埋葬了真宗引以为荣的所谓天书，提倡节俭，惩办贪官污吏，敦促文武臣僚约束子弟，并重视文治，改善科举制度，天圣七年（1029）增加武举。但她晚年重用宦官和外戚，尤其是宦官权倾一时。她在政治上趋于保守，没有接受大臣改革的建议，最终出现"冗官、冗兵、冗费"现象，导致财政危机。又转嫁危机于民，导致民生艰难，加之宋军战斗力下降，难以抵抗辽和党项的进攻，北宋进一步陷于积贫积弱的局面。

明道二年（1033），仁宗开始亲政。他将反对刘太后的范仲淹召回开封。范仲淹则在《救弊八事》中指出宋代的"三冗"现象，请求进行改革，但因得罪宰相吕夷简而被贬。于是朝堂出现了台省之争。省即宰相，以吕夷简为代表。台即台

图7-3　范仲淹像

谏官，包括御史和谏官，有孔道辅、范仲淹、尹洙、欧阳修等人。此后又有不少官员上书请求改革，而吕夷简罢相为改革提供了条件。此时，西北边境李继迁建立西夏王朝，希望得到宋朝承认，遭到宋朝拒绝。西夏遂挑起战事，宋军在三川口之战、好水川之战、定川寨之役中均以失败而告终。

庆历三年（1043），为解决土地兼并日益剧烈，宋夏战争频发，各地农民起义陆续发生的现状，宋仁宗依靠范仲淹、富弼等人施行庆历新政。八月，范仲淹升任参知政事，富弼任枢密副使。范仲淹所撰《答手诏条陈十事》成为这次新政的施政纲领，其中提出的改革十事，包括明黜陟、抑侥幸、精贡举、择官长、均公田、厚农桑、修武备、减徭役、覃恩信、重命令。其中从中央官员中选拔都转运按察使以考察州府长官，州府长官考察县官，以"择官长"，改善吏治；改革磨勘制度，确定施行官员升迁之法，以"明黜陟"；改革荫补制度，

削减中高级官员子弟荫补为初级官员的人数，降低长子之外亲属荫补官的级别，荫补官员要经过考试才能任官，以"抑侥幸"；对地方官员的职田数目进行限定，以"均公田"。精进科举制度，将教育和科举相结合，设立州县学校，规定士人须在学校学习300天，方可参加科举。改变原有的考试项目先后顺序，考试内容以策论为主，诗赋为辅。合并河南州县以"减徭役"，将河南府所属颖阳、寿安、偃师、红氏、河清五县降为镇，并入邻县，从而减少徭役。

这次改革的重心是改善吏治。但新政推行并不顺利，尤其是"择官长""明黜陟""抑侥幸"的实施，遭到多方面压力和攻击。以夏竦为首的反对派上奏称范仲淹等人结为朋党，欧阳修所撰《朋党论》将士大大划分为君子之党和小人之党，为夏竦等人提供口实。宋仁宗下令禁止百官结为朋党，庆历五年（1045），免去范仲淹参知政事、富弼枢密副使的职务。二月，废止新行的磨勘法和恩荫法；三月，废止科举新法。庆历新政的十项改革方案中只施行了六项，但实际保留的只有对官员有利的"均公田"。

庆历四年（1044）十二月，宋夏达成和议：封元昊为夏国主，元昊对宋称臣；宋朝每年赏赐西夏绢13万匹、银5万两、茶2万斤。宋军在宋夏战争中暴露出指挥不力、战斗力不强的积弱状态。随着宋与辽、西夏战事的结束，宋仁宗将范仲淹、富弼等出为地方官，短暂的新政以失败而告终。

庆历新政后，宋朝并没有出现预想中的承平景象。庆历七年（1047），贝州宣毅军小校王则利用河北地区流传的弥勒教信仰，发动兵变，建国号安阳，建元得圣。在文彦博的督战下，王则最终寡不敌众，被俘处死。宋仁宗开始重新认识时局，要求大臣提出政治改革主张。皇祐四年（1052）四月，荆湖南路广南地区发生侬智高叛乱。侬智高原是广源州人，庆历末年建立南天国，宋朝拒绝承认。五月，侬智高始起兵攻占邕州，自称仁惠皇帝。宋军曾多次讨伐而无功。最终于次年正月大败侬智高于邕州。侬智高逃往大理，不久身亡。广南平定。

王则兵变虽然规模不大，但以此为契机，朝野主张改革的呼声再次高涨。文彦博、王安石、司马光、包拯等人纷纷向宋仁宗提出改革建议。但他们大多没有将改革主张付诸实施，三冗问题更趋严重，社会问题愈演愈烈。

三　王安石变法与元丰改制

治平元年（1064），英宗亲政，开始为解决积弊进行改革。为解决冗官问题，英宗延长官员磨勘的年限，文官改三年一次为四年一次，减缓了官员升迁速度。此外还规范科举制度，实行三年一考，减少每次科举录取人数。但他面临来自宋夏战争的外部纷扰以及如何追封生父的内部困扰（即"濮议"）。英宗英年早逝，在位时间短暂，其改革影响有限，积弊反而越发严重。治平二年（1065）的财政赤字达到1572万贯钱。

宋神宗即位之初，宋朝三冗情况依然严重，财政连年亏空，社会矛盾日益尖锐。宋神宗打算进行改革，但此时宰相富弼已没有改革锐气。为达成"强兵富国之计"，宋神宗遂起用王安石。王安石，字介甫，抚州临川人。仁宗时，即上疏主张改革。治平四年（1067），王安石被神宗任命为江宁知府，不久又任翰林学士。熙宁元年（1068）四月，神宗诏王安石入对，询问治国之计。王安石上《本朝百年无事札子》，深入分析了仁宗朝的积弊，认为当时境况亟须改革，具体提出改革的措施，并对神宗改革决心大为称道，表示神宗应以"择术"为先，要效仿尧舜。神宗则将王安石喻为诸葛亮，要其推动改革。六月，神宗试图任用司马光主持裁减国家经费开支的改革，被司马光拒绝。八月，司马光和王安石在讨论例行赏赐时展开辩论。司马光主张裁减费用，指出善于理财不过是搜刮民财。王安石则认为所减费用数目不大，如若再次裁减，有损于国体，而国用不足的主要问题在于是否任用善于理财之人。最终神宗在两人之间选择了王安石。

熙宁二年（1069）二月，王安石出任参知政事，着手推动改革。作为主持改革的关键人物，王安石提出"天变不足畏，祖宗不足法，人言不足恤"的思想，即改变祖宗之法，制定"新法"。设立制置三司条例司作为变法的指导机构，负责制定新法，由知枢密院事陈升之和王安石兼领，并吸收吕惠卿、苏辙、章惇、曾布、刘

图7-4 王安石像

彝、谢卿材、侯叔献、程颢、卢秉、王汝翼、曾伉、王广廉等十余人组成工作班子推广新法。但这些人对变法的态度并不完全一致，刘彝、程颢更是新法的反对者。因此新法推行伊始就面临严峻的考验。

自熙宁二年（1069）七月始，新法陆续推行，重要内容有10项，

其中富国理财方面措施有 7 项之多。最先实行的是均输法。王安石对均输法尤为重视，他指出变法的目的在于"去重敛，宽农民，庶几国用可足，民财不匮"。要达到这个目的就必须理财。理财之要在于均输法的实施。均输法于熙宁二年（1069）七月在最富庶的荆湖南北、江南东西、浙江、淮南六路施行。他以薛向为发运使，[①] 总管东南六路财赋，考量当地每年贡额、京师用度、库存数目等因素，根据徙贵就贱、用近易远的原则收购各项物资，以便于转输，保证京师供应，平稳物价。在薛向经营下，均输法的推行取得初步成功。

其二是熙宁二年（1069）九月实行的青苗法，也称常平新法。熙宁二年（1069）四月，王广廉出任河北路转运司勾当公事，提出以度牒千道为本钱，在陕西漕司实行青苗法，春散秋敛以便民。九月，青苗法正式推出，要求各路常平仓、广惠仓的现金放贷于贫民，归还时粮、钱皆可，施行国家低息贷款，以缓解民间高利贷问题。青苗法首先在河北、京东、淮南三路试点，并推广到各路，任命王广廉等 12 名官员担任提举常平、广惠仓兼管勾农田水利差役事负责推行，并规定地方官府每年向农民发放贷款，农民可随夏秋两季田赋缴纳时还贷，利息为二分。

其三是熙宁二年（1069）十一月颁布的《农田水利条约》，也称为农田水利法。农田水利法鼓励各地开垦荒田，兴修水利。兴修水利的费用根据"谁受益谁出工出钱"的原则由地方自筹，较大工程资金不足者则可申请官府贷款贷粮，甚至可以向富户贷款，官府代为催

---

① 唐开元二年（714），于陕州置水陆发运使，掌漕运。宋代延续，乾道六年（1170）废。

还。熙宁三年（1070）五月，制置三司条例司废，职权并入中书，司农寺成为变法后期的主管机构。

其四是熙宁四年（1071）十月正式推行的免役法，又称募役法。这项变革改变了过去按户轮流服役的差派方式，改为民户以钱免役，缴纳免役钱、助役钱，由官府募人充役。上三等户根据土地数量缴纳免役钱。原本不服役的女户、单丁户、未成丁户、城镇户中的上五等户，以及官户、僧道户，根据资产，比照原差役户减半，缴纳助役钱。此外，各加十分之二为免役宽剩钱，以备灾年。其目的是通过施行免役法，解决百姓差役之苦。

其五是熙宁五年（1072）三月推行的市易法。熙宁三年（1070），王韶提出在秦州古渭寨设立市易司，以官本钱与西北民族贸易，将其利润作为边事经费。于是在宋神宗和王安石支持下设立了古渭寨市易司。三月，在东京设立市易务，以内藏库钱帛一百万贯为本，任命吕嘉问为提举在京市易务官，负责平价收购商人卖不出去的物资，由牙人与商人议定价钱。商人可以产业或金银作为抵押向市易务（司）赊购货物，年息二分。市易法的推行收到了平抑物价、增加岁入的效果。市易务之设逐渐推广到全国。在京市易务也改称都提举市易司。

其六是熙宁五年（1072）八月施行的方田均税法。八月颁行《方田均税条约》，以东西南北各一千步为一方，核定民户土地，根据土地贫瘠程度分为五等，确定田赋数额，颁发田契，作为征收田赋的依据。方田均税法率先在京东路、河北、陕西、河东诸路施行，然后逐步推广到全国，某种程度上解决了田赋不均的问题，增加了国家的田赋收入。

其七是熙宁六年（1073）七月施行的免行法。即城市各行商户根据获利多少缴纳免行钱，免除对官府的物资供应。

强兵方面的措施有三。其一是保甲法，即乡村十家一保，五十家一大保，十大保一都保，用以维持地方治安，节省军费支出。其二是保马法，即为解决官府养马负担过重、军马短缺问题，让民户领养马匹。其三是将兵法，以固定的将官训练士兵，使将兵相知，以提高军队战斗力。

王安石还对教育、科举和法制等进行改革。他废除明经诸科，考试内容以经义论策为主，颁行太学三舍法，刊行《三经新义》作为学校教材，以统一思想。

王安石变法是在宋神宗支持下进行的一场自上而下的变法运动。王安石变法具有不少进步成分，但具体内容及实施效果则不能一概而论。宋神宗摇摆不定的态度使新法推行举步维艰。旧党大臣的激烈反对，以及新党内部矛盾激化，影响了新法的推行效果。最终在王安石两次罢相后，新法在旧党坚持下大多被废止。

王安石去职后，宋神宗改元元丰，亲自主持改革，继续推行新法，打击反对新法的官员，以增加国家财赋收入，加强军事力量。除均输法外，其余新法仍继续推行。两浙路免役钱的征收标准提高，不出免役钱的坊郭户家产由不及二百贯者降低为不及五十贯者。保马法由王安石变法中的保甲养马法改为都保养马法和户养马法。

元丰五年（1082）五月，宋神宗鉴于宋初职官制度的复杂纷乱，官称与实职分离，为加强中央集权，整顿管理机构，以《唐六典》为蓝本，恢复三省六部及寺监制度，使官称与实职趋于统一，史称

"元丰改制"。具体内容包括设置门下、中书、尚书三省，废除同中书门下平章事、参知政事，以左仆射兼门下侍郎、右仆射兼中书侍郎为左右相，尚书左右丞为执政，尚书省设吏、户、礼、工、刑、兵六部。三省六部九寺五监的官员既有官称，也掌握实权，奠定了北宋后期甚至南宋中央官制的框架。此外，宋神宗减少了官阶，在保留官品九品的同时，每品只设正、从，较之此前减少十二阶，废除文臣散官阶、馆职等附加官衔。宋神宗还颁行《寄禄新格》，罢去一切寄禄官，代之以官阶，用以颁发俸禄。元丰时文臣京朝官寄禄官阶，较以前减少十七阶。元丰改制无疑是一次成功的官制改革，不仅简化了官僚机构，还减少了财政支出。但其改革的范围有限，如以阶易官寄禄仅限于文臣京朝官。三省互相推诿，严重影响中央决策速度与行政办事效率。

元丰年间的变法由最初的富国转为强兵。宋神宗裁减冗兵，加强军训，通过推行保甲法施行集教和团教。集教是对大保长集中进行教阅，团教是对保丁进行教阅，使之成为后备和辅助性军事力量。元丰四年（1081），宋神宗获悉西夏发生宫廷政变，升种谔为鄜延路经略安抚副使，分五路征讨西夏灵州，但因用人不当，灵州战役以失败告终。次年，神宗再次进攻西夏，但宋军内部种谔和徐禧发生争议，种谔建议在宋夏边界建银、宥、夏三州城及盐州，以扼制西夏。徐禧则建议放弃银州旧城，另建城于永乐。最终徐禧的建议占据上风，然而严重缺水的永乐城刚建成不久，就被西夏军占领。两次征讨西夏的战争均因神宗用人不当，以宋军失败而告终，神宗强兵的愿望没有实现。神宗得知消息后，由强兵转而厌兵，宋夏又开始议和。

四　北宋经济的繁荣

人口是衡量农业社会经济的重要指标。宋太祖开宝九年（976）户数达到约309万户，此后发展迅速。神宗熙宁八年（1075），户数已达到1568万余户。徽宗大观四年（1110），全国户数则达到2088万余户。总体来看，北宋的户数呈递增趋势。若以一户五口计算，徽宗大观时期人口已超过1亿人，远远超过唐代开元、天宝之际的6000万人。

宋代的户籍改变了唐代以来民分贵贱、不分城乡的状况，以资产多少确定九等户籍，缴纳赋税的方式则代之以主客户制。宋代的主客户制中，主户是指有常产的民户，官户则是乡村主户中的品官之家，享有免除部分赋役权利，而客户是指没有资产的贫民佃户和寄居户。乡村主户又划分五等，起初只是作为"课民种树"的依据，后逐渐成为差派职役、科配赋税的依据。

宋初，赵匡胤开始招徕逃民，开荒种田，指出农是衣食之源，下诏令各地官员劝农。为尽快恢复农业生产，增加财赋收入，宋太祖还鼓励进行屯田和营田。军事屯田，以补充边备。官府营田，以增加收入。其中以淳化四年（993）何承矩在河北屯田成绩最为显著，刘崇在陕西镇戎军屯田也颇有成果。天禧末年，河北路每年屯田的收获量为29400余石。农业的发展不仅表现在耕地增加上，还表现在优势良种推广和新农具推行上。淳化四年，黄懋将江东早稻推广到河北，而岭南地区开始广植豆、粟、大麦等杂粮，江淮地区则开始引入占城稻。武允所献踏犁式样，被推广到宋州，较之镬耕事半功倍，极大地提高了农业生产率。随着王安石变法的推行，农业生产受到重视，且进一步发展，屯田和营田范围逐渐扩大，耕地面积增加。神宗元丰年间（1078—1085），耕地总面积为461万余顷，较之英宗治平年间（1064—1067）增多20余万顷。神宗、徽宗时垦田面积至少已在700万—750万顷，远超唐代。单位亩产量一般为两石，两浙路更是达到五六石或六七石，是唐代亩产量的两三倍。同时经济作物逐渐专业化、商品化，从而推动农业经济的全面发展。

宋统治者和历代官府重视兴修水利，神宗时期更是出现兴修水利的高潮。熙宁二年（1069）二月，农田水利法施行后，京东路在熙宁四年（1071）十月前完成水利治理，修复良田4200余顷。各地采用河流泥沙漫灌的方式改良土壤，称为"淤田"。熙宁年间（1068—1077），全国总共兴修水利1万余处，上方36万余顷，两浙路水利工程最多，民田成为其中的主要部分。哲宗以后，农田水利兴修仍未停止。

与唐代不同，田地不再由国家授予，出现"田制不立"的状况，朝廷采取的开垦荒田、招徕逃户措施，使越来越多的田地集中在少数富民手中，形成众多"兼并之家"。土地兼并状况日益严重，造成"势官富姓，占田无限，兼并冒伪，习以成俗，重禁莫能止"的局面。随着农业发展，租佃制在中原地区迅速推进，且占有重要地位。租佃双方需要签订契约，田主提供耕牛、种子，而佃农提供劳动，收获物多以五五或四六分成。北宋朝廷采取"不抑兼并"的政策，客观上促进了租佃制和商业化发展。

北宋城市逐渐繁荣，市镇得到发展。城市中坊市之间的界限已经模糊，乡村中有大量草市出现。为适应统治需要以及满足征税需求，景德四年（1007），开封率先施行城乡分治策略，改变宋以前京城由赤县（附郭县）管理的状况，拉开城乡分治的序幕。城乡分治以城墙、城门为界，少有城市将近郊列入城区。这种管理方式逐渐推广到全国。庆历四年（1044），将天下州县城郭人户分为十等，创设城镇坊郭户十等户籍，用以作为承担赋税和科配依据。此处十等仅限于城市中具有常产的工商业者，而城市之中，仍根据有无常产划分为主户和客户。

北宋首都东京拥有便利的水陆交通，充盈的物资，成为全国商品经济最繁华的城市。各地货物经汴河、黄河、广济河、惠民河源源不断地运送到开封。孟元老在《东京梦华录》中描述了当时开封的街道，指出皇城东南角的十字街是店铺最为热闹的地方，是许多瓦子等综合性商场、酒楼等的聚集之处。开宝三年（970），设厢于州城、县城内。真宗天禧五年（1021）的一份资料显示，开封新城外置9厢，每厢有500户以上者，也有500户以下者。开封城内共10厢121坊，所居人户共约97750户，成为当时世界上最大的城市。仁宗以后，由于商品经济发展，唐代以来的坊市制度逐渐遭到破坏，代之以厢坊制。

城市的繁荣是手工业和商业发展的结果。开封手工业有很大的规模。官营手工业中南北作坊原是最大的制造武器和军用物资的作坊。熙宁六年（1073）七月，改南作坊为东作坊，组成东西作坊，共有51个作坊。虽然官营手工业者中多罪犯、军人，但雇佣劳动在官营、民营手工业中合法化，且较为普遍。孟元老所撰《东京梦华录》记载了京城民营手工业作坊所造的各种日常用品，以及北宋后期东京雇工流行的盛况。

宋代沿袭五代旧制，对从事商业者征收过税与住税。建隆元年

（960），宋太祖即颁行《商税则例》，奠定了之后宋代历朝商税征收的原则。这是中国历史上首部由朝廷颁行的商业税务法规。《文献通考·征榷考一》录有该部则例的主体内容。其中可见《商税则例》包括商税征收物品种类、税种税率、对偷税漏税者的处罚，以及其他事项。其中规定，商人贩运货物须有引券，否则不受法律保护。宋太宗着力剔除不少商税规则之中过于苛细的内容。宋神宗熙宁十年（1077），开封税收总数达到40万贯。就商税额看，杭州是开封以外的最大城市，成都次之。人口较多的城镇集中在太湖流域的两浙路和沿海城市，以及川西平原的成都路。由此可见，太湖流域和成都平原成为全国经济最发达的地区。

北宋时期作为乡村经济中心的镇逐渐兴起。低于镇的经济中心则出现"市"。与此同时，边境贸易渐趋发达，榷场与互市贸易发挥着重要作用，海外贸易也较为发达，舶法推行以及市舶司（务）的设立推动了海外贸易发展。货币是其重要媒介。北宋所使用的货币主要是铜钱和铁钱。随着商品经济的繁荣，铜铁钱无法满足商品经济发展的需要，大中祥符四年（1011），益州路出现便于贸易的"交子"。这种票券没有固定数额，根据商人缴纳钱数临时填写数额，可以流通，并兑换现钱，是一种代币券。天圣元年（1023），薛田出任益州知州，设立益州交子务，发行官交子。官交子成为地区性纸币。宝元二年（1039），其面额分为5贯、10贯两种，开始固定下来。交子的发行既要储备现钱作为准备金，又须控制发行量。北宋还试图在河东、陕西等地区发行交子，但并未成功。北宋末年，徽宗发行陕西交子，但不控制交子发行量，也不增加准备金储备，导致陕西交子贬值。而他们又换个名目，改称钱引，不久出现钱引的贬值。

第三节　北宋的衰亡

　　宋哲宗即位后，由宋英宗皇后、宋神宗之母高氏秉政，废除神宗时的变法，转而承继祖宗之法。在以司马光为首的旧党主持下，开展废除新法的元祐更化。元祐年间的政见分歧演化为党争。哲宗亲政后，废除元祐更化的内容，转而继承新法，称"绍圣绍述"，意在富国强兵，并取得一定效果。但新党借新法之名，打击旧党异己。徽宗时期，蔡京、童贯等掌权，借推行新法，开展大规模消除异己的活动，甚至开列元祐党籍。北宋的统治基础动摇，宋江、方腊先后起义。对外宋与金签订海上之盟，联合攻击辽朝，并约定燕云地区的归属。最终金朝灭掉辽朝后，转而南下攻宋。靖康之难中，北宋徽、钦二帝被掳北上，北宋灭亡。

一　元祐更化

　　元丰八年（1085），赵煦即位，改元元祐，是为宋哲宗。由于哲宗年幼，太皇太后高氏听政。在高氏主持下，一改神宗时的变法作为，转而恢复祖宗之法，以司马光为首的旧党开始废除新法的行动，实施元祐更化。其实质在于更改熙丰新法。元祐元年（1086），哲宗改元布政。当时一些旧党人物并不主张全部废除新法，而是新旧法并用。但司马光执政后，全面废除新法的主张占据上风。

图7-5　司马光像

元祐元年（1086），旧党刘挚、王岩叟率先攻击免役法、青苗法，以及新党的蔡确、章惇等人。不久，司马光生病，废除新法的动作加速进行。他指出最应该废除的是免役法，又下令以"三省枢密院同进呈"的名义废罢免役钱，从而与章惇进行正面斗争。蔡确被罢相不久，司马光接任左相，章惇出为知汝州。随着蔡、章被罢，新党与旧党的斗争基本宣告结束。旧党内部也出现分歧。司马光一意废除新法，为震慑不同政见者，吕公著升任右相，并抬出四朝元老文彦博，加快废罢新法的步伐。高太后先后下诏废除保甲法、方田均税法、市易法、保马法、免役法和将兵法。司马光更是将青苗法、免役法、将兵法以及神宗时推行的对夏政策视为四患，最终在其去世前将此四法革除。至此，熙丰新法几乎全部废除。

元祐更化，全面废除了熙丰新法，但远没有达到史书所载的"元祐之治，比隆嘉祐"。实际上，元祐更化使官员更为冗滥，由于恩荫制度施行，元祐三年（1088）官员总数比元丰初年多出1万余人，宰执大臣子孙亲戚占据要位。与此同时，财政支出大幅度增加，财政收入却有所减少，造成财政入不敷出，吏治更为腐败。

熙丰新法是基于对神宗时政治局势的审慎判断，为实现富国强兵目标所实施的改革。新法在一定程度上改善了宋朝积贫积弱的状况，取得明显效果。然而，新党、旧党间最初的政见之争，到元祐年间

（1086—1094）演化为意气之争，旧党中出现全面废除新法还是部分废除新法的争论，最终导致党争不已。元祐时期，随着新党蔡确、章惇等人被贬，司马光去世，旧党内部根据籍贯分裂为洛、蜀、朔三党。

洛党以理学派程颐为首。程颐（1033—1107），字正叔，中山人，后迁徙至洛阳。与其兄程颢（1032—1085）接受周敦颐（1017—1073）的理学思想，追求道德性命之学，共同创建洛学，合称二程。洛学重在授徒讲学。他们以穷理为主，主张"涵养须用敬，进学则在致知"的修养方式。程颐晚年完成《易传》，成为洛学学术体系成熟的标志。蜀党则以蜀学派创始人苏轼为首，还有苏辙、吕陶等。朔党成员则有刘挚、梁涛、王岩叟、刘安世等，人数最多。司马光去世后，洛党程颐主张吊唁礼仪依照古礼行事，遭到苏轼嘲笑。不久，苏轼给考试馆职者所出策问受到朱光庭攻击，指其认为仁宗、神宗不足法是大不忠。朔党王岩叟则认为苏轼虽无罪，但并非无过。当时三党之间党同伐异，党争不断，而对实际事务无所改进。

二 绍圣绍述与新旧党争

元祐八年（1093）九月，宋哲宗开始亲政。高后刚去世，朝野就开始讨论如何看待高后及其元祐更化。新党和旧党的斗争仍没有停息。旧党吹捧高后及其元祐更化，新党则吹捧宋神宗及其熙丰变法，贬低高后，否定元祐更化。宋哲宗接受新党主张，同时废黜高后为其所选孟皇后，元祐更化寿终正寝。

元祐九年（1094），宋哲宗改元绍圣，利用新党开始绍述之政。所谓绍述，即继承之意。绍圣绍述，就是宋哲宗绍圣年间（1094—

1098）继承宋神宗的熙丰变法。最早提出"绍述之议"的是户部尚书李清臣。二月，宋哲宗任命李清臣、邓润甫为执政，开始施行新政。随后科举殿试时，李清臣所撰策题，阐明绍述新政的大略，作为新政宣言。四月二十一日，时相范纯仁对宋哲宗亲政后发生的一系列事件深感不安，罢相请辞，出为颍昌知府，而章惇出任宰相（独相），开始主持变革，复行神宗时富国强兵新法。

免役法是第一个恢复的新法，但章惇恢复的是神宗元丰时的免役法，免役宽剩钱利息较熙宁时减少一半。不久又复设各路提举常平官，以推行新的免役法。绍圣二年（1095）九月，依照元丰七年（1084）条例，颁行青苗法。绍圣三年（1096），将常平、免役、农田水利、保甲等法汇成一编，名《常平免役敕令》，颁行天下。绍圣四年（1097），复置市易务，恢复市易法。保甲法因曾布敷衍拖延，始终没有完全恢复。恢复的保马法，则是以牧马监牧地一顷为官府自愿养马一匹的民间养马法，而并非熙丰时期的民间养马法。五月，宋哲宗接受曾布建议，在陕西设立蕃落马军十指挥以养马应付战事。在教育、科举方面，哲宗恢复神宗时的制度。

对西夏方面，哲宗废止司马光等主动割让米脂等四寨给西夏以换取和平的和议结果，恢复熙河兰会路，转而积极进取，采取抗击西夏、经略河湟地区的战略，最终恢复了与西夏和平共处的态势。

新法的继续推行不同程度地达到预期效果。但宋哲宗意在富国强兵，新党则将更多的精力放在报复旧党，对改革敷衍了事。新党与旧党的斗争仍然继续，这种党争一直持续到元符年间（1098—1100）。新党借机对旧党进行报复。首先杨畏建言宋哲宗罢黜左相吕大防，使其出任颍昌知府。其次新党台谏官谏言，使宋哲宗追夺司马光、吕公著等人的赠官谥号，拆毁墓碑。追贬司马光、吕公著等人生前官职以及旧党子孙亲戚的荫补官职。绍圣元年（1094）四月，重新修订《神宗实录》，从而将王安石的《日录》载入史册，以正视听。章惇还请求分类整理元祐年间的大臣奏章，以搜集元祐党人罪证，获得允许。绍圣四年（1097）二月，遭贬官的旧党达31人。章惇、邢恕等人以文彦博之子文及甫牢骚之语大做文章，在负责接待高丽使者的同文馆追查此事，借以打击元祐党人。同文馆为蔡京审问元祐党人之处，称同文馆狱，有十余名旧党因而罪加一等。元符元年（1098），又设立诉理所，其职责是重新审案，将平反的旧党再次治罪。绍圣、元符年间（1094—1100），新党对旧党打击报复的规模和程度远超元祐年间（1086—1094）。

三　蔡京专权与方腊起义

哲宗死后，赵佶在宋神宗皇后向氏的支持下登上皇位，是为宋徽宗。徽宗初，向太后听政。她起用旧党，以元祐更化为是，而以绍圣绍述为非。她升任韩忠彦为宰相，为司马光、吕公著、文彦博等三十余名旧党人士恢复名誉，追复官职，并为哲宗废除的孟皇后恢复名誉。新党中的代表人物"二蔡一惇"，即蔡京、蔡卞、安惇被贬，章惇的地位也岌岌可危。半年之后，徽宗亲政。元符三年（1100），徽宗宣布翌年改元为建中靖国，试图调和新旧两党，以推行建中之政。九月，章惇罢相，任用旧党韩忠彦为左相，新党曾布为右相。但新旧两党积怨已深，难以调和，建中之政以流产而告终。后又改元崇宁，以示崇尚熙宁新法，所依仗者是蔡京。

蔡京因其书法投徽宗所好，受到徽宗重用。在新旧两党争论不休时，蔡京回京取得徽宗信任。不久韩忠彦、曾布先后罢相。崇宁元年（1102）七月，蔡京拜相，打着绍述新法的旗号，以王安石变法继承者自居，辅佐徽宗进行改革。他压制对自己执政不利之人。他命尚书省审查元符三年（1100）的奏疏，非元祐而是绍圣者为正类，是元

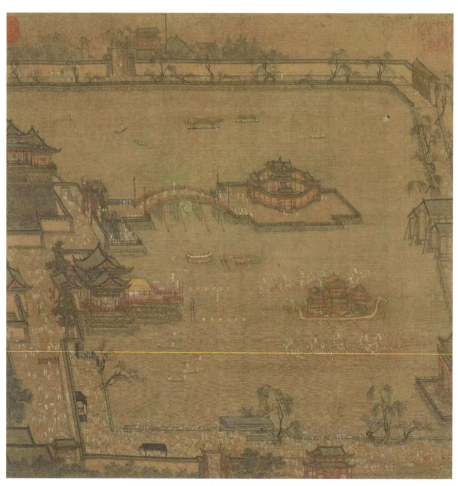

图7-6 《金明池争标图》

祐而非绍圣者为邪类，进而将赞成新法的41人列入正类，将反对新法的541人列为邪类。前者加官重用，后者则加以处分。同时他将原来旧党的文彦博、司马光、吕公著等共120人编为党籍，视为元祐奸党，由徽宗亲书刻石，立于端礼门。崇宁二年（1103）九月，立于外路州军。次年六月，蔡京重新审定元祐党人，借机将部分新党也列入党籍，总人数达到309人。

蔡京伙同王黼、朱勔、宦官童贯、梁师成、李彦把持朝政，掠夺民产，作威作福，被称为"六贼"。蔡京诱导徽宗大兴土木，挥霍钱财，以《周易》为依据，提出"丰亨豫大"的主张。丰亨豫大本为富足兴盛之意，但蔡京则借以指当时为太平盛世，理应及时享乐。徽宗欣然接受。崇宁三年（1104），徽宗铸造九鼎以喻九州，建九成宫及明堂，因崇信道教，而大修宫观。他还在开封城东北隅模仿杭州凤凰山建造万岁山，实为以假山为主体的皇家花园。因徽宗喜欢奇花异石，朱勔等人则从东南各地搜刮各种奇花异石作为贡品，由水陆用纲船运往开封进贡。崇宁四年（1105）十一月，设应奉局于苏州，主管"花石纲"的搜集和转运，朱勔总领其事。东南地方官多出其门，被称为"东南小朝廷"。政和三年（1113），徽宗在宫城北修建延福宫。延福宫实为小型的皇宫，是一组皇家宫殿群，由7座大殿和30个台阁组成。

奢华的生活使徽宗时期的财政支出大幅度增加。宣和年间（1119—1125），财政支出增加到1440万贯。其中土木之功花费最多。为满足徽宗的穷奢极欲，蔡京等人以铸造当十钱和夹锡钱等劣质钱滥发钱引、变更盐钞之法、括民田为公田、卖官鬻爵、增加赋税等方式

筹集财物，以致当时有"打破筒，泼了蔡，便是人间好世界"（《能改斋漫录·记事》）的说法。

蔡京、童贯等的执政动摇了北宋的统治基础，引发了北方的宋江起义和南方的方腊起义。宣和元年（1119）十一月，宋江起义于山东梁山泊，转而至京东地区，途经沂州，到达淮阳军。其规模曾发展到数千人，小于方腊起义。最终接受知海州张叔夜的招安。宋江起义虽然规模不大，但因距离京城开封较近，影响较大。宋江被招安后，曾参与围剿方腊，参加帮源洞、上苑洞的战斗。

图7-7　张择端《清明上河图》（局部）

宣和二年（1120）十月，南方发生方腊起义。当时蔡京、童贯等要两浙百姓进献"花石纲"，朱勔主其事。深受其害的方腊遂率民众揭竿而起。方腊，原为睦州青溪县的漆园主，多次受到掠夺。他利用摩尼教（又称吃菜事魔教），推行轻徭薄赋，进行反抗活动。里正发现后试图举报，方腊遂果断率人杀死里正，揭竿起义。次月方腊建立政权，并攻占青溪县城，起义规模达到万人。最初，王黼以为可由地方剿灭，并未上奏徽宗。直至东南发运使陈遘上奏，徽宗才委派宦官谭稹统兵讨伐方腊。但不久两浙都监蔡遵、颜坦战死，睦州被攻陷。徽宗不得不委派宦官童贯为江淮荆浙等路宣抚使，统兵南下，率禁军讨伐。童贯分两路围攻方腊。方腊起义军则在秀州、杭州和青溪遭到失败。最终方腊被韩世忠活捉。宣和三年（1121）八月，方腊在开封被杀害，起义被平定。

四　靖康之难与北宋灭亡

　　徽宗对内统治不稳，对外则受到辽和女真的威胁。政和元年（1111），童贯作为副使使辽，备受侮辱。宋徽宗意识到辽逐渐衰落，女真逐渐强大，于是接受赵良嗣（马植）的建议，实行联合女真抗辽的策略。此时金朝已经建国三年。宣和二年（1120）三月，赵良嗣至辽东，和金约定联合抗辽：金攻辽中京大定府，宋攻辽南京析津府（燕京）；辽朝灭亡后，燕京并所管州城归宋朝，而宋将给辽朝的岁币转给金，史称"海上之盟"。海上之盟无疑对金朝更有利，宋朝获取的只是燕京及属地，而燕京以外的燕云地区不在此列。不久宋徽宗试图毁约，以争取整个燕云地区，没有得到金太祖完颜阿骨打的同意。此时正值方腊起事，宋无暇顾及攻辽，只能派兵南下，平定方腊起义。

　　徽宗联合攻辽的诚意受到金太祖的质疑，金遂率先攻辽。宣和三年（1121），相继攻占辽中京、西京，天祚帝逃往夹山。宋徽宗则任命童贯为河北河东路宣抚使，领兵攻燕京。但童贯到前线后，一味招抚，兵士毫无战意，最终宋军在白沟等地遭受辽军阻击。宋军大败，损失惨重，奉诏班师。同年六月，宋又借耶律淳亡故之际，命童贯领兵攻燕京。虽有郭药师献计，但由于宋军将领畏战，此次战事以失败告终。为此宋只得求金出兵燕京。金军很快攻占居庸关。宣和四年（1122）十二月，金军进入燕京。次年，宋金进行谈判，双方议定：每年宋给金岁币绢帛50万两，燕京代税钱100万贯，西京劳军费银绢20万两匹；金则将燕京地区西部六州二十四县移交宋朝。金军对燕京一番抢掠后退军，童贯率军进入燕京时，燕京只是一座空城。随着金太祖去世，金太宗即位，宋朝在这次议定中应获州城并没有全部实现，实际所得仅限于燕京及其所属蓟州、景州、檀州、顺州等地。

　　宋金关系因张觉事件彻底破裂。辽兴军节度使张觉最初投降金朝，金朝以其为临海军节度使、南京留守。宣和五年（1123），张觉归顺宋朝，意图复辽，宋徽宗任其为泰宁军节度使。在金朝进攻下，张觉逃往燕山府。金向宋索要张觉。几番交涉后，宋不得不杀害张觉，将其首级送至金朝，张觉事件才得以解决。这一事件成为金军借宋朝背信弃义为名南下的借口。

　　宣和六年（1124）十月，金太宗吴乞买下诏南下攻宋，分路进兵。宋军节节败退。宋徽宗得知消息，任命太子赵桓为开封牧以守城，不久又将皇位禅让给太子，只身南逃。赵桓为钦宗，改次年为靖康元年（1126）。徽宗则率童贯等出逃。钦宗即位后，处死了王黼、梁师成和李彦等人，贬斥蔡京、童贯等人，铲除了六贼的党羽，废除御笔行事，解除元祐党籍之禁。钦宗任命李纲为东京留守以守卫开封。在李纲的部署下，宋军多次挫败金军攻势，迫使金军同意议和，但提出苛刻条件。钦宗更倾向于与金议和，同意割让太原、中山和河间三府，遭到李纲等人的强烈反对。宋军夜袭金兵失败，钦宗则同意割让三镇，以肃王赵枢、首相张邦昌作为人质，在付出巨额赔款的情况下，金军退兵。

金军退兵后，徽宗回到开封。守卫开封有功的李纲却出任河东河北宣抚使，后被流放到建昌军。钦宗则完全不关注边事，一味试图改革内政。靖康元年（1126）十一月，金军再次兵临开封城下，不久城破。闰十一月三十日，钦宗奉表投降。次年二月，金太宗废徽宗、钦宗为庶人。四月，金军押送徽、钦二帝等俘虏和战利品北上，史称"靖康之难"。北宋宣告灭亡，徽、钦二帝先后死于北地。

靖康二年（1127）三月，金册立张邦昌为帝，国号大楚，史称"伪楚"，成为金的傀儡政权。但这一政权仅仅维持了30多天，张邦昌就退位，宣告灭亡。

第四节　南宋政权的建立与巩固

靖康之难发生后，只身在外的康王赵构在应天府（今河南商丘）登上皇位，延续宋朝国祚，史称南宋。宋室南迁，在临安重建南宋政权。金军南侵过程中，遭到南宋军民的顽强抗争。为巩固政权，宋高宗改三省为一省，改变"与士大夫共治天下"的局面，出现权相政治。秦桧借机掌权，与金议和，签订第一次绍兴和议，臣属金朝，进奉银绢。绍兴和议引发强烈反对。面对金朝单方面撕毁和约，岳飞北伐中原，各地宋军顽强抵抗，使宋高宗和秦桧认为不依仗岳飞等人就可偏安一隅。为保证议和的顺利进行，他采用崇文抑武的政策，先后剥夺刘光世、韩世忠、张俊、岳飞等武将的军权。最终宋金于绍兴十一年（1141）达成第二次绍兴和议。南宋建立后形成北与金朝，西与西夏对峙的局面。

一 南宋建立与定都临安

赵构字德基，徽宗第九子。宣和三年（1121），封康王。靖康元年（1126），赵构同张邦昌被派往金军大营作人质，后被换回。同年八月，金军第二次南侵，赵构奉命前去金东路军营求和，半路退往相州。开封被围时，身在相州的赵构被委任为河北兵马大元帅，驰援开封，他借机纠集大批人马。但赵构并没有南下援救开封，而是命宗泽等率兵前往开德府，声称前往开封抗金，自己则率兵向东平府、济州转移。金朝所立张邦昌伪楚政权在金军北撤后，邀请孟太后摄政，孟太后则邀赵构进驻，张邦昌退位。靖康二年（1127）五月初一，赵构在应天府即皇帝位，重建宋王朝，是为宋高宗，改元建炎，史称南宋。

宋高宗即位后，以黄潜善、汪伯彦分掌军政大权，任命李纲为右相。李纲到任后，首先弹劾张邦昌，推荐宗泽为开封知府，积极布置抗金事宜，反对宋高宗南逃。宋高宗无意抗金，听从黄潜善、汪伯彦的建议，削夺李纲的权力，迫使李纲辞相。金军再次分东西两路南伐，在河北地区遇到反抗，宗泽就多次大败金军。不过宋高宗听闻金军南下，便乘船逃往扬州。建炎二年（1128），宗泽去世后，开封失守。宋高宗迫于金军压力，逃到杭州。

宋高宗至杭州后，即将黄、汪二人贬为地方官，转而以朱胜非为宰相，王渊掌军事大权。王渊曾是御营司都统制，正因其御敌无策，导致溃逃扬州。这一任命引起部分将领的不满。苗傅、刘正彦杀死王渊和宦官百余人，强迫高宗退位，孟太后辅政，推举高宗子赵旉即位，改元明受，发动苗刘之变，又称明受之变。张浚则召集刘光世、韩世忠、张俊进军杭州，苗、刘二人被迫恢复高宗帝位。苗、刘最终被韩世忠率军擒获。宋高宗遂罢掉朱胜非，改任吕颐浩为右相，而以平叛有功的刘光世、韩世忠、张俊、张浚掌军事。

宋高宗一面做出抗金姿态，一面遣使向金求和，而金要求宋投降。出于防御的目的，宋高宗派张浚经略川陕，升杭州为临安府，命人护送孟太后前往洪州以避兵锋，同时布置边防，以杜充为右相镇建康，韩世忠驻镇江，刘光世驻太平州、池州，防御长江下游，吕颐浩、张俊等则护送高宗前往临安。不久金军分路南侵，试图渡江追击高宗。高宗则渡钱塘江前往越州，后前往明州，试图渡海南逃。在金军追击下，宋高宗流亡海上长达5个月，最终在金军北还后，于越州结束流亡生涯。吕颐浩因建言高宗北上亲征而罢相，范宗尹则升任右相，赵鼎成为执政官。

金朝试图消灭南宋的目的未能实现，使其认识到短时间内不能消灭南宋，遂培植伪齐政权作为金朝与南宋的缓冲带，以巩固对黄河以北地区的统治。建炎四年（1130），金拥立刘豫，于大名建立伪齐

政权，后迁都汴京。

金军南下遭到各地义军的殊死反抗。其中北方有河北路的八字军、五马山寨义军，河东路的红巾军和京西路李彦仙义军等。江淮地区的义军有原徐州禁军赵立、泗州土豪刘位、梁山泊渔民组织的抗金义军。

金军北撤江北后，宋高宗害怕金军再度南侵，派川陕宣抚处置使张浚组织力量经营川陕，牵制金军。建炎四年（1130）九月，宋军和金军在富平展开激战。最终虽以宋军失败而告结束，但宋军牵制金军的目的已经达到，金军伤亡惨重。南宋政权得到喘息之机。1131年，宋高宗改元绍兴。川陕地区在宋富平战败后，形势岌岌可危。吴玠退守和尚原，顽强抗击金军。金军避开和尚原，绕行商州，攻占兴元府，实行由陕取蜀的战略。吴玠遂采用弃陕保蜀的战略，放弃和尚原，于仙人关布防，大胜金军，继而又收复凤州、秦州和陇州，稳定了川陕形势。

江淮地区则由张俊为江南招讨使，讨伐李成部。岳飞在其中发挥了巨大的作用，展现出卓越的军事才能。岳飞还征讨曹成，镇压江西吉州、虔州农民起义军，出兵收复襄阳六郡，将南宋防线由汉水下游推进至淮水一带。

稳定局势后，南宋面对伪齐的不断侵犯，决定采取攻势。绍兴六年（1136），在右相张浚的主持下，韩世忠、刘光世、岳飞等分率大军讨伐伪齐。但只有岳飞部主攻京西、陕西交界地区取得胜利，不得不退兵。伪齐刘豫在没有金军支援的情况下，贸然发兵30万，号称70万，兵分三路攻宋。"藕塘之战"，伪齐军大败，其他南下各路军队随即退兵。伪齐南伐以失败而告结束。次年，秦桧出任枢密使。在处置刘光世部问题上，高宗、张浚、秦桧和岳飞出现分歧，最终以岳飞回军视事而告终，军事形势一度趋于稳定。

建炎四年（1130），随着金军占领潭州，守将孔彦舟南逃。武陵人钟相率众起义，迅速攻占了鼎州、丰州等所辖19县。不久，钟相被俘杀，起义被孔彦舟平定，余部杨幺继续活动，向北降附于伪齐。绍兴四年（1134），宋高宗任命岳飞为荆湖南北、襄阳府路制置使，率兵平定杨幺起义。最终杨幺跳水自杀。杨幺起义以失败而告终。岳飞则借机补充军事力量，成为南宋守卫长江中游和汉水流域的中坚。

绍兴八年（1138），宋高宗以临安为行在，仍以东京开封为首都，内外局势稳定下来。

二　秦桧专权与政策调整

宋高宗为适应偏安东南的形势，合两府为一府，即以宰相身兼枢密使。他还将三省合一。建炎三年（1129）四月，将中书省、门下省合为中书门下省，以左右仆射兼同中书门下省，为正宰相，门下侍郎、中书侍郎改称参知政事，为副宰相，宰相、执政统一管理三省事务。同时裁撤卫尉寺、少府监等寺监，权归六部，减少相关机构和官吏的数量。

财政方面，宋高宗减少官吏俸禄，但收效甚微，转而增加各种杂税。如恢复经制钱。经制钱是北宋宣和三年（1121）为解决用度不足，由陈遘奏请的十数项杂税的统称，因陈遘任经制使而得名。建炎二年（1128）恢复钞旁定帖钱，即经制钱。建炎三年（1129）改为5

项，绍兴元年（1131）又将无额上供钱2项并入，共计7项。绍兴五年（1135），参知政事孟庾提领措置采用，设总制司，任总制使，奏请加收州军头子钱、转运司移用钱等20余项杂税，合称总制钱，以供朝廷使用。经总制钱成为南宋的重要财政收入。此外，还增加有月桩钱、版帐钱等。同时，宋高宗还发展对外贸易，市舶收入在财政收入中占有相当比重。

随着金军南侵、宋王朝南迁，武将再次崛起，地位有所上升，并在政治上发挥重要作用。韩世忠、张俊、吴玠、岳飞、刘光世等拜两镇节度使，甚至三镇节度使。宋高宗迫于形势，不得不授予武将宣抚使、安抚使，甚至便宜行事。他们有权任命部属，罢免州县正官，逐渐拥兵自重，甚至出现吴玠的吴家军、岳飞的岳家军等称呼。这些武将虽然增强了军队的战斗力，但逐渐激化了武将与皇权之间的矛盾。

宋高宗意识到武将权力的过分膨胀，开始限制武将便宜行事，取消武将任命部属的权力，逐渐恢复了宋朝以文抑武的政策。不过这些措施的效果并不明显。于是绍兴七年（1137）始，高宗开启宋朝历史上的第二次收兵权之举。绍兴五年（1135），张浚出任次相。绍兴七年（1137），他向高宗建言，以刘光世擅自从庐州退兵为由，解除刘光世的兵权，其部属由都督府统一指挥，委派吕祉节制，结果诱发淮西之变，张浚因此引咎辞职。宰相赵鼎则建议高宗提拔偏将来抗衡主将，以收兵权，无果而终。绍兴十一年（1141），宋高宗和秦桧针对韩世忠、张俊和岳飞三大将领，采取明升暗降的方式，召回三人分别任枢密使和枢密副使，撤销三人所主持的宣抚司，转而由其部将统领，直接听从朝廷指挥。不久三人的枢密使、副使职务被罢免，恢复了宋朝以文抑武的局面。

秦桧（1091—1155），字会之，宋江宁人，政和五年（1115）进士。他曾任御史中丞，因上书反对张邦昌伪楚政权，被金军俘虏。秦桧不久归降金朝，深得挞懒信任。挞懒是金朝大臣中的主和派。建炎四年（1130），秦桧以杀掉监视自己的金兵为由，回到临安，得到宰相范宗尹等人力荐。宋高宗慑于金朝兵力，一心求和。秦桧极力主张与金朝议和，与宋高宗一拍即合，利用这个机会成为宋高宗的信臣。不久他担任礼部尚书，参知政事，绍兴元年（1131）八月任右相兼知枢密院事。但他得势后排除异己的举动遭到群臣反对，其承认伪齐的主张更与宋高宗相悖，所书《与挞懒求和书》送出后久无音信，引起高宗不满。一年之后，秦桧罢相。

秦桧周旋于当时主政的张浚、赵鼎之间。绍兴七年（1137）正月，秦桧由张浚推荐，重新担任枢密使。绍兴八年（1138）三月，由赵鼎举荐，秦桧出任右相兼枢密使。但不久秦桧将张浚、赵鼎排挤出朝廷，开始长达18年的独相局面。同年宋在秦桧主持下与金朝议和。双方规定南宋对金称臣，每年进奉银25万两、绢25万匹，金则将原伪齐控制的河南、陕西地区归还南宋。

三　绍兴和议

绍兴八年（1138）南宋与金签订和议，激起南宋部分将领的极力反对。岳飞就是其中代表。同时金朝内部也发生变动，主战派完颜兀术以挞懒收受南宋贿赂为名请求诛杀挞懒，恢复旧疆。于是金

朝撕毁和议，由兀术率军再次南下攻宋。河南、陕西地区州县纷纷降金。

绍兴十年（1140），宋高宗以韩世忠、岳飞、张俊兼河南、河北招讨使，以收复失地为名，实则虚张声势。岳飞认为收复中原失地的时机已到，执意北伐。他移师郾城，攻下洛阳等地，大败进攻郾城和颍昌府的金军，取得前所未有的战果。金军将领们不得不发出"撼山易，憾岳家军难"的感叹。岳飞北伐的胜利远远超出宋高宗、秦桧等人的设想，出于对影响宋金议和的担心，遂接连颁降十二道诏书下令岳飞班师。岳飞出于掩护撤退的周全考虑，发动朱仙镇之战，使驻守洛阳、郑州的宋军安全南撤。待宋军南撤后，奉诏前往临安。

绍兴十一年（1141），金军再次南下攻宋，力争淮南战场上的胜利。宋高宗命岳飞援助淮西。岳飞则提出乘虚攻取开封迫使金军退兵的策略，遭到宋高宗、秦桧的拒绝。金军南下遭到地方宋军的顽强抵抗，屡遭败绩。在柘皋之战中，由刘锜率领的宋军大败十余万金军。金朝意识到南宋已今非昔比，待完颜兀术率军伏击宋军后，挥师北归。基于力量上的对比，宋金双方都认为议和的时机已成熟。

宋高宗和秦桧强调柘皋之战与岳飞、韩世忠等人没有关系，因此认为不必依靠岳飞、韩世忠等人也可以保南宋无虞。绍兴十一年（1141）四月，宋高宗任命韩世忠、张俊为枢密使，岳飞为枢密副使。张俊附和向金求和的主张，首先提出上交兵权，罢除宣抚司，军官官衔都加"御前"，从而将三大将的兵权都收归宋高宗。同时又派张俊、岳飞瓦解韩世忠的军队。秦桧接到完颜兀术"汝朝夕以和请，而岳飞方为河北图，必杀飞，始可和"的指示，伙同张俊收买岳飞部将，将岳飞逮捕入狱，最终以莫须有的罪名害于狱中。

十一月，宋金双方达成和议，商定宋高宗向金称臣，双方以淮河为界，淮河以北的唐、邓二州归金；南宋岁奉银绢50万予金。史称"绍兴和议"。

绍兴和议后，秦桧依靠金朝的支持，长期擅权。他勾结王继先、张去为等人把持南宋朝政，主导官员任命大权，排挤韩世忠、张俊等人，又公然受赂，亲族故旧无不担任高官要职。即使秦桧死后，宋高宗也坚持使用秦桧党羽，采用臣附金朝的对外策略。直至钦宗去世，完颜亮攻宋，宋高宗才不得不宣布亲征。淮西宋军听闻金军南下，闻风丧胆。虞允文督率宋军在采石击败金军，加之金世宗即位，完颜亮被杀身亡，金军急于北归，宋金关系才得到缓和。

第五节　南宋衰亡

宋孝宗是南宋有作为的皇帝。其在位时期是南宋经济发展、文化繁荣的重要时期。他审时度势，决定用武力改变南宋在宋金关系中的地位，遂发动隆兴北伐。虽然这次北伐最终没有胜利，但向金军展示了宋军实力，促成隆兴和议。孝宗虽试图收复中原，但限于实力最终未能实现。不过他在位时期所采取的政策取得了相当的效果，可谓中兴，被称为"绍熙之政"。宁宗庆元年间，韩侂胄将理学视为伪学，发动了长达八年的庆元党禁。掌权的韩侂胄不久发动开禧北伐，结果以失败而告终。继而史弥远掌权，成为南宋的又一位权相，支持理学，促成嘉定和议。理宗时倡导理学，施行端平更化，以拯时弊。但他后期任用贾似道，朝政更为腐败。最终在蒙古大军的进攻下，南宋经历崖山海战后彻底灭亡。

一　隆兴和议与绍熙之政

绍兴三十二年（1162）六月，高宗让位于赵昚，是为孝宗，结束了宋朝太宗一系的统治。孝宗即位后，首先为岳飞平反昭雪，恢复岳飞的官衔，以鼓舞士兵士气，而后为北伐做准备。孝宗任用史浩和张浚主持朝政。金朝此时对南宋态度又强硬起来，以武力作后盾，让南宋依照绍兴和议的条款向金进贡，索要采石之战期间损失的淮北地区。南宋则提出宋金地位平等，重新划定疆界。被金朝拒绝后，宋孝宗决定以武力改变现有的宋金关系。隆兴元年（1163），宋孝宗发动隆兴北伐。最初宋军取得了一些胜利，但不久因战将失和，虽然在宿州击退了金军进攻，但宋军副统帅慑于金朝武力，率众南逃，造成符离之战的溃败。这次北伐以失败而告终，但向金朝展现了宋军力量。隆兴二年（1164）十二月，在金朝的武力和宋高宗干涉下，最终宋金双方达成和议，确定两者关系为叔侄之国，岁币较绍兴和议减少银绢10万，恢复双方绍兴和议时所确定的边界，史称"隆兴和议"。

孝宗在南宋皇帝中是值得称道的一位，"卓然为南渡诸帝之称首"。他关心百姓疾苦，轻徭薄赋、兴修水利，注重实效，改善货币流通，同时注意吏治，谨慎选任官员，惩治腐败。他在位时是南宋政治最为清明的时期，可谓之中兴之治。政治清明、社会稳定，造就了南宋时期少有的经济文化繁荣时期。孝宗时理学、新学、蜀学迭兴，朱熹、陆九渊以及陈亮、叶适等人都在中国文化史上写下浓墨重彩的一笔。同时，他不忘收复中原，"练军实，除戎器，选将帅，厉士卒，

图7-8　《中兴四将图》

所以为武备者，无所不讲"。但最终无力发动伐金的战争。他还精心培养接班人，最终禅位于光宗。

光宗赵惇即位之初改元绍熙，以示承继孝宗时的淳熙之政，有所作为。他重视朝政，不仅缓刑薄赋，减免诸多地方税赋，还下令惩治贪官，施行赃吏连坐法，将孝宗时的佞臣免职，从而取得了一些效果。但光宗宴游无度，宦官侵政、大兴土木等问题大量存在。不久光宗生病，李皇后得以擅权，政治愈加昏暗。最终赵汝愚发动宫廷政变，光宗被迫退位，让位于赵扩，是为宁宗。孝宗中兴之路就此戛然而止。

二 庆元党禁

宁宗即位后，赵汝愚升任独相，统揽大权，免除政变有功的外戚韩侂胄和宗室赵彦逾。庆元元年（1195），赵汝愚因不利宁宗而罢相被贬，死于途中。庆元二年（1196），在韩侂胄的怂恿下，宁宗下诏，将理学视为伪学予以申禁，强调道学中人今后不许参加科举考试，不许担任官职。次年，宁宗将以赵汝愚、朱熹为首的59人列为伪学逆党。这次党禁始自庆元元年（1195），一直持续到嘉泰二年（1202）才得以解除，其间赵汝愚、朱熹先后去世，史称"庆元党禁"。庆元党禁是统治集团内部斗争的结果。

外戚韩侂胄借机逐渐高升，官至太师，权势日益巩固，最终成为宁宗朝的权臣，从而改变宋朝外戚不得参政的祖宗家法。开禧元年（1205），韩侂胄任平章军国事，位在丞相之上。他在获知金朝内忧外患情况下，误判当时的形势，贸然发动北伐战争。开禧北伐是南宋一次大规模主动对金用兵。最初金军没有准备，宋军取得了一些胜利。但金章宗调整战略，决意进行南征之后，宋军便节节败退，开禧北伐最终以失败而告终。特别是吴曦降金，建立伪蜀政权，但遭到四川军民的反对，不久吴曦叛变被平定。韩侂胄依然奉行收复中原的战略，而礼部侍郎史弥远勾结宁宗皇后杨氏，伪造密旨，杀死韩侂胄。

韩侂胄死后，史弥远逐渐把握朝政，促成了嘉定和议，改宋金两国为伯侄关系，岁币增为每年银绢60万，一次性缴纳犒军费300万贯，被视为南宋时期宋金关系中最为屈辱的协议。史弥远倡导理学，表彰朱熹，以借理学来掩盖自己的恶行。迫于压力，史弥远向饱受蒙古军队骚扰的金朝提出减少银绢数目，遭到金宣宗拒绝。金军接连发动侵宋战争，但均被宋军击退。金军再无力南下攻宋，双方处于难得的和平时期。南宋自宁宗开始逐渐走向衰弱。

三　端平更化

自宁宗中期始，史弥远在宁宗朝擅权长达17年。嘉定十七年（1224），宁宗死后，史弥远拥立赵昀为帝，是为理宗，由皇太后杨氏垂帘听政。宝庆元年（1225），湖州人潘氏兄弟发动霅川（湖州旧称）之变，反对史弥远拥立理宗，试图拥立济王为帝。但这次事变不久就被平息，济王被史弥远逼迫致死。不久杨太后也不再过问朝政。

理宗前期，史弥远权势更大。他扶植理学，任用理学人士，追封朱熹为信国公，表彰其《四书集注》，追谥岳飞为忠武，以改变其降金奸臣的形象。实则史弥远专擅朝政，贿赂公行，"其上无人主，旁无同列，下无百官士民"。这种情况一直持续到史弥远去世，长达26年。史弥远的行为激起了众多士大夫的公愤。他利用梁成大、莫泽、李知孝组成"三凶"，控制言路，将魏了翁、真德秀等人相继免官。

嘉定八年（1215），逐渐强大的蒙古占领金中都，金转而力保河南，固守潼关。成吉思汗制定迂回南宋的斡腹之策。宝庆、绍定年间，蒙军与宋军在利州路三关、五州地区发生过三次战争。三关指武休关、仙人关和七方关，而五州指阶州、成州、西和州、凤州和天水军。宋蒙之间的第一次战争就因史弥远主张和议而使宋军撤出五州之地，史称"丁亥之变"。绍定三年（1230），宋军退出五州，把守三关，最终三关也落入蒙军之手。南宋以史弥远为首，坚持联蒙灭金的战略，一味退让，使蒙军出其不意出现在河南南部，经过三峰山之战全歼金军主力。

与此同时，南宋内部的社会矛盾逐渐激化。土地兼并渐趋严重，吏治腐败，财政困难，物价上涨严重，食盐专卖使百姓深受其苦，加之连年的灾荒，南宋区域内不断出现百姓反抗的事件。

绍定六年（1233），史弥远去世，理宗亲政，改元端平，与民更始，以求有所作为，史称"端平更化"。他首先贬斥史弥远党羽，其次尊奉理学，将周敦颐、张载、程颢、程颐、朱熹从祀孔庙。理学被确定为南宋官方统治思想，得居独尊地位。他还提拔真德秀和魏了翁。不久真德秀病逝，魏了翁因掣肘而辞官。端平元年（1234），理宗对外出兵，准备收复东京开封府、西京河南府和南京应天府，史称"端平入洛"。但由于准备不充分和内部消耗，兵败洛阳。理宗亲政前期，懈怠朝政，热衷于"宴安"，宠信阎妃，任用董宋臣、马天骥、丁大全。当时有"阎马丁当，国势将亡"的说法。端平更化以失败而告结束。

蒙古曾派王楫出使南宋，约定宋蒙联合灭金。蒙军灭金后随即撕毁协定，未将河南交付南宋，而南宋收复河南的行动以失败而告终。随之进入宋蒙（元）对峙时期。端平二年（1235），蒙古兵分三路南下攻宋。两淮战场方面，京西九郡全部被蒙军占领，孟珙率军取得江陵、黄州之战的大捷，杜杲所领导的安丰之战、庐州之战阻击了蒙军。四川战场上，余玠主持四川防务颇有成效。嘉熙三年（1239），抗蒙形势的好转使南宋结束宋蒙议和，经理襄阳。

四　南宋灭亡

宝祐元年（1253），蒙古军灭掉大理，南宋腹背受敌。宝祐六年（1258），蒙军分三路，由蒙哥率领南下攻宋。西路军由蒙哥亲自率领，攻打四川；东路军先由塔察儿率领，后由忽必烈率领，攻打鄂州；南路则由兀良合台自云南北上接应，试图在长沙会师，以攻取临安，灭亡南宋。宋军虽然在四川节节败退，但在钓鱼城，驻守合州的军民顽强抵抗。蒙哥因此命丧钓鱼山。蒙军仓促撤军，宋蒙之间进入相对稳定期。

理宗后期任用贾似道主政，大权落入其手中。贾似道（1213—1275），字师宪，台州天台人，因其姐姐为理宗贵妃，遂逐渐得到重用。他对内推崇理学，以邵雍、司马光从祀孔庙，以陈宜中进讲《春秋》《中庸》等。推行公田法，由官府抽买官户民户所占田地，设置官田所，以负责供应军粮，其中强买的情况很多，而所支出限于会子、官告和度牒等物。景定四年（1263），贾似道主持增发会子15万缗，次年又发行金银现钱关子，废止十七界会子，造成物价上涨。他还丈量平江府、绍兴府和湖南路的土地，以清查欠税状况，施行推排法，造成民力凋敝。

贾似道对外被任命为京湖安抚制置使镇守两淮，加强沿边的防御力量。开庆元年（1259），任右丞相兼枢密使，增援鄂州。但贾似道慑于蒙古军的战力，私下派人去向忽必烈求和。双方达成鄂州和议，其主要内容是双方以长江为界，南宋每年向蒙古缴纳银绢40万。忽必烈班师北还后，贾似道谎报战功，被封为卫国公，晋升少师，而对战功以亲疏论定，以核查军费收支为由，陷害军事长官。景定二年（1261），镇守潼川的安抚使刘整降蒙。

继理宗即位的度宗更是无能。他称贾似道为师臣，朝臣则称贾似道为周公，贾似道独揽大权，独断一切军国要事。他明知度宗离不开他，却多次以辞相为名，不断扩大权力。度宗任由贾似道摆布。随着贾似道势力的扩大，其胡作非为，多有僭越行为。

咸淳三年（1267），忽必烈命阿术和刘整攻打襄阳。贾似道对襄阳的地位认识不足。咸淳九年（1273），守将吕文焕在多方求援没有得到回应后，最终降元，襄阳落入元军手中。襄阳的失守标志着宋朝军事防御战略体系的崩溃。此时南宋政权依然没有意识到危险所在，贾似道依旧文过饰非，对积极抗蒙的建议置若罔闻。

咸淳十年（1274），度宗病逝，恭帝即位。忽必烈以贾似道违约和扣押使臣郝经为由发动对宋的全面战争。元军首领伯颜率军渡江南下，沿路所向披靡，直驱临安。德祐二年（1276），元军兵临临安城下，宋恭帝出降。以张世杰、陆秀夫为首的南宋臣僚率残部从温州前往福州，文天祥在元军押送北上过程中逃脱。十一月，元军进入福建，张世杰、陈宜中等奉端宗、杨太后出海逃亡，文天祥则转战福建、江西和广东边界地区，最终被俘，押往大都。度宗死后，赵昺即位，在陆秀夫、张世杰率领下，宋元两军在崖山海域展开激战。最终陆秀夫身负赵昺投海自尽，南宋宣告灭亡。

本章参考文献

《皇宋中兴两朝圣政辑校》，中华书局2019年版。

《宋季三朝政要笺证》，中华书局2010年版。

程颢、程颐：《二程集》，王孝鱼点校，中华书局2004年版。

李焘：《续资治通鉴长编》，中华书局2004年版。

脱脱等：《宋史》，中华书局1985年版。

吴曾：《能改斋漫录》，大象出版社2019年版。

徐松辑：《宋会要辑稿》，上海古籍出版社2014年版。

陈振：《宋史》，上海人民出版社2016年版。

曾枣庄、刘琳主编：《全宋文》，上海辞书出版社、安徽教育出版社2006年版。

张邦炜：《两宋王朝史》，郑州大学出版社2021年版。

本章图片来源

图7-1　台北"故宫博物院"藏，见沈冬梅、梁建国编著《中国古代历史图谱·宋代卷》，湖南人民出版社2016年版，第16页。

图7-2　沈冬梅、梁建国编著：《中国古代历史图谱·宋代卷》，湖南人民出版社2016年版，第17页。

图7-3　沈冬梅、梁建国编著：《中国古代历史图谱·宋代卷》，湖南人

民出版社2016年版，第31页。

图7-4　沈冬梅、梁建国编著：《中国古代历史图谱·宋代卷》，湖南人民出版社2016年版，第36页。

图7-5　沈冬梅、梁建国编著：《中国古代历史图谱·宋代卷》，湖南人民出版社2016年版，第37页。

图7-6　天津博物馆藏。

图7-7　《中国美术全集·绘画编（3）·两宋绘画》，文物出版社1988年版，第130-131页。

图7-8　《中国美术全集·绘画编（4）·两宋绘画》，文物出版社1988年版，第82—83页。

第八章

辽、夏、金

　　辽、夏、金时期既是多民族交往、交流、交融的重要时期，也是南北政权相互对峙的时期。辽、西夏、金分别是契丹、党项和女真部族建立的政权。他们在保持自己民族特点、创建自己文字的同时，重视吸收其他民族文化，尤其是吸收汉制度文化，组建中枢机构。不少皇帝具有较高的汉文化水平。辽朝的南北面官分别用来管理汉人和以契丹为主的其他民族，因俗而治。西夏虽然在李元昊时极力主张其民族特性，施行髡发等法令，但在政治架构、行政体系、陵寝等方面依然无法摆脱中原制度文化的影响。在实际治理中，中原汉人士人群体发挥着重要作用。金朝在三者中，儒化程度最高。其文字在某种程度上吸收了汉字的有益成分。辽、夏、金政权既通过战争来获得中原岁贡，又通过内部建设保持政权和社会的稳定。因此，来自中原的岁贡或岁赐成为维系民族政权延续的主要财政来源。

　　辽朝及金朝和北宋，金朝与南宋形成南北对峙的局面，西夏则偏

居西部一隅，历经辽朝、北宋、金朝和南宋时期，在民族间的互相交往、交流、交融中，得以延续国祚。各政权局部统一其所统辖的地区，各民族间通过榷场等开展社会经济沟通，从而加深了多民族的交往、交流、交融，社会经济的南北协同发展，体现出中华文化的开放性和包容性，为元朝统一创造了良好条件。辽、夏、金时期，尽管丝绸之路贸易以及中外经济文化交流受到民族政权分立的影响，但大量中亚物种和商品依然能够以西夏为中转站，辗转进入中原。中原的茶叶和丝绸也可以经由西夏，运往中亚、波斯、阿拉伯、印度乃至欧洲。中外交往和交流仍得以进行和持续。

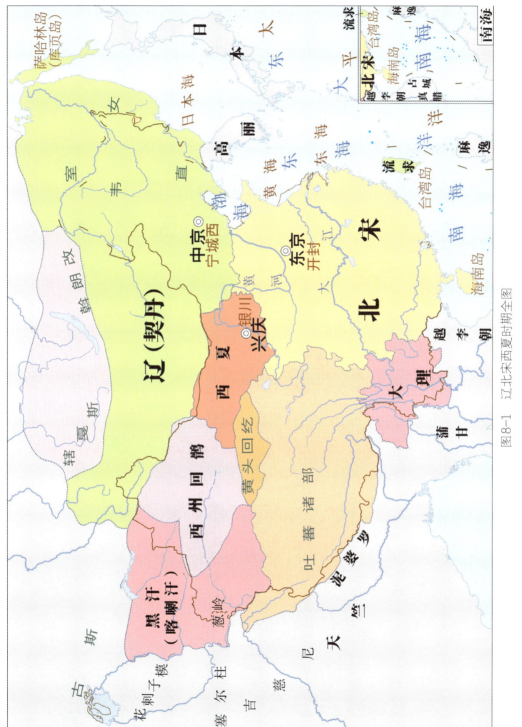

图8-1 辽北宋西夏时期全图

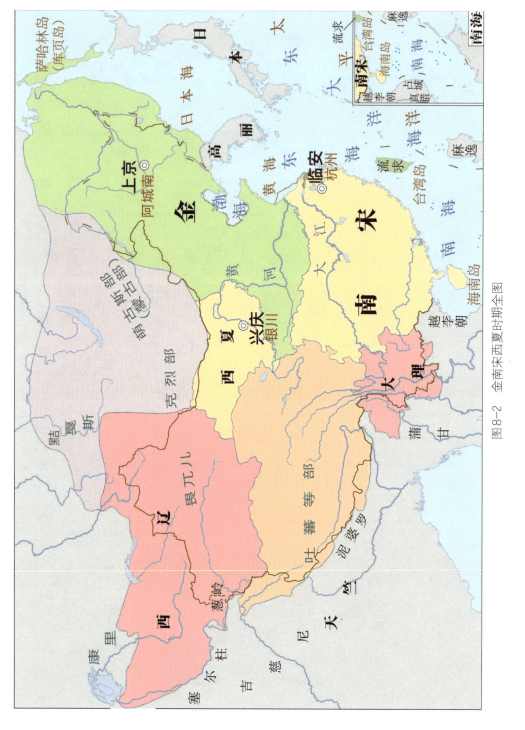

图8-2　金南宋西夏时期全图

第一节 辽的兴亡

　　辽朝是由契丹族建立的北方政权。学界认为辽朝始于公元907年耶律阿保机建元神册，终于1125年天祚帝被俘。耶律大石西迁，建立西辽，亦为中国历史的重要组成部分。契丹经历大贺氏和遥辇氏的统治，于耶律阿保机时转入迭剌氏手中。随着势力的扩张，耶律阿保机平定诸弟叛乱，征服北方部族，从而建立辽朝。耶律德光则支持援立石敬瑭的后晋，从而占领幽云地区，并在开封登基。世宗时确立中央集权体制。辽朝施行因俗而治的南北面官制和蕃汉分治的法律制度，其政治中心是移动的捺钵，而非五京。穆宗时则停止南伐战略，转而经营本地。景宗、圣宗时在萧太后的主导和一些汉人士族协助下，与宋签订"澶渊之盟"，赢得社会经济发展的时间。这一时期成为辽政权发展中的重要历史时期。之后随着腐败的滋生，各族百姓负担加重，辽宋关系开始发生改变，辽朝最终被金朝灭亡。辽余部由耶律大石率领西迁，在中亚建立西辽。

一 契丹兴起

　　契丹是东胡人的一支，生活在西拉木伦河（西辽河上游）与老哈河流域，过着"逐寒暑、随水草畜牧"的生活。相传一位骑着白马的男子和一位驾着灰牛车的女子在辽河上相遇，结为夫妇，生下八个儿子，分地而居，形成八个部落。即"青牛白马"的传说，青牛白马成为契丹图腾。

图8-3 《卓歇图卷》（局部）

有关契丹最早的文献记载见于《魏书·契丹传》。《隋书·契丹传》记述了隋朝时契丹部试图降附隋朝，但隋朝为维持和突厥的关系，最终拒绝接受降附之事。唐贞观二年（628），契丹首领大贺摩会率部降附唐朝。贞观二十二年（648），唐朝在契丹故地设置松漠都督府进行管辖，以其首领大贺氏窟哥为都督。窟哥借机控制契丹各部，稳固了原来较为松散的部落联盟。之后契丹族经历由大贺氏到遥辇氏的部落联盟阶段。遥辇氏自阻午可汗始，终于痕德堇可汗，垄断契丹汗位达170多年。遥辇氏虽无法改变其贵族们在可汗兄弟子侄中推选继承人的世选制，但实现了汗位在同一家族内承袭。契丹八部的首领是可汗，中原称为契丹王，据唐制兼任松漠都督府都督，同中原王朝保持着密切的关系。

耶律阿保机是契丹迭剌部的一员，生于唐咸通十三年（872）。

耶律是其族姓，阿保机是其契丹语名字，汉名"亿"。他的祖父匀德实、叔父偶思、族兄辖底都曾担任军事首领——夷离堇，统率军马。因此他也就有机会担任此职。他身材魁梧，擅骑射，很早就在对外战争中展现出卓越的军事指挥才能。唐天复元年（901），痕德堇（钦德）可汗任命阿保机为迭剌部夷离堇，从而使他将契丹迭剌部军政大权集于一身。907年，阿保机依靠渐渐强大的武力，结束了遥辇氏统治，夺取汗位。他对中原割据势力采用远交近攻的战略，攻击卢龙军节度使刘仁恭和李克用。

阿保机即汗位后，平定以剌葛为首的诸弟叛乱，巩固了对契丹诸部的控制。916年，阿保机以中原礼制即皇帝位，建元"神册"。此后，他征服奚、室韦、回鹘、渤海等部族，基本完成统一塞北的目标。他还收编原李存勖统辖的山北的8个军镇，表现出南下攻取幽蓟乃至黄河以北广大地区的野心。

神册六年（921），他颁布《治契丹及诸夷之法》，在保留契丹游牧民族习惯法传统的同时，受到唐朝法律的影响，奠定了辽朝"以国制治契丹，以汉制待汉人"的治国思想。契丹及其他民族犯罪据此法判定，而汉人犯罪则依据《唐律》《唐令》处罚，但其具体处罚比《唐律》严厉。

阿保机没有最终完成他的夙愿就病逝了，暂由淳钦皇后述律氏称制。述律氏意识到在后唐的引诱下，汉臣纷纷动摇，契丹贵族也对述律皇后的权威提出挑战。天显二年（927），述律氏借太祖阿保机葬礼之机，命一些政敌为阿保机殉葬，从而稳定局势。十一月，述律氏主持汗位继承的选举，耶律德光在其支持下顺利登上汗位。

435

耶律德光，契丹名尧骨。他即位后，出于稳定内部局势需要，控制了竞争汗位的东丹王耶律倍的行动，并设立东丹国统治东平郡的渤海人，又将部分渤海人迁徙到辽西地区，从而将渤海人分散开来，架空东丹王耶律倍。不久，耶律倍前去投奔后唐明宗。后唐明宗对其礼遇有加，赐姓东丹，任命为怀化节度使，瑞、慎等州观察使，虽是虚衔，但客观上起到牵制契丹的作用。耶律倍则不再过问政治，潜心钻研学问和绘画。

图8-4 《东丹王出行图》

耶律德光从耶律倍处获知有关后唐内部纷争不断的情报。天显十一年（936），耶律德光率五万骑兵南下攻陷后唐洛阳，灭掉后唐，帮助石敬瑭建立后晋。按照双方约定，辽与后晋约为父子之国，石敬瑭割幽州、新、武、云、应、朔州等地给契丹，每年后晋输帛30万给契丹。耶律德光由此获得幽云十六州。天显十三年（938），改元会同，以示其将南北会同之意，表达了统一中原和塞北的决心。947年，耶律德光灭掉后晋，进入开封，穿戴上中原皇帝的绛纱袍和通天冠，建国号"大辽"，改元"大同"，是为辽太宗。但不久随着耶律德光纵兵掳掠刍粟的"打草谷"，以赏军为名搜刮百姓以获得钱帛，甚至用契丹贵族担任诸州镇刺史、节度使等，最终受到中原军民的坚决抵制，耶律德光不得不退出中原，在北还途中病逝。

同年，耶律兀欲依靠契丹贵族和汉族官员，先后消除汉臣赵延寿和述律氏与李胡的威胁，登上皇位，改元天禄，是为世宗。世宗即位后，班师北返，以耶律安抟为北院枢密使，次月，又以高勋为南院枢密使，从而实现中央集权统治。但兀欲不注意休养生息，一味坚持南伐，贸然发动战争，最终在南伐途中被察割刺杀身亡。

二　萧后摄政与卢龙韩氏

天禄五年（951），耶律璟继立，改元应历，是为辽穆宗。统治集团内部矛盾一直在持续，部分蕃汉官员投靠后周，部分契丹贵族则意图谋反。耶律璟虽屡次挫败谋叛活动，但经过长期的内部消耗，穆宗无力再次发动南伐。他们避免与逐渐强盛的后周发生正面冲突，转而联合北汉、南唐对抗后周。喜怒无常的穆宗将对叛逆者的仇恨发泄到众多身边的服役者身上，杀戮了不少身旁的侍从，最终于应历十九年（969）被近侍所杀。

应历十九年（969），耶律贤即位，改元保宁，是为辽景宗。景宗对内依靠高勋、女里、韩匡嗣和萧思温等人取得政权。但高勋、女里自恃功高，恣意妄为，保宁二年（970），二人杀害萧思温。最终事发，高勋、女里被处死。辽景宗还平定宋王喜隐和上京汉军叛乱，逐渐巩固自己的地位。他对外则果断抛弃穆宗联合南唐（江南）、北汉对抗中原的战略，转而固守幽蓟。辽面对宋军的进攻，事先有所防备，最终取得高梁河之战的胜利。但此后的几次失利让他不得不重新

审视自己的力量，不再和宋进行正面冲突。

景宗皇后萧燕燕，汉名绰，是时任北枢密院使萧思温之女。契丹实行族外婚制。耶律阿保机时将迭剌氏、大贺氏、遥辇氏定为耶律氏。耶律德光灭后晋后，将拔里、乙室己、述律等姓定为萧姓。如此在其部落中形成耶律氏和萧氏两姓氏。两者形成比较固定的婚姻关系。

辽景宗常年卧病于榻，政事多由萧皇后裁定。976年，辽景宗要史馆学士以"朕"暨"予"来记录景宗和萧皇后的言论，并"著为定式"。两人被称为"宫中二圣"，肯定了萧皇后作为辽朝实际掌权者的事实。在萧皇后支持下，景宗任用大量汉人官员进行改革。景宗去世后，辽圣宗年幼。统和元年（983），七月，萧太后临朝听政，开始了著名的承天太后摄政时期。她依靠契丹和汉人大臣，将贵族所有的部曲归入州县，奴隶编为部民，设节度使管理。她还下令解放俘虏和债务奴隶，重视农牧业，鼓励垦荒，维护社会秩序的稳定。

一些汉人家族原为辽朝俘虏，此时也拥有较高的地位。较为著名的有韩、刘、马、赵四大家族，其中以玉田韩氏最显。早在契丹建国之初，韩知古年仅6岁，被耶律欲稳擒获，作为述律氏的陪嫁私奴，从而有机会接近耶律阿保机，最终成为主管汉人事务的高级官员，累官至彰武军节度使、太师、中书令，为辽朝制度的草创贡献力量。其子韩匡嗣因医术而入值长乐宫，深得皇后喜爱。景宗时韩匡嗣协助景宗登上皇位。在萧思温、高勋、女里被杀后，韩匡嗣更是成为景宗的心腹。他曾任留守、摄枢密使，封秦王，但对带兵作战一窍不通。保宁十一年（979），他统兵进攻宋军，在满城遭遇败绩，临阵脱逃。此时，韩匡嗣拥有自己的私城。统和九年（991），景宗下令将韩匡嗣私城扩建为全州。韩匡嗣的兄弟和子弟都因其步入仕途，其家族多与契丹后族萧氏联姻。

玉田韩氏最显者为韩德让。当时韩匡嗣与萧思温共同辅佐景宗，关系友好，遂结为儿女亲家。景宗时，韩德让任南院枢密使，掌握军队，打破南枢密院不主兵的旧例。他又协助承天太后拥戴圣宗即位。承天太后任用耶律斜轸和韩德让分别为北、南枢密院使，之后更以韩德让兼知北院枢密使事，从而将辽朝的蕃汉军政大权集于韩德让一身。统和二十二年（1004），萧太后赐韩德让耶律姓，封为晋王，认定其"横帐"的皇族身份，取得契丹贵族身份及与萧氏婚配的资格，并建有王府和头下军州。

统和二十二年（1004），萧太后审时度势，为摆脱内外交困的局面，率先发动对宋战争，试图以战促和。辽军相继攻占遂城、望都、定州等地，但屡遭败绩。最终辽军绕过河北州县，兵临澶州城下。辽宋双方签订"澶渊之盟"。双方约定：宋每年输辽银10万两，绢20万匹；双方互守现有疆界，互不相扰；互不接纳和藏匿逃入对方边境之人；宋真宗和辽圣宗以兄弟相称，尊萧太后为叔母。澶渊之盟的签订，辽朝达到了以战促和的目的，为辽朝政权稳定、经济发展赢得发展良机。从此双方互称南、北朝，设立榷场，避免了严重冲突，联系则日益加强。

统和二十七年（1009），萧太后归政于辽圣宗耶律隆绪。圣宗亲政后，整顿吏治，任贤去佞，加强汉人在统治中的作用，开科取士，更定法律，释放奴隶，减轻人民负担，赈济灾荒。对外则联合党项对抗宋朝，西败鞑靼，东征高丽。辽朝逐渐稳固内部统治，走向鼎盛。

同年，萧太后病逝，葬于医巫闾山。辽圣宗赐韩德让名隆运。韩德让跟从圣宗东伐高丽，回师时病倒，圣宗及皇后亲奉汤药。统和二十九年（1011），韩德让病逝。圣宗和皇后、诸王等制服行丧，其丧礼遵照萧太后葬礼的规格。最终韩德让被葬于萧太后墓旁。圣宗后期，韩德让的侄子韩制心成为家族的代表人物。韩制心本名为韩遂贞，赐姓耶律，制心为赐名。开泰元年（1012），被任命为辽兴军节度使，以制约耶律隆庆。此后他又历中京留守、南京留守、南院大王等职。韩制心的崛起与齐天皇后萧氏有关。萧氏为圣宗皇后。承天太后去世后，齐天皇后干政，填补了权力真空。

三　南北面官制与四时捺钵

辽朝统治者创制了自己本民族的契丹文字，确定因俗而治的方略，实行南北面官制，同时在维持其民族特点的"四时捺钵"外，还依照汉制创建"五京"。

神册五年（920），阿保机令耶律突吕不和耶律鲁不古在汉人帮助下，以汉字隶书增减笔画，或直接借用汉字，创制契丹大字。契丹大字有3000多个。阿保机的皇弟迭剌参照回鹘字改造契丹大字，创制契丹小字。契丹小字是拼音文字，有300多个表音符号，即原字。若干原字拼接，或用鱼贯式，或用层叠式，组成契丹语词。目前国内外学者已释读出契丹小字词语400余条，构拟出100多个原字的音值。内蒙古自治区辽庆陵出土的道宗仁圣大孝文皇帝哀册和宣懿皇后哀册就是用契丹小字书写而成。契丹文字直到金明昌二年（1191）才被停止使用。

阿保机时，契丹基本确定因俗而治的指导思想。辽太宗大同元年（947），根据契丹尚日的风俗，辽朝始置北枢密使和南枢密使，从而形成南北面官体制，实行中央集权。所谓"南面""北面"是相对契丹皇帝御帐的位置而言。因契丹皇帝御帐东向，官员则分列南北，两面官的官衙也在御帐南北两侧。北面官多为契丹贵胄，掌宫帐、部族、属国等契丹部族事务，南面官多为汉人，身着青紫官服，主理汉人州县、租赋和军马等事宜。大同元年（947）所设北枢密院被称为"契丹枢密院"，是北面官中的宰辅机构，长官枢密使由耶律安抟担任。南枢密院又称"汉人枢密院"，是南面官中的宰辅机构，长官枢密使则由高勋担任。其中北枢密院是辽朝最高的军事、行政机构，主管军务、立法、狱讼、赋役征收和官吏选拔等。南枢密院则主管汉人州县行政。

北枢密院下辖南北二府、宣徽北院、大于越府、大惕隐司、夷离毕院、大林牙院和敌烈麻都司等。阿保机即位之前，可汗下分设南北宰相，以掌管南北二府，统辖诸部族。太宗会同元年（938），因袭唐五代旧制，设立宣徽北院，后隶北枢密院。于越是契丹贵官，无所定职而又无所不统，位居北南大王之上。北南枢密院设置后，于越成为荣誉性官职。"惕隐"也作"梯里己"，掌皇族等事务，相当于"宗正"。908年阿保机始置，最初由皇族担任，圣宗统和八年（990），则由已被赐姓耶律的韩制心担任。后族事务则由大国舅司处理。夷离毕院主狱讼，大林牙院则相当于翰林院，负责皇帝诏敕的起草。

辽的南面官制沿用唐制，但较唐简单。南枢密院作为南面官系统的宰辅机构，中书门下兼行礼部之职，分列吏房、枢机房、兵房、户房和刑礼房分曹办公。尚书省则并入枢密院。天禄四年（950）建政事省后，南面宰相政事令多由契丹贵族担任，而景宗、圣宗时兼用汉人。兴宗重熙十二年（1043），改政事省为中书省，参知政事成为实际的南面宰相。此外，南面官还设有御史台、殿中司、客省、宣徽院、太常寺、司天监等。

地方行政方面，辽朝分为北面官所辖的宫帐、部族和属国，与属于南面官的五京及所属州县。南下过程中，契丹掳掠数以万计的汉人，契丹统治者将这些汉人整编为团、保等组织，以其中一人担任团头或保头，余下的称"头下户"，后来发展成为头下军州，纳入国家行政体系进行管理。头下户要向主人缴纳收获物，还要向官府缴纳赋税。目前可考的头下军州有四十余个。

官吏选任南北面官也有所不同。北面官多沿用契丹部族固有的世选制度。其中北宰相多由后族担任，而南宰相多出于皇族。南面官的入仕途径主要是通过科举。辽代科举沿用唐代科举之制，设有乡、府、省三试，中试则称乡荐、府解和及第。最初每年有科举考试，但规模较小。澶渊之盟后，科举考试录取人数渐渐增多。道宗咸雍六年（1070）的科举考试录取有138人。

由于契丹游牧民族的特性，其政治中心并不是固定的城市，而是皇帝行在。捺钵是辽朝皇帝日常活动场所，也是处理政务所在，因而捺钵实际上是辽朝的政治中心。每年在冬捺钵和夏捺钵中举行北南臣僚会议。辽朝皇帝终年活动于四时捺钵中。四时捺钵分别有春水、坐夏、秋山、坐冬等名称。统和二十二年（1004）澶渊之盟后，辽朝的四时捺钵制地点大体固定。春捺钵在长春州（今吉林大安）鱼儿泺，主要活动是捕鹅、捕鱼；夏捺钵在永安山，主要活动是放鹰；秋捺钵在庆州（今内蒙古巴林右旗）西部诸山，主要

图8-5 《四季山水图》

活动是射鹿；冬捺钵在广平淀，主要活动是猎虎。辽庆陵壁画中的《四季山水图》描绘了辽四时捺钵的场景。捺钵的建筑形式体现出蕃汉结合的特征。捺钵东向，使用毡帐是契丹尚日风俗，是游牧文化的体现，然其装饰以龙，则是汉文化的象征。广平淀冬捺钵之处的殿帐也兼具蕃汉特点。帝后殿帐已是宫殿，其旁中书、枢密等机构以及太庙、市场等的设置则与《周礼》格局相契合。

辽朝还仿照汉制营建了五座城市，上京临潢府、南京析津府、东京辽阳府、中京大定府和西京大同府，号称辽五京。

神册三年（918），辽太祖下令康默记董役，营建皇都，即西楼邑，百日而成。次年，又修辽阳故城，改东平郡。太宗天显三年（928），出于控制耶律倍的需要，将渤海人迁往东平郡，升东平郡为南京。天显十三年（938），后晋石敬瑭献幽云十六州。太宗改皇都为辽上京临潢府，升幽州为南京，原南京为东京。澶渊之盟后，辽圣宗又建造中京大定府。重熙十三年（1044），辽兴宗改云州为西京大同

府。至此，辽五京体制最终形成。

五京位置不同，上京在今内蒙古巴林左旗，中京在今内蒙古宁城，南京在今北京城区西南广安门外，东京在今辽宁省辽阳市，西京在今山西大同。五京作用不尽相同。上京是辽四部族的游牧地，迁入大批汉人和渤海人。东京用以控制渤海、女真，防御高丽，南京、中京是辽朝的财赋来源地，西京则用以防御西夏和西南各民族。

辽上京位于今内蒙古巴林左旗的波罗城。1961年确定为全国重点文物保护单位。经考古勘测，由北部的皇城和南部的汉城组成。平面呈"日"字形，总面积约5平方千米。皇城又分外城与大内。外城呈不规则的六边形，南北长1600米，东西宽1700米，夯土版筑，高6—9米，九条道路三横六纵。大内则位于皇城中部偏北，仅有三门。汉城呈方形，周长5800米，无马面和瓮城，可见南北横街和东西纵街。后晋县令胡峤描绘了皇都汉城的盛况："西楼有邑屋市肆，交易无钱而用布，有绫、锦诸工作，宦者、翰林、伎术、教坊、角抵、秀才、僧尼、道士等，皆中国人，而并、汾、幽、蓟之人尤多。"

辽中京在今内蒙古赤峰市宁城县大明城。统和二十一年（1003）始建，直至统和二十五年（1007）建成，设大定府。经考古勘测，中京城布局仿照宋汴京城，分外城、内城和宫城。外城东西宽4200米，南北长3500米，呈长方形。内城位于外城中央偏北，呈长方形，东西宽2000米，南北长1500米，城墙有马面。宫城位于内城北部中央，呈正方形，边长1000米。带有坊墙的里坊，将外城南部分割为汉人区和市肆区，是上京两城制的延续。

辽南京又称燕京，是当时最为繁华的都市。开泰元年（1012）改称析津府，是辽朝财赋的主要来源所在。辽南京城址位于今北京西城区广安门外，现天宁寺塔就是这一时期的建筑。经考古勘测，南京城南北约3000米，东西宽2200米，呈矩形。南京城内有八门，西南角建宫城。宫城西北部有天宁寺塔。其城垣北在白云观北侧，东至法源寺东，南至白纸坊西街以北，西至白云观西侧。辽南京城是在唐幽州旧城基础上扩建而成，仍然沿用唐朝坊市分开的制度。

四　辽朝衰亡与西辽建国

自辽兴宗耶律宗真开始，辽朝接二连三地发生争夺皇位的内部斗争。太平十一年（1031），耶律宗真即位，是为辽兴宗，改元重熙。其生母褥斤发动政变，囚禁齐天太后，朝政由褥斤把持，自称法天皇太后。考虑到齐天太后的威胁，法天太后派人杀害齐天太后，进而委任其兄弟为监南北蕃汉事，母党萧氏得以重用，兴宗则无权过问朝政。兴宗深感自己的统治受到威胁，遂将法天太后幽禁起来，母党则受到打击。辽兴宗亲政后，改葬齐天太后，也不得不照顾法天太后，使她逐渐恢复自由身。

重熙七年（1038），元昊称帝，建国号大夏。宋夏战争不断。辽兴宗认为可以借机转移内部矛盾。重熙十一年（1042），辽以宋攻夏未告知为由，提出要宋将原北汉领土及关南10个县归还辽朝，遭到宋的拒绝，但此时宋仁宗派富弼透露了妥协退让的口风。八月，宋最终答应兴宗纳币的要求，约定岁币，派人到雄州交接。次年，宋欲借辽以使元昊诚心归服。正月双方再次议和，约定宋给辽的岁币增为50万，而宋辽和好，史称"重熙增币"。此时，西夏与辽的边境冲突也不断升级，不断发生摩擦。

兴宗时期，越来越多的汉族士人开始进入统治集团上层。兴宗自己则深受汉文化的影响。他所画鹅、雁深受宋仁宗的赞赏。其亲政后更是放荡不羁，挥霍无度。他崇尚佛教，僧尼人数增多，甚至成为公害。兴宗又滥赏爵位，除授无度，造成官僚机构庞大，吏治更为腐败。巨大的佛事花费，加之对宋、夏战争时的军费开支，加重了幽蓟等地百姓的负担。社会矛盾已然到了随时激化的边缘。

重熙二十四年（1055），耶律洪基登上皇位，是为辽道宗。虽然此前的盛世局面积累了众多财富，但社会矛盾逐渐激化。统治者为追求渤海的珍珠，不断派征收的官员前往渤海等地，百姓深受其扰。此外，道宗崇佛，"一岁而饭僧三十六万，一日而祝发三千"，消费颇大。

政治局势也不稳定。道宗以皇太叔、天下兵马大元帅安抚耶律重元。清宁九年（1063），耶律重元父子借道宗疏于防范，发动政变，最终被平定。耶律乙辛因平定重元叛乱有功，借机掌握大权，拜北院枢密使，进封魏王。耶律乙辛首先诬陷宣懿皇后私通

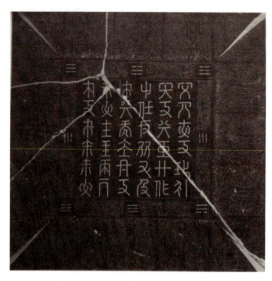

图8-6 契丹小字辽道宗哀册盖

伶人赵惟一，迫使皇后自尽，又构陷太子濬谋立，使太子被废，囚禁在上京，最终被杀掉。后来辽道宗处死了耶律乙辛，确立其孙耶律延禧的皇储地位，授之以天下兵马大元帅，总北南枢密院事之治。寿昌七年（1101），道宗在混同江捺钵中病逝。

1101年，延禧即位，是为天祚帝。天祚帝登基后，沿袭道宗时的众多弊政。天祚帝生性多疑，所用官员不敢推问，最终清洗耶律乙辛余党之事不了了之。他没有意识到其统治基础已经动摇，而沉湎于游猎和享乐，不理朝政，常常征调女真部落首领陪自己呼鹿射虎，强索海东青和珍珠，激发女真的反抗意识。随着辽朝逐渐势衰和女真力量渐趋强大，女真在完颜阿骨打率领下发动对辽战争。在天祚帝率军征伐女真之时，耶律章奴拥立耶律淳的做法迫使天祚帝不得不退兵，去平息政变。最终辽军大败，天祚帝不得不逃亡至夹山。

1122年，耶律大石和众多契丹贵族认识到天祚帝不堪大用，因此在南京另立耶律淳为皇帝，建立北辽政权。但处在宋和女真的夹击下，耶律淳在恐慌中去世，南京失陷。耶律大石主张投奔天祚帝，以延续辽朝国祚。然他与天祚帝对当时局势的判断不同导致他愤然出走。保大四年（1124），耶律大石离开天祚帝，向西北转移，奔赴辽西北路招讨司所在地可敦城。耶律大石高举复国旗帜，团结当地七州十八部的首领，在可敦城称王，依照辽制设立南北面官制，力量逐渐增强。

延庆七年（1130），耶律大石审时度势，率军西行，借道高昌回鹘，进入喀喇汗王朝境内，转而进入叶密立。延庆九年（1132），耶律大石在叶密立称帝，采用突厥汗号菊儿汗，以汉尊号为天祐皇帝，建立西辽政权。西辽政权是辽朝政权的延续，典章制度、统治民族、风俗习惯、文化传统都与辽朝一脉相承。康国元年（1134），耶律大石在巴拉沙衮建都，改名为虎思斡耳朵。随着西辽势力的强大，耶律大石始终没有放弃东返的念头，于是派7万大军进行东征。但最终在残酷的现实面前，他只得放弃收复辽朝失地的目标。

图8-7 《契丹地理之图》

耶律大石遂调整战略，转而向西发展，主动出击，击败西喀喇汗国。康国八年（1141），西辽与塞尔柱王朝在卡特万进行战斗，最终西辽大胜，塞尔柱王朝势力从此退出河中地区。这就是著名的卡特万会战。西辽从而确立了在今新疆、中亚地区的统治地位。卡特万会战后，西辽军事力量空前强大，花剌子模也表示效忠西辽，每年进贡牲畜和物品。耶律大石采取兼容并蓄的文化政策，因俗而治。这样他在西部建立起一个强大的西辽王朝。

西辽仅存在八九十年。随着蒙古的强大，高昌回鹘和葛逻禄部归顺蒙古，花剌子模也摆脱西辽的控制。屈出律窃取了政权，最终被成吉思汗的蒙古铁骑消灭。

第二节 蕃汉合璧的西夏政权

西夏是由党项羌拓跋氏建立的政权。始自天授礼法延祚元年（1038），定都兴庆府（今宁夏银川市）。西夏和北宋、辽以及南宋、金并存，周旋于宋、辽、金政权之间。1227年被蒙古军队灭亡。国祚长达190年，传十帝。

党项羌在隋唐时多次内迁。李继迁时开始壮大，因其族兄献城于宋，遂与宋发生关系。他在积蓄力量收回五州之地后，确定"西掠吐蕃健马，北收回鹘锐兵，然后长驱南牧"的战略，在河西走廊和吐蕃地区经营。李元昊建立大夏政权，强调民族意识，但其制度仍具有较多的中原汉制色彩。西夏借助与辽、宋以及金之间的关系，周旋于其间。至仁宗仁孝时，西夏社会经济得到发展。但最终被蒙古军灭亡。它局部统一中国西部地域，在多民族交往交流交融中为蒙元大一统创造了条件。

一 党项崛起

党项由居于今青海、甘南和四川西北的西羌发展而来。黔首和赤面是他们的特点，即他们脸色黝黑，用红颜料涂面。他们以不同姓氏组成不同部落，崇尚武力，没有法令。战时聚集，平时不相往来，有着强烈的复仇情绪，以畜牧业为主。

党项和中原王朝发生关系始于北周。天和元年（566），北周翼州刺史杨文思平定党项羌之乱。隋朝建立后，党项因臣服于吐谷浑，不断参加吐谷浑组织的对隋边境的抢掠活动，多次被隋军击败，部分部落归附隋朝。大业五年（609），隋炀帝亲率大军西巡，击败时常骚扰的吐谷浑和党项诸部，在吐谷浑居地设置鄯善、且末、西海、河源四郡。这一地区的党项诸部逐渐强盛。唐初，唐太宗招抚邻近诸部族，党项开始归附唐朝。唐贞观九年（635），唐军征伐吐谷浑，党项拓跋氏首领拓跋赤辞借机来投。不久吐谷浑举部内属，党项诸部也降附唐朝。唐朝在党项诸部设置羁縻府州。

　　唐朝时，党项拓跋部内附，遭受逐渐强盛起来的吐蕃攻击。开元年间（713—741），党项拓跋部以部落为单位，自发地由松州迁徙到庆州，主要分布在陇右道和关内道等地。安史之乱爆发后，吐蕃借机攻占河陇诸州，一些党项部族和吐谷浑、回纥参与进来，攻入长安，最终被郭子仪击退。为巩固西北边防，唐朝将党项等部族从濒临吐蕃的盐、庆等州，迁移到灵、庆、夏、银等州。这次迁徙长达10年，最终党项部落按地域形成以野利部为主的六府部落，拓跋部为主的东山部和平夏部。唐朝在抗击吐蕃进扰的同时，设置羁縻府州对内迁的党

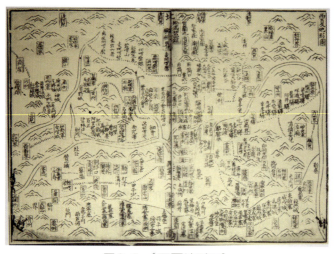

图8-8　《西夏地形图》

项部落进行管理，设节度使管辖。在党项聚居之地增设押蕃落使，由节度使或州刺史兼任。最终党项部落中的一些首领得以兼任州刺史、押蕃落使等职。

随着吐蕃政权的瓦解，唐朝平定了吐蕃和党项的联合反唐军事行动。党项平夏部首领拓跋思恭出兵参与唐朝平定黄巢起义的战争，被唐朝封为左武卫将军，权知夏、绥、银节度使事等职。黄巢起义平定后，拓跋思恭被封为夏国公，赐姓李。平夏部拓跋氏因此得以割据夏、绥等州。又借平定襄王之乱，夺取了鄜、延二州，并推荐其弟拓跋思孝为保大军节度使统领之。拓跋氏在参与的唐朝平叛战争中都采取观望不进，保存实力的战略。唐末，党项拓跋氏兼有定难、保大、静难、宁塞四镇，实领夏、绥、银、宥、鄜五州之地。

唐灭亡后，党项拓跋部依附后梁，得以保存实力。乾化三年（913），党项首领李仁福被进封陇西王。后唐建立后，李仁福归附后唐，但仍然保持相对独立。长兴四年（933），后唐为避免党项与契丹联合，采用迁镇的方法，遭到党项的拒绝，双方在夏州展开激战，后唐最终撤军，而党项依然臣附后唐。夏州之战，保存了党项拓跋氏的实力，提高了其在党项诸部和西北诸族中的声望。之后，党项又名义上归附后晋、后汉、后周等政权，受其封号，实际上依然保持着独立，其势力得到进一步壮大。

北宋建立后，夏州节度使遣使奉表，朝贡马匹牦牛，以示归附。宋太宗时，李继捧更是献出夏州节度使所属银、夏、绥、宥、静五州之地，留居京师。时任定难军都知蕃落使的李继迁表示强烈反对，确定"走避漠北，安立家室，联络豪右，卷甲重来"的战略，奔赴地斤泽积蓄力量。雍熙元年（984），李继迁在王庭镇终于取得对宋朝作战的胜利。但不久地斤泽被宋军攻陷，李继迁母亲、妻子被俘。李继迁则攻占银州，攻克会州，在浊轮川被宋军击败，退回夏州。夏和辽结成联盟，不断配合辽朝进攻宋朝边境。端拱初年，宋采用赵普"以夷制夷"的策略，重新起用李继捧，试图让其招抚李继迁，最终没有达到目的。辽朝则封李继迁为夏国王。宋淳化二年（991），面对宋朝和李继捧的攻势，李继迁诈称归附宋朝，被授予银州观察使，赐名赵保吉。李继迁则周旋于宋辽之间，但被李继捧袭击，再次逃入地斤泽。宋朝在与李继迁的战争中十分狼狈，最终宋真宗即位后，李继迁获取五州之地的意图得以实现，五州之地又回到党项手中。

李继迁意识到灵州战略地位之重要，他派兵攻取灵州，并迁都于此，改称西平府。不久，又在与宋朝的交涉中恢复了绥、宥等缘边七镇。此后李继迁确定"西掠吐蕃健马，北收回鹘锐兵，然后长驱南牧"的战略，向河西走廊扩张，轻取西凉府，但接受吐蕃首领潘罗支归降后返回西平府途中中埋伏受伤。次年去世。

李德明即位之初，宋辽已经签订澶渊之盟，宋朝得以专力对付西平政权。李德明继承李继迁依附宋朝的战略，巧妙地利用宋辽矛盾周旋其间。他一边请求辽朝册封他为西平王，后又封夏国王；一边与宋通好，被授为定难军节度使，封西平王，赏赐银绢钱茶，给予俸额，撤销青盐内输的禁令。最终宋和党项缔结和约。李德明利用这一时机，在朝贡贸易中获得大量回赐，利用榷场贸易促进经济发展。李德明得以专力西向扩张。最终攻陷甘州，攻占凉州，凉州吐蕃宣告解体，回鹘瓜州王则归附。

实力壮大的李德明对内发展生产，对外结交宋辽两朝，使夏州党项得以迅速发展。1020年，李德明改怀远镇为兴州，迁都于此。1032年，李德明去世，虽然没有登上皇位，但为西夏王朝的建立奠定了坚实基础。

二　元昊立国

宋明道元年（1032），元昊继夏国王之位于兴州（今宁夏回族自治区银川市）。李元昊是李德明的儿子，生于宋咸平六年（1003），小名嵬理。"嵬"是"珍惜"的意思，"理"或作"埋"，为"富贵"之意，"嵬理"即珍惜富贵的意思。元昊生来俊秀，酷爱汉文兵书《野战歌》《太乙金鉴诀》等，富有非凡的军事才能。李德明去世后，辽朝封元昊为夏国王，宋则授元昊特进，检校太师兼侍中，定难节度，夏、银、绥、宥、静等州观察处置押蕃落使，西平王。

元昊并不满足于宋辽两朝的束缚，试图建立独立的党项政权。他即位后，处处突出其民族特性：废除唐宋两朝所赐的李姓和赵姓，改姓嵬名氏，更名为曩霄，称"兀卒"（可汗）；改宋明道为显道，以避其父李德明之讳，建元开运，后改元广运；升兴州为兴庆府，扩建宫室。同时，仿照吐蕃赞普服饰，制定文武官员和庶民的服饰制度。他还废除礼乐中的唐宋遗风和繁文缛节，简化礼乐制度。如此种种，其最终目的在于彰显民族特点。

显道元年（1032），他颁布髡发令，推行鲜卑传统头式。党项最初披发蓬面，在与汉族杂居中，逐渐趋同于汉人结发的发式。而元昊认为党项是鲜卑拓跋氏，应遵行鲜卑人髡发的发式。他还强调党项人必须遵行，三日内不从之人，众人共杀之。莫高窟、榆林窟的西夏壁画和黑水城出土西夏绘画中都可以看到西夏人髡发的形象。

图8-9 《牛耕图》

元昊时还创立西夏文字，史称蕃书。蕃书由元昊自创。大庆元年（1036），经野利仁荣花费三年时间演绎而成，厘为12卷，共计5000余字。西夏字是表意文字，"形体方整，类八分，而书颇重复"，笔画烦冗，模仿汉字结构，斜笔较多。基本笔画无竖钩。传世西夏文字有篆、楷、行、草四种书体。西夏文字创立后，他要求国人用蕃书记事，又设立蕃字院，推广学习。

元昊重视人才。所用之人不分种族和地域。他注重招纳宋朝降臣和武将。"或授以将帅，或任之公卿，推诚不疑，倚为谋主。"汉人张元为其出谋划策，官至国相。元昊还仿宋官制，建立了一套与宋大同小异的中央与地方行政体系。为适应战争需要，设立监军司，将军事机构和区域性防卫机构合二为一。同时在宋、辽边境部署重兵，对河西走廊肃州、甘州等回鹘和吐蕃聚居区加强统治。大庆三年（1038），元昊在兴庆府正式登基，建国号大夏，史称西夏，改元天授礼法延祚，是为夏景宗。

虽然元昊处处彰显民族特性，但仍不免宋代礼制影响。早在李继迁时，党项部落就渐行中国之风。李德明时，更是一切礼制"一如中国帝制"。元昊要彻底恢复其最初的民族意识显然已无可能。"得中国土地，役中国人力，称中国位号，仿中国官属，任中国贤才，读中国书籍，用中国车服，行中国法令"，这是元昊

图8-10 《锻铁图》

不得不面对的问题。故其改制也多模仿宋制。如中央官制、宫廷朝仪均多循宋制，西夏文字也是根据汉字创制，进而翻译《孝经》《尔雅》《四言杂字》等汉文典籍和汉文佛教经典。兴庆府的建制规划多仿宋东京，西夏皇陵则多循巩县宋陵而作。

　　元昊派使臣上表宋仁宗，请求宋朝承认其皇帝的合法性。宋朝自然不愿承认，并下令削夺赐姓官爵，捉拿元昊。元昊则断绝与宋的贡使往来，借助辽朝势力，发动多次较大规模的战争。其中，天授礼法延祚三年（1040）的延州三川口战役，次年的六盘山好水川战役，五年（1042）的定川寨战役，均以元昊胜利而告终。但夏宋战争导致西夏消耗过大，国力衰微，日用品奇缺，此时夏辽关系恶化，元昊不得不与宋朝媾和。最终于天授礼法延祚七年（1044）达成庆历合盟，商定元昊以夏国主向宋称臣，而元昊接待宋朝使者不用臣礼，且每年要赐给西夏银、茶、绢帛等，双方的榷场得以恢复。宋朝承认了西夏的实际地位。建国之时，西夏疆域东尽黄河，西至

图8-11 《酿酒图》

玉门，南接萧关，北控大漠，占地两万余里。

元昊即位之初，奉行联辽抗宋的政策。但由于夏辽边境出现的党项部族叛逃问题以及元昊与辽兴平公主感情不睦，夏辽关系出现恶化。夏宋议和最终导致夏辽联盟解体。天授礼法延祚七年（1044），辽兴宗亲率大军10万伐夏。元昊则诱敌深入，大败辽军。元昊立即派使臣与辽讲和，同时向宋朝献辽军俘虏，周旋于辽宋之间。

元昊生性多疑，好杀戮，即位后杀死母后、妃子以及很多心腹重臣。他是好色之徒，妻妾成群，正式妻子就有八位。他不仅将太子宁令哥选定的妃子据为己有，还霸占了大臣耶律遇乞的妻子没藏氏。没藏讹庞想立谅祚为太子，唆使宁令哥杀掉元昊。天授礼法延祚十一年（1048）正月元宵夜元昊被太子宁令哥刺

图8-12 《踏碓图》

伤，不久死去，在位17年。元昊本想立宁令哥继位，但没藏讹庞却以谋叛罪处死宁令哥。

元昊去世后，后族没藏讹庞拥立谅祚为帝，借机把持军政大权，由母没藏氏摄政。宋朝册封谅祚为夏国主，结果辽朝和夏朝关系激化。辽朝以谅祚年幼而攻夏。夏军大败，辽军直逼兴庆府城下，大掠一番后退兵。没藏讹庞多次求和依然未果。

夏都三年（1059），谅祚开始参与国事。五年（1061），谅祚利用漫咩诛杀了没藏讹庞全家，废没藏后，开始亲理朝政。他仍实行亲宋政策，废止蕃礼，改行汉仪，并仿宋制改革地方设置，官制体系更为完备。双方榷场互市互通。但不久因夏国使者在宋受辱，谅祚连续对宋朝边境发动多次进攻。在围困宋庆州时兵败，又向宋讲和。谅祚周旋于宋辽之间，结好宋朝，对抗辽国，招降河州吐蕃诸部，在位颇有作为。但谅祚英年早逝，在位20年，庙号夏毅宗。

谅祚长子秉常继位。因秉常年幼，由梁太后摄政，国舅梁乙埋为国相，把持朝政。西夏出现新的母党。梁太后摄政后，废除汉礼，恢复蕃仪，以争取党项贵族支持。近10年间，夏辽关系开始缓和，夏则接连发动对宋朝的战争，试图换取宋朝厚赐，对宋朝边境造成很大的威胁。但由于吐蕃首领董毡乘机攻西夏，西夏不得不仓促撤军。次年罗城之战的胜利则是在辽朝帮助下取得的。

大安二年（1076），秉常亲政。他崇尚汉文化，向汉人请教宋朝礼仪，下令再次实行汉礼，废除蕃礼，遭到梁氏母党的反对。秉常遭到囚禁。国内形势一片混乱。宋军借机兵分五路，全面发动对夏战争，夏军节节败退。梁太后诱敌深入，在灵州大败宋军。大安八年

（1082），宋军修永乐城，以巩固边防。梁太后则命30万大军攻打永乐城，大败宋军。面对财政枯竭，朝中反对梁氏母党者日趋强烈的国内外形势，梁太后不得不让秉常复位，然而朝政仍由梁氏母党把持，直到梁太后去世，终于爆发了皇族和后族的激烈斗争。天安礼定元年（1086），秉常郁郁而终，是为惠宗。

三 崇、仁二宗以汉法治国

夏崇宗和仁宗时是西夏的兴盛时期。天仪治平元年（1086），乾顺即位，是为夏崇宗。崇宗即位时尚且年幼，朝政由母亲梁氏和舅父梁乙逋把持。夏国又一次出现梁氏母党专政的局面。梁氏兄妹对内扩大母党势力，打击排挤秉常的亲信老臣，对外则借战争米转嫁国内危机。其主持朝政的13年中，共发动对宋战争五十余次。他们在对宋战争的同时，还保持着与宋的往来，以获得尽可能多的岁赐。随着梁乙逋过于膨胀，母党内部发生内讧。梁太后最终杀害梁乙逋及其全家，亲自掌权，继续对宋用兵。三年时间内，梁太后亲自发动对宋战争二十多次，多以失败而告终。最终乾顺借力辽朝，结束母党专政，得以亲政。

乾顺亲政后，对内提倡汉文化，在原有蕃学之外，设立国学，以推广汉文化。重用有才学的士人。他在甘州（今甘肃张掖）建造卧佛寺，为其母祈福。同时，他注重削夺母党权力，采取分封皇族的方式以巩固政权，实行重文轻武政策。

乾顺亲政后，停止对宋战争，以求和解。在辽的调停下，宋答应议和，恢复岁赐。乾顺在政治上依附辽朝，请婚于辽，通过和亲形式巩固夏辽关系。西夏贞观初年，面对宋军的绍圣开边，夏只能处于被动挨打的境地。夏遂利用辽朝，迫使宋军有所收敛。元德元年（1119），夏军大胜宋军，又

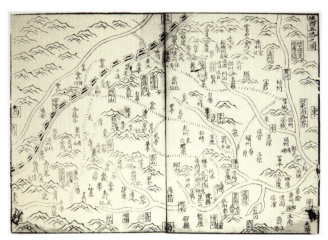

图8-13 《陕西五路之图》

向宋议和，最终迫使宋朝接受和谈。此时女真族崛起，夏多次出兵援助辽朝，但迫于局势，夏最终归附金朝，抓住时机，攻占诸多宋朝沿边州城。金朝则先后灭掉辽朝与北宋。正德元年（1127），夏金划定疆界，陕西北部划给夏国，天德、云内等地则归属金朝。不久，乾顺又攻占宋朝陕西的沿边城寨，重金从金朝获得乐州、积石州、廓州等地，从而占据湟水流域的大片领土。

夏大德五年（1139），仁孝继立，是为夏仁宗。他在位时间长达54年，是夏国历史上在位时间最长的皇帝。仁孝继位后，平定夏州都统萧合达叛乱。大庆三年（1141），夏国发生严重的饥荒和地震。次年，党项部族因艰于生存，纷纷起义。面对灾荒和社会危机，仁宗减免受灾者租税，官府代为修复倒塌房屋，赈济饥荒严重地区，依靠任得敬平息韦州、静州等地的蕃部起义。

仁孝推崇儒家文化，极力推动汉文化在西夏的传播。他下令各州县设立学校，在皇宫中设立小学，要求宗室子弟7岁至15岁必须

入学，由仁孝和皇后亲自训导。他还仿照宋朝制度，建立太学，亲自主持释奠大礼，建立内学，委派斡道冲等主持讲学。他下令参照宋代乐书，重新修订西夏乐律，尊奉孔子为文宣帝，州郡建立孔庙，祭祀孔子。他还恢复科举制度，建立内学和翰林学士院，任用王佥等纂修李氏实录，追封创制西夏文字的野利仁荣为广惠王，以表彰其功绩。

仁孝重视法治，加强法制建设。天盛年间（1149—1169），他专门组织力量仿照唐宋律令，纂修综合性法典《天盛改旧新定律令》，用西夏文雕版印刷颁行，是中国历史上第一部用少数民族文字编纂和颁行的法典。这部法典总共20卷，分150门，1461条，涉及政治、军事、经济、文化等众多方面。

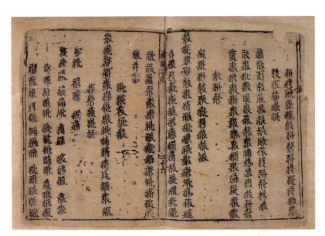

图8-14 西夏文《天盛改旧新定律令》

这部法典在编纂体例上以刑律为主，照搬唐宋律令中的十恶、八议、五刑，将唐宋律令格式统一编入律条之中。此外，他还设立通济监以铸造铜钱，将中书和枢密移置宫中，以便顾问，重视吏治，重用和保护廉明官吏，并利用金朝支持，粉碎任得敬一族分裂夏国的图谋。

仁宗时，佛教空前兴盛。早在公元9世纪，党项人就开始接受藏传佛教的影响。李德明和元昊都曾向宋请求赐给佛经。元昊立国之初就建造舍利塔和大佛寺，每季第一个月的初一为圣节，让文武百官和百姓礼佛。没藏皇后则建有著名的承天寺，并两次从宋获得大藏经。秉常和乾顺时，两位梁太后是佛教发展的积极推动者。天祐民安四年（1093），梁太后派人重修护国寺。永安元年（1098），乾顺为母亲修建甘州卧佛寺，即今甘肃张掖的大佛寺。仁宗崇信佛教，把迦玛迦教派初祖都松钦巴大弟子格西藏琐布奉为上师，组织力量翻译其带来的佛经。仁宗所崇信的不只是藏传佛教，也信奉汉传佛教。他统治期间，西夏文刻经和校勘活动异常频繁。保留至今的西夏文佛经有《悲华经》《佛说宝雨经》《现在贤劫千佛名经》《大方广佛华严经》《大般若波罗蜜多经》《金光明最胜王经》等。乾祐二十年（1189），仁孝在大度民寺举行法会，施经达十五万卷之多。西夏还系统校勘了辽金两代所刻的《契丹藏》和《赵城藏》汉文佛经，从而推动了西夏校经活动的进展。

西夏的译经、校经活动促进了雕版印刷术的发展，推动了印刷和出版事业进步。已经发现的仁宗时期雕版印刷的书籍有文学著作《月月娱诗》，学术著作则有《圣立义海》，番汉双解词典《番汉合时掌中珠》，以及韵书《文海宝韵》等。

仁宗时采取对内安国养民，对外归附金宋，统治相对比较稳定，减少了战争所造成的消耗，百姓得以休养生息。人庆三年（1146），仁孝又从金朝手里获得德威城、定边军等城寨。西夏疆域空前庞大。

四 西夏灭亡

天庆元年（1194），纯祐继立，是为桓帝。他继续奉行仁宗对内安国养民，对外归附金宋的战略方针，被金册封为夏国王，原金安、兰州的榷场得以恢复。他重视文教，通过开科取士选拔人才。他还重用很多耿介清廉之人。从而使社会经济和文化得以继续发展。

此时漠北草原上的蒙古崛起，铁木真迅速强大，对夏国造成威胁。夏军难以抵挡蒙古军队的进攻。纯祐躲过第一次蒙古军队的进攻后，即下令大赦，修复城堡，改兴庆府为中兴府，以示西夏中兴之意。不久听闻盟友金朝遭遇蒙古进攻，便率兵救援，最终自知不敌蒙古，悻悻撤兵。

西夏在面临强敌之时，内部发生宫廷政变。天庆三年（1196），安全在罗太后的支持下，废黜纯祐，自立为帝，是为襄宗。安全为仁宗族弟仁友之子，颇有野心，曾向纯祐请袭越王爵位而不得，反而被降为镇夷郡王，从而怨恨纯祐，遂乘机发动政变，改元应天。

安全继位后，西夏和金依然保持良好的关系，采取附金抗蒙的策略。应天二年（1207），成吉思汗以安全自立为借口，进攻夏国。安全调军抵抗，迫使蒙古军不敢深入。应天四年（1209），成吉思汗再率大军由黑水城进攻西夏，势如破竹，攻占克夷门，直逼中兴府城下，最终因河水淹没军营而撤军。目睹金朝见死不救的安全自知无力抵抗蒙古军，只得向成吉思汗求和。但他对金朝见死不救的态度耿耿于怀。皇建元年（1210），安全派兵攻打夏金交界的葭州，宣告夏金关系破裂。

长时间的战争导致西夏国势衰微，皇建二年（1211），齐王遵顼废黜安全，登上皇位，改元光定，是为神宗。他继位伊始就改变自纯祐以来附金抗蒙的策略，转而附蒙攻金，试图借机扩张领土，但多以战争失利而告结束。光定七年（1217），遵顼应蒙军要求派兵帮助蒙军进攻金朝，最终被击败。同时因蒙古大军西征花剌子模向夏国征兵，遭到拒绝。成吉思汗便亲率大军围困中兴府，西夏向蒙古军请降，蒙古军才撤走。经过这次事件，遵顼意识到蒙古的威胁，时而联金抗蒙，时而联宋抗金。但西夏的反复丧失了金朝信任，联宋抗金也屡遭败绩。光定十一年（1221），蒙古军南下，西夏转而配合蒙古军进攻金朝，附蒙攻金屡屡失败。但遵顼一意孤行，在财用匮乏，兵源不足，加之灾荒严重的情况下，依然发动对金朝的战争，引起臣僚不满。成吉思汗对遵顼的反复无常也十分反感，强迫他退位。最终遵顼在蒙古军的威逼下不得不退位，德旺继位，改元乾定，是为献宗。遵顼成为西夏历史上唯一的太上皇。

德旺即位后，试图对抗蒙古，遂联系漠北被蒙古征服的部落，以联合抗击蒙古。乾定二年（1224），成吉思汗觉察西夏的反复，亲率大军攻占银州，围困沙州。德旺在强大的蒙古军面前只能请降，并派质子，促使蒙古军北撤。蒙古军北撤后，德旺确定增强国力、联金抗蒙的战略，与金国修好，商定夏金为兄弟之国，两国各用本国年号，金朝不向夏国赐岁币。双方恢复互市，夏派出使节，以贺正旦。但双方都面临兵弱财尽的问题。此时夏收留了成吉思汗的仇敌乃蛮部屈出律汗之子。次年，成吉思汗再次率十万大军攻夏，蒙军势如破竹，先后攻破黑水城、肃州、甘州、西凉府。德旺忧悸而死。

宝义元年（1226）七月，南平王李睍即位，试图交好金朝。蒙古军则分两路逼近中兴府。西路攻陷应里，东路军则攻占夏州。

十一月，蒙古军攻占灵州。十二月，攻克盐州，然后迅速围困中兴府。次年，蒙古军南渡黄河，攻陷临洮府和沙州。被围困中兴府城内的末帝只得坚守城池。同年五月，成吉思汗盘踞六盘山，向末帝招降。中兴府既面临兵燹之灾，又发生强烈地震，瘟疫流行。末帝只得向蒙古军献城请降。成吉思汗不久病故，秘不发丧。待西夏末帝出降后，蒙古军遵照成吉思汗遗嘱，将西夏皇室举族杀害。西夏灭亡。

西夏享国190年，其利用宋辽、宋金的矛盾，扩展自己的生存空间。虽然它始终没有被视为正统政权，需向宋、辽、金称臣，但党项族与西夏境内的其他民族互相交往交流交融，在保持自己民族特性的同时，吸收汉文化及吐蕃等地文化，创造了灿烂的西夏文明。西夏政权的存在实现了中国西部的局部统一，为元顺利统一全国，创造了客观条件。

第三节　以儒治国的金朝

女真原是生活在东北黑龙江、松花江流域的民族，半农半猎为生，辽朝后期逐渐强大起来，最终建立金朝，与宋、西夏并立。自1115年完颜阿骨打即皇帝位，建国号金，至1234年为蒙古军所灭，历十帝，统治长达120年。

完颜阿骨打不堪辽朝压迫，愤而反抗，建立金朝。与其他两个政权不同，金朝所接受的汉化更为彻底，不仅其所行的制度大多是在中原汉制基础上改革而成，且女真文字创立、科举制度施行以及官员选任，都含有较为浓厚的汉儒色彩。阿骨打建立金朝后，相继灭掉辽和北宋，在汉地设立枢密院进行直接统治。金熙宗时改行汉制，任用汉人精英。海陵王为巩固其在北方的统治更是迁都中都或汴京。大定、明昌年间，在金朝的经营下，出现了"大定明昌之治"的繁荣局面。但卫绍王即位后，金朝开始衰落。金宣宗迫于压力迁都南京，出现军民南渡的情况。经过三峰山之战，最终金朝被蒙古大军灭亡。

一 女真勃兴

发源于东北地区的女真是个古老的民族。肃慎是女真族远祖。三国时称挹娄，元魏谓之勿吉，隋唐谓之靺鞨。唐武则天在位时，靺

图8-15 《聘金图》（局部）

鞨首领大祚荣建立渤海国。开元年间（713—741），置黑水府，任命他们的部落首领为都督和刺史，赐国姓李。唐朝末期，随着渤海力量的发展，黑水归附渤海，断绝与唐朝的关系。五代时，契丹灭掉渤海国，黑水靺鞨的一部臣属于契丹，改称女真，是肃慎的不同音译。辽圣宗时，根据女真诸部和辽关系的亲疏以及社会发展情况，将他们分为熟女真和生女真。内附东京辽阳的女真被编入户籍，负担赋役，为熟女真；生活在白山黑水一带的女真部落则被称为生女真。生女真散居山谷中，虽然没有被编入辽籍，但依然要向辽朝纳贡。女真后来因避辽兴宗耶律宗真之讳，改称女直。

生女真过着半农半猎的生活，严酷的生活环境锻炼了女真人健壮的体魄和好斗的性格。他们没有房屋，夏天逐水草而居，冬天才在依山傍水的坎地上用木头搭建简易的房屋居住。后来部分部族迁徙到按出虎河流域，开始建造房屋，发展农业。辽中期时，生女真形成几个较大的部族，其中以居住在今天黑龙江阿什河流域的完颜部最为强大。

史载完颜部始祖函普中止了两个部族的械斗，约定女真杀人偿马牛30只的习俗。此后完颜部首领石鲁改变了生女真没有书契、没有约束的状况，被辽委任为管理部落的惕隐。乌古乃时已统治白山、统门、耶悔、耶懒、土骨论和五国等生女真部，被辽委任为节度使。劾里钵时则降附桓㧑、散达、乌春、窝谋罕等部，扩张到呼兰河流域和牡丹江上游地区，依然臣属于辽朝。

北宋徽宗时，宋统治者崇尚珍珠。这些珍珠都是通过榷场从辽朝买来的。而辽朝珍珠主要产自生女真的五国部。每年秋天，女真就会用海东青捕捉以海蚌为食的天鹅，来获取珍珠。辽朝每年派使臣向五国部索取海东青，以捕捉天鹅，获取所食的珍珠，以换取宋朝更多的消费品。这些"银牌天使"的到来是女真人的灾难，他们不仅要求进奉各种土产，甚至要女真女子"荐枕"。女真部落苦不堪言，因而经常阻断鹰路，甚至杀掉使者。契丹则借助完颜部讨伐，以保证鹰路畅通。完颜部首领盈哥则借机发展力量，进而实现统一女真各部的意图。

阿疏事件成为完颜部和辽朝关系的转折点。阿疏原是纥石烈部首领，其父时归附完颜部劾里钵。阿疏阻止盈哥讨伐唐括部。盈哥出兵，阿疏则向辽朝求援。盈哥虽然答应辽朝退兵的要求，但派兵攻占了阿疏城。辽朝则要求盈哥归还并赔偿攻城所得。盈哥不仅没有归还，还故意阻断鹰路，并向辽报告，若开鹰路非盈哥不可。最终阿疏事件不了了之，但成为此后女真叛辽的口实。

完颜阿骨打是劾里钵的次子，盈哥的侄子。他出生于1068年，好骑射，从小就表现出良好的军事才能。后来跟随父亲劾里钵和叔叔盈哥平定乌春、窝谋罕之乱，征讨萧海里，屡建战功。阿骨打还曾建议盈哥禁止统门、浑蠢、耶悔、星显四路以及岭东诸部首领称都部长，使之承认完颜部的领导地位，并对擅自置信牌的部落进行处置，统一女真各部的号令，表现出较强的政治才能。

辽朝每年春天都要到宁江州（今吉林扶余东南）举办头鱼宴。辽天庆二年（1112），阿骨打前去参会，在辽天祚帝要求他歌舞助兴时，阿骨打却当面拒绝。天祚帝大怒，在萧奉先的劝说下，才使阿骨打保住性命。阿骨打死里逃生后，率先兼并邻近部族。此后每次辽朝征召，都称病推辞。完颜部和辽朝的关系更加恶化。

不久阿骨打承袭完颜部首领，担任都勃极烈。随着势力增强，阿骨打将女真和辽朝的对立关系公开化。天庆四年（1114）九月，他以索还阿疏为借口，进兵辽朝的春捺钵之地宁江州，最终攻占宁江州。十一月，阿骨打利用辽朝的麻痹，出兵出河店，大败辽军，取得出河店大捷，从而鼓舞女真的士气，相反辽军则节节败退。天庆六年（1116），阿骨打将东京和南路的熟女真纳入完颜部统治，最终完成女真诸部的统一。

1115年，完颜阿骨打在会宁府（上京）即皇帝位，定国号为大金，建元收国，是为金太祖。金朝建立后，依然沿袭女真族原有的传统，在中央施行勃极烈制度，在地方上施行猛安谋克制度。勃极烈即"官人"，由部落首领转化为中央官员的官衔，地位也有高低之分。勃极烈由宗室贵族担任，人数不定。谙班勃极烈即大勃极烈，负责辅佐皇帝处理军政事务、对外用兵、工程营建、对外交往和天文历算等。谙班勃极烈下还有国论（国家）勃极烈、阿买（第一）勃极烈、昃（第二）勃极烈、移赉（第三）勃极烈等名目。勃极烈制度随着汉臣的增多，在金熙宗时被废除。猛安谋克制度是女真原有的社会组织，源于其掳掠或围猎时所设的军事单位，或最初的早期农村公社。猛安是千夫长。谋克，又称毛克，为百夫长。金朝建立后，即着手建立统一的猛安谋克制度。每三百户编为一谋克，十谋克为一猛安，战时统军，平时务农。此外，女真还在熟女真和渤海人中推行猛安谋克制度。

天辅四年（1120），阿骨打派兵攻占辽上京，同北宋达成海上之盟，试图通过双方联合以灭亡辽朝。双方约定金军由平地松林直入古北口，宋军从雄州直达白沟，以夹击辽朝；灭辽后燕京析津府所属六州二十四县归宋朝，金朝则占有中京大定府；宋朝将每年给辽的岁币转交给金朝。次年，阿骨打大举伐辽，先后占领辽中京和西京。天辅六年（1122），阿骨打亲征，攻占南京（燕京），天祚帝逃往夹山。但阿骨打最终没有看到辽和宋的最终灭亡。他去世后，担任谙班勃极烈的吴乞买即位，是为金太宗。

金军攻占燕京后，没有履行金宋双方海上之盟的约定。在经过交涉后，宋朝将原来给辽朝的岁币五十万给金朝，每年再增加燕京代税钱百万缗，金朝则将燕京交给宋朝。在一通掳掠之后，金朝将已经空城的燕京交给宋朝。

金朝并没有放弃攻宋，张觉事件成为导火索。张觉是平州人，辽进士，兴军节度副使。他假意投降金朝。天辅七年（1123），阿骨打派人将所得辽燕京职官、富户护送北还时，路过平州，被张觉解救。张觉感觉到金朝的压力，被迫降宋，宋封他为泰宁军节度使，从而导致宋金关系破裂。金太宗时，出兵攻取平州，张觉逃至宋境。在巨大压力下，北宋杀掉张觉，交给金朝。不久，郭药师投降金军，金军占领燕山。

天会三年（1125），金俘获辽天祚帝，辽朝宣告灭亡。同年十月，金太宗即发动对北宋的战争。他以完颜杲兼领都元帅，在会宁府节制。粘罕为左副元帅，斡离不为南京路都统，统率大军南下攻宋，攻陷汴京。天会五年（1127），将宋徽、钦二帝掳掠，北宋宣告灭亡。由于金朝尚未形成中央集权，无法直接统治燕云地区。在金朝扶植下，张邦昌建立大楚政权，因袭宋制，实则是金朝的傀儡。金军北撤之后，伪楚已经失去存在的意义，不久垮台。天会八年（1130），金

又册立刘豫为大齐皇帝，建立伪齐政权，上承唐制，依然是金朝的傀儡政权。

二　中央集权的确立

天会十三年（1135），完颜亶继吴乞买后登上皇位，是为金熙宗。他即位初期，仍以诸勃极烈辅政，而粘罕和完颜希尹成为他改行汉法，施行中央集权的障碍。他采用"以相位易兵柄"的策略，削夺他们的兵权。粘罕很快被下狱，目无熙宗的宗盘、挞懒和完颜希尹伏诛。金熙宗对外则废掉伪齐刘豫政权，置行台尚书省于汴京，由完颜兀术统领。兀术的势力得以扩张，成为中原地区的最高统帅。皇统二年（1142），金宋和议，宋高宗向金称臣，每年向金贡纳银绢各25万。兀术则利用韩企先病逝，使用蔡松年等宋朝降官取代辽朝投降的田珏，从而推动官制改革。

天会四年（1126），金太宗吴乞买推行汉制，使用辽朝降臣韩企先为尚书省右丞相主持改革。他所推行的基本是辽朝的汉官制度，较为简单。金熙宗重视汉官制度，"所与游处，尽文墨之士"。天眷二年（1139），他任用宋朝降臣韩昉、宇文虚中等人，仿照唐宋旧制，中央设三省六部制，确立宰辅制度。宰辅包括宰相和执政。其中尚书令、左右丞相、平章政事，是宰相。左右丞、参知政事，是执政。实际上，除左右丞相、左右丞之外，不再设平章政事、参知政事。金朝宰辅制度多模仿唐代制度，左右丞相即唐代的左右仆射。只设尚书省成为宰辅机构，而不再设中书、门下二省，从而加强君权。尚书省则设有六部。中央机构还设有殿前都点检司掌亲军，兼掌宫籍监、近侍局以及鹰坊、顿舍官等，大宗正府掌宗室事务。三公三师则被授予宰相的荣誉衔名。

地方上施行路府、州、县的三级体制。金初，沿袭辽朝制度，设立五京制。金代路的建制并非地方行政单位，而是作为军政单位存在。一路可辖一府，也可管辖数府。各路设总管府作为衙署，分为上中下三等，长官都总管与诸京留守同。散府设有府尹，掌民政。金朝地方州分为防御州和刺史州，防御州设防御使，掌"防捍不虞、御制盗贼"，而刺史州设刺史，掌"同府尹兼治州事"。金朝县分七等，除大兴、宛平为赤县外，根据户数的多少还设有赤县、剧县（次赤）、次剧、京县、上县、中县和下县等。县令作为县的长官，不仅负责行政事务，还负责地方防御。

金熙宗还创制女真小字，与太祖时完颜希尹仿照汉人楷书所创立的女真大字共同使用。明朝四夷馆所编《华夷译语》中就包括《女真译语》，现在女真语的研究主要依赖于女真碑刻的出土。

熙宗依辽宋制度所定立的天眷官制是金朝加强中央集权的基础，决定了此后百余年的政治走向。但熙宗天眷改制遇到了空前阻力，晚年宗室、皇后裴满氏干政，宇文虚中为此付出生命，熙宗自己也成为改革的牺牲品。不久觊觎皇位已久的完颜亮弑杀堂兄自立，是为海陵王。

海陵王上台后，对太祖、太宗子孙大开杀戒。他认为金朝都城偏居一隅，无法有效控制中原地区。于是他在汉人官员的支持下，将都城从上京迁至燕京（今北京市），从而将统治中心由东北迁移至汉地。他花费空前的人力物力扩建燕京。为了迁都，他还将始祖以下十个皇帝的坟墓迁至燕京附近的大房山安葬，命令将会宁府的宫殿夷为平地，转为耕田，金宗室贵族不得不随他来到燕京，从而将女真和汉族地区置于掌控之中，实现两京一体。

海陵王致力于加强中央集权。正隆元年（1156），他罢除中书、门下省，只剩尚书省，作为最高行政机关，实现三省合一，以尚书省左右丞相为宰相，和枢密院一同掌握朝政。正隆官制与元丰官制较为接近。

海陵王还统一了金朝的选举制度。天德二年（1150），他废除金太宗确立的根据辽朝旧制设置的南北选制，改变了熙宗时南北选各以经义、词赋加策论为考试科目的状况，专以词赋取士，同时在"乡试""府试""会试"之外，增加"殿试"，使进士成为皇帝的门生，从而完善官员选任机制，统一了选举制度，以加强中央集权。

地方上罢行台尚书省。他鉴于行台所掌握的财力和人力远多于朝廷，为避免朝廷受制于行台尚书省，他首先以秉德出领行台尚书省。天德二年（1150），借故将秉德杀掉。不久又借机除掉行台左丞相撒离喝。十二月，下诏废罢行台尚书省，从而将两河和中原都纳入朝廷控制之下。次年十一月，海陵王下诏罢世袭万户官，改元帅府为枢密院，并确立五京、十四总管府、十九路的地方行政格局，结束了金初权力分散的局面，实现中央集权和北方政令统一。

正隆六年（1161），海陵王又将首都南迁汴京。海陵王意在灭亡南宋，统一全国。他崇拜前秦的苻坚，一意孤行，毅然发动全线攻宋的战争。但由于营建燕京和攻宋战争所造成的土地荒芜、人口锐减、经济萧条状况，导致统治集团内部矛盾、社会矛盾以及民族矛盾加剧。同年，因征西北路契丹兵事件激发契丹诸部的反抗，爆发了由撒八及孛特补发动的起义。海陵王暴政也引起契丹、汉人、女真等部的不满。不久撒八被起义军内部人士所杀，窝斡成为义军领袖。大定元年（1161），窝斡称帝，改元天正。最终被金世宗派兵镇压。

正在海陵王亲政攻宋之时，完颜雍依靠从前线回归的辽东士兵，乘机在东京发动兵变，登上皇位，改元大定，是为金世宗。前线金军倒戈相向，海陵王最终被乱箭射死。金军全线撤退。完颜亮攻宋战争以失败而告终。

三　大定明昌之治

金世宗登基后，深切体会到金宋战争的恶果，果断停止对宋的战争。大定四年（1164），金军进军伐宋，实则利用宋人害怕战争的心理，以战促和。最终金宋双方达成隆兴和议，约定金宋两国皇帝以叔侄相称，岁币银绢分别减为20万两匹，宋割让唐、邓、海、泗、商、秦六州给金，确定了西以大散关，东以淮河为界。隆兴和议的签订，稳定了金宋疆域。此后四十余年没有大规模战事，为大定明昌之治的出现准备了良好外部条件。

世宗在贬斥海陵王同时，继承海陵王中央集权制度的措施，听从李石之言，将都城迁往中都，据中都号令天下，继续任用海陵王时的重要官员，收编海陵王旧部，平息契丹人窝斡的反抗斗争，从而稳定内部局势。他还采用减少赋役，放良奴隶，平反田珏案，以缓和社会矛盾，支持汉人和女真人通婚，禁止汉人歧视女真人，以改善民族关系。同时他还整顿吏治，选贤任能，招抚流亡，轻徭薄

图8-16　贞祐宝券铜钞版

赋、恢复生产等措施稳固了政权，社会得以安定，经济得以恢复。

大定四年（1164），金世宗为解决赋役不均的问题，开始推行通检推排，任命张弘信等人分路调查民户包括土地、人口、田园、房屋等在内资产，以作为征收物力钱和调发徭役的依据，但由于标准不一，所用非人，弊端丛生。次年，世宗颁布《通检地土等地税法》，确立通检标准。大定十五年（1175），又命梁肃等人分路推排，较之通检简化手续。大定二十年（1180），猛安谋克人户中施行通检推排，自中都路始。外路则于二十二路推行。大定二十六年（1186）推排的结果，全国总计征收物力钱约三百余万贯。金章宗泰和八年（1208），曾进行了一次全国性的推排。

大定二十九年（1189），世宗辞世，完颜璟继位，改元明昌，是为金章宗。金章宗汉化程度较高。他继承金世宗的政治措施，整理吏治，任贤用能，裁汰冗员，限制官员频繁流动，并继续完善中央集权，"正礼乐，修刑法，定官制，典章文物粲然成一代治规"。

泰和元年（1201），创制《泰和律》，以律为准，改变金建国以来沿袭辽宋旧制，制律混淆的局面，并禁止滥用死刑。《泰和律》直至元初仍为蒙古统治者所沿用，至元八年（1271）废止。《泰和律》

的编修早在明昌年间即已开始，直到泰和元年（1201）十二月才完成，故称《泰和律》。《泰和律》分十二篇，篇名与《唐律疏义》同，包括名例、卫禁、职制、户婚、厩库、擅兴、贼盗、斗讼、诈伪、杂律、捕亡、断狱。全部条款五百六十三条，一百二十六条沿用旧制，删削不合时宜条款四十七条，增加条款一百三十九条，修改条款总计二百八十二条，变动条款总计四百三十一条，厘为三十卷。"附注以明其事，疏义以释其疑。"《泰和律》的篇目除有二十目依据唐令外，《封赠令》《赏令》《释道令》《河防令》《服制令》和宋代的《庆元令》同，可知章宗《泰和律》的制定参考了唐代的《唐律疏义》和《庆元令》。同时还完成新定律令、敕条和六部格式等。其中《律令》二十卷，《新定敕条》三卷，《六部格式》三十卷。这些都于泰和二年（1202）颁行。此外，金世宗和金章宗都重视抑制特权。大定二十五年（1185），世宗将八议引入尚书省。章宗则强调"法者，公天下持平之器"，"今乃宥之，是开后世轻重出入之门"。

自金世宗即位到金章宗去世长达近五十年的时间，出现了"治内日久，宇内小康"的盛世局面，史称"大定明昌之治"。大定时期"群臣守职，上下相安，家给人足，仓廪有余"，金世宗被比作汉文帝，称为"小尧舜"。他善于守成，崇尚俭约，养育士庶，偃息干戈，修崇学校，从而造就了大定三十余年的太平，为章宗明昌、承安的盛世奠定了基础。

河北地区是金朝经济比较发达的地区。金初，出使金国的许亢宗目睹幽州沃野千里，五谷百果，良材美木无所不有。章宗泰和七年（1207），金统治区的户口比大定二十七年（1187）净增89万余户。

黑龙江克东县金代蒲峪路故城遗址发现大批铁器代表着金中期冶炼业精湛的技术水平。观台窑遗址散布的磁州窑瓷器残片，展示了金中期磁州窑发展的盛况，卢沟桥以及北方市镇的发展则展现出金朝中期商业的繁荣。金朝在辽五京的基础上也设有五京。海陵王所营建的燕京城在章宗时又有所发展，商业繁荣。赵秉文笔下曾对金中都的盛况有详细的描述。除五京外，汴京也被金朝占据。泰和末年，汴京的户数达到1746210户，较之天德四年（1152）的235890户增加6倍多。茶已经与柴米油盐酱醋一样成为中原百姓日常生活的必需品，这些往往通过与南宋的贸易购入。

维持女真传统与汉化成为金中期统治者面对的问题。虽然金朝最初在新征服区曾强制汉人接受女真文化，但收效甚微。其虽然在政治上有优越感，但在经济、文化方面较之汉人落后，不少女真人自发地效法汉人的语言、服饰、习俗和文化。为此金统治者不得不在某些方面放弃女真旧俗，转而仿照辽（唐）宋建立起典章制度。金世宗面临既要承认汉化，又要保持女真人传统的两难抉择。大定七年（1167），金世宗册立太子，即依照《宋会要》《开元礼》和《通典》所载之礼仪。对海陵王迁都以来女真汉化之风盛行，金世宗感到忧虑。为扭转这种趋势，他重视子孙和宗室的传统教育，要求学习女真文字，下令禁止女真人在姓氏、服饰上效法汉人。他本人也具有较深的民族偏见，念念不忘恢复女真纯实之风，时常指出女真汉人并非一家。然金章宗在其母徒单氏影响下，嗜好书法，喜好模仿宋徽宗作品，汉文化水平较高。此时出现了"金国之典章文物，惟明昌为盛"的状况。

四　金朝的灭亡

金朝在章宗时虽达到极盛，但此时已经出现很多不可调和的矛盾。章宗承安年间（1196—1200），科举取士多以词章，金章宗个人颇好浮侈，大兴土木，统治集团内部又有外戚李妃干政，大臣只知逢迎，而不敢违逆。吏治腐败，贪污成风。客观上，黄河大堤决口，百姓受灾严重。滥发纸币贬值严重，加剧了社会矛盾和民族矛盾。泰和八年（1208），章宗去世，允济嗣位，是为卫绍王。他对内杀掉了章宗元妃李氏和贾氏，稳固统治，对外则面对蒙古军的先发制人，只得求和。崇庆二年（1213），在蒙古军逼近中都之时，胡沙虎发动兵变，允济被杀。金朝由此走向衰落。

至宁元年（1213），完颜珣即位，是为金宣宗。完颜珣重用拥立自己的胡沙虎，不仅没有惩治其弑君之罪，反而授之以太师、尚书令兼都元帅，令其掌握军政大权。面对蒙古军进攻，胡沙虎组织防御，而术虎高琪却贻误战机。溃军之将高琪担心被杀，转而寻机杀掉胡沙虎。宣宗并没有惩治术虎高琪，而将当年参加胡沙虎弑君之人全部杀掉，从而由胡沙虎的傀儡转为术虎高琪的傀儡。

蒙古的兴起给金朝造成巨大的困扰。金世宗时，蒙古就频繁骚扰北部边境。金章宗时，随着大蒙古国建立，蒙古力量更加强大。金宣宗害怕蒙古，寄希望于与蒙古讲和。贞祐二年（1214），宣宗派人向成吉思汗乞和，献上卫绍王之女岐国公主和金帛、马匹等。双方最终达成妥协，成吉思汗退出居庸关。在山东、河北多数州县被蒙古军占领的情况下，宣宗不顾百官的反对，决意放弃中都，南迁南京（开封），留下皇太子留守中都，命右丞相兼都元帅完颜承晖主持防务。

图8-17 北京房山金陵主神道及1、2号
台址俯视图

但不久，留守中都的紇军发生哗变，投降蒙古。援军也被蒙古军击败。完颜承晖自杀，而留守抹燃尽忠逃到南京。

南渡黄河后，金朝君臣以为高枕无忧，苟且偷生。宣宗对术虎高琪依然给予重用，高琪趁机把持政权。他只想守卫南京，对蒙古军攻击其他州县不加理会，反而南向伐宋，以摆脱困境，扩大疆土，最终没有达到预期目的。宣宗南迁，以放弃河北广大地区为代价。南迁后，河北残破，军民无法生活。贞祐三年（1215），宣宗将从塞外内迁的女真屯田军户家属迁往南京，而留下军人戍守中都及河北。数十万军户的到来给中原百姓带来巨大困扰，军户与农户争夺土地的问题更加严重。各级官吏和百姓为逃避战祸也纷纷南渡，从而使统治者难以应付。

金朝皇帝的愚蠢行径导致多民族的反抗。耶律留哥复辽，蒲鲜万奴建立大真政权，两者先后归附蒙古。一些政治势力面对蒙古军以拥金抗蒙为号，结寨自保，在河东、河北地区，形成诸多义军，得到金朝廷的认可，形成分裂割据的局面。兴定四年（1220），金宣宗为抵抗蒙军，封沧州经略使王福、河间路招抚使移剌众家奴、真定经略使武仙、中都东路经略使张甫、中都西路经略使靖安民、辽州从宜郭文振、平阳招抚使胡天作、昭义军节度使完颜开、山东安抚副使燕宁九人为公，兼宣抚使、总帅本路兵马，有权置官设吏，征赋税，即"九公封建"。但这些力量充满不确定性因素，或各自为战，或往来反复，徘徊在投降自保和叛蒙归金之间，难以肩负赵秉文所称宣宗"以蕃河朔，则志在复中原"的重任。

山东则爆发了杨安儿领导的起义。杨安儿原本是淄州皮匠，章宗时杀人亡命太行山，后被招降。大安三年（1211），杨安儿受命戍边。他目睹金朝乱象，遂逃回山东，与张汝楫起事，声势浩大。贞祐二年（1214），金朝派仆散安贞前往镇压，七月最终平定了这次起义。泰安发生的刘二祖起义，也很快被平定。其余部则组成红袄军，利用宋、金和蒙古三方的对立，仍活跃在河北、山东等地。其中最为著名的是杨安儿的妹妹杨妙真与李全所率领的队伍。李全最初归附金朝。兴定二年（1218），李全归宋，宋封其为京东副总管。次年，他阻击南下金军。但其后专注于扩张个人势力。正大四年（1227），率部归降蒙古。

元光二年（1223），宣宗病故，完颜守绪即位，是为哀宗。哀宗即位之初，因蒙军首领木华黎去世，成吉思汗西征，得到了喘息的机会。河北州县纷纷背蒙附金。然当时金朝将相无人，腐败成风。金军已无力阻挡蒙古军的南下。天兴元年（1232），蒙古军兵分三路向汴京进攻，两军在三峰山决战，金军主力丧失殆尽。

面对蒙古军的咄咄逼人之势，哀宗将南京防务交付给参知政事兼枢密院副使完颜奴申和枢密院副使兼知开封府权参知政事完颜习捏阿不后，出逃归德。崔立借机杀掉二相，立梁王完颜从恪监国，向蒙古投降，将太后、皇后等宗室男女500余人交由蒙古军押运北上。汴京陷落后，金朝已难以自存，内部斗争加剧了金朝的灭亡。天兴三年（1234），宋蒙联合，进击金军，打破金哀宗联宋抗蒙的幻想，临时将皇位传给完颜承麟。最终在宋蒙联军的攻击下，蔡州陷落，哀宗自缢而亡，金朝宣告灭亡。

本章参考文献

李焘：《续资治通鉴长编》，中华书局2004年版。

魏徵、令狐德棻：《隋书》，中华书局1973年版。

脱脱等：《金史》，中华书局1975年版。

脱脱等：《辽史》，中华书局1974年版。

脱脱等：《宋史》，中华书局1985年版。

叶隆礼：《契丹国志》，贾敬颜、林荣贵点校，中华书局2014年版。

宇文懋昭：《大金国志》，中华书局1986年版。

周密：《癸辛杂识》，浙江古籍出版社2015年版。

卜宪群：《中国通史》（辽西夏金元卷），华夏出版社、安徽教育出版社2017年版。

李锡厚、白滨：《辽金西夏史》，上海人民出版社2003年版。

秦大树：《宋元明考古》，文物出版社2004年版。

周春：《西夏书校补》，中华书局2014年版。

本章图片来源

图8-1、8-2 中国地图出版社授权使用。

图8-3 关树东、李锡厚：《中国古代历史图谱·辽夏金卷》，湖南人民出版社2016年版，第89页。

图8-4 关树东、李锡厚：《中国古代历史图谱·辽夏金卷》，湖南人民

出版社2016年版，第88页。

图8-5　内蒙古巴林右旗辽庆陵东陵中室壁画，见关树东、李锡厚《中国古代历史图谱·辽夏金卷》，湖南人民出版社2016年版，第29页。

图8-6　内蒙古自治区巴林右旗辽道宗永福陵出土，原石藏辽宁省博物馆，见关树东、李锡厚《中国古代历史图谱·辽夏金卷》，湖南人民出版社2016年版，第18页。

图8-7　关树东、李锡厚：《中国古代历史图谱·辽夏金卷》，湖南人民出版社2016年版，第20页。

图8-8　关树东、李锡厚：《中国古代历史图谱·辽夏金卷》，湖南人民出版社2016年版，第111页。

图8-9　甘肃榆林窟第3窟西夏壁画，见关树东、李锡厚《中国古代历史图谱·辽夏金卷》，湖南人民出版社2016年版，第128页。

图8-10　甘肃榆林窟第3窟西夏壁画，见关树东、李锡厚《中国古代历史图谱·辽夏金卷》，湖南人民出版社2016年版，第133页。

图8-11　甘肃榆林窟第3窟西夏壁画，见关树东、李锡厚《中国古代历史图谱·辽夏金卷》，湖南人民出版社2016年版，第152页。

图8-12　甘肃榆林窟第3窟西夏壁画，见关树东、李锡厚《中国古代历史图谱·辽夏金卷》，湖南人民出版社2016年版，第153页。

图8-13　明万历刻本《重校范文正公集》附录，见关树东、李锡厚《中国古代历史图谱·辽夏金卷》，湖南人民出版社2016年版，第215页。

图8-14　出土于内蒙古额济纳旗黑水城遗址，见关树东、李锡厚《中国古代历史图谱·辽夏金卷》，湖南人民出版社2016年版，第119页。

图8-15　美国大都会博物馆藏，见关树东、李锡厚《中国古代历史图谱·辽夏金卷》，湖南人民出版社2016年版，第227页。

图8-16　关树东、李锡厚：《中国古代历史图谱·辽夏金卷》，湖南人民出版社2016年版，第258页。

图8-17　关树东、李锡厚：《中国古代历史图谱·辽夏金卷》，湖南人民出版社2016年版，第270页。

第九章

元朝

辽宋夏金时期，民族政权迭兴。蒙古族建立元朝，完成了中国的再次统一。1206年，铁木真即汗位，建立大蒙古国，旋即东征西讨，横跨欧亚。成吉思汗之后，大蒙古国历经窝阔台、贵由和蒙哥三位大汗，逐渐走向分裂。1260年，忽必烈即位，建元中统，以中原为统治中心。1271年，忽必烈建国号大元，开始元朝的统治。1276年，元军攻入南宋都城临安，结束了自唐末以来多个政权并立的局面。1368年，明朝军队占领元大都，元朝最后一位皇帝顺帝北逃。自成吉思汗建国，到元顺帝退出大都，共历十四帝，长达163年。

元朝是中国历史上第一个由少数民族贵族为主体建立的全国性统一王朝。蒙元先后灭掉大理、西夏、金、南宋等政权，结束了多个政权并立的局面，同时西藏等地正式归由中央统一管辖。元朝疆域"北逾阴山，西极流沙，东尽辽左，南越海表"，超越汉唐，奠定了明清以后中国版图的基础，对统一多民族国家的发展产生深远的影响。元朝在全国设置大的行政区，称为"行省"。元朝行省地域广大、权力

集中、设置稳定，覆盖至边疆地带。行之有效的行省制度影响了明清二朝。元代的中外交通特别发达，陆路通往波斯、阿拉伯、俄罗斯、欧洲，有严密的驿站系统作保障；海路通往东南亚、印度、波斯湾以至非洲各地，能熟练运用季候风规律出海、返航，利用针路定向行船，航行范围远远超过以前任何时代。元朝疆域空前广大，中原与塞外广袤地带连为一体。中亚、西亚和欧洲人纷纷来中国，推进了域外文化与中国传统文化的进一步交流融合，丰富了中华文明内涵。

第一节　大蒙古国

13世纪初，成吉思汗崛起，结束了蒙古草原各部长期争战的局面，建立大蒙古国，蒙古民族共同体从此逐步形成。蒙古铁骑东征西讨，大蒙古国的疆域逐渐扩大，横跨欧亚，成为草原地区的统治中心。

一　蒙古族源

蒙古的名称最早可以追溯到唐朝。汉文史料将大兴安岭北段的一些部族统称为室韦，认为他们与契丹、鲜卑同属东胡之裔。其中有一部称"蒙兀室韦"，居于望建河（今额尔古纳河）以东。辽金时代，"蒙古"一名已成为流行于草原的部族称号。蒙古诸部对辽金政权叛服不常，双方屡有攻占。此时的蒙古诸部，尚未形成整体性的政治集团。

成吉思汗建国之前的草原诸部，随着生产发展，出现了阶级分化，有那颜（官人）和哈剌出（下民）之别，甚至出现孛斡勒（奴隶）。贵族们则有由那可儿（伴当）组成的怯薛（轮值护卫）。那颜率领部众，从事战争和掠夺。草原上的塔塔儿部、克烈部、乃蛮部等部族，为了

图9-1　成吉思汗像

生存和争夺霸权，时常发生激烈的战争，从而推动蒙古高原走向统一。

相传，远古的蒙古部族在战争中失败，只剩下捏古思、乞颜等两男两女。他们逃进额儿古涅昆，在那里定居，他们的子孙则迁移到广阔的草原上。后来，孛儿帖赤那（意为"苍狼"）和豁埃马阑勒（意为"白鹿"）相遇，他们渡过腾汲思河，来到斡难河源头的不儿罕山（今肯特山）定居下来。孛儿帖赤那传至朵奔蔑儿干，朵奔蔑儿干之妻阿阑豁阿感光生子，是为成吉思汗家族的先祖。传至乞颜部首领合不勒汗时，蒙古逐渐强大起来。合不勒汗统领全蒙古百姓，屡屡进军金朝边境。传至俺巴孩汗，他被塔塔儿部捉去，交给金朝处死，从此乞颜部和塔塔儿部之间结为世仇。俺巴孩汗死后，忽图剌汗被推举为蒙古人首领，统率部众与金朝和塔塔儿部作战。成吉思汗的父亲也速该也是骁勇善战的首领。约在12世纪60年代，也速该在与塔塔儿部的战争中，俘获塔塔儿部首领铁木真兀格，适逢长子出生，遂取名铁木真，意为"铁匠"。传说铁木真手握凝血出生，预示了其不同凡响的一生。

二　成吉思汗建国

铁木真的童年历尽艰辛，其父也速该被塔塔儿部设计毒死，铁木真母子遭受远亲泰赤乌氏贵族的驱逐，甚至被抓起来，最终侥幸逃脱。他意识到要壮大自己的势力，必须寻求强有力的庇护。于是他投靠父亲的安答（义兄弟）克烈部首领王汗，并和札只剌部首领札木合结成安答，收集旧部，积蓄力量。在王汗和札木合帮助下，铁木真成功夺回被篾儿乞部夺走的妻子，抢夺了大批奴隶和财物。随着铁木真势力的逐渐强大，铁木真与札木合渐行渐远，并重新结合成乞颜氏贵族联盟。铁木真被推举为乞颜部之汗，建立自己的斡耳朵和护卫组织。眼见铁木真逐渐强大，札木合与泰赤乌贵族联合，攻打铁木真。铁木真将部众分成十三翼军队迎战。双方在答兰版朱思展开激战，即著名的"十三翼之战"。此次战役，铁木真兵败，退回斡难河上游。但获胜的札木合血腥报复，许多部众脱离札木合和泰赤乌氏，转而归附铁木真。不久铁木真与王汗击溃塔塔儿部，获得金朝封赏，从而提高威望。他跟随王汗进攻泰赤乌等部，都取得胜利。与此同时，为对抗铁木真，札木合纠集泰赤乌等部，组成松散的联盟，被推举为菊儿汗（众汗之汗）。双方在帖尼火鲁罕激战，最终铁木真击溃札木合联盟。此后铁木真积蓄力量，灭掉宿敌塔塔儿部，并联合王汗，击败草原上的另一强敌乃蛮部不欲鲁汗。

随着铁木真势力的壮大，王汗父子开始重新审视这个合作伙伴，而札木合等人也劝他除掉铁木真。1203年春，王汗假意许以婚约，邀请铁木真饮订婚宴，趁机谋杀。铁木真事先得到消息，整军备战。双方在合兰真沙陀（今内蒙古东乌珠穆沁旗北境）展开激战，最终铁木真兵败，移兵班朱泥河休整，仅剩十数人。他们共饮班朱泥河水，进行盟誓，即著名的"班朱泥河盟誓"。不久铁木真重整旗鼓，击败王汗，并征服乃蛮部和篾儿乞部，统一了蒙古高原各部。

1206年，铁木真在斡难河源召开忽里台（大会），建九斿白纛，建立大蒙古国，被尊奉为成吉思汗，成为全蒙古的大汗。"成吉思"一词，意为"强"。蒙古诸部开始融合为统一的蒙古民族共同体。

成吉思汗时期，大蒙古国建立了一系列统治制度。确立军政合一的千户制度，即以十进制编组全体部族或掳掠来的人口，分成千

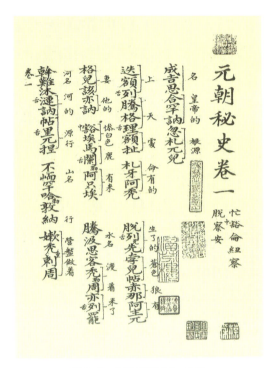

图9-2 《元朝秘史》书影

户、百户、十户三级，共划分95个千户，划定千户固定的牧地。千户由贵族和那可儿世袭担任，不得擅自离开牧地。千户上设左右两翼万户，分别由木华黎和博尔术担任，作为最高统兵官。由箭筒士、宿卫和散班组成的护卫军扩充至1万人，分成四队，轮番入值，每番三昼夜，总称四怯薛，以守卫大汗金帐。设立大断事官，由成吉思汗的义弟失吉忽秃忽担任，主理分封民户，惩治盗贼、诈伪等事，成为中央最高行政、司法长官。成吉思汗在建国前后颁布一系列法令和训言，编订《大扎撒》，新汗即位或诸王共议国家大事，均需捧出《大扎撒》诵读。《大扎撒》虽现已散佚，但仍有部分条款保留下来。成吉思汗按照蒙古家产分配的习惯，分给诸子、诸弟和母亲月伦臣民和封地，划定封地范围。诸弟封在蒙古东部，称为东道诸王；其子术赤、察合台、窝阔台封在阿勒台山以西，称为西道诸王。拖雷则以幼子守产，继承四大斡耳朵和蒙古本部。成吉思汗任用乃蛮掌印官塔塔统阿创建了畏兀字蒙古文。文字创制之后，蒙古统治者以蒙古文修史，称为"脱卜赤颜"（蒙古语"历史"）。现存记载蒙古早期源流和成吉思汗、窝阔台汗二朝历史的《元朝秘史》，脱胎于脱卜赤颜。《元朝秘史》是蒙古族的第一部历史、文学巨著，内容涉及当时蒙古的经济生产、社会组织、政治军事制度、思想文化等各方面，其组织结构、叙事方式都有着鲜明特色。

大蒙古国建立之初，成吉思汗就把掠夺和征服作为自己的事业，不久发动对西夏的战争。1205年、1207年、1209年，成吉思汗接连对西夏用兵，甚至包围西夏都城中兴府，西夏被迫归附蒙古，协助蒙古的对外战争。但最终西夏拒绝随成吉思汗西征，遂遭到成吉思汗的报复，直至1227年亡国。1211年，成吉思汗率军在野狐岭击溃金军主力，拉开蒙古攻金的序幕，随后攻克金中都（燕京）。成吉思汗命木华黎统军南下，尽收河北、山东地区，迫使金宣宗南迁汴梁。木华黎被封为"国王"，负责经略中原，成吉思汗本人则向西击溃西辽。因花剌子模杀掉成吉思汗的商队，1219年成吉思汗亲率大军西征花剌子模，是为蒙古第一次西征，最终摧毁花剌子模。征服花剌子模诸城之后，成吉思汗领兵越过阿姆河继续追击算端札阑丁，直到申河（巴基斯坦境内印度河）而返。返回草原的次年，成吉思汗发动对西夏的进攻。在征服西夏过程中，成吉思汗在六盘山驻夏避暑时染病去世。

三 窝阔台、贵由与蒙哥的统治

成吉思汗去世后，窝阔台即位，即合罕皇帝。他沿袭成吉思汗的成法，制定蒙古牧民的牲畜抽分法，建立仓库用以储藏所获取的财物和粮食，在广袤的国土上设置站赤（驿站）和四通八达的驿道，营建哈剌和林作为都城，任用回回人牙老瓦赤管理西域税收。

窝阔台即位后不久，就和拖雷南下灭金，蒙古军在钧州三峰山大败金军。1234年，金哀宗被蒙古军围困在蔡州，自杀身亡，金朝灭亡。窝阔台一改过去以劫掠为主的政策，任用耶律楚材，设立十路课税所，以征纳赋税。1235年，窝阔台派失吉忽秃忽主持括户（户籍登记），史称"乙未括户"。他将所括民户分封给诸王贵戚以及勋臣。在此基础上，制定税粮、科差和诸课三项税法。这次括户还将社会职能、承担义务不同的人户分别立籍。不久回回商人奥都剌合蛮采用包买制征税，加重了中原人民负担。1234年，窝阔台委派失吉忽秃忽担任中州断事官，管理中原政务，直至1239年。1241年，牙老瓦赤继任中州断事官，主管汉民事务。

窝阔台继续成吉思汗以来的对外征服。1235年，窝阔台派各宗室长子统军西征，以术赤之子拔都和军将速不台为统帅，征讨钦察、斡罗思等国，一直打到多瑙河流域。随着窝阔台死讯传来，拔都最终率军东还，在伏尔加河下游建萨莱城作为首都，建立钦察汗国。与此同时窝阔台发动攻宋战争，南征的蒙古军由次子阔端率领，最终双方边界稳定到淮河一线。窝阔台还派出撒礼塔、洪福源等征高丽，高丽王派遣宗室到和林充当质子以求和。

窝阔台死后，乃马真皇后摄政五年。她坚持要让自己的儿子贵由继位，遭到拔都的反对。贵由继任大汗之后，亲征拔都。在西行途中，贵由突然死去，在位仅两年。蒙古汗位由窝阔台系转移到拖雷系，拖雷长子蒙哥登上汗位。

蒙哥登基后，一面消除异己，削夺除阔端之外的窝阔台诸子的封地；一面以忙哥撒儿为大断事官，孛鲁合为大必阇赤（文书官），管理全国事务。他在地方上设置燕京、别失八里（今新疆吉木萨尔）和阿姆河等处行尚书省，分别管理中原、畏兀儿至河中地区、阿姆河以西波斯诸州。1252年，他还对中原和阿姆河行省的户口进行重新登记，以保证财政收入，补充兵源，即"壬子括户"。汉地壬子户籍较窝阔台时期的乙未户籍增加20多万户。面对中原复杂的情况，蒙哥下令于1257年再次编定户籍，称丁巳户籍，户籍编定为新一轮分封提供依据。

蒙哥实行斡腹策略（包围战术），为征服南宋，先对吐蕃和大理用兵。蒙哥即位之前，阔端和吐蕃萨迦派首领萨班于1247年举行著名的"凉州会谈"，议定吐蕃归附蒙古的条款。由此乌思藏被纳入大蒙古国统治之下，是西藏归附中央管辖的开始。蒙哥派使臣到乌思藏清查户口，划定地界，任命万户长，从而西藏结束长达四个世纪的分裂局面。1255年，蒙古军攻占大理，置万户府进行治理。云南至此也归附蒙古，纳入大蒙古国统治之下，这对推动元朝多民族统一国家的形成有重要意义。

为巩固政权，蒙哥任用其弟旭烈兀统兵西征木剌夷、哈里发等国，用忽必烈总领漠南军政事务。忽必烈任用汉人知识分子，设置了邢州安抚司、河南经略司和陕西宣抚司，取得很好的成效，为南下攻宋积蓄力量。忽必烈的新政遭到蒙哥的猜忌，蒙哥派阿蓝答儿前往陕西、河南进行审计，打击忽必烈藩府势力。忽必烈北上与蒙哥会面，兄弟二人的关系得以缓和。蒙哥决意亲征伐宋，兵分三路。蒙哥率主力取道川蜀，忽必烈攻打鄂州，兀良合台自云南北上长沙，计划三军在长沙会师东进，包围南宋首都临安。不料蒙古军在合州钓鱼城遇阻，蒙哥身亡。蒙古军不得不北还，而宋蒙战事也告一段落。

第二节　建元、统一与守成

忽必烈是元朝的创立者。他继任大汗之后，将大蒙古国的统治中心由漠北转移到中原，以大都为中心建立起元朝的统治。随后，元朝灭南宋，统一全国。忽必烈统治时期，奠定了元朝的制度基础。忽必烈去世后，相继即位的十位皇帝在位时间都不长，频繁的皇位争夺大大削弱了元朝的统治力量。

一　汗位之争与大蒙古国的分裂

忽必烈在鄂州前线获知蒙哥去世的消息，与贾似道议和后，匆匆撤至开平。开平是忽必烈的王府所在，有一批汉人文士为他出谋划策。1260年，在部分蒙古宗王和汉人臣僚的拥立下，忽必烈率先在开平即位，宣布成为新一任蒙古大汗。他命潜邸幕僚、金朝状元王鹗撰写称帝诏书，并首次采用中原王朝年号纪元。忽必烈即位后，对蒙古旧制进行了较为彻底的改革。他以王文统、赵璧为中书省平章政事，地方上则设立十路宣抚司，升燕京宣慰司为燕京行中书省，

图9-3　忽必烈像

承担临时行政中枢的职能。对外则由原来的攻宋转而镇边，以巩固现有的势力范围。

阿里不哥同样拥有成为大汗的资格，但忽必烈在漠南率先即位，打破了阿里不哥的计划。阿里不哥随后在哈剌和林的忽里台上被拥立为大汗。于是蒙古政权出现两个大汗共存的局面。忽必烈抓住机会与支持阿里不哥的西道诸王和解，从而得以全力对付阿里不哥。阿里不哥率军南下讨伐忽必烈未果。不久忽必烈北征，进入和林。阿里不哥的部将阿蓝答儿、浑都海等人被杀，关陇地区得以稳固。阿里不哥休整后卷土重来，占领了和林。忽必烈再次北征，收复和林。最终阿里不哥迫于无奈向忽必烈投降，结束了长达五年的汗位纷争。蒙古大汗统治中心由漠北移至漠南。

伴随着忽必烈和阿里不哥的争位，大蒙古国走向分崩离析。通过军事征伐建立起来的大蒙古国，早就孕育着分裂因素。成吉思汗分封诸子于西方，他们治下的疆域随着西征大大扩展，境内民族十分庞杂，社会文化各异。历次汗位争夺加剧了大蒙古国的分裂倾向，蒙古宗王之间彼此攻伐。钦察汗国、窝阔台汗国、察合台汗国和伊利汗国纷纷自立。这些汗国在名义上视元朝皇帝为宗主，但实际上具有独立或半独立地位。

钦察汗国由成吉思汗的长子术赤的封地发展而来。经术赤之子拔都的征伐、经营，钦察汗国向斡罗思（俄罗斯）、东欧扩张。钦察汗国的疆域广大，东西从也儿的石河至斡罗思，北至今北极圈一带，南达今高加索山，直到伊朗之地。诸汗国之中，钦察汗国在地理位置上与元朝相距最远。钦察汗国早已有独立化倾向，又因窝阔台后裔海都

图9-4 《史集》插图

的阻隔，与元朝的关系相对来说比较疏远。不过，大蒙古国时期，很多钦察人、阿速人随着蒙古人的扩张来到中国。其中一些人起家行伍，手握兵权，在元代政治舞台上扮演着重要角色。

察合台汗国和窝阔台汗国分别由成吉思汗二子、三子的封地发展而来。察合台、窝阔台的始封地分别在阿力麻里和叶密立一带（今新疆额敏县）。忽必烈和阿里不哥争位时，察合台之孙阿鲁忽掌握中亚地区的统治权。阿鲁忽最初依靠阿里不哥的扶植，后来倒戈于忽必烈。忽必烈承认他对中亚草原和农耕地区的占有权。窝阔台的后裔在汗位争夺中一度失势，各自只占有窝阔台封地的一小部分。在忽必烈和阿里不哥争位过程中，窝阔台后裔海都势力膨胀起来。海都谋求自任大汗，向东与元朝军队交战近半个世纪，在中亚将察合台汗国变成自己的附庸。海都去世之后，察合台汗国的统治者笃哇，灭窝阔台汗国。察合台汗国的领土，扩张到阿姆河以北和忽阐河以东草原。到了明代，察合台汗国东部演变为西域各"地面"，西部为帖木儿所统治。

伊利汗国东接察合台汗国和印度，西临地中海，北接钦察汗国，南濒波斯湾和阿拉伯海，由忽必烈之弟旭烈兀建立，因而与元朝关系最为紧密。伊利汗的袭封，必须得到元朝皇帝的批准。伊利汗时代，中国与伊朗的交流空前发展，元朝的科学技术、钞法、驿传制度传入伊朗。伊利汗合赞的宰相拉施特修撰了一部空前的世界通史《史集》，对元史研究具有极高的史料价值。

二 忽必烈建立元朝

忽必烈即位之后，采纳中原制度，称皇帝，定年号，建国号、都城，立后建储，表明忽必烈建立的元朝是依据中原治理模式建立的王朝。中统五年（1264）阿里不哥败降后，忽必烈改当年年号为至元，开平加号上都，燕京仍称中都。至元八年（1271）忽必烈取《周易》"大哉乾元"之意，建国号"大元"，开始元朝的统治。原来行用的蒙古语国号"也可蒙古兀鲁思"（汉译"大蒙古国"）仍然沿用。次年，将金中都燕京城改名为"大都"，作为国家的首都。大都又称"汗八里"，意思是"大汗之城"。在中国历史上，北京从此开始成为全国的政治中心。燕京城在蒙金战争期间已被毁坏，原来的宫殿荡然无存，而且水源主要依靠城西莲花池水系，水量无法满足城市发展需要。忽必烈命刘秉忠在中都东北营建新都，以新修葺的琼华岛为新城宫殿的基础，琼华岛周围的湖泊上接高梁河，水源丰沛。历时10年，先后建成新宫城、诸殿堂和皇城。春季，皇帝从大都北巡上都，秋季从上都南返大都，形成以大都和上都为中心的两都巡幸制度。北巡期间，中央官署的主要官员扈从至上都处理政务，若干官员留守大都，重要政务奏报上都朝廷处理，体现游牧民族的

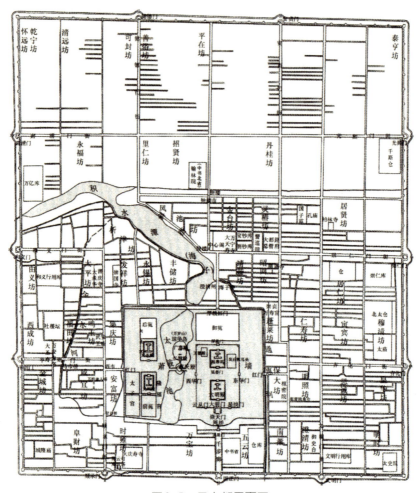

图9-5　元大都平面图

"行国"习俗。

中统三年（1262），汉地爆发李璮之乱。李璮是当时山东地区势力强大的世侯。李璮趁忽必烈与阿里不哥争夺汗位之机，献城于宋，计划借用宋朝力量，来扩充自己的势力，对抗蒙古，但最终以失败告终。李璮之乱的爆发使忽必烈意识到必须削弱世侯势力。忽必烈实行兵民分治的政策，剥夺世侯军职，罢除管民官世袭制，立迁转法，杜绝汉地世侯集兵民之权于一门。

李璮之乱对忽必烈的触动很大，汉人世侯以及臣僚受到忽必烈的猜忌。为加强中央集权，解决财政所需的经费问题，忽必烈重用回回人阿合马进行理财。阿合马原为察必皇后的侍臣，因其出色的理财能力而受到重用。其理财措施以增加盐、茶商税和理算逋欠财赋为主。他先后任都转运使、制国用使、平章尚书省事，从单纯经营财赋转而控制中枢，拥有用人权和决策权。在忽必烈任用阿合马期间，皇太子真金崇信儒术，与忽必烈的施政理念相左。真金与理财权臣之间，矛盾激烈，但一直未能扳倒阿合马。至元十九年（1282），趁忽必烈和太子真金动身前往上都，千户王著和僧人高和尚诈称太子回都，骗阿合马出迎，将阿合马刺死。阿合马被刺，是忽必烈朝最为轰动的政治事件。阿合马死后，其余党借机制造风波，使真金忧惧而死。

继阿合马之后，卢世荣又为忽必烈所用，来经理财赋。卢世荣的理财措施难以推行，为人又恃宠而骄，任职仅数月就被处死。卢世荣之后，忽必烈又重用胆巴国师的弟子桑哥。忽必烈复置尚书省，任命桑哥为右丞相。桑哥上任后，发行至元钞，开浚会通河，增加盐茶课额，遍行钩考钱谷，审计逋欠，增加财政收入，取得一定的效果。但桑哥的理财与阿合马等一样伴随着贪污擅权，最终也以失败而告终。

忽必烈在位期间，北部边地局势不宁，窝阔台系失势后，其子孙一度支持阿里不哥称汗，反对忽必烈。至元六年（1269），窝阔台的孙子海都联合术赤和察合台的后裔，进攻天山南北两路。至元十二年（1275），元朝拘收西北诸王使用驿站的牌符，此举激化了矛盾，海都、笃哇率兵东进。最终元廷派昔班出使，暂时平息双方的冲突。

对忽必烈夺取汗位不满的北边诸王，推举昔里吉为大汗，寻求与海都和忙哥帖木儿结盟，以对抗元朝。昔里吉等人绑架镇守北边的忽必烈之子那木罕和丞相安童，攻下和林。最终在元军打击和内部纷争中，至元十九年（1282），长达七年的昔里吉之乱结束，元朝巩固了对岭北的统治。至元二十四年（1287），成吉思汗幼弟斡赤斤的后裔乃颜，联合东道诸王，响应海都，发动叛乱。忽必烈御驾亲征，乃颜兵败被杀。至元二十九年（1292），乃颜余部最终平息，中央对辽东地区的统治得以巩固。与乃颜之乱同时，西北诸王海都和笃哇与元军的对立加剧。忽必烈决定御驾亲征，海都得知消息后远遁。到忽必烈去世时，海都的势力已被驱逐到按台山（今阿尔泰山）之外，岭北局势基本稳定。为确保岭北，元朝收缩防线、撤出斡端（今新疆和田），自此别失八里成为元朝西北统治的边城。

忽必烈在位期间不断试图征服周边各国。高丽在名义上臣服于元朝，高丽王室和元朝皇室结成"甥舅之好"，几代高丽王、世子均娶元朝公主为妻。元朝一度派达鲁花赤驻于高丽王京，负责监视，不直接管理高丽政事。元朝还曾设征东行省，目的是利用高丽的人力物力攻打日本。后来，征东行省在名义上继续存在。元朝任命高丽国王为行省丞相，高丽国王拥有自辟官署的权力，延续了原有的政治机构和制度。虽然高丽保持了独立地位，但元朝统治者仍不时干预高丽政务，加重了高丽人民的负担。

对于日本，忽必烈多次遣使诏谕无果，遂于至元十一年（1274）发动了第一次征日战争。元军虽然获得小胜，但在日本守军的抗击下未能深入，最终因台风影响，无功而返。这场战争在日本历史上被称为"文永之役"。至元十八年（1281），元朝再次东征日本，忻都率领东路军从合浦出发，袭击对马、一岐等处，范文虎率领江南军从庆元出发，与东路军汇合后，屯驻鹰岛，准备进攻太宰府。不料台风大作，战舰倾覆、军士溺毙，只有少部分逃回国。第二次征日战争也以失败而告终，在日本史上此次战争被称为"弘安之役"。

忽必烈在位后期，还两次发动对安南（今越南北部）的战争。安南早已向忽必烈称臣，但是忽必烈屡次向安南要求君主入朝、子弟入质、编民数、出军役、输纳赋税、置监临官，遭到安南拒绝。忽必烈命其子镇南王脱欢为统帅，攻入安南。安南采取坚壁清野、诱敌深入然后反击的战术，大败元军。至元二十九年（1292），忽必烈又派出2万人的远征军征爪哇（今印度尼西亚爪哇岛），虽有所掳获，但丧失士卒3000余人，得不偿失。直到至元三十一年（1294）忽必烈去世，元朝的对外征伐才基本中止。

三 大一统的建立与巩固

忽必烈在位时期，结束了中国自唐宋以来的多政权并立局面，实现了再次统一。中统二年（1261），南宋将领刘整降蒙。忽必烈抛弃原有的斡腹战略，转而接受刘整提出的中间突破、先取襄樊的方案。至元五年（1268），阿术、刘整统军进攻宋朝的襄阳。直至至元十年（1273），固守襄阳的吕文焕投降，长达六年的襄樊战役宣告结束。次年，忽必烈任命伯颜为统帅，率大军南下，揭开了灭亡南宋的战幕。元军势如破竹，不久会师临安府。南宋太后谢氏和恭帝率众人投降，伯颜率军进入临安，押送南宋君臣北上大都。南宋大臣文天

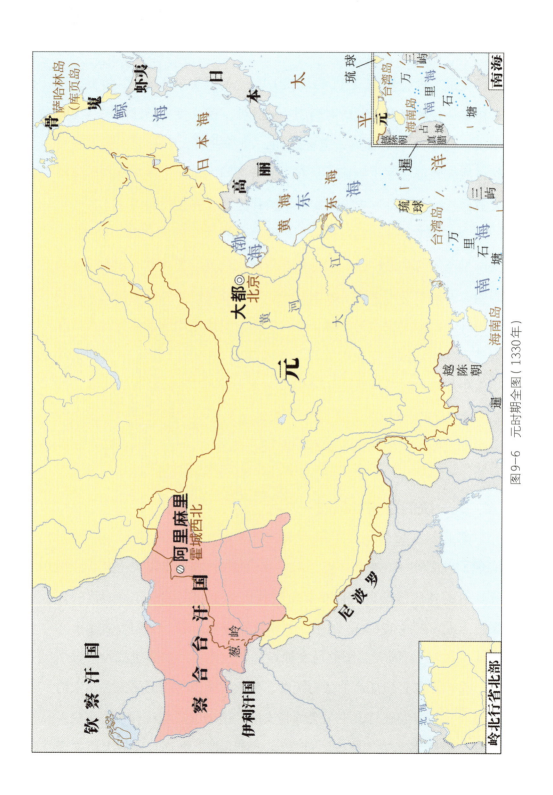

图9-6　元时期全图（1330年）

鬼
晞夷
库页哈林岛
（库页岛）
鲸
海
日本海
日
本
大
高
丽
日
本
海
东海
黄海
海
渤海
大都◎北京
黄河
江
河
大
元
越
陈朝
暹
尼波罗
钦察汗国
阿里麻里
霍城西北
察合台汗国
葱岭
伊利汗国

南海
琉球
台湾岛
万
里
石
元
朝
海南岛
占城
真腊城
遢
洋
三
屿
琉球
台湾岛
万
里
石
塘
南海
海南岛

岭北行省北部

祥、陆秀夫先后拥立恭帝的两个幼弟益王和广王，活动于福建、广东一带，计划复宋。至元十六年（1279），元军追击至崖山，陆秀夫身负广王赴海自尽。文天祥被元军俘获，作诗明志："人生自古谁无死，留取丹心照汗青。"最终因拒绝降元而被杀。元朝占领南宋全境，在中国历史上再次缔造了统一多民族国家。

与大蒙古国时期的灭金战争相比，元朝灭亡南宋的战争掠夺色彩大大减少，其性质属于统一政权的战争。北方农业受蒙金战争的破坏最为严重，四川、湖北等地经历宋元的拉锯战，经济恢复很慢。相比之下，南方广大地区在宋元战争中没有遭受大的破坏，特别是长江三角洲，保持了农业发展的领先地位。元朝对南宋官僚士大夫招降、笼络，大批南宋旧臣，如状元留梦炎、宗室赵孟頫、谏臣叶李，纷纷北上任职。

元以前的中国历史，尽管出现了汉、唐这样的统一王朝，但是对边疆只能进行羁縻统治。到了元朝，才开始对边疆进行强有力的直接统治，奠定了元明清三代的大一统局面。今天的新疆、西藏、云南、东北广大地区和台湾及南海诸岛，都在元朝的统治范围之内。

行省制度是元朝大一统的一项重要制度创造。行省是行中书省的简称。最初，行省是中书省的临时性派出机构，后来逐渐演变成地方最高行政机构。邻近大都的河北、山西、山东等地区，不设行省，由中书省直辖，称为"腹里"。除腹里地区之外，全国设置10个行省，即岭北、辽阳、河南、陕西、甘肃、四川、云南、江西、江浙、湖广。行政长官包括平章、右丞、左丞、参知政事等，某些行省或设丞相一员。行省辖区广阔，权力集中，地方军、政、财权无所不统，与宋朝分割地方权力的制度迥异。中央只有加重行省权力，才能够及时有效地镇压反抗，同时对分封在边疆的诸王起到节制作用。行省的创立是中国古代地方行政制度的重大变革。行省制度巩固了多民族国家的统一，促进了边疆地区政治、经济和文化的发展。行省制度是中国省制的开端，对中国社会产生了深远的影响。

图9-7　元宣政院八思巴字印章

元朝因地制宜，对边疆地区进行了长期、有效、稳定的管理。《元史·地理志》总结："盖岭北、辽阳与甘肃、四川、云南、湖广之边，唐所谓羁縻之州，往往在是，今皆赋役之，比于内地。"元朝的边疆管理呈现出与内地一体化的倾向。漠北在元朝不再是国家的政治中心，但仍在政治上占有重要地位。元朝在漠北改设宣慰司都元帅府，后升为岭北行省，在基层则延续大蒙古国时期的千户百户制。忽必烈还分封子孙统兵出镇漠北，巩固对这一地区的统治。在东北，元朝设置辽阳行省，东到大海，包括库页岛，东南与高丽接壤。辽阳行省的不少地区，属于成吉思汗的幼弟斡赤斤以及木华黎等宗王、功臣的封地。在东南，元朝在澎湖岛设置澎湖巡检司，隶属福建晋江，负责管理澎湖和琉球，这是历史上中央政府首次在台湾地区正式建立的行政机构。元朝在云南地区设置行省，行政官员由朝廷委派，基层则任用世袭的土官进行管理。行省制下，云南与全国其他地区的交通条件得到改善，经济取得较大发展。元朝还长期在云南封王建藩，藩王对云南地方事务有着较大的干预权,体现出元朝对云南管理的重视。吐蕃自阔端与萨班进行"凉州会谈"之后,诸部相继归附,这一过程在忽必烈时期完成。元朝在吐蕃设立宣政院,宣政院除掌管全国佛教事务外,还管理吐蕃政教。宣政院为从一品机构,铨选官吏和处理事务直接报奏元朝皇帝。宣政院下设朵思麻、朵甘思、乌思藏三处宣慰司,掌管军政事务。元朝吐蕃地区高级官员由宣政院或帝师向皇帝举荐,低级官员由当地僧俗首领世袭。为加强统治,元朝在吐蕃清查户口、屯驻军队、征收赋税、设置驿传。元朝政府重视驿道的畅通,遇有灾害、战乱,即予拨款、赈济。在西北,元朝与海都诸王长期处于拉锯状态,元朝设置曲先塔林都元帅府和北庭都元帅府等机构,分治天山南北。

元朝疆域辽阔,为传达军政要务,元朝大规模设立驿站。驿站的"站"是蒙古语jam的音译,即汉语"驿传"之意。"站"在元朝与"驿"合用,逐渐取代"驿",并沿用至今。掌管驿站事务的中央机构是通政院。全国共设有驿站约1500处,以大都为中心,驿道北达吉利吉思,东北至奴儿干,东到高丽,南至安南、缅国,西南至乌斯藏,西连伊利汗国和钦察汗国。驿站的使用,需要有官府证明或宗王令旨。官府

图9-8 元代牌符

证明包括铺马圣旨、金字圆符和银字圆符三种。驿站中有脱脱禾孙,负责辨验驿站使用者的身份、证明。在驿站中提供服务的是站户,

站户一般从中户签发，一旦入籍站户就世代相承、不得改易。站户除提供交通工具外，还要负责来往使臣的饮食供应。除驿站外，元朝还建立了急递铺系统以传递公文。

大一统对元代的文化面貌也有影响。郭守敬主持制定《授时历》，这是中国古代一部卓越的历法。大一统局面为郭守敬提供了前所未有的天文观测、数据采集条件，使他能够在元朝控制范围内设立27个观测点，最北的北海测景点在北极圈附近，最南的南海测景点当在占城（今越南南方），观测所得天文数据成为制定《授时历》的基础。大一统的局面开拓了当时中国人的眼界，中华文明对外部世界的了解得以增加。15世纪初朝鲜所绘世界地图《混一疆理历代国都之图》，源自元朝后期的两种世界地图，反映了元朝人的地理观念。图中画出了非洲、大西洋等，体现了元朝人对世界的新认识。明朝初年郑和下西洋依靠的造船技术、航海技术、海外地理知识等，主要是在元朝基础上发展起来的。

元朝大一统局面下，各民族之间交往、交流、交融进一步加深，蒙古族、回族等形成，元朝民族杂居现象引人瞩目。原居中原的契丹人、女真人，在元朝逐渐与汉族融合；新入居的蒙古人、色目人与汉族交往逐渐加深，在元亡之后融入汉族。不同民族文化交相辉映成为元朝显著的时代特色。

四　守成与惟新

元代皇位斗争激烈，从元世祖忽必烈去世到元顺帝妥欢帖睦尔即位，30年间先后更换了10个皇帝，在位时间最长不过十几年，最短只有1个多月。

忽必烈去世后，真金之子甘麻剌和铁穆耳兄弟二人争位，在伯颜和玉昔帖木儿支持下，铁穆耳继位，是为元成宗。成宗沿用忽必烈后期中书省的原班人马，承袭忽必烈时的制度，采用守成政策。成宗甫一即位就对外罢征安南和日本，退缩西北部防线以防范西北诸王。当时社会安定，经济发展，是元朝历史上难得的发展时期。不过"惟和"政治并不意味着内政外交中的问题都得到解决。内政上，成宗任用名臣赛典赤之孙伯颜、学西域理财之法的汉人梁德珪（又名暗都剌）理财，史称"赛梁秉政"，导致御史台言官与这些理财大臣发生激烈冲突。外交上，元朝出兵征缅和八百媳妇，[①]引发荆湖各族起事，历时数年西南地区才逐渐安定。在西北，元军与海都、笃哇之间爆发铁坚古大战，双方都受到重创，海都去世。笃哇连同海都的继任者察八儿与元朝议和，自忽必烈与阿里不哥争位以来的西北边境战事终于平息。

成宗后期政局经历了一系列变动。大德七年（1303）朱清、张瑄之狱的发生，使元成宗不得不重视整顿吏治，一日之内罢黜8名中书大臣。他还派出七道奉使宣抚，纠察地方官吏，罢黜贪赃官吏1.8万余人，审理冤狱5000余件。哈剌哈孙受命主持政务，他精选地方州县守令，定官吏赃罪十二章，但总体效果有限。

成宗去世后，由于没有事先指定接班人，统治集团内部又陷入皇位之争。真金之子答剌麻八剌的两个儿子海山和爱育黎拔力八达联合起来，与忽必烈之孙安西王阿难答争夺皇位。在丞相哈剌哈孙等人支持下，海山兄弟最终胜出。海山即位，是为武宗，改元至

---

① 八百媳妇：在今缅甸掸邦东部。

大，爱育黎拔力八达被立为皇太子。武宗即位后，颁行了一系列新政，是为"至大惟新"。武宗重用蒙古、色目将领，对蒙古贵族滥封泛赏，用朝会赐赍代替年度赏赐。他在经济上恢复尚书省以综理财赋，增加财政收入。至大二年（1309），废除中统钞，颁行至大银钞，以一两银钞准至元钞五贯。次年发行至大通宝，与至大银钞共行。同时为解决财政问题，他还下令增加海漕运粮，提高盐引价格，追征逋欠钱粮。这些措施不过是世祖理财政策的延续，但较之世祖更为温和。不久之后，武宗于至大四年（1311）去世，爱育黎拔力八达即位，是为仁宗。

仁宗长年生活在中原，受教于著名儒士李孟，汉文化素养较高。他全盘否定了武宗的政策，废除尚书省，诛杀尚书省主要官员，废除至大银钞和至大铜钱，恢复行用中统钞。通过罢诸王断事官、以流官代替封臣充任诸王份地长官等方式，抑制分封，削弱诸王权力以加强皇权。仁宗时，还以制诏、条格、断例、别类四类编订法律。虽然在仁宗生前未及颁行，但是为英宗朝颁布《大元通制》奠定了基础。"延祐经理"是仁宗在经济领域的重要改革措施，目的是通过核查田亩，甄别隐占。但是在江浙、江西、河南推行过程中，由于吏治腐败，演变为括田的暴政，最终不了了之。

仁宗推行汉法的重要举措是恢复科举。自元朝灭金以来，科举在中原停废已近百年。窝阔台时期耶律楚材主持"戊戌选试"，但是此次考试与汰选僧道一起进行，不是严格意义上的科举考试。世祖、成宗、武宗时期，一再讨论行科举，但都未实行。科举长期停废，有多方面原因。首先，元代高级官员由蒙古、色目贵族和极少数汉族官僚垄断，多从皇帝身边的宿卫中产生。中下级官员则多出身于吏员。吏员虽然位卑事繁，但是仕途稳妥，由六部令史、省掾出职可得七品官，所以吏学在元代成为一门显学。由吏入仕逐渐制度化，这使得取士的需要不那么迫切。其次是对外征伐需要大量军费，忽必烈信用理财之臣，对于儒臣有一定隔阂，行科举的动力不足。科举制度本身在唐宋以来长期运行过程中，弊端逐渐显露，社会对重视词章的科场风气多有批评，也加深了蒙古统治者对科举的不信任。直到主张以儒治国的仁宗即位，科举制度才得以恢复。

皇庆二年（1313），元朝宣布重新开科。每三年一试，分乡试、会试、殿试三道，按左右两榜录取蒙古、色目和汉人、南人士子。总的来讲，元朝科举取士的总体规模很小，无法与唐宋相比，对于元朝的用人格局几无影响。考试科目则分为明经、古赋诏诰章表、时务论策三门，以程朱理学经典阐释作为评卷标准。理学产生于宋代，在金元之际北传。元初理学家许衡长期主持国子学教育，编写浅近的理学教材，大大扩展了理学影响。科举以理学为标准，使理学具有官学地位。这一情况在明清两代一直延续，是元代科举对后世的深远影响。元代理学虽然获得统治地位，但创新性不强。其特点是出现了朱、陆调和的倾向，如元代学术大家吴澄，主张吸取陆学的合理因素，补充朱学。

仁宗朝后期围绕立储问题发生风波，仁宗原本与兄长海山约定兄终弟及、叔侄相继，但仁宗违背约定，命武宗长子和世㻋为周王、远赴云南，立己子为太子。周王行至关中，发动兵变，失败后西逃，投靠察合台后王。仁宗的改储行径为其后的皇位之争埋下隐患。

　　延祐七年（1320），仁宗去世，其子硕德八剌即位，是为英宗。英宗即位之初，太皇太后答己和权臣铁木迭儿专权，排斥仁宗生前的亲信大臣，树立自己的党羽。英宗则以木华黎的后人、年轻的宰相拜住和自己的妻舅铁失为心腹。答己和铁木迭儿死后，英宗得以施展才能，推行至治新政。他大量起用汉族官僚，同时清算答己党羽，整顿吏治。

　　英宗时期颁布法典性质的《大元通制》。蒙古统治者攻占金朝之后长期沿用金《泰和律》。忽必烈建立元朝，废止《泰和律》。此后，制定新法的活动虽在断断续续地进行，但一直未颁行完备的法典。在这种情况下，法律体系主要由条格、断例等单行法构成。这样的立法形式，其弱点在于格例愈加繁杂，甚至出现罪同罚异的情况。对此，元朝政府一方面对同一类问题进行概括，如大德七年（1303）的"赃罪十二章"、大德六年（1302）的"强窃盗贼通例"。另一方面从整体上对法律文书进行统一。元世祖后期，何荣祖奉命编纂《至元新格》，全书今已不存，从保留下来的引文来看，《至元新格》内容相当单薄，不是真正意义上的法典。元成宗时编修《大德律令》，最终并未颁行。英宗颁行的《大元通制》包括制诏、条格和断例三部分构成。全书今已不存，流传至今的只是其条格部分残卷，约占原书一半强。从编纂体例来讲，《大元通制》是从唐、宋、金诸朝的法典体系演变而来的。其制诏相当于宋金二代的敕；断例相当于唐宋的律；条格相当于唐宋的令。从内容上看，《大元通制》既承袭唐以来中国传统法典的基本精神，《唐律》中的五刑、十恶和八议在《大元通制》中得以继承。同时，在沿袭《唐律》条文的基础上，《大元通制》又对一部分条文重加修订，还有一些条文是《大元通制》新创。除《大元通制》

之外，在实际司法实践中，立法行政、断罪量刑，基本上以临事制宜的相关文书为依据。例如《元典章》，可能是元代中期地方官吏和民间书贾合作编纂的法令文书汇编。

尽管英宗新政获得了一些成效，但他强烈的个性使其对铁木迭儿的憎恨变本加厉，遂将之迁怒到相关朝臣身上，从而激化了与铁木迭儿党羽的矛盾，导致政局动荡。最终于至治三年（1323）在两都之间的南坡，英宗被铁失杀害，史称"南坡之变"。铁失与晋王也孙铁木儿的亲信倒剌沙结交，南坡之变后，铁失等人拥立也孙铁木儿为帝，是为泰定帝。

泰定帝即位后，一度给铁失等人封官，但不久后诛杀了铁失一党，来洗刷自己的嫌疑。泰定帝在位期间，延续了仁宗、英宗两朝的施政措施。在财政上沿用世祖时理财的政策，减少纸币发行量，施行入粟拜官制，提高南粮北运的数额，在天灾频仍的状况下基本维持社会经济的稳定。泰定三年（1326），海运粮实际到大都约335万石，是元代海运粮抵达京师的最高额。元代经济进入短暂的治平期。他极为推崇名儒进讲帝王之道，在泰定元年（1324）演化成为经筵制度。

泰定帝去世后，统治集团内部爆发了争夺皇位的两都之战。泰定帝的亲信倒剌沙专权，在上都拥立泰定帝之子。手握军事大权的钦察武将燕铁木儿留守大都，拥立武宗之子。两都之间爆发大战，最终武宗之子图帖睦尔在燕铁木儿、伯颜等人支持下获胜，帝位归于海山一系。图帖睦尔率先在大都即位，是为文宗，之后遣使北迎其兄和世㻋。和世㻋在和林即位，是为明宗。两兄弟在两都之间的王忽察都相会，明宗随即"暴崩"。明宗之死，出于燕铁木儿和文宗的策划。作为对燕铁木儿的回报，文宗任命燕铁木儿为右丞相。文宗是元代所有皇帝中汉文化修养最高的，面临复杂的政治环境，他只得通过粉饰文治来笼络民心。他设立了奎章阁学士院，修撰政书《经世大典》。但他在位不到三年就去世，继任者宁宗懿璘质班在位仅53天，也因病去世。这一时期的朝政一直把握在权臣燕铁木儿手中，直到元朝最后一位皇帝妥欢帖睦尔即位。

第三节　元朝社会面貌

作为草原游牧民族建立的大一统王朝，元朝在方方面面呈现出自身的特点。在制度建设上，元朝在行汉法、承金制基础上，呈现出蒙汉二元的特色。元朝经济在战争破坏的基础上得到一定程度的恢复发展，河运、海运和对外贸易颇具特色。元朝建立与巩固了大一统，促进了各民族之间的交往交流交融，对中华民族的发展做出了重要历史贡献。

一　政治军事制度

元朝诸多制度，是在直接继承金朝制度基础上，加以损益而来。忽必烈建立中书省、枢密院和御史台三大全国性统治机构，这三大机构分别负责行政、军事和监察。用忽必烈的话讲："中书朕左手，枢密朕右手，御史台是朕医两手的。"

唐宋三省，到金代只剩下尚书省，尚书省下辖六部。元代中书省，相当于金代尚书省，掌管全国政事。中书省以皇太子为中书令，实际上以右丞相、左丞相为首，平章政事、右丞、左丞和参知政事是副相。最初中书省下设左三部（吏户礼合为一部）和右三部（兵刑工合为一部），经过一系列变化，确立了吏户礼兵刑工六部制。忽必烈两次设立尚书省以综理财用，其间中书省建制仍然存在，但是权力掌握在尚书省官员的手中。

枢密院是最高军事机关。元初地方世侯手握军政大权，李璮之乱给忽必烈很大触动，于是元朝将军权收归枢密院。枢密院设立之初，由皇太子兼任院使，以副使为负责实际事务的长官，后在副使之上置知院、同知等官。枢密院的职能主要有以下几个方面：筹划军事部署，建立起全国的镇戍体系；管理军队，定期到各地查阅军籍；铨选武官，负责军官的选任、袭职、俸禄等；保障后勤，包括屯田、军器等。元朝对军权控制甚为严密，军事机密汉人往往不能参与，重要军职一般由蒙古人充任。遇到征伐，则在军前设行枢密院以便宜处事。

御史台是监察机关，长官为御史大夫，其下有中丞、侍御史和治书侍御史。御史台的内部机构包括殿中司和察院。殿中司掌朝仪、殿中纪律、官员到任告假等事，察院置监察御史，负责监督百官。在地方设行御史台，忽必烈和成宗时期设立江南行台（简称南台）和陕西行台（简称西台）。御史台下设监察地方的提刑按察司，后改名肃政廉访司，构成全国范围的垂直监察系统。廉访司的职责是纠察百官、照刷文卷、复审案件。廉访司设廉访使、副使等职，每年分行本道各地。

中书省和行省之下，设路、府、州、县各级统治。路设总管府，以达鲁花赤、总管为长官，同知、治中、判官、推官为正官，经历、知事、照磨为首领官。府有的隶属于路，有的直接隶属于行省；有的下辖州县，有的不领州县。州有的隶属于府，有的直辖于路或行省；有的统县，有的不统县。县除隶属于州之外，也有的直隶于路或府。路的治所设录事司对城市进行管理。各级行政官员由中央任命，只有投下州县的达鲁花赤由领主自行任命。远离行省中心的地区，则设宣慰司掌军民之务。

社会基层通过社制和里坊制进行管理。以劝课农桑和维护社会治安为目的，社在元代城乡广泛设立。50家为1社，推选年高德劭者为社长。每社设立义仓，赈济饥荒。与社制并行的，是里坊制。在农村，以乡统都，乡设里正，都设土首，有的地方只有里正，没有主首。在城市，设立与乡、都类似的隅、坊，隅、坊设隅正和坊正。里正、坊正和主首的职责，主要是征收赋税、督促徭役，维持地方道德教化。在施行过程中，社制和里坊制逐渐融合，社长常变成里正的助手。

军事制度方面，蒙古的对外扩张离不开严密的军事组织和高效的军事指挥系统。忽必烈即位以后，对军事组织进行调整，同时保留游牧军事组织的基本特征，形成繁复的兵制。

忽必烈所立兵制，包括宿卫军和镇戍军两大系统。宿卫军负责保卫皇帝和京畿，镇戍军负责镇守全国。宿卫军包括怯薛和侍卫亲军。侍卫亲军主要负责防卫京畿，并可以随时派出作战，隶属于枢密院管辖。有元一代总共设置过30余卫，构成元军的中坚力量。镇戍军按照族群和征伐地域，可以分为蒙古军、探马赤军、中原汉军和由南宋降军改编而来的新附军4种。其中，探马赤军指由各族群构成的远征头哨部队。蒙古军和探马赤军，主要屯驻地为腹里地区，其他地方也有少量屯驻。汉军和新附军主要屯驻在淮河以南的广大地区。南方戍守的重点区域是临江沿淮地区，这里是连接南北的纽带。对于边疆地区，忽必烈命自己的儿子出镇漠北、陕西、云南、吐蕃等地。宗王出镇逐渐形成制度，宗王拥有镇戍征伐、监督军政等大权。

关于军人征发，漠北各部按照千户万户的编制，在一定区域内屯聚，有事则起军出征。入主中原后，则开始采取军户制度。军户的签发，以居民财产和丁力为依据。一旦进入军籍，就世代承袭不能改易。全国居民被分为上、中、下三级九等，军户一般从中户中签发。针对部分军户无丁或无力服兵役的状况，实行正贴户制度。有户出军一名者，称为"独军户"。也有几户共出一名的情况，出人当兵的户是"正军户"，其他户虽不出人，但需出钱资助，称为"贴军户"。两种军户由政府指定，不能随意更改。如果军人逃亡，则要勾取他的兄弟子侄顶替。服兵役者都必须本人服役，不能雇佣他人代役。军户享有四顷土地的免税权，并且一般可以免除杂泛差役。军户的管理通过奥鲁系统实现。奥鲁，即老小营，主要职能有两项，一是签发军人应役，二是征集出军者的鞍马、器仗、盘缠。元朝初期，军户需要自己负担部分军粮，后来军粮由国家供给。蒙古、探马赤奥鲁还主管军户的民事诉讼，严重的刑事案件则由奥鲁和行政官员约会，共同审理。

二　蒙汉二元的特色

成吉思汗建立大蒙古国之后，确立了以治理游牧部众为主要职能的草原官制。蒙古通过燕京大断事官、必阇赤、达鲁花赤等官员对中原地区进行管理。达鲁花赤为蒙古语"镇守者"的音译，汉文称为"监临官"。地方实权掌握在汉人世侯手中，汉人世侯有向蒙古大汗输赋、纳质、出军等义务，同时控制地方上的行政、军事、财政、司法等大权。利用断事官制度和达鲁花赤制度，大蒙古国控制世侯，实现对占领地区的间接统治。忽必烈即位之后，统治中心从漠北转移到中原。忽必烈在保留草原制度的基础上，借鉴金朝制度并加以损益。大蒙古国时期的间接统治体制，改为直接统治体制。中央集权的官僚体制的建立，奠定了元朝的制度基础。忽必烈所建立的国家体制，呈现出明显的二元性特点，将蒙古传统杂糅进中原制度中，主要体现在以下方面。

宫廷护卫亲军被称为"怯薛"，分为四班轮流当值。怯薛以贵族子弟及其随从构成，作为皇帝身边的亲信，享有优厚的政治待遇。忽必烈时期，怯薛长多由蒙古四大功臣家族中人充任，当值的怯薛长参加御前会议，负责参订国是。由于大汗家政与国政不分，怯薛除负责大汗本人的护卫、生活起居之外，还承担政府的部分重要功能。怯薛成员本身没有品级，但是可以凭借近侍身份干预朝政、弹劾大臣。军政官员多从怯薛队伍中选拔。除怯薛外，元朝还有一些特殊的中央机构。翰林国史院负责纂修国史、典制诰、备顾问。从中分立蒙古翰林院，负责用蒙古语译写诏旨。还有蒙古国子学，以蒙古文字教授生员。元代还在不同时期设立管理皇室事务的官衙，宣徽院"掌供玉食"及其相关宫廷、怯薛事务，太禧宗禋院掌祭祀等。

蒙古因素也体现在法律方面。在婚制上，汉人、南人禁止有妻更娶妻，而蒙古人是多妻制，不在此限。蒙古人流行收继婚，子收父妾、兄收弟妻或弟收兄妻，汉人婚俗一度受此影响，但元朝法律最终禁止汉人的收继婚。宗教方面，对于各种宗教一视同仁，对宗教人士减免租税、差役。《大元通制》还专门列有"站赤"篇目，对驿站形成系统性的规范。人户中的驱良也在《大元通制》中得以规范，法律认可的驱口占有被限制在乙未、壬子括户范围之内。元代司法同样体现蒙古"国俗"与"汉法"并存的特点。大蒙古国设置的札鲁忽赤，在元代一直存在。元朝设立大宗正府，由札鲁忽赤负责蒙古、色目人的司法。汉人、南人则由刑部管理，刑部拟定刑事案件的判决，最后呈中书省断决，量刑轻重因族群不同而有差异。由于元代户计种类复杂，元代司法审判形成独具特色的约会制度。刑事案件涉及不同户计时，需要约会不同户计的主管官员一同审理。

在地方州县和军队，普遍设置蒙古达鲁花赤进行监治。达鲁花赤在地方军政机构中位于正官之上，掌握最后裁定权。达鲁花赤具有皇帝"特派员"的性质，原则上须由蒙古人担任。达鲁花赤制度是元朝统治者民族防范心理的体现，加剧了官员冗滥倾向。地方上分封规模很大，称为"投下"。投下，源自辽代，意为分地，又引申为拥有分地的诸王贵族。大蒙古国时期，诸王、驸马、勋臣等人，拥有大量封地和人户。他们在政治、经济诸方面享有特权，自立官僚机构，管理投下的人户。忽必烈即位以后，虽然采取了一些限制投下权力的措施，但是并未从根本上触动投下制度。投下在地方上构成以蒙古游牧习俗为主的半独立集团，投下领主非法征敛、隐占人户的情况时有发生。

元朝统治者攫取大量财富之后，依靠斡脱商人经营商业和高利贷。斡脱，原意为突厥语"同伴"，后指长途贩运而结成商帮的西域

商人。元斡脱商人所放高利贷，利滚利，被称为"羊羔息"。他们常持皇帝、诸王圣旨、令旨使用驿站，倚势横行，为非作歹。他们还向统治者售卖珍宝奇货，加重了财政负担。

三　社会经济的发展

赋役方面，大蒙古国建立以后，在蒙古本部征收"草地差发"，牲畜值百抽一；在华北征收"汉地差发"。差发，广义上是各种赋税的总称。元代北方的赋税，分为税粮和科差两大类。税粮包括丁税和地税，丁税每丁粟二石，地税每亩粟三升。丁、地税不重复缴纳，大部分北方民众都缴纳丁税，军、站户不纳丁税，地税减免，儒户、僧道也不纳丁税。科差包括丝料和包银。每二户出丝一斤输给政府，每五户出丝一斤输给封主，被称为"二五户丝"。世祖时规定五户丝由政府统一征收，不再直接缴纳给封主。包银是每户征银四两，世祖时规定全部以钞输纳。在实际征税时，常常在政府规定总额的基础上，根据民户贫富重新分摊。南方赋税则延续两宋的两税制，分为夏税和秋税，都是土地税，以秋税为主。秋税征收的主要是粮食，每亩纳粮数额并没有统一标准。夏税的征收标准各地也并不统一，大体上是以秋税为基数按比率折钞或实物。此外，还有投下领主的江南户钞。江南户钞相当于北方的五户丝，是诸王、贵戚、功臣的封地收入。除缴纳赋税之外，民户还需承役，有为政府进行土木造作的杂泛，还有担任里正、主首等职事的差役，按照田地资产进行摊派。忽必烈重视农业生产，设立大司农司，专门负责劝课农桑、兴修水利、赈济饥民。

与前代不同的是，元朝对百姓的人身控制明显强化，百姓由朝廷划定职业，来承担官府和贵族的各种义务，称为诸色户计。诸色户计的主要类别有：承担国家普通赋役的民户，出军当役的军户，维护驿站的站户，以读书为业的儒户，从事官府手工业造作的匠户，捕猎养鹰的打捕鹰房户，从事官府盐业生产的灶户，为统治者"告天祝寿"的僧、道户。这些户计世代承袭，不能随意改动。此外，蒙古在征战过程中，还掳掠大批农民做奴隶，北方称为"驱口"，南方称为"奴婢"。驱口或奴婢受主人奴役，其财产主人可以随意侵占，还可以当作物品赏赐或卖给别人，地位极其低下，生命毫无保障。元代户籍管理中人身依附色彩加强，是对唐宋时期身丁劳役消逝大势的逆转，影响了明代"配户当差"的赋役制度。元朝政府对于民户，还依照户类和户等进行划分。户类有元管户、交参户、协济户和漏籍户四类。不同的户类在赋税徭役上有所区别。按照资产，民户被划分为三级九等，划定之后登记，编为鼠尾簿，以此为依据征收赋税、摊派徭役。元灭南宋之后，还对原南宋统治地区的户口进行阅实，并按中原之例对不同户计分别立籍。这是元朝最后一次大规模的户口登记。此后，元朝一直缺乏定期检核户籍的制度，造成了户籍混乱。

　　元代的农业、手工业，在恢复发展的基础上取得一定成就。中国古代的棉花是由境外传入的，在棉花传播和发展的历史进程中，元代是关键的一环。元代的江浙、江西等地区普遍种植棉花，腹里、关中地区也有种植。元代还曾设立木棉提举司管辖人户专门从事棉花种植。棉花获得和丝、麻同等的地位，最终在明清取代丝、麻成为最主要的纺织原料。手工业方面，在纺织业中，伴随着棉花种植的进一步推广，棉织业兴起并迅速普及。松江妇女黄道婆在棉织工

图9-9 元青花瓷

具的改进方面起了重要作用。元代制瓷业中，景德镇窑有很大发展，青花瓷烧造技术日益成熟，畅销海外。盐业生产中，最重要的是海盐，晒盐法得到推行。军器制造方面，元代从西域传入抛石器械。火炮技术有新的突破，出现金属管火炮，即火铳，其原理与今天的枪炮一致。流传至今的世界上最早的铜火铳，即制造于元代。印刷业中，书院、学校和民间印刷业较为兴旺。儒学、书院刻书是元代印刷业的一大特色，质量很高。民间印刷业的中心，北方是在平阳（今山西临汾），南方是在杭州和建宁（今福建建瓯）。元代从西域传入蒸馏酒技术，马奶酒和葡萄酒颇为流行。

元代是中国古代纸币最盛行的时期。唐代曾发行过汇票性质的"飞券"，宋代则在局部地区使用"交子""会子"。元代在全国范围内使用纸币作为法定货币，通称为"钞"。忽必烈即位后，由政府统一发行纸钞，称为"中统元宝钞"，钞本以银为主，兼以用金。从中央到地方设有交钞提举司、平准库等货币管理机构，严禁伪造纸币，违者处死。开始发行时钞本比较充足，发行额有所控制。元朝灭宋之后，就以中统钞换易宋朝的交子、会子，废除宋朝的铜钱。上自政府的财政收支，下至民间贸易，都以钞为准。纸币的广泛使用，客观上有利于全国各地的经济交流。但是随着元朝财政开支日益增大，很快钞法开始败坏。几次变革也未能解决钞法问题，最终在元末酿成严重的社会危机。

元朝政府收入的一大项，是诸色课程，包括盐课、茶课、酒醋课、商税、市舶税等。元朝政府对许多商品实行垄断政策，由政府进行专卖，其中最重要的是盐。政府控制了盐的生产和销售，盐课收入占全国财政钞币收入一半以上。元朝政府在各地设盐运司或提举司进行管理，指定专门的灶户熬盐，所生产的盐必须全部上缴国家。盐的销售采取"行盐法"和"食盐法"。"行盐法"施行于产盐地以外的地区，盐商向政府纳课以换取盐引，然后凭引到盐场支取，运到规定地区贩卖。"食盐法"施行于产盐地，政府按户口令居民缴纳食盐税，配给食盐。

唐宋以来中国的经济中心已经逐渐南移，元朝的财政收入主要依靠江南。元朝通过运河漕运和海运的方式，将所需江南粮食和其他物资运至北方。元朝之前，河运路线曲折迂回，水陆并用，极其不便。元朝政府开凿济州河，连接江南运河与大清河（今黄河下游）。又修会通河，东起东平路（今山东东平），西北至临清，达于御河。都水监郭守敬提议修凿通惠河，西引大都西北诸泉水，东至通州入白河。南北大运河全线贯通，黄河、淮河、长江、钱塘江四大流域通过运河连接在一起。除漕运外，元代在东部海域全线通航，一改元以前的朝代主要依赖河运的局面，打开了中国历史上以海运为主、内河运输为辅的格局。海运航船至崇明三沙后，即避开万里长滩，直入黑水洋，远海航行，取道较直，航期大幅缩短。大都的繁荣，与海运、河运的畅通密不可分。

与重农抑商的传统思想不同，蒙古贵族重视商业活动，元朝的统一打破了南北界线，形成了全国的交通运输网络，纸钞作为统一货币在全国范围内流通，这些因素促进了商业发展，推动了城市繁荣。大都号称"人烟百万"，是全国的政治、经济、文化中心。来自世界不同地区的使团和商人聚集于此，使大都成为一个国际性的大都市。南方城市则以南宋旧都杭州为最，意大利旅行家马可·波罗称杭州为"世界最富丽名贵之城"。随着交通运输的发展，元代还出现了一些新兴的工商业城镇。如太仓随着海运发展而繁荣，济宁、临清因位于运河沿岸遂成为繁华市镇。上海、澉浦、庆元、泉州等沿海城市则发展对外贸易。其中，泉州是元代最大的港口，马可·波罗和伊本·拔图塔都称赞了泉州的盛景。

元朝对外贸易有很大发展，对外海路贸易由政府直接控制，专门的管理机构称为市舶提举司。元朝曾设泉州、上海、澉浦、温州、广州、杭州、庆元七处市舶司，经过省并，保留泉州、庆元、广州三处。元朝专门制定市舶法则，规定粗货十五分取一，细货十分取一。除民间海外贸易之外，还有官本商办的"官本

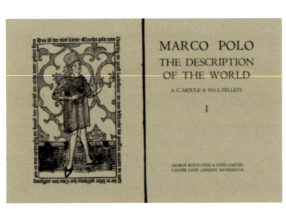

图9-10　《马可·波罗寰宇记》书影

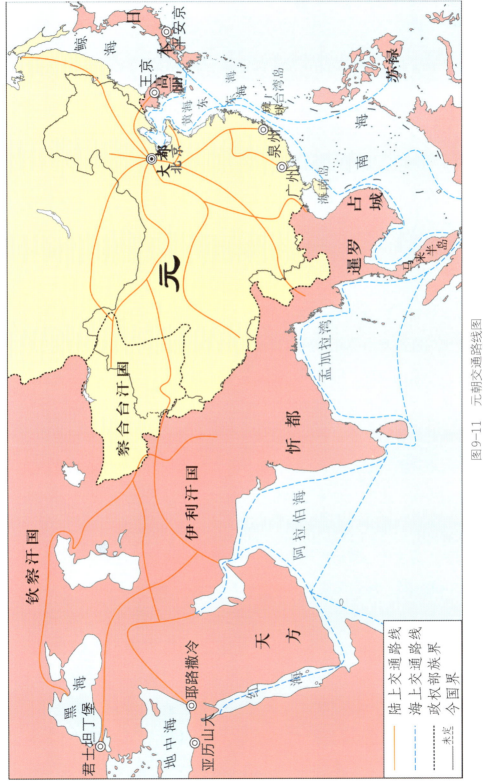

图9-11 元朝交通路线图

陆上交通路线
海上交通路线
政权部族界
今国界
未定

船"进行海外贸易。与中国有贸易关系的国家很多，远至非洲东海岸。出口商品中，丝绸、青花瓷等负有盛名；进口商品以珍宝、香料、药材为主。元朝对外陆路贸易很发达，通过钦察汗国与欧洲各国建立联系，通过伊利汗国与阿拉伯国家建立联系。著名旅行家马可·波罗在忽必烈统治时期来华，其行纪描绘出中国的富庶先进，激起欧洲人对东方世界的极大向往。

元朝大一统局面下，各民族之间交往、交流、交融进一步加深。元朝建立之后，对于"祖宗龙兴之地"的漠北，统治者十分重视，设宣慰司、行省等机构进行管理，在军事上屯驻大量军队，财政上拨赐巨额经费。到元中后期，漠北诸部已普遍将"蒙古"作为其总称，原有的克烈、塔塔儿、篾儿乞等部名使用渐少，再加上一些其他地区迁入的非蒙古人，共同形成更大范围的蒙古族群认同。除蒙古族之外，另一个重要民族回族也在元朝开始形成。随着蒙古对中亚、西亚的征战扩张，大批信奉伊斯兰教的突厥、波斯、阿拉伯人移居中国。这些人被时人统称为"回回人"，属于色目人的一种。虽然其种族、语言、籍贯不同，但是形成了新的文化共同体。以元朝回回人为主体，其他民族中的伊斯兰教信徒也融合进来，最终形成中国的回族。元朝民族杂居现象引人瞩目。原居中原的契丹、女真、渤海人，在元朝逐渐与汉族融合。漠北的蒙古人和西北的色目各族，因从政、驻防、经商等原因，大量迁入中原、江南。汉人因做官、经商、被俘、罪徙等原因迁往边地，促进了边疆开发。元朝在岭北地区进行屯田，扩大农耕范围。来自中原和西域的能工巧匠迁入岭北地区，使这里的手工业空前繁荣。迁居的蒙古人、色目人与汉族交往逐渐加深，在元亡之后融入汉族，边疆的汉人则与当地民族相融合。不同民族文化交相辉映成为元朝显著的时代特色。

第四节　元朝灭亡

元朝的统治潜藏着危机，国家治理较为粗疏，始终未能弥合与被统治地区的文化差异。到了元末，社会矛盾集中爆发。元顺帝时期，政治腐败，统治集团内部矛盾加剧，农民起义此起彼伏。元朝内外交困，最终亡于朱元璋之手。

一　统治危机

在经济和社会文化方面取得一定成就的同时，元朝统治却危机四伏。

从族群关系上看，元朝的统治带有族群歧视色彩。蒙古人作为"国族"，是统治者依赖的基本力量。"国族"之外，有色目人，意为"各色名目"之人，指蒙古以外的西北、西域各族人，包括汪古、唐兀、吐蕃、畏兀儿、回回、钦察、哈剌鲁等，是蒙古统治者的主要助手。中原人以及四川人、云南人，包括契丹人、女真人，被称为汉人。亡宋故地的居民被称为南人。蒙古人、色目人、汉人、南人，按照纳入统治管理先后、距离权力核心远近，形成由内而外的族群圈层。从政治上看，蒙古人、色目人由怯薛出任官僚，垄断了高级职位，权力核心少有汉人、南人。原则上，中央和地方的长官都要由蒙古人充任，汉人、南人只能担任副职。军事方面，汉人不得掌握军机要务。蒙古军镇戍中原防范汉人，汉军镇戍江南防范南人，禁止汉人、南人持有兵器。科举方面，尽管人数悬殊，但蒙古人、色目人与汉人、南人在录取名额上相同。从法律地位上看，蒙古人因争执殴打汉人，汉人只能告官，不得还手；蒙古人殴死汉人，无须偿命，缴纳烧埋银并被罚出征即可。量刑方面也对蒙古人有所优待，如盗窃得财，汉人、南人杖断刺字，蒙古人免于刺字。通过以上政策，蒙古贵族的统治地位得以保证。

元朝包括皇帝在内的蒙古贵族接受汉族文明比较缓慢，对中原的典章制度、思想文化长期以来态度冷淡。在宗教方面，尽管元朝采取开放的态度，佛教、道教、基督教和伊斯兰教并存，但是藏传佛教在朝廷地位最高。从元世祖封八思巴为国师、帝师之后，元朝皇帝世封萨迦派高僧为帝师，帝师是全国最高宗教领袖。在地方广设帝师殿祭祀帝师八思巴，其规模超出孔庙。相对而言，儒学在蒙古统治者心目中的地位要逊色得多。元朝统治者的族群政策和对儒学的态度反映在用人方面，体现为维护蒙古、色目贵族对高级职位的垄断，排斥汉人、南人进入统治核心，进入上层统治集团的小部分汉族官僚中，以吏进身者占大部分，儒士寥寥无几。儒士大都只能在文化、教育机构中点缀文治，难以施展抱负。元朝重吏轻儒的方针，与前后朝代有明显的差异，与蒙古贵族统治思路直接相关，语言文字的使用情况也有相似之处。元朝大多数皇帝虽掌握一些汉语，但不能完全脱离翻译。不仅皇帝罕习汉文，蒙古大臣中习汉文者也很少。

元朝统治者始终没有很好地弥合与被统治地区的文化差异，其原因有多个方面。蒙古统治中原之前，与汉文化接触很少，这使得他们认识、接受中原的思想文化较为困难。蒙古征战区域广大，除汉文化之外，藏传佛教文化、伊斯兰文化乃至基督教文化都对蒙古产生影响。尽管大蒙古国在建立不久就陷于分裂，但是相当长的时间里，元朝皇帝在名义上是蒙古的大汗，这使得元朝统治者持续受到草原本位政策的影响。与其他大一统王朝相比，元朝在没有外患的情况下，享国仅百年，寿命较短，该政策在一定程度上导致元朝的早衰。

二　元末政局

元朝最后一位皇帝，名妥欢帖睦尔，是明宗的长子，在位30余年，明朝灭元之后对其加号"顺帝"。顺帝在位期间，元朝政治衰败，统治危机爆发。

元宁宗死后，文宗皇后主张立妥欢帖睦尔为帝。受阻于权臣燕铁木儿，妥欢帖睦尔迟迟未能即位。燕铁木儿随即病死，妥欢帖睦尔即位的障碍被清除。元统元年（1333），妥欢贴睦尔即位，是为元顺帝。顺帝任用伯颜担任中书右丞相，主持朝政。伯颜对燕铁木儿的女儿顺帝皇后伯牙吾氏，以及燕铁木儿的子侄，进行了清洗，大权独揽，其官衔最多时达到246字。伯颜把持朝政的七年，也是社会矛盾和民族矛盾日益尖锐的七年。伯颜为巩固自己的权力，推行了一系列有违祖制的政策，其中包括排斥汉人和南人，禁止他们学习蒙古、色目文字，废除科举，特别是提出杀尽天下张、王、刘、李、赵五姓汉人。他对统治集团内部的异己力量进行打击，杀害立有战功的郯王彻彻秃等。此外，他还滥发纸币，将大量钱财据为己有。伯颜的所作所为激起民愤。湖广、四川、江西、江浙等行省农民起义和民族起义此起彼伏，规模较大的有广州的朱广卿起义、河南的棒胡起义、四川的韩法师起义、福建漳州的畲民起义、江西袁州的彭莹玉起义，但不久都被镇压。伯颜于后至元六年（1340）在其侄脱脱发动的政变中被贬，死于驿舍之中。

政变之后，脱脱出任中书右丞相。在元顺帝支持下，脱脱开始废除伯颜旧政，施行文治，是为"脱脱更化"。他恢复科举制度，大兴国子监，改奎章阁为宣文阁，后改为端本堂，恢复太庙四时祭祀等礼仪制度，用以笼络汉人南人士大夫。他还为剡王彻彻秃平反，召还被伯颜贬斥的诸王，缓和蒙古统治集团内部关系。开马禁，减盐额，免逋负，制定守令黜陟六事之法，以疏解社会矛盾。脱脱还主持修撰辽、金、宋三史。元朝建立后，辽、金、宋三史谁为"正统"问题一直争论不休。脱脱确定"各与正统，各系年号"的著史方针，使三史修撰顺利展开，符合中国是一个多民族国家的客观实际。其后脱脱罢相，顺帝实行一系列新政。顺帝裁减

图9-12　至正年造中统元宝交钞

宫女宦官，节省朝廷开支，专心朝政，社会面貌为之一新。自英宗颁布《大元通制》以来，20余年未修订新法，顺帝颁行《至正条格》，完善法制建设。荐举守令的法令得以制定，奉使宣抚巡行地方，问民疾苦，加强廉政建设。顺帝还注意访求隐逸之士，以选拔人才。在灾害连年，社会矛盾激化的情况下，这些新政举措并没有取得预期的效果，社会危机依然严重。

元顺帝不得不再次起用脱脱。当时黄河连年决口，河患频仍，河泛区饥民流徙求食，社会动荡加剧。运河有中断之势，河间等地盐场有淹没之虞，元朝政府的国库收入受到影响。官场贪污成风，赋役不均，激化了社会矛盾，农民起义此起彼伏。面对天灾人祸，脱脱采取开河变钞的措施。贾鲁提出"疏南河，塞北河，使复故道"的方案，得到脱脱支持。脱脱发动军民十余万人治理黄河，虽然取得成功，但进一步加剧了社会矛盾。变更钞法的原因在于，一方面国库空虚、用度不足，另一方面伪钞横行，钞法阻滞。脱脱决定印造至正交钞，发行至正通宝，以使钱钞通行，但造成恶性通货膨胀，远未达到摆脱财政危机的目的。开河、变钞成为元末大规模起义的导火索。

三　农民起义

元末起义的主力红巾军有着白莲教背景。白莲教起源于佛教净土宗，由于教义简明，信众颇多。但白莲教也常被农民起义者所利用，来鼓动信众，元朝一度禁止白莲教传播。韩山童出身于北方白莲教世家，他和刘福通一起，借贾鲁开河之机，散布"石人一只眼，挑动黄河天下反"的言论。开河民工挖出石人后，韩山童以"复宋"

为口号，于颍州发动农民起义。但不久韩山童被捕牺牲。刘福通占领颍州，标志着元末农民大起义爆发。起义军头裹红巾，故称红巾军，因部众多烧香拜佛，又称香军。颍州起义后，北方地区徐州芝麻李、濠州郭子兴纷纷响应，南方彭莹玉起兵淮西，徐寿辉起兵蕲州。徐寿辉部以蕲水为首都，建立天完政权，改元治平。元末农民起义军中，天完是最早建立的政权。其行政、军事机构仿照元制，发展迅猛。与此同时，江淮起义军也势如破竹。面对红巾军的起义浪潮，元朝廷加强了对汉人、南人的防范，又通过卖官鬻爵等方式筹集粮饷，组织义兵武装，不断派兵进行镇压。在元军的压迫下，红巾军暂时受挫。

至正十三年（1353），盐贩张士诚起兵，攻克高邮，建立大周政权。顺帝命脱脱挂帅，出兵号称百万，围困张士诚于高邮。在镇压张士诚的过程中，元朝内部出现纷争，顺帝在哈麻等人的唆使下，突然削去脱脱兵权，元军在混乱中不战而溃。从此，元朝再无力纠集如此数量的官军来镇压起义军，只能依靠地方武装来自保。

高邮战役之后，许多农民起义军重整旗鼓，积蓄力量。至正十五年（1355），刘福通拥立韩山童之子韩林儿，号小明王，建立宋政权，改元龙凤，建立完善的中央和地方机构。次年，刘福通分兵三路北伐。毛贵率领的东路军直逼大都，但由于孤军深入，最终被镇压。中路军从山西到达上都，焚毁上都的宫阙，后进入东北，进军高丽。西路军经潼关入关中、汉中。在元军的围剿下，三路北伐以失败而告终，宋政权由盛转衰。南方红巾军中，倪文俊重建天完政权，改元太平，后被陈友谅所杀。至正二十年（1360），陈友谅杀掉徐寿辉，建立大汉政权，改元大义。陈友谅联合已经降元的张士诚，对朱元璋进行东西夹击，最终在鄱阳湖大战中失败身亡。在徐寿辉被害后，天完旧将明玉珍在四川割据，建立大夏政权，仿照周制，设立官制。张士诚则在高邮之战后得到喘息的机会，并乘机扩大地盘。迫于朱元璋、方国珍的压力，他接受元朝招安，并借机发展自己的力量。后来他与元朝在海运粮的问题上发生冲突，双方关系断绝。方国珍原来是台州的盐贩，屡反屡降，据有浙东。方国珍一面受命和张士诚一道从海上运粮供应大都，一面在朱元璋的逼迫下假意投降，"心持两端"。

脱脱去世后，元顺帝无心朝政，任用哈麻和搠思监主政。哈麻因试图拥立皇太子而被杀。搠思监与宦官朴不花相勾结，把持朝政。他主政时期，元朝官场贪污贿赂公行，甚至印造伪钞。地方上，军阀之间相互攻伐，牵涉宫廷内部斗争。军阀相争始于答失八都鲁和察罕帖木儿。前者出身于蒙古功臣世家，后者则起于布衣，二人屡有攻战。察罕帖木儿被刺杀后，其子扩廓帖木儿（王保保）袭职。扩廓帖木儿与皇太子爱猷识理达腊、搠思监结成一伙，与答失八都鲁之子孛罗帖木儿相攻伐。孛罗帖木儿以勤王的名义占领大都，后被顺帝派人刺杀。扩廓帖木儿则因为不愿拥立皇太子自立，与皇太子产生矛盾。扩廓帖木儿与关中军阀李思齐等人，还有脱离扩廓阵营的旧将关保等相攻伐。此时，明兵北伐，元朝在长期内耗中走向灭亡。

在元末群雄纷争中，朱元璋一步步崛起。朱元璋最初依附郭子兴，以应天（今江苏南京）为基地发展自己的势力。朱元璋先后攻灭陈友谅、张士诚、方国珍等，挥师北伐。朱元璋发布北伐檄文，提出

"驱逐胡虏，恢复中华，立纲陈纪，救济斯民"的口号。徐达率领大军，先占山东，再取河南，然后进兵大都。顺帝命扩廓帖木儿勤王，但扩廓帖木儿屯兵观望。最后在明军的强大攻势下，至正二十八年（1368），元顺帝逃出大都，结束了元朝在全国的统治。

明军继续攻打扩廓帖木儿、李思齐、镇守云南的梁王等元朝余军。妥欢帖睦尔到应昌后病死，朱元璋对他"加号曰顺帝"。爱猷识理达腊退居和林，改元宣光，开启历史上的北元时期。

本章参考文献

白寿彝主编，陈得芝编：《中国通史·元时期》，上海人民出版社1999年版。

蔡美彪：《中华史纲》，社会科学文献出版社2012年版。

韩儒林主编：《元朝史》，人民出版社2008年版。

张帆：《中国古代简史》，北京大学出版社2001年版。

周良霄、顾菊英：《元代史》，上海人民出版社1993年版。

张帆：《论蒙元王朝的"家天下"政治特征》，《北大史学》第八辑，北京大学出版社2001年版。

本章图片来源

图9-1　台北"故宫博物院"藏南薰殿历代帝后图像。

图9-2　乌兰校勘：《〈元朝秘史〉校勘本》，中华书局2012年版，封面。

图9-3　台北"故宫博物院"藏南薰殿历代帝后图像。

图9-4　法国国家图书馆网站，https://gallica.bnf.fr/ark:/12148/btv1b8427170s，2023年11月10日。

图9-5　陈高华、史卫民：《元大都元上都研究》，中国社会科学出版社2020年版。

图9-6、9-11 中国地图出版社授权使用。

图9-7 西藏博物馆网站，http://flgj.cupl.edu.cn/info/1072/1826.htm，2023年11月10日。

图9-8 美国大都会博物馆网站，https://www.metmuseum.org/art/collection/search/39624，2023年11月10日。

图9-9 中国国家博物馆网站，https://www.chnmuseum.cn/zp/zpml/csp/202209/t20220902_257192.shtml，2023年11月10日。

图9-10 A. C. Moule and Paul Pelliot, *Marco Polo, the Description of the World*, London: B. J. Hall and Company Limited, 1938，封面。

图9-12 中国国家博物馆网站，https://www.chnmuseum.cn/zp/zpml/201812/t20181218_23592.shtml，2023年11月10日。

国家重大学术文化工程、"十四五"规划项目
《（新编）中国通史》纂修工程重要阶段性成果

《（新编）中国通史纲要》
《中华文明史简明读本》

（新编）

中国历史研究院 主编

中国通史纲要 下

中国社会科学出版社

目录
（下册）

第十章　明朝

第十一章　清朝·上

第十二章　清朝·下

第十四章　新中国成立与社会主义革命和建设的展开

第十五章　改革开放与社会主义现代化建设新时期

第十六章　中国特色社会主义新时代

附录　大事编年

明朝

章首语

　　明朝（1368—1644）是中国封建社会晚期统一多民族国家进一步巩固和发展的封建王朝，处于元朝和清朝两个以少数民族为主体建立的政权之间，在各项制度和国家治理方面发挥着承前启后的作用，甚至一些制度创新和文明创造，对当代社会仍产生深远影响，在世界文明史上也有着重要地位。

　　明朝276年的发展史，正处于世界从分散走向一体的历史时期。明朝建立初期，承袭前代，构建了以明朝为中心、以朝贡为纽带的东亚世界秩序，甚至通过郑和下西洋，将明朝与东南亚、印度洋沿岸乃至非洲东部地区联系起来，构建以和平交流为主的井然有序的东亚世界。随着世界大航海活动的开展和欧洲殖民势力东来，明朝不仅有效抵御住了西方殖民入侵，还很好地融入世界贸易和文化交流大潮中，在世界贸易中提供丝绸、茶叶、陶瓷等大量高附加值产品，在东西方文化交流中传播了中华文明。明朝中叶以后，西方传教士来华，揭开"西学东渐"的序幕，开启了延续至今的中国传统文化与西方文明碰

撞、适应、会通的漫长时期。

中国封建社会发展到明朝时，已经度过其发展的黄金时代，开始走向新的发展阶段。政治上，中央集权的君主专制政治继续发展。明朝继承元朝大一统的政治局面，国内各民族间政治、经济和文化交流更加频繁，明朝在东北和西北地区设立都司卫所，在西南地区继续实行改土归流，有效地维护和促进了国家统一和多民族和谐发展。明朝继承和发展了行省制，通过改组中央与地方的政治结构，有效地加强了中央集权；废除丞相制，改行内阁制，强化监督机制，完善科举制，使君主专制制度进一步强化。在经济上，明朝封建经济继续向前发展，国家对官田实行屯田制，自耕农经济发达，商品经济高度发展，市场基本形成层级体系，沿海、沿江、沿运河带出现发达的商业城市群，在经济发达的江南和东南沿海地区的许多手工业生产部门，甚至是农业生产领域，出现资本主义生产关系萌芽。随着明代中后期政治统治异化，社会财富增加，以王阳明心学为主体的思想解放，明代中后期出现广泛的社会转型，社会生活各方面出现异质于传统社会的前近代因素的发展。

明代后期，随着商品经济繁荣发展，统治者的贪欲也加速膨胀。社会资本大量向土地集中，官僚贵族地主兼并土地现象严重，大量自耕农破产。万历以后矿监、税使肆意盘剥，商品经济遭受严重破坏，加之明末天降奇灾的影响，加剧了明朝的财政危机，社会矛盾异常尖锐，民变四起，同时东北后金势力崛起，内外夹击，明朝最终灭亡。

第一节　明朝的开国与创制

在元末农民起义基础上建立起来的明朝，是一个深受元朝社会传统与习俗影响，且由汉民族主导的王朝。明朝开创者基于元朝，又取法汉唐宋而构建出新的政治构架、经济形态，采用崇儒重道的治国理政思想，经过五代君主近七十年时间，加强中央集权，重塑中央与地方的关系，发展社会经济，开创了明朝稳定而有序的社会。

一　明朝开国与皇权强化

元朝立国不久，南北各地遍布官田，蒙古贵族强占大量土地，土地分配严重不均。大量农民丧失土地，沦为蒙汉地主的佃农，赋税沉重，官府又以雀耗、鼠耗、稻藁钱等额外加征，致使"大家收谷，岁至数百万斛，而小民皆无盖藏"。各级官吏的横征暴敛与自然灾害的侵扰，导致社会经济残破不堪，农民破产，络绎逃亡。同时统治阶级内部政治斗争不断，朝廷上层蒙古贵族政争频繁，卖官鬻爵，地方豪强割据，贪污成风。元惠宗元统年间以后，黄河连续决口，河南江北行省的黄淮之间屡遭水患。为解决财政危机，元朝廷变更钞法，致使宝钞贬值，经济崩坏，"官法滥，刑法重，黎民怨"。苦难之中的各地民众纷纷信仰民间宗教以求寄托。白莲教吸收明教、弥勒教的部分内核，教义崇尚光明，宣扬光明与黑暗、善与恶相互斗争的二宗三际论，认定光明一定能战胜黑暗，宣传明王出世、弥勒降生之时人民就可翻身，北方地区的白莲教还暗里打出复宋旗号，鼓动民众起来反抗元朝统治，并迅速发展到全国其他地区。

至正五年（1345），黄河济阴决口。九年济州再决，曹州、濮州、济州、兖州等地被淹。十一年，朝廷征发北方十三路15万名民工，由工部尚书贾鲁总治河务，调军严督。河官苛急督催，克扣粮饷，民情汹汹，反抗情绪积聚。白莲教首韩山童、刘福通等谋划起义。义军头裹红巾，故称红巾军，刘福通大军很快攻占河南、淮西等处州县。刘福通举兵后，白莲教各分舵纷纷响应，徐寿辉在蕲州、郭子兴在濠州、李二及彭大等在徐州举兵而起，私盐贩子张士诚在高邮、方国珍在浙东分别举兵，建立地方割据政权。元末各地地方势力也乘机割据，天下大乱。

明朝创立者朱元璋（1328—1398），濠州钟离人，自幼贫苦。元至正四年（1344），钟离旱灾、蝗灾相继，瘟疫肆虐，父母及长兄因疫离世，遂到於皇寺出家为僧。后因岁饥而离寺游方化缘。至正十二年，参加当地地主郭子兴领导的农民起义，由于才略出众，屡建战功，深得郭子兴信任，娶郭子兴养女马氏为妻。至正十三年，朱元璋回乡召同乡徐达、汤和、耿炳文、周德兴等24人，招募乡兵700人，攻定远，夺滁州，收冯国用、冯国胜、李善长等儒士，势力大振，被郭子兴任命为总兵官。至正十五年，郭子兴病亡后，朱元璋接受韩林儿龙凤政权的任命，被封为左副元帅，不久元"义兵"元帅陈埜先计杀郭子兴之子都元帅郭天叙后，朱元璋真正统领了整个义军。

至正十六年（1356）三月，朱元璋攻占集庆，改为应天府（今江苏南京），建立江南行中书省，自称吴国公。以应天府为中心，兵向东南，先后占领镇江、常州、扬州等地，为避元军对称王称帝者的打击，他采纳徽州大儒朱升"高筑墙，广积粮，缓称王"的建议，养精蓄锐，稳扎稳打，继续打着龙凤年号，笼络人心。南向攻取徽州、婺源，又东向取诸暨、青田，招纳刘基、宋濂、章溢、叶琛等，成为以应天为中心的重要地方势力，为此，龙凤政权升朱元璋为仪同三司江南等处行中书省左丞相。

　　针对来自上下游敌对力量的压力，朱元璋采纳谋臣刘基的战略，先图上游陈友谅，再图下游张士诚，然后北向中原，用近六年时间先后剿灭了陈友谅和张士诚的势力，占领长江中下游大片土地。至正二十七年（1367），朱元璋兵分三路南下，平定盘踞浙江的方国珍部。同时，在元朝力量集中打击下，韩林儿的龙凤政权也岌岌可危，至正二十六年年底，朱元璋派廖永忠赴滁州迎接小明王韩林儿，廖永忠趁韩林儿渡江时凿沉江船，溺毙韩林儿，从此朱元璋摆脱龙凤政权，定第二年为吴王元年，走上独立发展道路。吴王元年（1367），朱元璋在平定浙东方国珍后，乘势南下，扫平福建割据的陈友定、广东的何真，基本统一了南方。在明朝正式建立前后，朱元璋派徐达、常遇春北伐，攻占元大都北京，后相继平定云南梁王把匝剌瓦尔密、四川明昇及辽东的北元太尉纳哈出的残余势力，于洪武二十年（1387）统一全国。

　　至正二十八年（1368）正月，朱元璋在应天即皇帝位，改当年为洪武元年，明朝正式建立。明朝立国之初，因天下未定，各项典制无暇更定，遂仿袭并损益元代之制，在中央设中书省，置左右丞相，统天下之政；设大都督府，置大都督，分左右都督，领天下之军；设御史台，配御史大夫，掌国家之监察。在地方，作为中书省的派出机构，先后设十三行中书省，总管各省民政、财政及军政诸务，节制下辖府、州、县。自京师到州县还设立军事卫所，既维护明朝国土安全，也构成对边地地区的强有力管理。洪武三年以后还将朱姓子侄20多人分封各地，成为王朝外卫边陲、内资夹辅的重要力量。

鉴前元之弊，明朝稳定以后，朱元璋即着手机构调整。为防止出现元朝那样的皇太子专擅，他废止皇太子兼中书令；洪武九年（1376），废除行中书省，设承宣布政使司、提刑按察使司和都指挥使司分行省之权，三司互不统属，分别归朝廷管理，将地方之权集中到中央。行省之下设府县两级，代天理民，管理地方。明初之朝政，朱元璋通过每日朝会掌控朝政，但中书省丞相通过掌控章奏处理而分理部分朝政，致使中书丞相有"生杀黜陟，或不奏径行"，甚至藏匿不报的情况，君相间朝会理政与章奏理政之间的矛盾凸显。洪武九年，朱元璋整顿中书省，裁汰平章政事、参知政事等官，使得中书省只留下左、右丞相独理朝务，这是重要的削夺中书省权力之举。洪武十年，朱元璋设通政使司，后诏令六部诸司"奏事毋关白中书"，夺丞相专掌章奏之权。洪武十三年，朱元璋又以通倭通虏谋逆罪名诛杀丞相胡惟庸，并废除沿袭一千多年的丞相制，将丞相参与的决策权收归皇帝，行政权下放给六部诸司；将大都督府分为左中右前后五军都督府，分掌军籍，统领都司卫所；十五年，革除御史台设置都察院，监察朝廷及地方百官，另设六科给事中，分科对应六部进行监督；设立锦衣卫，由皇帝直接管辖，大行特务政治，加强对文武百官的管控；二十六年，又以胡惟庸案、蓝玉案牵连诛杀勋贵数万人，至此朱元璋不仅加强了中央对地方的控制，也实现了皇权的高度统一。

朱元璋将朝廷大小政务决策大包大揽，成为事无巨细咸决之的政务官，影响了决策效率，为此他不得不援引辅弼。洪武十三年（1380）九月，在户部尚书范敏建议下，朱元璋仿效周制三公四辅论道经邦之制，设四辅官以协商政事，但这些四辅官均为"淳朴无他长"的乡间老儒，不会协理朝廷政务，一年后四辅官之制即废。针对朝章处理不力的状况，洪

图10-1　清圣祖康熙皇帝评价明太祖"治隆唐宋"碑

武十四年，朱元璋又选用翰林院编修、检讨和典籍等官协助处理朝廷奏疏，翰林官将平允章奏意见上奏皇帝，供裁决而不能直接处理机务。洪武十五年七月，朱元璋又仿宋制设殿阁学士辅政，设华盖殿、武英殿、文渊阁、东阁大学士充当顾问，"咨询道理，商榷政务，评骘经史"。终洪武之世，朱元璋在翰林官平章政事和殿阁学士备顾问的双重协助下，以工蜂般的勤政亲理国事。

洪武三十一年（1398），朱元璋故去，皇太孙朱允炆继位，朝政委于翰林学士方孝孺和黄子澄等人，更改官制，重文轻武，宽省刑狱，推行削藩。燕王朱棣（1360—1424）以黄子澄等破坏祖制为借口，以"清君侧"之旗号发动靖难之役，起兵造反。建文四年

（1402），燕王朱棣攻占南京，夺取皇位，建文帝不知所终。朱棣登基前后，大肆屠戮建文朝遗臣，黄子澄、齐泰、铁铉、景清、方孝孺等数十人被族诛，同时大加封赏靖难功臣，并进一步调整中央机构，设立内阁，拣选解缙、胡广、杨荣、金幼孜等人备顾问，参与机务，协助处理朝政。设立东厂，和锦衣卫并称厂卫，经皇帝授意，不经司法机关批准，可随意监督缉拿臣民。为防止宗藩谋取皇位，对抗中央，在维护宗藩的旗号下，颁藩禁以削藩，基本消除了藩王谋取皇位的可能，形成有明代特色的宗藩制度。永乐十九年（1421），成祖朱棣将都城从南京迁至北京，加强对北方和东北地区的控制。为加强对地方的控制，仁宗以后又选派官员巡抚地方。明朝国家的政治秩序大体确立下来。

二 秩序重建与仁宣之治

元朝末年，土地兼并严重，广大佃农生活极端贫困，佃农对地主的强依附，国家对手工业者匠籍的严管理，都严重制约着社会经济恢复与发展。明朝立国之前，朱元璋就确立"理财之道莫先于农"的方针，在占领的江南等地恢复广大奴婢、驱口及工奴的自由身份，承认他们对所占田地的耕种权，为统一战争奠定了坚实的经济基础。明朝建立以后，朱元璋颁布诏令，在法律、经济、社会关系等方面解放主佃关系，释放奴婢，缩短工匠服役时间，准允民众服役之外的时间自由营业，在提升劳动者积极性的同时，也有利于农业、手工业和商业的恢复与发展。

调整土地关系，大力推行屯田，奖励垦荒，发展农业生产，稳定上层建筑。针对元末土地集中，明初朱元璋派官员和国子监生到地方核实田亩，确定土地所有关系。利用前元大地产者的削弱与逃亡，以及大量无主荒地，承认农民小土地所有，大力扶植自耕农经济，并颁发诏书，处理旧地主回乡与新占地农民的矛盾。没收前元及敌对势力的官田，移江南豪民充实凤阳，移山西、山东等地无田产者至宽乡屯田，或招募流民屯田，或发配罪人屯种荒田，发展农业生产。在山西北部边地，奖励商人纳粮支边，允准商人在边地开垦荒田屯田，换取盐引。在军队驻扎之地，让军士"无事则耕，有事则战"，分兵屯田，屯田籽粒（租税）作为军饷，既开发了边疆，又减少国家军费负担。明初太祖和成祖还特别注重兴修水利，鼓励粮食生产，种植桑麻等经济作物。农业很快得到恢复，有力地支持了统一战争和国家稳定发展。

农业的发展促进了手工业和商业发展。明代匠籍管理在元代匠籍制度基础上有较大变动，为明代手工业发展提供了宽松环境。官营矿冶、陶瓷、造船、纺织业迅速发展，带动了民营手工业发展，形成江西、山东、四川、顺天府等地发达的冶矿中心；在沿海和沿江形成多个造船中心，永乐年间郑和下西洋的巨型宝船充分反映了当时造船水平；传统陶瓷业在宋元制瓷业的基础上又大大向前发展，景德镇和佛山的制瓷业达到历史最高水平；桑麻等经济作物的广泛种植，为纺织业发展提供了丰富的原材料，南京、苏州和杭州等江南地区成为全国最重要的纺织业中心。

明初立国时，明太祖继承历代重农抑商政策，多次颁诏禁不务耕作的游民，并限制商人和商业活动，不许商人穿着丝绸衣物，车马房舍不得逾制。明初农业和手工业的发展，促进了明初商业发展，朱元璋也认识到无商不通，商贾之士皆人民，因此试图通过建章立制，将商业与商人置于国家控制之下。洪武初年，明朝统一货币和度量衡，开通四通八达的驿路系统，课以较低商税，将元时二十税一的税率降为三十税一，设置抽分局加强对市场和商人的管理，商业逐渐发展起来，长江和运河沿线兴起一大批商业城市，沿边地区开设茶马贸易，促进了边境少数民族与内地的联系。

在确立政治、经济秩序的同时，明初以重建一个带有鲜明汉文化传统的社会秩序为理想目标，这也是巩固明朝前期政治和经济秩序的要求。

基层社会组织建设是社会正常运转的根本保障。元朝末年，历经战乱，人口流失，户籍散乱，基层社会组织涣散，这些成为明朝立国之时地方治理的难点。洪武元年，朱元璋谕令编定户籍，由户部颁定统一的户帖格式，登记人口，既能对全国户口进行统计，摸清家底，又能以此对基层社会民众实现有效控制。洪武十四年（1381），在户籍制度基础上，明朝在全国农村建立里甲制，以一百一十户为里，推丁粮多者十户为里长，余下百户每十户编为一甲，甲设甲首，轮流担任。城镇建立厢坊，城里分坊，领有坊长，城厢设厢长，管理厢坊各户，督促生产，计合丁口，催缴额税，调理邻里。军屯之地，建立屯堡，以此督促训练、征派赋役、维护治安。又采纳户部建议，在里甲制基础上编制黄册，结合土地账册编制鱼鳞图册，派发徭役、管理地方。

朱元璋出身下层，切身体会元末吏治腐败，官吏鱼肉百姓，生灵涂炭的现实，对新建王朝官吏贪腐最为痛恨。为此，朱元璋双管齐下，大行教化之政，同时对犯罪官吏严加惩戒。颁定《资治通训》《志戒录》《大明律》，以各类官员犯罪案例编成《大诰》三编，警诫百官，甚至给百官拟定《授职到任须知》，直接规范基层官吏的履职；朱元璋认定治乱世须用重典，推行严刑峻法。以洪武八年（1375）空印案、十八年户部侍郎郭桓贪污案为契机，牵连治罪乱法贪腐官员数万人，吏治一时整肃，民人安乐百余年。

基层社会组织广泛建立起来，为国家推行教化、重塑儒家传统、恢复汉民社会秩序提供了可能。明朝前期除国子监以外，国家还在各府州县相应建立学校，卫所建立卫学，形成自上而下完整的学校体系，制定科举之法，大兴科举，确定程朱理学的官方地位，尊儒学并向天下颁送《四书大全》《五经大全》《性理大全》《大明集礼》等，弘正教禁邪教，兴乡饮酒礼、颁《教民榜》、建申明亭，置木铎宣教

图10-2　《宣宗出猎图》（局部）

《大诰》《圣谕》等，有力地促进了明朝儒家传统社会的建设。

永乐二十二年（1424）七月，朱棣第五次北征蒙古，病死于榆木川。太子朱高炽继位，是为仁宗。仁宗继位之初，下诏革除永乐年间诸多弊政，停止朝廷购买战马及其他向民间的采买，疏解财政紧张局面。清理狱政，释放前朝"靖难"罪臣，缓解了紧张的君臣关系；重用儒臣，进一步提升内阁阁臣的政治地位，提高阁臣品秩，并在中央中枢决策中越发依赖内阁阁臣。仁宗皇帝在位不到一年即病亡，由仁宗长子朱瞻基继位，是为宣宗，年号宣德。其间汉王朱高煦多次试探朝廷，并以仁宗违背祖制为名，列朝臣夏原吉为奸臣，欲效仿成祖"靖难"，挑战宣宗并发动叛乱。宣宗在夏原吉、英国公张辅协助下，亲征并快速平定汉王之乱。宣宗在此基础上进一步削夺藩王的势力，基本瓦解了明朝立国以来同姓诸王及异姓贵族的政治力量，国家实现从重武轻文到偃武重文的转变。

宣宗朝内政更加依赖杨士奇、杨荣和杨溥内阁，整顿吏治，罢黜贪腐的都察院左都御史刘观，任命顾佐接替都察院左都御史，支持顾佐严肃整饬吏治，风宪为之一清。在地方政治治理上，洪武年间废行省设三司，目的是让地方的布政使、按察使和都指挥使互不统属从而避免个人专擅，但造成三司事权不一，甚而产生推诿之弊。宣德时期，中央向地方派遣巡抚，并使之制度化。周忱巡抚南直隶，于谦巡抚河南，督理河政，督缴税粮，安抚流民，监察官员，问询狱政，大大加强了朝廷对地方事务的控制，国家治理效能大幅提升。在经济上，宣宗实行休养生息，奖励垦荒，赈灾恤贫，发展农业，使得社会安定，百姓安居乐业，呈现出承平盛世之景。

三　多元一统与万国来朝

明朝立国之后，元顺帝及残余力量从大都败退漠北，但仍有恢复中原之志，山西、陕西及辽东以北还有几支势力较强且仍奉元正朔的地方力量，朱元璋及诸多开国元勋都极力宣扬明朝之代元是天命，在处理与北元政权关系时，时常以夷狄视之。随着明朝力量逐渐延伸到边疆地区，边疆各地民情风俗与文化各异，如何将王道教化推及边地的化外民众，变夷为夏，同时以新宗主身份来处理和外国的关系，是明朝立国以后国家秩序重建的重要内容。

元朝败退漠北以后，洪武三年（1370）元顺帝病亡，皇太子爱猷识理答腊的妻儿被北伐明军捕获，爱猷识理答腊只身北逃，蒙古贵族恢复中原之企图基本破灭，从此对明朝采取防范加不时骚扰的政策。明太祖朱元璋多次遣使诏谕归来，终因蒙古内部纷争不已而未能成功。洪武二十一年，大将军蓝玉率15万大军北征，北元天元帝脱古思帖木儿及太子天保奴战败，再次北逃至土剌河，徒具象征意义的元皇室走向衰败。此后，蒙古地方的兀良哈、瓦剌和鞑靼三部并雄。洪武二十二年，兀良哈部归顺明朝，明朝设朵颜、泰宁、福余三个羁縻卫所管理该地蒙古人，对于时附时叛的北部蒙古诸部，虽临之以兵，但仍待之以诚，谕之以礼，以期归附。永乐以后，蒙古诸部分裂为鞑靼和瓦剌，互争雄长。为更好地经略蒙古，永乐十九年（1421），朱棣将都城从南京迁往北平，改为北京，对鞑靼和瓦剌两部采取招抚与打击并行的政策，五次亲征蒙古，设九边镇，镇守北边。

洪武四年（1371），明朝军队渡海到达辽东金州，元朝辽阳行省平章刘益率众降附，明朝趁机设立定辽都指挥使司，下辖卫所，经略辽东，八年改为辽东都指挥使司，管辖辽东地区军政，民政转归山东布政司。洪武二十年，长期盘踞东北对抗辽东都指挥使司的元朝太尉纳哈出归附后，明朝在今松花江流域设置建州卫，在黑龙江流域设立兀者卫，时常派遣官员招抚当地。永乐七年（1409），成祖朱棣在黑龙江下游地区设奴儿干都司，管理奴儿干地区的卫所，分理抚绥当地。永乐到宣德年间，明朝广建自辽东到奴儿干驿路，多次派太监亦失哈去奴儿干都司巡视，加强对当地的治理。

在西北地区，明初明军北伐，打败盘踞山西的扩廓帖木儿，使之西遁甘州。洪武五年（1372），明军攻占甘州，建立甘州卫。二十五年在甘州设立陕西都指挥使司，分领河西走廊。永乐初年，建哈密卫经略西北蒙古诸部，哈密以西的亦力把里、于阗等地与明朝建立相对稳定的朝贡关系。

在西南地区，明朝建立以后，朱元璋遣使入乌斯藏，承认元朝对藏地僧俗所加封号，设朵甘卫、乌斯藏卫指挥使司，后升为都指挥使司，管理乌斯藏、云南、青海及甘肃的藏族部落，又设宣慰司、招讨司、元帅府、千户所等羁縻机构，由当地部落头领分领。永乐以后，朝廷在藏区实行政教合一的僧官节制当地，最高僧官法王由明廷颁授。朝廷还开通雅州到乌斯藏的驿路，保持内地与乌斯藏的政治及经济联系。在贵州建省，并于云南、贵州、四川、湖广等少数民族聚居区，分别设立相应的省级行政机构，和内地一样分设布政使、按察使和都指挥使，分领地方民政、军政和监察事务，在少数民族广泛分布的地区，设土府州县和宣慰、宣抚、安抚司等机构，依靠当地土官，教化黎民，辑抚百姓，安定西南。洪武时期贵州土司奢香作为彝族著名的女政治家，对稳定贵州发挥过重要作用。

除在内地实行府州县制外，到永乐年间，明朝在边地地区设立都指挥使司和行都指挥使司，采取军政化管理，实现对这些地区的管辖与有效控制，还在各少数民族聚居区实行羁縻卫所制度或土司制度，管理国土和民众，拱卫边疆，通过朝贡保持和明朝中央的密切关系。

明朝和周边国家关系的维护也是国家秩序建设的一个重要部分。自古以来，中国和周边国家都保持着友好关系，元朝和周边国家的关系，在明朝建立以后被相应地继承下来。朱元璋建国当年，琉球使者出使元朝，察知明已代元，遂转赴南京，开启明与琉球王国的正式交往，也开启明王朝与域外国家的正常交往。

鉴于元朝对外屡兴兵事，明朝确立"已承正统，方与远迩，相安于无事，以共享太平之福"的对外政策，四方遣使，谕告明已代元，要求海外诸国与明朝确立新的宗藩关系。洪武四年（1371），朱元璋订立"海外蛮夷之国，有为患中国者，不可不讨。不为中国患者，不可辄自兴兵"的国策，并强调"诸蛮夷小国，阻山越海，僻在一隅，不为中国患者，朕绝不伐之"，以此为原则，确定朝鲜、日本、琉球、安南等十五不征之国。和周边诸国确立朝贡体系，准允诸国定期到明朝贡，先后开太仓、宁波、泉州和广州为市舶司与诸国交通，实行自主限关的有限开放。

明初周边不靖，朱元璋即遣使通好王氏高丽，由于王氏高丽和败退漠北的北元仍存有密切的宗藩关系，又备受盘踞辽东的纳哈出势力威胁，王氏高丽与明朝关系时好时坏。洪武二十五年（1392），王氏高丽被李氏朝鲜取代后，经洪武后期至永乐年间的经营，明朝与朝鲜建立了密切的宗藩关系。同时，处于南北朝时期的日本，一些南朝战败的封建主组织武士、商人和浪人侵扰朝鲜和明朝的东部沿海地区，形成困扰明朝东部沿海的倭患。明朝一方面遣使日本，希望与日本建立友好的朝贡关系；另一方面晓谕日本禁倭，但和明朝通好的怀良亲王无力阻止泛海的日本倭寇。洪武十三年（1380），以"通倭通虏"为名的胡惟庸案发，致使明朝对日通好的外交失败，朱元璋下诏停止日本的朝贡，严格海禁，并在北自辽东南至福建的沿海加强备倭。建文三年（1401），统一后的日本通使明朝，两国交往基本恢复。朱棣即位后，日本遣使通好，两国使节交往日渐频繁，明朝与日本建立勘合贸易，约定十年为期朝贡一次。永乐十七年（1419），明朝军队在辽东望海埚伏击倭寇，全歼犯境倭寇，倭患始平，东部沿海自此

图10-3　郑和航海图（局部）

安澜。宣德以后，明朝与日本的关系才最后恢复正常，勘合贸易也随之稳定下来。

洪武年间，明朝与东南亚琉球、真腊、暹罗诸国的宗藩关系也顺利建立起来。永乐三年至宣德八年间（1405—1433），为加强与海外各国的政治、经贸联系和文化交流，七次派郑和率领庞大船队出使西洋，先后到达东南亚、西亚、东非30余个国家，最远经印度洋到达红海和非洲东海岸。郑和七下西洋，展现了明朝发达的造船和航海技术，传播了明朝的物质和精神文明，加强了明代中国对世界的了解，构建和增强了明朝与沿线各国家的政治联系，促进了各地经贸和文化交流。在15世纪初的亚洲东部，使得中华文明与东南亚、南亚、非洲的沿岸国家形成一个关联网络。郑和七下西洋，是世界航海史上的伟大壮举，时间上远早于地理大发现时期的欧洲航海活动。

第二节　明中叶的社会动荡

经过明初近70年的恢复、调整与发展，明朝社会步入平稳发展时期，同时也遇到新问题。英宗以冲龄继位，引发明朝中枢政治的深刻变化，政治日渐异化，中央和地方治理结构改组，巡抚和总督在地方治理中的作用和地位越发突出。官僚贵族兼并土地，造成大规模流民运动，传统农业经济遭受一定冲击，社会矛盾激化，民变四起，民族矛盾和边疆危机加剧。但同时明代中叶商品经济孕育发展，城市经济发展，商品市场网络化初步形成。随着商品经济的发展，明代中叶社会出现显著变革，思想领域出现新变化，王阳明思想形成并广泛传播，成为明代中后期思想界的一股新潮流，社会风气由俭转奢，社会上出现僭越违制的现象，为明代后期社会改革提供深刻的背景和现实参照。

一　正统初元与政治变动

永乐、宣德年间，明代中枢政治基本定型，皇帝通过早朝直接掌控朝会，或与重要大臣便殿议政，内阁政治的作用较为稳定。至宣德时期内阁对章奏进行票拟，皇帝再对内阁的票拟亲自裁决，实现乾纲独断，皇权既保持了洪武永乐以来的高度集权，又有内阁辅佐而提高了效率。但宣德十年（1435）正月，正值壮年的宣宗皇帝暴病而亡，年仅9岁的太子朱祁镇继位，既无法于早朝独断朝政，也无法亲自批答内阁票拟，于是杨士奇、杨荣、杨溥等阁臣创早朝日理章奏八件的权宜之制，由阁臣拟出朝会上皇帝要回奏的内容，待朝会时皇帝照章简单回答，以图保留朝会仪式而体现皇权独断的意义，大量的其他公务则通过章奏的形式由内阁处理，皇帝象征性处理几件而交由宦官代为批答。这本是一个权宜之制，意在英宗长大再恢复正常早朝和皇帝亲批阁票，不想英宗长大，三杨过世以后，这个权宜之制却变成了定制，进而引发明朝中叶的政治动荡。

正统七年（1442），太皇太后张氏病故，三杨内阁影响渐弱，新晋阁臣马愉、曹鼐势力尚微，久代英宗批红的太监王振权势日重，招权纳贿，唆使党羽，打击异己，辱国子祭酒李时勉、大理寺卿薛瑄，杀翰林侍讲刘球。正统十二年，麓川宣慰司思任发叛乱，王振欲示威边疆以提升自己威望，力主用兵，劳师耗财。正统十四年，王振处理瓦剌也先部朝贡引发的矛盾，导致也先领兵进犯山西大同，有英主之梦的英宗在王振怂恿下贸然率大军亲征瓦剌，导致明军于土木堡大败，全军覆没，本人被俘。瓦剌大军进逼北京，兵部侍郎于谦、吏部尚书王直等拥立英宗弟郕王朱祁钰为帝，积极组织北京保卫战，取得北京保卫战的胜利。明朝渡过了一次严重的政治和军事危机。

英宗以后的景帝、宪宗、孝宗、武宗和世宗等皇帝都沿袭早朝日理章奏八件的传统，部分皇帝甚至干脆免朝，早朝之制在明朝中叶以后已徒具仪式。景泰八年（1457）正月，徐有贞、石亨等发动夺门之变，拥立英宗复辟，改元天顺。英宗是非不分，错杀于谦等景泰朝旧臣，后平定曹石之乱，但终天顺一朝因循早年旧政，纵容宦官为祸。天顺八年（1464），英宗病逝，太子朱见深继皇帝位，改元成化，是为明宪宗。宪宗口吃，朝会艰难，对朝政没有兴趣，长期疏于理政，宠爱贵妃万氏，信任宦官，滥封传奉官，政风大坏。尽管孝宗一度勤于朝会，整肃风气，罢免奸佞，为"弘治中兴"打下基础，然亦未能始终如一，孝宗后期宠信宦官李广，居深宫而迷斋醮。武宗昵宦官"八虎"，居豹房日事嬉戏，巡游荒政更甚，甚至引发宗室宁王之乱。与明朝前期诸帝相比，中叶诸帝理政热情明显不高。

三杨权宜制演变成定制，为明朝中叶皇帝疏于理政提供了可能，同时提升了内阁地位。中叶诸帝疏于朝会，中枢政治集中到章奏的处理上来，内阁首辅掌章奏票拟，阁臣为争夺票拟，拉帮结派，上倾心交结皇权，下打压分化言路，甚至暗地援引宦官固势，形成内阁与宦官司礼监共理国事的局面。嘉靖初年"大礼议"以后，内阁势力大张，内阁首辅权势膨胀，张璁、夏言、严嵩等为争夺首辅之权，彼此倾轧，讧争不已，内阁首辅势同丞相。

明朝初年，朱元璋对宦官害政有清醒认识，虽完善了明代宦官的机构设置，但立宫牌严禁宦官干政，不许宦官识字，严格限定宦官的职掌在打扫庭除。靖难之役后，成祖朱棣始令宦官奉命出使、专征、监军、分镇、刺臣民隐事等，宦官始预外朝事务。宣宗朝在内廷设内书堂，让大学士教习宦官，打破了太祖朱元璋规定的宦官不得识字的限制，但明初几朝宦官基本没有害政之事。三杨秉政以后，朝政主要转向章奏的处理，内阁票拟进入内廷后，9岁的英宗根本无法亲批阁票，只好委以识字的宦官代为批红，明朝宦官中的司礼监太监代皇帝批红，参与中枢政治有了体制保证。英宗朝王振、宪宗朝汪直、孝宗朝李广、武宗朝刘瑾等太监，控制厂卫，贪污受贿，打击异己，陷害忠良，挟制朝臣，使明朝中期政治更加黑暗腐败，社会矛盾日益加深。

英宗正统以后，地方治理也相应地发生变化，原先十三布政司下设布政使、都指挥使和按察使，虽各司其职，互相制约，但也有事无统属相互扯皮之弊。正统末年，北方蒙古犯边，南方民变四起，朝廷遂向辽东、甘肃、宁夏等地派遣文臣镇守，督察军务，向江西、湖广、河南等地派遣巡抚，督理税粮，安抚百姓。景泰初年，因巡抚出抚与巡按御史事不统属，事多拘滞，始加巡抚都御史衔，英宗天顺以后，各地巡抚开府建衙，长驻地方，到嘉靖以后，巡抚始集掌一省行政、军事和监察司法的地方大权，明朝管理地方的体制为之一变。弘治以后，为统辖一省或多省地方军务，始设总督，如三边总督、蓟辽总督、浙直总督等。为了更好地监察地方，明朝在以十三道监察御史对应监督十三布政司的同时，还派御史巡按地方，罪囚审录，卷宗吊刷，巡察仓库、学校，考察吏治得失，举劾官员，地方事务无所不察。通过巡抚、总督的设置，明朝中央对地方的控制进一步加强。

明朝中叶，由于土地兼并、人口流动、赋役征发加重的影响，基层社会的里甲组织日益涣散，里长、甲首、老人、粮长的社会地位都在削弱，乡饮酒礼、老人的剖决争讼、木铎宣介的教化功能也较难实施。充当里甲的职事成为畏途。学校和科举造就的"功名"人士生员或举人，占据地方教化的道德阵地，出仕官员的族人或致仕乡居的官员，嘉靖以后日渐势增的宗族族正，甚至是宗教或民间宗教的教首，成为管理或影响基层社会治理的精英。里长、甲首与州县之间井然有序的准科层体制让位于乡村的精英自治。精英的地方自治或成为国家秩序的维护者，或成为地方秩序的消解力量，明朝中叶基层治理与明朝前期相比发生了重大改变。

二　流民运动与社会经济

英宗正统年间，明朝进入多事之秋。王振为祸，在北直隶大肆侵占民田，大小宦官随之抢夺民田。天顺年间参与复辟的勋贵与宦官等冒功滥职，强夺民田。天顺五年（1461）宦官曹吉祥、曹钦叛乱失败后，宪宗皇帝以入没曹吉祥的田地为宫中庄田，开启皇帝在北直隶广建皇庄的先例，至武宗正德年间，在北直隶有皇庄31处，已建皇庄还不断侵吞周围田地。分封各地的朱姓诸王或请赐，或奏讨，或强买，或接受投献占夺民田。部分强势公主也多在京畿强占田地建立庄田，勋臣贵戚和大宦官都趁机强占民田。北直隶和江南及闽浙地区土地兼并严重，缙绅及势要之家"富强兼并，至有田连阡陌者，贫民无可耕，故往往租耕富民之田"，原有土地关系和社会经济基础遭到严重破坏。

北部边地及内地各都司的军屯田地也有大量被占者，各地均出现"军田民佃"、军卒逃亡的现象。洪武年间，屯军正军的婚配不济，出现少量逃亡。至宣德年间，军屯制度开始出现松动。官府提供给屯田军士的耕牛和籽种等日渐不足，明初所授耕牛老亡后，中叶各边的耕牛均补足不齐或不及时，水利设施损毁之后也很少得到维护。军官和权宦大肆侵占军士田地，或私役军士为己耕作，或将屯田军士变为家奴，宣德年间所派镇守太监也参与对屯田军士田产的侵占，军屯田亩锐减，由明初的6000万亩，到弘治时减为约3000万亩，到正德时仅存1600万亩。屯田军士所获籽粒，除纳赋和自给以外，还要供官军俸粮，故各地军屯均出现军官克扣军士籽粒之事。自明代正统以后，北部边地的军屯开始大量出现军田民佃、军卒逃亡、军屯田地流失的情况。加之北部对蒙古战事不断，也影响北部边地军屯的发展。

土地兼并恶性发展，大量百姓流离失所，原有土地关系变动也直接影响赋役征发，民产去而税存，或不得已佣耕于有田者，而官绅之家对所占田产除输租赋外，可享优免徭役，一般胥吏通过"诡寄""飞洒"，转嫁赋税，造成赋税不均以及国家税收征派困难。致有"富者田连阡陌，坐享兼并之利，无公家丝粒之需，贫者虽无立锥之地，而税额如故，未免缧绁追并之苦"。正统以后，北方又持续遭受水旱灾害侵扰，百姓极端穷苦，纷纷出逃，"人民往往车载幼小，男女牵扶……百十为群，沿途住宿，皆因饥饿而逃"。北方山西、山东等地人民多向南逃往荆襄地区，自正统到成化年间，有近百万的流民辗转迁延到荆襄山区，而浙江、福建等处百姓多逃往浙江、福建与江西交界山区，他们或流入城市沦为乞丐，或漂流海上成为海盗，更多的是迁转入山垦田开矿，与当地居民争夺资源。人口流出地和迁入地的社会结构及秩序被迫重组，社会矛盾激化。

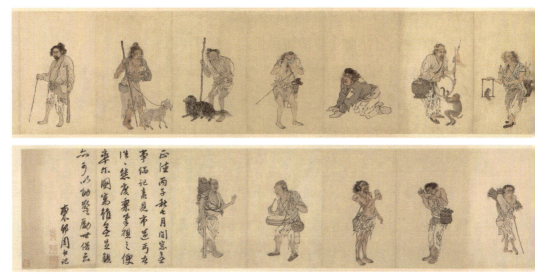

图10-4 （明）周臣《流民图》（局部）

历时数十年的流民运动，引发明朝巨大的社会危机，在大量流民迁入的荆襄地区和浙江、福建西部山区，他们聚众开矿，流移不定。为加强对流民的管理，天顺八年（1464），朝廷设立湖广布政司参议，专理荆襄流民事宜，但官府对流民围追堵截，并不能很好地处理流民迁转，更无法调解流民和当地居民争利的矛盾，先后爆发大规模流民起义，如正统后期闽浙山区的叶宗留起义和邓茂七起义，成化年间荆襄地区的刘通起义和李原起义等。在北直隶流民迁出地，人地关系本来就异常紧张，官僚贵族和大宦官势力渗杂其间，当地代理人之间为争夺人地河湖，纷争不已，当地百姓所受盘剥更苦。正德年间遂有刘六、刘七等人聚众起义，席卷直隶、山东、河南、湖广等地。同时还有广西大藤峡地区的瑶民、壮民起义。明朝对这些起义民众强力镇压，对起义的流民最终也不得不准许在当地附籍，设县管理。成化十二年（1476），明廷采纳都御史原杰的建议，设立郧阳一府八县，抚治流民，迁延数十年的流民运动方逐渐平息并安定下来。

明代中叶以后，流民运动和土地兼并引发社会的深刻变化。大地产者的经营方式随着土地集中而发生变化，大地产者开始出现将地租收入投入工商业或高利贷业，甚至出现地主城居生活的情况。农业生活中的商品经济因素快速发展，城镇手工业随之发展，既解决了部分流入城市的流民生计，也促进了城镇手工业大发展。景泰五年（1454），沿袭近百年的工匠班次松动，至成化二十一年（1485）工匠制度再次松动，出现班匠征银，极大地提高了手工业者的积极性，民营手工业步入快速发展轨道。丝织业、棉纺业不仅在南京、苏州、杭州、汉口、成都等中心城市快速发展起来，而且在一些小型市镇，尤其是江南市镇也雨后春笋般地发展起来。制陶业、冶铁业、造船业、制盐业、酿造业、食品加工业均在这一时期兴盛起来。

农业和手工业快速发展，带动农村集镇及工商业城市兴起，商业网络化与市场层级化蓬勃发展，城市与乡村互相促动发展。成化以后，大规模的长途贩运、四通八达的商路将大小城市和商业市镇串联起来，形成沿河、沿江、沿海的商业城市带，如沿河带上的杭州、苏州、扬州、淮安、济宁、临清、通州等，沿江有镇江、南京、九

图10-5　（明）杜堇《玩古图轴》（绢本）

江、汉口等，沿海有松江、宁波、福州、泉州、漳州、广州等，而明代北部沿边地带，也因茶马贸易，蓟辽的北镇、宣府、大同，西北的银川、兰州、张掖等城市均人口众多，商业渐次繁荣。这些城市的发展，无一不与专业化的手工业生产或发达的商业相关联，既是不同区域的经济中心，也是市民生活的中心。

人口大规模流动，商品经济发展，尤其是长途贩运业的兴盛，自民间而起的货币交易方式也悄悄变化，白银逐渐成为最主要的货币。明代前期货币流通主要是宝钞和制钱，白银基本是不允许流通的。洪武后期宝钞开始贬值，永乐二年（1404）时已出现钞法不通的现象，左都御史陈瑛建议"户口食盐纳钞"，宣德年间再议恢复宝钞，但终因宝钞明显的弊端而渐为人们所弃用。成化、弘治以后，朝廷开始实施赋税折银和纳银代役，民间用银交易日渐活跃，白银货币化基本形成。白银货币化更加推动了工商业发展，促进了人们消费，人们追求更好的生活，社会生活初现奢靡之风，明初社会所约定的服饰、住宅、车马、器用等规制不断地被人们突破，世风变化剧烈，社会呈现多元化发展趋势。

三　明代中叶的世风

明朝初年，国家重建了新的政治、经济、社会秩序。社会上循礼守分、崇尚俭朴之风较为盛行。明代中叶以后，明朝政治进入腐化期，三杨权制促成了中枢政治的变革，诸帝均疏于朝会议政，朝政委于章疏，内阁与宦官司礼监的协作进一步解放了皇权，自英宗到武宗诸帝普遍怠政，官僚队伍因循守旧。英宗正统以后，经过70多年的平稳发展，明初凋敝的农业经济逐渐得到恢复，商品经济随着手工业发展、城市繁荣也发展起来，商品生产和物品交流日渐丰富，人们追求物质生活的美好愿望也日益兴盛。明代初年对社会生活的诸多限制也不断地被人们突破。

思想领域的解放是明代中叶世风转变的先声。面对急剧变迁的社会和复杂的社会矛盾，原有社会伦理与纲常纷纷被突破，社会要求思想界提出一套新的思想和理论，在这种背景下，陈献章和王守仁的心学思想应运而生。陈献章（1428—1500），广东新会白沙人，世称白沙先生。早年师从吴与弼，初尊程朱之学，后逐步由苦读渐修，转而求诸本心，反对向外求道，主张"君子一心，万理完具，事物虽多，莫非在我"，认为"为学须从静坐中养出个端倪来"，把程朱理学之理与本心合为一体，既突破了程朱理学原有理论框架，还在为学方法上将明初理学的格物引向心学的体悟，开启明代学术发展的新历程，推动明代中叶学术思想由理学向心学转变。王守仁（1472—1529），字伯安，浙江余姚人，曾隐居会稽阳明洞，创立阳明书院，世称阳明先生。出身官宦之家，弘治十二年（1499）中进士，授刑部主事，转兵部主事、南赣巡抚，创十家牌法，正德年间平定赣南部民之乱以及宁王朱宸濠之乱，嘉靖初年，再平广西田州、思恩、断藤峡等处部民之乱，为明代文臣用兵制胜之典范。阳明先生之学，是在程朱之外另立新法，认同"去人欲，存天理"，也将个人私恶之欲与天理对立，要求人们发明本心，拯救社会之弊，认为只有人人去除内心之私欲和恶欲，才能化解当时社会矛盾。王守仁的学说，与程朱学的摘章择句不同，令人耳目一新，迅速风行天下，成为当时社会宣扬的主流思想，王学"门徒遍天下，流传逾百年，其教大行"，开创一代新风，引发了深刻的思想变革。

明代中叶，皇家生活率先变得奢靡起来。中叶诸帝除孝宗皇帝相对勤俭外，其他皇帝的生活多极度奢华。宪宗皇帝颇尚玩好，身边的太监、佞幸就投其所好，进奉各种珍异奇玩，甚至有朝中重臣给皇帝进房中术者。武宗皇帝挥金如土，嬉乐荒诞，亲征巡游，荒唐一生。皇家生活奢华引起朝中官员竞相模仿，衣服务求奢丽华美，质料讲究绫罗绸缎，款式时尚考究；饮食燕享务求精丰绝异，山珍海味，甚至追求以海外物品为特异；居室房舍追求高大，内饰华丽，斗拱彩绘，甚至附配园林亭台；闲暇游历，锦帽貂裘，车船华丽，奴婢影从。除衣食住行追求享受外，有的官宦还喜爱收藏把

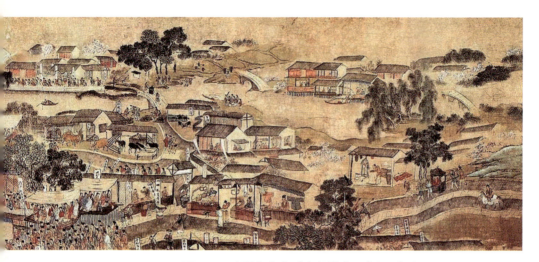

图10-6 （明）仇英《南都繁会图》（局部）

玩金石古玩，名人字画。受官僚权贵生活日渐奢靡的影响，市井百姓的日常生活，虽不及官宦人家奢华，但也在婚丧嫁娶及日常交往中由俭转奢了。正德元年（1506），针对民间日盛的奢靡之风，武宗谕礼部和都察院，颁令禁民间奢侈僭越，禁令百姓房舍不得超过三间五架，日用器皿不得使用金银，纹式不得使用龙凤，各类红白喜事酒席务必从俭，各类仪仗礼乐不可浪费钱财，尤其是服饰，军民百姓不可使用纻丝彩绣，民女首饰禁止使用宝石，车马不得盛饰。从地域上看，各区域的中心城市和商品经济发达的江南地区，无论是官僚还是百姓，他们生活的奢华程度都远比其他地区要高。明代中叶世风由淳朴转向奢华，一方面反映社会经济的发展和社会长期安定后人们对美好生活的追求，另一方面也是明代中叶社会转型的前兆。

　　与明代中叶世风转奢相关的，还有社会生活广泛存在的僭越违制现象。明朝初立之时，国家纲纪修立，民风淳朴，直至成化以后，长期晏安则易生怠玩，百姓富足则易启骄奢，骄奢则易僭越违制。明代中叶百姓违制至早从英宗正统年间已出现苗头，正统十二年（1447），朝廷两次颁布禁令，分别针对官员服饰违例使用斗牛等花样，以及民间日常器用违制仿造官方定制，违者充军。正统禁令并没有遏制住百姓违制现象的发生，景泰五年（1454），朝廷再次制定新规制，对百姓日常衣食住行、婚丧嫁娶规制进行明确限定。但到成化年间，甚至出现民俗日事奢侈，富贵之族、食禄之家、穷奢极欲、骄肆无度的局面。一般军民僧道，多着锦绣之服、金线之靴，甚或一些当时被视为贱民的优伶也有宝石加身、金织衣袍。为此，弘治、正德年间朝廷多次申令严禁逾制。民间市井百姓物质生活上种种逾制僭越，表明明代前期确立的以等级伦理为核心的社会秩序，遭到了长时间持续冲击，它为明代中后期社会变革提出新命题，也为明代中叶思想领域出现的解放思潮提供了现实例证与参照。

第三节　嘉隆万变革与社会转型

明代中叶政治、经济、社会与文化等领域中出现的混乱与不断激化的矛盾，引发部分有识之士高度关注，朝野不断发出变革要求，他们利用皇位更替时已故皇帝遗诏和新君即位诏的颁布来实现改元更化，有的地方官员干脆在自己管辖区域内开始变革尝试。嘉靖初年大礼议以后，明朝从地方到中央开启涉及政治、经济和军事等方面的变革，逐渐形成持续变革，直至万历初年张居正进行全国范围的改革，使得持续几十年的改革达到高潮。嘉隆万变革，进一步引起明代后期社会转型。

一　嘉隆万大变革

明朝中叶，每次皇位更迭，王朝都会通过已故皇帝遗诏和新君即位诏实现改元更化，但这样的变革往往是局部的、有限的。正德十六年（1521），荒诞一生的明武宗遽然病逝。武宗无嗣，堂弟兴献王朱厚熜受命继位。武宗死后至世宗即位前有三十七天皇位空缺期，内阁首辅杨廷和独自主持朝政，清丈庄田，还官归民，遣返入卫京师边兵还回边镇，裁减冗官、僧道、教坊伶人，裁抑宦官，大力革除武宗朝弊政。

世宗即位，以嘉靖为年号，意指欲以美好的教化安定平服社会。在世宗即位诏中，也表达了"欲兴道致治，必当革故鼎新"的意愿，并条列80余款以待革新"与民更始"的措施，充分反映了以杨廷和为首的武宗旧臣借机改元更化、大胆革新的决心。但兴起的大礼议暂时打断世宗君臣变革的进程。嘉靖三年（1524）大礼议初步结束后，世宗与张璁等人组合成全新的人事格局，特别是议礼派新贵张璁接任内阁首辅后，在世宗支持下大胆革新，扩大内阁事权，提高内阁地位，首辅专领内阁，整顿学政，改革科举，整饬监察机构，整肃吏治，查革清退各类冗杂冒滥之人达十余万人，清理勋贵庄田，还官归民，革除镇守中官，抑制宦官，基本革除了中叶以来的诸多弊政。

英宗正统以后，历次农民起义都被强力镇压下去，荆襄地区的流民也大多得到附籍安置，但社会矛盾并没有得到根本解决，赋役征收混乱，国家财政困难，统治危机日益严重。为了增加财政收入，弘治五年（1492），户部尚书叶淇改革开中法，改纳粮运边为纳银运司，以银代粟，致使国家盐课骤增百万，但自此边储萧然，边地军费逐渐转靠朝廷和地方财政支持，百姓赋役负担猛增，朝廷和地方的赋役征收改革势在必行。嘉靖九年（1530），针对"田赋不均，供亿日困"的局面，户部尚书桂萼提出取消依黄册派定年份轮役，实行"量地计丁"与"一体出银"的徭役改革，奠定"一条鞭法"的基本原则，但因桂萼病死而未及推行。此后，应天巡抚欧阳铎在苏松地区试行"征一法"，广东巡按御史潘季驯试行"均平里甲法"，浙江巡按御史庞尚鹏推行"一条鞭法"，探讨解决地方赋役征收不均以及征发困难的问题。此外，广东巡按御史戴璟、兴国知县海瑞、陕西参政胡松等都在治内进行驿递以钱代役的尝试，为以后张居正全面推行"一条鞭法"打下基础。

天顺、成化以后，蒙古鞑靼部强大起来，时常因部落之争或天灾而南侵，至嘉靖二十年（1541），俺答汗遣使"款大同塞"，请求与明通贡互市，明朝以鞑靼雄黠喜兵"虏情叵测"为由拒绝鞑靼朝贡之请。此后俺答多次遣使通好求贡，因严嵩当政不谙边情而拒绝，引发鞑靼屡次兴兵进犯。嘉靖二十九年（1550），俺答汗领兵围困抢掠北京城，造成"庚戌之变"，明朝北部边地因俺答南侵而危机频现。嘉靖二年（1523），日本大内氏和细川氏使臣通贡明朝，发生宁波争贡之变，明朝罢市舶司严海禁，倭寇遂勾结海盗巨贾及葡萄牙殖民者，武装泛海，抢掠自山东至福建的沿海城乡。南倭北虏的骚扰，迫使明朝不得不进行军事变革。庚戌之变后，明世宗下诏改京营制，大力推行募兵制，调外卫军兵轮番入卫京师。修建长城，自山海关至居庸关修建墩台 3000 余座，加强长城沿线的驻防。选派优秀将领充任边防，南抗倭寇，北御蒙古，戚继光、俞大猷、李成梁等注重练兵，编练火器，肃清了南方倭寇之侵扰，在北方防御蒙古问题上也逐渐占据主动，为俺答封贡的达成打下基础。在西北地区，明王朝曾设置"关西七卫"以拱卫西北的安全。作为"关西七卫"之一的哈密卫，位置险要，可以隔绝蒙古贵族与"番族"贵族的联合，确保甘肃镇与西域贡道畅通。吐鲁番强盛之后，哈密卫屡遭攻陷，正德年间明朝多次试图以闭关绝贡的方式来"兴复哈密"，结果却适得其反，哈密危机日甚一日。世宗起用王琼，开关通贡，整饬军备，最终解决哈密危机，西北边地得保一时平安。

嘉靖后期，严嵩长期专擅内阁，朝政腐败，贪污盛行，吏治不修。北部边地俺答时常犯边抢掠，军镇空虚，辽东因大水破坏与蒙古人侵扰，边政崩坏。经济上世宗更是祷祀日举，土木岁兴，各种采买劳民伤财，民怨沸腾。穆宗即位以后，任用高拱为内阁首辅，就筹边、课吏、用人、行政等几个方面进行革新。平反冤狱，召用建言得罪诸臣，缓和朝野内部矛盾，罢除一切斋醮，停止各项加派与采买，减轻百姓负担。整肃吏治，严格考察，罢黜贪墨，使得朝廷政风迅速好转。在张居正大力配合下，高拱力促实现对俺答封贡，最终化解了北部边地与蒙古的矛盾，明蒙关系实现友好和平往来，直至明末东北女真部兴起，蒙古部被女真兼并，蒙古才逐渐断绝与明朝的友好关系。

隆庆六年（1572），明穆宗去世，年仅 9 岁的神宗皇帝继位，张居正利用宦官冯保和内阁首辅高拱的矛盾，联合冯保赶走高拱，接任内阁首辅。张居正在司礼监太监冯保和皇太后李氏的支持下，接续嘉靖年间的改革，进行全面改革。为营造改革的政治环境，改变长期因循守旧、纲纪废弛的局面，张居正定立考成法，规定官员办事期限，以部院考察抚按，以六科监督部院，以内阁督察六科。张居正还给各级官员写私人信件以督促政务，迅速提高行政效率。为端正士风，

图10-7　张居正像

万历三年（1575），张居正整顿学政，禁天下书院，倡实学。在财政上，核定国家的收入与支出总规模，抑制土地兼并，严厉催征田赋，清理各地逋欠。在全国范围内，颁行《清丈条例》，清丈田地，查出大量欺隐田地，摸清家底，为核定租赋打下基础。在全国范围内推行一条鞭法，将一省丁粮，均派一省徭役，将均徭里甲和两税合征，既简化了税制征发，又相对均平各地税负，增加国家收入，"太仓粟可支十年，囧寺积金四百余万"。一条鞭法的全面推行，为清代实施摊丁入亩打下基础。在整饬北部边防方面，极力推荐谭纶、王崇古、方逢时等防备北边，选派李成梁镇守辽东，时常写信给总兵们督饬防务，并以"积钱谷、修险隘、练兵马、整器械、开屯田、理盐法、收塞马、散叛党"八事督课边臣，北部边防快速安定下来。张居正去世

以后，各项改革措施相继被废止。至此，从嘉靖初年开始持续近60年的各项改革停止了，政治环境和社会矛盾又日趋尖锐。

二　明代后期政治局势

张居正柄政期间，为了强力推进改革，他大权独揽，排斥异己，作风专断，招致朝臣强烈反对，又以帝师身份严格管教年幼的神宗，引起神宗不满。万历十年（1582），张居正病逝，御史江东之趁机弹劾大宦官冯保以试探舆情，御史杨四知、李植等率先上章弹劾张居正藐视幼君，挟权自重，残害忠良，贪滥僭奢，御史羊可立等也附和力诋，掀起了一场倒张运动，在反对派强力支持下，神宗褫夺张居正身前故后一切荣耀，籍没家产，子孙充军。张居正死后被治罪，他致力的改革，除一条鞭法外，其他变法内容基本被废止，变法宣告失败。

失去了张居正与皇太后李氏强力管教的神宗皇帝，立即以健康为由疏于问政，长期辍朝，深居后宫，君臣隔阂。神宗亲政之后，为防止再出现阁臣威权震主，特意挑选一些软熟官员充任内阁辅臣，并拣选一批林居及久废官员回朝辅政，后继者如申时行、王锡爵、沈一贯、方从哲等，大多是遇国难而无良谋，平时对神宗百依百顺、依阿自守，外畏朝野清议而博名。皇权异化之下，内阁之政无法补皇权怠政荒政，循默避事成为内阁之政的常态。其间虽偶有推诚秉公的王家屏、李廷机、沈鲤等阁臣勇于直谏，也多因神宗怠政或有意制约而不得行其志，不得不乞行致仕，或径直辞官，内阁之政几于瘫痪。除长期不视朝政、不见朝臣外，神宗对朝臣章奏也懒于批答，多尽依内阁与司礼监而撒手不管，对不合己意的奏章，径直留中，朝政时常陷于停顿，甚至20余年朝廷和地方缺官不补，致使中央与地方诸多衙门政事无人处理，各级衙门多处于瘫痪、半瘫痪状态。王朝政治对国家和地方控制越发松弛，懈怠之风也传导到基层社会。

万历中叶，朝廷内部矛盾重重，派系林立，互相讧斗。神宗皇后王氏、昭妃刘氏均无子，神宗私幸其生母李太后慈宁宫的宫女王氏，生皇长子朱常洛，郑贵妃生皇三子朱常洵，神宗专宠郑贵妃，迟迟不立太子，意欲立三子常洵为太子。朝臣纷纷猜疑，认为废长立幼，有损国本，并指责后宫干政，但内阁首辅王锡爵、沈一贯、方从哲等先后违依其间，阿谀顺上，唯有东林党人顾宪成等力争"无嫡立长"，拥立皇长子常洛，朝内为争立太子而遂成水火，是为"国本"之争，迁延20余年。万历二十九年（1601），皇长子常洛得立，但位势不稳，万历四十三年（1615）发生"梃击"一案，图谋加害太子。东林一派力斗浙、齐、楚、宣、昆诸党，确保朱常洛太子地位稳固。

万历四十八年（1620），朱常洛即位，是为光宗。他遵神宗遗诏起用遗逸之臣，补充官缺，以图改积滞之弊。由于神宗长期不立太子，不育储君，致使明末诸嗣君皆理政能力低下。光宗即位一月，纵欲而病，内侍崔文升进药，光宗病危，鸿胪寺卿李可灼进红丸药，光宗服红丸而亡，仅得位29天。光宗去世后，光宗选侍李氏控制乾清宫，挟太子朱由校自重，图谋干政。内阁大学士刘一燝、御史左光斗、给事中杨涟等力请移宫，朱由校方得以即位，是为熹宗。从进红丸光宗亡故到李选侍被迫移宫，短短数日，朝局大变，联想到梃击案，东林人士深感不安。熹宗嗣位，东林党人因拥立熹宗而得到重用，分居内阁及部院长官，一时众正盈朝。浙、昆、宣党在国本之争中暂时势倾，遂勾结魏忠贤结为阉党，以京察、大计为缘，朝野围绕"梃击案""红丸案"和"移宫案"三案的是非曲直，长期政争。天启后期，熹宗崇信乳母客氏与宦官魏忠贤，不理政事，皇权下移，专为倡优声伎，狗马射猎，荒诞至死。熹宗即位初，启用东林人士刘一燝任内阁首辅，结果刘一燝很快为依附魏忠贤的大学士沈㴶攻去，继之者顾秉谦、魏广微入阁，内阁调旨之制破坏更甚，魏广微常与宦官魏忠贤谋定而由众辅臣分别拟票，内阁彻底分化，成为宦官魏忠贤的附庸。魏忠贤及阉党大肆迫害东林党人，杨涟、左光斗、魏大中等六君子被诬陷谋害致死，魏忠贤权倾朝野，被称为"九千岁"。

天启七年（1627）八月，熹宗病死，其弟信王朱由检继皇帝位，是为崇祯皇帝。崇祯帝在皇位稳固以后，即着手去除魏忠贤及阉党，魏忠贤及阉党大部分受到致命打击，但崇祯帝除恶不尽，阉党余孽仍时常混淆视听，伺机而起。天启七年（1627）十一月，崇祯帝下令罢除各边镇守太监，"内臣俱入直，非受命不许出禁门"。随着朝局变化，朝臣门户之争又起，在会推阁臣和办理逆案上，阉党余孽和东林党人再起争斗，水火更甚，牵连地方，如袁崇焕、熊廷弼被杀。崇祯帝对朝臣边将不再信任，遂令宦官监军，宦官为祸与明相终。崇祯帝恢复早朝，勤于与臣僚议政，亲批朝章，乾纲独断。打破资格限制，破格用人，改革内阁阁臣选任之法。为防首辅专擅而掌控内阁，他让阁臣实行分票之制，并大量增加阁臣数量，一时内阁阁臣多达七八人。众辅分任票拟，不能集思广益，内阁辅政之职名存实亡。政由崇祯帝一人乾断而决，朝政日非，国势渐亡。崇祯初年清除魏忠贤及阉党，禁宦官干政，后期重回信任宦官的老路。但崇祯帝求治过于操切，刚愎自用，破格用人，臣僚将帅稍有失误即兴滥杀，崇祯帝的皇权在高度专断独裁中走向异化。

三 明代后期社会转型

明代后期政治极度腐朽，专制政治松动，反而给社会经济与社会多元化发展提供了宽松环境，而早期全球化进程的发展也为明代后期社会转型提供了契机。

正德十二年（1517），一支葡萄牙舰队在广州城外珠江口抛锚停泊并请求通使贸易，广东地方官上奏朝廷后，拒绝了其请求。自此，葡萄牙人长期盘踞在中国东南沿海一带，勾结中国的海上武装走私集团进行走私贸易。明朝与周边国家在海禁政策下延续的朝贡体制松动了。嘉靖三十六年（1557），葡萄牙人获得在澳门的居住权，并以澳门为中心开展其在远东地区的国际贸易活动。隆庆元年（1567），明朝开海，准许与以葡萄牙人为主的西方人进行贸易，澳门成为沟通中西方经济的重要商埠，也成为耶稣会进入中国内地进行传教与文化交流的基地。自郑和下西洋以后，明朝正式卷入全球贸易网络之中，明朝从此融入了世界，也引发了明代后期社会变迁的一系列连锁反应。

最直接的影响在于白银大量流入。在与葡萄牙、西班牙、日本等国贸易中，明朝以高附加值的生丝、丝织品、棉纺织品、瓷器等作为大宗商品出口海外，仅进口少量域外土特产。因此，各国商人不得不以大量白银来支付巨额贸易逆差，美洲和日本的白银源源不断地流入中国市场。

白银大量流入稳定了明朝白银货币体系，同时也极大地刺激了国内商品经济发展。伴随着生丝、丝绸、棉布、瓷器等商品出口持续增长以及国内市场需求量增加，江南地区桑蚕业、丝织业、棉纺织业，华南地区冶铁、造船、陶瓷等相关行业得到迅速发展。生产规模扩大使得商品生产方式发生重大转变，广东佛山地区甚至出现按照西方商人设计的款式和风格生产陶瓷的现象，以苏州、杭州等为中心的江南，出现资本主义生产方式的萌芽。江南地区纺织业发达，出现了"机户出资、织工出力"的新型生产关系。资本主义生产方式在景德镇、广州等地手工业中也大量出现。规模化商品生产与贸易的发展，带动了一批商业市镇兴起，市镇内部分布着丝行、绸行、布行等牙行，也包括茶楼、酒肆、钱庄等商业场所，也有机坊、染坊等手工业作坊。而活跃于市镇内的市民阶层，不仅包括来往于各地的商人，也包括本地手工业者、乡绅和士人。作为明代后期新兴区域中心地，市镇聚居了大量人口，并且具备基层商业中心、手工业中心和文化中心的功能。

商品经济发展带动人们观念转变，追求个性自由为主的社会思潮开始逐渐趋向革新、活跃。传统理学"存天理，灭人欲"的观念，逐渐被个性解放和人文主义思潮取代。泰州学派宣讲"百姓日用之学"，倡导理欲统一；李贽抗议并否定权威，公开宣扬"不以孔子之是非为是非"。在经济思想上，政治家们普遍看到工商业发展与百姓生活改善，而反对传统"重本抑末"的思想，王守仁强调四民异业而同道，张居正主张农商并重，黄宗羲提出"工商皆本"的主张。全国性中心城市以及江南市镇兴起后，丰富了市民阶层的生活，茶肆、酒馆、戏台、书场等文化娱乐场所散杂于城市各处，文人士大夫创作出一批优秀的小说、话本、戏剧作品。市民生活日益考究，竞逐奢华风气渐趋流行。王学风行，市民思想解放，新义利观、情爱观甚至是西方传教士带来的西方伦理，都慢慢改变了人们的伦理道德观念，以李贽为代表的"异端"，对儒家经典进行大胆质疑和责难，旧礼教、旧道德受到一定程度冲击，然而偷盗、赌博、械斗、娼妓等社会陋习亦层出不穷。

在商品经济冲击下，社会流动加强，明代后期社会发生了深刻的迥异于前的变化。乡村里甲以及城镇里的厢坊编户的管理职能逐渐弱化，民间结社与文人党社众多，其中著名的当数东林党、应社、复社、几社等，他们关心政治，针砭时政，追求自由，为民请命。嘉靖中叶以后，宗族组织得到较大发展，成为社会精英自治的重要因素。在广大南方地区，同族成员聚族而居，通过修族谱、立祠堂、祀始祖等方式，凝聚成具有共同地域和血缘关系的宗族组织。在族长领导下，宗族往往制定相应的族规、宗约，以约束族众，从而实现内部事务的自我管理。而在部分北方地区，宗族发展亦呈现出组织化建设的趋势。总体而言，明中后期宗族组织逐渐成为联系个体家庭和地方社会的重要纽带，起着协调族人矛盾、管理宗族成员、贯彻落实朝廷律令、催缴赋役的作用。

第四节　明末社会危机与明朝灭亡

至明末之世，明朝政治极度腐败，土地高度集中，天灾频仍，

农业经济破产，由于统治者的贪婪，矿监税使肆意搜刮破坏，明朝的商品经济也备受打击，社会矛盾日益尖锐，民变四起。随着明朝国内社会矛盾的日益尖锐，边疆与民族地区军事形势失控，努尔哈赤统一女真，建立后金政权，挑战明朝在辽东的统治，并觊觎明朝内地。在农民起义和满洲兴起的双重打击下，明朝走向灭亡。

一 明末社会经济的萧条

万历以来，明朝的统治秩序逐渐地由异化、松动，趋于崩溃和瓦解，并最终走向灭亡。明朝经济衰败和财政枯竭贯穿这一变迁过程的始终。万历初年张居正主持清丈田亩，并在全国范围内推行一条鞭法，使得嘉靖、隆庆两朝的财政危机得到一定缓解，"海内殷富""帑藏充盈"。然而自万历中期以后，明王朝陷入严重的内忧外患之中，财政危机接踵而至。

万历以后的明代社会，商品经济高度发展，社会财富快速增长，社会财富向土地集中也越发突出。大地产者的地租、工商业者的利润、高利贷者的利息纷纷进入土地市场，土地大量集中。王公贵族利用特权疯狂兼并土地，勋贵庄田所占膏腴，连州跨县，各地王府通过奏讨、接纳投献与强行占夺等方式，兼并、隐匿了大量土地，王府遍布的河南、陕西、山东、山西、湖广等布政司，土地半入藩府。万历皇帝给潞王一次赐田4万顷，致使户部官员无法供给划拨。福王朱常洵就藩洛阳，以潞王之赏赐为口实乞请赐田，神宗也一次赐田4万顷，河南一带腴土不足，只好取山东、湖广等地的良田补充。天启年间，熹宗给桂王、惠王和瑞王三府赐田，每府3万顷，湖广、陕西等地无田可授，遂取河南、四川部分州县分摊租银，谓之"无地之租"。一般地主也巧取豪夺，南直隶和京畿地区历来人地矛盾突出，又是各类官僚地主势力主要盘踞之地，土地兼并现象最为普遍，至明末崇祯年间，已呈"近来田地有力之家，非乡绅则富民"之态。大量土地被兼并，致使朝廷登记在册土地大为减少，自耕农大为减少，大批农民沦为佃户，直接影响政府赋税征收，藩府及其他贵族地主又将赋税负担转嫁到一般佃农身上，更激化了社会矛盾。明代后期的农业经济受到巨大影响，加之持续不断的大范围异常灾异，农业经济渐次衰败，以农为主的赋税征收越发艰难。

隆庆元年（1567），明廷调整海外贸易政策，宣布解除海禁，开放福建海澄的月港，允许百姓赴东西二洋进行海外贸易。隆庆开海以后，中外贸易大发展，与对外贸易密切相关的棉纺、丝织、茶叶加工、制糖、造船及航运业等迅速发展，带动了商品经济的繁荣。据估算，至明末，约占当时世界1/3的白银流入明朝。大量海外白银输入明朝，在刺激商业和工矿业资本主义萌芽发展的同时，也逐渐抬高了物价，致使明朝后期物贵银贱。张居正变法以后，里甲、均徭和杂泛合并征银，在政策上进一步地刺激了商品经济发展，尤其是东南沿海地区的商业贸易发展良好，但在商品经济不甚发展的西部和北部地区，却出现另外的情形，"今一切征银，农无银，贱其粟以易银，军得银，又贱其银以买粟，民穷于内，军饷于外，是一法两伤"。明朝后期国内商品经济呈现出强烈的发展不平衡态势。

神宗亲政后，长期深居后宫，疏于问政，生活奢侈，恣意挥霍。内廷岁用逐年增长，嘉靖末年时内廷岁用银只17万两，万历初年张居

图10-8 （明）《出警入跸图》（局部）

正当政之时，可以约束神宗，内廷岁用减至十三四万两，万历中期以后逐年增加，几近每年30万两。万历年间，各式营建频繁，耗费大量银两，如万历十二年（1584），神宗皇帝开始营造定陵地宫，历时6年，花费巨大；万历二十五年，紫禁城大火，皇极殿、中极殿、建极殿三大殿和乾清宫、交泰殿、坤宁宫后三宫被焚毁，灾后重修，工程浩大，一直到天启七年（1627）才最后完工，所费银两近600万两。社会民众日渐奢靡以后，神宗皇帝心生艳羡，为满足奢侈生活，神宗不惜挪用国库，不断向户部、太仆寺、光禄寺讨要银两，"二三年间，费至百万，取给户工二部，搜括库藏，扣留军国之需"。仅采买珠宝和福王大婚的赏赐，即费至百万两，致使户部尚书陈蕖奏请神宗皇帝府库已竭，应该大力提倡节俭。明朝后期各地宗室繁衍益盛，至万历四十年各地宗室人口增至近10万人，按明代藩禁，宗室不事生产，不从四民之业，每年仅靠从国家支禄米过活，给国家财政带来巨大负担。

万历以后，国家军费支出激增。万历二十年（1592）二月，鞑靼人宁夏副总兵哱拜，轻慢骄横，巡抚党馨常抑裁之，并核其冒饷罪，哱拜心生不满，遂焚公署，收符印，发库帑，释罪囚，起兵叛乱，占据宁夏镇，出兵中卫、广武、玉泉营、灵州等城，全陕震动。明廷调总兵麻贵、李如松，以浙江道御史梅国桢监军，统辽东、宣、大、山西兵及浙兵、苗兵，历时8个月苦战，方平定哱拜之乱。万历二十年，完成日本统一的丰臣秀吉自任关白，为满足膨胀的野心，转移各地大名对分封土地不均的矛盾，发动侵略朝鲜的战争，图谋明朝。明朝应朝鲜王国约请，派李如松、麻贵、邢玠、陈璘统兵数十万，分两期历时7年，打败日本，挽救了朝鲜，奠定中、朝、日三国近300年的稳定关系。万历二十一年，四川播州土司杨应龙骄傲放纵，据兵反叛，明廷派刘綎、陈璘等，统兵24万人，历时两年最终平定播州之乱。明朝平定哱拜叛乱、援朝抗倭、平叛播州之乱，史称"万历三大征"。明朝先后用兵10年，才最后取得三场战争的胜利，"宁夏用兵，费百八十余万；朝鲜之役，七百八十余万；播州之役，二百余万"，极大地损耗了国力。伴随着天启、崇祯两朝辽东战事的兴起和各地农民起义的爆发，明朝财政彻底崩溃。

为了应对巨大的财政亏空，明朝在全国各地横征暴敛的同时，还采取饮鸩止渴、竭泽而渔的政策。自万历二十四年（1596）起，神宗指派亲信宦官充当矿监税使到各地肆意敛财，对各地工矿业和商业造成巨大破坏，各地矿监税使中饱私囊，倚仗神宗皇帝信任，欺压官绅，鱼肉百姓，严重激化社会矛盾，并引发明末一系列民变事件。明代的国家经济在农业经济破产后，商品经济又遭到严重破坏。到崇祯末年，国家财政彻底崩溃，国库库银仅剩区区几十万两，甚至不及一些达官勋贵的个人财富。

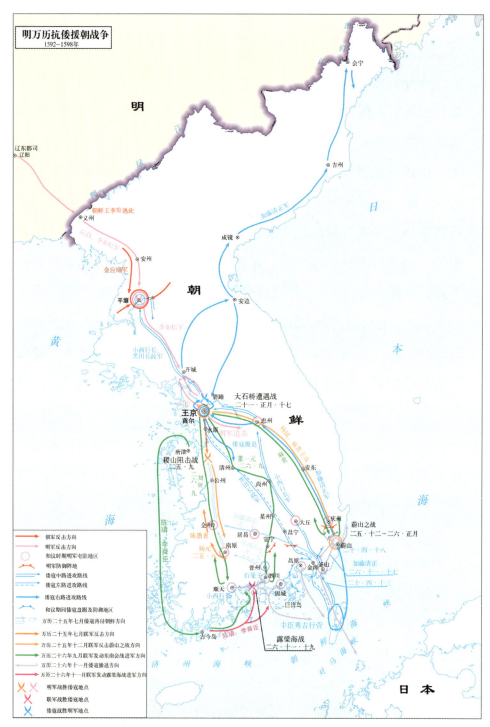

图10-9　明万历抗倭援朝战争示意图

二 后金的兴起

明朝灭亡始于辽亡，辽亡加剧明亡。万历年间，明朝致力于应对三大征的同时，建州女真的快速发展，对明朝在辽东的统治构成严重威胁。

明代的辽东东至鸭绿江，西北到山海关，南到旅顺口，北到开原铁岭。东部与李氏朝鲜相接，北部、西部分别与蒙古、女真毗邻，泛海与山东、天津相望，越山海关而襟带京师，战略地位尤为重要，"沧海之东，辽为首疆，中夏既宁，其必戍守"，被明朝人视为"京师肩臂"。明朝在辽东设25卫、2个自在州，以辽东都司按军政模式管理辽东各地军户。辽东是明朝在东北地区经略女真诸部的前沿地带。

明朝自立国始，历来重视辽东，至万历初年，辽东局势一直较为稳定，直至建州女真势力的崛起，形势才逐渐趋于紧张。16世纪末，女真各部逐渐形成建州部、长白部、扈伦部和东海部4个强大集团。四部族头领为争夺对女真的统治权，彼此间不断征战。努尔哈赤（1559—1626），爱新觉罗氏，明朝建州左卫都指挥使猛哥帖木儿后裔，曾在辽东总兵李成梁帐下赞画军务。万历十一年（1583），明军在土伦城城主尼堪外兰导引下，出兵平叛建州右卫古勒城主阿台的反叛，乱战中误将前往招降的努尔哈赤祖父觉昌安、父亲塔克世杀死，为了安抚补偿努尔哈赤，明朝给予努尔哈赤30道敕书，并命其承袭父职，继任建州左卫指挥。努尔哈赤遂以父祖所留13副遗甲起兵讨伐尼堪外兰，开启统一女真各部的战争。

自万历十一年至二十一年间（1583—1593），努尔哈赤用10年时间先后打败苏克苏浒部、浑河部、董鄂部、哲陈部、完颜部，完成建州五部的统一。在统一建州五部过程中，努尔哈赤8次到北京朝贡，由于他忠于大明，保塞有功，明廷先后升其为建州卫指挥使、都督佥事、龙虎将军。到万历四十一年（1613），努尔哈赤用近30年时间统一女真各部，并征服蒙古科尔沁部、松花江下游外兴安岭的赫哲、鄂温克、鄂伦春等部，将领地推至东起日本海，西至辽东边墙，南达鸭绿江，北接嫩江的广大区域。万历四十四年（1616），努尔哈赤在统一女真各部后，建立大金政权，改元天命，定都赫图阿拉，成为与明朝抗衡的地方政权，史称后金。

在努尔哈赤势力发展壮大过程中，辽东的治理与内部局势发生一定逆转。嘉靖后期，明朝急于解"南倭北虏"之困，暂时忽视了辽东内部积累的矛盾。嘉靖三十六年（1557），辽东出现百年不遇的大水，边墙倒塌，军民损伤过半，世宗皇帝和内阁首辅严嵩束手无策，只能拨付少许钱粮，权作应付。万历初年，张居正内修政治，外强边务，委任李成梁驻守辽东，辽东困境略有好转。万历援朝抗日，辽东作为明朝用兵朝鲜抗日的大后方，做出了巨大牺牲，"辽东方二千里，皮骨空存，膏血已竭"。据统计，仅辽东原驻军就减损60%，战后辽东不仅没有得到恢复与重建，反而给努尔哈赤崛起并迅速统一女真各部，乃至最后向明朝发起挑战，提供了绝佳时机。雪上加霜的是，战后辽东紧接着又因神宗皇帝派宦官高淮为税使的残酷盘剥，不仅最后搞残了本就十分脆弱的辽东经济，还破坏了政治，丧失了士庶之心，而且明朝政治腐败，党争不已，致使辽东防务日趋废弛，最终让辽东全面陷入绝境。

努尔哈赤在统一女真各部过程中，建立了军政合一、军民合一的八旗制度。确立女真人每三百丁壮编成一牛录，每牛录设二牛录额真，每五牛录为一甲喇，每甲喇设一甲喇额真，每五甲喇为一固山即一旗，设一固山额真，分红、黄、蓝、白四旗，后随着编入旗的人数增多，又增四旗为八旗，以镶红、镶黄、镶蓝和镶白四旗以示区别。八旗兵丁，战时披甲出战，平时从事生产。八旗旗主均由努尔哈赤及其子侄王贝勒充当，各旗旗主既是本旗政治统帅，又是本旗军事统帅，还是本旗民政与经济生产的组织者。八旗旗主共议国政，不仅军事动员力强，也是后金社会各项制度的基石，促进了满族共同体形成和后金国社会发展。

　　随着女真各部统一以及后金政权建立，努尔哈赤及后金政权对明朝的态度也发生根本转变。万历四十六年（后金天命三年，1618）四月，努尔哈赤经过长期准备，以"七大恨"告天誓师，亲率2万大兵征明。后金军兵分三路，直取辽东经略女真的要地抚顺，辽东总兵张承荫率军迎击，努尔哈赤采取智取和强攻相结合的战法，诱使游击将军李永芳投降，袭取该城，全歼明军，并攻占500余所屯堡，毁抚顺城而还，揭开了辽东战争的序幕。后金军初战告捷，增强了袭取辽东的信心。五月至七月间，后金军又连续进犯辽东，袭取抚安堡、花包冲堡、三岔儿堡等十多个屯堡，攻入鸦鹘关，袭破清河堡，乘胜进攻沈阳、辽阳等地。

　　辽东历来为明朝强藩，京师屏障，辽东失则京师危。现辽东丧城失地，明廷朝野震惊。万历四十七年（1619），明朝为安定辽东决定发动进攻。朝廷调集明军、叶赫军和朝鲜军计11万余人，号称47

万大军，辽东经略杨镐坐镇沈阳督战，由总兵官杜松、马林、刘綎、李如柏兵分四路，自抚顺关向赫图阿拉推进，企图一举消灭后金政权。努尔哈赤判断明军西路为主力，其他三路为策应，遂采取"凭尔几路来，我只一路去"的作战方针，集中优势兵力，各个击破，在萨尔浒大败明军，明军东、西、北三路全军覆没，唯李如柏率南路军逃回。萨尔浒之战以明军惨败后金以少胜多而告终。此役是后金与明朝力量消长的关键之战，从此明朝控制女真的政策破产，由战略进攻转为战略防御。

萨尔浒之战后，明朝再无力大规模用兵后金，后金却乘胜攻占开原、铁岭。明廷命熊廷弼代杨镐为辽东经略，熊廷弼力排朝中进剿之议，实施积极防御，沿瑷阳、清河、抚顺、柴河、镇江（辽宁丹东）构筑工事，加强防御。当时朝内正值争"三大案"，党祸构争，熊廷弼被阉党攻击而解职，代以"用兵非所长"的袁应泰为辽东经略，袁应泰一改积极防御的策略，主动出击，结果天启元年（后金天命六年，1621）后金攻占辽阳和沈阳等大小70余座城池，并将都城迁至辽阳。辽沈失守，明廷大震，遂命熊廷弼再任辽东经略，王化贞为辽东巡抚，以期扭转辽东危局。但熊廷弼与王化贞在如何防御后金的战略上经抚严重不和，致使天启二年（1622）广宁失守，明军全军覆没，熊廷弼被杀，传首九边。明廷改任王在晋为辽东经略、袁崇焕为兵备佥事，指挥辽东战局。明朝朝内的激烈党争严重牵连辽东战局，王在晋与袁崇焕在战略上仍存不同意见，兵部尚书孙承宗（1563—1638）接替王在晋为辽东经略后，派袁崇焕固守宁远，同时以水师驻守觉华岛，水陆配合，屏蔽山海关。不久孙承宗被迫辞职回家，由不谙军事的兵部尚书高第接任，高第尽撤关外守具、驻军，退守山海关，唯袁崇焕死守宁远城。

天启六年（1626），努尔哈赤攻击宁远失败后而亡，后金汗位由皇太极（1592—1643）继承，改国号大清，改元天聪。皇太极以朝鲜多次出兵助明为借口，两次发兵征伐朝鲜，迫使朝鲜中立。又避开宁锦防线，绕道蒙古入边，深入明朝腹地，数次突入京畿、山西，直至山东等地抢掠，并设谋行间除去袁崇焕。崇祯十三年（清崇德五年，1640），皇太极率军进围锦州，明廷命蓟辽总督洪承畴统13万大军驰援松锦，后松锦之战以清军的胜利而告终，辽东明军精锐损失殆尽，宁锦防线彻底崩溃，清朝入主中原已成必然之势。

三 农民起义与明朝的终结

万历以后，明代的农业经济因土地兼并、人口逃亡而残破，继之商业经济因矿监税使的肆意盘剥而日趋凋零，明代赋役征发越发困难，统治者的贪婪腐朽及战事频起，各项额外加派不断加重人民负担，社会矛盾尖锐异常，时人吕坤言："当今天下之势，乱象已形，而乱机未动。天下之人，乱心已萌，而乱人未倡。"

明朝后期气候环境变化异常，全球气候进入相对寒冷的"小冰河时期"。北方草原地区常遇极端低温，牲畜冻死，黄淮之间的中原地区多次出现四月大雪毁禾的现象，夏季少雨干旱，农业生产无以为继。从万历到明亡的60多年里，明朝北部地区几乎无年不灾，生态脆弱的陕北连年大旱，赤地千里。地方官府财政贫困，无力救助，反而束于功令，严加盘剥。百姓无粮，只好寻食山间蓬草，草尽而食树皮，树皮尽则食观音土，最终腹胀而亡，数百万人死于沟壑。自崇祯八年（1635）起，河南、山西、山东、京畿等地出现大范围持续性严重干旱，农民无以为生，流民四起，被迫走上流亡道路，其中多数人加入农民起义军。

天启七年（1627），陕西澄城大旱，知县张斗耀仍百般催缴田赋，受灾农民被逼无奈，农民王二暗中联络数百人，冲入县城杀死知县，揭开明末农民起义的序幕。明代的陕西是防御蒙古的前沿重地，当局不善于处理民间的生计困危，兵饷不继，崇祯初年连续三年拖欠兵饷，士卒无以为生，他们贱卖武器也生活无着，只好争先逃亡或叛变。此时朝廷又裁撤驿递，被裁驿卒也因此失业，原来依靠驿递勉强维持生计的壮丁相当一部分加入农民起义，农民起义军的队伍和战斗力都相应大增。

白水王二首义后，星星之火，迅速燎原。崇祯元年（1628），府谷王嘉胤、汉南王大梁、宜川王左挂、安塞高迎祥、米脂张献忠等纷纷领导饥民起义，李自成也加入高迎祥的义军，全陕各地义军一时多达百余支，他们各自为战，互不统属。面对陕西农民起义风起云涌，明廷以左副都御史杨鹤为三边总督，负责平定陕西农民起义，杨鹤采用剿抚兼施、以抚为主的战略，暂时安抚了部分民众，但陕西地方根本无力养活大批饥民，不少就抚者纷纷再起，为此杨鹤被治罪入狱，代以洪承畴继督陕西。洪承畴改招抚为急剿，采取先剿后抚的方针，集中兵力进攻陕西义军，各地义军发展受挫，高迎祥被推为闯王，率众进入山西，李自成则领兵转战河南，自此陕西农民举义力量跨出陕西省，转战河南、南直隶、湖广及四川等地。

　　崇祯八年（1635），农民军各路首领高迎祥、张献忠、李自成、罗汝才等13家72营于河南荥阳召开大会，李自成提出"分兵定所向"的战略为各路义军采纳，农民军遂分四路出击。高迎祥、李自成等出兵东南，攻破凤阳，焚毁明祖陵。张献忠南路用兵，转战河南、湖广，势力扩张至淮、扬一带，威胁南京。明廷起用兵部尚书杨嗣昌，制订"四正六隅十面网"的军事围剿计划，集中力量打击陕西、河南、湖广及江淮地区的义军，并从外围进击延绥、山西、山东、江南及四川等地的义军，致使农民军遭受一定挫折。崇祯十一年，清朝军队绕道蒙古入关，侵袭河北、山东，抢掠70余城，明军为集中兵力抗击清军，只好放松对农民军的镇压。崇祯十二年以后，华北连续三年干旱，各地接连发生旱灾、蝗灾，明廷为应对西北农民起义，除历年加派"辽饷"以外，又以助剿和练兵为名，加派"剿饷"和"练饷"，三饷加派，平均每亩增加一分二厘以上，合计加征1670万两白银。这种杀鸡取卵式的加派，把百姓再次逼上绝路，更多无家可归的饥民加入农民起义军队伍，农民起义军势力再炽。

　　崇祯十三年（1640），张献忠领所部突入四川，明军全力追剿入川，河南、山西、陕西的农民军压力剧减，李自成声势复起，并针对河南土地高度集中、受灾严重，百姓赋税沉重等现实，提出"均田免粮""平买平卖"的口号，极大地冲击着明朝腐朽统治，更多的饥民加入李自成的农民军，多地义军也纷纷并入李自成大军。崇祯十四年，李自成农民军占据河南全境，第二年攻克襄阳，改为襄京，李自成以"奉天倡义文武大元帅"名义建立农民军政权，并领军北上，崇祯十六年（1640）攻占西安，改西安为西京，正式建国，国号大顺，

图10-10　明代白银（四川眉州江口遗址出水）

年号永昌。

崇祯十七年（1644），李自成自西安出发，渡过黄河，分路向北京进军。三月十九日，李自成率领大顺军队攻破北京城，崇祯帝自缢于煤山，统治了276年的明王朝灭亡。张献忠农民军也于当年八月攻占成都，十一月改成都为西京，建立大西政权，年号大顺。

崇祯十六年（清崇德八年，1643），皇太极去世，其子福临即位，是为清世祖。因福临年幼，由其叔父睿亲王多尔衮代为摄政。多尔衮以明廷疲于应付农民军无暇东顾之机，调整对明政策，决计趁机入主中原。李自成攻占北京后，清军立即出动大军，进击山海关。负责镇守山海关的明军宁远总兵吴三桂，击溃由李自成派遣进驻山海关的唐通后，因其父吴襄在北京城被农民军索饷拘捕，自己的爱妾陈圆圆也为李自成部将刘宗敏抢走，遂冲冠一怒，引清军入山海关。李自成仓促率军东征，败于吴三桂及清军联军，清军顺利入关，进占北京。九月，福临从沈阳到达北京，十月初一于北京举行登基大典，正式开始了清朝对关内的统治。

本章参考文献

《明实录》，台北："中研院"历史语言研究所1962年校勘本。

张廷玉等：《明史》，中华书局1974年版。

陈宝良：《明代社会生活史》，中国社会科学出版社2004年版。

南炳文、汤纲：《明史》，上海人民出版社2003年版。

彭勇：《明史》，人民出版社2019年版。

商传：《明代文化史》，东方出版中心2007年版。

王天有、高寿仙：《明史——多重性格的时代》，中信出版社2017年版。

王毓铨：《中国经济史·明代经济卷》，经济日报出版社2000年版。

杨国桢、陈支平：《明史新编》，人民出版社1993年版。

张显清、林金树：《明代政治史》，广西师范大学出版社2003年版。

本章图片来源

图10-1 原碑位于南京明孝陵。

图10-2 故宫博物院藏。

图10-3 （明）茅元仪：《武备志》，明天启元年（1621）刻本。

图10-4 美国克利夫兰博物馆藏。

图10-5 台北"故宫博物院"藏。

图10-6 中国国家博物馆藏。

图10-7 《张文忠公全集》，清光绪二十七（1901）红藤碧树山馆刊本。

图10-8 台北"故宫博物院"藏。

图10-9 中国地图出版社授权使用。

第十一章

清朝·上

章首语

　　清朝是中国历史上最后一个大一统封建王朝，也是由满洲贵族为主体建立的统一多民族国家。清朝在继承千余年封建王朝的政治、经济和文化基础上，各方面有所发展并达到新高度。

　　清军入关，攻灭大顺、大西和南明政权，平三藩，收台湾，建立全国性政权。清初，最高统治者深刻洞察社会主要矛盾，继承中原王朝治国理念，选择以正统儒学为政权指导思想，迅速完成社会秩序重建。同时，着力强化中央集权，以皇权为核心的君主制发展到中国封建社会顶峰，中央决策机制逐渐健全，官僚政治不断完善。同时，清廷采取中央政府统一领导和"因俗而治"相结合的手段，加强边疆治理，有效维护并巩固了统一多民族国家。

　　雍乾时期，社会发展步入转型阶段，经济空前发展，社会观念发生变迁，社会生活展现新风尚。乾嘉道时期，清朝外部面临西方殖民势力侵扰，内部政治危机深化，各地反抗斗争频发，清代社会发展转入新的历史阶段。鸦片战争后，在西方列强入侵下，中国被迫屈从于

以西方为中心的国际体系，并一步步陷入半殖民地半封建社会的深渊。救亡图存，作为一个独立自主的现代国家进入世界民族之林，成为近代中国人追求的目标。

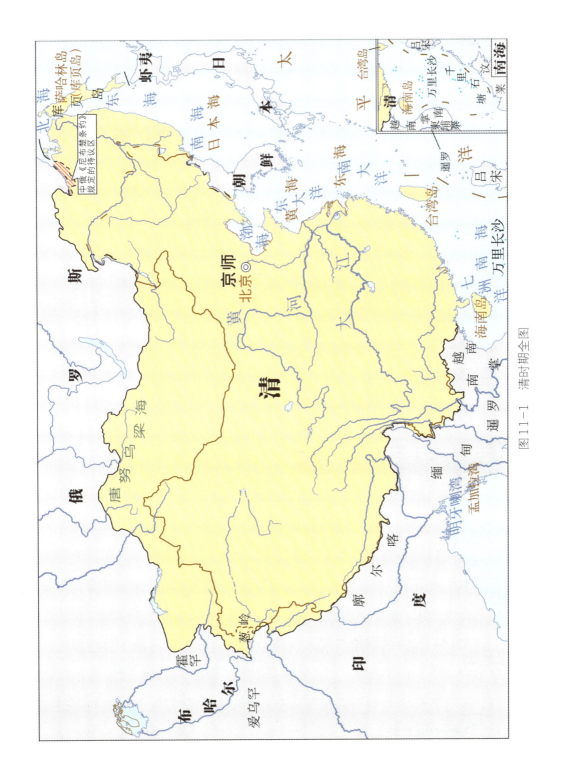

图11-1 清时期全图

第一节　清军入关和统一事业完成

图11-2　努尔哈赤画像

努尔哈赤起兵，开启对建州女真各部的兼并战争。经过30余年奋战，1616年，建立"后金"政权，拉开清王朝的序幕。1644年，以李自成为首的农民军推翻明王朝，中国历史面临新的转折点。清军入关，定鼎北京，经顺治、康熙两代，先后攻灭大顺、大西和南明政权，又平定三藩，统一台湾，最终完成国家统一。

一　清军入关与全国性政权的确立

以李自成为首的农民军攻入北京，明崇祯帝自缢。兴起于中国东北地区的满洲势力，在多尔衮率领下，与明将吴三桂里应外合，击败李自成部队。多尔衮进北京后，扶持福临重新登基，"定鼎燕京"。

清军初入关的举措与汉人抗清情绪的高涨　明清鼎革，中原大地破败不堪，民不聊生。为稳定统治根基，清军打出仁义之师的旗号，统合各种力量对付农民军。鼓吹为明朝君父复仇，为崇祯帝治丧，争取官民好感，拉拢汉族官僚士大夫。同时，申明军纪，对军民秋毫无犯，从重处罚违背军令者，打消汉族民众疑惧。为减少阻力，清统治者及时调整政策，保留汉族习俗，放宽薙发令。这些举措起到了稳定民心、团结力量的积极作用。北方官僚士大夫、地主纷纷迎降，为清军以军事手段消灭其他势力提供巨大助力。

随着军事行动节节胜利，清统治者误判形势，再次强行推动薙发、圈地、逃人法的实施，引发广大汉族民众激烈反抗。为个人生存和民族大义，汉族民众奋起反抗，各地抗清斗争风起云涌。李自成、张献忠分别领导的大顺、大西政权，由抗明转为抗清，成为抗清斗争的主力军。江南弘光、东南鲁王、隆武，西南永历等南明政权，高举"反清复明"旗帜。此外，还有一些有影响的反清力量，如拒绝归顺清朝的明朝遗臣，在农民军和清军之间摇摆不定的明将或原农民军将领，以及不堪忍受清朝高压政策的起义百姓等。各股反清势力交织，对清朝统治发起抵抗。清朝统治者打压与招抚两手并举，展开旷日持久的攻灭反清力量的斗争。

攻灭大顺、大西政权　清初，与清军同时活跃在历史舞台的势力有南明政权，以李自成、张献忠为代表的大顺、大西政权。几股势力各据一方，围绕着由谁来最终完成国家统一展开激烈角逐。

李自成兵败山海关，主动西撤，将主力收缩到陕西。在大顺军影响和策应下，北直隶、河南、山东、山西、陕西等地抗清斗争此起彼伏。清廷意识到大顺政权仍有较大势力，视其为最大威胁。顺治元年（1644）十二月，清军集中兵力，两路大军南北夹击，次年取得潼关之战的胜利，极大地动摇了大顺政权的根基。随后，清军乘胜追击，多次与李自成部激战。顺治二年（1645）五月，李自成战死。大顺军的抗清斗争继续进行，此后又坚持了20余年。

击败李自成势力后，清军将矛头转向大西政权。顺治三年（1646），清军入川征讨张献忠。张献忠正面临来自南明势力的攻击，困境重重，清军的征讨使之雪上加霜。原大西骁骑营都督刘进忠投降，引导清军进川，向大西军展开猛烈攻击。张献忠战死，大西政权败亡。

击破南明政权　顺治元年（1644），明福王朱由崧在南京建立弘光政权。弘光政权先天不足，东林党与阉党激烈斗争，军阀集团间互相排挤，福王昏庸无能，政权腐朽充斥。弘光政权不明大势，错判形势，视大顺军为主要对手，以讨贼复仇为"宗社大计"，反而把清朝的威胁置于次要地位。顺治二年（1645），多铎率军进取江南，下归德、淮安等地。镇守扬州的史可法顽强抵抗，但孤立无援，最终慷慨就义。攻陷扬州后，清军兵临南京，明军纷纷归降，弘光帝被俘。

弘光政权覆灭后，东南地区形成两个政治集团：唐王朱聿键在福建建立隆武政权，鲁王朱以海在浙东绍兴监国。清军接连摧毁大顺和弘光政权，一改入关时的刚柔并济政策，倡导以军事手段为先导，制造了"扬州十日""嘉定三屠"，引发江南地区的激烈反抗。但鲁王、唐王政权都是在极其复杂的政治斗争中仓促建立，内部腐朽不堪，彼此又互不配合，且不善于团结民众力量，无力与新崛起的清政权抗衡。顺治三年（1646）二月，清军出征闽、浙。六月，攻占绍兴，鲁王逃亡海上，几度被清军攻破。八月，清军擒杀唐王，隆武政权覆灭。鲁王辗转逃亡，顺治十年（1653），去监国名号，浙东政权落幕。

江南、东南地区政权被清军击破后，顺治三年（1646），桂王朱由榔在广东肇庆建立永历政权。永历政权初立时，清军南下逼近珠江流域。永历政权选择与大顺、大西军余部合作，在抗清斗争中取得一些胜利，一度控制江西、湖南、两广及西南地区，是南明政权中与清王朝抗争最持久的政权。但与其他南明政权一样，内部也是矛盾重重，政治腐朽，没能把握住抗清的有利形势。在清军接连进攻下，永历帝逃亡缅甸，政权逐渐瓦解。

二　清初统一事业的完成

清朝定鼎燕京后，发动系列军事行动，平息各地抗清斗争，平定三藩之乱，统一台湾，最终完成国家统一，巩固了统一多民族国家。

平定三藩　"三藩"是指镇守云南的平西王吴三桂、镇守福建的靖南王耿精忠和镇守广东的平南王尚可喜。顺治到康熙初年，天下初定，局势未稳，清廷对"三藩"主要采取安抚笼络政策，给予他们军事、政治、经济和人事方面的特权。随着时间推移，"三藩"滥权，视朝廷法令为无物，地方势力恶性膨胀，割据一方，犹如国中之国，直接威胁中央集权和国家统一。康熙帝亲政后，忌惮三藩势力尾大不掉，立志撤藩。康熙十二年（1673）三月，尚可喜以年迈为由请求归老辽东。康熙帝借势撤藩。随后，吴三桂、耿精忠纷纷请辞。与尚可喜主动请求撤藩不同，吴三桂、耿精忠二人原非自愿，特别是吴三桂，只是迫于形势，想借此试探清廷态度。对于吴三桂的撤藩请求，部分朝臣考虑到云南形势及吴三桂势大，主张仍令吴三桂镇守云南。康熙帝决定一劳永逸解决三藩问题，准许了吴三桂的请求，吴三桂遂举兵反叛。一时间，"东西南北，在在鼎沸"，贵州、四川、广西、广东、福建、甘肃、陕西反清力量起而响应。康熙二十年（1681），清廷底定云南，长达8年的平藩斗争落下帷幕。吴三桂起兵是为了满足其家族利益，旨在分裂割据。在反叛斗争中，不仅企图煽动民族感情来挑起满汉矛盾，还使刚刚实现社会秩序稳定的国家再度陷入战乱，是非正义行为，应予谴责。清廷坚决斗争，平息叛乱，避免了国家分裂，在新的基础上巩固了国家统一安定，应予肯定。至于康熙帝本人，审时度势，在清廷命运攸关之际，亲自决策，亲自领导平叛战争并取得最后胜利。

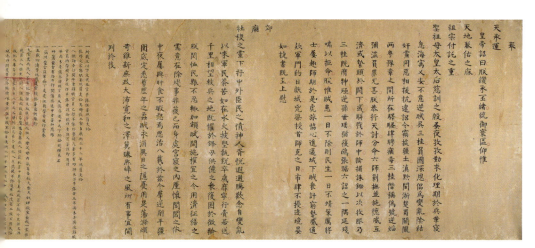

图11-3　康熙二十年十二月二十日三藩平定维新庶政大沛宽和诏谕（局部）

统一台湾　台湾自古以来就是中国领土。17世纪初，荷兰殖民势力强大，侵占了台湾南部，展开残酷剥削和压迫，台湾人民不断掀起反抗斗争。郑成功领导的抗清力量北攻南京受挫，决定夺取台湾作为根据地。顺治十八年（1661），郑成功以"大明招讨大将军"名义驱逐荷兰殖民者，攻取台湾。郑成功收复台湾，是中华民族抗击外来侵略，维护国家主权的重要事件。

图11-4　郑荷台海激战图

随着清廷逐渐消灭南明、农民军和三藩势力后，解决郑氏集团，统一台湾就被清王朝提上重要议程。台湾与大陆隔海相望，作战需要依赖强大的水军。受限于航海技术，清军对郑氏集团作战存在困难。郑成功病故后，郑氏集团陷入内乱。双方长期处于均势状态，清政府遂对台湾采取剿抚并举方式。郑氏集团对清政府的招抚并不接受，特别是坚决不剃发，不登岸。平定三藩之乱后，清廷得以把更多精力放到解决台湾问题上。康熙二十年（1681），郑经病逝，台湾内乱加剧，郑氏集团逐渐丧失人心。解决台湾问题再次被提上重要议事日程。当时，在台湾问题上，众议纷纭。有认为不必攻取的，有认为攻而不能胜的，等等。康熙帝坚决驳斥各种错误认识，同时严辞拒绝郑氏集团提出的照琉球、高丽等外国例，称臣进贡的请求。康熙帝决定用兵台湾，以武力实现国家统一，故而起用善于水战的施琅为福建水师提督。康熙二十二年（1683）六月，施琅率领水师在澎湖大获全胜。澎湖大捷，是必然性和偶然性的辩证统一。从必然性讲，清军在政治上以统一对战割据，在军事、经济上均保持力量优势。从偶然性讲，双方指战员的指导思想和战术运用有别，康熙帝运筹帷幄，施琅指挥得当，郑氏集团刘国轩判断错误，兼之天气有利于清廷用兵等，也成为影响双方胜负的重要因素。八月，清军抵达台湾善后。攻取台湾后，清廷内部对如何经营台湾再次产生严重分歧。康熙帝一度认为台湾乃弹丸之地，"得之无所加，不得无所损"。施琅呈奏《恭陈台湾弃留疏》，强调台湾战略地位十分重要，乃江、浙、闽、粤四省重要屏障，经营台湾，事关东南安危，绝不可攻而不守。康熙帝深刻认识到"弃而不守，尤为不可"。康熙二十三年（1684）四月，清廷批准在台湾设一府三县，属福建省，台湾正式纳入清政府统一管辖版图。

第二节　顺康时期社会重建和边疆治理

任何历史阶段都有独特的历史环境，面临重大的时代命题。明清鼎革之际，战火纷飞，社会秩序严重破坏，伦理道德体系混乱，国家面临着天崩地坼式变化。选用何种理论作为政权指导思想，完成社会重建，是摆在统治者面前的首要问题。政权指导思想的选择，要从分析清初社会主要矛盾着手。政治上，清初统治者继承努尔哈赤和皇太极遗志，在汉族士大夫支持下，最终确立正统儒学在意识形态领域的独尊地位，进而以其为指导完成社会重建。经济上，清政府采取一系列举措，恢复和发展生产，稳定经济秩序。边疆治理上，统一西北的战争取得胜利，东北边疆保障有力，海疆治理初显成效。

一　清初社会主要矛盾

清军入关后，满汉两种异质文化相互碰撞，民族矛盾在相当长时间内是社会主要矛盾。

从经济形态看，存在农奴制与租佃制的矛盾。顺治元年（1644）起，实施"圈地"政策，建立起大大小小的旗地官庄。圈地名义上是圈占"无主荒地"，无偿分给满洲贵族和八旗兵丁，实际上是典型的民族掠夺行为。满洲贵族和官员大肆圈占庄田，需要大量劳动力，逼迫汉人"投充"。为应对逃亡，清政府严申"逃人法"。圈地、投充、逃人法，使汉族民众逐渐失去土地、财产和人身自由，对汉人的经济生产和正常生活造成严重破坏。农奴制和租佃制两种生产方式形成尖锐对立。如何组织社会生产，是继续采用入关前政权实行的落后农奴制，还是采用在中原地区长期实行的发达租佃制，清政府必须决断。

从生活方式看，存在衣冠发饰的矛盾。顺治二年（1645）六月，摄政王多尔衮严申薙发令，强调"遵依者为我国之民"，迟疑者视同逆寇，必置重罪。对于规避惜发，巧辞争辩者，绝不轻贷。同时，又要求统治区域内统一服饰，衣帽装束均应遵从清朝制度，不得有异。将满族衣冠服饰作为满汉统一的标准进行普遍推广，反映了清朝统治者急于划一制度和强化统治的意图。但衣冠发饰是人们生活方式的重要内容，更是一个民族历史与文化的重要象征。汉族民众深刻意识到

清军入关绝非简单的改朝换代，而是伴随着对民族文化的严重侵犯和深重压迫，于是纷纷起来抗争，民族矛盾激化。

从价值观念看，存在满洲"家法祖制"和在中原地区长期占据主导地位的儒家学说的对立。清军入关后，政权烙有鲜明的民族特色，满洲贵族力图将入关前的政治、经济制度和思想观念运用和贯穿到对中原的治理中，如议政王传统，重骑射、尚勇武，"首崇满洲"，多种信仰等。这些内容与儒家推崇君权，文教治天下，独尊儒术的价值观念产生巨大冲突，招致汉族士大夫的不满。

任何时代都需要在治国领域占主导地位的统治思想。反观清初社会，可供统治者选择的用以指导社会重建的思想资源，主要有：满洲"家法祖制"；明末已在部分地区孕育并发展的具有反传统意义的激进思想观念；以王守仁学说为代表的曾经盛极一时，并一度与程朱理学分庭抗礼的阳明心学；再者就是在很长时间里作为政权指导思想的程朱理学。但问题在于以满洲的"家法祖制"作为指导关外地区的地方政权建设或可胜任，但要用它作为指导涵括疆域更为广阔的全国性政权建设，不足和缺陷就很明显；激进思想观念支离多于完整，尖锐远胜深刻；至于阳明心学因背负亡明之罪，在清初的学术思想界和社会政治领域也很难再有大的作为。从历史角度看，时代选择了程朱理学，它紧贴时代脉搏，推动清初社会重建顺利完成。

二　理学独尊地位的确立与社会重建

判断理学独尊地位是否得以确立，关键在其是否被明确为政权指导思想，核心则是最高统治者成为理学基本义理的信奉者和执行者。

在理学独尊地位确立过程中，清朝政治完成了从满洲传统政治向中原政治的历史性转型，即从诸王议政向以皇权为核心的君主制转变，从贵族理政向官僚政治转变。要言之，就是要实现清朝政权的儒学化。清政权的儒学化始于入关前的努尔哈赤和皇太极时期，发展于顺治朝，确立于康熙朝。

图11-5　皇太极画像

入关前政权开启儒学化进程　从努尔哈赤到皇太极，政权儒学化突出体现在两方面：

第一，引儒家伦理入政治生活。努尔哈赤能读书识字，谙熟中原王朝历史。进入辽沈地区后，为适应统治区域扩大的现实，努尔哈赤尝试把儒家三纲思想引入治国理念。皇太极继位，在努尔哈赤基础上实现新的突破，明确提出用"三纲五常"思想指导政治生活，并通过制度化形式初步确立了以皇权为中心的君主制政体。

第二，学习明朝政治制度。天命三年（1618），努尔哈赤下令依照明制，由汉人李永芳统辖明朝降户，又命都堂阿敦等将明朝所定典章制度，去其不通，取其相宜，以备参考。皇太极时期，加快从制度层面实现与中原政权接轨。比如，设立六部及相关机构，改文馆为内三院，推进秘书班子从书房到文馆再到内三院的逐步完善。同时，接受汉族知识分子建议，注重强化君主在政治运行中的核心地位，建立尊卑有别的等级制度。

经过从努尔哈赤到皇太极的不懈努力，政权儒学化不断推进。儒家伦理被引入政治生活、明朝制度得到逐步接受，一大批汉官通过制度化方式参与中央决策。总体看，儒家文化在政权建设中发挥的作用仍十分有限，尤其是努尔哈赤晚年采取的一些举措，使得政权儒学化进程陷入回流，以儒家思想为治国理念的尝试近于功亏一篑。比如，八和硕贝勒共治国政体制（努尔哈赤晚年创设的政权组织形式）的创设和实施，本质是倡导决策主体多元化，核心是以议政权限制君权。从构建以皇权为中心的君主制政体而言，显然是制度上的倒退。但是，努尔哈赤父子吸收和借鉴儒家文化的努力，为清政权的儒学化奠定了初步基础，为其后继者开辟了广阔天地，具有重要历史意义。

顺康以降，政权儒学化进程持续推进，突出体现为程朱理学在意识形态领域的独尊地位得以重新确立。

第一，最高统治者接受理学义理并付诸实践，从指导思想的角度，规定清朝政治演变方向。"君心正，则天下治"，最高统治者的文化选择，决定政权的走向。清初，最高统治者为缓解民族矛盾，巩固王朝统治，主动吸收中原政权治国理念。顺治十年（1653），顺治帝向全

图11-6 《钦定日讲四书解义》书影

社会宣示要"崇儒重道"。康熙帝对理学有浓厚兴趣，推崇理学名儒，信奉理学义理，明确将理学作为科举取士的标准，使理学真正服务于政权建设。最终，大体在康熙中叶前后，完成政权合法性论证，实现"道统"与"治统"合一。康熙十六年（1677）十二月，康熙帝亲撰《日讲四书解义序》，向全国宣布"万世道统之传，即万世治统之所系"，强调历代贤哲君王，无论创业或者守成，都应尊崇表彰儒学，讲明其中蕴含的深刻道理以服务国家治理。康熙帝以序言方式，明确宣布理学作为治国理念，意味着理学在清朝政治中获得合法的主导地位。

第二，理学在帝王教育中占据主导地位。以魏裔介、魏象枢、熊赐履等为代表的汉族官僚，通过君臣奏对、经筵、日讲等方式，数十年如一日地努力引导最高统治者接受理学。倡导理学，不仅是为了给统治者提供治理依据，更重要的是向满洲统治者系统地传播儒家学说，最终达到规范政权走向的目的。最终，康熙帝不仅本人以"理学皇帝"的面貌呈现，更重要的是，康熙二十六年（1687），确定了皇子培养方针，即"文武要务并行，讲肄骑射不敢少废"。"文"就是以理学为核心的儒家文化。担任康熙帝皇子讲官的汤斌、耿介、熊赐履均是理学名儒。以理学为皇储教育的主要内容，作为一种制度在有清一代得以严格执行。比如，雍正帝给皇子弘历选择的老师有朱轼、蔡世远等理学名儒，乾隆帝给皇子颙琰选择的老师有朱珪等理学名儒。用理学教育皇储，确保了理学义理在清政权中长期居于主导地位。

第三，理学官僚在政权中占据显要位置，成为影响政治走向的中坚力量。同时，清代以皇权为核心的官僚政治体制最终确立。顺治时期，国家最主要的政治权力由满人掌握，关键职位由满人担任。满官品级高于汉官，满官可以文武互用，官无定员，汉官则有常职。汉官犯罪，重者革职，轻者处罚；满洲只有革罚，而无降处。康熙帝亲政后，一大批理学官僚受到皇帝信用，参与核心决策。熊赐履、李光地、陈廷敬、张英等都位至宰辅。理学官僚在政治运行中发挥重要作用，意味着儒家政治思想在清廷核心决策中的影响扩大，推动清初政治与中原政治迅速接轨。政治制度是判断一个政权性质的根本。清初政权儒学化，最根本的尺度是确立以皇权为核心的官僚政治体制，显著标志是皇权取得对议政权的最终胜利，形成"天下大事，皆朕一人独任"的皇权极度膨胀局面。

理学官僚与清初社会重建　清初，社会矛盾极其尖锐，"时值纷纠，俗成刁犷；门开告密，狱起同文"。尽快完成社会重建，是当时最紧迫也是最核心的时代命题。理学官僚是推动清初社会重建的骨干群体，发挥着中坚作用。他们提出改革弊政、休养生息、矜慎刑狱等主张，推动康熙朝三藩、河务、漕运的解决，为清初社会重建做出重大贡献。

第一，改革弊政。在改革明朝遗留弊政方面，理学官僚主张裁汰冗官、整顿胥吏；裁并卫所，使丁田归到州、县；改革边地军政；禁止特务政治等。在改革清初滋生的弊政方面，理学官僚要求废止圈地、逃人法。

第二，休养生息。明清之际，经济破败，社会动荡，全国很多地区沦为"蓬蒿满路，鸡犬无声"之地。三藩之乱后，社会更处于民不聊生、饥寒切身局面。再不休养生息，政权前途难料，诚如康熙帝所谓"朕君临天下，抚驭兆人，无日不以休养生息为念"。在朝理学官僚积极献计献策，秉承统治者意旨，制定有利于百姓休养生息的政策。"修实政，通民隐"，强调取民有制，藏富于民。地方官员用心治理，招徕流民，开垦荒地和恢复生产等。

第三，矜慎刑狱。为安抚饱经战乱之苦的百姓，理学官僚强调宽平缓刑、矜慎刑狱的重要性，魏象枢建议"慎刑狱以疏民情"，熊赐履在科举策问中围绕"慎刑"展开讨论。受此影响，处罚从宽成为康熙时期执法用刑的重要特征。

第四，力行教化。清初社会，教化不行，"满腔恣睢，百事乖谬"。统治者意识到"为国之道，以教化为本"。理学官僚信奉"以德化民"，提倡礼乐纲常。主张兴办学校，"隆师重道"，注重人才培养。同时，倡节俭，禁奢侈，禁淫词小说、戏曲，打击邪教。

第五，参与康熙朝三藩、河务、漕运三大政事。三藩之乱是康熙朝重要历史事件，理学官僚积极参与到平叛事宜的讨论和实践中。魏象枢、熊赐履、王熙、李光地等人在筹饷、用人、用兵等方面都做出了许多努力。河务治理方面，君臣间多次围绕水利问题展开讨论。魏象枢、李光地等理学官僚提供治水思路，于成龙、陈鹏年等先后出任河道总督，亲历治河前线，拟定治河方略，成效显著。漕运方面，理学官僚对清廷漕运之法多有思考，熊赐履曾在会试中以"粮储输挽之法"发问，积极寻求漕运治理的办法。

遗民理学士人与清初社会重建　清初社会重建的完成是多种力量共同作用的结果。在中央政府主导下，官僚理学是中坚，遗民理学是重要补充，两者相辅相成。清初，随着清王朝统治的不断巩固，明遗民最终几乎全部放弃了反清立场，并且在一系列重要社会政治见解上，与清廷具有共通之处。明遗民放弃反清立场，主要表现在三方面：一是在出处（出仕及退隐）和辞受（推辞及接受）上由严转松。清初，遗民理学士人重视气节，强调出处和辞受。随着时间的推移，遗民开始出现松动迹象。比如，顾炎武等人先前对汉人仕清行为多加斥责，批评他们是"反颜事仇，行若狗彘"。但随后，顾炎武先后与清廷官员程先贞、颜光敏交接。二是不出仕，但与清廷保持密切联系。比如，孙奇逢明亡后归隐，但又与清廷官员过从甚密。据统计，顺康两代，从学孙奇逢的人中，在清廷任职者中占很大比例。顾炎武数次拒绝清廷征召，但曾向朝廷举荐门生任职，外甥徐乾学、徐秉义、徐元文皆为高官。至于"亡国""亡天下"有别的论调，更是清晰表明顾炎武对清廷态度的松动。三是在"复明"无望之后，将精力转到著书立说和授徒讲学上去，如王夫之、张履祥、陆世仪等。遗民著书立说，非但不反清，反而可以说是培养和教化了一批甘于为清廷服务的知识人士。

更重要的是，遗民虽不出仕，但却积极参与社会重建的实践。一是重治生。张履祥亲自参与农作，主张通过农政来解决百姓温饱，宣称稼穑关乎人心、世道。陆世仪躬行农事，在太仓近郊治薄田，"以验农田水利之学"，出工本，买农具，亲自耕作。二是革弊政。张履祥认为，设官多，事情繁，弊端大，与其设众多官员，不如精心挑拣；与其俸禄薄而不能养廉，不如厚待读书人。陆世仪总结出姑苏钱粮有"三大困""四大弊"，对百姓危害极大，务必要革除。三是兴水利。陆世仪重视水利在地方治理中的作用，主张以"蓄泄"兴水利。

他向地方官进言，"陈开江十二事"，建议疏通娄江，泄太湖水，并亲自发动昆山、嘉定士绅参与。张履祥指出崇德、桐乡等地农业困难，关键在农政废弛，水利不兴。四是敦行教化。张履祥认为，要实现社会稳定，关键在遵循三纲五常，全社会都要形成重视民食和丧祭的传统。陈瑚隐居昆山，讲学地方，阐扬圣谕。

总之，明遗民与清政府主导的社会重建同向而行，共同推动社会秩序向良好方向发展。

三　经济政策的调整及意义

清初，历经王朝更迭和数十年战乱摧残，社会千疮百孔。经济破败，百姓流离失所，政权面临巨大统治危机。统治者把关外地区实行的举措移植到中原地区的做法令社会形势加速恶化。圈地打破了中原地区原有的自然经济模式，更使得大量农民丧失土地，沦为农奴。逃人法极大地加剧了满汉民族矛盾，危害社会秩序。为恢复和发展生产，稳定经济秩序，清政府采取了一系列调整措施。

停止圈地　圈地令、逃人法使清初社会雪上加霜，遭到汉族官僚的尖锐批评。魏裔介直指"逃人法"弊端，提出"逃人宜宽，蠲赋宜信"的主张。顺治八年（1651），顺治帝下令将先前所圈土地，尽数退还原主，准许百姓乘时耕种。康熙八年（1669），下令禁止圈地，宣布自此以后永行停止圈占民间房地。政府禁止圈地，意味着统治者放弃了移植旧生产方式到中原地区的做法，百姓生产生活秩序得到恢复和保障。

鼓励垦荒　自顺治时起，清政府便开始推行垦荒政策。顺治元年（1644）八月，清廷接受山东巡抚方大猷的意见，下令州、县、卫所凡是无主荒地，都可分给流民及官兵屯种；有主无力者，官府拨给牛、种，三年起科。顺治十三年（1656）七月，招募殷实人户开荒，规定：如有殷实人户能开垦荒地至2000亩以上者，照辽阳招民事例，加以奖赏。顺治十四年（1657），颁行《垦荒劝惩则例》，鼓励农民垦荒，并与清丈、清查隐漏相结合。据统计，顺治十年至十三年（1653—1656），各省开垦荒地64887.22顷；顺治十四年至十八年（1657—1661），达到115059.41顷。康熙时期，随着战乱平息，垦荒政策得到进一步调整，逐渐延长起科年限。先是，垦荒定六年起科。康熙十二年（1673）十一月，康熙帝考虑到百姓开荒拮据，物力艰难，对垦荒政策再加宽限，规定十年起科。同时，延续顺治年间措施，对垦荒者进行物质帮助。有情愿开垦者准其开垦，无力者通省官员给予牛、种，招垦照数议叙。垦荒政策的推行，取得显著成效。到康熙五十五年（1716），全国耕地面积达7250654.9顷，超过明万历六年（1578）的7013976.28顷。更重要的是，清初通过垦荒，促进了农民和中小地主所有制的发展，社会经济进入新发展阶段，清朝统治得到进一步加强。

调整赋役制度　赋役制度是管理经济秩序的重要手段，关乎国家经济命脉。清初统治者注重藏富于民，休养生息，积极整顿赋役制度。顺治十四年（1657），参考明万历年间赋役制度，颁布《赋役全书》。书中详细列明地丁原额、荒亡、实征、起运、存留等事项，对官民赋役征收作出统一规定。康熙二十四年（1685），编成《简明赋役全书》，调整银、粮尾数。为规范赋税收缴，清政府还对缴纳方式作了调整，康熙二十七年（1688），停止刊刻"由单"，实行"滚单"，抑制官府私征私派，大大减轻了农民负担。康熙三十年（1691），诏令各直省、州、县、卫所，将《赋役全书》科则、输纳数目在衙门外勒石公布。此后，赋役原额大体上得以固定。赋役制度的调整，抑制了私派、滥派，遏制官员胥吏包揽等弊端，减轻了"花户"负担，有利于稳定社会秩序。

滋生人丁，永不加赋　清初，赋役征派以地亩、人丁为主要依据，随着人口不断增长，地丁数额难以清查，丁银成为农民的巨大负担，给财政收入造成不利影响。康熙五十一年（1712），颁布"滋生人丁，永不加赋"谕令，规定以康熙五十年（1711）丁银额为准加以征收，增加人丁不再额外征收丁银。此举具有重要意义，关键在以朝廷法令形式，确定了丁银总额。更重要的是，雍正时期，推行"摊丁入地"，把固定丁税平摊到田赋中，征收统一的地丁银，正是在此基础上展开的。

废除匠籍，取消匠班银　匠籍制度是封建国家束缚手工业者的枷锁。顺治二年（1645），清廷谕令"免山东章邱、济阳二县京班匠价，并令各省俱除匠籍为民"。康熙二十年（1681），把匠班银"编入正赋"。雍正朝大规模推行摊丁入地后，匠班银摊入地丁征收。这些举措的实行，有利于把手工业从封建国家的人身依附和经济奴役下解放出来。

经济政策的调整，为清代社会生产发展奠定了良好基础。传统小农经济得到前所未有的发展，土地耕种效率提高，物产丰富充盈，人口逐渐增多，国力逐渐强盛。

四　经营西北、东北边疆和治理海疆

边疆治理是国家治理的重要组成部分。清初不断开疆拓土，扩大统治范围，疆域版图远超前代。作为以满洲贵族为主体建立的统一多民族政权，如何在以汉族为主体的中原大地推行统治，同时又稳定好边疆地区，是清朝统治者面临的紧迫问题。

统一漠北　长城以北，长期是漠南蒙古、漠北喀尔喀蒙古和漠西厄鲁特蒙古活动的主要区域。努尔哈赤、皇太极对蒙古采取招抚政策，双方缔结姻亲。皇太极后期到顺治初期，蒙古各部对清廷或建立藩属关系，或直接归附，满蒙联盟相对稳定。顺康时期，漠西厄鲁特蒙古中的准噶尔势力崛起，噶尔丹自立为汗，称霸漠西蒙古，并逐渐向外扩张。康熙二十七年（1688），噶尔丹与沙俄勾结，公然挑衅，给清朝统治造成严重威胁。为维护边疆安定，康熙帝三次亲征噶尔丹。康熙二十九年（1690），清军在乌兰布通大败噶尔丹后，次年召集全体喀尔喀贵族在多伦会盟，推行清朝的盟旗、法律和封爵制度，改变了喀尔喀蒙古长期以来形成的割据混战局面。最终，清廷历时近10年（1688—1697），完全消灭噶尔丹分裂势力。清廷借此加强对西北的管理，一是设置阿拉善厄鲁特旗和额济纳土尔扈特旗，二是促使青海蒙古归附，三是在哈密实行札萨克制度。

驱准保藏　清初，朝廷对西藏采取政教分离的统治政策。顾实汗掌行政事务，达赖喇嘛掌宗教事务。喇嘛教在蒙藏地区受到崇奉，清朝为稳定蒙藏地区，早在皇太极时期，就与西藏第五世达赖喇嘛互遣使者，书信通好。顺治九年（1652），第五世达赖喇嘛到北京觐见，西藏和清朝最终建立起政治隶属关系。第五世达赖喇嘛圆寂后，准噶尔军与西藏叛乱分子勾结，流窜到西藏。康熙五十五年（1716），准噶尔的继任者策妄阿拉布坦继续向周边扩张，并使西藏陷入混乱。康熙帝两次派军"驱准保藏"，恢复西藏秩序。康熙六十年（1721），清政府废除大权独揽的第巴，命康济鼐、阿尔布巴、隆布鼐共为噶伦，主管当地政务。同时，军事上派兵驻守。这些举措稳定了西藏社会秩序，促进了当地和内地交流融合。

反击沙俄入侵　清初，沙俄多次武装入侵中国黑龙江流域。康熙帝通过两次雅克萨战争击败俄军。康熙二十八年（1689），双方签订《尼布楚条约》，凡6款，对中俄东段边界划分、越界侵略和逃人的处置，以及中俄贸易往来等都做了规定。签约后，清廷在边界设置卡伦，明确巡边制度，以巩固边防。

海疆治理　清初海疆治理是伴随着海疆地区的平定而展开的。清军入关，即由山东、江苏沿海用兵南明政权。顺治二年（1645），相继攻陷江苏、福建沿海重镇。郑成功和康熙帝在台湾地区实行的有效管理，为后世海疆治理提供了宝贵经验。至于顺治和康熙年间实行的禁海、迁界政策则主要是出于防备郑氏集团采取的战时举措。在制度设计上，沿海与内地相仿，相应的官员有总督、巡抚、道员、知府、同知、通判、知州、知县等。督抚是负责地方海疆治理的最高军政长官。皇帝尤为重视，康熙帝曾说："闽省海疆与台湾相近，总督职任必得才兼文武之人乃可。"为加强海疆治理，清廷推动海防体系建设，创立八旗水师和绿营水师，构建起以岛、海、岸、域为主体的海洋防御体系，这套体系对于巩固清前期海疆起了重要作用。

清代，在边疆治理上，根本特点是尊重地方习惯，加强中央政府的统一领导和因俗而治相结合。换言之，在保留理藩院体制的同时，完善统辖于中央的驻防将军大臣体制。中央设理藩院、礼部、鸿胪寺等机构。理藩院由崇德时期的"蒙古衙门"演化而来，"专管外藩事务，责任重大"。礼部和鸿胪寺也有办理边疆少数民族事务的职掌。地方军政机构主要包括将军、都统和大臣等。盛京、吉林、黑龙江、绥远、伊犁等设驻防将军，热河、察哈尔设驻防都统，乌里雅苏台、科布多、库伦、西藏、叶尔羌等地设参赞大臣、办事大臣。在西南少数民族地区设土官。在哈密、吐鲁番设札萨克，在回部设伯克。

第三节　君主制的强化并达顶峰

清代作为中国古代最后一个封建王朝，注重继承学习历代王朝治国理念，奠定了"康乾盛世"的基础。同时，中央集权高度强化并达顶峰，突出表现在：以皇权为核心的君主制进一步发展，皇帝利益凌驾于国家利益之上，臣僚对皇帝政治依附关系加强；中央决策机制逐渐健全，入关前政权实行的带有明显诸王共议国政特性的决策机制，转而向以皇帝为核心的决策机制转变；官僚政治不断完善，政治运行日趋规范化和制度化。

一　以皇权为核心的君主制进一步发展

讲中央集权的强化，关键是看君臣权力分配，以及相应的制度设计。随着清朝政治建设的不断成熟，君主权力呈现出增强趋势。努尔哈赤时期，以皇权为中心的君主制政体建设处于初级阶段；皇太极到康熙年间，以皇权为中心的君主制政体最终确立并加强；雍乾时期，君主权力极度强化，达到顶峰。

努尔哈赤时期初步确立君主制　努尔哈赤时期，后金政权的君主制初步确立。汗作为最高统治者，与臣僚之间虽有明确隶属关系，拥有最高决策权，但君主至高权力并未在法律层面给予充分保障，更谈不上真正建立起服务于君主制的官僚政治体系。努尔哈赤权威地位的确立，主要来源于其创业君主的声望。努尔哈赤晚年，实行"诸王共议国政"。这一改变，对君权造成根本抑制，使君权服从于诸王议政权。

皇太极至康熙时期君主制最终确立并加强　议政传统制约君权，而汉族官僚积极宣扬中原制度，鼓吹汗权独尊，契合皇太极意图。崇德元年（1636），皇太极称帝，标志着以皇权为核心的君主制政体进入新发展阶段。

为加强君权，皇帝采取一系列举措削弱议政权。一是议政王大臣会议在皇权交接中逐渐丧失发言权。崇德八年（1643），皇太极去世，福临在

图11-7　福临画像

议政王大臣会议推举下继位。但在顺康之际权力交接时，议政王大臣会议对皇位继承已无权发表意见。二是议政王大臣会议的组成受皇帝控制。为适应新形势，皇太极通过降低议政大臣的爵秩，加强对议政王大臣会议的控制。顺治时期，任命汉人范文程、宁完我，蒙古人明安达礼为议政大臣，打破了议政大臣全由满人充任的局面。三是议政王大臣会议参与政务的权力削弱。顺治九年（1652），罢诸王、贝勒、贝子管理部务。康熙时期，虽有亲王、郡王管理部务的情况，但也多是康熙帝加强控制的权宜之计。四是议政权逐渐从属于皇权。康熙帝能够根据个人意愿，来否决议政王大臣会议的决定。

议政王大臣会议衰落，意味着君权在政治决策中逐渐取得主导地位，官僚群休均需直接对皇帝负责，主要政治权力直接掌握在皇帝手中。满洲贵族共议国政制度朝着以皇权为中心的君主制方向转移，君主制政体得以确立。

雍乾时期皇权极度强化　康熙帝晚年，政治弊端不断暴露，政治斗争逐渐激烈，清朝统治危机重重。雍乾之际，政治权力进一步集中，君主制逐渐发展到皇权极度强化的局面，突出体现在密折制的推行和皇权非理性膨胀。

密折制的推行是加强对臣僚控制、强化君主权威的重要举措。清代密折始于康熙朝，享有密折特权者多为皇帝亲信及高级官员。雍正时期，扩展密折奏事者的范围，一些品秩不高的地方官员也获得密折奏报权。奏报内容广泛，有君臣互相问候者，有商议国家大事者，有讨论地方事务者，有臧否人才者。结果，皇帝获取信息的渠道大大拓展，更能及时了解国家情形。同时，密折采取严格保密制度，雍正帝要求官员亲自缮写密折，确保内容的机密性。这种君臣之间直接传达信息的方式，不仅有利于联络君臣感情，还能加强官僚间的监督，甚至孤立政敌，消除异己，进一步达到强化君权的目的。

雍乾时期，君权极度强化，根本特点是皇权至上，皇帝对政治的控制面不断扩大，皇权出现非理性膨胀。雍正时期，皇帝经常干预臣僚职责，亲自操办本属

图11-8　雍正朝服像

于臣僚的政务。如雍正元年（1723），雍正帝提出代行大学士之事，称："尔等大学士所应为之事，尚可勉力代理。"此外，雍正帝还干预臣属私事，称："朕虽日理万机，而于大臣之家事，尚能办理。"甚至主动要求代管臣僚的妻奴。同时，臣僚的政治人格遭到严重侵犯，臣僚以皇帝的是非为是非。雍正、乾隆二帝强调臣僚要与皇帝"一德一心"，对皇帝忠诚，唯皇命是从。雍正帝倡导"以公灭私"，以君臣大义为重，以父兄之情为轻，臣僚要去除杂念，一心忠于皇帝的统治。

总之，在君主权力极度强化背景下，皇帝利益凌驾于国家利益之上，皇帝意志是核心，臣僚对皇帝政治依附关系加强，变成皇帝的私人奴仆。

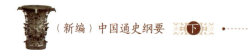

二 中央决策机制逐渐健全

清入关前，努尔哈赤父子就积极探索中央决策机制，建立议政王大臣会议、六部、内三院等决策机构。后来，议政王大臣会议逐渐衰落，内三院发展为内阁，又创设军机处办理机要，形成职能分明、体系严密的中央决策机制。

入关前决策模式　议政王大臣会议是后金及清初最重要的中央决策机构，凡军国大政、重大案件、人才选用等关乎政权稳固的要事均是其决议范围。皇室成员占据主导地位，长期垄断议政决策权。

受中原政治影响，努尔哈赤设"五部"，以都堂为长官，专理汉人行政事务。天聪五年（1631），皇太极重定官职，设六部及相关机构。各部官员分理国家庶务，议奏职责范围内的政事。

努尔哈赤设"书房"，选儒臣入值，掌文牍。书房是政权的喉舌，充当统治者的顾问。皇太极设文馆，命儒臣分值，掌翻译汉字书籍、记注政事。天聪十年（1636），改文馆为内三院，内国史院、内秘书院和内弘文院，置大学士、学士等官。虽然内三院仿照中原政治构建，但并不具备政府职能，只是协助皇帝处理文移章奏、史册编写等。

总之，清入关前，中央决策主要是以议政王大臣会议为主体，六部等机构处理日常庶务，侍从儒臣充当顾问的模式。

内阁制度的发展　清入关前，设内三院，粗具内阁规模。入关后，内三院的职能逐渐扩大，掌管条陈政事、外国机密等。顺治十五年（1658），承袭明制，改内三院为内阁，内阁职能范围扩大，成为正式政府机构。康熙帝即位初，鳌拜等辅政大臣又将内阁改为内三院，试图恢复关外政治传统，但并未从本质上改变其职能，内院票拟权依然存在。康熙九年（1670），内三院再次改为内阁，内阁制度逐渐规范，军国机要，综归内阁。雍正八年（1730），升大学士为正一品，在各部尚书上，内阁成为"表率百寮""掌议天下之政"的最高执政机构。

内阁设大学士、协办大学士、内阁学士、侍读学士、侍读、典籍、中书、贴写中书等，兼用满汉官员。内阁主要职掌有筹办典礼，稽查部院，编纂、保藏典籍，协理政务等。其中，协理政务是内阁最主要的职能，也是内阁权力的集中体现，主要包括处理章奏、承宣谕旨、票拟、顾问应对和参与御门听政。内阁以处理日常政务为主责，对皇权有较大依赖性，其实际权力受统治者个人意志影响。雍正时期，军机处设立后，内阁权力逐渐走向衰落，基本被排除到决策核心之外。

军机处的建立　雍正七年（1729），清廷用兵西北，军政事务增多，为防止军机泄露，在内廷设军需房（一作"军机房"），作为辅佐皇帝处理紧急军务的场所。雍正十年（1732），定名为"办理军机处"。设军机大臣、军机章京等职，但均由大臣兼任。乾隆帝即位后，因西北军事平定，撤军机处，改设"总理事务处"。乾隆二年（1737），复设军机处，一直沿用到清末。军机处的设立，是清代中央决策机制的一次重大变革，中央集权更加明朗化，"本章归内阁，机务及用兵皆军机大臣承旨"。军机处未对内阁职掌造成实质性影响，二者职权不同，内阁始终是处理中央行政事务的机构。清廷原有的权力分配发生变化，标志着以皇权为核心的君主制建设更加制度化和规范化。

一是在用人上更加规范化。军机处设立前，皇帝选用亲信顾问商议政务无成文规定，多凭个人需求和喜好，不拘官品和职务。军机处设立后，这一状况逐渐改变。入值军机处，参与机要者有身份限制，三品以上鸿达亲信者为军机大臣，四品京堂以下至阁部属之能者为章京。皇帝选用亲信受到限制，一定程度上规范了皇帝的用人权。

二是清廷原有的权力分配体制发生变化，军机处在朝廷决策中的影响力增强。入值军机处的大学士或为皇帝信重者，或是位高有威望者，既参与内阁日常事务，又参与军政机密要务，实现了内外廷的统一，权势远超清初大学士。军机处最重要的特点是高度机密性，与皇权关系密切，有利于皇帝总揽国家大权，提高中央行政和决策效率。但是，皇帝对军机大臣过分重视，有时会使其权力过盛，危及皇权。如乾隆帝宠臣和珅，权势滔天，被目为"二皇帝"。

总体上，军机处是在清代君主权力极度强化的条件下产生的，就实质言，它始终是服务于、受控于皇权的。此外，重要的中央机构还有掌论撰文史的翰林院，掌皇族事务、宫廷事务的宗人府和内务府，掌蒙、回、藏事务的理藩院，等等。

三 官僚政治体制不断完善

随着清政权崛起，统治者逐渐巩固和扩大统治权，君权与议政权矛盾日益凸显，儒家政治思想对政权的影响不断加强，政权儒学化程度加深。在此背景下，官僚政治体制几经调整，不断完善。

清入关前，统治者就对官僚政治体制进行了积极构建。皇太极时期，对儒家文化吸收逐渐深入。汉族官僚提出参汉酌金，"渐就中国之制"的建议。天聪五年（1631），仿照中原制度设六部。崇德元年（1636），设都察院作为专门的监察机构。上述机构以满族官员为主体，也设蒙、汉官职，满、蒙、汉官僚共同参与政治，官僚体系基本成型。

清入关后，为巩固对全国的统治，官僚政治体制建设加快进行，并不断完善。继承明朝制度，结合历代中原王朝的治理模式，建立中央和地方行政机关。除进一步完善六部外，又设立翰林院、国子监、太常寺、钦天监等。地方则设省、府、县三级行政机构，明确规定总督、巡抚等地方官员的职能。这些机构的设置，反映了清统治者对中原儒家政治文化的吸收和认同，为更好地统治中原奠定基础。同时，为加强君主对国家大政的掌控，清统治者又先后设立内阁、南书房、军机处等部门理事。

　　清代官僚政治体制在不断发展和完善的过程中，呈现出以下特点：

　　第一，"首崇满洲"和"满汉一体"并举。"首崇满洲"是首要原则，提倡优先保障满洲的利益。满人在官僚队伍中占据主导地位，重要的军政职位皆由满人担任。顺治四年（1647）前，都察院只有满人为承政，后始以汉人为左都御史。顺治五年（1648）前，"无汉尚书缺"。此后，汉人虽能任尚书之职，但各部院属司多令满官掌印，部内事务由满尚书主导。平级的官员，满官权力在汉官之上，满洲大臣可以借补汉缺。满人在政治中享有特权，在权力分配中具有绝对优势。

　　"满汉一体"是另一原则。作为"天下共主"，清朝统治者最关心的问题是强化君权，巩固统治。入关前统治者就注意学习儒家思想，将中原政权的制度运用到政权建设中去。皇太极尊重汉族士人，注意改善汉官待遇，一批汉官通过制度化的方式参与中央决策，汉官群体正式成为政权组织和建设的核心力量。入关后，统治者更加重视"满汉一体"，顺治帝强调"统一天下，满汉一家"。康熙帝在许多方面贯彻"满汉一体"思想。比如，重用汉官，笼络汉族知识精英；通过招降纳叛、科举等方式录用汉官；满汉官员一体办事。这些举措一定程度缓和了满汉矛盾，扩大了统治基础，满汉官僚间形成比较稳定的权力分配体制，政治运行更加高效。

第二，行政监督不断加强。清入关前，便仿照明制，建立都察院，行使监察权。雍正以来，奏折制度广泛推行，"特务"统治不断加强，官僚队伍受到的监督、控制更加严密。

第三，制度建设日益完善。顺康时期，政权建设处于初步探索中，健全机构是此时官僚政治建设的主要内容。雍乾时期，更加重视制度建设，一批重要典章制度得以确立。《大清会典》经过两次纂修，对政权机构、制度等方面做了全面、系统的规定。各职能部门的规章制度，如《工部则例》《吏部则例》《户部则例》等，都编纂成书。会典和各部则例的编纂，意味着清代在行政管理上有章可循，官僚机构的运行更加规范化。

图11-9 《大清会典》书影

第四，建构起一整套地方行政体系。一般地方文武官衙门有：顺天府、奉天府，各省督抚司道衙门，各省府厅州县衙门，各省学政、漕运、盐务、河道、税关衙门，八旗驻防衙门，以及各省绿营衙门。管理民族事务的地方官员衙门有：内外蒙古、青海、新疆地区的将军、都统、副都统、大臣、盟长、札萨克等，西藏地区的办事大臣、唐古特官、达赖、班禅等。同时，又有各地主官。通过这一套庞大的地方行政体系，清廷实现了对全国广大区域的有效治理，巩固了统一多民族国家。

经过长期政治实践，清代官僚政治日趋规范化和制度化。但是皇权极端膨胀，又使官僚政治受制、服务皇权的特性日益明显，官僚政治的实施状况与皇帝本人政治素质间的关联更加紧密。

第四节　雍乾时期社会转型和边疆治理的加强

经过数十年努力，清朝完成了国家统一大业，经济繁荣，国力强盛。18世纪的中国，正经历新一轮社会转型。雍乾时期，社会经济发展繁荣、商品经济兴盛、城市化进程加速，对外政策灵活变通、对外贸易增长，经济发展达到历史新高度。经济基础的发展变化，催动社会观念发生显著变迁，社会伦理和政治观念出现重大变革，社会生活出现新风尚。西北地区长期以来的分裂局面得到根本改变，西南地区治理大大强化，多民族统一国家进一步巩固和发展。

一 经济发展达到新高度

社会经济高度繁荣 雍乾时期，中国社会物质财富丰盈，土地大幅开垦、人口迅速增长、财政收入显著提高，农业、手工业、商业稳步发展，经济发展水平达到新高度。

第一，推行"摊丁入地"，加快垦荒，可耕土地、人口急速增长。国家"大一统"的实现，为社会生产提供了稳定的政治基础。雍正、乾隆父子接续清初顺治、康熙两代的政策，及时调整赋役政策，鼓励垦荒。康熙朝"滋生人丁，永不加赋"政策实施后，广东、四川开始试行摊丁入地，雍正朝，摊丁入地在全国范围内大规模展开。雍正元年（1723），雍正帝接受直隶巡抚李维钧建议，同意在直隶全面实行摊丁入地。此后，各省份相继推行，山西直到光绪初年才最后完成。摊丁入地的实施，使清王朝得以进一步理顺国家财政体系，适应了基层地方社会中多种形式共同体职能逐渐强化的趋势。

雍正帝即位后，为适应人口激增的现实，加快垦荒力度，土地开垦呈现出由平原转向山区、由内地转向边区的特点。据《清世宗实录》记载，湖北、河南、安徽等十六省垦荒24928.3顷，河南居榜首。乾隆朝垦荒后来居上，据统计，乾隆年间，各省垦荒达到5613476顷，超过顺治、康熙、雍正三朝。

伴随赋役政策调整和大量荒地开垦，雍乾时期耕地和人口急速增长。据《清实录》记载，康熙十四年（1675），田地、山荡、畦地507万余顷，人丁户口1607万余人；雍正十二年（1734），田地、山荡、畦地890万余顷，人丁户口2641万余人，永不加赋滋生人丁93万余人。几十年间，耕地面积、人口数量几乎翻倍，为农业生产提供了有力保障。据统计，明万历中期人口在1.2亿—1.5亿人，达到明代最高峰。中间屡经战乱，人口增长向低谷滑落。到康熙末年，达到1.2亿—1.4亿人，与前代最高值大体持平。雍正末年，则增长到1.4亿—1.5亿人。到乾隆五十五年（1790），更是突破3亿人大关，远远超过万历中期。

第二，农业生产稳步发展。一方面，兴修水利。康熙朝以来，政府投入大量人力、物力整治黄河，疏通河道，保障漕运。雍正、乾隆时期，为防止沿海地区农田受海潮侵害，又加大江浙海塘修筑力度。另一方面，推广高产作物。乾隆时期，玉米、番薯、高粱等农作物均得到大范围推广，粮食产量大幅提高。棉花、甘蔗、桑树、烟草、茶等经济作物的种植更加广泛，为手工业、商业发展提供了大量原料。

第三，国家财政收入显著增长。康熙以来，库银日渐丰盈。康熙四十八年（1709），户部库银存贮5000余万两。至乾隆三十七年（1772），户部库银多至7800余万两。政府存银大幅度增加，有充足财力发展各项事业，国家达到全盛状态。

商品经济兴盛　随着社会生产力的发展，农业逐渐与手工业分离，手工业生产发展迅速，社会分工逐渐扩大，极大地促进了商品经济的繁荣。经济水平较高的南方地区，普通百姓与市场的联系日趋密切。商品经济发展，加剧了社会流动，中国传统社会经济结构发生改变。清中叶，商品经济发展到更高水平，生产关系发生变化，新的市场形成。

第一，农业生产逐渐商品化。一方面，粮食生产与市场发生联系。传统社会生产是以自给自足的个体农业生产为主。清中期，随着生产力提高和经济繁荣，粮食生产除自给自足外，大批余粮投入市场。加之经济作物种植的推广，农业经营范围扩大，农作物与市场的关系逐渐密切，为市场输送了丰富的商品原料。另一方面，生产关系发生变化，土地、劳动力逐渐商品化。土地兼并加剧，土地买卖频繁，地权日益集中。人口激增加剧了人地矛盾，大量自耕农沦为佃农，与土地的依附关系减弱，劳动力市场进一步发展。货币地租逐渐取代实物地租，地主与佃农之间的契约关系也逐渐货币化。

第二，手工业领域资本主义萌芽显现。清中叶，手工业得到恢复和发展，江南地区丝织业、棉纺业，江西景德镇制瓷业，云贵、广东等地的矿冶业等都有较大的发展。资本主义性质的手工工场规模扩大，雇佣劳动在手工业生产中普遍出现，如"苏城机户，类多雇人工织。机户出（资）经营，机匠计工受值，原属相需，各无异议"。乾隆时期，手工业者自主性进一步增强，雇佣劳动刺激工匠生产积极性极大提高。但是，由于国家对手工业的管理和限制，官营手工业依然占据主要地位，工场手工业缺乏稳定生长环境，资本主义萌芽发展较为缓慢。

第三，商品市场逐渐扩大，形成商业网络。随着商品化生产发展，商业往来日益频繁。农村地区集市数量众多，贸易频繁，既能满足农民日常购销需求，又能把农产品集中运输到城镇或其他地区的市场。城镇市场以转运贸易、店铺贸易为主，促进城乡和区域间物资往来。一省或数省之间还形成更大的区域性市场，有一个或多个市场中心。比如关中的西安、咸阳等地，中原的开封、洛阳等，岭南的广州、佛山等。全国范围内，还有以特定产品为主的中心市场，比如苏州、杭州、南京和广州均是全国闻名的丝织品生产中心。

此外，商帮、商人团体力量增加，出现许多地域性商帮。最著名的徽商、晋商两大商帮，在清代尤为强劲。徽商以盐业、茶业等为龙头，康熙至乾隆年间长期控制两淮盐业。晋商以经营盐业、票号等为主，乾隆后发展鼎盛，成为国内实力雄厚的商帮。为维系行业利益，清中叶，各地商人流行兴建具有地缘性质的商人会馆，在各地商帮贸易活动中发挥重要作用。

城市化进程加速　明清时期，商业城镇大量兴起和发展。市民阶层出现，城市化变革趋势日渐明显。清中叶，在经济高速发展的同时，国家日益承受人口激增带来的社会压力。农民逐渐从土地的束缚中摆脱出来，流入城市，与商品经济发展相互动。随着商业的发展，商品经济的繁荣，市场需要雇佣大量的劳动力，城乡之间的劳动力市场流动加快，市民阶层不断壮大，社会阶层流动加剧，社会利益重新组合和分化，促进了城市化进程。

长三角、珠三角等商品经济繁荣地区的城市化进程较快，商业城市不断崛起。同时，城市化向边疆地区拓展。康乾时期，政府有组织地进行移民活动，将内地密集的人口向四川、蒙古、东北等地区导出，积极招民垦荒，不仅缓和了人地矛盾，还促进了内地与边地经济、文化交流，促进城市开发。乾隆时期，人多地少的矛盾更加突出，土地兼并使无地少地的农民数量日益增多，促使移民浪潮出现。

城市化的推进，意味着农民脱离土地，流入城市，更意味着广大农民得以从封建礼教束缚中解脱出来，以血缘为纽带的社会组织结构，逐渐向以市场为基础、以经济利益为纽带的世俗社会结构转变。

对外政策灵活变通、对外贸易增长　面对日渐复杂的对外关系，清廷采取具有差异化和变通特点的政策。对待朝鲜、琉球、暹罗、安南等比较典型的朝贡国，继续沿袭传统的朝贡方式，强调天朝体制的礼仪。对日本这一游离于朝贡体制之外的近邻，清廷拒绝与之发生官方关系，但也未阻挠民间往来。对欧洲国家，清廷采取的政策主要体现在三个层面：外交层面，从顺治到乾隆晚期，清政府对待西方使团，皆以朝贡视之，西方使团也默认这种关系。宗教层面，顺治至康熙前中期，对待天主教的态度比较宽容，天主教在多个省份设堂传教，教民众多。康熙晚年，因发生"礼仪之争"，清政府的态度逐渐严厉，对天主教进行查禁。科技层面，对西方天文、历算和军事技术高度重视，宫廷里不乏西方技术专家。西方传教士为清人提供了历法、测绘、建筑、绘画、医学等多种技术服务。

为抢占海外市场和原料产地，西方资本主义国家开始海外殖民活动，中国与西方的贸易往来进入新的历史阶段。康熙以来，政府开海贸易。康熙二十三年（1684），宣布开洋，"无论满汉人等一体，令出洋贸易"。开海后，海外贸易迅速发展。据统计，从康熙开海到乾隆初叶，中国前往日本的商船达到数千艘。第二年，为规范海外贸易，清廷设置江、浙、闽、粤四个海关，又陆续开放近百个口岸，海路贸易成为中西贸易的主要途径。康熙五十六年（1717），出于海防需要，清政府发布"南洋禁海令"，但并没有限制东洋和西洋的贸易。雍正五年（1727），清政府又解除"南洋禁海令"，扩大海外贸易。乾隆二十二年（1757），清政府决定禁止西方商船前往江、浙、闽，只允许到广州贸易。但"一口通商"并没有给清政府的海外贸易造成实质性影响，广州作为贸易中心长期发挥着积极作用。同时，陆路贸易在中外交流中也占有一席之地。西方运送到中国的货物以皮毛制品、钟表、棉花、香料、鸦片等为主，中国出口的货物以茶叶、生丝、瓷器等为主。丝织品和瓷器逐渐走入西方普通百姓家中，成为欧美国家青睐的商品。此后，茶叶逐渐取代丝织品，成为首要出口商品。

工业革命后，西方世界发生重大变化，加快开拓中国市场。以英国为例，18世纪中叶到19世纪初，英国多次派使团来华争取贸易权益。一是洪任辉事件。为扩大在中国的贸易，乾隆二十年（1755），英国东印度公司派大班喀喇生（Samuel Harrison）和翻译洪任辉（James Flint）前往宁波。因利益受损，洪任辉前往天津控告海关陋规、弊病。清政府严惩相关人员，并将洪任辉押回广州。洪任辉事件是资本主义国家企图冲破清朝贸易体制的一次尝试，但结果并未打开贸易新局面。二是马戛尔尼（George Macartney）使团访华。乾隆五十八年，英国派遣马戛尔尼使团抵达中国，请求"派人驻京及通市浙江宁波、珠山、天津、广东等地，并求减关税"。核心是希望清政府能够放宽对外贸易限制，扩大中英贸易规模，但这些诉求均被清政府拒绝。三是阿美士德（William Pitt Amherst）使团访华。英国工业革命接近尾声，急需工业原料，而英国在中国的产品倾销依然困难，英国不断对中国制造贸易冲突。嘉庆二十一年（1816），英国派遣阿美士德使团来华，计划与清政府商讨中英贸易事务，渴望改善在华贸易条件，进一步打开中国市场，但最终未能成功觐见。

英国等资本主义国家多次试图打开中国市场，但均以失败告终。究其原因，一方面，中国长期处于自给自足的小农经济形态，康熙以来又逐渐走向繁荣盛世，"天朝上国"的优越感根深蒂固，因此没有对外贸易的急切需求。另一方面，清政府对西方国家心存戒备。随着资本主义发展，西方列强对海外市场的需求逐渐增强，殖民活动日益频繁，亚洲、非洲、拉丁美洲等国家和地区逐渐沦为殖民地，中国更是列强垂涎已久之地，清王朝不得不对西方国家保持高度警惕。不可否认，清政府采取的对外政策客观上限制了国人对域外的认知，使得中国在科学技术、生产关系和政治体制上与西方的差距明显拉大。但在国家安全和发展的考虑下，国家安全无疑是第一位的。清前期政府开海贸易是顺应商品经济发展趋势的，中西贸易得以进一步发展。但西方殖民者的侵扰对国家稳定发展的局面造成安全隐患，为规范通商，防备西方殖民势力，清政府逐渐将西方商人统一到广州口岸，这是灵活调整对外政策的表现，故采用自主限关政策。

从海外贸易实际效果看，中国在清前中期长期处于出超地位，白银资本大量增加。同时，西方输入的农作物和生活用品等，在社会中传播，给中国人的生活造成影响。

二 社会观念变迁和社会生活新风尚

晚明以来，伴随着新经济关系的形成和发展，带有鲜明人文主义和理性色彩的新价值观念逐渐形成。清代，商品经济高度发展，城镇化程度提高，民众生存环境大为改善，进一步从封建礼教束缚中解脱出来。雍乾时期，社会观念变迁显著，社会伦理观念、政治观念均出现重大变革，社会生活呈现新风尚。

伦理观念变革　道德与人欲的关系是伦理道德的重要内容。宋明以来，理学突出天理的极端重要作用，强调把纲常伦理作为全社会必须遵循的道德标准，形成反人欲的非理性化倾向。

清中期，随着社会大发展，存理灭欲的束缚逐渐引起人们的不满，特别是知识阶层，批判理学呼声逐渐高涨。以戴震、袁枚为代表的士人，对理学理欲观大加批判。戴震反对理欲对立，强调理与人情、人欲密不可分。在此基础上，他主张建立一个达情遂欲的社会。袁枚通过辨析性、情的关系来批判传统伦理道德，大力提倡性灵说。同时，基于对现实的考虑，他赞美男女之间的纯真感情，主张提高妇女地位。戴震、袁枚对传统伦理道德进行公开批判，反映了知识分子伦理观念的变迁，对当时人们的价值观念产生了深刻影响。

冲破礼教束缚，追求人性自由，成为18世纪中国社会伦理观念的特色。其中，呼吁妇女解放、主张男女自由结合是主要理念。乾隆年间，汪中对受到礼教极端束缚的妇女充满同情，主张给予未成婚而守节的女子改嫁自由，为寡妇提供社会福利。纪昀对礼教学说持批判态度，主张人性自由，反对以严苛态度处理妇女和家庭问题。此外，人人平等的观念被一些知识分子所认可，他们对于社会底层奴仆多有关注，赞同不同阶层之间的流动。《红楼梦》的出现，深刻反映了人们对于人性自由的渴望，对男女真挚感情的赞颂，以及对传统礼教的尖锐批判。

政治观念变革　18世纪，处于繁荣盛世的清王朝，皇权空前加强，官僚政治理论与制度建设日趋严密。一方面，皇权极度膨胀。雍正时期，为政严猛，奏折制度推行、军机处出现，极大强化了君主权力。皇帝对社会政治的控制力逐渐扩大，甚至直接干预官僚的个人事务。另一方面，官僚行政体系僵化。皇权高度强化，改变了传统权力分配体制，竭力抹杀臣僚政治人格，官僚行政的积极性逐渐缺失。同时，社会经济发展，社会财富增加，乾隆时期采取"持盈保泰"政策，官僚群体逐渐怠惰，营私舞弊、贪腐成风。盛世之下隐藏着衰落之势。在此背景下，一大批知识分子开始对皇权极度膨胀的弊端进行思考，试图探索新的政治规范，产生了一些新的政治观念。

第一，批判君主制，主张改变君臣权力分配机制。围绕最高统治者权力交接问题，崔述强调，天下是天下人的天下，而不是一人一姓之私，帝王传子传贤均不足法，传统政治中的帝王父子传承尤其应当受到批判。针对皇权独裁问题，尹会一反对尊君抑臣，主张注重君德，尊重臣民政治人格，认为君臣应该加强协商，君主要乐于纳谏，官僚要敢于谏诤。谢济世认为，应给予宰相充分权力，主张废除密奏制度，由科道监督言路。但是，知识分子对君主不断强化权力的批判，是以拥护君主制度为前提和基础的，初衷主要是想通过设宰相来分君主职权，通过科道来加强监督。

第二，加强地方行政管理，规范官僚政治运行。针对清中期官僚队伍的涣散、腐败现状，一些知识分子开始探索地方行政管理之法。一方面，强调加强管理队伍素质建设，规范官僚行为。他们强调，官员应该亲理政务，"一切公事，究宜身亲习练，不可专倚于人"。陈宏谋编写《在官法戒录》，为如何教化胥吏提供参考。另一方面，注意处理好官府与百姓的关系。袁枚反对政府与百姓争利，也反对政府凭借公共权力干预社会财富正常分配。崔述主张调整分配关系，重视民生，重视增加农民收入。总之，探索地方行政管理理论，体现了知识分子对基层政权和基层社会稳定的关心。

社会生活新风尚 随着国家繁盛，社会观念变迁，社会生活出现新的时代面貌。特别是清中叶以来，社会风俗逐渐由俭入奢，日常生活更加纵情遂欲，注重丰富精神世界。

国家富庶，城市化进程加快，阶层流动频繁。人们的生活方式也逐渐由清初的崇尚节俭，发展到追求奢靡浮华。乾隆帝反思社会，称："朕宵旰勤求，未尝不欲民风敦朴，户有盖藏。而习俗日趋于华靡，殆非条教号令所能饬禁。"上至帝王、下至官僚士大夫，强烈追求物质享受，奢侈享乐之风盛行。乾隆帝本人即是典型。晚年，逐渐追求奢华生活，突出体现在三个方面：一是大肆搜括金器、玉石、西洋玩物等，宫中贡物盈溢。嘉庆帝亲政后，内府所存设物件，几乎无可收贮之处。二是大兴土木，追求豪华建筑。如在圆明园中修建西湖十景，在紫禁城改建或兴建宫殿、戏台、佛堂、花园等，工程繁多，豪华壮观。三是多番游幸。乾隆帝一生多次举行巡幸，除一些政治动机，还是以游山玩水为主。同时，官僚士大夫对金钱、物质的追求日益强烈，官场中交游宴饮靡费，享乐之风日盛。乾隆帝晚年反思道：自三十年南巡以后，迄今十五年，东南土俗民风，易趋华靡。奢靡的生活使得官风日下，贪污成风。

随着伦理观念的变迁，人们逐渐开始冲破现实生活束缚，追求自由随性的生活。官僚士大夫追求享乐，雍正初年，盛京城内酒肆几及千家，平素但以演戏饮酒为事。士大夫纵情恣意，往往伴随着无节制的嬉戏玩乐。在士人群体中，比较典型的代表是袁枚。袁枚宣扬性情说，生活中相当放纵自我，既追求女色，也酷爱男风。

男女关系发生改变，女子贞节观有所变化，女子地位提高。雍乾时期，妇女出游，进香聚会，男女相杂比比皆是。一些知识分子家庭中，女子教育受到重视，读书识字、吟诗作赋之风逐渐流行。袁枚尤其重视女子教育，大量招收女弟子，培养了一批女诗人，在东南士林中受到普遍肯定。女子不再是身居闺阁、足不出户的刻板形象，女子自我意识逐渐增强，自由度得到相当大的改善。

图11-10 《大观园图》

民众在追求物质财富的同时，更加注重精神上的满足。市民小说、戏曲类通俗易懂的文学形式纷纷登场，成为日常生活中的重要娱乐途径。相比于明代，清代小说描绘的生活面更加广阔，上至统治阶级，下至底层百姓，呈现出社会多种面相。吴敬梓的《儒林外史》描写知识分子的生活遭遇和复杂心态，反映了科举制度的种种弊端。曹雪芹《红楼梦》更是对封建社会进行猛烈抨击，揭露了盛世的没落前景和封建统治的崩溃趋势。清中叶，"士大夫、农、工、商、贾，无不习闻之，以至儿童妇女不识字者，亦皆闻而如见之"。

民间每逢节日，常有各种地方戏上演，在田间空旷之地搭戏台，轰动远近，男子和妇女群聚观看，举国若狂。戏曲颇受基层民众的欢迎。乾嘉时期，地方戏曲逐渐向大城市流传，并常常以商业会馆为场地进行演出活动，官僚士大夫也对戏曲逐渐接受。

清中叶，社会经济蓬勃发展，社会思想观念和社会方式都出现新的变革。但是，这一阶段，随着君主权力极度膨胀，政治腐败，社会内部也存在着诸多隐忧，满汉民族矛盾再度浮现，危机意识、民族意识逐渐显现，反清思想暗潮涌动，为乾嘉时期社会危机埋下伏笔。

三　西北、西南边疆治理的加强

雍正、乾隆时期，清廷进一步加强对边疆民族地区的治理，尤其是通过平定青海罗卜藏丹津叛乱、西征蒙古准噶尔割据势力，平定回部大小和卓叛乱，加强了对天山南路的统治，西北地区长期以来的分裂局面得到根本改变。同时，加强对西藏的管理，在西南广大地区推行改土归流，平定大小金川。这些举措都推动了中国统一多民族国家的进一步巩固和发展。

平定青海罗卜藏丹津叛乱　雍正元年（1723），罗卜藏丹津自称"达赖珲台吉"，逼迫各部取消清朝封号。青海各地变乱纷起。清政府命川陕总督年羹尧为抚远大将军，进驻西宁；命四川提督岳钟琪

图11-11 《平定准噶尔图》

参赞军务。在平定西宁当地叛军后，又采取"捣其不备"方略，三路进讨。罗卜藏丹津易妇人服，仓皇逃至准噶尔蒙古。最终，青海叛乱全部肃清。清廷采取一系列举措巩固统治。在行政设置上，改西宁卫为西宁府，命副都统达鼐为首任"办理青海蒙古番子事务大臣"，统管全境事务，将青海地区完全置于清政府直接统治下。在军事上，加强部署，修筑军事设施。在当地蒙古族各部划定地界，编旗设佐，建盟旗制度，各旗划定地界，互不统辖。在藏族中设千百户。在宗教上，整顿喇嘛教寺院。这些举措产生了深远影响，加强了中央政府对青海的直接统治，促进了青海和内地的贸易往来，促进了民族融合和当地社会经济的发展。

西征蒙古准噶尔势力 雍正五年（1727），策妄阿拉布坦死，子噶尔丹策零继任。此后不断扩张，威胁清廷在西北地区的统治。雍正七年（1729），清廷决策西征蒙古准噶尔。领侍卫内大臣傅尔丹统北路军，川陕总督岳钟琪统西路军。结果，傅尔丹在和通淖尔大败。雍正帝及时调整前方统帅，最终，清廷取得额尔德尼昭大捷。雍正十一年（1733），噶尔丹策零求和。雍正十三年（1735），清廷撤军，派兵驻守。乾隆四年（1739），清廷与噶尔丹策零达成协议，以阿尔泰山为界。雍正朝西征准噶尔之战，有效遏制了准噶尔蒙古势力扩张，保护喀尔喀蒙古、青海和硕特蒙古免受侵扰，为乾隆朝解决准噶尔蒙古奠定了扎实基础。乾隆朝先后发动两次平定准噶尔的战争。两次平准战争是清政府维护国家统一、挫败分裂割据的正义战争，加强了西北边防，巩固了清朝统一多民族国家的稳定和发展。

平定大小和卓叛乱，统一回部 乾隆二十二年（1757），回部大小和卓起兵叛乱。第二年，清廷先后命雅尔哈善、兆惠为将，统兵平叛。乾隆二十四年（1759），大小和卓亡命巴达克山，被当地首领击杀献给清廷。清廷统一天山南北

图11-12 《乾隆皇帝大阅图》

后，在各地设置军政机构。乾隆二十七年（1762），设总统伊犁等处将军，以最高长官身份统管地方事务。同时，又沿用原有伯克制，但不得世袭。在厄鲁特、哈萨克、哈密、吐鲁番等地设札萨克制。至于汉族聚居之地，实行和内地一体管理的办法。

加强对西藏的管理　雍正元年（1723），为防止青海罗卜藏丹津逃窜西藏，清廷派军进剿，在蒙藏人民支持下，收复了原来隶属于罗卜藏丹津的地区，阻止其势力向西藏的渗透。但是，西藏众噶伦间矛盾尖锐，以阿尔布巴、隆布鼐、扎尔奈为首的前藏势力，和以康济鼐、颇罗鼐为代表的后藏势力之间势若水火。为协调矛盾，雍正五年（1727），设置"钦差驻藏办事大臣"，同达赖、班禅共同管理西藏。阿尔布巴遂发动叛乱，以失败告终。为加强管理，清廷封颇罗鼐总理西藏事务。同时，设置驻藏大臣2人，留川陕兵驻扎；分西藏地方归四川、云南、西藏分别管辖。

乾隆十二年（1747），颇罗鼐去世，其子珠儿墨特袭王爵。不久，珠儿墨特发动叛乱，自立名号，自居汗王。由于叛军不得人心，叛乱很快被平息。为避免再次出现西藏本地势力割据局面，清廷颁布《钦定西藏善后章程十三条》。章程凡十三款，核心内容包括：调整噶伦人数、规范办事原则，酌定官员革除治罪，派定坐床堪布喇嘛办法，加强防务，以及调整差徭等。此后，清廷又先后挫败英国东印度公司的渗透图谋，击退廓尔喀入侵。乾隆五十七年（1792），为规范转世灵童的遴选，确立金瓶掣签制度。次年，颁布《钦定藏内善后章程二十九条》，以法令形式明确西藏地方政治、军事、财政、宗教等制度。章程的实施，意义重大，尤其是进一步提升驻藏大臣职权、完善各项规章制度、削弱当地势力恶性膨胀，意味着清廷对西藏治理步入新阶段。

西南地区施行改土归流 清初，在少数民族聚居的云南、贵州、四川、广西等地区长期实行土司制度。据统计，在上述地区，清前期，大约有800个土司。土司世代为官，盘踞一方。土司之间常因争权夺利而互相进攻，对清廷也顺逆无常。比如，康熙四年（1665），云南迤东土司叛乱，云南震动。雍正三年（1725），湖广容美土司、桑植土司联合起兵。这些行为都威胁着清廷的地方治理。雍正帝对土司之弊有深刻体会，称"各处土司，鲜知法纪"。

为加强对土司地区的治理，清政府决定"改土归流"。雍正四年（1726），云南巡抚鄂尔泰上奏朝廷，以改土归流为滇黔"第一要务"，提出改土归流的措施，主张由中央选派流官取代世袭的土司管理西南民族事务。据考证，雍正时期，云南、贵州、广西、四川、湖广五省共革除土司220家，新设流官152处。在改土归流中，镇沅、车里、乌蒙、东川、镇雄等土司地区发动了多次大规模的叛乱，但最终都先后被平定。改土归流是边疆治理的一项重大改革，有力消弭了地方割据叛乱，有利于民族地区社会长治久安。

平定大小金川 金川在川西大渡河上游，分大小金川。雍正元年（1723），川陕总督年羹尧为削弱金川土司势力，奏请设立大金川安抚司。此后，清廷先后发动两次平定金川之役，共耗时7年之久，费银8000余万两。金川平定后，清廷在小金川设美诺厅，在大金川设阿尔古厅。后又将阿尔古厅并入美诺，改名懋功厅，派流官管理地方事务，又设镇派兵驻守。通过上述举措，有效解决了当地土司间的互相攻伐，促进与内地交流。

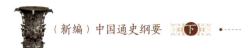

第五节　嘉道时期社会危机与探索

　　18世纪是中国古代经济社会发展的鼎盛时期，也是清王朝由盛转衰的转折点。随着西方资产阶级革命和工业革命的逐渐完成，资本主义生产关系确立，工业化空前发展，西方对外扩张的需求日渐强烈。而发展到鼎盛时期的清王朝，正沉醉在"天朝上国"的迷梦中，没有深刻认识到与西方的差距。嘉道之际逐渐从盛世迷梦中清醒，努力求变来挽救清朝统治，但并未触及清朝深重危机的根本。历经两千多年的封建制度日渐腐朽，社会矛盾不断激化，鼎盛的清王朝逐渐走向末路。

一　国际形势变化

　　西方资本主义发展　随着地理大发现和新航路的开辟，世界各大陆之间的隔绝状态被打破。从葡萄牙、西班牙，到荷兰、英国、法国，西欧各国逐渐走上海外殖民扩张道路，资本原始积累加速，世界市场不断扩大。资本主义在欧美迅速发展，各国先后爆发资产阶级革命，西方社会发生了历史性大变革。

　　18世纪后半期，工业革命发生，英国在棉纺织业、采煤业、冶铁业等工业领域不断革新技术，特别是蒸汽机的出现和广泛运用，极大地促进了工业、运输业的飞速发展。至19世纪，英国"世界工厂"的地位得以确立，工业革命的浪潮逐渐扩散。法国、美国、德国、俄国等先后完成工业革命，社会生产力极大地提高。马克思、恩格斯在《共产党宣言》中指出："资产阶级在它的不到一百年的阶级统治中所创造的生产力，比过去一切世代创造的全部生产力还要多，还要大。"19世纪中期，西方资本主义发展到鼎盛阶段，以资本主义为主导的世界格局形成。

西方资本主义蓬勃发展，殖民势力逐渐东来，在东南亚诸国建立起西方贸易体制。但面对庞大的清王朝，除航海技术外，西方在军事、文化、商业等方面并无明显优势，没有能力像对待小国那样，用武力殖民的方式在中国获取巨大利益。及至18世纪晚期，英国使团依然要通过朝贡体制，来获得商业利益。

此外，西方天主教、科技和文化在中国传播日益广泛，外来事物在各个阶层发挥的影响日渐增大，清廷面临的对外关系更加复杂。

西方对华贸易新动态 18世纪60年代起，中外贸易格局出现前所未有的变化。新兴资本主义国家对华贸易迅速发展。老牌西方国家如葡萄牙、西班牙、荷兰等对华贸易日渐萎缩。以英国为例，乾隆五十五年（1790），进入广州的船只共59艘，英国46艘，在入华船只数上英国占据绝对优势。从贸易值看，18世纪60年代，英国对华贸易占广州海上贸易总额的50%以上。鸦片战争前数十年间，英国在中国对外贸易中占据最重要的位置。美国对华贸易起步晚于英国，但发展迅速。乾隆五十五年，美国来华贸易船只仅6艘，到道光十三年（1833）达到59艘，仅次于英国。嘉道时期，同中国有贸易往来的还有法国、荷兰、丹麦、西班牙、葡萄牙等国。他们开展对华贸易早，但自新兴资本主义国家崛起后，迅速被拉开差距。总体看，嘉道时期，绝大多数时候，中国对外贸易处于出超地位。这表明即便是英美等发达资本主义国家也缺乏足够的经济手段，通过平等贸易打开中国市场。

为扭转长期与中国贸易逆差的不利状况，进一步打开中国大门，英国商人开始向中国大量走私鸦片。鸦片极大地腐蚀人们的身体，容易使人吸食成瘾，国人对鸦片的需求量越来越大。马克思在《鸦片贸易史》中指出："1820年，偷运入中国的鸦片增加到5147箱，1821年达7000箱，1824年达12639箱。"鸦片贸易是中英贸易的重要转折点，英国获得高额的利润，从中国攫取大量财富，中国对外贸易逐渐由出超变为入超。同时，中国不仅白银大量外流，财政危机加剧，社会风气也受到严重侵蚀，内忧外患日益加剧。

二 政治危机的深化

乾隆中后期，官僚沉醉于盛世荣光中，贪图享乐，政务逐渐废弛，吏治日渐腐败。嘉道时期，社会矛盾日益凸显，日益腐朽的官僚机构难以有效发挥其治理效能，社会形势急剧变化。清政府面临严重政治危机，社会动荡加剧，主要体现在以下三个方面。

贪污盛行 贪污是造成清王朝统治危机的主要因素。随着商品经济的发展，官僚群体对于金钱的贪欲逐渐增长，加之乾隆皇帝晚年贪图享乐，生活奢靡，给官僚群体带来不良影响，官僚机构中行贿受贿现象充斥。一些官员借用职权，寻各种由头来索诈下属，又钻研逢迎贿赂上司之道。当时，州县有所营求，即有所馈送，往往以缺分之繁简，区分贿赂之多寡。馈送的钱财不只是州县私财，而是直接以国帑为阿上钻营的阶梯。特别是贪污呈现出集团性特征。甘肃王亶望冒赈案，通省大小官员，联为一气，冒赈分肥。集团性、整体性的贪污，使得国库遭受严重侵蚀，各省亏空严重。同时，官员贪污普遍存在，特别是高级官员。乾隆帝指出，各省督抚中廉洁自爱者不过十之二三。乾隆帝宠臣和珅，位高权重，贪污尤其严重。嘉庆初被抄查家产，"所藏珠宝内，珍珠手串二百余串，较之大内多至数倍，并有大珠，较御用冠顶尤大"。另有大宝石不计其数，金银数目逾千万。和珅一家资产便远超清朝国库收入，时人遂有"和珅跌倒，嘉庆吃饱"之谚。

政务废弛　随着君主权力的极度膨胀，官员群体中普遍滋生怠惰怠懒的消极情绪，政治风气颓废。因循守旧、贪图安逸、不理政务是清后期官僚群体的突出特点。不少官员养尊处优，不以民事为重，遇到要事往往能拖则拖，漫无治理之心。此外，徇私舞弊严重。官场之中，官官相护之风历来皆有，清中后期愈演愈烈。特别是科举考试中，大臣往往怀挟夹带，无弊不作。所派主考大臣，非亲即故，官官相护，所谓科举取才有名无实。在审理案件过程中，大小官员往往上下勾连，贪赃受贿，营私舞弊，层层开脱，减轻罪名。嘉庆帝直指吏治大弊，只知官官相护，不顾案情屈抑，以致死者含冤，无辜者拖累。道光帝感叹，官官相护之恶习，牢不可拔。官僚集团玩忽职守，藏污纳垢，不仅造成恶劣社会影响，加剧社会矛盾，还严重影响行政机构运转，清朝统治力逐渐削弱。

统治集团内部矛盾加剧　清中后期政治危机加剧很大程度上源于统治集团内部的消耗与分裂。从经济上看，官僚群体与政府之间存在严重利益冲突。清前中期经济发展，社会安定，极大地激发了人们对物质生活的追求。而清朝官员俸禄低，雍正时期的养廉银制度，到乾嘉时期"养廉银无以养廉"，无法与日渐增长的生活消费相协调，官员养家糊口已属勉强，还要应对日常办事费用和官场应酬，更是雪上加霜。另外，统治者未能从制度层面及时调整利益分配关系，客观上催生大小官僚日渐贪污舞弊，吏治废弛。从君臣关系上看，乾隆时期，国家进入全盛阶段，乾隆维持太平和贪图安乐的矛盾心理更加凸显。比如，在用人上，既任用阿桂等刚直、有军事才能的官僚来推行其统治，又任人唯亲，选用和珅等能够满足其奢靡享乐的官僚。但在实际政治运行中，阿桂、和珅等重要军机大臣却很难协同配合。君臣之间，官僚之间关系逐渐破裂，政府行政效能衰减，难以应对社会上此起彼伏的矛盾与冲突。

三　反抗斗争的爆发

清中后期，政治腐朽，赋役沉重，土地兼并严重，社会矛盾日益加剧。各地反抗斗争情绪高涨，一些潜藏于社会中的秘密宗教势力伺机而动，通过传教拉拢入教者，逐渐汇聚成反抗清朝统治的强大力量。其中，川楚陕白莲教起义，直隶、河南、山东天理教起义，台湾天地会起义等，对清政府统治造成巨大打击。

白莲教是唐宋以来流传于民间的一种秘密宗教，教义内容通俗简单，容易被底层民众所接受，历史上多次发动农民起义。清代，白莲教发展成有明显反清色彩的宗教组织。乾隆后期，社会矛盾激化，白莲教活动更加活跃，特别是在川楚陕交界地带。乾隆末年，清政府严加搜捕白莲教徒，先后捕获宋之清、王应琥等百余人。嘉庆初年，白莲教势力日涨，湖北各地白莲教纷纷发动起义，张正谟、聂杰人在荆州率先起义，引爆了川楚陕白莲教大起义。随后，起义势力由湖北、四川迅速蔓延到河南、陕西、甘肃等地。嘉庆九年（1804），历时9年、波及5省的白莲教大起义最终失败，不仅使黎民遭劫，还耗费了大量国库库银和军事力量，也给清朝后期的腐朽统治敲响了警钟，是清朝由盛转衰的重要转折点。

天理教主要流传于河南、直隶、山东等地，主要首领为李文成、林清、牛亮臣等人。嘉庆十八年（1813），李文成、林清等人商定于八月中秋联合起事，结果在打造器械时被滑县官府发现，李文成、牛亮臣等人被捕。九月初七，首领宋元成率领教徒攻占滑县县城，解救出李文成等人，直隶、山东等地起义军纷纷响应。九月十五日，京畿一带的天理教徒在林清的指挥下攻入皇宫，与清军展开激战，最终因实力悬殊而落败。白莲教、天理教起义接连爆发后，嘉庆帝对清王朝的积弊表示叹惋："变起一时，祸积有日。当今大弊，在因循怠玩四字。"日渐腐朽的吏治与日益激化的社会矛盾交织在一起，暴露出清王朝气息衰弱，江河日下。

乾隆后期，台湾地区天地会活动频繁，乾隆五十一年（1786），林爽文率众起义，历时两年被清政府镇压。嘉庆年间，台湾又爆发"小刀会"起义，使得台湾局势长期动荡。道光十二年（1832），张丙领导的反清起义掀起高潮。起义的直接原因是夏季大旱，台湾地区禁止运米外卖，负责监察的张丙被人诬告为强盗。张丙对官府办事不公心生不满，遂与陈辨等人联合反抗。官民矛盾长期积累激化矛盾，天灾使得民众生活更加困苦。张丙、陈辨等作为天地会首领，具有较强号召力，迅速聚集起民众起义抗争。虽然起义以失败告终，但无疑给清王朝带来沉重打击。

除秘密宗教组织的起义，嘉道时期，各少数民族也接连爆发反清斗争，如回疆张格尔叛乱、湖南永州瑶族起义、川南彝民起义等。动荡不安的局势深刻反映了清朝政治机构运行失灵，社会矛盾加剧恶化。同时，也昭示着清朝统治的衰败，清朝统治面临历史性挑战。

四　嘉道探索

18世纪末以降，中国面临严重的内忧外患。国内，政治腐败，民众反抗不断，清政府面临严重的统治危机。国外，西方工业革命高歌猛进，资本主义发展迅速，殖民扩张步伐逐渐加快。中西方社会发展逐渐拉开差距，国家前途与命运堪忧。皇帝和对社会具有敏锐体察的知识分子，逐渐从盛世迷梦中清醒过来，深入思考社会弊病，强调通过变革来挽救清朝统治，清代社会发展步入新的历史阶段。

嘉庆帝即位，立志"咸与维新"，提出一系列变革的政治主张。一是惩治贪腐。在中央整饬内政，剪除巨贪和珅及其党羽；在地方上，着力查处仓库亏空、河工、赈灾重灾区。二是广开言路。嘉庆帝主张治天下之道，"莫要于去壅蔽"，

图11-13　清人画《旻宁戎装像》

下诏求直言。与雍乾时期严密控制言论对比，嘉庆时期大大改善了谏言环境。三是黜奢崇俭。嘉庆帝以身作则躬行节俭，大力整饬八旗贵族养尊处优之积弊。

道光时，社会危机加剧演变，统治者励精图治，试图振衰除弊。一是整顿陋规。雍正朝设养廉银，本为提高官员待遇，引导官员廉洁从政。随后，养廉银成为许多人假公济私、中饱私囊的工具，对基层吏治危害极大。道光帝颁发上谕，要求定章程、立限制，防范官员贪腐。二是澄清吏治。道光帝注意到贪赃枉法、懒政怠政、衰老疾病三类官员对于官场危害很大，决心治理。

当然，我们对嘉庆、道光二帝采取的举措要做辩证分析。一方面，诸多举措并未触及清朝深重危机的根本，其核心逻辑还是自乾隆朝以来的"持盈保泰"思想。另一方面，在清廷统治逐渐腐朽的大背景下，我们也应看到统治者对营造清明吏治环境所做出的努力。看不到历史发展的新动向，将清代中国社会视为对前代的简单重复，甚至停滞或倒退，无疑是对历史的歪曲。

陆耀、恽敬、包世臣、沈垚等官员都积极投身到当时的变革实践中。陆耀为官，清廉为政，不同流合污。乾隆年间，地方官争相向朝廷贡献财物，而陆耀则上供土特产。恽敬主张"因时适变，为法不同"，强调变革以应对危机。包世臣秉持"上益国，下益民"，强调民与国利益相统一，在盐政、漕运、水利等关乎国家命脉的问题上都进行了许多有益实践。沈垚对边疆形势与国家治理有深入思考，认为回部是安西关内的屏障，而四城又是回部的屏障。而回疆安定的根本则在地方官，"欲使回疆永靖，则在绥辑诸臣"。这些主张切中时弊。

面对国际形势的变化和国内矛盾的加剧，嘉道君臣怀着忧国忧民的情怀，主动求变，试图寻找缓解民族危机、挽救国家命运的办法。但这些努力难以弥补中国与西方国家之间经济发展、科技水平以及军事力量等方面的巨大差距，更无法改变历史发展大势。随着国门被西方殖民者的坚船利炮打开，中华民族即将面临更大的威胁和挑战。

本章参考文献

《马克思恩格斯选集》，人民出版社2012年版。

《清实录》，中华书局1985年版。

《大清十朝圣训》，文海出版社1965年版。

《世宗宪皇帝上谕内阁》，《景印文渊阁四库全书》第414册，台湾商务印书馆1986年版。

《清经世文编》，中华书局1992年版。

《雍正朝起居注册》，中华书局1993年版。

赵尔巽等：《清史稿》，中华书局1976年版。

江苏省博物馆编：《江苏省明清以来碑刻资料选集》，生活·读书·新知三联书店1959年版。

本章图片来源

图11-1　中国地图出版社授权使用。

图11-2　故宫博物院网站，https://www.dpm.org.cn/court/lineage/226250.html，2023年11月17日。

图11-3　中国国家博物馆网站，https://www.chnmuseum.cn/zp/zpml/201812/t20181218_24762.shtml，2023年11月17日。

图11-4　郑成功博物馆藏，见中国文化研究院网站，https://chiculture.org.hk/index.php/sc/china-five-thousand-years/3986，2023年11月17日。

图11-5　故宫博物院网站，https://www.dpm.org.cn/court/lineage/

226251.html，2023年11月17日。

图11-6　故宫博物院网站，https://www.dpm.org.cn/ancient/hall/161528.html，2023年11月17日。

图11-7　故宫博物院网站，https://www.dpm.org.cn/court/lineage/226262.html，2023年11月17日。

图11-8　故宫博物院网站，https://www.dpm.org.cn/collection/paint/231803.html，2023年11月17日。

图11-9　故宫博物院网站，https://www.dpm.org.cn/ancient/hall/165352.html，2023年11月17日。

图11-10　中国国家博物馆网站，https://www.chnmuseum.cn/zp/zpml/ysp/202101/t20210112_248877.shtml，2023年11月17日。

图11-11　中国国家博物馆网站，https://www.chnmuseum.cn/zp/zpml/ysp/202012/t20201217_248571_wap.shtml，2023年11月17日。

图11-12　故宫博物院网站，https://www.dpm.org.cn/collection/paint/228806.html，2023年11月17日。

图11-13　故宫博物院网站，https://www.dpm.org.cn/bigimg/607/0，2023年11月17日。

第十二章

清朝·下

章首语

　　进入19世纪，清朝在18世纪的发展势头已然难以为继，与当时蒸蒸日上的西欧各国之间形成越来越明显的反差。19世纪中叶以后，清朝国势日衰，在世界体系中日益处于不利地位。与此同时，以英法为代表的西欧强国，在全世界范围扩张殖民势力的欲求越发强烈。包括中国在内的东亚地区，成为西方资本主义列强觊觎的重要目标。在遭受一系列侵略战争后，中国的主权和领土完整遭到严重破坏，逐步沦为半殖民地半封建社会。在这一前所未有的历史进程中，中国内部的阶级矛盾越发激化，外国资本主义、帝国主义与中华民族的矛盾也日益尖锐，反帝反封建成为最重要的时代主题。随着反帝反封建斗争的发展，中国日渐脱离传统社会的轨道，开启向现代社会转型之路。

　　这条转型道路的第一阶段，便是旧民主主义革命时期。在这个阶段，两种相反的力量始终在进行激烈对抗：一方面是外国资本主义、帝国主义列强不断扩大和强化对中国的侵略与压迫，另一方面则是广大中国人民为了实现民族独立、国家富强而进行不屈不挠的、各种形

式的全力抗争。尽管这些抗争都以失败而告终，中国处于半殖民地半封建社会的处境并未得到根本改变，但其意义仍不容低估，因为它们既为中国社会进入转型的下一阶段——新民主主义革命时期——积累了宝贵的经验，也为中国本土积极因素与外来文明相结合而走向中国式现代化道路创造了条件。正是在这种意义上，旧民主主义革命既标志着中华民族觉醒时代的到来，也构成了中华民族从沉沦到复兴之路的重要一环。

第一节　步入近代的内忧外患

　　1840年鸦片战争的爆发，既是中国步入近代时期发生社会形态裂变的显著标志，也体现出中国面临的内忧外患达到一个新阶段。内忧的主要成分，不仅是由于阶级对立所形成的社会矛盾进一步激化，而且人与自然之间的关系也出现新矛盾，并对社会变迁产生了深远影响。至于外患的主要内容，则是此际西方主要资本主义国家的殖民体系空前扩张，给中国造成远远大于18世纪的直接冲击。总体而言，清朝在鸦片战争中的最终失败，正是这种内忧外患局势交织的必然结果。

一　经济萧条与清王朝中衰

　　中国社会在18世纪曾呈现较好发展势头，进入19世纪后却迅速减弱乃至逆转。这种状况的出现，与生态系统的全面恶化密切相关，因为生态恶化给社会经济的发展造成了严重不利影响。1800年之后的半个世纪，气候发生了异常波动，特别是冷冬发生次数远多于20世纪后半期，且多次出现冷冬连发现象，以致频繁出现严重气象灾害事件。此外，中国人口历经康熙至乾隆朝百余年间的迅猛增长后，至嘉庆朝初年突破4亿人。对于人口激增造成人地关系日益紧张的状况，在以农为本的传统经济体系制约下，清代主要依靠大力发展农业生产来加以缓解。而这一发展，又主要依靠扩大垦田面积、推广玉米等杂粮种植等方式来实现。这两种方式在短期内虽对粮食生产有较大

促进作用，但往往被过度应用，造成日益严重的生态破坏，最终成为清代中叶及以后农田生产力明显减退的一大因素。

与生态条件不断恶化的状况相呼应，19世纪前半期发生的多次严重灾荒也对中国社会构成新的威胁。除长期无法根治黄河水患外，长江水患也呈现越来越严重的趋势，中国历史上首次出现河患与江患并重的局面。更严重的是，自宋代以来一直作为全国经济中心的江南地区，在19世纪前半期连续遭遇重灾打击。特别是1823年发生了百年未有的"癸未大水"，使得江南地区经济元气大伤。此外，嘉庆、道光两朝瘟疫发生的频次，明显高于康雍乾时期。除常见的天花、伤寒、痢疾、疟疾、麻疹外，具有世界性影响的真性霍乱从东南亚传入中国并大规模肆虐，造成严重的人口和社会损失。

生态恶化是造成中国进入19世纪后陷入经济萧条的一个重要因素。因环境因素引发的农业生产条件不断恶化，是农业生产力低迷的重要原因。大约从19世纪20年代开始，全国农业总收成呈明显下行态势，粮食亩产量下降，农民收入也相应减少。与此同时，频发的灾荒对国家财政构成巨大压力。由于不得不频频进行灾蠲，田赋、盐课及榷关都大受影响。据估计，嘉道时期每年灾蠲额度大约占到财政收入的12%左右。此外，几乎每次较大灾荒之后，灾区及邻近地区的榷税也都大幅减少。除这些明亏的部分外，国家还得多次在严重灾荒时施加赈济。就19世纪前半期而言，不算历次河决而临时拨发的堵筑经费，超过100万两白银的赈灾行动至少有10次，成为国家财政的巨大负担。

农业生产力的低迷和国家财政的拮据，成为19世纪上半叶中国经济衰退的根本原因。这种衰退形势在嘉庆末年即已为时人所察觉，尔后又在道光年间表现得更为明显，故被称为"道光萧条"。这是中国经济由盛转衰的时期，也结束了自18世纪初以来经济长期增长的趋势。据测算，1820年前的一百余年间，中国经济年均增长速度快于欧洲；而在1820年后，中国经济在世界经济中所占份额持续下滑，成为当时世界六大经济体中唯一人均GDP下降的地区。

经济衰退成为19世纪前半期中国陷入社会危机的根源，为晚清时期更大规模的社会动乱准备了温床。在这一时期，小规模社会冲突广泛蔓延，特别是为了争夺水源、土地、山林等资源，以村落、宗族为单位的械斗、争讼事件，在全国各地不断发生，成为许多地方长期难以解决的社会问题。因灾荒引发的民变、奴变、抢粮、抗捐、抗租、闹漕等现象，在全国范围内愈演愈烈。向称富庶的江南地区，此类现象的发生频率甚至高于全国平均水平。此外，大量贫困人口在环境资源的争夺中被挤出了正常社会秩序，流为盗匪，成为19世纪多处匪患丛生且难以根治的主要原因。与之相应，还出现了较大规模的社会动乱。除了白莲教、天理教等大规模动乱外，湖南、贵州、广东等地苗民、瑶民与官军长期战乱，无不与灾荒所激化的社会矛盾有密切关系。因此，当中国步入近代之际，也正处于社会经济发展的低谷之中。

与这种低谷状态相对应，与18世纪相比，清朝国力和统治能力都呈加速下降之势。自乾隆末年以来，国家政权的衰败势头便难以遏制。嘉庆帝登基后，虽然扳倒了巨蠹和珅，却无法扭转吏治严重腐败的局面。种种匪夷所思的官场贪腐案件，层见叠出。特别是河工、漕运、赈灾等领域，早已成为无数大小官员渔利的渊薮。嘉庆朝出现的直隶书吏私雕官印冒领库银案、戕杀查赈委员的山阳赈案，道光朝出现的户部库银亏空案，都是当时影响巨大、后果严重的例子。更严重的是，大批官员因循苟且，于政务漠不关心，且理政能力低下。纵观嘉庆、道光两朝，能够比肩18世纪诸多经世型官员的能吏，极为罕见。而诸如曹振镛、穆彰阿、潘世恩等唯知秉承上意者，长期把持朝廷中枢，朝政风气越发败坏。在官场贪腐因循之风盛行的同时，军事力量亦日趋废弛。至鸦片战争前夕，军队开支约占清廷财政支出的十之六七，但其中被克扣靡费者所在多有。无论是八旗还是绿营兵丁，大都处于涣散状态，战斗力大为下降，武器装备更是长期没有得到更新。因此，就军备角度而言，清朝在鸦片战争中的失利显得不足为奇。

二　英国对中国鸦片贸易的加剧

与深陷低谷的中国相反，19世纪上半期英国国势却蒸蒸日上，综合国力居于世界首位。17世纪40年代，大体相当于中国发生明清易代之际，英国爆发了资产阶级革命，推翻斯图亚特王朝的封建统治。此后虽有所反复，但随着1688年"光荣革命"的实现，确立了君主立宪政体，基本保留了资产阶级革命成果。英国资产阶级革命的完成，冲破了封建生产关系的限制，为社会生产力的解放创造了有利条件。特别是始于15世纪末的圈地运动，在革命后得到更大规模的推进，不仅为工业革命提供了大量自由劳动力，而且导致资本主义农场迅速发展，促进了国内市场成长。英国农业领域发生的这些变革，成为其在18世纪率先发生工业革命的重要条件。在工业革命大力推动下，英国不仅成为世界上第一个工业国，而且取得了对其他所有国家的巨大领先优势。到19世纪20年代，英国工业总产值占到全世界工业总额的一半，其生产力水平远远领先于此时的中国。

随着资产阶级革命后国力增强，以及资产阶级对于商品市场和原料越来越大的需求，英国很快走上殖民扩张道路。美国独立战争后，英国虽然失去了一块很重要的殖民地，但其殖民体系并未衰落，这主要得益于其在亚洲的进一步开拓。从18世纪中期到19世纪30年代，英国在南亚和东南亚地区的扩张，为其觊觎东亚提供了稳固的立足点。正是在殖民体系扩张过程中，英国与中国发生了越来越多的接触。17世纪末，在打破荷兰对航海权的垄断后，英国十分重视与中国开展直接贸易，先后在厦门、台湾和广州设立商站。从18世纪初起，中英贸易量与日俱增。就茶叶一项而言，英国在1700年前的十余年间年均进口量为1.6万磅，到18世纪中叶便增长到年均约200万磅。1757年，乾隆帝下令只许洋船在广东交易，遂使广州的行商成为洋商与清朝官府交涉的唯一渠道。行商对贸易权的垄断，严重影响了对外贸易的进行，纠纷愈多。在此背景下，英国马戛尔尼（George Macartney）使团于1793年抵达北京谈判通商问题。因双方在观念上南辕北辙，使团无功而返。1816年，英国再次派出阿美士德（William Pitt Amherst）使团出使中国，然因礼仪问题遭到驱逐。连番遭到外交失败的英国，急欲找到改变现状的机会，鸦片贸易亦由此演变为中英之间的一个重要问题。

英国之所以一再向中国派出外交使团，根本原因是为了改变当时中英贸易的严重不平衡状态。到18世纪中期，英国与中国的贸易量已位居西方各国首位。在仍为传统农业社会的中国面前，英国的工业品很难找到市场，而中国的茶叶、生丝和大黄等土特产品的出口始终畅旺。整个18世纪和19世纪初期，中英贸易一直有利于中国一方。1781年至1793年，英国销往中国的全部工业品，仅及同时期中国销往英国茶叶总价的1/6。东印度公司驶往中国的货船装载的物品中，经常大部分是黄金和银锭，商品只占很少一部分。这造成了白银大量流入中国。但是到了19世纪20年代中期，中英贸易开始趋于平衡，此后中国更是开始处于入超地位。导致这种转变的关键因素，就是鸦片贸易。

1773年，英国政府公开介入鸦片对华贸易，给予东印度公司制造和专卖特权。东印度公司在印度大量生产廉价鸦片，又将销售权交给英国烟贩前往中国进行走私贸易。在高额利润刺激下，鸦片走私贸易获得高速增长。走私范围覆盖了南起珠江口、北及直隶和奉天海岸的广大海域。走私数量也迅速增加：1800年至1820年间输入量约为每年4500箱，1820年至1830年年均输入量超过10000箱；1838年至1839年更高达35500箱。鸦片贸易使得中英贸易状况发生了根本改变，英国由入超变为出超。而自19世纪30年代起，鸦片占据英国输入中国货物的一半以上。此外，美国商人从土耳其、波斯等地向中国贩运鸦片，沙俄则由中亚加入走私鸦片的行列。鸦片战争之前40年间，外国贩至中国的鸦片共计40多万箱，总价白银3亿两以上。

三 禁烟争议与虎门销烟

鸦片贸易对中国造成了严重的不利影响。因经营鸦片的利益，国内形成了广大的流通网络。到1840年，包括西藏和新疆在内的绝大部分地区，都有营销鸦片的记载。据保守估计，1835年全国吸食鸦片人数多达200万人以上。鸦片泛滥的状况，造成白银大量外流。1821年至1840年，中国年均外流白银约为500万两，相当于清朝每年财政收入的1/10。市面上白银的短缺，加剧了银贵钱贱的趋势，尤其是田赋常常不能如额收足，财政大为支绌，使本已不景气的国内经济更加艰难。大量官吏、兵丁成为瘾君子，以及从鸦片走私中收取贿赂，吏治和军纪都日趋败坏。清朝虽早从嘉庆时期便已注意到鸦片造成的严重问题，但政策上时弛时禁，难以从根本上消除痼疾。到19世纪30年代后期，随着鸦片愈加泛滥，关于如何对待鸦片贸易的问题，成为清廷内部争论的一个焦点。

　　起初，弛禁之说暂居上风。有广州士绅主张放开鸦片关禁，厚征其税，两广总督卢坤上奏称不为无见。1836年，曾任广东按察使的太常寺少卿许乃济提出鸦片贸易合法化的建议，以及准许国内自由种植鸦片的主张。道光帝发广东大吏讨论，新任两广总督邓廷桢等一度颇为赞成弛禁意见。内阁学士朱嶟等认为弛禁绝不可行，导致道光帝态度又出现反复。1838年，鸿胪寺卿黄爵滋奏请道光帝下令严禁吸食鸦片，以收抵制鸦片输入之效。朱嶟、黄爵滋等人的主张被称为严禁论，并得到湖广总督林则徐的坚决支持。道光帝对严禁论深以为然，并采取了相应举措。是年10月，将此前主张弛禁的许乃济降级，并令其致仕；11月，召林则徐进京，命其为钦差大臣，前往广州查禁鸦片。

　　林则徐于1839年3月抵达广州，迅速按照既定方针发动禁烟运

图 12-1 林则徐像

动。在两广总督邓廷桢、广东水师提督关天培配合下，积极整顿海防，缉拿各类走私船只，并惩办一批涉足走私的官吏。林则徐采取的最有力措施，是命令外国烟贩限期呈缴所有鸦片，并出具嗣后永不非法夹带鸦片的甘结。起初，英国商务监督义律（Charles Elliot）指示烟商颠地（Lancelot Dent）拒绝接受这些命令。林则徐便派兵包围驻广州的英国商馆，撤走馆中的华人买办和仆役，并下令暂停中英贸易。义律随即改换态度，以英国政府名义发布公告，令英商将所有经手鸦片由其转缴林则徐，并声称烟价一律由英国政府付给。四五月间，义律共缴出鸦片2万余箱，林则徐随即结束了对英人的软禁，同意他们返回澳门。

对于这些数量庞大的鸦片，林则徐起初奏请将其运送京师验明后销毁。御史邓瀛认为远途运输，流弊甚多，建议就地销毁，得到了道光帝的同意。外国商人和烟贩原本并不相信林则徐等人关于销毁收缴鸦片的声明，甚至认为清朝官府会利用这批鸦片牟利。林则徐则用实际行动击破了这种怀疑。6月3日，林则徐施行精心策划的销烟办法，在虎门海滩开始销毁鸦片的行动。至6月25日，这批被收缴的巨量鸦片全部销毁净尽。林则徐在广东的禁烟行动初见成效，而英国遭此打击，对于解决中英矛盾的态度遂越发强硬。

四　鸦片战争与《南京条约》

19世纪30年代后期，正是英国力图在亚洲进一步拓殖时期，1839年发动阿富汗战争便是显著的例子。林则徐主持的禁烟运动，成为英国在亚洲发动另一场侵略战争的借口。由于英商手里的鸦片是义律以英国政府的名义呈缴的，商人们向国会呼吁要求兑现关于赔偿的保证。另外，英国于1837年至1838年遭遇了一场经济危机，工商业萧条，工人运动不断高涨。为了摆脱困境，转嫁危机，来自伦敦、曼彻斯特和利物浦的近300家与对华贸易有关的企业，基于对清朝通商体制的不满，趁机发动了一场谴责中国的宣传行动。在这种情况下，发动侵略战争将中国变成掠夺原料基地和倾向商品市场，完全符合英国资本主义对外扩张的客观要求。1839年9月底，英国外交大臣巴麦尊（Palmerston）业已拟订了对中国发动战争的计划，并在10月初的内阁会议上赢得了支持。1840年2月，英国政府任命乔治·义律（George Elliot）为侵华英军总司令，并做好了战争决定和部署。因此，虽然在4月举行的议会辩论中，出兵中国问题仅以微弱多数获得通过，但英国意欲发动的绝非一场无准备之仗。

1840年6月，由16艘兵船、4艘武装汽船、28艘运输船以及六七千名海陆士兵组成的英国远征军，从开普敦、印度等地抵达广东洋面，战争正式开始。这场战争持续了两年多时间，整个进程大体分为三个阶段。在第一阶段，英国作战方案以打击中国对外贸易为主，试图封锁中国主要出海区域。因林则徐在广东一带已有布防，英军对珠江口采取围困战术，而把主要进攻点放在浙江舟山的定海县，随即北上天津。定海失陷，以及英军抵达天津海口的情况，使道光帝大为震动，急派琦善前往天津海口与英军展开谈判。琦善在英军压力下，以向朝廷奏明林则徐办理不善为保证，换取了英军撤回广东的结果。道光帝以琦善退敌有功，遂将林则徐革职，而以直隶总督琦善为钦差大臣赴广东办理中英交涉。琦善抵达广东后，对英国采取妥协态度。但义律因琦善未能答应其谈判条件，急于施压，故而于1841年1月初发动突然袭击，命英军攻占大角和沙角炮台；25日又强占香港岛，威逼琦善与之进行包括割让香港岛在内的《穿鼻草约》。道光帝得知英军在广东发动进攻后，立即下诏将琦善革职，并对英宣战，中英双方重新进入战争状态。

在第二阶段，战场集中在广东。为展开广东战事，道光帝任命宗室奕山、湖南提督杨芳从各省调集1.7万人开往广东。英军获悉清朝动向后，于1842年2月下旬率先发难，攻陷虎门炮台，关天培战死，英舰长驱驶入，包围了广州城。3月，杨芳率军到达广州。4月，奕山及各省援军亦抵达广州。5月，奕山和杨芳贸然发动反攻，惨遭失败，英军乘势反扑，再度包围并炮轰广州城。奕山只得派遣广州知府余保纯出城求和，英军趁势勒索赎城费600万元。27日，奕山擅自与义律签订和约，答应清军于6天内撤出广州城，并支付600万元赔款。这笔赔款主要由行商承担，5月底全部付清后，英军开始从虎门和广州撤退。在此期间，广州城郊三元里的民众对盘踞四方炮台的英军发动了一场突袭，是中国人民自发起来反对外国侵略的第一次战斗。

在第三阶段，英国政府因对《穿鼻草约》设定的谈判条件十分不满，遂以江浙地区为主攻方向，扩大战争。4月，英国政府撤换义律，改派璞鼎查（Henry Pottinger）为全权公使，前往中国指挥战争。

8月末，英军攻陷厦门。9、10月间，英军连续攻陷定海、镇海和宁波，总兵葛云飞等战死，两江总督裕谦于镇海失守后投水自尽。10月，道光帝任命宗室奕经前往浙江办理军务，从各省调集军队2万人赶往前线。1842年3月，奕经命清军从绍兴分三路出师，企图一举收复宁波、镇海和定海。因准备并不充分，三路皆遭挫败，英军甚至反攻慈溪得手，奕经等仓皇败退杭州，不敢再战。连续失利之余，清廷希冀议和，命盛京将军耆英为钦差大臣，寻求与英军进行谈判。英方并不理睬耆英等人提出的谈判条件，为迫使清廷进一步屈服，遂大举入侵作为中国经济重心的江南地区。5月，英军退出宁波和镇海，全力进攻乍浦得手，6月相继占领吴淞、宝山和上海，江南提督陈化成阵亡，7月进占镇江，8月初入侵南京下关附近江面。清廷速命耆英为钦差大臣前往南京议和，并接受了璞鼎查提出的全部停战条款，于8月29日在英国军舰"皋华丽"号上签订了所谓《万年合约》，后称《南京条约》，战争方告结束。

《南京条约》是中国近代史上第一个不平等条约。其中最重要的内容有5项：第一是开放广州、福州、厦门、宁波和上海5处为通商口岸；第二是割让香港岛给英国；第三是向英国赔款2100万银元；第四是与英国协定关税；第五是废除公行制度。1843年间，中英双方继续谈判通商事宜，并于10月签订《虎门条约》作为补充。英国由此又取得一些重要特权，主要有领事裁判权、片面最惠国待遇、外国人居住及租地权，以及大大低于鸦片战争前的进出口货物税率。这些内容的通过，标志着中国的独立主权和领土完整开始遭到破坏。而协定关税、领事裁判权和片面最惠国待遇等条款，后来更对中国造成

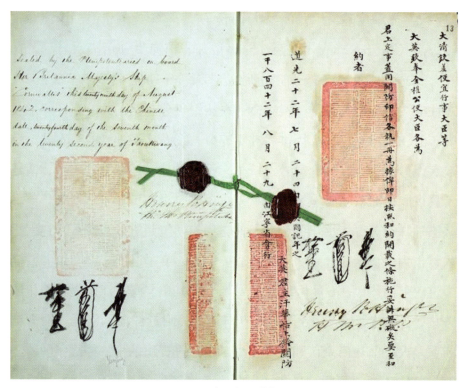

图12-2　《南京条约》文本

了极其深远的危害。

　　英国用炮舰打开中国的大门后，其他西方资本主义国家纷纷跟进。美国派遣专使顾盛（Caleb Cushing）来华，以战争相恫吓，遂与耆英于1844年7月在澳门签订《望厦条约》，除享有英人此前所取得的各项特权外，还扩大了领事裁判权范围，加强了协定关税权；此外，美国人可以在5个通商口岸建立教堂、墓地，双方同意条约12年一修，等等。继美国之后，法国亦派专使来华，援照英美两国之例，与清朝签订了《黄埔条约》。法国在英美所订内容之外，迫使清政府取消雍正年间发布的对天主教的禁令，从此获得了在各通商口岸自由传教权利。按照一体均沾原则，基督教随即也得到同样权利。英国、美国和法国与清政府签订的这些条约，在权利上相互援引，构成一个实质上不平等的特权体系，中国的半殖民地性质亦由此发端。

第二节　中国逐步沦为半殖民地半封建社会

鸦片战争虽然是一场规模较为有限的战争，战区也仅限于中国的局部区域，但因这场战争爆发于中国社会正在发生内部衰变的重要时刻，从而形成了内因与外因之间的联动，激化了中国社会面临的各种矛盾。鸦片战争后的十年间，尽管清廷和上层社会对世界潮流的茫然而无动于衷，可是内忧外患交织而成的社会危机迅速潜滋蔓长。在外患的一面，西方各国通过鸦片战争看清了中国的弱点，迫使中国进一步开放、扩大对中国的侵略势所必然，第二次鸦片战争的爆发，正是这种态势的逻辑延伸。更重要的是，在内忧的一面，因经济基础的进一步动摇，社会动荡的持续发展，终于酿成太平天国运动，并引发了持续十多年的大规模内战。正是在太平天国运动和第二次鸦片战争合力冲击下，清朝旧秩序才无可避免地趋于瓦解了。

一　鸦片战争后的经济社会危机

清朝在鸦片战争中的失败，使西方冲击中国的力度空前提高。香港岛的割让使西方首次获得了在中国的稳固立足点，五口通商则使西方的影响覆盖了中国东南沿海地区。特别是通商口岸内土地租住权的获得，为西方各国建立租界打开了方便之门。1843年，按照《南京条约》规定，上海开埠。1845年，英国在上海县城外划定一块区域作为英国人居留地，成为英租界的起点。19世纪40年代末，美、法两国相继在上海划定租界。租界的设立，固然使许多普通中国人有机会接触西方文明，但也为西方侵略势力深入中国提供了便利基地。此外，由于传教禁令的取消，天主教和基督教新教在华传教活动日趋活跃，对中国社会产生了极其复杂的影响。而在英、法、美等国从东南沿海冲击中国的同时，沙俄在西北和东北地区也加强对中国的政治经济压迫，中国遭受的外患压力日甚一日。

外患对中国经济基础造成了严重影响。五口通商后，虽然西方各国对华商品输出并未提高太多，但是鸦片走私问题愈发严重。由于清政府和西方各国在谈判中对鸦片问题避而不谈，导致鸦片走私实际上成为一种公开贸易。1843年鸦片输入量已达4.3万箱，超过战前最高水平，此后更逐年增高，从而加剧了白银外流现象。随着通商体制的改变，表面上中国的茶叶、生丝等农产品的出口量增加很快，实则隐患日增。因为这一方面影响了不少地区的经济发展取向，另一方面则使这些商品的生产和出口贸易逐步走上依附外国的道路。最后，中国原有的经济格局也在外力影响下发生重大改变。上海开埠后，外国人将经营重点转向上海，使之成为中西贸易的新商业中心。原先依赖广州为中心的贸易体系则分化瓦解，衍生了许多新的不安定因素。

本就十分萧条的国内经济，在战后更深陷危机之中。战争对财政拮据的清政府形成新的巨大负担。清朝在两年多时间里共支出军费白银3000余万两，加上付给英国的赔款，几乎相当于道光朝一年的岁入总额。祸不单行，在战争爆发后的1841年、1842年、1843年三年时间，黄河在河南、江苏连续发生三次大决口，又造成将近2000万两的意外开支，清朝财政益形疲敝。此外，遭受兵燹的广东、江苏和浙江三省，向来是清朝财赋征收的重要省份，而战争期间的捐饷助银、战后的分摊赔款，浮收之弊日甚，使三省经济大受影响。更严重的是，白银外流和财政拮据进一步助长了银贵钱贱的恶性变动。1845年，国内大部分地区1两白银可换制钱2000文左右，银价较18世纪约涨1倍。同时，米价却又较战前下跌将近一半，从而大大加重了民众负担。

鸦片战后十年间，外患与内忧的联动效应，使积累起来的社会矛盾达到临界点。而不断爆发的严重灾荒，更加剧了国内社会秩序的动荡。除前述黄河三次大决口外，1846年至1847年以陕西、河南为中心的大旱灾，1848年至1849年覆盖长江中下游地区的大水灾，以及其他地区诸多程度不等的灾荒事件，都增加了许多社会不稳定因素。在位于长江中游的两湖地区，1842年湖北崇阳抗漕案、1843年湖南耒阳抗粮案，以及1847年、1849年雷再浩、李沅发等人在湘桂交界地区的起事，都是灾荒导致社会矛盾激化的代表性事件。而在江西、安徽、江苏和浙江境内，同样在连年灾荒背景下，致使19世纪四五十年代以抗粮、抗租、抢粮为中心的民变事件层见叠出，严重动摇了清朝统治的基础。所有这些情况，都成为太平天国运动的爆发的温床。

二　太平天国运动爆发与湘军兴起

鸦片战争后中国社会经济危机的进一步深化，终于酿成了太平天国运动的爆发。在以广州为中心的中外通商格局被打破后，广东已不能独占贸易之利，经济下滑。广西境内主要供应广东粮食和原材料的许多地区大受影响，生计受困者日众。太平天国许多重要领导人出身的紫荆山区，就是这样一个地区。与经济困窘的局势相呼应，在两广地区存在多年的天地会等秘密社会再度活跃起来，发动了多种多样的反清活动。同时，两广境内客家人与土著之间的矛盾，也因社会经济的萧条而激化，械斗之风日盛。这些情况的叠加，造成当地社会局势处于高度混乱之中。在这种混乱局势下，迥别于中国本土宗教信仰的基督教说法，对部分国人特别是对客家人产生了吸引力。五口通商后，西方传教活动得到扩张机会。洪秀全正是在此时生发对基督教的兴趣，并在结合多种思想资源基础上，以救世为号召，创制了"拜上帝会"，吸收了冯云山、洪仁玕等一批骨干成员。继而因冯云山深入紫荆山区的传教活动卓有成效，遂使"拜上帝会"的力量迅速超越了传统会党与教门。

　　1851年1月11日，洪秀全率众在广西桂平县金田村发动起义，建号太平天国。中国历史上最大规模的农民战争就此爆发。清廷起初视之为乌合之众，重视程度甚至在天地会之下。然受命前往镇压的两任钦差大臣林则徐、李星沅先后病殁于途，致使清军行动一再失机。9月，太平军攻克永安州，是自起义以来首次占领的城市。在永安休整的半年多时间里，太平天国初步构建了中央政权组织形式，并颁行了天历，制定了一系列制度。清廷震惊之下，调集重兵围困永安。太平军突围后，转战于桂林、全州等处，但因广西回旋余地太小，连遭挫折。1852年6月中，太平军由全州入湖南，连克道州、郴州，并发布《奉天讨胡檄布四方谕》等文告，正式以推翻清朝为号召。太平军在湘南期间，吸收了大批流民、饥民，力量迅速壮大，队伍扩大至10万人。虽然一度围攻长沙不克，但其后兵锋所至，加入者日众，故而能够于1853年年初攻克湖北省城武昌，全军亦增至50多万人。稍后，洪秀全等人率水陆大军顺流而下，3月下旬占领南京，即以之为都城，改称天京，声威达到全盛。

定都天京后的两年多时间里，是太平天国处于战略进攻的时期。这方面的显著标志是其发动北伐与西征行动。1853年5月，林凤祥、李开芳等率军约2万人，自扬州出师北伐。在随后两年间，北伐军转战皖北、豫东、直隶、山西和山东等处，一度进抵保定、天津，京师大震。但因孤军深入，缺乏后援，在清军全力反扑下，北伐军最终全军覆没。西征军出师大约与北伐军同时，起初进展亦较为顺利。西征军分为两支，其中一支以安庆为基础，重点经略安徽，逼迫安徽巡抚江忠源投水自杀；另一支自九江沿江西进，重新攻占汉阳、汉口和武昌，湖广总督吴文镕亦投水自杀。可是，在西征军乘胜攻入湖南后，

图12-3　金田起义浮雕

战事开始陷入胶着状态。这主要是因为遇到了与此前不一样的对手，那就是曾国藩创建的湘军。

清朝原本是以八旗、绿营为主要军事力量，在鸦片战争期间已充分暴露出严重落伍且腐败不堪的状况。在太平天国兴起后的多次战事中，八旗、绿营系统的军队更呈屡战屡败之势。无奈之下，清廷重拾白莲教战争时期的团练之法，下令各省举办团练，以为佐助。湖南在籍侍郎曾国藩受命督办该省团练，深感旧法不足为恃，乃以乡谊和纲常伦理为纽带，招募乡勇，兵由将选，编练出一支对抗太平军的新军即湘军。1854年2月，曾国藩发布《讨粤匪檄》，正式出兵，与西征太平军接战。在湖南境内稳住战局后，湘军于10月间占领武昌，取得了出乎清廷意料之外的胜利。1855年年初，太平军重新组织西征兵力，在石达开率领下大败湘军，并再占武昌。此后直至1856年年初，太平军攻占了江西大部分地区，曾国藩困守南昌，一度岌岌可危。恰恰在这个时候，太平天国内部爆发"天京事变"使湘军得到了喘息之机。随后第二次鸦片战争的爆发，客观上更是成为湘军坐大的转机，晚清时期外重内轻的政治格局亦由此滥觞。

三 第二次鸦片战争与清朝政局变动

第一次鸦片战争遗留的若干问题，固然是第二次鸦片战争的直接诱因，但是欧洲势力意欲建立世界霸权的野心才是根本原因。19世纪50年代，除了完成工业革命的英国外，欧洲各主要国家和美国也都在工业化方面取得很大进展，形成了对亚洲、非洲等地的压倒性优势。进一步争夺对自身有利的势力范围，进一步打破那些对外部保持封闭的地区，成为西方列强的一大目标。1853年至1856年的克里米亚战争，使得英、法与沙俄争夺小亚细亚地区的斗争告一段落，各国随后便把扩展势力范围的目光转向东亚地区。而在第一次鸦片战争中失败后，清廷不仅未在对外事务上做出太多改变，而且往往不愿落实条约内容。在此种背景下，中外对抗情绪酿成的冲突事件一再发生。19世纪40年代末期广州入城问题，1848年3月江苏青浦教案，1856年2月广西西林教案，都是这方面的典型案例。1856年适逢中美《望厦条约》所定12年修约之期，英、法援引最惠国待遇，向清廷提出修约要求，遭到拒绝后，新一轮中外矛盾急剧激化。

1856年10月，英国以"亚罗号事件"为借口挑起战争。1857年春，法国接受英国建议，与英国共同派出远征军。英法联军到达香港后，与美国及沙俄公使合谋侵华策略，全面扩大对中国的战争。在战争的第一阶段，以进攻广州城为始，以天津谈判而告终。1857年年底，英法联军攻占广州城，掳走了两广总督叶名琛。1858年4月，英法联军及四国公使北上抵达大沽口，5月侵入天津城郊。清廷不得已与之展开谈判，6月间与四国分别签订《天津条约》，并约定来年进京换约，联军才退出天津，战争告一段落。战争的第二阶段，以大沽口之战为始，以北京谈判为止。1859年6月，英、法全权公使进京换约时，拒绝清方指定的路线，坚持从大沽口溯白河入京。清军在大沽口开炮反击，英法舰队败退。1860年年初，英、法决意扩大战争，派遣舰船200余艘、士兵1.7万人的兵力来华，于8月间攻占天津，9月间进抵通州，于八里桥大败清军。咸丰帝闻讯逃往热河，留下恭亲王奕䜣负责议和事务。10月初，英法联军占领北京，并火烧圆明园。

奕䜣在英、法武力逼迫下，与之签订《北京条约》，战争方告结束。

在第二次鸦片战争期间，当清朝以主要力量应付自东南海疆而来的英法联军时，沙俄趁火打劫，攫取的利益更超乎英、法之上。对于在领土方面永不知足的沙俄来说，由于此前在克里米亚战争中落败，被迫丢掉了多瑙河口和比萨拉比亚南部的土地，所以求得土地补偿的欲望越发迫切。于是，沙俄从东北和西北展开对中国领土的强取豪夺。1858年5月，趁英法联军进犯天津之际，沙俄东西伯利亚总督穆拉维约夫强迫清朝黑龙江将军奕山签订《瑷珲条约》，将黑龙江以北、外兴安岭以南60多万平方千米的中国领土划归俄国。1860年10月底，俄国公使伊格纳季耶夫趁北京谈判之机，诱使奕䜣签订中俄《北京条约》，除迫使清廷承认《瑷珲条约》外，又获得了乌苏里江以东40余万平方千米的土地。又因北京谈判中有开展西北勘界之议，双方复于1864年10月议定《勘分西北界约记》，中国再度丢失约44万平方千米的领土，并留下了许多隐患。

在第二次鸦片战争中的空前惨败，以及一系列新条约的签订，加速了清廷内部的分化与权力斗争。1861年8月，咸丰帝病死于热河，年方6岁的同治帝继位。11月，同治帝生母慈禧太后联合奕䜣发动政变，除掉咸丰帝任命的肃顺等8名顾命大臣，取得最高统治权。奕䜣以议政王身份管理朝政，慈禧则与慈安太后一起垂帘听政。此番变动之后，朝局为之一变。慈禧与奕䜣深知清朝原有武装力量绝非太平军敌手，故于执掌朝政之初，便主动调整与曾国藩集团的关系。除给曾国藩加官晋爵外，还在用兵方略上听从其建议，甚至江苏、安徽、江西、浙江四省地方大员之任命也征询其意见。慈禧等人对曾国藩的态度，从根本上改变了此前清廷对其限制多于使用的方针，使湘军集团发展成为晚清时期最大的地方实力派，汉族官员势力大涨，突破了数百年来"首崇满洲"的政治格局。

四　中外联合镇压与太平天国败亡

英法联军攻陷北京，以及《北京条约》的签订，宣告清廷以往的对外交涉机制彻底破产。以奕䜣为首的部分高层官员，开始推动建立正式的外交关系。1861年1月，经奕䜣等人奏请，清廷批准设立总理各国事务衙门，主管外交及通商、关税等事务。这是中国面对西方冲击时，在中央层面设置的第一个新机构。继总理衙门设立后，清廷又成立一系列办理对外事务的新职位和机构。首先是在天津增设一个通商大臣职位，后来改称北洋通商大臣，原先管理五口通商大臣则改为南洋通商大臣。其次是成立总税务司署，管理全部海关税务，清廷起初任命英国人李泰国（Horatia Nelson Lay）担任总税务司，但很快改由另一位英国人赫德（Robert Hart）担任，赫德的任职一直延续到清朝覆亡方告终止。最后是设立同文馆，以培养通晓外国语言文字的人才，该机构的设立是中国施行西式教育的开端。这些新机构的出现，意味着清朝基本顺应西方的意愿而构建了一套全新的外交体制。

随着新型外交体制的构建，以及愿意遵守与西方列强所签条约的奕䜣等人在辛酉政变后主掌朝政，中外关系格局为之一变。还在《北京条约》签订时，西方列强就纷纷表示支持清朝统治者。1862年年初，清廷宣布"借师助剿"，与西方列强达成了联合镇压太平天国的"共识"。早在1860年，上海地方官府就与在沪西人合作，组成了一支由美国人华尔率领的洋枪队，对抗太平军。1862年年初，在清政府支持下，洋枪队改名"常胜军"，并扩充到四五千人，构成了一支颇具规模的武装力量。另外，当李鸿章在安庆等地完成对淮军的组建后，也正是在英国轮船掩护下，才顺利通过太平军防区，将主力投送到上海。此后，在苏南地区作战过程中，"常胜军"与淮军多次配合，形成对太平军的巨大威胁。这些情况表明，西方列强已经彻底撕下了当初号称"中立"的伪装。

从1856年到1861年，本来是清朝方面陷入内外交困的时期，但是太平天国不仅未能抓住这一时机，反而发生了严重内讧，以致丧失了战略主动权。1856年9月，正当太平军大破江北大营和江南大营，取得重大胜利的时候，爆发了高层互相残杀的"天京事变"。杨秀清被杀、石达开出走，导致太平天国的力量发生严重分裂。湘军趁机重整旗鼓，在湖北、江西战场占据了主动。江北大营和江南大营亦得以重建，重新形成了围困天京的局面。在困难形势下，洪秀全起用了陈玉成、李秀成等青年将领，先是于1858年年底在庐州三河镇大败湘军，复于1860年5月彻底击溃江南大营，才暂时缓解了危局。但是，这些胜利并未根本扭转太平天国处于战略防御的不利态势。随着清朝内部各方面力量在辛酉政变后逐渐调整到位，太平天国遭受的压力越发沉重，形势越发不利。

安庆保卫战的失利，是太平天国全面陷入被动的第一步。1861年4月至9月间，湘军与陈玉成所属太平军在安庆展开激烈争夺。随着守卫安庆的太平军全军覆没，太平天国失去了在长江上游最重要的屏障。安庆失守后，陈玉成退守庐州又告失利，后被地方团练出卖而牺牲。李秀成虽然从1860年至1861年开辟了以苏州为中心的苏浙根据地，但是太平天国面临的危机越发严重。1862年上半年，太平天国遭遇了清军的三面合围之势。在西路，曾国荃率领湘军主力沿江东下，进攻天京；在南路，左宗棠另率一支湘军从江西攻入浙江；在东路，李鸿章指挥的淮军与"常胜军"配合，从上海向太平军发起进攻。尽管太平军在局部战场取得了一些胜利，并在慈溪击毙"常胜军"统领华尔，可是无法扭转整个战局。淮军会同"常胜军"于1863年年底占领苏州，左宗棠于1864年3月进占杭州，太平天国丧失了全部根据地，天京成为一座孤城。1864年6月，洪秀全病逝。7月天京沦陷，太平天国运动宣告失败。

太平天国运动失败后，华北地区的捻军成为抗清斗争的主力。以赖文光为首的太平天国余部与捻军张宗禹部会合，按照太平军的兵制重新组织捻军，改变了捻军先前的松散体制。为适应华北平原作战的特点，捻军扩大骑兵，采取以骑兵奔袭的运动战为主要战略战术，大大增强了战斗力。1865年年初，面对僧格林沁率领的蒙古骑兵发动的大规模进攻，捻军坚决采用运动战，一日驱驰数百里，使追赶的清军成为疲惫之师。5月18日，捻军将僧格林沁引入山东菏泽县西北的高楼寨，利用有利地形设伏。僧格林沁陷入埋伏后，蒙古骑兵大败，僧格林沁本人亦被捻军击毙，清廷掌握的有较强战斗力的最后一股军事力量就此覆灭。

清廷震惊之余，只得任用曾国藩进剿捻军。曾国藩因湘军大部业已遣散，遂以淮军担纲主力。针对捻军的高度流动性，曾国藩企图以重点设防、坚壁清野的合围战术对付捻军的运动战。但一则因捻军采用机动灵活的战术，二则因自身指挥系统的运转存在问题，曾国藩的进剿行动被捻军一再粉碎。1866年10月，捻军自山东回师，再度攻破清军防线，进入河南，曾国藩的合围计划陷于破产。清廷遂撤换曾国藩，以李鸿章为钦差大臣，率军进剿。李鸿章采取更加严厉的围困战略，压缩对捻军的包围圈。为打破封锁，捻军于1866年冬在河南许州分为东西两支，分别由赖文光和张宗禹率领，试图开辟新战场，但又造成了兵力分散的不利局面。1867年年初，东捻军因抢渡运河进入山东未果，不得已转进湖北，在安陆府境内尹隆河之战中遭受重大失利，随后又被引入淮军在山东的包围圈。12月间，东捻军在山东寿光遭遇层层阻击，主力损失殆尽，赖文光率余部南入江苏扬州地区，受伤被俘，后在扬州就义。西捻军为援救东捻军，从陕西直插畿辅地区，但孤军作战，形势不利，1868年8月间，西捻军被挤压在山东境内的黄河、运河、徒骇河之间的狭窄地带，最终全军覆没。大约同时，出现在西南、西北广大地区的各类反清斗争，也纷纷以失败告终。

第三节　洋务自强与社会结构的演化

在太平天国运动及第二次鸦片战争的猛烈冲击下，清朝一度摇摇欲坠，再也无法按照过去的方式维持自身统治。从19世纪60年代初起，清朝高层人士便开始实施师法西方的活动，并在其后30年间日益推广，形成了一场以自强为号召的洋务运动。虽然洋务运动本质上属于清朝统治者发动的自救活动，并未能够实现富国强兵的目标，但它也是中国走向现代化的重要尝试，并且至少在两个方面对中国社会造成了深远影响。其一是它开启了将工业化生产代表的新生产力全面引入中国，并与中国本土经济的积极因素相结合的进程，使得中国经济体系出现从传统向现代的转变。其二是洋务企业的建设，既壮大了中国早期无产阶级，也推动了中国早期资产阶级和新型知识群体产生与发展，从而促成了中国社会结构的根本性演化。因此，洋务运动的开展，客观上根本无助于恢复旧秩序，反而有助于探索新秩序，更成为近代中国工业化进程的发轫。

一　从"夷务"到"洋务"的转变

　　直到第二次鸦片战争前，对于所有与中外交涉有关的事务，清朝官方一般称之为"夷务"。这是一种从传统夷夏观念出发而生成的说法，带有轻视意味。早在第一次鸦片战争时期，西方各国已对此说法极为不满。第二次鸦片战争后，列强在条约中明确规定清朝官方不得继续使用"夷务"字样，"洋务"一词遂取而代之。随着国门日渐洞开，以及国人对西方文明的进一步了解，洋务的含义也逐渐发生演化。从19世纪60年代起，洋务所包含的内容，除了与西方开展的各类交涉事务外，还有在西方冲击下进行改革和应对的各项举措，尤其是以自强为号召、以引进西方科学技术为重点的近代工业化建设和近代国防建设，在中国社会产生了越来越重要的影响。从中央到地方、从政府到民间的多种力量，都曾积极参与自强活动，从而形成了一场具有较为广泛社会基础的群体性运动。这也是洋务运动往往又被称为

"自强运动"的根本原因。

1860年间留守北京负责与英、法等国议和的奕䜣，亲历西方武装侵略的威力后，迅速改变了先前对待西方的保守态度。1861年1月，他便向朝廷表达了必须"通筹洋务"以及奉行"自强之术"的认识。在辛酉政变后，掌握更大权力的奕䜣成为中央层面最积极推动洋务活动的人物。在镇压太平天国过程中，曾国藩、左宗棠和李鸿章等人亲身领略了西方船坚炮利的巨大优势，对于引进西方武器装备和技术也都有迫切的要求，故而成为最早一批大力响应奕䜣的地方大员。其后又有沈葆桢、丁日昌和郭嵩焘等地方官员，也成为洋务活动的热心倡议者。由于这些中央和地方大员掌握了许多军政实权，并且在兴办洋务活动问题上具有基本一致的思想认识和政治主张，故而构成了清朝内部一个势力较大的政治派别，这就是习惯上所说的洋务派。洋务建设能够持续30多年时间，主要就是这些洋务派大员指挥和主持的结果。

与洋务派官员的认识相呼应，中国思想界出现了一股洋务思潮，进一步阐发了自强活动的宗旨及其必要性。在鸦片战争后，魏源就因目睹英国在器物上的领先地位，在编写《海国图志》时，提出了"师夷长技以制夷"的建议。19世纪60年代初，冯桂芬在《校邠庐抗议》中不仅响应了魏源的建议，而且归纳了"以中国之伦常名教为原本，辅以诸国富强之术"的指导思想。这一思想后来成为"中体西用"论的滥觞。继冯桂芬之后，王韬、薛福成、马建忠、郑观应等人也都从不同方面出发，阐述了通过学习西方以求富强的思路。来自知识分子群体的这些人士，在思想上与洋务派官员有许多共鸣。因此，他们大多是洋务运动支持者，有些人更亲身参与了洋务活动，成为知名洋务企业的经理人，扩大了洋务运动的社会影响。

此外，西方列强也对中国开展自强运动抱有一定期望。在它们看来，要巩固和扩大在不平等条约中取得的权益，必然要维持出让这种权益的政府；同时还要鼓励清朝借助西法，实行内部改革来加强自身统治能力。第二次鸦片战争后，清廷设立了一系列新外事机构，列强也在北京先后建立公使馆，这就为各国通过驻华人员对清廷施加影响提供了很大便利。1865年，担任总税务司的赫德向清廷提交了一篇《局外旁观论》。1866年，英国驻华使馆参赞威妥玛（Thomas Francis Wade）向总理衙门递交了一份《新议略论》。这两份文书代表了列强政府的基本立场，其核心内容是劝告清朝认清自身的现实处境，必须在内政、外交上"借法兴利除弊"。西方的这种态度虽然在客观上有助于中国引进一些西方长技，但其实质是要建立符合西方利益的半殖民地新秩序。这就决定了洋务运动只能是一场进步有限的改革。

二　近代工业的起步

洋务运动的发生，正处在太平天国运动如火如荼的背景下，由此促使发展军事工业成为中国近代工业化进程的发端。曾国藩于1861年攻下安庆后，设立了一个试造西式开花炮和小火轮的内军械所，成为洋务派举办的首家军事工业。紧接着，分别率军与太平军作战的李鸿章和左宗棠，也都在战争期间即试行了一些军工制造活动。太平天国被镇压后，曾国藩、左宗棠、李鸿章等人进一步扩大了举办军工企业的活动。1865年，曾国藩和李鸿章在上海创设江南制造总

图 12-4　福州船政局照片

局，开办经费 50 多万两，除生产西式枪炮弹药外，还能够兼造战船，是国内最大规模的兵工厂。1866 年，左宗棠在福州创办福州船政局，建厂经费 40 多万两，成为国内最大的军用船舶修造厂。这两家工厂的出现，标志着中国近代军事工业的建设走上了正规化道路。19 世纪六七十年代，以"求强"为主的军事工业建设，构成了洋务运动的主体。这些军事工业虽然总体上还达不到西方先进水平，但是毕竟使中国第一次有了近代工业大生产方式，开了新生产力进入中国的先河，对于国防现代化也起到了一定作用。

从 19 世纪 70 年代初开始，李鸿章等洋务派逐渐认识到，西方国家的富强还在于拥有雄厚的经济基础。因此，洋务运动在继续"求强"的同时，也致力于兴办以"求富"为目标的民用工业。1872 年，为发展近代航运业，李鸿章饬令沙船商人朱其昂成立轮船招商局，是中国第一家近代民用企业。该局于1873年经历改组后，在与外国轮船公司的竞争中站稳了脚跟，扭亏为盈。在轮船招商局的示范下，19世纪70年代中后期又试办

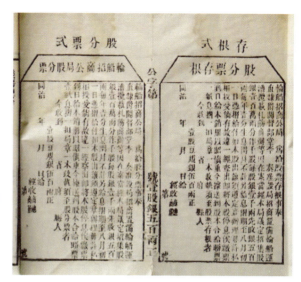

图12-5　轮船招商局股票

了一批洋务企业，主要包括1875年的湖北开采煤铁总局、1876年的开平煤矿和基隆煤矿、1878年的上海机器织布局、1879年的电报局等。这些企业既要依靠洋务派官员的支持和扶植，又要依靠商人的投资和管理，故而大多采取官督商办的经营方式。尽管其中不少企业因先天不足，后来都陷入困境，但是这些企业的经营内容大大突破了中国传统经济体系的范围，从而在19世纪80年代初第一次在中国社会引发了投资近代工业的热潮，使得新生产力在中国初步产生了规模效应。

1880年，改组后的上海机器织布局采用商办方式，向社会公开招股，得到热烈响应，很快超过了预定计划。织布局招股活动的成功，标志着国内对近代企业的投资突破了传统血缘、地缘关系的纽带，向着更加广泛的社会范围扩展。此后不久，以中小型矿业公司为主体的多家官督商办企业，以及造纸公司、玻璃公司之类的民办企业，纷纷在上海通过发行股票来开展招集资本的活动，并且大都受到

图12-6　汉阳铁厂

了市场的欢迎。这股投资热潮表明，近代企业的经营首次在中国社会中取得了较为广泛的信任。不过，在近代市场发展远未成熟的情况下，这种带有很大投机性的投资热潮也蕴含着巨大风险。1883年，在中法战争的影响和外国金融势力的操纵下，上海爆发严重的金融风潮，包括轮船招商局、开平矿务局在内的公司股价都出现倾跌，大量中小企业纷纷下马，从而遏制了中国近代企业的发展时机。

上海金融风潮发生后，社会投资近代工业的热情急剧跌落。在市场不景气情况下，清政府以国家力量为主导，对近代工业化仍有一定推进。其中影响最大的是铁路建设。19世纪80年代以前，清政府内部抵制铁路的势力一直很大。1881年，李鸿章以开平矿务局运煤为由，谋划铺设了一条9千米长的唐胥铁路，这是国人自办的第一条铁路。中法战争后，李鸿章在醇亲王奕譞支持下，将铁路延展到了天津。同时，刘铭传在台湾铺设从基隆到新竹的铁路。1888年，因李鸿章奏请铺设津通铁路，清廷内部爆发了一场要不要发展铁路的激烈争论。而争论的结果是，清廷于次年不仅将兴办铁路作为"自强要策"，更是批准了两广总督张之洞提出的兴建卢汉铁路的宏大规划。为了施行这一规划，清廷调任张之洞为湖广总督，主持南段建设事务。然而，由于随后形势的变化，卢汉铁路规划不得不中止，转而兴建东北地区的中东铁路，但进展缓慢，更为甲午战争所打断。因卢汉铁路而调任湖广的张之洞，则致力创办了汉阳铁厂等一批企业，不仅推进了中国重工业的发展，而且在中国腹地开辟了一块近代工业区。

三　边疆危机背景下的洋务建设

清朝大力开展洋务运动期间，在西方列强和日本策动下，中国遭受了严重的边疆危机。无论是西北、西南边疆，还是东南海疆，都出现了危及国家安全和领土完整的不稳定因素。1865年，趁中国西北地区陷入内乱之际，浩罕汗国派遣阿古柏入侵新疆，并于19世纪70年代初占据了南疆全部和北疆部分地区。英国、沙俄趁机对阿古柏进行笼络收买，供给军火，使之成为分裂新疆的工具。1871年，沙俄派兵侵占新疆伊犁九城。法国从19世纪60年代起加强对越南的侵略，1874年与阮氏王朝签订《西贡条约》，妄图以越南为基地打开入侵中国西南地区的通道。明治维新后的日本，迅速走上对外扩张的道路，于1874年派军入侵台湾，致使清朝赔偿兵费50万两白银。1888年，英国发动第一次侵藏战争。这些侵略活动的出现，使得近代化国防建设亦成为洋务运动的重要组成部分。

日本侵台之举使清廷大为震动，从而在日本撤军后，立即督促朝臣和沿江沿海各督抚发起了一次海防大讨论。其时正当新疆形势严峻，所以这次讨论兼及东南海防和西北塞防问题，又因讨论中有不同认识，后被称为"海防塞防之争"。李鸿章基于两次鸦片战争的教训和防范日本的必要性，强调海防建设优先，甚至不惜放弃塞防亦即用丢失新疆来节省军费。有些官员则以塞防为更急。时为陕甘总督的左宗棠虽然倾向于塞防，但是其提出海防与塞防并重的意见，最终为清廷所采纳。这场讨论表明，清政府已经具备了一定的近代国防和国家安全意识。正是在这种意识引导下，洋务运动对于国防建设的作用才得到显现。

洋务运动对于国防建设的一个显著作用，体现在收复新疆和中法战争的战斗中。西征新疆的主力是左宗棠率领的湘军。这支军队在太平天国战争末期即建立洋枪队，开始向近代武装转变。1867年，左宗棠开赴陕甘地区征战，一方面不断从上海订购外国军火，另一方面先后设立西安机器局和兰州机器局等军工机构来加强供应，这就使得所属军队一定程度上具备了新式陆军的面貌。而这些军备上的改进，是左宗棠能够击败装备英、俄武器的阿古柏势力的一大保障。而在中法战争期间，清军能够在陆路战斗中击败法军，表明其战斗力较第二次鸦片战争时期有了很大提高。这种提高当然也有洋务事业的贡献。这是因为，驻守台湾以及广西、云南前线的各路清军，大多是洋务运动开展后重新编练的部队，也都在战争期间得到来自江南制造局、天津机器局等兵工厂的武器供应。

洋务运动对于国防建设的另一个显著作用，体现在海防事业发展上。经过第一次海防大讨论，海防建设成为国家要策。清廷于1875年任命李鸿章和沈葆桢分别督办北洋、南洋海防事宜，并指定粤、闽海关及江浙等6省厘金项下每年拨解400万两白银作为海防经费，南、北洋各半。由于当时财政紧张以及制度上的紊乱，加以塞防问题的牵制，海防经费实收数额年年短缺甚多，海防建设进展缓慢。直到中法战争期间，中国海上力量仍无法与法国舰队形成对抗。先是福建水师在马尾海战中几乎全军覆没，尔后南、北洋水师合力亦无法突破法国舰队对中国台湾的封锁，从而在很大程度上抵消了陆路战斗的胜利成果。

　　中法战争结束后，清廷立即总结海战失利的教训，再次发起一次关于海防问题的大讨论。通过此次讨论，形成了必须集中建设、统一指挥权的认识。1885年10月，清廷成立总理海军事务衙门，由奕譞出任总理海军事务大臣，奕劻和李鸿章为会办大臣，全国海防建设从此有了统一管理的专门机构。按照清廷的此次规划，海军建设以编练北洋水师为重点，李鸿章则成为筹建、统辖北洋水师的实际负责人。在海军衙门统筹下，北洋水师在随后三年间得到较快发展。至1888年，全军共拥有包括两艘巨型铁甲舰"镇远"和"定远"在内的大小共25艘舰船，成为当时亚洲最大的一支现代化海军力量。同年9月，又制定了《北洋海军章程》并得到朝廷批准，从此确定了舰队的基本编制，标志着北洋海军正式成军。北洋海军是当时中国现代化程度最高的一支部队，一段时间内对日本形成了战略威慑。但在清廷错误决策下，进入19世纪90年代后，北洋海军的发展陷入停滞，为其在中日甲午战争中的失利埋下了种子。

四　新兴社会阶层的形成

洋务运动虽然是清朝统治集团发起的一场自救活动，却没有能够起到补强旧秩序的作用，反而客观上进一步瓦解了旧秩序的社会基础。这主要是因为洋务运动促进了中国社会阶层的分化，使得中国社会的阶级结构和阶级关系都出现了一些前所未有的变化。随着新生产力在中国经济体系中的位置越来越显著，中国社会的劳动分工也日益突破了传统经济所限定的范围，进而使得生产关系也发生了明显突破传统宗法时代的变化。而最能集中反映这些变化的现象，就是中国新兴社会阶层的成型。其中，对后来中国社会发展产生重要作用的阶层有三个：一是从产业工人群体发展出来的早期无产阶级；二是从近代绅商群体逐步形成的早期资产阶级；三是从传统士人群体演化出来的新兴知识分子。

鸦片战争前，在江南、岭南等地，早期工业化已有一定发展，出现了一批基本脱离农业生产的劳动者。19世纪四五十年代，由于外国资本相继在广州、上海等通商口岸开设各类工厂及进行城市化建设，需要从中国本土招募具有一定技能的劳动者。不少家庭手工业者接受了这种雇佣关系，逐步转化为产业工人。60年代以后，随着洋务军事工业和民用企业建设的铺开，转化为产业工人的城乡手工业劳动者数量日渐增加。此外，随着近代工业化建设的进一步展开，大量破产农民以及裁撤兵丁等人员也加入了产业工人的行列，从而使中国工人队伍越发壮大。到1894年，中国产业工人约有10万名。其中在外国资本企业劳动的约占35%，在洋务企业中劳动的约占37%，在其他类型近代企业中劳动的约占28%。这些产业工人虽然与农民有天然的密切联系，但是在新生产力冲击下，形成了与农民阶层根本不同的社会诉求和政治力量。

中国近代绅商群体的产生，是洋务民用企业建设带来的一个社会后果。洋务军事工业虽然具有新生产力因素，但因其运营基本依靠官僚体制，所以其管理人员并未改变官员属性。与之不同，投身洋务民用企业的经理人中，有不少人实现了社会身份的根本变化，演变为近代绅商群体的成员。近代绅商的社会来源五花八门，主要有官僚、买办和旧式商人及传统士绅等。官僚出身的人员曾在洋务企业建设中占据了较多的位置，也有不少官员参与了对近代企业的投资，但总体而言，大多属于浅尝辄止，仅有盛宣怀等少数人具备了近代绅商属性。唐廷枢、徐润和郑观应等广东买办出身的人员，得益于较早通晓西方工商业经营方式，从而为洋务企业与新生产力的结合率先做出了贡献。不过，这批买办人员在1883年上海金融风潮中遭受沉重打击，资产和社会声望都大受影响。以江南旧式商人和士绅为主的一批人物，以李金镛、经元善和谢家福等人为代表，不仅先后参与了上海机器织布局、电报局和漠河金矿等多家洋务企业的建设活动，并在上海金融风潮后与盛宣怀一起开展了不少救市活动，保住了许多企业建设成果，由此成为近代绅商群体的中坚力量。

洋务运动在引进新器物的同时，也引进了许多新知识，这就为新兴知识群体的出现创造了条件。起初，西学传入中国的途径主要依靠来华传教士，但其难以摆脱浓厚的宗教色彩，影响范围有限。洋务运动兴起后，为国人知晓西学开辟了新的渠道。以京师同文馆、上海广方言馆以及江南制造局翻译馆为代表的外语学校和翻译机构，为新

图12-7　洋务时期派遣的第一批留美幼童

式人才的出现提供了第一条渠道。这些机构在文化教育方面起到了开通风气的作用，一方面培养了一批具备中西文化交流能力的人员，另一方面引进了大量西学书籍，对后来投身维新活动的康有为、梁启超等人产生了深刻影响。向海外派出留学人员，是新式人才得以成长的又一条渠道。19世纪70年代，在洋务派官员主持下，清政府一方面批准派出百余名留美幼童，另一方面同意派遣数批船政学生赴英、法等国学习。这些留学人员中，不仅出现了詹天佑、唐绍仪等新式知识分子，更是出现了严复这样的著名近代启蒙思想家，从而使中国知识界的气象为之一新。

第四节 从改良到革命

清朝在中日甲午战争中的惨败，使得中国陷入空前严重的民族危机之中，也使得洋务运动所奉行的渐进改革路线备受质疑。在救亡图存的时代背景下，改革势力与保守势力激烈对抗，深化了国内国外各种矛盾，成为贯穿晚清最后十余年的一条主线。意欲进行政体改良的戊戌变法运动，触发了清廷保守派的猛烈反扑，进而酿成了失控的排外情绪，使得中外矛盾随着义和团运动的爆发而一发不可收拾。当八国联军侵华战争以清朝与列强签订《辛丑条约》而告终后，深陷统治危机的清政府，企图以全面推行新政来挽救自身命运，这又激化了本就未能彻底消泯的满汉矛盾。在人心思变大潮下，本来持改良立场的立宪派与清政府日益离心离德，革命派力量迅速成长，终致辛亥革命的爆发和清王朝的覆亡不可避免。

一 中日甲午战争与《马关条约》的签订

日本在16世纪末发动侵朝战争遭受失败后，一度分崩离析。重新完成国内统一的德川幕府长期奉行锁国政策，直至1853年"黑船事件"，才在美国军舰的威逼下打开国门。开眼看世界的日本，通过明治维新增强国力后不久，便再度生发了对外扩张的野心。1874年侵台行动受阻后，日本转而北顾，于1876年胁迫朝鲜签订《江华条约》，开始与清朝展开了对朝鲜宗主权的激烈争夺，朝鲜局势由此动荡不安。1882年，朝鲜内部派系倾轧而发生军事政变，即"壬午兵变"，日本借口保护本国使馆人员，派兵入朝。并在此次兵变平息后，取得了与清军一样的驻兵权。1884年，日本趁中法战争爆发，策划朝鲜亲日派官员，煽动了意在排挤清朝势力的"甲申政变"。朝鲜国王虽在清军协助下平定了政变，但是日本在朝鲜的势力借此大为膨胀，为下一步发动大规模战争准备了条件。

就在日本一面大力发展国内经济，一面积极整军经武之际，清朝却在国防战略决策上出现了严重误判。基于沙俄一直以来掠夺中国领土的惯性，以及国内普遍重俄轻日的意识，从1885年起，包括李鸿章在内的清廷高层人士，在朝鲜问题上的主要注意力转向了对沙俄的防范，降低对日本的关注。在这种战略方针指导下，清廷对东北边防投入了巨大的精力，并且为与沙俄的西伯利亚大铁路计划相竞争，甚至不惜暂停卢汉铁路计划，转而修建成本高昂的关东铁路。然而直到中日甲午战争爆发，关东铁路在山海关外仅仅铺设了64千米。这一重大战略失误，是北洋海军在1888年后未能添购舰船的主要原因，造成了清政府对日本在1886年至1893年间全力扩建海军之举未予重视。此外，1888年光绪帝亲政、1891年奕譞去世，都使清廷的权力中枢发生很大变动，也对国防战略以及战争的相关决策带来了不利影响。

1894年初，朝鲜爆发东学党起义。朝鲜国王请清政府派兵协助镇压，日本亦趁机大量增兵，逐渐包围驻守牙山的清军，做好了开战准备。李鸿章本来寄希望于俄国和英国从中调停，但两国基于各自染指东北亚地区的图谋，皆采取暗中纵容日本的态度，使日本愈发有恃无恐。为挽回局面，李鸿章一面从辽东向平壤加派兵力，一面雇用英国商船"高升"号运兵增援牙山清军。7月25日，北洋海军"济远"等三舰在牙山口外丰岛遭到日本海军的袭击，"高升"号则被日舰击沉。同日，日本陆军大举进攻牙山，清军败退平壤。甲午战争就此爆发。而清军战斗力严重不足，连吃败仗。9月间，叶志超等部先在平壤战役中仓皇北逃，继而北洋海军在黄海海战中虽拼尽全力，仍遭受巨大损失。10月，日军以一路渡过鸭绿江攻占盛京东部重镇九连城，另一路则从辽东半岛花园口登陆，先后进占金州、大连和旅顺。1895年1月，日本从山东半岛荣成湾登陆，包抄北洋海军基地威海卫，致使北洋海军于2月间全军覆没。3月上旬，日军解海城之围后，又在牛庄等处接连得手，清廷已无战心，遂决意议和。日本亦因以倾国之力进行战争，财政及军需均告吃紧，所以接受了议和。

3月20日，李鸿章以全权大臣身份，与日本首相伊藤博文等在马关展开谈判。日本在谈判中动辄恫吓，肆意勒索。4月17日，双方签订了由日本方面抛出的《马关条约》。按照条约规定，中国承认日本掌控朝鲜，割让辽东半岛、台湾及澎湖列岛给日本，中国赔偿日本军费白银2亿两，增开沙市等4处为通商口岸，允许日本轮船驶入中国各通商口岸，并可在口岸设立工厂。《马关条约》是鸦片战争以来中国所遭受的最屈辱的宰割，给中国社会带来严重灾难。但是，割让辽东半岛一举，触动了沙俄试图霸占东北地区的利益。因此，在条约签字后不久，沙俄便纠集法、德两国，促成三国干涉还辽行动。日本自忖无力对抗三国，且英、美亦不愿日本势力过分膨胀，最终以日本向清朝勒索3000万两"赎辽费"而了结。清朝虽然侥幸因列强之间的矛盾收回辽东半岛，然而帝国主义列强瓜分中国的狂潮，于此已见发端。

二　戊戌维新运动的兴起与失败

　　甲午惨败之后，清政府深陷危局，遂在实政方面锐意改革，诸多举措力度超过洋务运动时期。其一是大力仿照西法主要是德国军制，编练新军。这方面最显著的活动，是袁世凯在天津小站训练新建陆军，以及张之洞在江南地区编练自强军。其二是大力兴办铁路及矿务等基础建设。清廷不仅重拾修建卢汉铁路计划，更上马多项新建铁路规划；与铁路建设相表里，开办矿务亦出现新高潮，特别是两湖地区为配合汉阳铁厂等重工业建设，矿务勘探颇见成效。其三是突破传统财政金融体制。开设银行之举，在战前一直议而不决，而盛宣怀于1896年年底提出创办中国通商银行时，迅速得到清廷批准。此外，清廷还试行旨在举借内债的"昭信股票"。清政府主导的实政改革，虽在不少方面超过洋务运动，但仍未触及政治领域，目标相对单一。

　　况且，由于巨额战争赔款压力和剧烈变化的国际形势，清廷此时举行实政改革，反而为列强扩大对华侵略打开方便之门。西方各国在清政府急于筹措对日赔款和举办各种实业建设之际，在战后三年多时间里发起三次大规模对华借款。这些借款不仅附有许多苛刻的政治条件，而且对中国经济命脉构成严重威胁。首先表现在列强对铁路、矿山投资权的激烈争夺上。根据政治借款享有的诸多特权，列强控制了中国大部分铁路干线和许多重要矿山，甚至铁路沿线和矿山邻近区域主权都常常遭受列强侵犯。其次，同样根据各种特权，列强在战后掀起瓜分中国的狂潮。在这股狂潮中，中国重要海港几乎全部被列强以租借名义强占，俄、英、法等国更是自行划分各自势力范围，使清政府陷入空前的统治危机。

面对严峻的民族危机和统治危机，清政府发动的实政改革多属缓不济急，也无法起到振奋人心的作用，于是以政治改革为号召的维新思潮，产生越来越大的社会影响。1895年间，甲午战败后不久，康有为、严复等人发出关于政治改革的建议，引发社会关

图12-8 康有为像

注。随后，越来越多的新兴知识分子和一些开明官员纷纷加入呼吁变法的行列，维新思潮逐渐兴起，尤其是以康有为、梁启超、谭嗣同为代表的维新人物，联合一些近代绅商，在北京、上海、湖南、广东等地不断创办报刊、组织学会、开办学堂，大力宣传维新思想，制造变法舆论，培养新式人才，使得维新活动日渐高涨。严复更在宣传维新变法的政论之外，通过翻译《天演论》等著作，开始将西方社会政治学说较为系统地引进中国，这是对近代中国社会的一次重要思想启蒙活动。所有这些新思想和新知识的传播，都起到了思想解放的作用，为批判中国传统政教学说提供有力的思想武器，也为维新变法政治实践奠定思想基础。

1897年年底德国强占胶州湾事件发生后，康有为再次进京，连续向光绪帝上书，痛陈国势危急和维新变法的紧迫性。在光绪帝了解康有为主张并表示赏识后，维新派人士大受鼓舞，于1898年春联合全国各省来京会试举人，以"保国、保种、保教"为宗旨，成立保国

会，进一步扩大维新变法主张影响。6月11日，光绪帝颁布"明定国是"诏书，宣布推行变法。从此直至9月21日，光绪帝发布一系列改革法令，主要内容包括：在政治上裁撤一批旧机构，允许官民上书言事；在经济上力图振兴工商业；在文化教育上实行废八股、兴学校等举措。然而，上述举措受到多数中央和地方大员抵制，并激化了光绪帝与慈禧之间的矛盾。为加强光绪帝权力，康有为等人谋划包围颐和园、劫夺慈禧，并试图拉拢袁世凯以成事。谋划泄密后，慈禧发动政变，囚禁光绪帝于瀛台，捕杀谭嗣同等6人。康有为、梁启超得到英国、日本保护，逃亡海外。维新变法不过百日，即骤然落幕。

三 八国联军侵华与清末新政

戊戌变法失败后，清廷权力格局为之一变。保守派得到慈禧信任，纷纷占据要职。保守派大多抱持顽固的排外意识，反对以外交手段与外国沟通。此外，慈禧对光绪帝在维新变法中的举动无法释怀，于1900年1月册立端王载漪之子溥儁为大阿哥，计划以之取代光绪帝。然而，各国公使拒绝入宫庆贺，表示不予承认，致使这次废立活动不了了之。加之外国人士在政变后帮助康有为、梁启超出逃等举动，慈禧对外国势力反感益增。随着慈禧对外态度的变化，加以保守派重臣怂恿，清廷的排外情绪越发强烈，与义和团兴起形成呼应之势。

义和团运动主要兴起于华北地区，其兴起的直接原因是华北地方社会与外国教会之间的矛盾，更根本的因素是甲午战后列强对中国的掠夺，业已深入社会底层。普通民众生存条件日益恶化，对洋人和洋教为害乡里的愤恨与日俱增，洋教成为社会矛盾焦点。19世纪90

年代，反教会斗争在华北地区此起彼伏，其中山东拳民特别活跃。在山东官府暗中支持下，各种来源的拳民约于1899年统一以"义和团"名号展开活动。在外国抗议下，清廷任命袁世凯前往山东镇压义和团，使不少团民被迫转入直隶境内。恰在此时，爆发了席卷华北地区的旱灾，大量流民和难民的加入迅速壮大义和团力量，并深入京津地区。清廷高层中的顽固派官员说服慈禧，试图利用义和团抵抗外国势力。伴随清政府对义和团活动基本采取默许态度，团民对各地教会教堂的攻击日趋激烈。

义和团运动不断高涨，并逐渐超越清政府控制范围，使列强感到严重不安。1900年5月底，各国驻华公使会议正式议定联合出兵镇压义和团。6月初，俄、英、美、日、德、法、意、奥各国政府批准公使们议定的侵华政策，纠集各国士兵2000多人，从天津向北京进犯，八国联军侵华战争就此爆发。在载漪等顽固大臣的鼓动下，慈禧决定对外宣战。但是，东南各省在盛宣怀的串联下，由李鸿章、张之洞和刘坤一等人出面宣布实行"东南互保"，拒绝承认宣战上谕。内部分裂以及中外力量悬殊，使这场战争很快以京津陷落和清廷逃亡告终。无奈之下，清政府仓促任命李鸿章担任全权议和大臣，于1901年9月与列强签订空前丧权辱国的《辛丑条约》，清政府完全沦为"洋人的朝廷"，中国彻底堕入半殖民地半封建社会的深渊。

为挽救自身统治地位，以慈禧为首的清廷，在逃亡西安期间颁发上谕、实行新政。1901年4月成立督办政务处，作为新政规划机构。随后推行一系列举措，对维新运动加以继承与深化。这些举措

图12-9　签订《辛丑条约》

主要包括：其一是改革官制，除将总理衙门改设为外务部外，先后裁撤一大批旧有机构，新设商部、陆军部、学部等，沿袭上千年的六部体制至此瓦解；其二是改革兵制，停止武举，命各省筹建武备学堂，以袁世凯北洋陆军和张之洞湖北新军为样板，按照西法和西式装备编练常备军；其三是改革学制，其中最重要举措是于1905年下令次年起停止科举，从而大大加速新式学堂建设；其四是振兴工商，颁布一批具有积极意义的工商条例和实业章程，通过规范商会组织建设，提升工商业者社会地位和作用。

新政时期最令人瞩目的内容，是清廷仿行立宪之举。1905年，目睹日本在日俄战争中获胜后，许多朝臣和督抚上书请求变更政体、实行宪政，清廷遂派载泽等五大臣分赴东西洋各国考察政治。1906年9月，清廷根据载泽等人归国报告，又经御前会议讨论，宣布仿行立宪。但随后的官制改革暴露出满族权贵借立宪以集权的目的，引发各省官绅阶层普遍不满，各地纷纷发起召开国会的请愿活动。作为回应，清廷于1908年颁布《钦定宪法大纲》，宣布"预备立宪"，以九年为限。是年年底，光绪帝与慈禧相继去世，不足3周岁的宣统帝溥仪继位，其父载沣为监国摄政王。载沣为稳定人心，督促各省尽快成立谘议局以筹办立宪事宜。未料各省谘议局成立后，迅速成为立宪派活动中心，一再发起就召开国会问题向朝廷施压的请愿活动。在请愿活动屡遭清廷拒斥后，立宪运动完全陷入破产境地。

四　辛亥革命与清王朝覆亡

清政府最后十年间推行新政，不仅未能挽救统治危机，反而进一步削弱自身社会基础。在《辛丑条约》等不平等条约造成巨额赔款的负担下，各项新政全面铺开，这带来更加沉重的财政压力。不断增加的外债和各项新政经费，迅速演变成名目繁多的苛捐杂税，导致经济全面衰退。清末十年间各地民变事件发生频率，业已超过太平天国运动爆发前的十年。科举制度废除，留学生人数大幅增长，不同于旧式文人的新知识分子群体萌生，在民族危机日益加剧的背景下，逐渐走向清廷对立面。最后，清廷在立宪问题上的敷衍拖沓，使原本持改良立场的立宪派人士，与清廷合作意愿日趋破灭。上述情况，推动社会形势向有利于革命的方向发展。

以孙中山为代表的革命派力量，正是在新政期间产生越来越广泛的政治影响。1894年，孙中山在檀香山成立以推翻清朝统治为目标的兴中会，其后数年间，其主要活动限于海外和广东一隅，并未引起清廷过多注意。八国联军侵华战争以后，许多新知识分子对帝国主义侵略本性及清政府的腐朽有了越来越深入的认识，民主革命思想得到广泛传播。海内外倡言革命的团体纷纷涌现，如华兴会、光复会等。在此基础上，孙中山联合黄兴、宋教仁等人，于1905年在日本东京成立中国同盟会，强调该会进行的是一次"国民革命"，并将该会革命纲领归结为"民族""民权""民生"的三民主义。

在同盟会旗帜下，革命派在国内活动越发活跃，成为一股重要的社会力量。以1906年年底湖南、江西交界处发动的萍浏醴起义为始，革命派连续组织多次颇具规模的武装起义。1907年至1908年，孙中山在华南沿海沿边地区相继策划六次武装起义，光复会则在浙江、安徽发动两次起义，徐锡麟甚而刺杀了安徽巡抚恩铭。这些起义大都依靠会党力量，组织纪律性不强，群众基础并不广泛，革命派亦无力改造会党，所以皆以失败告终。尽管如此，起义活动频繁爆发，标志着清朝统治体系缺陷愈加扩大，也对清廷及地方官府形成极大威慑。

1911年4月黄花岗起义失败后，革命形势一度陷入低潮。然而，清政府随后两个举动，迅速激化社会矛盾，使国内局势发生剧烈变化。其一是清政府于5月颁布新内阁官制，组建"皇族内阁"，使预备立宪之举被民众视作一场骗局。其二是清政府宣布实行铁路干线国有政策，与四国银行团签订借款合同，被认为是借"国有"名义出卖铁路利权，客观上严重冒犯此前风行国内的收回路权矿权运动。四川铁路股权牵连甚广、关系复杂，反抗风潮尤为激烈，具有广泛群众基础、轰轰烈烈的保路运动爆发，革命党人亦随之发动武装起义。清廷

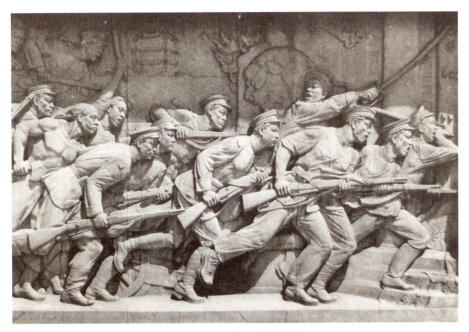

图12-10　武昌起义浮雕

于9月从湖北调兵赴四川镇压，恰为武昌起义爆发提供良机。10月10日夜，湖北新军中的革命党人发动起义，很快控制武汉三镇，成立湖北军政府。在武昌起义鼓舞下，随后将近50天时间里，南方大部分省份及北方陕西、山西两省都有革命党人发动起义并宣布独立，清朝统治顿陷土崩瓦解。革命军于12月初攻克南京，为建立全国性革命政权奠定基础。

随着革命形势迅速蔓延，曾被清廷视为眼中钉而被夺权的袁世凯，此际又成为清廷最后希望。袁世凯上台后，采取两面手法，一方面在武汉前线保持对湖北军政府的军事压力，另一方面谋划与南方革命党人进行谈判，以便营造有利于自己的政治局面。由于武昌起义后形成的革命形势完全出乎预料，所以革命党人并未做好全面夺取政权的准备，导致不少起义地区的领导权落入立宪派手中。1912年1月1日成立的南京临时政府，是革命党人与立宪派合作的产物。南京临时政府并未形成坚强的权力中心，也不具备将革命进行到底的决心。在这种情况下，为达成推翻清朝的目标，以孙中山为首的南京临时政府决定对袁世凯采取妥协让步政策。袁世凯利用革命形势对清廷展开威逼利诱，最终以优待皇室为条件达成政权移交。2月12日，清廷颁布宣统帝退位诏书，中国历史上最后一个封建王朝就此覆亡。

辛亥革命是中国近代史上一场具有时代意义的资产阶级民主革命，是20世纪中国历史的第一次飞跃，在中华民族复兴进程中，具有不可磨灭的历史功绩。辛亥革命的成就不仅是推翻了清王朝的统治，更是极大地促进了整个中国社会的思想解放，有力传播了民主共和理念，推动了中国走向进步的势头。当然，由于客观历史条件的限制，辛亥革命无法找到彻底解决中国社会发展问题的正确道路和领导力量，没有改变旧中国深陷半殖民地半封建的社会形态，无法改变当时中国人民的悲惨境遇，更无法完成实现民族独立、人民解放的历史使命。但是其胜利和失败，为此后反帝反封建斗争提供了宝贵的经验教训。

本章参考文献

戴逸编著：《中国近代史稿》，中国人民大学出版社2008年版。

郭廷以：《近代中国史纲》（第三版），上海人民出版社2015年版。

胡绳：《从鸦片战争到五四运动》，人民出版社2001年版。

蒋廷黻：《中国近代史大纲》，东方出版社1996年版。

李伯重：《中国的早期近代经济——1820年代华亭—娄县地区GDP研究》，中华书局2010年版。

李侃、李时岳、李德征、杨策、龚书铎：《中国近代史：1840—1919》（第四版），中华书局1994年版。

徐中约：《中国近代史：1600—2000，中国的奋斗》（第6版），计秋枫、朱庆葆译，世界图书出版公司2008年版。

张海鹏、翟金懿：《简明中国近代史读本》，中国社会科学出版社2018年版。

张海鹏主编：《中国近代通史》，江苏人民出版社2006年版。

中国社会科学院近代史研究所编：《中国近代史稿》，人民出版社1978年版。

本章图片来源

图12-4 约翰·汤姆逊（John Thomson）摄，1870年，©Wellcom Library, London, UK。

其他图片均来源于中国社会科学出版社"中国近代影像资料库"。

第十三章

民国时期

章首语

1912—1949年的中华民国史，是资产阶级共和国道路在中国破灭的历史，是中国半殖民地半封建社会消亡的历史，是中国新民主主义革命取得胜利的历史。

窃取辛亥革命果实的袁世凯及其以后的北洋政权，继续封建专制之实；以孙中山为代表的资产阶级民主派，愤而发动二次革命、护国运动和两次护法运动进行抗争，但苦于自身力量不足和资产阶级立场局限，仍然一再遭遇失败。

在五四运动中登上中国政治舞台的工人阶级，自觉接受马克思主义指导，孕育和诞生了中国共产党，并勇敢承担起领导中国资产阶级民主革命的重任，开展工农运动，推动北伐战争，将国民革命的烈焰燃遍华南、华东和黄河流域。但在中外反动势力的强力反扑下，轰轰烈烈的大革命被葬送。

1927年4月18日建立的南京国民政府，从形式上完成了全国统一，但其实质仍然是对外屈从帝国主义、对内镇压工农大众的封建买办政权。在失败中重新崛起的共产党人，深入广大农村开展武装斗争和土地革命，开辟了十几块农村革命根据地。执掌全国政权的南京国民政府，为维护其反动统治，倾其全力对中国共产党及其领导的苏区和红军进行持续"围剿"，而中国共产党党内盛行的"左"倾教条主义错误，导致南方各苏区和各路红军陆续在反"围剿"中失败，被迫踏上战略大转移的长征路。历经艰难险阻，经过遵义会议的伟大转折，中国共产党及其领导的各路红军终于在陕甘宁根据地重新建立起领导中国革命和民族解放的新的大本营。

中国人民抗日战争的伟大胜利，是中华民族从近代以来陷入深重危机走向伟大复兴的历史转折点。以建立第二次国共合作为中心的抗日民族统一战线为根本保证，以实行持久战总战略和坚持全面抗战路线为基本遵循，以国共两党分别主导的正面战场和敌后战场及其相互配合为驱逐日本侵略者的战场，中国人民不仅取得近代百年御侮史上第一次完全彻底的胜利，而且以极大的民族牺牲，为世界反法西斯战争的胜利，做出不可磨灭的贡献。

抗日战争胜利后，以蒋介石为代表的国民党反动派挑起内战，破坏全国人民的和平愿望，最终遭到全国人民的唾弃。中国共产党则以最广泛的人民民主统一战线率领全国各族人民，最终推翻三座大山，建立起崭新的中华人民共和国，彻底赢得民族独立和人民解放，为中华民族的伟大复兴创造了根本社会条件。

第一节　中华民国肇建及其曲折发展

辛亥革命结束了中国持续2000多年的封建君主专制制度，建立了亚洲范围内第一个民主共和国，达成了中国旧民主主义革命的最高成就。这场革命使得民主共和观念深入人心，复辟帝制之举从此成为时代逆流。不过，辛亥革命是一场不彻底的革命，刚刚在清朝废墟上建立起来的民国，没有形成能够建设富强、民主、文明的新中国的政治力量，反而是以军事权力为根基的袁世凯北洋集团主导了中央政府的运作。在袁世凯死后，缺乏凝聚力的北洋政府蜕变为一个缺乏威信的中央政府，难以避免地出现军阀混战的局面，孙中山再次领导发起护法运动。上述结果表明，旧民主主义革命已经无法为建设新中国找到出路，只能留待新民主主义革命来完成这个任务。

一　建立中华民国

清帝逊位之前，基于共同斗争需要，反对清朝的各方势力在组建统一政权问题上迅速达成共识。1911年11月9日，以黎元洪为首的湖北军政府，率先向宣布独立的各省通电，呼吁其派遣代表赴武昌成立临时中央政府。11日，上海都督陈其美在江苏都督程德全、浙江都督汤寿潜的支持下，提议各省咨议局和都督府派代表到上海筹议组织临时政府事宜。15日，各省代表在上海聚议。而后在湖北代表力争下，各省代表联合会又决定前往武昌开会。因汉口和汉阳于11月底相继失守，江浙联军则于12月初攻克南京，在武汉开会的许多代表遂建议在南京成立临时中央政府。12月中旬，武汉、上海两地的各省代表齐集南京，但因政府首脑人选问题争执不下，临时政府组建陷入僵局。

孙中山的归国，打破了组建临时政府的难局。武昌起义爆发时，孙中山正在美国为革命筹款。得知起义消息后，孙中山开展了一系列争取列强支持中国革命的活动，然皆无效，遂于11月下旬从法国起程归国。12月21日，孙中山抵达香港，与胡汉民、廖仲恺等会商后，认为组建新政府是促使清朝垮台的重要步骤，随即决定北上赴沪。25日，孙中山到达上海，受到同盟会要员与社会各界人士的欢迎，确立了全国人民心目中革命领袖的地位。次日，孙中山在寓所召开同盟会领导人会议，商讨组建新政府的基本原则，特别是在采用总统制还是内阁制问题上达成一致意见，从而为成立南京临时政府扫清障碍。

12月27日，黄兴和宋教仁赴南京参加各省代表会议，其代表同盟会提出的各项原则得到多数赞成。29日，经17省代表投票选举，孙中山当选为临时大总统。1912年1月1日，孙中山从上海乘专车赴南京就职。在当晚10时举行的隆重典礼上，孙中山相继宣读就职誓词、《临时大总统宣言书》和《告全国同胞书》，定国号为"中华民国"，以1912年为民国元年，改用公历，并开始组建临时政府。次日，根据《临时政府组织大纲》有关规定，各省代表会议代行参议院职权，提出对组织大纲的修正案，并得到通过。1月3日举行各省代表会议，除选举黎元洪为副总统外，产生由9部组成的中央行政机构，9部实权基本掌握在革命派手中。

南京临时政府成立时，正是袁世凯的代表与各省军政府代表开始进行南北议和之后。革命党人普遍希望通过与袁世凯进行和平谈判实现清帝逊位，从而埋下不断让步的种子。孙中山就职之际，特地向袁世凯申明希望以和平方式达到革命目的，并表示只要推翻清朝，就将大总统职位相让。在这种妥协思想作用下，一方面使得临时政府发起的北伐行动草草中止，另一方面则导致孙中山始终处于"过渡"总统状态，终于为袁世凯攘夺民国政权铺平了道路。

二　民初政争与"二次革命"

　　清帝逊位后，袁世凯揽权的意图日趋明显。为了限制袁世凯的权力，孙中山在表示辞去临时大总统时，代表南京临时政府提出奠都南京、新总统到南京就职以及遵守《中华民国临时约法》三项条件。但是，南京临时政府对外得不到国际承认，对内又陷入难以克服的财政困境，导致政权生存出现极大危机。在这种情况下，革命派在与立宪派、旧官僚等势力政治角逐中，不得不一再退让，根本无法对袁世凯形成有力制约。最终，在袁世凯施展各种手法的迷惑下，加上帝国主义列强暗中配合，孙中山当初提出的条件步步落空。临时参议院先是于1912年3月同意袁世凯在北京就任临时大总统，4月又通过将临时政府迁往北京的决议。如此一来，南京临时政府建立的西式议会政治体制，很快就面临着严峻考验。

　　在袁世凯暂时表示拥护《临时约法》、其权力尚受到多方牵制情况下，民初一度出现了政党勃兴与党派政治为主的局面。其中规模最大、影响最广的政党，是以同盟会为骨干改组而成的国民党。该党虽以孙中山为理事长，但主要负责人是宋教仁。宋教仁鉴于自南京临时政府以来的政府任职经历，主张建设强有力的政党，落实责任内阁制。为此，他不惜改变同盟会名称，以便实现与其他各党派的合并组党，以争取国会选举上的优势。在其多方联络和协商下，国民党于1912年8月在北京成立。但因党内人员日益庞杂，矛盾丛生，又对革命力量的集中造成阻碍。在国民党之外，较为重要的政党还有统一党、共和党与民主党。

1912年12月至1913年2月，第一届国会选举告成，宋教仁等集结力量全力投入竞选，国民党在参、众两院所获席位，皆远超统一党、共和党与民主党三党联盟，成为国会第一大党。宋教仁力图组织以国民党为核心的责任内阁，前往各地宣讲政见，成为袁世凯和北洋派嫉恨的目标。1913年3月20日，宋教仁在上海火车站遇刺，伤重不治。随着案情追查活动的进行，社会舆论的矛头指向了袁世凯的亲信、国务总理赵秉钧，革命派与北洋派的矛盾骤然激化。在紧随其后的善后大借款事件中，这种矛盾进一步扩大。因政府财政始终困难，袁世凯一直谋求得到外国银行团借款支持。"宋案"发生后，袁世凯为了筹备武力镇压革命派，悍然签订条件极其苛刻的大借款合同。许多国民党人认为此举违反临时约法精神，因而急速改变和平建国的立场。

就在革命派内部用武力对抗袁世凯的问题举棋不定时，袁世凯业已做好武力镇压革命派的种种准备。1913年5月，他指使民主党、共和党和统一党合并组成进步党，在国会中对抗国民党。此外，他在地方上争取到许多省份支持或中立，尤其是取得辛亥革命首义地区湖北支持，使革命派陷入十分被动的地位。6月，袁世凯以国民党人江西都督李烈钧、广东都督胡汉民和安徽都督柏文蔚通电反对善后大借款为由，下令将之解职，并派兵南下。7月，经孙中山与黄兴等反复沟通协商，革命派终于达成起兵反袁的共识。李烈钧在江西湖口组织讨袁军，发表讨袁通电。随后，革命派控制或影响较大的南方诸省纷纷起而响应，发动"二次革命"。然而，革命派不仅缺乏充分准备，甚至在讨袁过程中始终未能形成统一的指挥领导机构，导致此次反袁战争基本处于各自为政的局面。不到两个月时间，反袁各省的国民党军队被袁世凯的北洋军逐个击破，"二次革命"很快归于失败，孙中山、黄兴等人被迫逃亡海外。辛亥革命取得的民主成果遭受重大挫折。

三　列强分裂中国的图谋

自《辛丑条约》以来，帝国主义列强一方面力图巩固在中国的种种既得侵略权益，另一方面仍然希冀从中国攫取更多利益。从辛亥革命到"二次革命"一年多时间，列强虽然表面上对清朝与民国之间的政权鼎革持"中立"态度，实则观望政局的进一步变化。当它们发现中国内部权力纷争一时无法得到解决，国势严重动荡之时，再度加紧对华侵略。在此期间最危急的问题主要有两个：其一是沙俄、英国利用历史和地理上的便利条件，分别在蒙古和西藏地区策动企图分裂中国领土的活动；其二是日本利用第一次世界大战爆发、欧美列强无暇东顾之际，暴露意欲独霸中国的巨大野心。所有这些情况，使得中国的领土和主权深陷新的危机。

沙俄侵占中国领土的野心从未停止。从清末最后两年开始，沙俄将主要侵占目标设定在外蒙古地区，进行了许多渗透活动。武昌起义爆发后，沙俄增派军队进驻库伦，扶持当地分裂势力进攻库伦办事大臣衙门，驱逐清朝驻库伦办事大臣三多。1911年12月1日，在沙俄策划下，外蒙古一批王公活佛宣布独立，以活佛哲布尊丹巴为皇帝。1912年11月，沙俄与外蒙古当局非法签订条约，获得了几乎等同于殖民地的种种特权。政局不稳的袁世凯政府既无力也不敢采取强硬政策，只能与沙俄展开谈判。经过1913—1915年数次谈判的结果，沙俄承认中国对外蒙古的"宗主权"，外蒙古当局取消皇帝称号，中国政府则承认外蒙古"自治"和沙俄在外蒙古的特权。这一结果虽然使中国对外蒙古恢复了名义上的治权，实际上无法改变当地的离心倾向。另外，沙俄在策动外蒙古分裂的同时，还出兵强占了位于外蒙古西北部的唐努乌梁海地区，中国又永久丧失了17万平方千米的领土。

英国从19世纪60年代起，便以印度为基地，不断窥伺西藏地区。20世纪初，英国势力已经深入西藏。辛亥革命爆发后，西藏亲英分子在多处发动武装叛乱，攻击中央驻防军队及官员，并进扰西康藏区，威胁川、滇等省的安全。英国趁机武装护送逃亡印度的达赖十三世回到西藏，并唆使达赖成立所谓的"独立"政府。北京政府令川、滇两省派军迎击叛军，英国悍然进行干预，并以承认民国政府为条件，要挟中国与英国谈判西藏问题。为了实现分裂西藏的阴谋，英国又提出西藏应作为独立方参加中英谈判，中方反对无果，只得被迫接受。1913年10月，中、英两方以及所谓西藏地方代表在印度西姆拉召开会议。1914年间，英国代表麦克马洪先与西藏地方代表暗中划定关于中印东段边界的"麦克马洪线"，继而双方私自签订所谓"西姆拉条约"。中央政府代表虽然拒绝在条约上签字，却无力改变英国对西藏的实际控制。

　　与其他列强相比，日本侵略中国的野心最大。辛亥革命爆发时，日本就制定了排除欧美列强、独占中国的图谋。为此，日本对新生的民国政府处处设障，希望塑造一个软弱无能的中国政府。第一次世界大战的爆发，为日本扩大侵华行动提供了机会。1914年8月，日本以对德国宣战为名，出兵进攻德国在山东的殖民地青岛，占据胶州湾租借地和胶济铁路。1915年年初，中国要求日本取消战区，撤离军队。日本不仅予以拒绝，反而向袁世凯政府提交了一份妄图独占中国的"二十一条"要求。经过几个月的谈判，日本以最后通牒的方式，迫使袁世凯于5月9日接受其中绝大部分内容。"二十一条"侵害中国主权的严重性，几与《辛丑条约》相埒。日本的狂妄举动虽然一时得逞，却激起了中国国内强烈的反日浪潮与民族主义意识，就连一批曾以日本为师的中国知识分子，也从此走上了与日本彻底决裂的道路。更重要的是，这次反日浪潮推动了一波爱国主义运动的高涨，成为不久后爆发的五四运动的预演。

四　洪宪帝制与护国战争

　　在面对列强外部侵略时一再示弱的袁世凯，却不断在强化专制权力道路上加快步伐。第一步是迫使国会违反程序选举他为正式大总统。在袁世凯的威压下，国会在宪法制定前便通过了总统选举法，并于1913年10月召开的总统选举会上选举袁世凯为正式大总统。第二步是解散国会。11月，袁世凯借口国会中的国民党议员与"二次革命"存在关联，下令解散国民党，撤销国民党议员资格，使国会不足法定人数，不能正常举行会议。1914年年初，袁世凯下令取消国会，各地自治会和省议会亦通令解散。第三步是炮制出一部所谓《中华民国约法》。这部"约法"将总统权力扩大到与专制皇帝相似的程度。辛亥革命建立起来的资本主义民主体制，至此仅剩下一块"中华民国"的招牌，而袁世凯很快连这块招牌都要予以摧毁了。

袁世凯的集权之路基本没有遇到太大阻碍，对外又以妥协退让换得帝国主义列强支持，竟不满足终身总统，开启复辟帝制之举。首先为其鼓吹造势的竟然是外国人士。1915年8月，担任宪法顾问的美国人古德诺发表《共和与君主论》，另一顾问日本人有贺长雄发表《共和宪法持久策》，皆声称中国实行君主制较共和制为宜。紧接着，杨度等人在袁世凯授意下组织"筹安会"，公开倡言帝制。在筹安会示范下，国内很快掀起一股请愿实行君主制的闹剧。10月间，参政院决定召开"国民代表大会"来决定国体。12月7日，各地推定参政院为"国民代表大会"总代表；11日，参政院全体代表全部投票拥护君主制，拥戴袁世凯为"中华帝国皇帝"。随后，袁世凯接受拥戴，宣布1916年为"洪宪元年"，准备于元旦登基。这就是所谓"洪宪帝制"。

袁世凯的逆流而动，很快招致反袁力量的联合与壮大。"二次革命"后从国民党分化出来的中华革命党和欧事研究会，本来就在孙中山和黄兴主持下一直进行反袁活动。在袁世凯公开复辟帝制后，曾经被袁世凯所笼络利用的许多进步党人，纷纷转向其对立面。1915年年底，这些反袁力量逐步在云南完成集结。一方面，欧事研究会李烈钧等人到达昆明，策动唐继尧等云南军界人士武装讨袁。另一方面，在进步党领袖梁启超的谋划下，原云南都督蔡锷设法脱离袁世凯监控，潜回云南。蔡锷在统一各派反袁力量后，于12月25日宣布云南独立，组成讨袁"护国军"。在发表各种通电及檄文谴责袁世凯复辟帝制行为的同时，蔡锷等人将重点放在武装斗争上，组成三路护国军，分别进攻四川及两广地区，"护国战争"就此爆发。

护国战争的爆发，成为袁世凯败亡的起点。护国军的兵力与袁世凯集团的军事力量相差悬殊，但在起兵之后，护国军在四川、广西等多处战场上连连获胜，有力促进反袁斗争在全国的发展。同时，在孙中山部署下，中华革命党在各地发动一系列武装起义，与护国军形成有力配合之势。由于北洋军未能在短时间内击败护国军，袁世凯派系内部矛盾也开始逐渐显露。特别是袁世凯长期依仗的段祺瑞和冯国璋，皆明显表露离心态势。段祺瑞托病退隐，婉拒领兵前往讨伐护国军。身为江苏督军的冯国璋不仅按兵不动，甚至与讨袁阵营暗中建立联系。在此窘境下，袁世凯被迫于1916年3月间宣布取消帝制，企图仍以总统身份掌握政权。然而，原本作为袁世凯心腹的四川将军陈宦和湖南将军汤芗铭亦在同年5月相继宣布本省独立，标志着袁世凯势力全面崩溃。6月6日，袁世凯在举国反对、众叛亲离的状况下，忧惧病亡。不过，袁世凯之死并非乱局的结束，而是更大规模乱局的序幕。

五　中央政府的裂变与纷争

袁世凯死后，国内局势暂告缓和。出任国务总理的段祺瑞与护国军阵营建立的军务院之间达成妥协，一致同意由副总统黎元洪担任总统。起初，段祺瑞试图依据《中华民国约法》宣布黎元洪"代行"

总统职权，遭到普遍反对。除军务院外，孙中山等国民党人，以及北洋集团内部的冯国璋等人，都主张应根据《临时约法》规定，由黎元洪继任总统。段祺瑞表示同意。1916年6月，黎元洪以总统身份下令恢复《临时约法》和国会。这场南北约法之争，虽以护国军阵营的胜利而告终，但是南北之间深层矛盾并未得到化解。总统黎元洪的支持力量主要是国民党人和南方各省实力派，国务总理段祺瑞则代表着北洋派大部分势力和一批进步党政客，两派之间在许多问题上存在巨大争执，最后演化成为"府院之争"。到1917年，因中国是否参加第一次世界大战的问题，"府院之争"矛盾更加激化。力主参战的段祺瑞试图强行让国会通过参战案，遭到抵制，黎元洪则在亲英美势力鼓动下，将段祺瑞免职。北京政府再度陷入混乱之中。

被解职的段祺瑞前赴天津，随时准备武力倒黎。他指使安徽等八省军阀宣布脱离中央，并在天津设立独立各省总参谋处，摆出与黎元洪分庭抗礼之势。因政府和国会几乎陷于瘫痪状态，手中没有实力的黎元洪无奈之下，提出了请驻节徐州的长江巡阅使张勋进京调停的办法，不料此举又引发一次复辟事件。张勋自入民国后，始终持有复辟理念，所部一直留发而被称为"辫子军"。接到黎元洪调停请求后，张勋率4000余名"辫子军"入京，逼迫黎元洪下令解散国会，随即开始谋划清室复辟之举。1917年7月1日，张勋与一批清朝遗老和保皇党人拥立12岁的废帝溥仪复辟，改民国六年（1917）为"宣统九年"，上演了民国成立以来第二次帝制复辟闹剧。次日，拒绝拥戴复辟的黎元洪任命副总统冯国璋代行总统职务，重新任命段祺瑞为国务总理，随后逃至东交民巷日本使馆避难。段祺瑞趁机通电全国，宣布讨伐张勋，成立"讨逆军总司令部"，进军北京。随着"讨逆军"攻入北京，这场复辟活动仅持续12天便宣告破产。

回任国务总理的段祺瑞以"再造共和"功臣自居，权力欲膨胀，企图按照自己意愿改造政治格局，全面控制中央政府。段祺瑞与此前由国民党人居多数的国会积怨甚深，故而在重新掌权后，拒绝恢复《临时约法》和国会，转而成立临时参议院，策划组织可由自己操控的"新"国会。正是段祺瑞的这一专断做法，促成"护法运动"的开展。1917年8月，孙中山在广州召集原国会议员130余人，因不足法定人数，故召开"非常国会"，会议决定成立中华民国军政府，声明以恢复《临时约法》为己任，并选举孙中山为军政府大元帅，出兵北伐，发动"护法战争"。至此，南北方形成各有国会与政府的局面，国内政权已呈明显分裂之势。

岂料分裂之中又有分裂。在北京政府方面，段祺瑞和冯国璋的合作共治格局发生变化，出现新的"府院之争"，即北洋军阀皖系与直系之争。段祺瑞主张武力统一，却调动冯氏直系军队前赴湖南与护法军接战；冯国璋则针锋相对提出"和平统一"，并指使湖南前线的直系军队消极避战。1917年11月，直系军队自动退兵，要求停战，使得直、皖矛盾公开化。与此同时，护法军政府内部矛盾日益尖锐。西南军阀参加护法运动的目的，主要是利用孙中山名望与北洋军阀讨价还价，因此对孙中山领导的军政府多存防范之心。当桂系首领陆荣廷与直系军阀勾结之后，便图谋排挤孙中山。1918年年初，西南军阀拉拢部分国会议员，提出改组军政府的建议。5月4日，非常国会通过《修正军政府组织法案》，改大元帅制为总裁制。孙中山虽名列

七总裁之一，实际权力却完全落入西南军阀手中。随着孙中山被迫辞职，离开广州前赴上海，护法运动名存实亡。也正是这次护法运动的失败，促使孙中山开始寻求新的救国之道。

第二节　五四运动与中国共产党的创建

辛亥革命结束了清王朝封建统治，使民主共和思想深入人心，但未能从根本上动摇中国封建专制的统治基础。深陷第一次世界大战泥潭的欧美帝国主义国家，无暇加重对中国经济的压榨，但日本对华的渗透蚕食则日益深重。随着中国民族工业迅速发展，中国产业工人队伍发展壮大至200余万人，并生成独立的阶级觉悟。俄国十月革命的发生，特别是全国范围的五四反帝爱国运动的深入发展，使以《新青年》创刊为标志开始的新文化运动，进入以传播马克思主义为主要内容的新阶段。初步接受共产主义思想的先进知识分子，自觉架起马克思主义与中国工人阶级之间的桥梁。1921年7月，中国诞生了共产党，中国革命的面貌从此焕然一新。

一　新文化启蒙与马克思主义的传播

辛亥革命以巨大的震撼力和影响力推动中国社会变革，为实现中华民族伟大复兴探索了道路。在辛亥革命4年之后，一场东方的思想启蒙运动——新文化运动，在古老的中国蓬勃兴起。

1915年9月15日，陈独秀在上海创办《青年杂志》（翌年9月1

日改名《新青年》），1917年年初，编辑部移至北京，1918年1月，改版使用白话文。《新青年》高举"民主"和"科学"大旗，对封建主义旧思想、旧道德、旧文化，特别是以孔子为代表的旧礼教，进行尖锐彻底的批判，从而开启了近代中国思想解放的先河。新文化运动成为新革命风暴的前奏。

图13-1　陈独秀

　　在新文化运动影响下，众多青年学子追求独立人格，赞美自我奋斗，向往西方文明。但是，他们获得的新知识和新文化愈多，就愈加痛感中国之落后，并逐渐认识到个人幸福离不开"改造中国"和"建设新社会"。当年真诚向西方学习、探寻救国救民之路的广大知识分子，在思想上最大的困惑，正如毛泽东后来在《论人民民主专政》中所指出的："为什么先生老是侵略学生呢？"1840年以来，资本—帝国主义列强对华侵略日益深重，使越来越多的爱国志士对资本主义的本质有了逐步深入的认识，马克思主义也随之闯入人们的眼帘。

　　马克思主义在中国的传入，可以追溯到英国传教士李提摩太，其后，康有为、梁启超和孙中山、朱执信等也曾提及。孙中山甚至在为1905年创刊的同盟会机关刊物《民报》撰写的《发刊词》中，提出"举政治革命、社会革命毕其功于一役"。朱执信则在《民报》第二号上用6000多字篇幅介绍马克思，并摘译《共产党宣言》部分段落。但是，他们只是把马克思的社会主义当作诸多新思潮的一种，笼统认识到其中的进步性，并未将其视为改造中国的武器。

1917年11月7日（俄历10月25日），俄国爆发社会主义革命——"十月革命"，随着许多报刊连篇累牍的报道，中国知识界耳目一新。一方面，血腥的世界大战和战后各国的动荡、萧条，特别是帝国主义列强战后重新瓜分世界，试图将德国在中国山东攫取的侵略权益转让给日本，进一步暴露资本主义制度的本来面目；另一方面，十月革命后俄国工人和农民阶级第一次成为新社会的主人，使中国先进知识分子开始领会什么才是心目中的理想国。于是，指导俄国革命取得胜利的马克思主义，作为改造中国的锐利武器，开始迅速在中国传播，使新文化运动获得新的主题，即毛泽东所谓"十月革命一声炮响，给我们送来了马克思列宁主义！"

图13-2 李大钊

以李大钊为代表的爱国主义知识精英，率先实现由民主主义者到马克思主义者的历史性转变。1918年11月，李大钊发表《庶民的胜利》和《Bolshevism的胜利》，热情讴歌十月革命是"民主主义的胜利，是社会主义的胜利"，他坚信"试看将来的环球，必是赤旗的世界！"1919年7月15日和1920年9月27日，苏俄政府两次发表对华宣言，废除沙俄与中国签订的不平等条约，放弃侵占中国的土地，废除在中国的领事裁判权和租界，放弃庚子赔款。苏俄政府的举措进一步吸引中国更多的爱国知识分子走向十月革命所指引的道路，有效地促进了马克思主义基本内容在中国得到较完整、系统的传播，为中国无产阶级政党的创建，提供了重要思想条件。

二　五四运动与中国工人阶级登上历史舞台

1914年6月爆发第一次世界大战，一方面因主要帝国主义国家无暇东顾，给予中国民族工业以发展之机，中国产业工人队伍也随之壮大到200万之众；另一方面，英、法、俄等协约国人力枯竭，开始在中国招募华工赴欧服役，先后有14万多名华工到英法俄等国参与战场运输、救助和后方生产。当时执掌北洋政府实权的皖系军阀段祺瑞，为扩充自己的实力，借机"以工代兵"，于1917年8月对德国和奥地利宣战。如此，中国成为协约国一方的参战国，并最终成为第一次世界大战的"战胜国"。然而，在美英法等国主导的巴黎和会上，中国作为战胜国，其领土山东的权益却被帝国主义势力出卖给日本。因此引发五四反帝爱国运动，简称"五四运动"。

五四运动起初以先进青年知识分子为先锋。当巴黎和会中国代表关于山东主权问题的申诉被拒绝的消息传回国内，北京大学学生联合北京中等以上13个学校的学生代表集会，发动5月4日在天安门广场的学界示威和"火烧赵家楼""痛打章宗祥"的爱国壮举。北大学生关于"中国的土地可以征服而不可以断送！中国的人民可以杀戮而不可以低头！国亡了！同胞起来呀！"的宣言书，呼喊出亿万中国人积压已久的心声。

北京爆发的爱国风暴迅速蔓延全国，并由学界向社会各界全面铺开。上海各界在得知北京6月3日和4日分别有100多名和700多名学生被逮捕或拘禁后，不仅出现全市学生罢课和商人罢市等声援活动，从5日起还爆发了有六七万名工人参加的大规模罢工。这标志着中国工人阶级开始以独立姿态登上中国政治舞台。迫于全国群众爱国运动的巨大威力，北洋政府不得不释放被捕学生，并免去因办理涉日外交而臭名昭著的曹汝霖、陆宗舆、章宗祥三人的职务，在巴黎的中国政府代表最终拒绝在巴黎和会对德和约上签字。

五四运动成为中国从旧民主主义革命走向新民主主义革命的转折点，在近代以来中华民族追求民族独立和发展进步的历史进程中，具有里程碑意义。

五四运动后，一大批经过这场反帝爱国运动洗礼和马克思列宁主义熏陶的中坚分子，以天下兴亡为己任，迸发出实现民族复兴的坚定信念。在斗争过程中，中国工人阶级的英勇表现和他们对夺取五四运动最终胜利而起到的决定性作用，被学生们所认识。于是，觉悟的知识青年，一改千百年轻视劳动者的旧观念，第一次发自内心赞颂劳工阶级，"与劳工为伍"成为最时髦的口号，他们开始自觉深入广大工人群众之中，发起平民讲演团、举办各种文化补习、成立俱乐部，启发工人觉悟，进行中国工人阶级状况调查，架起马克思主义与中国工人阶级之间的桥梁，从而为创建中国共产党奠定阶级基础和组织条件。

三　中共一大与初心使命的确立

五四运动后，在继续深入探寻改造中国道路的过程中，往日齐心勠力推动新文化运动发展的合作阵营，迅速分化。多地出现以宣传和研究马克思主义为宗旨的社团，如"马克思学说研究会""马克思主义研究会""俄罗斯问题研究会"等，直接为中国共产党创建形成组织准备。

最早提出在中国建立共产党的，是新文化运动的主将陈独秀和在中国传播马克思主义的代表人物李大钊。1920年2月，李大钊在护送陈独秀逃离北京南下途中，二人筹划组建中国共产党事宜，这就是著名的"南陈北李，相约建党"。中国共产党的建立，还得到列宁领导的共产国际的帮助。同年4月，俄共（布）代表维经斯基奉命来到中国。他先在北京与李大钊会面，后经李大钊介绍，赴上海与陈独秀会晤，建议组建中国共产党。5月，陈独秀在上海开始筹建共产党早期组织，8月正式建立，并承担组建全国共产党的发起组责任。同月，由陈望道翻译的《共产党宣言》第一个中文全译本出版。10月，李大钊成立北京共产党早期组织。在陈独秀和李大钊联络推动下，从1920年秋到1921年春，武汉、长沙、济南、广州，陆续建立共产党早期组织。在海外方面，日本和法国也开始出现从国内前往和在当地新发展的早期中共党员。

1921年7月23日至8月初，中国共产党第一次全国代表大会在上海望志路106号（今兴业路76号）和浙江嘉兴南湖举行。来自各地的共产党早期组织代表，上海的李达、李汉俊，北京的张国焘、刘仁静，武汉的董必武、陈潭秋，长沙的毛泽东、何叔衡，济南的王尽美、邓恩铭，广州的陈公博，旅日的周佛海，以及由陈独秀指定的代表包惠僧13人出席会议，代表全国50多名党员。共产国际代表马林和尼克尔斯基也出席了大会。当时分别在广州、北京的陈独秀和李大钊，均因事务繁忙，未能与会。但是，正如毛泽东后来对斯诺所说："在这个大会的组织工作中，起领导作用的是陈独秀和李大钊。"中共一大确定党的名称为"中国共产党"。大会选举陈独秀、张国焘、李达组成中央局，陈独秀为书记，各地的共产党早期组织也相继成为中共地方组织，一个全国性的统一的中国共产党诞生了。

中共一大通过了《中国共产党第一个纲领》，其中把"承认无产阶级专政""推翻资本家阶级的政权""消灭资本家私有制"和"直到消灭社会的阶级区分"，确定为自己的奋斗目标，准确阐明中国共产党作为马克思主义政党彻底消灭私有制、实现共产主义的根本宗旨。但是，党的一大党纲的规定，只有党的最终目标，没有与党在当时阶段的现实任务相联系。中国共产党诞生之后，年轻的中国共产党人义无反顾地承担起前辈的未竟之业，他们自觉运用马克思主义分析中国社会和中国革命。1922年6月15日，中国共产党第一次发表《对于时局的主张》明确指出："军阀政治是中国内忧外患的源泉，也是人民受痛苦的源泉。"同年7月于上海召开的中共二大，提出"消除内乱，打倒军阀，建设国内和平"和"推翻国际帝国主义的压迫，达到中华民族的完全独立"的最低纲领，从而将民主革命的现实任务与渐次达到共产主义社会的最高纲领结合起来，实际明确了中国共产党为中国人民谋幸福和为中华民族谋复兴的初心与使命。从此，"实现中华民族伟大复兴"成为中国共产党团结带领中国人民一切奋斗、一切牺牲、一切创造的主题。

中国诞生了共产党，这是开天辟地的大事变，中国革命的面貌从此焕然一新。

第三节　国共合作的大革命

　　1923年2月，京汉铁路大罢工惨遭镇压后，中国共产党加大了与孙中山国民党合作的力度，推动建立各革命阶级联合战线。中共三大关于国共合作方针的确定和国民党一大的召开，标志着国共合作形成和国民革命（大革命）的开始。由全国城乡1700万名各界群众参加的五卅反帝爱国运动，成为大革命的总动员；工农运动深入广泛开展，成为国共革命联合战线的社会基础；全面实行苏联红军政治工作制度，以新三民主义武装思想的革命军队的培育和成长，为北伐战争提供了基本力量。

一　国民党一大与工农运动的兴盛

　　悄然诞生的中国共产党，当时并未引起世人关注。多数心系中国前途命运人士的目光，仍然聚焦于孙中山在广东的行动。作为坚定的民主革命家，孙中山历经辛亥革命、二次革命、护国运动、第一次护法战争和第二次护法战争的奋斗，屡败屡战。1921年4月重新收复广东后，他被非常国会推举为"中华民国非常大总统"，准备集结兵力再行北伐。孙中山的行动却遭到他一手扶持起来的粤军总司令陈炯明的抵制和破坏。1922年6月16日，陈炯明部下举兵叛变，围攻总统府，孙中山被迫到停泊在珠江上的永丰舰（后改名中山舰）上避难。这标志着孙中山近40年来单纯依靠会党和旧式军队实现其政治理想的行动，彻底失败。

和孙中山不同，中国共产党成立伊始，就将开展工人运动作为首要任务，并于1921年8月11日组建中国劳动组合书记部，随后在各地成立分部，以领导全国工人运动。以1922年1月爆发的香港海员大罢工为起点，中国共产党迅速领导掀起第一次全国工人运动高潮。成立不到一年、党员人数只有100人左右的中国共产党，却在全国组织起30万名工人群众投入大罢工斗争中，充分彰显中国共产党在中国工人阶级队伍中的凝聚力和号召力，也充分展示中国工人阶级的高度革命热情和强大战斗力。这使得包括屡遭失败而一筹莫展的孙中山在内的各界民众，从中国共产党和中国工人阶级的斗争中看到新的希望。

刚刚亮相中国政治舞台的中国共产党，也在考虑团结工人阶级以外的力量共同奋斗。中共二大制定通过《关于"民主联合战线"的决议案》，1922年8月召开的中共中央杭州西湖会议，根据共产国际建议，决定在孙中山改组国民党的前提下，中共党员以个人身份加入国民党实行合作。

在此期间，孙中山频繁与共产国际代表和李大钊等共产党人接触，决心以俄为师，联合共产党人帮助改组国民党。1923年2月，支持孙中山的军队赶走陈炯明，收复广州。孙中山担任陆海军大元帅，重建广东革命根据地。为适应国共合作需要，中共中央机关一度由上海迁至广州，并于1923年6月在广州召开中国共产党第三次全国代表大会。中共三大正式决定实行国共合作的方针，明确党在现阶段"应该以国民革命运动为中心工作"。在李大钊、谭平山等共产党人的积极参与筹备下，以国共合作改组国民党为主要内容的国民党第一次全

国代表大会于1924年1月在广州
召开，标志着第一次国共合作正
式形成。孙中山在大会上的讲话
和大会通过的宣言，赋予其历来
提倡的"三民主义"以新的内容，
后被称为"新三民主义"。毛泽东
对其内涵有准确的诠释："革命的
民族主义叫我们反抗帝国主义，

图13-3　国民党一大会场

使中国民族得到解放。革命的民权主义叫我们反抗军阀，使中国人民
自立于统治地位。革命的民生主义叫我们反抗大商买办阶级，尤其是
那封建宗法性一切反动势力根本源泉之地主阶级，使中国大多数穷苦
人民得享有经济幸福。"①

　　在国民党一大上，共产党员李大钊、谭平山、于树德、毛泽东、
林祖涵（林伯渠）、瞿秋白、张国焘、于方舟、韩麟符、沈定一等当
选为中央执行委员或中央候补执行委员，约占总数的1/4。其中，国
民党中央组织部部长谭平山，秘书②杨匏安；农民部部长林祖涵，秘
书彭湃；工人部秘书冯菊坡（部长为国民党左派廖仲恺）。加上后来
出任宣传部代理部长的毛泽东和秘书沈雁冰，共产党人执掌了国民党
中央的核心部门。这对于帮助改组和发展国民党地方组织，特别是对
于名正言顺地开展工农运动发挥了重要作用。

---

　　① 《毛泽东文集》第1卷，人民出版社1993年版，第16页。
　　② 当时国民党中央各部没有副部长或次长的设置，部长不能履职时，由秘书代行
部务。

在国共合作背景下，彭湃在海陆丰地区领导发动的农民运动，在国民党中央农民部支持下，经过连续六届农民运动讲习所培训骨干等举措的发酵培育，很快就在广东、广西蓬勃展开，并以燎原之势迅速向湖南、湖北、河南、江西、福建等省蔓延。与此同时，工人运动也全面复兴。1925年五卅运动在上海爆发，在不到半个月的时间，就由上海一地25万人罢工罢市罢课，迅速扩展到全国城乡各行各业，省会以上城市参加抗议集会游行示威者达300万人，全国总计参加人数达1700万人以上，形成规模空前的全国性反帝爱国运动。为声援五卅运动爆发的省港大罢工，持续坚持16个月之久，而集结在广州的10多万罢工工人和分布广东省农村的60万名农民协会会员，成为广东国民政府的重要支柱和社会基础。以国民党一大召开为起点，到五卅运动爆发进入高潮的国民革命（大革命），以广东为中心向全国辐射，轰轰烈烈开展起来。

二　北伐战争的凯歌行进

在中国北方，1920年爆发直皖战争，1922年爆发第一次直奉战争。直系军阀曹锟和吴佩孚，因先后战胜皖系军阀段祺瑞和奉系军阀张作霖，踌躇满志。他们进一步穷兵黩武，号称要凭借武力统一全国。部分地方军阀则提出"联省自治"相抗拒，并同周边一些地方实力派混战一气。军阀混战的战火由北方烧向全国，其中在湖南、四川、陕西、福建等省愈演愈烈。全面把持北京中央政权的曹锟于1923年10月，贿选担任中华民国总统，成为全国各界众矢之的。1924年9月，直系背景的江苏督办齐燮元与皖系背景的浙江督办卢永祥之间爆发江浙战争。奉系军阀张作霖发表通电声援卢永祥，并讨伐曹锟和吴佩孚，随之演变为参战兵力达40万之众的第二次直奉战争。随着曹锟和吴佩孚落败，奉系张作霖执掌北洋政权，并控制了东北、京津、河北和山东等地区，成为实力最强的军阀；在直奉战争中倒戈的国民军冯玉祥，很快被张作霖排挤到西北地区；不甘落败的吴佩孚，收拾残部并掌控湖北、河南等地；借势而起的原直系将领孙传芳则成为苏浙皖赣闽五省联军总司令。奉系和各地方实力派新一轮的矛盾和角逐，再次升温并不断加剧。

国民党一大后，1924年6月16日，孙中山在苏联帮助下于广州黄埔创办的陆军军官学校（黄埔军校），正式举行开学典礼。他亲自兼总理，以蒋介石为校长，廖仲恺为党代表。11月，中共广东区委

图13-4　北伐战争时武昌城外景象

委员长周恩来出任军校政治部主任。与以往军校不同，黄埔军校全面学习苏联红军的政治工作制度，政治教育与军事教育并重，因此成为"党军"的摇篮。怀抱革命理想为"主义"而战的黄埔学生军，在广东革命政府1925年4—9月两次讨伐陈炯明的东征中，显示出强劲战斗力和顽强战斗作风，有力推动军队政治工作和政治工作制度在拥护孙中山的各支军队中普遍实行。这些军队的精神面貌和战斗力发生很大变化，并在驱逐滇系和旧桂系军阀杨希闵、刘震寰和统一广东、广西等一系列军事行动中，不断得到锤炼，国民革命军迅速扩展为7个军。各军均建立政治工作制度，军、师、团均设党代表，军、师设政治部，团以下虽然一般不再设政治部，但各团、营、连均设政治指导员（或党代表）和干事各1人，大多由共产党人担任。这些都为北伐做了充分准备。

1926年5月，湖南军阀赵恒惕下辖的第四师唐生智所部，受到吴佩孚与赵恒惕攻击压迫，转投广东国民政府，被改编为国民革命军第八军。为支持唐生智部队，由中共广东区委组建的叶挺独立团（隶属国民革命军第四军）奉命于5月20日先行出征。这支当时唯一由中共领导的军队之所以成为北伐先锋，固然出自国民政府方面命令，但也体现了中国共产党一贯坚决主张北伐和以实际行动支持北伐的鲜明态度。6月3日，叶挺独立团首战湖南攸县渌田，以1个团的兵力战胜敌人6个团，打出了军威，也坚定了广东国民政府北伐的决心。战斗胜利消息传到广州后，6月5日，国民党中央正式通过"迅行北伐"决议案。7月9日，北伐军总司令蒋介石誓师出征。

按照苏联军事顾问加伦将军的筹划，北伐军首先集中由第四军副军长陈可钰率领第十一师、第十二师和李宗仁第七军，会同唐生智第八军为主力，在湖南、湖北战场，对阵吴佩孚直系军队。叶挺独立团作为先锋，参加其中进攻醴陵、会战汨罗江、奇袭汀泗桥、大战贺胜桥和血战武昌城等主要战斗，为第四军赢得铁军称号。从出征到10月10日攻克武昌的3个多月间，南路北伐军势如破竹，彻底消灭吴佩孚直系军阀主力，光复粤汉铁路和京汉铁路沿线湖南湖北两省主要地区。

9月5日，在围攻武汉三镇之际，蒋介石率第一军第一师和第六军（军长程潜）沿江东上，与从湘赣边界方向进军的第三军朱培德所部，会攻源自直系的五省联军总司令孙传芳所部，双方在江西激战，南昌城两度易手。蒋介石被迫增调第四军和第七军转入江西战场，方掌握战场主动权，打开进军长江下游地区的大门。在此前后，在东路军总指挥何应钦指挥下，广东留守部队进入福建，收复福州，进而与江西境内的北伐军连成一体。

9月17日，接受国民党中央和广东国民政府领导的冯玉祥国民军，在甘肃五原誓师，11月即平定甘肃和陕西，向盘踞河南的奉系军阀进攻。国民军的军事行动，虽然在进军方向上是由西向东，但在消灭封建军阀的战略目标上，与由两广出发的队伍完全一致，因此被视作北伐战争的一部分。

图13-5 国民革命军总政治部主任邓演达（右）和苏联顾问铁罗尼（左）

北伐军的凯歌行进，首先是因为国共两党顺应了全国人民的意愿。1926年2月21日，中共中央在北京召开特别会议，确定将推动北伐作为第一等重要的问题；而国民党左派和右派，虽然目的各异，但都一致赞同北伐。其次，五卅运动以来，工农运动日益兴盛，成为北伐军的社会基础。北伐军出征时，省港罢工委员会组织3000多人运输队随军行动；北伐军途经湖南、湖北、江西等省时，当地工农群众热情欢迎北伐军，主动承担带路、描绘地形、递送情报、运送补给、安置伤员，直至参军参战等工作。再者，共产党员是军队政治工作的主要承担者。新军队被灌输以革命精神，有主义有信仰，不再为私人军阀所有。

北伐军胜利进军，推动工农运动空前高涨，在中国共产党领导下，时至1927年6月，全国有16省建立农民协会组织，农会会员人数达915万人，全国参加工会组织的工人数量达280万人；工农运动的发展，学生青年和工商界的参与，加快了北伐军胜利前进的步伐。时至1927年3月，长江下游江南各省相继光复，上海工人阶级更在3月21日发动80万人罢工后，随即举行第三次武装起义，依靠自己的力量打败军阀部队，解放除租界以外的整个上海。

这是一场中国历史上空前广大的人民解放斗争，北伐战争的胜利号角响彻珠江流域、长江流域和黄河流域，80多年来帝国主义列强在华统治的基础第一次被动摇，继承袁世凯衣钵的北洋军阀的反动统治，从此土崩瓦解，孙中山先生致力国民革命凡40年未曾成就的伟业，在他逝世两年后终于胜利在望。

三 国共分裂与国民革命失败

国共合作发动的国民革命，由工人阶级、农民阶级、城市小资产阶级和民族资产阶级组织的革命联合战线发动，其目的，正如国民党二大宣言所明确，对外打倒帝国主义，对内打倒帝国主义之工具，"首为军阀，次为官僚、买办阶级、土豪"。双方阵垒分明，是一场决定中华民族命运的生死搏斗。

面对声势浩大的革命浪潮，不仅是北洋政权各派军阀进行殊死抵抗，而且帝国主义侵华势力也直接进行武装干涉。在北伐战争时期，英国军舰先后在四川万县、武汉江汉关、江西九江进行挑衅，并连同美国军舰在南京制造流血惨案，日本在济南制造"五三惨案"。而且，80多年来在中国盘根错节的中外反动派，还伸出千万只手在组成复杂的国民党中寻找新代理人和合作伙伴。

在危害性最大的国民党新右派中，主要代表蒋介石，自担任黄埔军校校长后，他在伪装革命的同时，潜心积蓄力量，在革命阵营内部纵横捭阖，逐渐掌握军权，进而通过1926年3月20日"中山舰事件"和5月国民党中央通过的"整理党务案"，驱逐国民革命军第一军中的共产党员，剥夺中国共产党在国民党中央的权力，并一度攫取最高权力，集军权、政权和党权于一身。随着在北伐中军事实力的膨胀，以蒋介石为代表的国民党新贵，进一步密切了其与中外反动势力原本固有的千丝万缕的联系，他们沆瀣一气，纷纷对共产党人和广大工农群众举起屠刀。

从蒋介石在上海发动"四一二"政变和广东反动当局"四一五"政变开始，再到5月17日武汉夏斗寅部叛变和5月21日长沙许克祥"马日事变"，直至7月15日汪精卫在武汉公开"分共"，两广、两湖、上海、江西、福建、安徽、江苏、浙江、四川等省，一片血雨腥风。已经占据西北和河南的国民军，也迅速右转，冯玉祥甚至与蒋介石换帖结拜为兄弟，对其辖区和部队内的共产党员进行所谓"礼送"。与南方反动派遥相呼应，4月28日，盘踞北京的奉系军阀张作霖杀害了李大钊等28位共产党人。据中共六大统计，从1927年3月至1928年上半年，被杀害的共产党员和工农革命群众人数达31万余人，其中中共党员26000多人。代表中国人民解放事业的国共合作，各界人民的民族统一战线及其一切革命政策，都被残忍破坏了。生气蓬勃的中国大革命被血腥葬送了。

大革命的失败，其客观原因是中外反动势力的强大；从主观原因看，此时的中国共产党终究处于幼年时期，在统一战线、武装斗争和党的建设三个基本问题上缺乏经验。党的领导机关中占统治地位的主要领导，在如何对待资产阶级、对待领导权问题、对待农民及其土地问题，以及是否发展中共独立领导的武装等一系列重大实践中，缺乏成熟独立见解，出现严重右倾错误。致使大革命在强敌的全面反扑下，功败垂成。

肩负中华民族伟大复兴历史使命的共产党人，痛定思痛，深刻认识到"我们党如果不能纠正指导机关的错误，那就一步也不能向革命的道路前进"[1]。于是开始自我革命，他们从血泊中爬起来，首先批判和肃清党内右倾错误，1927年7月12日，中央领导实行改组，停

---

[1] 《中国共产党中央执行委员会告全党党员书（1927年8月7日）》，载中共中央文献研究室、中央档案馆编《建党以来重要文献选编（1921~1949）》第4册，中央文献出版社2011年版，第410页。

止陈独秀总书记职务活动，组成新的临时中央。中共中央随之召开紧急会议——"八七会议"，确定武装反抗国民党反动派和土地革命的总方针，揭开独立领导争取民族复兴伟大斗争的新篇章。

第四节　土地革命的燎原烈火

叛卖革命后建立南京国民政府的蒋介石集团，先是借大革命余势，完成第二期北伐，并取得新军阀混战的最终胜利，于1928年年底在形式上完成了全国统一，随即倾全力镇压共产党人领导的工农革命。从大革命失败的血泊中重新崛起的中国共产党，高举武装斗争和土地革命的旗帜，逐步开辟多块革命根据地，发展建立红军队伍，建立各级工农民主政权，直至成立与南京政权对峙的中华苏维埃中央政府。

一　南京国民政府的建立与中国共产党的武装反抗

蒋介石叛变革命后，于1927年4月18日在南京建立国民政府。中国出现南京、武汉和北京（即北洋政府，张作霖以安国军大元帅为国家元首）三个均以"中华民国"冠名的中央政权。而中国国民党，也实际存在着南京、武汉和上海（早在1925年3月孙中山病逝后，因反对国共合作而分裂出去的"西山会议派"在上海设有所谓"国民党中央党部"）三个"中央党部"的怪状。8月中旬，在武汉方面唐生智部东进和南京方面原来支持蒋介石的桂系李宗仁、白崇禧部反目的逼迫下，蒋介石被迫下野，武汉政府迁往南京，实现宁汉合流。9月16日，由武汉、南京和上海三方国民党要员商定组成的国民党中央特别委员会设立。但是，剔除蒋介石后的国民政府和国民党中枢，由于各派力量权力纷争，先是汪精卫、唐生智联手挑起新的宁汉战争。唐生智兵败后，汪精卫又南下广东，与李济深、张发奎等合作，于11月在广州设立国民党中央党部，形成宁粤对立。与此同时，已经在北伐中遭受毁灭性打击的孙传芳，借国民党内乱之机，率领余部反攻南京。鉴于这种状况，在北方的阎锡山和冯玉祥两大实力集团的要求下，群龙无首的南京政府，被迫请蒋介石再次出山。1928年1月，蒋介石重新担任国民革命军总司令，并召开国民党中央二届四中全会，设立新的中央委员会，取缔中央特别委员会，同时以谭延闿替代胡汉民作为国民政府主席。随后将参加北伐的各路军队统一编为第一、第二、第三、第四集团军，分由蒋介石（兼）、冯玉祥、阎锡山、李宗仁为总司令，合力进攻奉系张作霖，开始二期北伐。到5月底，济南、沧州、石家庄、保定等相继被攻克，张作霖的奉系和依附他的其他北洋军阀残敌，日暮穷途。6月3日，张作霖乘车逃离北京回奉天（今沈阳），日本关东军因不满他没有答应日本对东北提出的权益要求，在其专车途经的皇姑屯铁路线预埋炸药，将专车炸毁，张作霖伤重身亡。接管北京、天津的南京政府，将北京改名北平。7月6日，蒋介石率北伐军主要将领至北京香山碧云寺孙中山灵柩前，举行祭灵大典，以北伐完成告慰孙中山亡灵。

10月3日，国民党中央执行委员会常务委员会通过《训政纲领》，宣布由军政时期进入训政时期，实际开始其一党专政。8日，蒋介石出任国民政府主席，并兼海陆空军总司令。为完成全国统一，南京方面不断加强对掌握东北地区控制权的张作霖之长子张学良的说服工作。12月29日，张学良发出通电，表示遵守三民主义，服从国民政府，东北改旗易帜。南京政府在形式上完成对全国的统一。从此，全面背叛孙中山新三民主义，对外投降帝国主义，对内以新军阀代替旧军阀，在经济上受到有浓厚买办色彩的江浙财团支持和地主阶级拥护的蒋介石集团，将其反动统治逐渐扩展到全中国。

叛变革命的国民党新贵，虽然其内部纷争不已，但在镇压中国共产党和广大工农群众方面，却出奇一致。持续遭受国民党新军阀残酷屠杀镇压的中国共产党人，愈加深刻地认识到，中国在内部没有民主制度，而受封建主义压迫，无议会可利用，无组织工人举行罢工的合法权利；在外部没有民族独立，而受帝国主义压迫。因此，毛泽东在八七会议上鲜明地指出："须知政权是由枪杆子中取得的。"这一时期，中国共产党在全国奋起发动武装反抗国民党反动派的斗争，并由中共中央直接部署发动了著名的三大起义。

8月1日，周恩来、贺龙、叶挺、朱德、刘伯承等，领导中国共产党掌握的武装力量两万多人，在南昌发动起义，占领南昌城，打响武装反抗国民党反动派的第一枪；9月9日，以毛泽东为书记的中共前敌委员会领导发动湘赣边界秋收起义，首次打出工农革命军旗帜；12月11日，张太雷等领导举行广州起义，建立第一个城市苏维埃政权。这个时期，在八七会议通过的总方针指引下，各地共产党人先后在鄂东、海陆丰、琼崖、鄂豫边、陕北清涧、赣西南、赣东北、闽西、湘南、湘鄂西、皖北等地发动百余次规模不等的武装暴动，显示出中国共产党人在失败中重新崛起，独自承担复兴中国革命重任的决心和努力。

图13-6 《广州起义》（油画）

在工人阶级聚集的大城市举行武装暴动以夺取全国政权，是欧洲社会主义革命的传统，并有俄国彼得格勒十月革命胜利的先例可循。因此，以夺取和占领中心城市为主要目标的"城市中心论"，成为中共中央的首选和全党共识。但是，在第一线发动各次武装起义的组织者，因为要直接面对敌强我弱的严酷斗争，在以夺取大中城市为目标的武装起义受挫后，为了生存和发展，他们都自觉或不自觉地把目光投向远离敌人统治中心的农村，不约而同地率领起义失败后的残余队伍转入农村开展土地革命。其中最杰出的代表人物就是毛泽东。他领导的井冈山的斗争，切实依靠中国革命的主力军——农民，独立自主地开辟了根本区别于"城市中心论"的革命道路，即以农村包围城市，最后夺取全国政权的中国式革命道路。

二 开辟苏区新天地

井冈山区地处湘赣边界罗霄山脉中段，地势险要，物产丰富，是国民党统治的薄弱环节。大革命时期，当地曾建立中共组织和农民协会，保存有袁文才和王佐两支农民武装队伍。1927年10月，毛泽东率领秋收起义队伍来到井冈山，点燃土地革命的星星之火。1928年4月下旬，毛泽东和朱德、陈毅等率领的南昌起义余部及湘南暴动的农军会师，在当地开始进行"土地革命、武装斗争和根据地建设，三位一体"的红色割据。

土地革命 土地革命是中国民主革命的基本任务，而占中国人口80%以上的农民是中国革命的主力军。在持续2000多年的封建地主土地所有制下，地主人数少，却占有大部分土地，贫农人数多（一般占乡村人口的70%），却没有或极度缺乏土地，被迫通过租种地主土地生活，但每年至少要交付50%以上的地租，这构成中国社会封建统治的经济基础。毛泽东在《关于农村调查》中曾谈到他在"兴国调查"时得知，当地6%的地主富农占有80%的土地，而剩余80%的农民则仅占有20%的土地，因此他得出结论："只有两个字：革命。因而也益增革命的信心，相信这个革命是能获得百分之八十以上人民的拥护和赞助的。"[1]可见，只有彻底废除封建地主土地所有制，才能够从根本上动摇帝国主义和封建主义在中国的经济基础和阶级基础，从而发挥广大农民群众的革命主力军作用。

在井冈山，毛泽东通过一系列调查研究和分配土地的实际工作，起草井冈山《土地法》，1928年12月，以湘赣边界工农政府名义正

---

[1]《毛泽东文集》第2卷，人民出版社1993年版，第383页。

式颁布实行。这是中国共产党第一个付诸实施的土地法。1929年4月上旬，红四军在进军赣南闽西途中来到兴国县。经过调查了解，毛泽东领导制定并颁布了《兴国土地法》，把井冈山土地法里规定的"没收一切土地"改为"没收一切公共土地及地主阶级的土地"。这个原则性改正争取了中间阶级，有利于集中打击地主阶级。此后又经过近两年的实践、总结、再实践，终于在1931年2月明确形成符合中国实际的土地革命路线，即"依靠贫农、雇农，联合中农，限制富农，保护中小工商业者，消灭地主阶级、变封建半封建的土地所有制为农民的土地所有制"，以及包括"以乡为单位，按人口平均分配，在原耕地基础上，抽多补少，抽肥补瘦"等一整套具体可行的实施方案。土地革命路线的实施，有力推动了赣西南、闽西革命根据地土地革命的深入开展，赢得了广大农民热烈支持，成为中央革命根据地形成和巩固的基础。

政权问题 政权问题是中国革命的核心问题。中国共产党自成立之日起，就确定"推翻资本家阶级的政权"和实行"无产阶级专政"的目标。随后，根据民主革命任务要求，中国共产党致力于建立各革命阶级联合政权。大革命失败之初，毛泽东最早主张必须打出中国共产党旗帜，建立中国共产党独立领导的工农民主专政。1927年9月19日，中共中央决定放弃国民党的旗号，11月上旬进一步认定无产阶级领导之下工农民主政权独裁制的政权性质，只能在苏维埃制度形式里建立起来。苏维埃，俄语意即代表会议或委员会，中共中央将其代指工农民主专政性质的政权。

茶陵（今湖南株洲市下辖县）是毛泽东率领的秋收起义军在井

冈山打下的第一个县城。起初委派一位同志做县长，其执政程序，一如旧式县衙。后根据毛泽东指示，打碎旧的政权机构，充分发动群众，通过茶陵县工会、县农会和部队士兵委员会，召开代表会议，分别选举1名代表，然后由3名代表组成工农兵代表会议，并推举工人代表谭震林，成为茶陵县工农兵政府主席。新的茶陵县政府发布告或行公文时，不再只是县长1人署名，而是谭震林和农民代表李炳荣、士兵代表陈士榘联署，凸显新政权的权力之所在，以及代表工农兵利益的本质特征。茶陵县政府门前的对联"工农兵政府"和"苏维埃精神"，十分传神地彰显出该政权人民当家作主的性质。

茶陵民主建政的经验，在井冈山根据地得到发展完善，后来又在赣西南和闽西推广放大，最后在中华苏维埃临时中央政府建立时得以集大成，形成完整发展链条。毛泽东在给中共中央的报告《井冈山的斗争》中，曾系统总结创建工农民主政权过程中存在的问题：一是乡级政权初创时被小地主富农钻营把持的问题；二是一些县区的工农兵代表会走形式或被以群众大会代替的问题；三是工农兵代表会与经其选出的政府委员会之间的权力脱节问题，及其权力被政府机关和其组成人员滥用的问题；四是以党代政的问题。并逐一阐述上述问题的解决方法。比如关于党与政府的关系，"以后党要执行领导政府的任务，党的主张办法，除宣传外，执行的时候必须通过政府的组织。国民党直接向政府下命令的错误办法，是要避免的"。

开辟中国式革命道路　开辟新的革命道路，是毛泽东在井冈山时期就特别关注的问题。他注意到如何在农村环境下以农民为主体开展革命斗争的艰巨性，在深刻把握中国国情和中国革命性质基础上，通过健全和巩固湘赣边界党的组织，普遍建立各级工农民主政权，深入开展土地革命，运用工农武装割据的方式，实践并回答了在敌人统治薄弱的地区红色政权为什么能够存在的问题。

在开辟赣南闽西苏区过程中，毛泽东就对"一种形式主义的理论从远方到来"表示不满。1929年12月，毛泽东根据中共中央"九月来信"精神和他领导创建红军和根据地以来的经验，并在进一步深入调查研究基础上，起草《中国共产党红军第四军第九次代表大会决议案》，即《古田会议决议》。决议规定红军的无产阶级性质和基本任务，强调党对红军绝对领导原则，指明红军中政治工作的重要地位，要求对红军实行无产阶级政治思想领导，纠正红军党内的错误思想。从根本上解决了在农村环境中建设无产阶级政党的问题，和以农民为主要成员建设新型人民军队的问题，成为中国共产党建党和人民军队建军的纲领性文献。

1930年1月，毛泽东撰写《星星之火，可以燎原》，系统总结各个革命根据地经验，进一步发展工农武装割据思想，阐明中国革命必须坚持创建农村革命根据地，指出红军、游击队和农村革命根据地的建立和发展，是促进全国革命高潮的最重要因素，初步形成以农村包围城市，在农村地区先建立和发展红色政权，待条件成熟时再夺取全国政权的关于中国革命道路的理论。

同年5月，毛泽东针对红四军党内存在的教条主义错误倾向，撰写《反对本本主义》（原题《调查工作》）一文指出："中国革命的胜利要靠中国同志了解中国的情况"，强调"一切结论产生于调查情况的末尾，而不是在它的先头"，他大声疾呼："到斗争中去！到群众中作实际调查去！"

　　大革命失败后，在八七会议总方针指引下，中国共产党人大多选择与井冈山具有相同特点的地区创建农村革命根据地，到1930年3月，全国红军已有13个军，6.2万多人。在毛泽东等领导的赣西南、闽西根据地以外，重要的革命根据地还有湘鄂西、鄂豫皖、湘赣、湘鄂赣、闽浙赣、广西的左右江、广东的东江和琼崖等。十几块各具特色的红色根据地，重新点燃了中国革命的火炬。无一例外，这些革命根据地都普遍深入开展土地革命，到处呈现"收拾金瓯一片，分田分地真忙"的火热景象。这是一场新的大革命，是以"土地回家"为核心的农村大革命。它使千百万名农民成为土地的主人，获得经济上翻身、政治上解放。不仅彻底摧毁当地旧政权的反动统治基础，而且极

图13-7　第一次全国苏维埃代表大会会址

大激发农民群众投身革命的热情，开启发展新民主主义经济的尝试。与此同时，全国各地的红色根据地，根据中共中央指示，亦普遍建立省级和村乡县苏维埃政权，积累起丰富的政权建设经验，培养出众多治国理政人才。1931年11月7日，中华苏维埃第一次全国代表大会在江西瑞金召开，选举产生毛泽东任主席的第一届中华苏维埃临时中央政府。这是与国民党蒋介石大地主大资产阶级专政的南京政权根本对峙的新型人民政权，也是有别于苏联社会主义性质无产阶级专政的新民主主义政权，成为新中国的雏形。

为了保卫和发展革命成果，各苏区总共组建起最多时达30万之众的红军，多次粉碎国民党军大大小小无以计数的军事"围剿"和进攻，以及严密的经济封锁。各苏区普遍发展新民主主义经济和社会文化建设，极大改善当地民生状况，为中国式革命道路的开辟积累了经验，创造了政治上和物质上的条件。在这个过程中，全党上下都在探索中国革命的道路，涌现出朱德毛泽东式、方志敏式、李文林式、贺龙式和刘志丹谢子长习仲勋式等斗争模式。特别是以毛泽东为代表的中国共产党人，倡导并力行一条以辩证唯物主义为指导、力求与中国革命实际相结合的思想路线，是中共实事求是思想路线的先声。他们开辟的农村包围城市、武装夺取政权的中国式革命道路，为夺取新民主主义革命胜利指明了正确方向，并向在国民党黑暗统治下的全国其他地区亿万劳苦大众，展示出一个光辉灿烂的新天地。

三　长征改变中国

1928年年底在形式上完成全国统一后，踌躇满志的蒋介石，于

1929年1月召开全国编遣会议，企图借整编军队之机，一己独大。此举引发了他与冯玉祥、李宗仁、阎锡山等派系间持续不断的国民党新军阀混战，直至各路反蒋军队和政治力量集合起来，于1930年5月与蒋介石之间爆发规模空前的中原大战。在双方胶着的关键时刻，9月18日，处于相对中立地位的东北军张学良发出"巧电"（此日电报代韵母为"巧"），率东北军大举入关支持蒋介石。正在北平举行扩大会议另开国府的阎锡山、汪精卫等顿时作鸟兽散，反蒋派军队随之土崩瓦解。"巧日"张学良主力入驻平津河北的行动，造成东北地区兵力空虚，为整整一年后日本关东军在沈阳发动"九一八"事变埋下隐患。

　　侥幸在新军阀混战中胜出的蒋介石，开始把主要力量用来进攻中国共产党领导的苏区和红军。连年的战争破坏和杀伤，海量的战费支出，加上南京政府成立伊始，为获得帝国主义国家的法理承认和支持，承诺承担北洋政府和晚清政府的巨额外债，以及其他对华侵略权益，致使国民党当局根本无力从事经济建设和民生事宜。据史家研究，1928年、1929年和1930年，南京政府每年财政支出，80%以上用于军费和内外债务，用于建设的经费不及1%。这不仅使广大工农群众陷入更加悲惨的境地，而且使一度追随和支持蒋介石的民族资产阶级和上层小资产阶级，也普遍坠入失望、迷茫和愤懑之中。

　　战斗在国民党新军阀反动统治的薄弱地区的各红色根据地和各路红军，自创立之日起，就一直受到强敌进攻和"围剿"。起初是一省军队"进剿"，进而是二省或三省军队"会剿"。从1930年10月底至次年9月，蒋介石连续发动对中央苏区的第一、第二、第三次"围剿"，毛泽东、朱德采用"诱敌深入"的作战方针，实行在战略上以弱胜强、在战术上以多击少的作战原则，集中优势兵力，在运动中逐个歼灭敌人，连续粉碎三次"围剿"，使赣西南、闽西、粤东等根据地连成一片，进一步巩固和扩大了中央革命根据地。1932年6月，蒋介石无视东北三省已经沦陷于日寇铁蹄之下的严重民族危机，却发动对中国共产党领导的湘鄂西苏区、鄂豫皖苏区和中央苏区的第四次"围剿"，在反"围剿"中失利的贺龙所部和张国焘、徐向前所部，被迫撤离原根据地，分别转战至黔东和川陕地区继续斗争。在中央苏区第四次"围剿"中，蒋介石嫡系的三个师，被周恩来、朱德指挥的中央红军，依据既往战略方针，予以全歼。

1933年6月，签订出卖长城抗战的《塘沽协定》墨迹未干，不甘心在"围剿"苏区中的一再失败，蒋介石又集结100万军队，对全国各苏区进行"围剿"。其中集中50万军队对中央苏区发动第五次"围剿"。由于中共党内"左"倾教条主义的错误领导，以及共产国际军事顾问李德脱离苏区实际的盲目指挥，中央红军在中央苏区第五次反"围剿"斗争失利，根据地日益缩小，军力、民力、物力渐趋枯竭。1934年10月17日，中共中央和中央红军被迫撤离中央苏区，实行战略转移，踏上漫漫长征路。

长征是在中国工农红军、中国共产党和中国革命因受"左"倾教条主义干扰，在国民党全面"围剿"下濒于失败的最危急时刻，是在中国各族人民因国民党反动统治而身陷苦难深渊走投无路的境地里，是在中华民族遭受日本帝国主义侵略处于生死存亡的危急关头发生的。长征，集中国共产党人的自我救赎、拯救民族危亡和争取广大人民群众的解放三重历史重任于一役，是中国共产党人在最危难的时刻发起的绝地反击。

长征，简要而言是一次军事行动，特指中国南方各路红军在中共中央和中革军委统一指挥下，实现向中国西北地区的战略大转移。从1934年10月至1936年10月，参加长征的红一方面军、红二方面军（红二、六军团）、红四方面军和红二十五军主力，途经江西、福建、广东、湖南、广西、贵州、云南、四川、西康、青海、河南、湖北、甘肃、陕西（按照现在的行政区划，去掉西康省，加上重庆市和宁夏回族自治区）15个省区市两亿人口的地区，冲破国民党中央军和地方军阀100万军队的层层围追堵截，跨越雪山草地等艰难险阻，克服饥饿、寒冷、伤病等超越人类生存极限的困难，陆续到达陕甘宁根据地，实现大会师，齐聚西北抗日前线，红军长征胜利结束。

图13-8　长征画作《走过岷山》（孙立新，油画）

中国共产党在长征路上最重要的成就，就是纠正"左"倾教条主义错误指挥所造成的严重危机，实现自我救赎和自我革命。1935年1月15—17日，在贵州遵义召开中共中央政治局扩大会议，全面总结第五次反"围剿"以来的经验教训，继猴场会议解除"三人团"的军事指挥权之后，系统地批判了其错误的军事路线，确立正确军事路线，并端正组织路线，补选毛泽东为政治局常委，确立毛泽东在党中央和红军的领导地位，形成了由毛泽东、张闻天、周恩来、朱德、王稼祥等组成的新的中央领导集体。他们和一同参加过遵义会议的刘少奇、陈云、邓小平等同志，后来演变发展成为党的第一代领导集体，尤为重要的是，从那时起，中国共产党循着具体问题具体分析和一切从实际出发的思想原则，开始独立自主领导中国革命。这是中国革命从挫折走向胜利的伟大转折，标志着中国共产党在长征中浴火重生后，终于成长为一个成熟的马克思主义政党。

红军长征顺应了20世纪30年代中国革命中心已经由南向北发生转移的历史趋势，完成了党的领导核心和红军主要力量的北移，并且从根本上改变了以往各路红军分别在不同根据地各自为政的局面，第一次都纳于中共中央和中革军委直接统一指挥之下，形成坚不可摧的钢铁力量。

长征是从丧失根据地开始的，又是以能否找到或者建立新的根据地（立脚点）作为其胜利与否的标志。各路红军在长征中一路征战，一直把建立新根据地作为长征的直接目标。中央红军根据敌情变化，先后选择湘西、川黔边、川西或川西北、川滇黔边等地创建新根据地；红二、红六军团先是创建以湖南大庸（今张家界）为中心的湘鄂川黔根据地，重新踏上长征征途后，1936年2月，又在贵州西北部黔西、大定、毕节地区，创建黔西革命根据地；红二十五军在途中创建鄂豫陕革命根据地；红四方面军则是创建川西北、川康边、康北根据地（合称川康边）。但是，或由于敌我力量悬殊，或因自然条件恶劣、人口稀少，或基于战略发展需要的考虑，这些根据地最终未能成为红军最终落脚点。幸运的是，由刘志丹、谢子长、习仲勋等领导创建的陕甘边革命根据地"硕果仅存"，并经过率先到达那里的红二十五军，特别是党中央与陕甘支队连同刘志丹红军的共同努力，最终成为各路红军长征的落脚点，进而发展成为中国革命的中心和长期稳定的大本营，成为红军投入抗日民族战争的出发点和战略基地，中国革命的历史进程从此展开新的篇章。

　　"北上抗日、共赴国难"，是各路红军长征的动员令，也是他们一致的奋斗目标。1934年7月，第一个踏上长征路的红七军团，以抗日先遣队的名义出征（红二十五军则是以第二抗日先遣队的名义出征）。1935年6月，红一方面军与红四方面军会师后，毛泽东和中共中央在同张国焘争论应在何处建立根据地时，为实践北上抗日的初衷，肩负起拯救民族危亡的重任，把进军方向确定在临近抗日前线的陕甘地区，在反动统治薄弱的西北地区建立新根据地，以此为基地掀起中国革命新高潮，成为长征的战略目标。如此，长征不再是起初被逼无奈的战略转移，而变成有计划的战略行动。北出陕甘的长征道路，成为打破国民党军围追堵截的胜利之路，成为争取中国革命由低谷到复兴的希望之路，成为抗日救亡、实现民族独立解放的光明之路。

第五节　抗日战争:中华民族伟大复兴的转折点

1931年"九一八"事变以来，日本持续对华侵略，使大片中国国土彻底沦为殖民地，中华民族陷入1840年以来最黑暗的深渊。中国人民14年的英勇抗战，书写中华民族百年御侮史上最辉煌的篇章。中国人民之所以最终赢得这场战争的彻底胜利，首先是全民族同仇敌忾，建立以国共合作作为主体的抗日民族统一战线；其次是实行持久战总战略和坚持全面抗战路线；再者是形成国共两党分别主导的正面战场和敌后战场相互配合共同对敌的局面。在这个过程中，中国共产党及其领导的抗日武装和抗日民主根据地，成为坚持抗战、坚持团结、坚持进步的中流砥柱。为了充分发挥中国共产党在民族抗战中至关重要的作用，中国共产党在通过整风加强自身建设的同时，深刻总结中华民族百年奋斗和中国新民主主义革命两次成功与两次失败的经验教训，系统阐述新民主主义革命理论，形成马克思主义中国化的理论成果——毛泽东思想，为争取抗日战争的最后胜利和中国革命的光明未来，指明正确的方向。

一　建立以国共合作为核心的抗日民族统一战线

1931年，日本在中国沈阳制造"九一八"事变，是实施其大陆政策的最新侵略步骤。张学良坚决执行蒋介石的不抵抗政策，把希望寄托于国际联盟调停。结果，在短短四个月时间里，东北三省128万平方千米国土沦陷。

局部抗战的发动　从"九一八"事变到1937年7月7日卢沟桥事变，中国人民和国民党部分军队自发或有组织地进行局部抗战。

"九一八"事变过程中，沈阳部分警察和驻守嫩江等地的东北军，以及东北民众自发进行抵抗，揭开14年中国人民抗日战争的序幕。

1932年1月28日，日军在上海制造事端进行武装挑衅，中国守军第19路军奋起抵抗，他们和随后增援参战的第5军，在各界人民群众支持下，与不断增兵的日军激战1个多月，迫使日军三易主帅，损兵过万，遭受"九一八"事变以来最沉重的打击，在南京国民政府"一面抵抗，一面交涉"的指令下，双方于5月5日签订《淞沪停战协定》；1933年3—5月，国民党军队在华北地区对进犯日军进行长城抗战，是"九一八"事变后中国军队第一次有组织的较大规模抗击日本侵略的战役，但终由5月30日签订《塘沽协定》对日妥协收场；同年6月，原西北军将领冯玉祥、方振武、吉鸿昌等与中国共产党合作，发动察哈尔抗战，后在何应钦强令国民党军进攻压迫下失败；自1935年5月起，日本侵略者在巩固其对热河地区侵略的同时，加紧推进"华北自治运动"，于11月26日策动汉奸殷汝耕，正式建立脱离国民政府的"冀东防共自治政府"，南京方面随即决定设立以宋哲元为委员长的"冀察政务委员会"，从而引发平津等地广大青年学生在中共地下组织领导下，举行声势浩大的"一二·九"反日爱国运动；1936年11月，在全国抗日救亡运动持续高涨形势下，国民党绥远省政府主席兼第35军军长傅作义发起绥远抗战，获得中国局部抗战期间一次宝贵的胜利。

国民党爱国官兵的局部抗战，沉重打击日本侵略者的嚣张气焰，迟滞其侵略步伐，振奋全国人民抵抗侵略的斗志，促进全国民众进一步觉醒。南京政府也为全面抗战做了一定准备，包括于1932年4月7日至14日召开国难会议、确定洛阳为行都、筹备召开国民大会、整编军队、实行币制改革（以法币替代白银）、加紧修筑防御工事和战备公路铁路、经营西北和西南大后方、修复中苏邦交、调整与各地方实力派和反对派（包括共产党）关系等。但总体而言，在局部抗战阶段，国民党南京政府仍然主要奉行"不抵抗主义"和"攘外必先安内"政策。

在这个阶段，中国共产党多次发表宣言文件，进行抗战动员和宣传，还积极推动各地抗日救亡运动发展，比如派遣300多位共产党人，参与察哈尔抗日同盟军的发动和作战，特别是在东北地区领导开展直接抗日武装斗争。1933年年初，当东北地区自发抗日武装——东北义勇军等斗争趋于失败时，中共直接领导的抗日武装力量，先后在南满、东满、北满、吉东等地崛起。从1933年9月至1936年2月，先后成立东北人民革命军第1军至第6军，后又陆续被改编发展为东北抗日联军第1军至第11军，共计3万余人。他们在极为困难的条件下，同日本侵略者进行了英勇顽强、艰苦卓绝的斗争，牵制大量日军，迟滞干扰日军的侵略步伐，鼓舞和坚定了全国人民争取抗战胜利的决心。辽阔的白山黑水大地成为中共领导的抗日武装直接对日作战的第一个战场。

倡导建立抗日民族统一战线 "九一八"事变的第三天，中共中央立即发表《为日本帝国主义强暴占领东三省事件宣言》。1932年4月15日，中华苏维埃共和国临时中央政府发布由毛泽东亲自起草的对日宣战书，号召全国民众"驱逐日帝国主义出中国，反对帝国主义瓜分中国，彻底争得中华民族真正的独立与解放"。1933年1月，中国共产党进一步表示，愿意在立即停止进攻苏维埃区域、保证民众的民主权利和武装民众三个条件下，同任何武装部队订立共同对日作战协定。自1934年10月起的两年间，中共中央率领中国南方各路红军，高举北上抗日大旗，冲破国民党百万大军的围追堵截，在14个省份2亿人口地区，吹响抗日救亡号角，并最终齐聚西北抗日前线。1935年10月1日，中共驻共产国际代表团以中共中央和中华苏维埃中央政府名义发布《为抗日救国告全体同胞书》（即《八一宣言》）。中央红军长征抵达陕北伊始，中共中央听取中共驻共产国际代表团成员张浩关于共产国际七大和《八一宣言》精神的传达，并于12月17—25日召开中央政治局瓦窑堡会议，正式确立抗日民族统一战线总策略。随后，提出并成功实施以西北统一战线促成全国统一战线的战略。

西安事变——时局转换的枢纽　1936年9月1日，中共中央正式确定以"逼蒋抗日"替代"反蒋抗日"的方针，这是中国共产党关于团结一切可以团结的力量共同抗日主张最大化的表达，奠定与蒋介石和国民党合作抗日的基调。

12月12日，已在共同抗日问题上与红军结成"三位一体"统一战线关系的东北军张学良和国民革命军第十七路军杨虎城，发动"兵谏"，扣留来西安督促张杨所部"剿共"的蒋介石及其随员，并发表"救国八项主张"。事先未曾与闻其事的中共中央，接到张、杨电报后，从民族大义出发，派出以周恩来为首的代表团赶赴西安，与张、杨和宋子文、宋美龄，乃至蒋介石本人等，进行磋商，因势利导，最终促成西安事变和平解决，在全国范围停息内战，"西安事变"遂成为时局转换的枢纽。此后，国共双方就合作抗日进行多轮谈判。1937年2月10日，在国民党五届二中全会召开前夕，中国共产党向国民党提出"五项要求和四项保证"，蒋介石表明有条件地接受中国共产党合作抗战的态度。

7月7日，日军挑起全面侵华的卢沟桥事变。第二天，中共中央通电全国，发出"平津危急！华北危急！中华民族危急！"的警号，表示"愿即改名为国民革命军，并请授命为抗日前驱，与日寇决一死战"。7月17日，蒋介石发表"庐山谈话"，明确提出"地无分南北，年无分老幼，无论何人，皆有守土抗战之责任，皆应抱定牺牲一切之决心"。8月25日，中共中央制定"抗日救国十大纲领"。同日，红军正式改编为国民革命军第八路军，朱德任总指挥、彭德怀任副总指挥，下辖第一一五、一二〇、一二九师，分别由林彪、贺龙、刘伯承任师长，全军共45000人，随即开赴山西抗日前线。9月22日，国民党中央通讯社公布中国共产党于7月15日提交的《中共中央为公布国共合作宣言》，翌日，蒋介石发表承认共产党合法地位和与之合作抗战的谈话，国共合作最终达成。以此为标志，国内各民族、各阶级阶层、各党派、各政治力量和各地方实力派，全部集结在抗日救亡旗帜下，中华民族在近代反抗外来侵略的历史上，第一次形成同仇敌忾的大团结。

二 夺取全面抗战胜利的战略总方针——持久战

持久战战略总方针是中国军民战胜日本侵略者的基本遵循。

抗日战争爆发以来，包括中国共产党和国民党在内的社会各界均对持久抗战问题有讨论，中共方面则是在全面考察中日双方政治、经济、军事、外交和战争性质及其基本国情基础上，提出持久战战略。1936年7月，毛泽东在同美国记者斯诺的谈话中，不仅第一次科学预测到中国人民抗日战争将经历战略防御、战略相持和战略反攻三个阶段，并明确指出：全体中国人民的团结与坚持御侮是夺取抗战最终胜利的关键。1938年5月，毛泽东相继发表《抗日游击战的战略问题》和《论持久战》，全面分析中日双方存在互相矛盾的四个基本特点，即敌强我弱、敌退步我进步、敌小我大、敌失道寡助我得道多助。这些特点，决定中国在抗日战争中既不会亡国，也不会速胜，只有经过持久战，才能达到最后胜利。和蒋介石国民党方面不同：

其一，毛泽东把相持阶段视为持久抗战转入最后胜利的枢纽。他认为这个阶段实际是敌人之战略保守，我之准备反攻阶段，也就是敌我力量消长变化的阶段。

其二，中国共产党以独立自主作为自己全部理论和实践的立足点与出发点，把抗战胜利的希望寄托于全体中国人民。毛泽东认为"战争的伟力之最深厚的根源，存在于民众之中"。

其三，中国共产党系统阐明并具体组织实施全面抗战路线，不仅主张要进行全国军事的总动员，还要全国人民的总动员，并具体提出一系列方针政策，如开放党禁、开放言论、改造政府、驱逐亲日分子、实施民主政治和发展经济、改善民生、优待抗属、抚恤军烈、赈济灾荒、废除苛捐杂税、减租减息、惩治贪腐等，实行有力出力、有钱出钱、有枪出枪、有知识出知识和联合各少数民族等共同抗战的战略主张。

其四，中国共产党把持久战战略和全面抗战路线有机融合为一，实施抗日游击战战略，深入敌后广泛开展抗日游击战争，开辟敌后战场。通过长期人民战争，实现敌我力量此消彼长，最终达到弱国战胜强国彻底驱逐日本帝国主义出中国的目的。

抗日战争的历史证明，中国共产党阐明并推动全国军民力行的全面抗战路线和持久战战略，是最终正确指引中国人民夺取抗战胜利的路线和战略总方针。

三 正面战场与敌后战场

日本帝国主义发动侵华战争，是要征服整个中国和全体中国人民，而不是只针对中国某一区域，某一政党或某一部分中国人；而中国人民抗日战争也是举国一致的行动，不是某一政党或某一部分中国人的私事。在抗日战争历史发展进程中，形成国共两党分别主导的正面战场和敌后战场，这是中国人民抗日战争的两个有机组成部分，互为依存、相辅相成、缺一不可。中国人民抗日战争的胜利是包括国共两党在内的全体中国人民牺牲奋斗的结果，是中华民族共同谱写的辉煌篇章。

战略防御阶段 全面抗战爆发时，国民党掌握中央政权，配置数百万正规军，可以调动全国的资源和人力，在全国抗战爆发之后自然居于抗战的主导地位。正面战场在战略防御阶段是中国抗战的主战场，国民党军队在正面战场组织进行过一系列大规模会战，如平津、淞沪、太原、徐州、武汉等会战，给予日军以沉重打击，歼灭日军45万余人，打破日军速战速决企图三个月灭亡中国的幻想。不仅为经营西南、西北大后方争取到时间，而且为八路军、新四军等深入敌后开展游击战争，开辟敌后战场，创造了有利条件，发挥出不可替代的作用。

在此阶段，中国共产党领导的军队配合友军参与正面战场作战。

在太原会战中，八路军从1937年8月下旬出师到11月太原失守，以3万多人的兵力和劣势装备（整个太原会战中国参战军队总数为58万人），作战100余次，共歼灭日军1万多人，占整个太原会战歼敌总数近半。特别是9月25日，八路军一一五师取得首战平型关的重大胜利，歼灭日军1000余人，取得全面抗战以来中国军队对日作战的第一次大捷，打破日军不可战胜的神话，极大鼓舞了全国人民的斗志，同时也大大提高共产党和八路军的声望与影响。

战略相持阶段　1938年10月，日军先后攻占武汉、广州。11月，太原失守。由于中国军民的英勇抵抗，同时由于战线延伸和兵力不足，日军进攻势头被扼制，虽然侵华日军已由战前17个师团增加到34个师团，但只能局促于主要城镇和主要交通沿线地区。正面战场上呈现胶着状态，抗战进入艰苦而漫长的相持阶段。

在国民党军主导的正面战场，为抵御日军进攻，除发动1939年冬季攻势外，主要进行一些防御性会战，如随枣、常德、长沙（三次）、中条山、衡阳、桂南（昆仑关）等。这些会战和战斗，进一步遏制日军进攻势头，歼灭日军大量有生力量，牵制日军兵力，对其造成严重威慑，从而掩护了八路军和新四军（1937年10月，由原战斗在南方8省的红军游击队1万多人改编而成）等在敌后的展开。

1942年3月，为保护中国当时唯一对外交通线——滇缅公路，国民政府抽调精锐部队10个师，开赴缅甸对日作战，取得同古、仁安羌、东枝等多次战斗的胜利。其中仁安羌之役解救英军7000余人，同时给予日军以沉重打击，直接参与世界反法西斯战场，为协同作战的英国军队提供重要帮助。

与此同时，中国共产党领导八路军、新四军等人民抗日武装，渐次深入敌后。至1938年年底，在地方武装和群众支援下，对日军作战1600余次，歼敌5.4万余人，八路军扩展至15.6万人，新四军扩展至2.5万人。中国共产党在华北和华中地区，陆续创建晋察冀、晋绥、晋西南、晋冀豫、冀鲁豫、冀鲁边、山东、苏南、皖南、皖中、豫东等抗日根据地，开辟具有重要战略意义的新战场。敌后抗日根据地和游击区总人口达5000万人以上。敌后战场的开辟，形成与正面战场相互依存、共同抗敌的战略格局，打乱日军作战前线与后方的划分，变战略内线为战略外线，变被动为主动，和正面战场对敌人构成两面夹击的有利战略态势。从那时起，由中国共产党领导武装力量主导的敌后战场，成为相持阶段中国抗战的主战场。

国民党军也曾参与敌后战场作战。1938年11月，国民政府召开南岳军事会议，特别在敌后划定苏鲁战区和冀察战区。抗战初期被抑留和后来陆续开赴敌后战场的几十万国民党军队，与八路军、新四军等中共抗日武装共同抗击日寇"扫荡""清乡"，分担敌后抗战重任。虽然国民党军同中国共产党领导的抗日武装存在摩擦冲突，并且囿于正规战战术和传统后勤补给体系制约，以及未能和当地民众融为一体、从中获得支持，在1943年以后，敌后的国民党军或瓦解，或撤出，甚至投降日军，成建制的部队不复存在，但在其存续期间，确实在不同程度上配合中国共产党领导的抗日武装，在敌后战场发挥牵制和抗击日军的积极作用。

随着敌后战场作为主战场地位日益凸显，至1940年年底，中国共产党已在敌后建立起拥有近1亿人口的16块抗日民主根据地，以及50万正规军。日军不得不持续加大其在敌后战场的兵力投入，并加紧对中国共产党领导的各抗日民主根据地进行封锁、分割、"扫荡""清剿"。

表13-1　　　1938—1945年间山海关内侵华日军战场兵力分布情况

年份	山海关内侵华日军人数（万人）	敌后战场抗击人数（万人）	占比（%）
1938	68	40	58.8
1939	86	54	62
1940	80	47	58
1941	61	46	75
1942	55	33.2	63
1943	60	35	58
1944	73	46.8	64
1945	108.85	75.87	69

资料来源：刘庭华编著《中国抗日战争与第二次世界大战系年要录·统计荟萃（1931—1945）》（修订本），海潮出版社1995年版，第313页。

　　有数据表明，1941年和1942年，日军对华北敌后根据地总计进行五次"治安强化运动"。1941年出动兵力千人以上"扫荡"69次，1万人至7万人大"扫荡"9次，1942年日军出动千人以上"扫荡"77次，1万人至5万人大"扫荡"15次。据十八集团军总司令部的初步统计，从1938年1月至1942年11月底，华北各敌后根据地遭受"扫荡"时间合计2430日，平均每两天有三块根据地遭受"扫荡"，日军每次"扫荡"一块根据地投入兵力平均数为9800人。

　　单就双方投入兵力而言，虽然"扫荡"和反"扫荡"每一次投入兵力（敌后根据地军民投入反"扫荡"的人数没有统计），或许没有全面抗战8年间正面战场国民党军队进行的22次会战多，但就战争强度、密度和艰苦性、残酷性，以及其辐射面、人员伤亡、物资损耗同战果、影响等比重而言，丝毫不逊色于前者。与正面战场常规作战的一次次战役不同，敌后游击战的重点是面而不是点，是持续发生时刻存在的而不是间歇性的，是整体而不是个别，是战略的而不是战役的，实质上是抗日战争中规模最大、持续最久的一场特殊战略大会战。

战略反攻阶段　中共领导的八路军和新四军等冲破黎明前的黑暗，1943年夏季率先在敌后战场发动局部反攻。1944年4—12月，正面战场国民党军在豫湘桂战役大溃败，丢失国土20万平方千米之后，中共中央面对新的危机，迎难顶上。中共中央命令华南抗日纵队北上湘粤边，并相继派出河南人民抗日军和八路军南下支队，分别挺进刚刚沦陷的豫西和湘粤边地区，开辟新的抗日战场。进入1945年，中共领导的八路军、新四军和华南抗日武装，连续对日寇发动春季攻势和夏季攻势，努力扩大解放区、缩小沦陷区，共计收复县城70余座，歼灭日伪军40余万人，基本扫清敌后根据地内的日伪军据点，迫使其回撤至大中城市和主要交通线上。

抗战十四年间，中国共有275万多平方千米国土沦陷，除去东北128万平方千米，截至日本投降前，中共在敌后收复77万平方千米国土，占关内沦陷国土面积一半以上。另有13万平方千米陕甘宁边区，巩固保障着西北大后方的安全。毛泽东在中共七大上自豪地宣布："到了现在，我们党已经成了中国人民抗日救国的重心，已经成了中国人民解放的重心，已经成了打败侵略者、建设新中国的重心。中国的重心不在任何别的方面，而在我们这一方面。"

在全面抗战的八年间，以蒋介石为首、由国民党主导的国民政府是代表中国的唯一合法政府，尽管由于其统治集团出于种种私利考量，一再导致其政策和决策出现严重偏颇，在很大程度上损害中华民族整体利益，但在绝不对日投降、坚持抗战的基本立场上，始终坚持维护中华民族的根本利益。在全面抗战爆发前后，国民党和国民政府顺应全国人民的意愿，开放党禁，承认中共合法性，承认陕甘宁边区政府，对于全民族抗日统一战线的形成，对于八路军、新四军的改编和华南抗日纵队等中共领导的抗日力量的存在和发展，发挥了独特的重要作用。国民党主导的正面战场在中国抗日战争的三个阶段，都曾对敌后战场的形成、发展和壮大，发挥积极的作用与影响。

但是必须指出的是，在进入相持阶段后，国民党在政治民主、发展经济和改善民生方面的缺陷，影响了抗战力量的发动和组织；国民党对共产党领导武装力量的限制、打击，对敌后抗日民主根据地的封锁、围困，对国内其他进步民主势力的束缚、压制，削弱和制约了抗日力量的发展；国民党执行的片面抗战路线和军队组织指挥体系等方面存在的问题，及其阵地战、防御战的战役战术和后期消极避战、等待国际局势变化的战略方针，在一定程度上阻碍了抗日战争胜利进程的早日到来。

总体来看，全面抗战的八年间，中国国民党和中国共产党捐弃前嫌，携手并肩承担起拯救民族危亡的历史重任，他们分别主导的正面战场和敌后战场，既相区别又互为依存，共同构成共同抗击日本侵略者的战略局面。这是中国人民抗日战争克敌制胜的最佳形式，是国共合作的伟大结晶，是抗日民族统一战线最重要的成就。在这场战争中，国共两党军队中共有380万名优秀儿女献出了宝贵生命，他们都是真正的民族英雄，都不愧为中华民族的优秀子孙。

四　抗战胜利

1943年11月23—26日，在埃及举行的开罗会议上，蒋介石作为中国国家元首，代表中国政府与英国首相丘吉尔和美国总统罗斯福讨论彻底打败日本侵略者的对日作战计划。会议签署的《开罗宣言》，庄严宣告："日本所窃取于中国之领土，例如东北四省、台湾、澎湖群岛等，归还中华民国。"

进入1944年，世界反法西斯战场全面转入战略反攻。在苏德战场，苏联红军对德军连续发动"十大战役"，解放了沦陷的全部国土，并开进罗马尼亚、保加利亚、匈牙利、捷克斯洛伐克境内作战；在地中海战场，盟军相继取得北非战场胜利和在西西里登陆之后，于6月5日解放意大利首都罗马；6月6日，盟军横渡英吉利海峡，在法国诺曼底登陆，8月25日解放巴黎，并向德国边境进军。

在太平洋战场，美军采用"跳岛战术"，突击马里亚纳群岛，1944年7月，攻占塞班岛和关岛，并对日本本土进行大规模轰炸。

在缅北战场，自1943年11月15日开始，国民政府组织中国驻印军新一军和新六军，作为盟军主力，第二次入缅作战，与之相配合，1944年5月，驻云南的中国远征军也发起滇西攻势，9月14日攻克腾冲。整个战役持续到1945年春，中国驻印军和中国远征军在畹町会师，收复缅北和滇西地区，歼灭日军49000人。

在中国内地的正面战场，不甘覆灭的侵华日军孤注一掷，于1944年4月17日发起自北向南以打通大陆线为目的的"一号作战"计划，偏安西南五年之久的蒋介石重庆政府及其指挥的军队不堪一击，在八个月间，损兵50余万人，丧失豫湘桂等省的国土20万平方千米，使6000万民众沦于日寇铁蹄之下。这次战役的惨败，不仅与国际反法西斯战场节节胜利的形势不符，而且与国内敌后战场已经开始的局部反攻形成极大反差，因而引起广大国统区人民对国民党腐朽专制统治和消极避战政策的极大不满。中国共产党适时提出建立"民主联合政府"的主张，博得民主党派和中间人士的广泛支持。

1945年5月8日，德国法西斯战败投降，英美等盟军的主要锋芒转向日本。在国内，中国共产党领导的敌后战场发动对日寇的春季攻势和夏季攻势。正面战场的国民党军也在兵力和装备占优的云南、广西、湘西等地区转入反攻。其中，4月9日开始阻击日军进攻芷江机场的湘西会战，围歼日军27000余人，成功击退日军在中国的最后一次攻势。中国战场转入全面反攻。

7月26日，美、英、中三国发表《波茨坦公告》，督令日本无条件投降。8月6日，美军向日本广岛投掷原子弹。9日，苏联红军出兵中国东北。同日，毛泽东发表《对日寇的最后一战》，要求八路军、新四军及其他人民军队，在一切可能条件下，对于一切不愿投降的侵略者及其走狗实行广泛进攻，歼灭敌人有生力量，夺取其武器和资财，猛烈扩大解放区，缩小沦陷区。8—9月，中国共产党直接领导的各抗日武装（正规军91万人和民兵220万人）在敌后战场发动对日寇的最后一击，共歼灭日伪军近40万人，收复县级以上城市250余座，切断了北宁、平绥、津浦、平汉、同蒲、胶济、德石、正太、陇海和广九等铁路线，使残余日军大部和几乎全部伪军，都处在拥有100万平方千米面积的解放区和1亿人口的解放区军民的包围之中。

8月10日，日本政府决定接受《波茨坦公告》。15日，日本天皇裕仁正式宣布无条件投降。9月2日，日本政府代表在停泊于东京湾的密苏里号巡洋舰上，正式签订无条件投降书，中国人民抗日战争暨世界反法西斯战争胜利结束。

作为世界反法西斯战争的东方主战场，中国人民以人口伤亡超过3500万人和直接经济损失1000亿美元、间接经济损失5000亿美元的巨大代价，经过14年艰苦奋战，终于赢得近代百年历史上中国人民反抗外来侵略的无数次斗争中第一次彻底的胜利，光复了包括台湾、澎湖列岛等在内的全部沦陷国土，这成为中华民族由衰落走向伟大复兴的转折点。

中国人民抗日战争揭开了世界反法西斯战争的序幕，在欧洲战争爆发8年之前，在苏德战争和太平洋战争爆发10年之前，中国人民在战场上独自承担世界反法西斯的重任多年，粉碎了日军企图在短期征服中国，变中国为其争霸亚太地区战略基地的侵略计划，使其深陷"中国泥潭"，延缓了整个法西斯势力勾结起来侵略世界的进程，为主要反法西斯国家赢得了宝贵时间。欧战和太平洋战争爆发后，中国仍始终屹立在世界反法西斯战争最前线，把日军陆军主力死死"钉"在中国战场，不仅对防止德国和日本东西夹击苏联，而且对美、英、苏等国实施"先欧后亚"方针，避免两线作战，聚歼德国法西斯，对支援盟军太平洋战场反日作战，对阻止德、日法西斯会师中东，都发挥了不可估量的作用。中国战场是战胜日本法西斯的主要战场。太平洋战争爆发前，中国是抗击日本法西斯的唯一战场，抗击日本陆军总兵力的80%左右；太平洋战争爆发后，中国仍是抗击日本法西斯的主战场，抗击着半数以上的日本陆军。中国是建立世界反法西斯统一战线的倡议国，是联合国的发起国。中国人民抗日战争对粉碎远东慕尼黑阴谋，动员和鼓舞世界反法西斯力量，促进世界和平，并最终战胜德意日法西斯，都发挥了无可替代的重要作用。

第六节　天翻地覆慨而慷

抗日战争胜利后，中国共产党推动民主联合政府的建立，以建设一个独立、自由、统一、富强的中国；国民党和蒋介石反动势力，则企图继续维持其独裁专制，并将其祸及全国。后者在美国支持下，悍然向中国共产党领导的各解放区发起全面进攻和对陕北、山东解放区的重点进攻；中国共产党被迫以自卫战争保卫解放区人民在抗日战争中赢得的胜利果实。在中国共产党领导下，全国形成广泛的人民民主统一战线，人民解放军经过战略反攻和大决战，彻底结束帝国主义、官僚资本主义和封建主义100多年的反动统治，中华民族赢得独立，中国人民获得解放，一个崭新的中华人民共和国巍然屹立于世界东方。

一 为了光明的新中国

抗日战争胜利前夕，中国共产党和中国国民党几乎同时分别在延安和重庆召开各自的全国代表大会。在国民党六大上，蒋介石公开宣称："今日的中心，在于消灭共产党！日本是我们国外的敌人，中共是我们国内的敌人！只有消灭共产党，才能达成我们的任务。"毛泽东则在中共七大上明确指出：战胜日本帝国主义后，摆在中国人民面前的将会是光明与黑暗两种前途的中国，他号召全党和全国人民发扬愚公移山精神，为争取一个光明的中国而奋斗。

抗战胜利之际，蒋介石和国民党一方面划定受降区，严拒中国共产党领导的抗日武装就近接受日军投降，自己则大量收编伪军代其接收地盘，同时迅速占据交通线，并依赖美舰、美机自西南大后方紧急向全国运兵，为发动全面内战排兵布阵；另一方面，碍于中国共产党领导革命力量的壮大以及国际国内和平反战舆论的压力，要立即发动内战尚有一定困难，1945 年 8 月 14 日、20 日、23 日，蒋介石接连发出三封电报，邀请中共中央主席毛泽东赴重庆共商"国家大计"，摆出一副和平姿态，意欲掌握政治主动权和话语权。

对于已在敌后开辟有 1 亿人口解放区的中国共产党来说，其必须面对的不只是在抗战后建立什么样国家的问题上与国民党的根本分歧，首当其冲是广大解放区人民来之不易的和平民主生活，又面临被国民党的穷奢极欲摧毁的现实威胁。但是，中国共产党人深知：抗日战争结束后，和平，是全体中国人民的共同心声。为了尽可能争取和平，毛泽东提出"和平、民主、团结"的口号，决定亲赴重庆和谈，希望通过建立结束国民党一党专政的"联合政府"，实现和平建国。当时，中共党内和党外许多人都对毛泽东安全问题感到担忧。毛泽东为他和周恩来出行重庆可能的不测，预做安排，提议由刘少奇代理中共中央主席职务，增选彭真、陈云为中央书记处候补书记，以保证中央领导集体能够正常运行。他在为中共中央起草的《关于同国民党进行和平谈判的通知》中明确：准备在不伤害人民根本利益的前提下作出必要让步，以此换得和平局面，取得政治上的主动地位；在中国共产党作出必要让步之后，如果国民党坚持内战，就丧失全国人民支持，中国共产党就会获得采取自卫战争的理由，粉碎其进攻。

中国共产党对和平的努力是真诚的、实际的。经过1个多月的谈判，中共在解放区划定、部队整编数字、政府改组方案等方面作出有原则的重大让步，并同时在战场上坚决回击国民党军的挑衅，迫使国民党方面在重庆谈判协议上签字。随后，双方又签订国共停战协议，并确定政治协商会议关于改组政府的若干原则。

《双十协定》签字刚满一周，中国共产党忠实履行自己承诺，宣布将苏南、皖南、浙东、浙西四个解放区的部队撤到长江以北。毛泽东要周恩来当面向蒋介石转达："中共不仅愿在宪法实施以前和国民党合作，而且愿在宪法制定后继续合作，以保证中国能走上和平安定的局面，开始和平建设。"中共中央研究确定毛泽东等8人为国民政府委员的中共人选，甚至一度计划把中共中央迁至南京附近的淮安解放区，以便就近参与联合政府的工作。一直到1946年3月6日，中共中央还致电华东局、晋冀鲁豫局、华中分局，单方面提出裁军复员计划，要求他们第一期精减1/3，并于3个月内完成。第一期完成后，取得经验，第二期再精减1/3。但是，蒋介石和国民党方面却全面撕毁政协协议和停战协定，致使内战战火愈燃愈烈，以6月26日国民党军大举进攻中原解放区为标志，全面内战爆发。蒋介石假和平真内战的嘴脸彻底暴露于天下。

蒋介石和国民党方面因抗战胜利中国在国际上获得大国地位而自我膨胀，凭借着美国的竭力支持，既有中央政权可以发号施令，又有武装到牙齿的430万军队可供驱使，还占据全国3/4以上人口的领土为依托，并接收127万投降日军大量武器装备和价值数10亿美元的美国援助，不仅在力量对比上，而且在抗战胜利之初抢占交通线和大中城市的较量中，与共产党相比，占尽优势。全面内战爆发后，国民党军对各解放区发动全面进攻，形式上攻城夺地，风光无限，"三个月消灭共军"的叫嚣不绝于耳。10月11日，国民党军傅作义所部攻占张家口，其作为联系华北和东北的战略要地，是中国共产党当时所掌握的最大城市。当天下午，国民党不顾政协会议上与中国共产党及民主党派达成的协议，立即单方面宣布将于下个月召开国民大会，彻底关闭和平的大门。随后，国民党限令在重庆、南京、上海等国统区的中共办事处人员于1947年3月5日前撤离，并继其对解放区的全面进攻后，又发动对中共中央所在地延安和山东解放区的重点进攻，企图从两端挤压和全歼中共力量。一时间，全国爱好和平和进步的人们，无不为中国共产党的处境担忧。

1946年8月6日，毛泽东和美国记者斯特朗谈话指出："帝国主义和一切反动派都是纸老虎""从长远的观点看问题，真正强大的力量不是属于反动派，而是属于人民"。他关于从战略上藐视敌人和战术上重视敌人的指导思想，武装了全党和全国人民，坚定了胜利的信心。在不计一城一地之得失和以退为进的策略下，从1946年7—10月4个月间，解放区虽然丢失县以上城市153座，但人民解放军歼灭国民党军约30万人，又收复和占领县城48座。在1946年11月至1947年2月4个月间，国民党军占领解放区城市87座，解放军则歼敌41万人，收复城市同样是87座，国民党军的全面进攻被粉碎。正因为这样的战绩，1947年2月1日，毛泽东预言，继北伐战争和土地革命之后，中国革命的第三次高潮到来了。他满怀信心地号召全党和全国人民：迎接中国革命的新高潮！

二　耕者有其田：亿万农民千年梦想的实现

　　全国性抗战爆发前夕，为团结一切可以团结的力量共同抗日，中国共产党停止没收地主土地政策，转而在农村开展"减租减息"运动，以改善民生和聚集抗战力量。抗战胜利后，面对国民党蒋介石集团挑起的全面内战，中国共产党在保卫胜利果实的口号下，1946年发布《五四指示》，重启土地斗争。1947年3月，国共关系彻底破裂。坚持留在陕北指挥全国解放战争的毛泽东和中共中央决定，由刘少奇、朱德、董必武等组成中共中央工作委员会，到晋察冀解放区执行中央赋予的任务，其中领导全国土地改革运动是其重要职责之一。7月17日，由中央工委主持，在河北平山县西柏坡，召开全国土地会议。9月13日，讨论制定《中国土地法大纲》，后经毛泽东和中共中央审定，于10月10日颁布实行。《中国土地法大纲》的颁布和在广大农村的实施，彻底动摇帝、官、封势力反动统治的经济基础，对于加速和推进人民解放战争的胜利进程，发挥了至关重要的作用。

8月16日，西北野战军取得沙家店战役的胜利，陕北战场继全国各解放区战场之后也转入战略反攻阶段。毛泽东和中共中央将更多的精力投入指导土改和制定夺取全国胜利的政策和策略。通过调研，毛泽东等发现在人民解放军胜利进军的凯歌声中，还存在许多政策和策略方面的偏颇和严重问题。为此，毛泽东和中共中央大力纠偏，并提出要分别老区、半老区和新区三种地区，采用不同策略，分阶段、分步骤推进全国土地改革运动。

1948年4月，从陕北赴华北途中，毛泽东发表《在晋绥干部会议上的讲话》，系统阐明中国共产党新民主主义革命总路线——"依靠贫农，团结中农，有步骤地、有分别地消灭封建剥削制度，发展农业生产"，不仅解决第二次国内革命战争时期土改政策中关于"依靠谁、团结谁、打击谁"的规定不尽准确的问题，而且通过分化孤立打击最主要敌人，尽可能减少阻力，有力强化土地革命促进生产发展的目的，其政策性、完整性、严谨性和策略性，比以往任何时期都有显著提高，从而使土地改革运动稳步、健康、全面开展起来，并取得伟大成果。据1949年6月统计，在全国拥有2.7亿人口的解放区中，已有1.5亿多人口所在地区完成土地改革，深刻影响到解放战争时期战略局势的转变。伴随着260万名翻身农民参军参战，上千万名农民投入支援前线的行动，不仅决定战争最终胜利的大局，使之成为名副其实的"人民解放战争"，而且从根本上瓦解帝国主义、封建主义和官僚资本主义在中国统治的经济基础，并为新中国成立后全国土地改革事业的彻底胜利，提供坚实的实践经验和正确的政策指南。

三　南京国民政府的覆灭

1947年2月，蒋介石发动对山东和陕北的重点进攻，特别寄厚望于胡宗南指挥的25万兵力能够直扑延安，一举摧毁中共中央和人民解放军总部。中共中央和毛泽东经过全面分析，果断作出战略决策，主动撤出延安，诱敌深入，在运动中消灭敌人。至6月，人民解放军在第一年作战中，平均每月歼敌8个旅，共歼灭国民党军正规军和非正规军112万人，掌握了山东和陕北敌军重点进攻战场的主动权，并在东北、华东、华北等战场全线转入反攻。6月30日，刘伯承、邓小平率领晋冀鲁豫解放军渡过黄河，千里跃进大别山，揭开人民解放军战略大反攻的序幕，蒋介石和国民党军战线则呈现全面崩溃之势。一年之间，全国战场形势出现大逆转，绝不仅仅是战略战术高下之别，最根本原因在于人心向背。

其一，在对待和平问题上，中国共产党步步退让的真诚行动，与国民党处处进逼的贪得无厌，形成鲜明对照，全国人民切切实实感受到，中国共产党是全民族利益的忠实代表，而国民党蒋介石则完全是出自大地主大资产阶级及其后台美帝国主义的一己私利。其二，在沦陷区接收问题上，国民党在币值兑换、财产土地掠夺、权力和势力范围瓜分等方面的贪婪无耻，使广大沦陷区人民犹如坐过山车一般，经历由"想中央、盼中央"到"中央来了更遭殃"的痛苦体味。其三，在人民政治权利方面，国民党假结束"训政"和实行"宪政"、权利还民之名，继续行"一党专政"之实，不仅摒弃代表工农大众的中国共产党，而且把代表上层小资产阶级和民族资产阶级的中国民主同盟等民主党派，以及众多无党派爱国人士，一并排斥在其包办的"国民大会"之外。独裁专制变本加厉，军警匪特横行全国；查封、殴打、监禁、屠杀，无所不用其极。其四，国统区经济崩溃、物价飞涨、民不聊生。蒋介石的倒行逆施，不仅使解放区军民在"保卫胜利果实"的口号下，积极投身各个战场，与之拼死决战，而且在国统区激发席卷全国的"反饥饿、反内战"风暴，形成埋葬蒋家王朝的"第二条战线"。其情形，正如毛泽东为新华社撰写的评论所指出"蒋介石已处在全民的包围中"。

与之相反，中国共产党提出并力行的是：以争取人民民主和民族独立为目标，坚决反对国民党1946年11月与美国签订《中美友好通商航海条约》等卖国行径，从各个方面推进人民解放战争的胜利进程，坚决推翻蒋介石国民党反动统治。在农村，坚决正确地解决亿万农民的土地问题，有步骤地消灭封建势力，促进农业生产，发动广大农民支援人民解放战争；在城市，依靠工人阶级、小资产阶级和一切进步力量，团结民族资产阶级和一切中间分子，孤立反动派；在国民党阵营中，争取一切反对内战的人们，集中力量孤立打击好战分子；在经济上，作持久打算，依靠自力更生，努力生产，力戒浪费，艰苦奋斗，军民兼顾，既要满足解放战争的物质保障，又努力使人民生活有所改善；在军事上，采取集中优势兵力、各个歼灭敌人的作战原则，大踏步前进，大踏步后退，抛出空间，争取时间，不计一城一地之得失，以歼灭敌人有生力量为主要目标，从各个方面努力实现"以战争的胜利去取得和平"。

中国民主革命先驱孙中山有句名言："世界潮流，浩浩荡荡，顺之则昌，逆之则亡。"在经历了百年沧桑之后，中国共产党顺应最广大人民群众的意愿，成为历史车轮的有力推动者和前进方向的坚强引领者。伴随着人民解放军全面反攻的胜利步伐，1947年10月10日，毛泽东和中共中央向全国人民发出"打倒蒋介石，解放全中国"的伟大号召，解放区各个战场均转入战略反攻。12月25日，毛泽东在陕北米脂杨家沟豪迈宣布："这是一个历史的转折点。这是蒋介石的二十年反革命统治由发展到消灭的转折点。这是一百多年以来帝国主义在中国的统治由发展到消灭的转折点。这是一个伟大的事变。这个事变所以带着伟大性，是因为这个事变发生在一个拥有四亿七千五百万人口的国家内，这个事变一经发生，它就将必然地走向全国的胜利。"

四　太阳升起在东方

在胜利曙光初显的大好形势下，毛泽东发人深省地向全党提出"蒋介石的孤立是不是等于我们胜利"？为夺取全国胜利，创建新中国，中共中央率领全党全军和全国人民在多方面进行艰苦卓绝的努力。

其一，明确新民主主义社会三大经济纲领，即"没收封建阶级的土地归农民所有，没收蒋介石、宋子文、孔祥熙、陈立夫为首的垄断资本归新民主主义的国家所有，保护民族工商业"，并在实践中探索完善其实现步骤和具体措施，把新民主主义社会的经济形态由各解放区推向全中国。

其二，总结概括"十大军事原则"，指挥人民解放军与国民党军进行决定中国命运的战略大决战。自1948年9月起，先后发动辽沈战役、淮海战役和平津战役，取得歼敌154万人的伟大胜利，国民党赖以维持其统治的主力基本被消灭，1949年4月23日，国民党反动统治的首都南京解放。这标志着蒋家王朝的覆灭，人民解放战争的胜利旗帜在全中国飘扬。

图13-9　七届二中全会会场

其三，树立"全心全意依靠工人阶级"城市工作方针，完善工商业政策，明确接收城市的机构、步骤和措施，以及制定并实施恢复城市生产和救济民生的举措。1949年3月，中共中央在西柏坡召开七届二中全会，明确宣布：党的工作重点已由农村转向城市，城市中各项工作，"都是围绕着生产建设这一个中心工作并为这个中心工作服务的"。毛泽东向全党提出"我们不但善于破坏一个旧世界，我们还将善于建设一个新世界"。

其四，发展和巩固包括全民族绝大多数人口的、最广泛的人民民主统一战线。1948年5月，毛泽东致电民革、民盟等民主党派的负责人和无党派人士，发起召集新政治协商会议。1949年6月15日，新政治协商会议筹备会第一次全体会议在北京召开，会议讨论制定具有宪法意义的《共同纲领》，以及内政外交等大政方针政策，筹建中央人民政府。

其五，将加强中国共产党的自身建设作为上述一切努力的中心环节，广泛开展党内民主和健全党内民主制度，同时要求全党全军加强纪律性和请示报告制度建设，从源头上提高中国共产党的领导能力和素质，丰富党的智慧，完善党的决策，更好发挥中国共产党在夺取全国胜利中的领导作用。

1949年3月23日，毛泽东率领中共中央机关告别最后一个农村指挥部——西柏坡，前往北平。从那一刻开始，中国共产党的工作重心由农村转向城市。这标志着中国共产党农村包围城市革命道路的彻底胜利，和争取民族独立与人民解放历史任务的完成。一个崭新的人民共和国，犹如一轮喷薄的红日，即将诞生于世界的东方。

6月15日，新政协筹备会第一次全体会议在北平中南海勤政殿开幕，毛泽东庄严宣布："中国人民将会看见，中国的命运一经操在人民自己的手里，中国就将如太阳升起在东方那样，以自己的辉煌的光焰普照大地，迅速地荡涤反动政府留下来的污泥浊水，治好战争的创伤，建设起一个崭新的强盛的名副其实的人民共和国。"

即将诞生的新中国，是在中国共产党领导中国人民经过28年革命斗争，彻底推翻帝国主义、封建主义和官僚资本主义三座大山的反动统治之后建立的，是彻底摆脱资本—帝国主义列强一个世纪来对中华民族侵略、压榨而崛起的新国家。中国共产党人在筹建新中国的时刻，不仅横扫帝国主义及其代理人国民党反动派的武装和上层建筑，而且在开国前夕便确定"另起炉灶"和"打扫干净房子再请客"等独立自主的外交方针，拒绝承认以往所有不平等条约和一切旧的外交关系，并且明确必须重新谈判，重新建交。中国人民第一次真正赢得了国家领土的完整和主权的彻底独立，中华民族终于一洗百年耻辱，以威武不屈的巍然形象屹立于世界民族之林。

即将诞生的新中国，是中国进入阶级社会以来第一个真正由人民大众当家作主的全国性政权。新中国成立前夕，中国共产党一方面通过土地革命使亿万农民翻身成为自己土地的主人，另一方面通过没收帝国主义在华资产和官僚资本主义企业，改造成为国营企业，使广大工人群众成为生产资料的主人；中共确定新中国实行工人阶级领导的、以工农联盟为基础的人民民主专政的国体，并采取完全不同于资产阶级国家三权分立，而实行议行合一的以民主集中制为灵魂的人民代表大会制的政体。这一国体和政体作为中华人民共和国的基本政治制度，被写入1949年9月21日由中国人民政治协商会议审议通过的《共同纲领》。同时，还决定在少数民族比较集中的地区，实行民族区域自治制度。全国各界群众通过民主协商，召开各地各界各级人民代表会议，成立中央人民政府和各级地方人民政府，真正由人民行使管理国家权力。全国人民，特别是占全国人口90%以上的工农大众和城市小资产阶级，第一次推翻帝国主义、官僚资本主义和封建主义统治，获得经济上的解放和政治上的翻身，真正成为国家的主人。

创建新中国的伟大斗争，是中国历史上深度和广度规模空前的一场人民大革命。新中国的创建，不仅实现中国从几千年封建专制政治向人民民主的伟大飞跃，为实现中华民族伟大复兴创造根本社会条件，而且也极大地改变了世界的政治格局，有力地鼓舞了全世界被压迫民族和被压迫人民争取独立与解放的斗争。

本章参考文献

中共中央文献研究室编：《毛泽东文集》，人民出版社1993年版。

《毛泽东军事文集》，军事科学出版社、中央文献出版社1993年版。

《毛泽东选集》，人民出版社1991年版。

《中国共产党简史》，人民出版社、中共党史出版社2021年版。

金冲及：《二十世纪中国史纲》，社会科学文献出版社2009年版。

刘庭华编著：《中国抗日战争与第二次世界大战系年要录·统计荟萃（1931—1945）》（修订本），海潮出版社1995年版。

中共中央文献研究室、中央档案馆编：《建党以来重要文献选编（1921～1949）》，中央文献出版社2011年版。

中国人民解放军国防大学党史党建政工教研室编：《中共党史教学参考资料》。

本章图片来源

图13-1至图13-9　《中国共产党七十年图集》，上海人民出版社1991年版。

第十四章

新中国成立与社会主义革命和建设的展开

章首语

　　从1949年10月1日中华人民共和国成立到改革开放前是新中国社会主义革命和社会主义建设时期。党和国家面临的主要任务是，实现从新民主主义到社会主义的转变，进行社会主义革命，推进社会主义建设，为实现中华民族伟大复兴奠定根本政治前提和制度基础。中国人民在中国共产党领导下完成民主革命遗留任务，恢复国民经济，建立和巩固工人阶级领导的、以工农联盟为基础的人民民主专政的国家政权，为国家迅速发展创造了条件。1953年，国家开始有计划大规模经济建设，并逐步实现对农业、手工业和资本主义工商业的社会主义改造，实现了中华民族有史以来最为广泛而深刻的社会变革，实现了一穷二白、人口众多的东方大国大步迈进社会主义社会的伟大飞跃，这在中国历史上是一次巨变。

　　1956年，中共八大根据中国社会主义改造基本完成后的形势，提出国内主要矛盾已经不再是工人阶级和资产阶级的矛盾，而是人民对于经济文化迅速发展的需要同当前经济文化不能满足人民需要的状况之间的矛盾，党和全国人民的主要任务是集中力量发展社会生产力，实现国家工业化，逐步满足人民日益增长的物质和文化需要。党和国家带领全国人民努力探索一条适合中国国情的社会主义建设崭新道路，建立起独立的比较完整的工业体系和国民经济体系，农业生产条件显著改变，教育、科学、文化、卫生事业有很大发展，"两弹一星"等国防尖端科技不断取得突破，国防工业从无到有逐步发展起来，人民解放军得到壮大和提高。新中国坚持独立自主的和平外交政策，倡导和坚持和平共处五项原则，坚定维护国家独立、主权、尊严，支持和援助世界被压迫民族解放事业、新独立国家建设事业和各国人民正义斗争，反对帝国主义、霸权主义、殖民主义、种族主义，推动形成国际社会坚持一个中国原则的格局。1971年，中国重返联合国，确立了大国地位，维护了中华民族尊严，提高了保障国家安全的强大能力，赢得了国际社会特别是广大发展中国家的尊重和赞誉。在探索过程中，虽然经历严重曲折，但新中国在这一时期的建设和发展与世界上其他发展中国家相比，仍然取得了独创性理论成果和巨大成就，为在新的历史时期开创中国特色社会主义提供了宝贵经验、理论准备、物质基础。

第一节 开创新纪元

中国共产党领导新民主主义革命取得伟大胜利，为中华人民共和国的成立奠定了基础。1949年9月召开的中国人民政治协商会议第一届全体会议，制定了起临时宪法作用的《中国人民政治协商会议共同纲领》，选举出中央人民政府委员会，宣告中华人民共和国诞生。新中国成立后，党和国家领导人民肃清国民党反动派残余武装力量和土匪，和平解放西藏，实现祖国大陆完全统一；稳定物价，统一财经，完成土地改革，镇压反革命，赢得抗美援朝战争伟大胜利，捍卫了新中国安全；进行社会各方面民主改革，实行男女权利平等，开展"三反""五反"运动，荡涤旧社会留下的污泥浊水，社会面貌焕然一新。新中国奉行独立自主和平外交，争取到一个相对有利的外部环境。

一 新中国成立初期的形势与任务

1949年10月1日下午，首都北京30万军民齐聚天安门广场隆重举行开国大典。[1]毛泽东向全世界庄严宣告："中华人民共和国中央人民政府今天成立了。"在国歌《义勇军进行曲》的雄壮旋律中，毛泽东按动电钮，中华人民共和国国旗——五星红旗冉冉升起，54门礼炮齐鸣28响，象征着中国共产党领导中国各族人民奋斗28年的历程。

---

① 1949年10月1日下午3时在天安门广场举行的是"庆祝中华人民共和国中央人民政府成立典礼"，后习惯性地将其称为"开国大典"。

毛泽东宣读中华人民共和国中央人民政府公告，随后，举行了庄严的阅兵式和盛大的群众游行。

10月1日这一天，成为中华人民共和国国庆日。

中华人民共和国的成立，彻底结束了旧中国半殖民地半封建社会的历史和一盘散沙的局面，彻底废除了列强强加给中国的不平等条约和帝国主义在中国的一切特权，实现了中国从几千年封建专制向人民民主的伟大飞跃，中国人民从此站起来了，中华民族发展进步从此开启了新纪元。中华人民共和国的成立，极大改变了世界政治格局，鼓舞了全世界被压迫民族和被压迫人民争取解放的斗争。

新中国刚成立，新生的人民政权面临着严峻挑战，许多问题亟待解决。

对内，在军事上，解放全中国的任务还没有完成。国民党仍有百余万军队在西南、华南和沿海岛屿负隅顽抗。在广大新解放区，国民党溃逃时遗留下大批残余力量，同当地恶霸势力相互勾结，向人民政府进攻，企图推翻新生的人民政权。在广大城乡，旧社会遗留的反动会道门和传统黑恶势力还在危害着人民生命财产安全。新解放区还要完成民主革命遗留任务，进行封建土地制度改革。能不能保住人民胜利的成果、巩固新生的人民政权，这是摆在党面前的一个严峻挑战。

在经济上，新中国正面临着国民经济严重衰退和全面萎缩。工厂倒闭，农业减产，交通堵塞，物资奇缺，物价飞涨，失业众多。同历史最高年产量相比，1949年生铁降至10.9%，钢材降至17.8%，煤降至44.5%；粮食总产量仅为11318万吨，棉花44.5万吨，分别较历史最高年产量下降24.55%、76%。人均国民收入只有27美元，相当于亚洲国家平均值的2/3。新中国接收过来的就是这样一副烂摊子。经济上的严重困难，同政治上、军事上取得巨大胜利形成强烈对比。人民政府能否管好经济，让饱受战乱之苦的老百姓过上安心日子，这是摆在党面前的又一个严峻挑战。

对外，刚刚诞生的中华人民共和国，打破了帝国主义在东方划定的势力范围，这是西方资本主义阵营不愿看到的，新中国面临着帝国主义封锁和可能的武装干涉。中国人民能否冲破以美国为首的帝国主义的政治孤立、经济封锁和军事威胁，创造有利外部条件建设自己的国家，走向国际社会，这同样是一个严峻挑战。

执政的中国共产党自身，也面临新的挑战。新中国成立前夕，毛泽东在中共七届二中全会上指出："敌人的武力是不能征服我们的，这点已经得到证明了。资产阶级的捧场则可能征服我们队伍中的意志薄弱者。""我们必须预防这种情况。"能否经受住执政考验，继续保持谦虚、谨慎、不骄、不躁和艰苦奋斗的优良作风，要由实践来作出回答。

面对复杂形势和种种考验，中国共产党领导全国各族人民采取一系列积极稳健的政策措施，满怀信心地迎接各种困难挑战，开始了建设新中国的伟大事业。

二　完成祖国大陆的统一

新中国成立时，人民解放战争后期作战仍在继续。以白崇禧、胡宗南两股武装力量为主的100多万国民党军队，尚占据着以广州为中心的华南地区、以重庆为中心的西南地区和一些沿海岛屿。中国人民解放军遵照中央军委的统一部署，采取大迂回、大包围的作战方针，以雷霆万钧之势扫荡残敌，相继取得歼灭白崇禧集团的衡（阳）宝（庆）战役、广西战役的胜利，歼灭胡宗南集团、宋希濂集团的贵阳战役、重庆战役和成都战役的胜利，并用和平方式解放云南、四川、西康的广大地区。解放军吸取了进攻金门失利的教训，在四次成功组织"登陆"的基础上，1950年5月取得解放海南岛的胜利。截至同年10月，经过一年艰苦作战，解放军共歼敌128万人，收编改造170余万起义、投诚的国民党军队，解放了除西藏以外的全部中国大陆。

西藏位于祖国的西南边陲，自元朝纳入中央政府行政管辖，是中国领土不可分割的重要组成部分。中国大陆即将解放前夕，西藏地方政府上层分裂势力在美、英等帝国主义势力策动下加紧分裂活动，公开打出"西藏独立"的旗号，制造"驱汉事件"，企图乘国民党政权覆亡之机将西藏地方从中国分离出去。中共中央确定绝不容许任何外国势力分割西藏的方针，同时基于慎重对待西藏地方的历史、民族、宗教等复杂问题，同西藏上层分裂势力进行了军事和政治紧密配合的斗争。1950年5月29日，中央批准了中共西南局第一书记邓小平主持起草的关于与西藏地方政府谈判的10项条件。按照争取和平解放西藏的既定方针，中央一面命令人民解放军积极做好进藏准备，一面多次催促西藏地方政府派代表到北京谈判，以便订立关于和平解放西藏办法的协议。但是，西藏地方政府一再拖延，令其代表长时间滞留印度，同时加紧向入藏的咽喉要道昌都地区增派藏军，企图以武力阻挠人民解放军进入西藏。为了打击帝国主义和西藏地方政府中分裂势力的嚣张气焰，促使谈判早日进行，1950年10月，人民解放军发起昌都战役，消灭藏军主力，解放了藏东重镇昌都，打开了进军西藏的门户。

昌都战役之后，西藏地方当局发生分化，爱国力量大大加强。1951年2月，十四世达赖喇嘛丹增嘉措终于同意派阿沛·阿旺晋美为西藏地方政府首席全权代表，组成代表团赴北京进行和平谈判。中央人民政府还邀请当时在青海的十世班禅额尔德尼·确吉坚赞赴京，以合理解决西藏问题。经过20多天谈判和协商，1951年5月23日，中央人民政府代表与西藏地方政府代表签订《关于和平解放西藏办法的协议》（"十七条协议"）。其主要内容是：驱逐帝国主义侵略势力出西藏，西藏人民回到中华人民共和国祖国的大家庭中来；在中央人民政府统一领导之下，西藏人民有实行民族区域自治的权利；西藏地方政府积极协助人民解放军进入西藏，巩固国防；对于西藏的现行政治制度，中央不予变革；尊重西藏人民的宗教信仰和风俗习惯，保护喇嘛寺庙；西藏地方政府应自动进行改革；中央人民政府统一处理西藏地区的一切涉外事宜；等等。5月24日晚，毛泽东举行盛大宴会，庆祝协议的签订。十四世达赖和十世班禅分别致电毛泽东主席，表示拥护"十七条协议"。

1951年10月，人民解放军主力部队抵达拉萨，受到拉萨市两万多名各族群众的热烈欢迎。西藏和平解放，粉碎了帝国主义和西藏上层少数分裂主义分子策划"西藏独立"的迷梦，捍卫了国家主权和领土完整，结束了西藏长期以来有边无防的历史，为逐步废除西藏封建农奴制度，实现藏族人民的新生奠定了基础。西藏和平解放，是西藏从黑暗走向光明，从分离走向团结，从落后走向进步的重要转折点，西藏从此进入崭新的历史发展时期。这是中国共产党民族政策的重大胜利。

中国大陆全部解放，统一大业只剩下台湾、香港、澳门问题。解决台港澳问题，实现祖国完全统一，是海内外中华各族儿女的共同心愿，也是中华民族的根本利益所在。1950年的《人民日报》元旦社论，将解放台湾作为新中国1950年的主要任务之一。但是，解放台湾的军事准备由于朝鲜内战爆发而被迫推迟。香港、澳门问题是西方列强侵略中国造成的历史遗留问题，情况复杂。中共中央从国内局势和长期全球战略出发，做出全国胜利后暂时不收回香港和澳门的决策，采取"暂时维持现状"和"长期打算，充分利用"的方针，利用两地尤其是香港原有的地位、海外关系和对外贸易条件，促进新中国经济恢复与工业化建设，为中国社会主义建设和外交战略服务。

三　各级人民政权的建立

随着人民解放军的胜利进军，各级人民政权迅速建立起来。

中央人民政府在新中国成立时即告组成。1949年10月1日下午2时，中央人民政府委员会第一次会议在中南海勤政殿召开，中央人民政府主席毛泽东率全体政府委员宣布就职，接受《共同纲领》为本政府施政方针。会议任命毛泽东为中国人民革命军事委员会主席，周恩来为政务院总理兼外交部部长，朱德为人民解放军总司令，沈钧儒为最高人民法院院长，罗荣桓为最高人民检察署检察长。根据《中华人民共和国中央人民政府组织法》，中央人民政府委员会对外代表中华人民共和国，对内领导国家政权。中央人民政府委员会组织政务院，政务院是最高执行机关，表明中央政府是两级体制。10月19日，中央人民政府委员会举行第三次会议，任命董必武、陈云、郭沫若、黄炎培为政务院副总理，谭平山等15人为政务委员，李维汉为政务院秘书长。会议并任命政务院所属各部、委、会、院、署、行的负责人175人。10月21日，政务院宣告成立。

随着中央人民政府的建立，新解放区的地方各级人民政权也逐步建立起来。由于当时尚不具备召开人民代表大会选举人民政府的条件，地方各级人民政府的产生采取逐步过渡的办法，一般都是先建立军事管制委员会，接管国民政府的一切公共机关，维护社会秩序，组织恢复生产。在条件允许后，召集各界人民代表会议，代行人民代表大会职权，选举产生地方人民政府。1950年1月，政务院先后发布省、市、县人民政府组织通则。12月，政务院发布区、乡（行政村）人民政府组织通则，将区、乡确定为基层政权。各级人民政府组织通则，规定地方各级人民政府的隶属关系、机构、组成和职权，使地方各级政权的建立具备初步的法规依据，形成省（市）、县、区、乡的地方行政体系。新中国成立初期，为保证中央政令的统一和贯彻执行，在国家行政层次上还实行过大行政区制度（初期称大行政区军政委员会），即在中央与省之间设立东北、西北、华东、中南、西南五大行政区。各大行政区人民政府委员会是所辖省（市）高一级的地方政权机关，同时又是中央人民政府政务院领导地方政府工作的代表机关。[①]大行政区于1954年撤销。

新政权建立了，新在哪里？最本质的区别在于它体现人民是国

---

① 华北人民政府在政务院各单位正式办公的同一天宣告撤销，华北各省市的事务由政务院直接管辖，设中央人民政府华北事务部。

家的主人。新政权各机关都加上"人民"二字，各级政府通称"人民政府委员会"，如"省人民政府委员会""县人民政府委员会"，法院称"人民法院"，检察署称"人民检察署"，公安局则是"人民公安"。

到新中国成立一周年时，全国设有一个大行政区人民政府、一个中央直辖的自治区人民政府，四个大行政区军政委员会，28个省人民政府，9个相当于省的人民行政公署，12个中央和大行政区直辖的市人民政府，67个省辖的市人民政府，2087个县人民政府。

四 稳定物价与统一财经

在举国欢庆新中国成立的日子里，却连续出现多次大的物价波动，每一次波动都是因金融投机资本的兴风作浪，尤其是在上海等大城市。因此，平抑物价成为稳定经济、稳定社会、稳定人心的中心环节，而其中的关键是稳住上海。党和人民政府依靠国营经济力量，采取有力的经济措施和必要的行政、法律等手段，同投机资本斗争开展两大战役。

先是"银元之战"。1948年年底人民币发行后，投机分子用银元与人民币对抗，甚至有人叫嚣："解放军进得了上海，人民币进不了上海。"人民政府颁发了有关金银外币的管理办法，明令禁止黄金、银元、外币在市场上自由流通，一律由人民银行挂牌收兑，人民币为唯一合法货币。投机商对政府的法令置若罔闻，公然在大街上兜售银元，拒用人民币，哄抬物价。在事先多次劝告无效后，1949年6月，上海市军管会采取断然措施，查封了金融投机大本营——上海证券大楼，逮捕法办首恶分子200多人，上海市的银元黑市在短时间内消失。武汉、广州也采取相应行动，严厉取缔违法经营高利贷的地下钱庄，沉重打击破坏金融的非法活动。以上海为中心的"银元之战"取得胜利，人民币迅速进入市场流通。

在"银元之战"中遭到挫败的投机资本家，很快将投机活动从金融领域转向商品流通领域，开始囤积粮食、煤炭、棉纱等，哄抬物价。他们公然叫嚣：只要控制了"两白一黑"，①就能置上海于死地，由此造成1949年以来最猛烈、延续时间最长、投机资本最猖獗的一次物价上涨。人民政府随即进行"米棉之战"。中央财政经济委员会（"中财委"）在全国范围内组织了粮食、棉花、棉布、煤炭等商品的大规模调运。在11月25日物价最高的那天，全国各大城市国营企业按照中央统一部署，一起大量抛售，连抛10天，使暴涨的物价迅速下跌；同时，双管齐下，收紧银根，投机商资金周转失灵，囤积的物资贬值，两头失塌。至12月上旬，涨价被有效遏制，投机资本遭到毁灭性打击。经过这次斗争，人民政府完全掌握了市场主动权。"米棉之战"的胜利，用事实教育了资产阶级，使他们不得不承认人民政府管理经济的强大能力。此后，物价虽然仍有起伏，但是没有再出现大的波动。

随后，党和人民政府决定，实行全国财政经济工作的统一领导和统一管理，改变战争年代各解放区分散管理、各自为政的财政体制。

1950年3月，政务院发布《关于统一国家财政经济工作的决定》。规定：第一，统一全国财政收支管理。重点是统一收入，保证中央财政的需要。第二，统一全国物资管理。在对国有资产清仓查库基础

---

① 两白：指米、棉；一黑：指煤。

上，由中财委统一调拨所有库存资产，以提高物资利用效率，减少财政支出与向国外的订货。第三，统一全国现金管理，成立国家金库。所有属于国家而又分散在各企业、机关、部队、合作社的现金，由国家银行统一管理，集中调度。

国家实行财政经济统一管理，在很短时间内就取得了显著成效。从1950年4月开始，国家的财经状况出现好转，收支接近平衡。

稳定物价和统一财经，是新中国成立后党和人民政府在财经战线上取得的第一个重大胜利。它结束了国民党统治时期物价高涨和财政收支不平衡的历史，为安定人民生活、恢复和发展工农业生产创造了条件。毛泽东对此高度评价，认为其意义"不下于淮海战役"。

五　巩固政权"三套锣鼓一起敲"

"三套锣鼓一起敲"是对土地改革、镇压反革命和抗美援朝三大运动在巩固新生政权斗争中相互配合、相得益彰的形象说法。

新中国成立时，全国尚有约2.9亿农业人口被束缚在封建土地制度之下。1950年夏，中央人民政府颁布《中华人民共和国土地改革法》，在新解放区进行废除封建土地制度的改革。土改运动提出保存富农经济，不动中农土地，限制没收地主财产范围等政策。在工作方法上，强调要有领导、有计划、有秩序进行。到1953年春，全国除一部分少数民族地区外，土地改革都已完成。3亿多无地少地的农民（包括老解放区农民在内）共没收地主阶级约7亿亩（约合4700万公顷）土地和大批耕畜、农具、房屋、粮食。完成土地改革，彻底消灭了在中国延续了几千年的封建制度的基础——地主阶级的土地所有制，极大促进了农村生产力的解放，为新中国逐步实现工业化扫除了障碍、提供了保障。随着土改后农村经济的恢复和发展，农民的文化需求日益增加。为了满足农民学习文化的迫切需要，各地农村普遍开展文化扫盲运动，利用冬季农闲时间，组织农民学习文化，学习政治，提高农民素质。土地制度的改革大大促进了农村文化的发展。

镇压反革命运动是新中国成立初期同土地改革、抗美援朝并称的三大运动之一。国民党反动派在大陆遗留了一大批反革命分子，他们不甘心于失败，继续进行种种破坏活动。朝鲜战争爆发后，反革命分子的气焰更为嚣张，认为美国已把战火烧到中国的大门，台湾国民党"反攻大陆"的时机已到。他们加紧破坏厂矿铁路，焚烧粮库，刺探情报，印制伪钞，鼓动骚乱，妄图里应外合，颠覆人民政权。据统计，1950年各地有近4万名干部和群众积极分子惨遭反革命分子杀害。猖獗一时的反革命活动，给生产恢复和人民生命财产安全造成极大危害。坚决镇压反革命活动，严厉制裁反革命分子，成为巩固新生人民政权的紧迫任务。1950年10月10日，中共中央发出《关于镇压反革命活动的指示》，要求各级党委坚决纠正在前一段时间和一些地区曾经存在的对反革命分子"宽大无边"的偏向，全面执行"镇压与宽大相结合"的政策，即"首恶者必办，胁从者不问，立功者受奖"，对罪大恶极、怙恶不悛的反革命分子实行坚决镇压。从12月开始，全国大张旗鼓地开展了一场镇压反革命运动。到1951年10月底，全国规模的镇压反革命运动基本结束，有力地扫除了国民党遗留在大陆的反革命残余势力，社会秩序获得

图14-1　1950年10月19日，中国人民志愿军跨过鸭绿江，
和朝鲜人民共同抗击侵略者

前所未有的安定，为巩固新生政权，为恢复生产、民主改革等各项工作的顺利进行提供了保障，有力地支持、配合了土地改革和抗美援朝战争。

1950年6月25日，朝鲜内战爆发。美国政府从其全球战略和冷战思维出发，立即进行武装干涉，同时派第七舰队侵入台湾海峡，阻挠新中国的统一大业。10月初，以美军为首的"联合国军"不顾中国政府一再警告，悍然越过"三八线"，直逼中朝边境的鸭绿江，严重威胁中国国家安全。值此危急关头，应朝鲜党和政府请求，中共中央作出抗美援朝、保家卫国的历史性决策。10月19日，以彭德怀为司令员的中国人民志愿军开赴朝鲜。10月25日，志愿军利用战略上的突然性，在运动中捕捉战机，出其不意地打击敌人，发起第一次战役，揭开了抗美援朝战争的帷幕，首战告捷。这一天后来被定为中国人民志愿军抗美援朝纪念日。志愿军在敌机狂轰滥炸、我军后勤供应不足且气候严寒的极端困难条件下，连续英勇作战，于12月6日收复平壤，进而帮助朝鲜人民收复了"三八线"以北绝大部分国土，迫使敌军从总进攻变成总退却。经过五次战役，从根本上扭转了朝鲜战局，将战线稳定在"三八线"附近。这是抗美援朝战争的第一阶段，其主要作战形式是运动战。

从1951年7月开始，双方举行停战谈判，抗美援朝战争进入谈谈打打、以打促谈，以阵地战为主要作战形式的第二阶段。五次战役后，美国政府意识到，要打到鸭绿江边迅速结束朝鲜战争已毫无希望，于是试图寻求停战谈判。使美国知难而退，通过谈判结束战争，这是中共中央在出兵参战时即有所设想的。但是，美方并不甘愿放弃侵略野心，在军事分界线、遣返战俘等问题上设置障碍破坏谈判，并不断以武力相要挟，企图用空中绞杀、海岸进攻等军事压力迫使我方在谈判中屈服。美国动用了它全部陆军的1/3、空军的1/5和海军的近半数投入朝鲜战场，致使停战谈判两年间出现了边谈边打、以打促谈的局面。志愿军贯彻"持久作战，积极防御"的战略方针和毛泽东提出的"零敲牛皮糖"①的战术指示，构筑坑道，以阵地防御和运动战相结合，积极进行战术反击作战，发扬大无畏的英勇战斗精神，粉碎了"联合国军"的"绞杀战"，抵御了"细菌战"。

---

① 牛皮糖是中国南方一种用麦芽做成的圆饼状的糖，卖糖人用小锤一块块地敲下来零卖，顾客买多少，卖糖人就敲下来多少。毛泽东用此比喻志愿军对敌采取零敲碎打、积小胜为大胜的战术。

1952年10月以美国为首的"联合国军"发动"金化攻势"，对处于战略要冲的上甘岭地区实施猛烈进攻，志愿军进行了异常艰苦激烈的上甘岭坚守防御战役。在长达43天的战役中，敌军共向这块3.7平方千米的土地倾泻了190多万发炮弹和5000多枚重磅炸弹，山头几乎被削低两米。志愿军依托坑道工事顽强阻击，在炮兵火力支援下，打退敌人670多次冲击，与敌人反复争夺阵地，使敌军付出伤亡2.5万人的惨重代价，上甘岭最终牢牢控制在志愿军手中。上甘岭战役的胜利，使志愿军在整个正面战场完全掌握了主动权。

中国国内部队轮番入朝作战，得到苏联支援的中国人民志愿军空军也开始出战。美国在战场上没有得到的东西，在谈判桌上同样没有得到，不得不于1953年7月27日在停战协定上签字。中国人民志愿军不愧为中华民族的英雄儿女，以他们的勇敢、坚毅、顽强、无畏被祖国人民誉为"最可爱的人"，涌现了杨根思、黄继光、邱少云等30多万英雄功臣和近6000个功臣集体，锻造了伟大的抗美援朝精神，成为当代中国宝贵的精神财富。志愿军在前线浴血奋战，国内采取边打、边稳、边建的方针，开展了波澜壮阔的抗美援朝运动，掀起参军、参战、支援前线的热潮，各行各业节衣缩食，踊跃捐献飞机大炮，为战争的胜利提供了坚强保障。

抗美援朝战争，打出了国威军威和中国人民的精气神，捍卫了新中国国家安全。人民军队在战争中学习战争，实现了由单一军种向现代多军种联合协同作战的转变，极大促进了国防和军队现代化。中国人民打败侵略者，稳定了朝鲜半岛局势，维护了亚洲和世界和平，彰显了新中国大国地位，新中国在错综复杂的国内国际环境中站稳了脚跟。

六　涤荡污泥浊水

早在1949年6月新政协筹备会，毛泽东就提出中国的命运一经操在人民自己的手里，就要"迅速地荡涤反动政府留下来的污泥浊水"，新社会的建立必然伴随着一系列除旧布新的民主改革。

娼妓制度是私有制社会畸形发展的产物，人民政府把取缔娼妓制度作为改造社会的一项重要内容。首都北京一马当先。1949年11月21日，北京市第二届各界人民代表会议作出立即封闭一切妓院的决议，并于当天下午5时30分采取行动，将全市224家妓院一夜之间全部封闭，抓获400余个老鸨、领家，收容妓女1200余名。随后，北京市制定切实可行的办法，给妓女医治性病，帮助她们学习政治、文化和生产技能，使她们成为自食其力的劳动妇女。上海、天津、南京、沈阳等城市也相继取缔卖淫嫖娼。全国共查封妓院8400多所，惩治了一批作恶多端的妓院老板，使大批被迫为娼的妇女脱离了苦海。在党和政府坚强领导下，全国人民经过3年共同努力，娼妓现象这个曾在旧中国屡禁不绝、被视为不治之症的社会痼疾就基本禁绝了，社会各界包括许多国际人士为之惊叹和赞许，"共产党真是说到做到"。这一重要举措立见成效，使人民政府一开始就树立了良好的社会形象。

鸦片烟毒在社会上肆虐泛滥是旧中国长期黑暗势力统治的真实写照。当时，全国以制毒、贩毒为业者有数十万人，吸食鸦片者达千万之众。1950年2月，政务院发布《关于严禁鸦片烟毒的通令》。各级政府设立禁烟禁毒委员会，一方面强制封闭烟馆，令制毒、贩毒者自首投案，追缴毒品，并动员群众揭发检举；另一方面帮助吸毒者、嗜毒者戒毒，对于贫困者给予"免费或减价医治"。1952年4月，中共中央发布《关于肃清毒品流行的指示》，重点打击制毒贩毒的罪犯，"务将一切毒犯肃清"。在全社会禁毒的强大压力下，毒犯受到极大震慑，全国坦白登记的毒犯总数达36万多人。新中国在短短3年里就将延续百余年的吸毒贩毒活动基本禁绝，创造了世界禁毒史上的一个奇迹。

人民政府在禁毒的同时还广泛开展禁止赌博的斗争，坚决取缔各种赌博场所，严惩聚众赌博的赌头、屡教不改的赌棍，使在旧社会十分盛行的赌博恶习很快得到清扫。

禁绝娼、毒、赌的斗争对象大都属于封建恶霸势力，因而涤荡这些旧社会遗毒与反恶霸斗争有着密切联系，在当时带有鲜明的民主改革性质。

党和人民政府还领导了其他方面的民主改革。中国半殖民地半封建社会的畸形发展，在不少产业、行业内形成一套由封建把头①把持生产和管理的腐朽制度。封建把头勾结地方政府，依靠帮派、帮社、流氓等黑暗社会势力，垄断劳动力雇佣，在雇主和工人之间进行中间剥削，分取、克扣工人工资，对工人实行超经济盘剥。他们订立私规，豢养打手，以致设立私刑，对工人进行残酷剥削和人身奴役。封建把头多为封建帮会头领，或地痞、流氓、恶棍，在人力搬运业、采矿业中封建把头现象尤为严重。从1950年起，人民政府在国营工矿交通企业中建立党、团、工会组织后，开始清除隐藏在企业内部的残余反革命势力，废除了旧社会遗留的官僚管理机构和封建把头制、

---

① 封建把头在各地的称呼各有不同，如武汉叫"头老"，上海叫"拿摩温"，北方地区称作"把头"或"把持"。

搜身制等，依法惩治了罪大恶极的封建把头，建立工厂管理委员会和适合生产需要的民主管理制度。改革以后工人自觉遵守劳动规章制度，踊跃开展劳动竞赛，积极参与企业的生产和管理，焕发出前所未有的生产积极性和创造力。

旧中国的婚姻制度，是一种以夫权为中心、压迫妇女并剥夺男女婚姻自由的落后的封建婚姻制度，不仅涉及妇女地位，同时还涉及社会观念、伦理道德、宗法习俗等多方面问题。1950年5月1日中央人民政府颁布的新中国第一部法律就是《中华人民共和国婚姻法》（以下简称《婚姻法》），明确规定：废除包办强迫、男尊女卑、漠视子女利益的封建主义婚姻制度。实行男女婚姻自由、一夫一妻、男女权利平等、保护妇女和子女合法利益的新民主主义婚姻制度。禁止重婚、纳妾，禁止童养媳。禁止干涉寡妇婚姻自由。禁止任何人

图14-2　1953年3月28日，天津市第一工人文化宫画廊展出"婚姻法图解"

借婚姻关系索取财物。《婚姻法》是在土地改革基础上进一步肃清封建残余和建立新的社会风尚的重大改革，为广大妇女从封建婚姻制度的束缚下解放出来提供了法律保障。

贯彻《婚姻法》的过程，也是一个移风易俗的过程。广大人民群众特别是妇女群众对宣传、贯彻《婚姻法》表现出了极大的热情。新凤霞表演的反映抗日战争时期陕甘宁边区争取婚姻自由的评剧《刘巧儿》，赵树理1943年发表的反映抗日民主根据地青年男女在民主政权支持下争取婚姻自由的小说《小二黑结婚》等，受到群众热烈欢迎，有力促进了《婚姻法》的贯彻实施，婚姻自由蔚然成风。据中华人民共和国内务部1955年对27个省市的统计，全国符合《婚姻法》登记的已占申请结婚人数的95%。全国出现许多互敬互爱、民主团结的家庭，成为新社会的基本细胞，为社会安定奠定了基础；同时也为妇女参加政治活动、经济活动和其他社会活动创造了条件，有效推进了妇女解放事业。

在1951年年末和1952年年初，党和人民政府还相继开展了反对贪污、反对浪费和反对官僚主义的"三反"运动以及反对行贿、反对偷税漏税、反对盗骗国家财产、反对偷工减料、反对盗窃国家经济情报的"五反"运动，这是继土地改革、镇压反革命、抗美援朝三大运动之后施行的又一次社会改革运动，涤荡了旧社会遗留下来的贪鄙奢靡风气，在党政机关中树立起艰苦奋斗、清正廉洁的优良作风，对工商业者进行了守法经营教育，推动在私营企业中建立工人监督制度等民主改革。

经过3年左右的艰苦努力，各项社会改造运动取得举世瞩目的成就。社会环境得到净化，新的社会道德规范和健康文明的新风尚开始树立，人民的精神面貌焕然一新。

七　新中国外交方针的确立和实施

在全国解放前夕，毛泽东根据内外形势发展变化，用生动形象的语言提出"另起炉灶""打扫干净屋子再请客""一边倒"的外交方针，《中国人民政治协商会议共同纲领》将上述方针法律化，规定了具体政策，成为正确处理和发展对外关系的基本原则。其根本点就是不承认国民党政府同各国建立的一切旧的屈辱的外交关系，要求各国在新的基础上同人民共和国建立外交关系；清除帝国主义在华特权；新中国将倒向社会主义一边，但在国家关系上仍是以独立自主为前提，并非听命于他人。

新中国一经成立，便迎来了第一次建交高潮。苏联是第一个承认新中国的国家。1949年10月3日，中苏正式建交。在苏联带动下，保加利亚、罗马尼亚、匈牙利、朝鲜、捷克斯洛伐克、波兰、蒙古国、德意志民主共和国、阿尔巴尼亚、越南10个人民民主国家相继同新中国建交。这一外交成果，有助于刚刚诞生的新中国步入国际社会，并为其争取一个相对有利的外部环境。

对于周边一些民族独立国家和欧洲资本主义国家，中国政府坚持先谈判后建交的原则，只有对方明确承认一个中国即中华人民共和国，并同台湾的国民党当局断绝"外交"关系，承诺支持恢复中华人民共和国在联合国的合法席位，将其境内属于中国的公产移交给中华人民共和国后，双方才能进行建交问题的磋商。本着这一原则，新中国先后同印度、印度尼西亚、缅甸、巴基斯坦、瑞典、丹麦、瑞士、芬兰建立了外交关系。至1951年5月，新中国同18个国家建交，迈出了打破美国遏制和孤立中国政策的重要一步。

除了建交，新中国成立后的重大外交行动是毛泽东访苏。毛泽东于1949年12月16日至1950年2月17日应邀对苏联进行国事访问，1950年2月14日，两国签订《中苏友好同盟互助条约》和有关协定。《中苏友好同盟互助条约》是中华人民共和国与外国政府签订的第一个平等条约，是新中国外交取得的重大胜利。毛泽东评价说："具有伟大历史意义的新的中苏条约，巩固了两国的友好关系，一方面使我们能够放手地和较快地进行国内的建设工作，一方面又正在推动着全世界人民争取和平和民主反对战争和压迫的伟大斗争。"

在对外关系初步展开的同时，新中国废除旧中国签订的不平等条约，肃清帝国主义在中国的残余势力和影响。中央人民政府成立海关总署，发布《中华人民共和国暂行海关法》及新的海关税则，收回海关管理权；收回或征用美国、英国、法国、荷兰在当地的兵营，收回帝国主义在中国的驻军权；规定外国船只未经中国政府批准，不准驶入中国内河，收回中国的领水主权；对于外国人在华拥有的企业和房地产，按照国籍、系统、行业等各种具体情况，采取个别处理和区别对待的方针予以解决。

在发展双边关系方面，新中国积极展开广泛的外交活动。1953年12月，印度派代表团来中国商谈两国历史上遗留下来的一些问题，特别是印度在中国西藏地方享有英国殖民主义时期遗留的某些特权问题。谈判中，周恩来首次提出和平共处五项原则，其表述后来确定为：互相尊重主权和领土完整、互不侵犯、互不干涉内政、平等互利、和平共处。这一原则逐渐在国际社会中被普遍接受，成为中国对外政策的基石，为推动建立公正合理的新型国际关系做出了历史性贡献。1955年4月，在亚洲、非洲民族解放运动高涨的形势下，亚非29个国家的政府首脑在印度尼西亚的万隆举行亚非会议（"万隆会议"）。这是战后第一次没有西方殖民国家参加的国际会议。周恩来率中国代表团出席会议，在会上开宗明义地提出"求同存异"的方针，呼吁各国撇开分歧，为反对殖民主义的共同利益而加强团结合作，受到与会各国的赞同，打开了中国与亚非国家广泛交往的大门。会议通过的《亚非会议最后公报》吸收中国代表团的建议，形成和平共处、友好合作的十项原则，体现了和平共处五项原则并使之得以引申，会议取得圆满成功。

亚非会议后，中国独立自主的和平外交取得新进展。1954年10月至1956年9月，中国与挪威、南斯拉夫、阿富汗、尼泊尔、埃及、叙利亚、也门等国先后建立了大使级外交关系，同芬兰、瑞士、丹麦由公使级升格为大使级外交关系，同英国、荷兰建立了代办级外交关系。

第二节　社会主义制度的建立

1952年年底，土地改革在全国范围内基本完成，国民经济得到全面恢复和初步发展，朝鲜停战谈判双方在主要问题上达成协议，战争有望不久结束。这表明，中国已具备有计划进行大规模经济建设的条件。同时，在社会生活中也出现和积累了一些新矛盾，对国民经济实行系统社会主义改造的任务提到日程上来。正是在这样的背景下，中共中央经过将近一年的酝酿，形成并提出党在过渡时期总路线。随着工业化和社会主义改造的全面展开，国家在政治、法律等上层建筑领域的建设也在加紧推进。1954年召开的第一届全国人民代表大会第一次会议，通过了《中华人民共和国宪法》。确立人民代表大会制度、中国共产党领导的多党合作和政治协商制度、民族区域自治制度，为人民当家作主提供了制度保证。1956年年底，中国基本完成了对生产资料私有制的社会主义改造，基本实现了生产资料公有制和按劳分配，建立起社会主义经济制度。

一　过渡时期总路线和社会主义工业化的起步

新中国成立时，中国大地疮痍满目，百端待理，牵动全局的一项中心任务是集中力量恢复国民经济，这是大规模经济建设的前提。经过全国人民3年多的共同努力，曾经遭到严重破坏的国民经济得到全面恢复，并有了初步发展。1952年农业总产值为461亿元，比1949年增加41.4%，工业总产值349亿元，比1949年增加1.49倍。在经济恢复过程中，国民经济结构也发生了深刻变化。出现了两个上升，一个是国营经济比重上升；另一个是现代工业的比重上升，这就确保了国家经新民主主义稳步地向社会主义迈进。

1953年，中国共产党正式提出了过渡时期总路线："从中华人民共和国成立，到社会主义改造基本完成，这是一个过渡时期。党在这个过渡时期的总路线和总任务，是要在一个相当长的时期内，逐步实

图14-3　1956年7月，中国第一批国产汽车——"解放"牌载重汽车在长春第一汽车制造厂试制成功

现国家的社会主义工业化，并逐步实现国家对农业、对手工业和对资本主义工商业的社会主义改造。"中共七届四中全会正式批准这条总路线。1954年第一届全国人民代表大会第一次会议通过的《中华人民共和国宪法》，将过渡时期总路线写入"序言"，使之成为整个国家的统一意志。

过渡时期总路线，概括地说，就是"一化三改""一体两翼"。"一化"，即实现社会主义工业化，是总路线的主体；"三改"，即实现农业、手工业以及资本主义工商业的社会主义改造，是总路线的两翼。发展社会主义工业和实行社会主义改造同时并举，是相互联系、相互促进的。

为了更有计划地进行经济建设，中国从1951年着手编制第一个五年计划，历时四年，数易其稿。1955年7月召开的一届全国人大二次会议通过了这个计划。"一五"计划较好地处理了中国经济建设中的几个重大关系，集中主要力量发展重工业，同时不放松农业、轻工业；改变中国工业大多集中在沿海地区的不合理状况；根据国力，积极稳妥确定工业、农业生产年均增长速度；把发展生产同改善人民生活恰当地结合起来；既要争取外援，同时又强调自力更生。这些对于后来中国经济建设具有深远的指导意义。

从1953年开始，大规模经济建设在全国展开，全国城乡迅速形成参加和支援国家工业化建设的热潮。几乎每一天都在发生改变，一大批旧中国没有的基础工业部门一个个建立起来，一大批工矿企业开始兴办。钢铁工业结束了不能生产钢轨、无缝钢管、大型钢材、薄板和合金钢的历史。机械工业有了几十个行业比较齐全的制造系统，使机械设备的自给能力从新中国成立前的20%左右提高到60%多。有色冶金工业改变了有色金属工业体系残缺不全和互不配套的落后状况。电子工业制造出无线电元器件和多种雷达、指挥仪、坦克飞机电台、无线电广播发射机等，生产能力和技术水平有了较大提高。纺织、食品、造纸等轻纺工业也得到很大发展，基本上能够满足人们需要。国家还集中力量重点建设了航空和电子两个基础最薄弱的新兴工业部门。初教-5和歼-5分别于1954年、1956年试制成功，中国成为当时少数几个能够制造喷气式飞机的国家。1955年，沈阳造出了中国第一台新式机床，哈尔滨生产的中国第一套1万千瓦水轮发电机组正式运转发电。"一五"计划后期，中国开始创建核工业和航天工业两个新兴尖端行业。

1956年年底，"一五"计划的主要指标大部分提前完成。"一五"计划期间工业生产所取得的成就，是旧中国的一百年所不能比的。1953—1956年，全国工业总产值平均每年增长19.6%，农业总产值平均每年增长4.8%。市场繁荣，物价稳定，人民生活显著改善。新中国迅速从废墟上站起来，为中国建立独立完整的工业体系奠定了基础，为社会主义建设积累了宝贵经验。

二 社会主义政治制度的确立

社会主义经济建设红红火火，社会主义文化建设日新月异，为社会主义政治建设准备了条件。1954年9月，第一届全国人民代表大会第一次会议在北京举行。大会的重大贡献是一致通过了《中华人民共和国宪法》。由毛泽东亲自主持制定的新中国第一部宪法是一部社会主义类型的宪法，体现了人民民主原则和社会主义原则。宪法进一步确立了中国的根本政治制度，明确规定："中华人民共和国是工人阶级领导的、以工农联盟为基础的人民民主国家。""中华人民共和国的一切权力属于人民。人民行使权力的机关是全国人民代表大会和地方各级人民代表大会。""全国人民代表大会、地方各级人民代表大会和其他国家机关，一律实行民主集中制。"宪法还确立了国家体制的格局：全国人民代表大会是最高国家权力机关；国务院即中央人民政府，是最高国家行政机关。这和《中国人民政治协商会议共同纲领》规定的中央人民政府委员会及其所属的政务院两级体制是不同的。大会选举毛泽东为中华人民共和国主席，朱德为副主席；选举刘少奇为全国人民代表大会常务委员会委员长，宋庆龄等13人为副委员长；决定周恩来为国务院总理。

第一届全国人民代表大会第一次会议的召开标志着人民代表大会制度这一根本政治制度在全国正式确立。人民代表大会制度是以人民代表大会为主体的，由人民代表大会作为国家机关体系的核心实行人民当家作主的国家政权组织形式。习近平在庆祝全国人民代表大会成立60周年大会上的重要讲话中指出，"中国这样一个有五千多年文明史、几亿人口的国家建立起人民当家作主的新型政治制度，在中国政治发展史乃至世界政治发展史上都是具有划时代意义的"。

1949年中国人民政治协商会议第一届全体会议的召开，标志着人民民主统一战线和全国人民大团结在组织上完全形成，中国共产党领导的多党合作和政治协商制度正式确立。一届全国人大一次会议召开后，人民政协不再代行全国人民代表大会职权，那么，在新形势下人民政协的性质、地位、作用、任务是什么呢？《中华人民共和国宪法》明确指出："我国人民在建立中华人民共和国的伟大斗争中已经结成以中国共产党为领导的各民主阶级、各民主党派、各人民团体的广泛的人民民主统一战线。"今后，"我国的人民民主统一战线将继续发挥它的作用"。1954年12月，中国人民政治协商会议举行第二届全国委员会第一次会议。会议通过《中国人民政治协商会议章程》，规定政协的性质是："团结全国各民族、各民主阶级、各民主党派、各人民团体、国外华侨和其他爱国民主人士的人民民主统一战线的组织。"政协的任务是："在中国共产党领导下，继续通过各民主党派、各人民团体，更广泛地团结全国各族人民，共同努力，克服困难，为贯彻宪法，建设一个伟大的社会主义国家而奋斗。"肯定人民政协作为人民民主统一战线的组织仍然需要存在。这表明，中国共产党领导的多党合作和政治协商制度是中国的一项基本政治制度，是从中国土壤中生长出来的具有中国特色的新型政党制度。

民族区域自治制度，作为中国的一项基本政治制度，是中国特色解决民族问题的正确道路的重要内容，是党根据中国历史和现实的特点，运用马克思主义关于民族问题的理论解决中国民族问题的一项重大创造。1949年9月，《中国人民政治协商会议共同纲领》确定实行民族区域自治制度。1952年8月，中央人民政府公布施行《中华人民共和国民族区域自治实施纲要》，进一步推进民族区域自治制度。《中华人民共和国宪法》则从根本大法上明确规定："中华人民共和国是统一的多民族的国家。""各少数民族聚居的地方实行区域自治。各民族自治地方都是中华人民共和国不可分离的部分。"将民族自治地方规范为自治区、自治州、自治县三级，县以下的少数民族聚居区设民族乡。1947年5月，内蒙古自治区成立。1955年10月，新疆维吾尔自治区成立。1958年3月和10月，广西壮族自治区和宁夏回族自治区先后成立。1965年9月，西藏自治区成立。民族区域自治制度的实行，对于中国在任何复杂的国际国内环境下，始终保持国家完整统一、促进各民族团结互助和发展进步，具有重大而长远的意义。

人民代表大会的根本政治制度、中国共产党领导的多党合作和政治协商、民族区域自治的基本政治制度的确立，构成了中国社会主义的政治制度体系，为中国确立社会主义经济基础和相应的经济制

度，为人民当家作主提供了制度保证。

三　社会主义改造的基本完成

随着党在过渡时期总路线的提出和宣传，对农业、手工业和资本主义工商业的社会主义改造，也围绕着社会主义工业化建设有步骤地向前推进。

农业社会主义改造是通过农业合作化运动完成的。农业合作化运动大体经历了这样几个步骤：组成互助组，分为临时互助组和常年互助组。临时互助组，进行简单的共同劳动，具有社会主义萌芽性质；常年互助组，就是在共同劳动基础上有某些分工分业和有少量公共财产，具有更多社会主义因素了。互助组进一步发展就成立初级农业生产合作社。初级社实行土地入股和统一经营并有较多公共财产，因此具有半社会主义性质。初级社提高一步就是高级农业生产合作社。高级社是具有完全社会主义性质的农民集体所有制。采取这种逐步过渡的办法，是中国农业合作化运动的一项重要创造。

在过渡时期总路线提出前农业的社会主义改造已启动。1951年9月，中共中央制定《关于农业生产互助合作的决议（草案）》，强调互助合作运动要根据生产发展的需要和可能，采取稳步前进的方针，必须贯彻自愿和互利的原则，采取典型示范、逐步推广的方法，引导农民走互助合作的道路。1953年12月，中共中央又通过了《关于发展农业生产合作社的决议》。农村互助合作运动，就是在这两个决议指导下稳步前进的。由于1953年开始大规模经济建设后，出现农产品供不应求的矛盾，引发粮食价格剧烈波动。经过反复权衡，1953年10月，中共中央作出关于实行粮食的计划收购和计划供应的决定（以下简称"统购统销"），接着实行油料的统购和食油的统销。1954年又实行棉花的统购和棉布的统购统销。主要农产品的统购统销，加快了农业社会主义改造的步伐，也成为推动私营工商业社会主义改造的重要步骤。

1955年夏季以后，农业合作化形成高潮，原定15年的任务，到1956年年底，提前8年就完成了。农业合作化的优越性和成效也是明显的，当时的统计材料表明，合作社80%以上都增产增收，并且一般都是互助组优于单干，合作社又优于互助组。因此，互助合作运动得到了广大贫苦农民的欢迎，参加合作社成为一种群众性的行动。

手工业就其与农业分离的程度和与现代工业的关系而言，大致可分为四种类型：一是从属于家庭农业的家庭手工业；二是作为农民家庭兼业的手工业；三是独立经营的个体手工业；四是雇工经营的工场手工业。其中，第三类手工业在数量上最多。根据过渡时期总路线，对手工业的社会主义改造主要是指第三类，第一、第二类纳入农业社会主义改造的范畴，第四类纳入资本主义工商业改造的范畴。国家对个体手工业的社会主义改造，一般都经过手工业生产小组、手工业供销生产合作社和手工业生产合作社三个过渡阶段。在方式方法上因地制宜，采取手工业者容易接受的形式，由低级到高级、由小到大、由简单到复杂，循序渐进。坚持贯彻自愿互利原则，力求把手工业生产合作社办得对生产者、国家和消费者三方都有利。到1956年6月底，组织起来的手工业者已占从业人员的90%以上，新中国基本实现了手工业合作化。

党和国家对资本主义工商业的社会主义改造，采取了不同于农

图14-4　1956年1月15日，北京市各界群众在天安门广场举行庆祝社会主义改造
胜利联欢大会

业和手工业社会主义改造的形式和方法，即通过国家资本主义途径实现，大体经历了两个阶段。第一阶段为1953年至1955年夏，以实行初级形式的国家资本主义为主。在工业中采用委托加工、订货、统购包销；在商业中实行委托经销、代销等。特点是国家通过各种合同控制原料供应和产品的生产计划、销售及价格，资本主义企业的性质不变，资本家对工人的剥削有所减轻。第二阶段为1955年下半年到1956年，实行高级形式的国家资本主义，又分为个别企业的公私合营和全行业的公私合营两种形式。个别企业的公私合营是半社会主义

性质的，社会主义经济与资本主义经济在企业内部联系与合作，资本家只能按私股所占比例取得红利的一部分，另一部分红利转为国家所有。全行业公私合营企业的生产关系则发生了根本变化，资本家的生产资料已归国家所有，他们只是按照核定的资本拿定息，企业基本上已是社会主义性质。在实行全行业公私合营的时候，国家为资本家安排了工作，把对企业的改造同对人的改造结合起来，使他们成为自食其力的劳动者。

生产资料私有制的社会主义改造完成以后，农业、手工业的个体所有制转变为社会主义集体所有制，资本主义私有制转变为社会主义全民所有制，形成了公有制和计划经济体制，保证了社会主义工业化战略的实施。至此，中国社会主义制度建立起来了。在党的带领下，中国这个占世界1/4人口的东方大国进入了社会主义社会，成功实现了中国历史上最为广泛而深刻的社会变革。这是一个伟大的历史性胜利，为中国一切发展进步奠定了根本政治前提和制度基础。

第三节　社会主义建设的良好开端

如何建设社会主义，是新中国面临的一个崭新课题。中国一度照搬苏联经验，但经过实践，很快察觉到苏联模式的局限，认识到苏联建设社会主义过程中的一些缺点和错误。为了总结经验，毛泽东提出要创造新的理论，写出新的著作，把马克思主义基本原理同中国具体实际进行"第二次结合"，找出在中国进行社会主义建设的正确道

路。以毛泽东《论十大关系》的提出为探索开端，1956年9月中共八大召开，正确分析国内形势和国内主要矛盾的变化，明确提出党和全国人民在新形势下的主要任务，其核心观点，就是在社会主义条件下全党要集中力量发展生产力。1956年年初，国际、国内发生一些新情况，也使人们认识到如果不能正确认识和处理社会主义社会的各种矛盾特别是人民内部矛盾，社会主义制度将难以巩固。中共中央和毛泽东深入思考社会主义社会的矛盾，提出了关于正确处理人民内部矛盾的理论。

一　"十大关系"和新方针的提出

在中国建设社会主义，这是一个全新的历史性课题，远比在中国进行民主革命要艰难和复杂得多。新中国成立初期，国家号召"学习苏联"，这在当时有其历史必然性，并且有收到积极效果的一面。然而，苏联经验并不都是成功的，苏联成功的经验也并不都适合中国的情况。学习苏联，终究不能代替对自己道路的寻求。经过实践，党和国家很快察觉到苏联模式的局限，认识到苏联在建设社会主义过程中的一些缺点和错误。毛泽东经过慎重思考，提出要以苏联经验教训为鉴戒，独立探索适合中国国情的社会主义建设道路。《论十大关系》的提出，则是这一探索的开始。

1956年2—4月，毛泽东用43天时间听取了国务院35个部委的汇报，逐渐形成对中国社会主义建设具有指导意义的一系列看法。4月25日和5月2日，他先后在中央政治局扩大会议和最高国务会议上作了《论十大关系》的报告。

《论十大关系》提出的基本方针是："一定要努力把党内党外、国内国外的一切积极的因素，直接的、间接的积极因素，全部调动起来，把我国建设成为一个强大的社会主义国家。"前五条主要讨论经济问题。前三条讲重工业和轻工业、农业的关系，沿海工业和内地工业的关系，经济建设和国防建设的关系，强调今后要更多地注意发展农业、轻工业，更多地利用和发展沿海工业，尽量降低军政费用的比重，多搞经济建设。这里涉及的实际上是开辟一条与苏联有所不同的中国工业化道路。第四、第五条讲国家、生产单位和生产者个人的关系，中央和地方的关系，并开始涉及经济体制的改革，提出要充分调动各方面的积极性，在巩固中央统一领导的前提下，扩大一点地方的权力。后五条主要讲汉族和少数民族的关系、党和非党的关系、革命和反革命的关系、是非关系、中国和外国的关系，属于政治生活和思想文化生活中调动各种积极因素的问题。报告提出，在共产党和民主党派的关系上实行"长期共存，互相监督"的方针，确认中国共产党领导的统一战线和多党合作要继续存在、发挥作用。在中国与外国的关系中，要学习资本主义国家先进的科学技术和企业管理方法中合乎科学的方面，但也要抵制和批判资产阶级的一切腐败制度和思想作风，等等。这是毛泽东关于怎样建设社会主义的根本指导思想，标志着党对怎样建设社会主义有了自己新的重要认识。毛泽东多次说：前几年经济建设主要学外国经验，《论十大关系》开始提出自己的建设路线，有我们自己的一套内容。

　　在此前后，根据国内外的新形势和国家建设的新任务，党和国家在其他方面还提出了一系列新方针。1956年1月，中共中央召开关

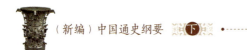

于知识分子问题的会议。周恩来代表中央宣布：我国知识界的面貌已经发生了根本的变化，他们的绝大部分"已经是工人阶级的一部分"，并发出"向现代科学进军"的动员令。会后，国务院成立科学规划委员会，制定《一九五六——一九六七年科学技术发展远景规划纲要（草案）》。为繁荣和发展社会主义科学文化事业，中共中央提出了"百花齐放、百家争鸣"的"双百"方针。1956年前后，中共中央提出争取用和平方式解放台湾，倡议中国共产党和国民党两党为了民族和祖国的利益实现第三次合作。

《论十大关系》和一系列新方针的提出，展现了党为寻找适合中国国情的社会主义建设道路而解放思想、多方探索的生动景象，为中共八大的召开做了重要的思想理论准备。

二　中共八大的召开

1956年9月15—27日，中国共产党第八次全国代表大会在北京举行。刘少奇代表中央委员会作政治报告。大会正确分析国内形势和国内主要矛盾的变化，宣布：中国无产阶级同资产阶级之间的矛盾已经基本上解决，几千年来的阶级剥削制度的历史已经基本上结束，社会主义的社会制度在中国已经基本上建立起来。国内的主要矛盾，已经是人民对于建立先进的工业国的要求同落后的农业国的现实之间的矛盾，已经是人民对于经济文化迅速发展的需要同当前经济文化不能满足人民需要的状况之间的矛盾。党和全国人民当前的主要任务，就是要集中力量解决这个矛盾，把中国尽快从落后的农业国变为先进的工业国。这些论述的核心观点，是在新的生产关系下全党要集中力量保护和发展生产力。

周恩来在关于发展国民经济的第二个五年计划的建议的报告中提出，根据中央的"既反保守又反冒进，即在综合平衡中稳步前进"的建设方针，要合理地规划国民经济发展速度，把计划放在既积极又稳妥可靠的基础上，保证国民经济比较均衡地发展。大会制定了一个较长时期的发展规划，设想用三个五年计划或再多一点时间，基本完成国家工业化，同时积极发展轻工业、农业、运输业和商业，使国家发展和人民生活改善结合起来。

邓小平在关于修改党章的报告中提出，以苏联经验教训为鉴戒，着重提出了加强执政党建设的问题。报告强调，要坚持民主集中制和集体领导制度，反对个人崇拜，反对突出个人，反对对个人歌功颂德，坚决贯彻执行党的群众路线。新党章根据毛泽东的建议，增加可以设立中央名誉主席的内容，为废除终身制做了准备。

大会肯定"三个主体，三个补充"思想，即以国家经营和集体经营、计划生产、国家市场三者为主体，而以个体经营、自由生产、自由市场三者作为补充。这在理论上突破苏联计划经济模式，是探索经济体制改革的重要尝试。党还以此为方针解决社会主义改造中的遗留问题。大会提出中国在三个五年计划或者再多一点的时间内，建成一个基本上完整的工业体系的战略设想，描绘了中国社会主义发展的宏伟蓝图。

在当代中国历史上，中共八大是第一次以社会主义全面建设为主题的党的代表大会，体现了党领导人民探索社会主义建设道路所取得的初步成果。大会制定的路线是正确的，提出的许多新方针和新设想是富于创造精神的。这次会议对中国建设社会主义道路的探索，取得了初步成果，对于党和国家事业发展具有长远的重要意义。

以《论十大关系》和中共八大为标志，党和国家对中国社会主义建设道路的探索取得良好开端。

三　正确处理人民内部矛盾

1956年2月苏共二十大召开，赫鲁晓夫在会上作了全盘否定斯大林的秘密报告，在社会主义阵营引起极大震动，在人民群众中造成程度不同的思想混乱，给国际共产主义运动带来巨大的困难。在国内，由于社会主义改造迅速完成，加上经济建设中冒进造成的影响未能完全消除，领导工作中还存在官僚主义等问题，使经济和政治生活中出现某些紧张，一些地方发生少数群众闹事等不稳定情况。面对这些新出现的矛盾，中共中央和毛泽东深入思考社会主义社会的矛盾，提出关于正确处理人民内部矛盾的理论。

1957年2月27日，毛泽东在最高国务会议上作《如何处理人民内部的矛盾》重要讲话。这个讲话经补充、修改后，于6月19日以"关于正确处理人民内部矛盾的问题"为题在《人民日报》公开发表。

毛泽东指出：矛盾是普遍存在的，社会主义社会也充满着矛盾，正是这些矛盾推动着社会主义社会不断向前发展。社会主义社会的基本矛盾仍然是生产力和生产关系、经济基础和上层建筑之间的矛盾，不过社会主义社会的这些矛盾同旧社会的这些矛盾具有根本不同的性质和情况，可以经过社会主义制度本身的自我调整和完善，不断得到解决。这一论断第一次科学揭示了社会主义社会发展动力，也为后来的社会主义改革奠定了理论基础。

毛泽东还指出：社会主义社会存在着敌我矛盾和人民内部矛盾两类性质根本不同的矛盾。前者是对抗性的，需要用强制的、专政的方法去解决，后者是非对抗性的，只能用民主的、说服教育的、"团结—批评—团结"的方法去解决。应正确区分两类不同性质的矛盾，人民内部矛盾如果处理不当，也可以转化为对抗性矛盾。毛泽东把正确处理人民内部矛盾提升到国家政治生活主题的高度。毛泽东强调：革命时期大规模的疾风暴雨式的群众阶级斗争基本结束，"我们的根本任务已经由解放生产力变为在新的生产关系下面保护和发展生产力"。

《关于正确处理人民内部矛盾的问题》从理论上提出社会主义社会矛盾的新学说，丰富和发展了科学社会主义理论，是八大路线的继续和发展，在马克思主义发展史上具有开创性意义，是探索中国自己的建设社会主义道路的新成果，对党和国家建设事业具有长远的指导意义。

第四节　社会主义道路的艰辛探索

根据中共八大会议精神和党内外出现的新情况、新问题，中共中央做出整顿党的作风的决定。极少数人趁机向党和新生的社会主义制度发动进攻。对极少数右派分子的进攻进行反击，是完全必要的，也是正确的。但是，反右派斗争被严重扩大化，这是中国共产党历史上的一大教训。1958年中共八大二次会议通过的"鼓足干劲、力争上游、多快好省地建设社会主义"总路线，反映了中国共产党和广大人民群众迫切要求改变中国经济文化落后状况的普遍愿望，但却违背了经济发展的客观规律。"大跃进"运动和农村人民公社化运动在全国范围内开展起来，并出现不少失误。面对严重经济困难，1961年1月召开的中共八届九中全会决定对国民经济实行"调整、巩固、充实、提高"的八字方针，国民经济开始转入调整时期。在国民经济调整工作取得巨大成就的同时，党和国家提出了实现"四个现代化"的奋斗目标，成为凝聚和团结全国各族人民不懈奋斗的强大精神力量。1956—1966年的十年，社会主义建设虽然经历曲折，但仍取得了无可否认的巨大成就。

一　全党整风和反右派斗争

在全党全国人民学习正确处理人民内部矛盾理论的大讨论中，反映出在党内存在着种种主观主义、官僚主义和宗派主义现象，一些干部的思想状况落后于形势。全党整风就是着重解决人民群众同领导者之间的矛盾，并且学习在由革命转入建设的新形势下如何正确处理人民内部矛盾的新课题。1957年4月27日，中共中央发出《关于整风运动的指示》。毛泽东后来说，党希望通过整风，达到这样的目标："造成一个又有集中又有民主，又有纪律又有自由，又有统一意志、又有个人心情舒畅、生动活泼，那样一种政治局面。"各级党政领导机关和高等院校、科研机构、文艺单位的党组织纷纷召开各种形式的座谈会和小组会，党内外的干部和群众以及有影响的党外人士积极响应党的号召，对党和政府的工作以及党政干部的思想作风提出大量批评和建议。绝大多数意见是诚恳的，富有建设性，对党和政府的整风，改正缺点错误，改善工作，是有益的。

　　但是，在整风过程中，出现了复杂的情况。极少数人乘机向党和新生的社会主义制度发动进攻。他们把共产党在国家政治生活中的领导地位攻击为"党天下"，要求共产党退出机关、学校，要"轮流坐庄"，妄图取代共产党的领导。他们从根本上否认社会主义制度的优越性，把人民民主专政的制度说成是产生官僚主义、宗派主义和主观主义的根源。这种情况引起中共中央和毛泽东的警觉。6月8日，中共中央发出组织力量反击右派分子进攻的党内指示。同日，《人民日报》发表《这是为什么？》的社论，一场全国规模的群众性的疾风暴雨式的反右派斗争猛烈地开展起来了。对极少数右派分子的进攻坚决反击，对反对党的领导、反对社会主义的思潮进行批判，是完全必要的。但是，由于党对阶级斗争的形势作了过于严重的估计，把大量人民内部矛盾当作敌我矛盾，把大量思想认识问题当作政治问题，反右派斗争被严重扩大化。这是党和国家历史上的一大教训，使探索中国社会主义建设道路的良好开端遭受挫折。

二　"大跃进"和人民公社化运动

　　1957年年底，"一五"计划超额完成，国内生产总值按可比价格计算，比1952年增长67.8%，极大激发了全国人民的斗志。反右派运动以后，中共中央认为经济战线、政治战线和思想战线上的社会主义革命已取得了决定性胜利，人民群众热情高涨，经济建设完全可以搞得更快一些。同时，党内不少领导干部滋长了骄傲自满情绪，急于求成，对社会主义建设的长期性和复杂性估计严重不足也是产生急躁冒进的一个原因。在国际上，社会主义阵营内赶超浪潮，也推动我国领导人对"大跃进"的发动。苏联提出15年赶上和超过美国，毛泽东提出中国15年钢产量赶上或者超过英国。这就是1958年"大跃进"发生的历史背景。

"大跃进"首先从农业拉开序幕。1957年冬季，全国掀起以兴修水利、养猪积肥和改良土壤为中心的冬季农业生产高潮。1958年5月，中共八大二次会议通过"鼓足干劲、力争上游、多快好省地建设社会主义"的总路线。这条总路线反映了广大人民群众迫切要求尽快改变国家经济文化落后状况的普遍愿望，然而它忽视了客观的经济发展规律。"多快好省"四个字，本来是相互制约的，但在宣传中强调"速度是总路线的灵魂"，"快，这是多快好省的中心环节"。于是，盲目求快就压倒了一切，产生了消极后果。会后，"大跃进"运动在全国范围内从各个方面开展起来。主要标志是片面追求工农业生产和建设高速度，不断地大幅度提高和修改计划指标。农业提出"以粮为纲"口号，要求5年、3年以至一两年达到规定的粮食产量指标，引发严重的浮夸风。工业提出"以钢为纲"口号，要求7年、5年以至3年内提前实现原定15年钢产量赶上或者超过英国的目标，1958年钢产量要在1957年535万吨基础上增加一倍达到1070万吨，掀起大炼钢铁的群众运动。"大跃进"运动还从经济领域进一步扩大到科技、文教、卫生等各个行业，形成全社会的热潮。

生产发展上的高指标和浮夸风，推动着生产关系方面急于向所谓更高级的形式过渡。1958年8月，中共中央作出《关于在农村建立人民公社问题的决议》，全国农村出现人民公社化运动高潮，只用1个多月的时间就基本实现公社化。"大跃进"初期建立的人民公社的基本特点被概括为"一大二公"，所谓"大"，就是规模大，基本上是一乡一社，甚至数乡一社。所谓"公"，就是公有化程度高，在公社范围内统一核算、统一分配；社员的自留地、家畜、果树、生产工具等收归社有，实际上是刮"一平二调"的"共产风"，搞平均主义，无偿调拨生产队包括社员个人的财物和劳动力，严重损害了农民生产积极性。初期的人民公社还实行供给制与工资制相结合的分配制度，推行"组织军事化、行动战斗化、生活集体化"的劳动组织方式和生活方式，大办公共食堂，吃饭不要钱。

毛泽东是"大跃进"和人民公社化运动的积极倡导者和推动者，但又是中共中央领导集体中较快地通过调查研究觉察到运动发展中出现问题的领导人。1958年11月，毛泽东主持召开第一次郑州会议，就是因为他发觉在人民公社化运动中，很多人"急急忙忙往前闯"，"有一大堆混乱思想"，大有要很快宣布全民所有、废除商业、消灭商品生产之势。他认为，需要大家冷静下来，"有个清醒头脑"。从第一次郑州会议到1959年7月庐山会议前期，毛泽东领导全党整顿人民公社，调整高指标，八九个月时间中，作了初步纠"左"努力，"共产风"、浮夸风、高指标和瞎指挥得到一定遏制，形势开始向好的方面有所转变。随后发生了"反右倾"斗争，纠"左"进程由此中断，高指标、瞎指挥、浮夸风和"共产风"再度泛滥起来，加上1959—1961年中国连续发生严重的自然灾害，1960年苏联政府突然单方面废除了与中国的全部经济合作项目协议，撤走全部援华专家，停止供

应物资设备，并且逼迫中国偿还债务。由于以上三方面原因，我国国民经济出现了严重的困难局面。

三 国民经济调整和"四个现代化"目标的提出

面对严重经济困难，中共中央和毛泽东决心纠正错误，调整政策。1960年11月，毛泽东为中共中央起草《关于农村人民公社当前政策问题的紧急指示信》（即"十二条"），要求全党用最大努力坚决纠正"共产风"，着手解决当时最为突出的农业和农村问题。1961年1月，中共八届九中全会决定对国民经济实行"调整、巩固、充实、提高"的八字方针，毛泽东在会上号召全党大兴调查研究之风。以这两件事为标志，国民经济转入调整时期，"大跃进"运动实际上已被停止。

毛泽东带头做调查，他直接组织和指导三个调查组，分赴浙江、湖南、广东农村基层做调查。刘少奇、周恩来、朱德、陈云、邓小平等也分别到湖南、河北、四川、北京等地，深入基层进行调查研究，为各领域制定调整政策做了重要的思想准备。1961年3月，毛泽东在广州主持起草《农村人民公社工作条例（草案）》（农业六十条），经过干部和群众反复讨论和试点，做了几次重大修改，确定将人民公社的基本核算单位下放到相当于原来的初级社规模的生产队，取消了农民普遍反对的部分供给制和公共食堂，认真贯彻按劳分配的原则。9月，中共中央发布《国营工业企业工作条例（草案）》（工业七十条），一系列必要的规章制度恢复和建立起来，对于工业企业正常生产秩序发挥了积极作用。同经济工作的调整相配合，文化工作的各个领域也进行了调整，中共中央陆续制定教育、科学、文艺等方面的工作条例草案，调整党和知识分子关系，贯彻落实"双百"方针，正常的工作秩序得到恢复，对文化事业从总结经验中逐步形成自己的一套方针政策和具体制度起了重要作用。

为进一步总结"大跃进"以来的经验教训，统一认识，增强团结，1962年1、2月间，扩大的中共中央工作会议在北京召开。来自中央、各中央局、各省市自治区党委、地委、县委、重要厂矿党委及军队的负责干部共7000余人参会，通称"七千人大会"。召开这次空前规模的大会，是由于经过1年调整形势开始好转，但是困难还很大，党内外思想上还有很多疑问。大会前一阶段是讨论刘少奇代表中央提出的书面报告和讲话，他实事求是地认识到"大跃进"以来实际工作和指导思想的错误，受到大家热烈欢迎。1月30日，毛泽东在会上发表长篇讲话，中心是讲民主集中制，强调不论党内党外都要有充分的民主生活，让群众讲话，不许人家讲话，这种态度非常恶劣。他说："批评和自我批评是一种方法，是解决人民内部矛盾的方法，而且是唯一的方法。"毛泽东带头作自我批评："凡是中央犯的错误，直接的归我负责，间接的我也有份，因为我是中央主席。"毛泽东还强调在社会主义建设上，当前还存在很大盲目性，今后要下苦功夫调查它，研究它，在实践中逐步地加深对它的认识，弄清楚它的规律。毛泽东并且指出，中国人口多、底子薄，经济落后，要使生产力很大地发展起来，赶上和超过世界上最先进的资本主义国家，没有100多年的时间是不行的，这体现出中共中央和毛泽东对社会主义建设长期性的进一步认识。邓小平、周恩来分别代表中央书记处和国务院在大会上作自我批评，并提出了恢复党的优良传统和克服困难的主要办法。

这次会议在动员全党为战胜困难而团结奋斗，全面贯彻调整国民经济的八字方针方面起了积极作用。

到1965年年底，调整国民经济的任务全面完成，国内生产总值达到1717.2亿元，超过历史最高水平。国民经济主要比例关系基本恢复正常，财政收支平衡，市场稳定，人民生活有所改善，尤其值得注意的是，这些经济社会建设的成就，是在国内发生严重困难，在国际上遭到战争威胁和巨大压力的情况下取得的。我国还在此期间还清了对苏联的全部债款（主要是抗美援朝战争中的军火债款）。

在国民经济调整工作取得巨大成就的时候，中共中央适时提出了新的奋斗目标。1964年年底，周恩来在三届全国人大一次会议上郑重提出实现"四个现代化"的历史任务，即"在不太长的历史时期内，把我国建设成为一个具有现代农业、现代工业、现代国防和现代科学技术的社会主义强国，赶上和超过世界先进水平"。中央还确定分两步走实现现代化的战略构想，即从第三个五年计划开始，第一步，经过三个五年计划，建立一个独立的比较完整的工业体系和国民经济体系；第二步，全面实现农业、工业、国防和科学技术的现代化，使中国经济走在世界前列。"四个现代化"从此成为全党和全国各族人民的共同奋斗目标。

四　建设成就与时代精神

在1956—1966年全面建设社会主义艰辛探索的10年间，虽然遭到过挫折，仍然取得了很大的成就。

中国初步建立起独立的比较完整的工业体系和国民经济体系。

以1966年同1956年相比，全国工业固定资产按原价计算，增长了3倍。从1965年起实现石油全部自给，形成了采矿、冶金、水电、石化等工业设备制造以及飞机、汽车、工程机械制造等十几个基本行业，能够独立设计和制造一部分现代化大型设备。电子工业、原子能工业、航天工业也在这期间从无到有、从小到大逐步发展起来。1964年，中国主要机器设备自给率已由1957年的60%提高到90%。三线建设初步改变了我国工业布局不合理的状况，也比较成功地建设起一个比较完整的国防战略后方，极大地增强了我国的国防实力。农业的基本建设和技术改造开始大规模展开，并逐渐收到成效，大型枢纽骨干工程和各类水库，在当时和以后相当长的时期内均发挥重要作用。农业生产条件得到改善。从1957年到1965年，农业机械总动力由121万千瓦增加到1099万千瓦，化肥施用量由37.3万吨增加至199.2万吨，农机用电量由1.4亿千瓦小时增加至37.1亿千瓦小时。

科学技术发展成绩显著。1964年10月16日，中国成功爆炸第一颗原子弹，有力打破了超级大国的核垄断和核讹诈，大大提高了中国的国际地位。导弹和人造卫星的研制取得突破

图14-5 1970年4月24日，中国自行设计、制造的第一颗人造地球卫星"东方红一号"发射成功

性进展，在尖端科技方面也取得突破性成就。1965年中国首次人工合成牛胰岛素结晶，这是世界上第一次人工合成的与天然胰岛素分子化学结构相同并具有完整生物活性的蛋白质，标志着人类在揭示生命本质的征途上实现了里程碑式的飞跃。

教育卫生事业成就显著。1957—1966年，高等学校毕业生累计达139.2万人，中等专业学校毕业生累计达211.1万人，分别为1950—1956年的4.9倍和2.4倍。医疗卫生机构大幅增加，全国城乡卫生医疗网基本形成。严重危害人民健康的天花、霍乱、疟疾、鼠疫、血吸虫病等疾病，或被灭绝，或得到有效防治。1965年6月26日，毛泽东提出"把医疗卫生工作的重点放到农村去"，大批医务工作者包括林巧稚等知名专家，下乡与农民同吃、同住、同劳动，在农民家中或田间地头看病治疗，辅导农村卫生人员，大力提高农村基层医疗服务水平。

文学艺术事业发展也相当可观。小说有《青春之歌》《红岩》《创业史》等；电影有《洪湖赤卫队》《英雄儿女》《甲午风云》等；舞剧歌剧有《红色娘子军》《霓虹灯下的哨兵》《江姐》等，大型音乐舞蹈史诗《东方红》是这一时期的经典。体育工作也取得了相应发展。1960年5月，中国登山队在人类历史上第一次从北坡登上了世界最高峰——珠穆朗玛峰。1961年4月，中国队在第二十六届世界乒乓球锦标赛上夺得3项世界冠军和4项亚军。

国家大力支持少数民族地区的工业发展，"一五"计划时期，在西北的新疆、宁夏、青海少数民族地区投资兴建了一批现代工业。1964年开始的三线建设把西南、西北少数民族地区当作重点。国家还大力发展少数民族的教育事业，积极帮助少数民族发展文艺事业，并下大力气改变少数民族地区缺医少药、地方病流行的落后状况。

10年间，中国还培养了一大批治党治国治军和社会主义建设事业所需要的专门人才，其中大部分成为后来改革开放和社会主义现代化建设事业各方面的骨干力量。

社会主义建设上取得巨大成就的同时，在精神上也获得巨大丰收。

以铁人王进喜为代表的大庆石油工人，为了早日甩掉中国"贫油"的帽子，以"宁肯少活20年，拼命也要拿下大油田"的豪情，靠"有条件要上，没有条件创造条件也要上"的决心，发扬"三老四严""四个一样"[①]的科学态度和工作作风，用3

图14-6 大庆油田钻井第二大队大队长王进喜（左二）和工人们一起钻井

年多时间，建设起中国最大的石油基地——大庆油田，铸就了爱国、创业、求实、奉献的大庆精神（铁人精神）。全国工业战线通过开展学大庆活动，涌现出一批"大庆式"的先进企业。

---

① "三老四严"即对待革命事业，要当老实人、说老实话、办老实事；对待工作，要有严格的要求、严密的组织、严肃的态度、严明的纪律。"四个一样"即对待革命工作要做到，黑天和白天一个样，坏天气和好天气一个样，领导不在场和领导在场一个样，没有人检查和有人检查一个样。

农业战线的旗帜是红旗渠精神。河南林县人民在县委书记杨贵领导下，苦干10年，在太行山悬崖绝壁上用简陋的工具，吊着绳子、悬空施工，削平1250座山头，架设152座渡槽，凿通211条隧洞，终于建成长达1500千米的"人工天河"红旗渠。在这个过程中，81人献出了宝贵的生命。他们以"林县人民多壮志，誓把河山重安排"的豪迈，成就了中国农民改天换地创造的奇迹。

人民解放军战士雷锋，在平凡工作岗位上甘当螺丝钉，勇于奉献，乐于助人，体现了崇高的共产主义情操。1962年8月，他因公殉职时年仅22岁。1963年3月5日，毛泽东发出"向雷锋同志学习"的号召，全国各行各业掀起了持久的学习雷锋热潮。雷锋精神，成为中华民族的时代精神楷模。

河南兰考县委书记焦裕禄，为了改变兰考人民贫穷落后面貌，带领全县人民治理盐碱地和沙丘。他忍着晚期肝癌的病痛，坚守在治沙第一线，"生也沙丘，死也沙丘，父老生死系"。以"心中装着全体人民、唯独没有他自己"的公仆情怀，诠释着亲民爱民、艰苦奋斗、科学求实、迎难而上、无私奉献的焦裕禄精神。

钱学森、钱三强、邓稼先等一大批科学家，全心投入"两弹一星"研制工作，把个人理想与祖国命运、个人志向与民族振兴紧紧联系在一起。"干惊天动地事，做隐姓埋名人。"铸就了热爱祖国、无私奉献、自力更生、艰苦奋斗、大力协同、勇于登攀的"两弹一星"精神，激励和鼓舞了几代人，成为全国各族人民宝贵的精神财富和不竭的动力源泉。

第五节 社会主义建设的曲折发展

1966年5月至1976年10月，是"文化大革命"时期，社会主义建设曲折发展。"文化大革命"的发生，有着复杂的国际和国内的社会历史原因，毛泽东对当时中国阶级形势以及党和国家政治状况作出完全错误的估计，中共中央未能及时纠正这些错误。林彪、江青两个反革命集团利用毛泽东的错误，进行了大量祸国殃民的罪恶活动，酿成10年内乱，使党、国家和各族人民遭到新中国成立以来最严重的挫折和损失，教训极其惨痛。"文化大革命"期间，党和人民对"左"的错误的斗争一直没有停止过，一定程度上限制了"文化大革命"的负面影响，社会主义建设在一些重要领域仍然取得一定进展，党、人民政权、人民军队和整个社会的性质都没有改变。中国国民经济和各项工作在艰难中仍然取得了重要进展。1975年年初，邓小平全面主持中央和国务院的日常工作，大刀阔斧进行整顿。1976年10月，中央政治局执行党和人民的意志，毅然粉碎了"四人帮"，结束了"文化大革命"这场灾难。

一 "文化大革命"的发生

1966年，正当我国胜利完成调整经济的任务，开始执行第三个五年计划的时候，"文化大革命"发生了。

"文化大革命"的发生，有着复杂的国际国内的社会历史原因。

新中国成立以后，复杂、严峻的外部环境对党和国家作出判断和决策产生了重要影响。西方敌对势力的长期军事威胁、经济封锁以及"和平演变"的企图，使毛泽东一直在考虑，如何保证中国的社会主义政权不改变颜色。20世纪60年代初期中苏两党大论战之后，面对苏联施加的巨大压力，毛泽东又认为，修正主义已经成为主要危险，必须开展"反修"斗争。

另一方面，由于中国共产党对在一个贫穷落后的国家如何建设社会主义缺乏经验和思想准备，在分析和处理国内新的矛盾时，往往沿用过去战争年代开展阶级斗争和大规模群众运动的经验。毛泽东把党内在"大跃进"、国民经济调整、社会主义教育运动等一些重要问题上的认识分歧，认为是两个阶级、两条路线的斗争，对党内国内的政治形势逐步作出错误判断，甚至得出了各个领域都面临着资本主义复辟的危险。因此，他认为，必须寻找一种新的形式，公开地、全面地、由下而上地发动广大群众，打倒所谓的"党内走资本主义道路的当权派"，从而防止资本主义复辟。

1965年11月10日，姚文元的文章《评新编历史剧〈海瑞罢官〉》在上海《文汇报》发表，成为"文化大革命"的导火线。1966年5月16日，中共中央召开政治局扩大会议，通过《中国共产党中央委员会通知》（以下简称"五一六通知"），系统阐发发动"文化大革命"的主要论点，指出："混进党里、政府里、军队里和各种文化界的资产阶级代表人物，是一批反革命的修正主义分子，一旦时机成熟，他们就会要夺取政权，由无产阶级专政变为资产阶级专政。"会议还决定设立"中央文化革命小组"。由江青等人把持的这个小组实际上凌驾于中央政治局之上。8月，中共八届十一中全会通过《中国共产党中央委员会关于无产阶级文化大革命的决定》（以下简称"十六条"），提出"这次运动的重点，是整党内那些走资本主义道路的当权派"。这两次会议的召开，标志着"文化大革命"全面发动。

二　党和人民对"左"倾错误的斗争

"文化大革命"首先表现为红卫兵运动迅猛兴起。1966年5月25日，北京大学贴出了一张针对中共北京市委和北大党委的大字报，各地学校很快出现以学校校长、教师为对象的所谓揪斗"黑帮"的浪潮，内乱迅速推向社会，一些中学率先成立了群众造反组织——红卫兵。红卫兵运动席卷全国，出现了大串连、"破四旧"①、冲击当地党政领导机关等严重破坏法制的行为，国家机构的正常工作遭到严重干扰。1967年1月，在张春桥、姚文元的策划下上海造反派首先夺了市委、市人委的权，然后全国掀起了造反派夺取党和政府各级领导权的浪潮，导致全国动乱升级。

1967年1月，毛泽东指示人民解放军介入运动，执行"三支两军"②任务。他还要求各地筹备成立"革命委员会"。1968年7月，他又派出工人、解放军宣传队进驻大中学校，严重动乱的局势开始逐步得到遏制。经过艰难努力，到1968年9月，全国各省、自治区、直辖市（除台湾地区外）都先后成立了"革命委员会"。地方革命委员会代行地方人民代表大会、人民政府的职能。"革命委员会"的成立，

①　即所谓旧思想、旧文化、旧风俗、旧习惯。
②　即支左、支工、支农、军管、军训。

对恢复社会秩序起到一定的作用，使经济建设仍然能够维持。

1968年10月，在党内生活极不正常的状况下，中共八届扩大的十二中全会宣布撤销刘少奇党内外一切职务，永远开除党籍。1969年4月，中共九大召开。大会使"无产阶级专政下继续革命的理论"的错误理论和实践进一步系统化、合法化，加强了林彪、江青、康生等人在中共中央的地位。中共九大在思想上、政治上和组织上的指导方针都是错误的。

这期间，一批老干部和广大干部群众对"左"倾错误进行抵制和抗争。1967年2月前后，谭震林、陈毅、叶剑英、李富春、李先念、徐向前、聂荣臻等中央政治局和中央军委的领导同志，在不同会议上对江青等人"文化大革命"的错误做法进行强烈批评，但被诬为"二月逆流"，受到压制和打击。然而，这次抗争所表现出的凛然正气，对人民群众是一个有力鼓舞。许多群众以各种形式表达了对"文化大革命"的不满和希望制止内乱的心声。更多的人胸怀对祖国始终不渝的热爱，在逆境中坚守工作岗位，抵制"文化大革命"错误。

1970—1971年间发生了林彪反革命集团阴谋夺取最高权力、策动反革命武装政变的事件，九一三事件后，促使更多的人思考无产阶级专政下究竟要不要这样的"继续革命"？"文化大革命"能不能给中国人民带来希望和利益？人们开始从狂热中觉醒，客观上宣告了"文化大革命"理论和实践的失败。1972年，周恩来在毛泽东支持下主持中央日常工作，批判极"左"思潮，推动落实干部政策，使得各方面工作有了转机。1973年8月，中共十大召开，大会继续肯定中共九大的政治路线和组织路线。中共十大以后，江青与王洪文、张春桥、姚文元结成"四人帮",他们在1974年年初开始的"批林批孔"运动中,把矛头直指周恩来,并企图利用筹备四届全国人大之机,由他们"组阁",全国局势再次出现动荡。毛泽东察觉后,多次批评他们。周恩来、邓小平同"四人帮"进行坚决斗争,挫败了他们的"组阁"阴谋。1975年1月,四届全国人大一次会议重申实现"四个现代化"的宏伟目标,任命周恩来为总理、邓小平为第一副总理。挫败"四人帮""组阁"图谋和邓小平主持中共中央和国务院日常工作,使身处反复动乱中的广大干部和群众重新看到了党和国家的希望。

三 开拓外交新局面

20世纪70年代初,国际形势经过战后20多年的发展,发生了重大变化,新的国际格局初露端倪。广大亚非国家纷纷独立,美国深陷越南战争不能自拔。这为中国外交战略的转变提供了机遇。毛泽东、周恩来敏锐地抓住这一时机,调整国际战略,开创了对外关系的新局面。中美关系的缓和,是其中关键性的一环。

1969年,尼克松就任美国总统后美国方面就通过多种方式同中国方面进行接触。1971年4月,毛泽东同意邀请美国乒乓球队访华,这一事件引起世界关注。这种"小球转动大球"的"乒乓外交",促进了中美关系的发展和世界形势的变化。7月,受尼克松总统派遣,美国总统国家安全事务助理基辛格秘密访华。双方决定次年尼克松访问中国,这一消息震动了世界。

10月25日,第二十六届联合国大会以76票赞成、35票反对、17票弃权的压倒性多数通过2758号决议,恢复中华人民共和国在联合国的一切合法权利，并立即把台湾国民党当局的代表从联合国一切机构中驱逐出去。11月1日，中华人民共和国五星红旗第一次在联合国升起。这是中国外交战线的一个重大胜利。从此，中国作为联合国安全理事会常任理事国，为实现《联合国宪章》的宗旨、加强各国友好合作、维护世界和平、促进人类进步事业，在世界舞台上发挥了重要作用。

1972年2月，美国总统尼克松访华，于2月28日在上海发表《中美联合公报》。中国政府明确指出，台湾问题是中国的内政，用什么方式解决应该由中国自己来决定。美方声明：美国认识到，在台湾海峡两边的所有中国人都认为只有一个中国，台湾是中国的一部分；美国政府对这一立场不提出异议，并确认从台湾撤出全部美国武装力量和军事设施的最终目标。联合公报的发表，标志着两国关系正常化进程的开始，为以后中美关系的发展奠定了原则基础。

中美关系的缓和直接推动了中日关系的改善。日本首相田中角荣于1972年9月访华。中日双方于9月29日签署建立外交关系的《联合声明》。中日开始了新的睦邻友好关系。

中国提出划分三个世界的战略，作出中国永远不称霸的庄严承诺，赢得国际社会特别是广大发展中国家的尊重和赞誉。随着中国国际地位的空前提高，出现了新中国成立后又一次建交高潮。到1973年年底，中国陆续同美国以外的一些资本主义发达国家建交，同欧洲共同体也建立了正式关系，同东欧各国的关系也有了不同程度的恢复、改善和发展。中国发展同第三世界国家友好合作，同40多个亚非拉国家建立了外交关系。到1976年年底，同中国建交国家达到111

个，包括当时世界上的绝大多数国家。中国外交另一成就是推动形成国际社会坚持一个中国原则的共识。

四 1975年的全面整顿

四届全国人大一次会议闭幕后，邓小平接替病情加重的周恩来主持中共中央和国务院日常工作。他根据毛泽东"要安定团结""把国民经济搞上去"的指示，大刀阔斧地进行了全面整顿。

整顿铁路部门是扭转经济领域混乱局面的突破口。当时，徐州、南京、郑州、南昌等几个重要的铁路局都被造反分子把持，造成运输长期堵塞，阻碍津浦、京广、陇海、浙赣4条干线的通畅。1975年2月下旬，中共中央召开全国主管工业的书记会议。邓小平在讲话中严厉指出，解决铁路问题的办法是要加强集中统一，建立必要的规章制度和纪律，对少数闹派性的，要坚决予以处理。3月5日，中共中央作出决定，着重解决铁路运输问题，派出工作组，前往问题特别严重的地方，坚决调整领导班子，撤换捣乱的派性严重的坏头头。铁路整顿立即见效，到4月，堵塞严重的路段全部疏通，20个铁路局除南昌铁路局都超额完成计划。铁路系统整顿所取得的成效，为其他部门的整顿特别是钢铁工业提供了宝贵经验。经过几个月的整顿，经济形势明显好转，国民经济摆脱了停滞状态。在邓小平支持下，国家计委的《关于加快工业发展的若干问题》和中国科学院的《科学院工作汇报提纲》，在工业、科技领域系统地提出纠正"左"倾错误、恢复和确立正确政策，在一些问题上很有远见地提出了改革工业、科技工作的重要思想，连同国务院政治研究室撰写的《论全党全国各项工作的总纲》，为后来这两方面的改革做了一定思想准备。

在组织工作中邓小平也采取一些重要举措，进一步落实干部政策，使被打倒的老干部尽快恢复工作。邓小平、叶剑英主持召开军委扩大会议，解决军队臃肿、闹派性、纪律松弛，"肿、散、骄、奢、惰"等问题，调整配备军队25个大单位领导班子。

文艺领域是"重灾区"，当时人们所能看到的，只有几个"样板戏"。邓小平以"调整文艺政策"的方式对文艺界进行整顿，重新强调党的"双百"方针，解除对一些优秀作品发表和演出的限制。观众喜爱的电影《洪湖赤卫队》《霓虹灯下的哨兵》等陆续解禁，话剧《万水千山》和组歌《红军不怕远征难》重新出现在舞台上，纪念聂耳、冼星海音乐会隆重举行，《鲁迅书信集》得以出版。

经过全面整顿，全国大部分地区社会秩序趋于稳定，国民经济迅速回升。1975年的全国工农业总产值比上年增长11.9%，大多数产品产量指标按照"四五"计划基本完成，成为"文化大革命"以来经济状况最好的一年。邓小平后来说："拨乱反正在一九七五年就开始了"，"说到改革，其实在一九七四年到一九七五年我们已经试验过一段。……那时的改革，用的名称是整顿，强调把经济搞上去，首先是恢复生产秩序。凡是这样做的地方都见效"。

五 "文化大革命"的结束

1976年是多事的一年。

邓小平主持的整顿工作，引起"四人帮"的恐慌，他们利用"反经验主义""评水浒"活动等各种机会，竭力对整顿进行攻击。毛泽东批评邓小平"要翻文化大革命的案"。随后，全国开展了"反击右倾翻案风"运动，整顿的大好形势急转直下。

1月8日，周恩来逝世。7月6日，朱德逝世。9月9日，毛泽东逝世。在短短9个月的时间里，三位党和国家杰出领导人相继逝世，全党全国人民陷入巨大的悲痛之中，也深深思虑着党和国家的前途命运。

周恩来逝世后，江青反革命集团"四人帮"发出种种禁令，竭力阻挠和诬蔑群众性悼念活动，加紧展开"反击右倾翻案风"运动，激起全国广大干部和群众极大愤怒。自3月下旬起，各地群众冲破阻力，举行悼念周恩来的活动，锋芒直指"四人帮"，鲜明地表现了人心向背，为后来粉碎"四人帮"奠定了伟大的群众基础。

7月28日，河北省唐山市发生里氏7.8级强烈地震。唐山市被夷为废墟，人民群众的生命财产遭受巨大损失。中共中央和国务院立即组织人民解放军和各有关部门积极进行抗震救灾活动。灾难的发生，更加重了形势的严峻。

国家多难之际，"四人帮"却加紧了夺取党和国家最高领导权的活动。10月6日晚，华国锋、叶剑英等代表中央政治局，执行党和人民的意志，对"四人帮"及其在北京的帮派骨干实行隔离审查。10月14日，中共中央公布粉碎"四人帮"的消息，人们奔走相告，兴高采烈。粉碎"四人帮"，结束了"文化大革命"这场灾难，中国的社会秩序得以恢复，党和国家的工作开始重新走上健康发展的轨道。

"文化大革命"的发生，对于中国共产党、中华人民共和国和中国人民来说，是一场灾难。中共中央《关于建国以来党的若干历史问题的决议》指出："对于党和国家肌体中确实存在的某些阴暗面，当

图14-7　1976年10月24日，首都各界群众在天安门广场集会，热烈庆祝粉碎
　　　　　"四人帮"的胜利

然需要作出恰当的估计并运用符合宪法、法律和党章的正确措施加以解决，但决不应该采取'文化大革命'的理论和方法。在社会主义条件下进行所谓'一个阶级推翻一个阶级'的政治大革命，既没有经济基础，也没有政治基础。它必然提不出任何建设性的纲领，而只能造成严重的混乱、破坏和倒退。"历史已经判明，"文化大革命"是一场由领导者错误发动，被反革命集团利用，给党、国家和各族人民带来严重灾难的内乱。这种历史悲剧，决不允许重演。

　　"文化大革命"是在探求中国自己的社会主义道路的历程中遭到的严重挫折。中国共产党依靠自己的力量，最终自己纠正了这一严重错误。历史再一次证明，中国人民是伟大的人民，中国共产党有能力靠自己的力量纠正错误，中国共产党和社会主义制度具有强大的生命力。"文化大革命"持续10年，以未曾想见的形式，暴露出当时党和国家在体制、政策、工作等方面存在的严重缺陷。正如邓小平所指出的："二十年的经验尤其是'文化大革命'的教训告诉我们，不改革不行，不制定新的政治的、经济的、社会的政策不行。"

如何看待这段复杂的历史？我们要把作为政治运动的"文化大革命"与"文化大革命"历史时期区别开来。这一时期，国民经济虽然遭到巨大损失，但仍然在党和人民共同努力下取得了进展。从1964年开始的三线建设成果引人注目。在建和建成四川攀枝花、四川长城、河南舞阳等钢铁基地，贵州六盘水、四川宝鼎、陕西韩城等煤炭基地，甘肃刘家峡、湖北丹江口、葛洲坝等大中型水电站。三线建设在很大程度上改变了旧中国工业布局不平衡的状况。1968年建成的南京长江大桥，是当时中国自行设计建造的最大的铁路、公路两用桥。1970年，国家战略后方的建设（重点是国防工业建设）迅速全面铺开，地方"五小"工业（小钢铁、小机械、小化肥、小煤窑、小水泥）迅猛发展。川黔、成昆、襄渝等一批交通运输线相继建成。经过改造的宝成铁路成为中国第一条电气化铁路。1974年，中国建成大庆至秦皇岛的第一条长距离输油管道。

1966年10月，中国第一次成功进行发射导弹核武器试验。1967年6月，成功爆炸了第一颗氢弹。1970年4月，成功发射第一颗人造地球卫星"东方红一号"。1975年11月，第一颗返回式遥感人造地球卫星发射成功。国防科技业绩显著，民用科技和生物技术也有突破。1972年屠呦呦科技组成功提取出新型抗疟疾药青蒿素，在全世界尤其是在发展中国家挽救了数百万人的生命，使得上亿人免于疟疾折磨。1973年，袁隆平在世界上首次成功培育籼型杂交水稻，1976年在全国进行大面积推广应用，大幅度提高了产量。

六　在徘徊中前进

粉碎"四人帮"后，党和国家采取坚决果断措施，清查"四人帮"帮派体系，平反"文化大革命"中的冤假错案，恢复受到迫害的干部工作，调整和配备党政军各级领导班子，部署开展揭发批判"四人帮"的运动，国家政治生活和社会秩序开始走上正常轨道。

1977年7月召开的中共十届三中全会决定恢复邓小平中共中央委员，中央政治局委员、常委，中共中央副主席，中共中央军委副主席，国务院副总理，中国人民解放军总参谋长的职务。8月，中共第十一次全国代表大会召开。大会宣告"文化大革命"结束，重申党的根本任务是要在20世纪内把中国建设成为社会主义现代化强国。受到当时历史条件的限制，大会仍然肯定"文化大革命"的错误理论和实践，没有能够从根本上纠正"文化大革命"的错误。

邓小平恢复中央领导工作后，深知教育、科技领域拨乱反正的重要性，主动要求分管科学教育工作，以此作为推动拨乱反正的突破口。他尖锐地批判林彪、江青等人鼓吹的"文艺黑线专政论""教育黑线专政论"，推翻了多年来压在广大知识分子头上的"两个估计"①。1977年8月，邓小平主持召开科学和教育工作座谈会，决定恢复在"文化大革命"中一度中断的高等学校统一招生考试制度。当年

---

① "两个估计"，即"文化大革命"前17年教育战线是资产阶级专了无产阶级的政，是"黑线专政"；知识分子的大多数世界观基本上是资产阶级的，是资产阶级知识分子。

冬季参加高考的570万人，怀着求知的渴望走进考场，27.3万人被录取。由于大学多年没有高考招生，不少报考者年龄相差十几岁，出现了师生同堂参加高考的空前盛况。

1978年3月，全国科学大会在北京隆重举行。邓小平在大会开幕式上指出，独立自主不是闭关自守，自力更生不是盲目排外。"任何一个民族、一个国家，都需要学习别的民族、别的国家的长处，学习人家的先进科学技术。"他强调，"四个现代化"关键是科学技术的现代化；指出科学技术是生产力，而且正在成为越来越重要的生产力。针对新中国成立以来争议不休的知识分子的阶级属性问题，邓小平一锤定音：绝大多数知识分子"已经是工人阶级和劳动人民自己的知识分子，因此也可以说，已经是工人阶级自己的一部分"。大会制定了《一九七八年——一九八五年全国科学技术发展规划纲要（草案）》，表彰了先进工作者和先进集体，号召大家树雄心、立壮志，向科学技术现代化进军，提高全民族的科学文化水平，科学的春天来到了。

与此同时，《桃花扇》《阿诗玛》《李双双》等一大批被长期禁锢的电影、戏剧重新放映上演，许多中外优秀文艺作品得以解禁，文联、作协等群众团体恢复工作，文艺创作逐步活跃起来。

在"文化大革命"结束后的两年间，党和国家工作有所前进，一些领域的拨乱反正已经开始，经济建设、社会各项事业和外交工作也有所恢复和发展。到1978年，工业方面，80种主要产品产量有68种完成或超额完成了计划。农业方面，农业总产值和粮食、棉花、油料产量都达到了新中国成立以来的最好水平。但是，由于"文化大革命"中"左"倾错误的长期影响，加上受到"两个凡是"的限制，党和国家工作总体上受到阻挠，出现了在徘徊中前进的局面。

从新中国成立到改革开放前是新中国凯歌行进、曲折发展的年代，为了实现中华民族伟大复兴，中国共产党团结带领中国人民，自力更生、发愤图强，创造了社会主义革命和建设的历史新篇章，以英勇顽强的奋斗向世界庄严宣告，中国人民不但善于破坏一个旧世界，也善于建设一个新世界。社会主义制度具有强大的生命力，无论经历怎样的风险考验都能克服前进道路上的困难和曲折，不断向前发展，只有社会主义才能救中国，只有社会主义才能发展中国！社会主义革命和建设时期辉煌成就的取得为在新的历史时期开创中国特色社会主义提供了宝贵经验、理论准备、物质基础。

本章参考文献

《1949—1952中华人民共和国经济档案资料选编·综合卷》，中国社会科学出版社1990年版。

《光辉的三十五年》，中国统计出版社1984年版。

《建国以来重要文献选编》（1册至19册），中央文献出版社1982—1998年版。

《毛泽东传》（1949—1976），中央文献出版社2003年版。

《毛泽东年谱》（1893—1949）下，中央文献出版社2013年版。

《毛泽东年谱》（1949—1976）1—3卷，中央文献出版社2013年版。

《毛泽东文集》第5—8卷，人民出版社1999年版。

《新中国60年》，中国统计出版社2009年版。

《新中国五十年统计资料汇编》，中国统计出版社1999年版。

《中国共产党中央委员会关于建国以来党的若干历史问题的决议》，《三中全会以来重要文献选编》下，人民出版社1982年版。

《中共中央关于党的百年奋斗重大成就和历史经验的决议》，人民出版社

2021年版。

《中华人民共和国史稿》第一卷至第四卷，人民出版社、当代中国出版社2012年版。

《周恩来年谱》（1949—1976）上卷、中卷，中央文献出版社1997年版。

刘建章主编：《当代中国的铁道事业》，当代中国出版社、香港祖国出版社1999年版。

彭敏主编：《当代中国的基本建设》，当代中国出版社、香港祖国出版社1999年版。

钱临照、谷羽主编：《中国科学院》（上），当代中国出版社、香港祖国出版社1999年版。

本章图片来源

图14-1 《中华人民共和国简史》，人民出版社、当代中国出版社2021年版，第27页。

图14-2 《中华人民共和国简史》，人民出版社、当代中国出版社2021年版，第19页。

图14-3 《中国共产党简史》，人民出版社、中共党史出版社2021年版，第175页。

图14-4 《中华人民共和国简史》，人民出版社、当代中国出版社2021年版，第57页。

图14-5 《中华人民共和国简史》，人民出版社、当代中国出版社2021年版，第99页。

图14-6 《中华人民共和国简史》，人民出版社、当代中国出版社2021年版，第106页。

图14-7 《中华人民共和国简史》，人民出版社、当代中国出版社2021年版，第130页。

第十五章

改革开放与社会主义现代化建设新时期

　　中共十一届三中全会，开启了中国改革开放和社会主义现代化建设新时期。改革开放是中国共产党的一次伟大觉醒，是中国人民和中华民族发展史上一次伟大革命。中国共产党带领中国人民，全面深刻总结新中国成立以来正反两方面经验，借鉴世界社会主义历史经验，解放思想，实事求是，明确提出走自己的路，建设中国特色社会主义，准确把握中国国情，确立"一个中心、两个基本点"这一党在社会主义初级阶段的基本路线，科学回答了建设中国特色社会主义的一系列基本问题，制定了到21世纪中叶分三步走、基本实现社会主义现代化的发展战略。在十分复杂的国内外形势下，党带领人民战胜各种风险和挑战，建立社会主义市场经济体制，加入世界贸易组织，制定和实施科教兴国战略、人才强国战略、西部大开发战略等跨世纪战略，成功举办北京奥运会，恢复对香港、澳门行使主权，推进祖国统一大业，开创、坚持和发展了中国特色社会主义。中国积极融入全球化，全面建设小康社会，国家经济实力和综合国力大幅度提升，国内生产总值跃居世界第二位，国际地位和影响力显著提高，人民生活水平大大提升，社会长期保持安定团结，"为实现中华民族伟大复兴提供充满新的活力的体制保证和快速发展的物质条件"[①]，中国特色社会主义呈现勃勃生机。

[①] 《中共中央关于党的百年奋斗重大成就和历史经验的决议》，人民出版社2021年版，第15页。

第一节　开启改革开放新时期

　　1978年全国开展的真理标准问题大讨论，冲破了"两个凡是"错误方针的禁锢，揭开了思想解放的序幕。在此基础上召开的中共十一届三中全会，作出了把党和国家工作中心转移到经济建设上来，实行改革开放的历史性决策，实现了新中国历史上具有深远意义的伟大转折。随着拨乱反正的全面开展和中国共产党在指导思想上拨乱反正历史任务的完成，"左"的错误造成的混乱局面从根本上得以改变，国家和社会重新焕发勃勃生机。

一　"两个凡是"与真理标准问题大讨论

　　"文化大革命"对党、国家和民族造成严重的危害，在经济社会诸多方面都产生了灾难性的后果。1966—1976年10年中有3年经济负增长，人民生活十分困难。而与此同时，世界经济快速发展，科技进步日新月异。美国经济从1961年1月到1969年10月，实现连续106个月增长，被称为是繁荣的十年。法国、德国经济增长明显。日本经济从1955年到1970年，GDP增加了7.2倍，1968年超过联邦德国，成为世界第二大经济体。1978年10月，邓小平访问日本乘坐新干线列车，谈及感受时说道："就是快，有催人跑的意思。"这句话意味深长。

　　1976年10月粉碎"四人帮"的胜利，开始扭转10年内乱造成的严重局面。中国从危难中重新奋起。国内外发展形势，迫切要求中国共产党就关系党和国家前途命运的大政方针，尽快作出政治决断和战略抉择。人们急切期待着党和国家迅速摆脱困境，迈开大步向前进。

1977年2月7日《人民日报》《红旗》《解放军报》发表题为《学好文件抓住纲》的社论，提出"两个凡是"："凡是毛主席作出的决策，我们都坚决维护，凡是毛主席的指示，我们都始终不渝地遵循。""两个凡是"严重阻碍人们彻底纠正"文化大革命"错误的要求和愿望。由于"两个凡是"的影响，1977年8月召开的中共十一大，虽然宣告"文化大革命"结束，重申20世纪内把中国建设成为社会主义现代化强国的根本任务，但仍然继续肯定"文化大革命"的错误理论和实践。

如果坚持"两个凡是"，就等于继续坚持"文化大革命""左"的错误，在实践上为新形势下坚持真理、修正错误设置了障碍。究竟应该用什么样的态度对待毛泽东的指示？判定历史实践的是非标准到底是什么？1978年5月10日，中央党校内部刊物《理论动态》发表了一篇题为《实践是检验真理的唯一标准》的文章。文章鲜明指出，检验真理的标准只有一个，就是千百万人民的社会实践。实践是不断发展的，任何思想、理论，即使是已经在一定实践阶段上获得证明的真理，在其发展过程中仍然要接受新的实践检验，不断得到补充、丰富或者纠正。文章指出，躺在马列主义、毛泽东思想的现成条文上，甚至拿现成的公式去限制、宰割、裁剪无限丰富的飞速发展的革命实践，这种态度是错误的。5月11日，《光明日报》以特约评论员文章的形式公开发表此文，新华社全文转发，《人民日报》《解放军报》以及各省级的报纸进行转载、转发。

实践是检验真理的唯一标准，本来是马克思主义的常识。但由于同"两个凡是"尖锐对立，并且触及盛行多年的思想僵化和个人崇拜，因此真理标准问题讨论一开始就受到一些人的指责。关键时刻，邓小平给予了及时有力的支持。1978年6月2日，他在全军政治工作会议上着重阐述了毛泽东关于实事求是、一切从实际出发、理论与实践相结合的根本观点和方法，批评一些同

图15-1 《光明日报》发表《实践是检验真理的唯一标准》

志照抄照搬马克思、列宁、毛泽东的原话的错误态度，明确指出，"这个问题不是小问题，而是涉及怎么看待马列主义、毛泽东思想的问题"。邓小平强调："按照实际情况决定工作方针，这是一切共产党员所必须牢牢记住的最基本的思想方法、工作方法。"随后，邓小平这一讲话作为中共中央文件下发，对于推动真理标准问题讨论的深入开展，起到很大促进作用。在邓小平的领导和许多老一辈革命家的支持下，一场关于真理标准问题的大讨论，迅速在全党全社会展开，形成了思想解放的滚滚大潮。

真理标准问题的大讨论，是继延安整风之后又一场马克思主义思想解放运动，成为正本清源、拨乱反正和改革开放的思想先导，为党重新确立实事求是的思想路线，纠正长期以来的"左"倾错误，实现历史性转折奠定了思想理论基础。

二　中共十一届三中全会实现伟大转折

在全党和全国人民思想解放的氛围中，中共中央开始探索如何通过改革开放加快发展。1978年，中共中央先后派出多个由党政领导人率领的代表团出访欧洲、日本、东南亚和中国港澳地区，其中邓小平先后出访日本、新加坡等7个国家。通过出访，他们深刻认识到中国在经济、科技领域同世界先进水平的差距。学习和借鉴国外先进管理经验和科学技术，日益成为他们关注和重视的问题。

邓小平多次提出关于改革开放和工作重点转移的主张。

1978年3月，邓小平在全国科学大会开幕式上的讲话中指出："独立自主不是闭关自守，自力更生不是盲目排外。""任何一个民族、一个国家，都需要学习别的民族、别的国家的长处，学习人家的先进科学技术。"

1978年9月，邓小平在东北三省以及唐山和天津等地视察，发表系列重要谈话，论及体制改革，强调现代化抓经济建设、发展生产力的重要性，提出将党的工作重点转移到经济建设上来。10月，邓小平在中国工会九大上致辞，指出揭发批判"四人帮"的斗争"在全国广大范围内已经取得决定性的胜利，我们已经能够在这一胜利的基础上开始新的战斗任务"，"现在党中央、国务院要求加快实现四个现代化的步伐，并且为此而提出了一系列政策和组织措施。中共中央指出，这是一场根本改变中国经济和技术落后面貌，进一步巩固无产阶级专政的伟大革命。这场革命既要大幅度地改变目前落后的生产力，就必然要多方面地改变生产关系，改变上层建筑，改变工农业企业的管理方式和国家对工农业企业的管理方式"。

邓小平的主张得到党内很多领导同志的赞同和支持。在1978年11月10日至12月15日召开的中央工作会议上，从1979年起把全党工作重点转移到社会主义现代化建设上来，成为一项主要议题。为了实现工作重点转移，11月25日，中央政治局作出为"天安门事件"平反、为所谓"薄一波等六十一人叛徒集团"等冤假错案平反的决定，解决了一批重大历史遗留问题。12月13日，邓小平在中央工作会议闭幕会上作了题为《解放思想，实事求是，团结一致向前看》的讲话，强调"如果现在再不实行改革，我们的现代化事业和社会主义事业就会被葬送"。这篇讲话受到与会者热烈拥护，实际上成为随后召开的十一届三中全会的主题报告，成为解放思想、开辟新时期新道路的宣言书，为实现具有划时代意义的伟大转折奠定了重要基础。

1978年12月18—22日，中共中央在北京召开十一届三中全会。全会冲破长期"左"的错误的严重束缚，彻底否定"两个凡是"的错误方针，高度评价关于真理标准问题的讨论，果断停止使用"以阶级斗争为纲"的口号，作出把工作重点转移到社会主义现代化建设上来和实行改革开放的战略决策。全会恢复了党的民主集中制的优良传统，加强了中央领导机构，审查解决了历史遗留的一批重大问题和一些重要领导人的功过是非问题。全会指出："现在就应当适应国内外

形势的发展，及时地、果断地结束全国范围的大规模的揭批林彪、'四人帮'的群众运动，把全党工作的着重点和全国人民的注意力转移到社会主义现代化建设上来。"全会强调："实现四个现代化，要求大幅度地提高生产力，也就必然要求多方面地改变同生产力发展不适应的生产关系和上层建筑，改变一切不适应的管理方式、活动方式和思想方式，因而是一场广泛、深刻的革命。"

中共十一届三中全会，是新中国历史上具有深远意义的伟大转折。这次全会充分肯定必须完整、准确地掌握毛泽东思想的科学体系，结束了粉碎"四人帮"后党和国家工作在徘徊中前进的局面，标志着中国共产党重新确立了马克思主义的思想路线、政治路线、组织路线，开始了在思想、政治、组织等领域的全面拨乱反正。会后，从党的指导思想确立和实际工作领导而言，形成了以邓小平为核心的党的中央领导集体。以这次全会为标志，中国进入了改革开放和社会主义现代化建设的历史新时期。

三 指导思想拨乱反正任务的完成

中共十一届三中全会后，各领域的拨乱反正全面展开。全面平反冤假错案，解决历史遗留问题，把"文化大革命"时期受到严重干扰的社会关系调整过来，是拨乱反正的重要内容。

党和国家按照实事求是、有错必纠的原则加快了平反冤假错案的步伐。1980年2月，中共十一届五中全会决定为刘少奇彻底平反并恢复名誉。此后，又为遭到错误批判、处理的党和国家其他领导人、各族各界的代表人物恢复了名誉，复查和平反了大量冤假错案，改正了错划右派分子的案件。同时，还采取措施调整各种社会关系，摘掉地主、富农分子的帽子，为国民党投诚起义人员落实政策，将小商、小贩、小手工业者等劳动者同原工商业者区别开来，摘掉约16万原工商业者的资本家或资本家代理人的帽子，一律改为干部或工人，支持各民主党派恢复活动，认真落实民族政策和宗教政策，重申侨务政策，等等。这就为有效调动社会各阶层人员的积极性、实现改革开放和开创现代化建设新局面，奠定了必不可少的社会基础和群众基础。到1982年年底，全国大规模平反冤假错案工作基本结束。据不完全统计，全国共平反纠正300多万名干部的冤假错案，为47万多名共产党员恢复党籍。

纠正党在统一战线工作中一些"左"的做法，是调整社会关系的一个重要方面。1979年6月，邓小平在全国政协五届二次会议上的讲话中指出，中国的统一战线已经成为工人阶级领导的、工农联盟为基础的社会主义劳动者和拥护社会主义的爱国者的广泛联盟。中国的各民主党派都已经成为各自所联系的一部分社会主义劳动者和一部分拥护社会主义的爱国者的政治联盟。1978—1979年，各民主党派、全国工商联和各人民团体分别召开代表大会，并选举各自的领导机构和领导人。"文化大革命"中停止活动的各民主党派和工商联重新开展工作。

针对1977—1978年出现的国民经济比例失调的情况，1979年4月，中共中央召开工作会议，提出对国民经济实行"调整、改革、整顿、提高"的方针，纠正前两年经济工作中的失误，清理过去在这方面长期存在的"左"倾错误影响。会议强调，经济建设必须从国情出发，符合经济规律和自然规律；必须量力而行，循序渐进，经过论证，讲求实效，使发展生产同改善生活紧密结合；必须在独立自主、自力更生的基础上，积极开展对外经济合作和技术交流。

经过两年努力，经济形势迅速好转，国民经济的主要比例关系渐趋合理，长期存在的积累率过高和农业、轻工业严重滞后的情况有了很大改变。1978—1982年，工农业总产值年均增长7.3%。1982年，农民的人均纯收入270元，比十一届三中全会前增加了一倍；城市职工家庭人均可支配收入500元，比十一届三中全会前增加了38.3%。

在拨乱反正过程中，广大干部和群众从过去一个时期内盛行的个人崇拜和教条主义的精神枷锁中解脱出来，党内外思想活跃，出现了努力研究新情况和解决新问题的生动景象。但与此同时，极少数人利用中国共产党进行拨乱反正的时机，打着"解放思想"的幌子，对新中国成立以来党的错误加以夸大和渲染，企图从根本上否定毛泽东思想、中国共产党的领导、人民民主专政和社会主义道路。在中国共产党内，也有极少数人对这股资产阶级自由化思潮给予支持。这种情况如果任其发展，必将导致人们迷失政治方向，破坏社会安定团结，妨碍党和人民集中力量进行改革开放和现代化建设。

针对这些错误倾向，1979年3月30日，邓小平在理论工作务虚会上发表的讲话，明确指出："要在中国实现四个现代化，必须在思想政治上坚持四项基本原则。这是实现四个现代化的根本前提。这四项是：第一，必须坚持社会主义道路；第二，必须坚持无产阶级专政（即人民民主专政）；第三，必须坚持共产党的领导；第四，必须坚持马列主义、毛泽东思想。""如果动摇了这四项基本原则中的任何一项，那就动摇了整个社会主义事业，整个现代化建设事业。"

这一重要讲话，澄清了全党工作特别是思想理论战线中的一些根本性问题，对排除来自"左"的和"右"的方面的干扰和影响，保证改革开放和社会主义现代化建设事业的顺利进行，提供了可靠的政治基础，指明了正确的前进方向。

全面拨乱反正，必然要求对新中国成立以来中国共产党的重大历史问题作出结论，以便统一全党和全国人民的思想，团结一致向前看。从1979年11月起，在邓小平主持下，中共中央着手起草《关于建国以来党的若干历史问题的决议》（以下简称《决议》）。经过一年半时间的讨论和修改，1981年6月，中共十一届六中全会通过了这个决议。

《决议》指出，中国共产党在中华人民共和国成立以后的历史，总的说来，是我们党在马克思列宁主义、毛泽东思想指导下，领导全国各族人民进行社会主义革命和社会主义建设并取得巨大成就的历史。《决议》从根本上否定了"文化大革命"的理论和实践，对新中国成立以来的重大历史事件作出了基本结论；肯定了中共十一届三中全会以来逐步确立的适合中国国情的建设社会主义现代化强国的道路，进一步指明了中国社会主义事业和党的工作继续前进的方向。

《决议》科学评价了毛泽东和毛泽东思想的历史地位。《决议》指出，毛泽东是伟大的马克思主义者，是伟大的无产阶级革命家、战略家和理论家。他虽然在"文化大革命"中犯了严重错误，但是就他的一生来看，他对中国革命的功绩远远大于他的过失。他的功绩是第一位的，错误是第二位的。他为中国共产党和中国人民解放军的创立和发展，为中国各族人民解放事业的胜利，为中华人民共和国的缔造和中国社会主义事业的发展，建立了永远不可磨灭的功勋。毛泽东思想是马克思列宁主义在中国的运用和发展，是被实践证明了的关于中国革命和建设的正确的理论原则和经验总结，是中国共产党集体智慧的结晶。《决议》对毛泽东思想的科学体系和活的灵魂（即实事求是、群众路线、独立自主）作了概括，强调毛泽东思想是我们党的宝贵的精神财富，它将长期指导我们的行动。

《决议》的起草和通过表明，中国共产党是在政治上、理论上成熟的坚强的马克思主义政党。党能够在"文化大革命"结束后不长的时间里作出这样一个经得起历史检验的决议，体现出以邓小平为核心的中共中央领导集体的成熟和远见，体现出中国共产党在反省错误、纠正错误的过程中总结新经验、探索新道路的能力。

《决议》的通过，标志着中国共产党在指导思想上完成了拨乱反正的历史任务。全面拨乱反正从根本上改变了"文化大革命"和长期以来"左"的错误造成的混乱局面，国家和社会重新焕发勃勃生机。

第二节　改革开放的突破与展开

中国的改革首先从农村突破，随后，以城市为重点的经济体制改革全面展开，对外开放格局初步形成，政治体制改革、科教文卫体制改革有序推进，社会主义精神文明建设逐步开展，国防、外交等领域进行战略性转变并形成新的格局。在改革开放实践取得初步成功的基础上，中共十二大提出了"建设有中国特色的社会主义"的重大命题，确定了全面开创社会主义现代化建设新局面的奋斗纲领。中共中央创造性提出"一国两制"科学构想，奋力推动香港、澳门回归祖国的进程，为改革开放和现代化建设创造了良好的发展环境。

一　从家庭联产承包责任制到城市经济体制改革

中共十一届三中全会前后，中国的农业和农村经济的发展面临两大问题。一是农村存在经营管理过于集中和分配中的严重平均主义等弊端，严重挫伤了农民的生产积极性；二是还有2.5亿人的温饱问题没有解决。这些都涉及农村生产关系的调整问题。

从1978年开始，安徽、四川等地的基层干部和农民群众，探索试行包产到组、包产到户、包干到户等多种形式的农业生产责任制，取得了良好效果。1979年9月，中共十一届四中全会提出要保障基层干部和农民因时因地制宜的自主权，发挥其主动性。1980年5月，邓小平发表《关于农村政策问题》的谈话，明确支持农村包产到户、包干到户，指出这种做法不会影响集体经济的发展。1980年9月，中共中央印发《关于进一步加强和完善农业生产责任制的几个问题》的通知，打破多年来把包产到户等同于分田单干和资本主义的观念，肯定在生产队领导下实行的包产到户不会脱离社会主义轨道，没有复辟资本主义的危险。随后，中央又进一步肯定包产到户、包干到户是社会主义集体经济的生产责任制，是合作经济的一个经营层次。这就打消了一些人对农村改革的疑虑。以包产到户、包干到户为主要形式的家庭联产承包责任制，逐渐在全国各地推广开来。

家庭联产承包责任制推行后，农民对集体所有的土地具有充分的经营自主权，农民生产的产品"保证国家的，留足集体的，剩下都是自己的"。这一改革，在土地集体所有制基础上，将农民家庭承包经营的积极性和集体经济的优越性结合起来，受到农民的普遍欢迎。1979—1983年，农业总产值年平均增长率近8%，加上国家提高了粮食和部分农产品的收购价，允许农户自主进行多种经营，农民收入明显增加。"统分结合"的农村家庭联产承包责任制的普遍实行，加速了"政社合一"的人民公社体制的解体。1983年10月，中共中央、国务院发出通知，实行政社分开，建立乡（镇）政府作为基层政权，同时成立村民委员会作为村民自治组织。对于部分农村没有实行以分散经营为主的家庭联产承包责任制、继续坚持统一经营的集体经济，党和政府也给予支持和鼓励。随着农村经济的发展，大批富余劳动力逐渐从土地上转移出来，从事工业和加工业，乡镇企业异军突起。到1987年，全国乡镇企业发展到1750多万个，从业人员8805万人，产值达到4764亿元，占当年农村社会总产值的50.51%，第一次超过农业总产值，成为农村经济的龙头，给农村经济发展注入了新的生机和活力。

城市经济体制改革主要围绕扩大国营企业经营管理自主权、实行工业生产经济责任制、发展多种经济形式等逐步展开。1978年10月，四川省率先在宁江机床厂等6家地方国营企业进行扩大企业自主权试点，得到中央支持。1979年5月，国家经委、财政部等6部门发出通知，确定在京、津、沪的首都钢铁公司、天津自行车厂、上海柴油机厂等8家企业进行企业管理改革试点。同年7月，国务院发出《关于扩大国营工业企业经营管理自主权的若干规定》《关于国营企业

图15-2　1982年，河南鄢陵县县长吴德荣为该县首个年收入"万元户"颁奖

实行利润留成的规定》等文件，要求各地选择少数国营企业进行扩大企业经营管理自主权试点，允许试点企业在完成国家计划前提下制订补充计划扩大生产，并实行利润留成，推动了扩大企业自主权试点的深入。为了使企业把责、权、利进一步有机结合，1981年春，山东省率先在企业中试行工业生产经济责任制，实行利润留成或盈亏包干办法，调动了企业干部和职工的积极性。同年10月、11月，国务院分别批转《关于实行工业生产经济责任制若干问题的意见》《关于实行工业生产经济责任制若干问题的暂行规定》，明确提出建立和实行经济责任制的要求。

所有制结构也开始改革。为了解决大量城镇青年就业问题，1980年8月召开的全国劳动就业会议，提出在政府统筹规划和指导下，实行劳动部门介绍就业、自愿组织起来就业和自谋职业相结合的方针。中共中央肯定会议提出的"三结合"就业方针，强调当年需要安排就业的1200万人，除安排在国营企事业单位和"大集体"所有制单位外，还必须通过大力扶持"小集体"企业、"全民办集体"的合作社、以知青为主的集体所有制企业，以及鼓励扶持城镇个体经济发展等途径来解决。1981年10月，中共中央、国务院作出《关于广开门路，搞活经济，解决城镇就业问题的若干决定》，进一步强调"在社会主义公有制经济占优势的根本前提下，实行多种经济形式和多种经营方式长期并存，是我党的一项战略决策，决不是一种权宜之计"。按照这一政策精神，以公有制经济为主体，个体、私营等多种经济成分并存和共同发展的局面开始出现。

1982年9月，邓小平在中共十二大开幕词中指出，"把马克思主义的普遍真理同我国的具体实际结合起来，走自己的道路，建设有中国特色的社会主义"。中共十二大以后，经济体制改革全面展开。

二　计划经济体制的突破和政治体制改革

经济体制改革的一个关键问题，是如何正确认识计划和市场及其相互关系。它关系到如何重新认识马克思主义关于社会主义社会的理论这个重大问题，在实践中又无先例可循。邓小平以巨大勇气进行了探索，1978年12月他就指出："自主权与国家计划矛盾，主要从价值法则、供求关系（产品质量）来调节。"1年后，他在会见外宾时说："社会主义也可以搞市场经济。""说市场经济只存在于资本主义社会，只有资本主义的市场经济，这肯定是不正确的。社会主义为什么不可以搞市场经济，这个不能说是资本主义。"这篇讲话，第一次突破了把计划经济同市场经济对立起来的传统观点。1980年1月，他明确地提出"计划调节和市场调节相结合"的观点，这个思想被写进1981年6月通过的《关于建国以来党的若干历史问题的决议》。

1984年10月，中共十二届三中全会通过的《中共中央关于经济体制改革的决定》，正式突破把计划经济同商品经济对立起来的观点，指出中国社会主义经济是在公有制基础上的有计划的商品经济。中共十三大的政治报告特别强调计划和市场的作用都是覆盖全社会的；新的经济运行机制，总体上来说应当是国家调节市场、市场引导企业的机制。这次会议以后，"以计划经济为主"的提法不再出现在党的文件上。

实践中，经济体制改革全面展开取得重要进展：所有制结构突破单一公有制结构，形成以公有制为主体、多种经济成分开始发展的局面；国有企业的经营自主权逐步扩大，所有权和经营权适当分离；改革高度集中的计划管理体制，经济杠杆在国家宏观调控中的作用明显增强。1987年同1978年相比，在工业总产值中全民所有制企业的比重由77.6%下降到59.7%，集体经济的比重由22.4%上升到34.6%，个体经济、私营经济和"三资"企业等非公有制成分则由几乎为零上升到5.7%。80%的国有企业实行了各种形式的承包经营责任制。列入指令性计划的工业产品从120种减少到60种，统一调配物资由259种减少到26种。

与此同时，政治体制改革和其他方面体制的改革也在向前推进。1980年8月，邓小平在中央政治局扩大会议上发表《党和国家领导制度的改革》的讲话，分析了党和国家现行的领导制度、干部制度中存在的官僚主义、权力过分集中、家长制、干部领导职务终身制和形形色色的特权现象等问题，以及产生这些弊端的社会历史原因，提出党和国家要逐步实行政治体制改革的基本任务，成为党和国家领导制度改革的纲领性文件。

1986年，邓小平又在多次讲话中阐明了政治体制改革的基本思路。同年9月，中共十二届六中全会通过《中共中央关于社会主义精神文明建设指导方针的决议》，把坚定不移地进行政治体制改革，确定为社会主义现代化建设总体布局的重要内容之一。1987年10月，中共十二届七中全会讨论并原则同意《政治体制改革总体设想》。中共十三大报告将政治体制改革问题列为重要内容，阐述了政治体制改革的任务、性质、目标以及方法、步骤等一系列问题。

图15-3　1982年12月4日，五届全国人大五次会议召开

政治体制改革向前迈出可喜的一步：恢复设立中央书记处，加强中共中央领导机构；逐步废除干部领导职务实际上存在的终身制，实行干部队伍的革命化、年轻化、知识化、专业化；加强各级人民代表大会的工作，省、县两级人代会增设常设机构，县级和县级以下人民代表普遍实行由选民直接选举的制度；恢复、制定和实施了一系列重要的法律法规，加强了司法、检察和公安机关的工作。

　　随着改革开放的全面展开，1978年宪法许多内容已经不能适应新时期改革开放和社会主义现代化建设的需要。1982年12月4日，五届全国人大五次会议以无记名投票方式通过了新修改的《中华人民共和国宪法》（以下简称"八二宪法"）。"八二宪法"继承和发展了1954年宪法的基本原则，正确总结了新中国成立以来的历史经验，用国家根本法的形式，对国家的根本政治制度和基本政治制度、基本经济制度、国家的根本任务、公民的基本权利和义务、国家机构的设置和职责范围等重大问题作了明确的规定。"八二宪法"把"公民的基本权利和义务"一章调到"国家机构"一章之前，体现了国家一切权力属于人民和国家尊重、保障人权。

　　科技、教育、文化、体育等领域的改革逐步展开。1985年，中共中央先后作出《关于科学技术体制改革的决定》《关于教育体制改革的决定》，国家启动、实施了"星火计划""863计划""火炬计划"等重大科技计划，产生了银河计算机系统、北京正负电子对撞机等达到世界先进水平的科技成果。1986年4月，六届全国人大四次会议审议通过《中华人民共和国义务教育法》，使普及九年制义务教育得以依法有效地贯彻，学龄儿童入学率得到很大提高。1985年4月，中共中央办公厅、国务院办公厅转发文化部《关于艺术表演团体的改革意见》，各地普遍进行了承包经营责任制等形式的艺术表演团体体制改革，增强了文化事业的发展活力。体育事业迎来欣欣向荣的春天。中国女排在1981年获得世界杯冠军，在后来的5年中又在世界锦标赛、奥运会和世界杯这三大赛事中4次夺冠，创下女子排球史上第一个"五连冠"。女排的顽强战斗、勇敢拼搏精神成为鼓舞全国人民努力奋斗的精神动力。1984年，中国首次派出体育代表团参加在美国洛杉矶举行的第23届奥运会，许海峰等运动员共赢得15块金牌，实现了中国在奥运会史上金牌榜"零"的突破。1984—1988年，聂卫平在前三届中日围棋擂台赛中获得"三连胜"，由此全国掀起学围棋的热潮。1990年9月22日至10月7日，第11届亚运会在北京举行。这是中国第一次举办综合性国际体育大赛，中国体育代表团取得金牌和奖牌总数第一的优异成绩。

社会主义现代化建设战略在改革开放中逐步形成。1982年中共十二大根据邓小平设想，提出国内工农业总产值在20世纪末翻两番的奋斗目标，即由1980年的7100亿元增加到2000年的2.8万亿元左右，人民生活达到小康水平。1987年中共十三大正式提出了社会主义现代化建设"三步走"发展战略。第一步，实现国民生产总值比1980年翻一番，解决人民的温饱问题，这个任务已经基本实现；第二步，到20世纪末，使国民生产总值再增长1倍，人民生活达到小康水平；第三步，到21世纪中叶，人均国民生产总值达到中等发达国家水平，人民生活比较富裕，基本实现现代化。"三步走"发展战略及相关政策的制定，进一步解决了中国现代化建设的目标、步骤等关系全局的重大问题，对中国的发展具有深远影响。

三　创办经济特区与对外开放

中共十一届三中全会后，中共中央适时作出一系列符合实际的判断，对外交政策进行重要调整，努力争取世界和平，为国内经济建设创造一个良好环境。一是改变过去认为大规模世界战争不可避免而且迫在眉睫的观点，对战争与和平问题作出新的判断；二是改变"一条线"外交战略。中共中央对国际形势的正确判断和外交方针政策的适时调整，为改革开放和现代化建设提供了有利的外部条件。

创办经济特区，是党和国家为推进改革开放和社会主义现代化建设进行的伟大创举。1978年四五月间，国务院派出赴港澳经济贸易考察组，到香港、澳门实地调查，考察组在《港澳经济考察报告》中提出，发达国家的先进设备和技术，对港澳经济的发展起着至关重要的作用；可借鉴港澳的经验，把靠近港澳的广东宝安、珠海划为出口基地，力争经过三五年努力，在内地建设成具有相当水平的对外生产基地、加工基地和吸引港澳同胞的游览区。1979年1月，交通部和广东省联合向国务院报送《关于我驻香港招商局在广东宝安建立工业区的报告》，提出招商局初步选定在宝安县蛇口公社境内建立工业区，以便利用国内较廉价的土地和劳动力，利用国外的资金、先进技术和原材料，把两者现有的有利条件充分利用和结合起来。

1月31日，中共中央批准了这份报告。7月，蛇口工业区破土动工，成为中国第一个出口加工区。这是兴办经济特区的开端。

1979年4月，中共中央同意广东省委提出的在邻近香港、澳门的深圳、珠海以及汕头兴办出口加工区的意见。邓小平说："还是叫特区好，陕甘宁开始就叫特区嘛！中央没有钱，可以给些政策，你们自己去搞，杀出一条血路来。"

1979年6月，中共广东省委、福建省委分别上报关于对外经济活动实行特殊政策和灵活措施的报告。7月，中共中央、国务院批转这两个报告，同意先在深圳、珠海两市试办出口特区，待取得经验后，再考虑在汕头和厦门设置特区的问题。1980年8月，中共中央同意在深圳、珠海、汕头、厦门设立经济特区，采取多种形式吸引和利用外资，学习国外的先进技术和经营管理方法。此后，经济特区加快发展。特区建设者发扬敢闯敢试、敢为人先、埋头苦干的精神，经济特区很快成为中国对外开放的窗口、经济体制改革的试验区和经济发展的示范区。

1983年4月，中共中央和国务院决定对海南岛实行经济特区的某些政策，给予较多自主权，以加速海南岛开发，并于1988年4月建立海南省，将全海南岛辟为经济特区。

1984年年初，邓小平视察深圳、珠海、厦门等地，对经济特区的发展给予充分肯定。根据他的建议，同年5月，中共中央决定进一步开放天津、上海、大连、秦皇岛、烟台、青岛、连云港、南通、宁波、温州、福州、广州、湛江、北海14个沿海港口城市。1985年2月，决定把长江三角洲、珠江三角洲、闽南厦（门）漳（州）泉（州）三角地区开辟为沿海经济开放区。于是，由5个经济特区、14个沿海开放城市、3个沿海经济开放区、2个开放的半岛构成的多层次、有重点、点面结合的对外开放格局逐步形成。

对外开放的重要一步是吸收各种形式的外资，兴办中外合资经营企业和中外合作经营企业（项目）。早在1979年2月，邓小平就在一份简报上批示："合资经营企业可以办。"1979年7月，五届全国人大二次会议通过《中华人民共和国中外合资经营企业法》，允许外国投资者与国内企业组建合资企业。这是中国第一部涉外经济法，为外商直接投资进入中国提供了法律依据。

对外贸易是对外经济往来中最主要的形式。1979年7月，中共中央、国务院批准广东、福建两省拥有更多外贸经营自主权。9月，国务院将给予广东、福建两省的外贸经营自主权扩大到北京、天津、上海三市。12月，又将外贸经营自主权扩大到沿海、沿长江各省区，同时扩大地方经营进出口商品的范围。外贸体制的初步改革，调动了各地发展对外贸易的积极性，推动了进出口贸易额大幅度增长和出口商品结构的变化，其中工业制成品占出口总值的比重上升。

第三节　深入推进改革开放伟大事业

20世纪80年代末90年代初，面对国内外复杂形势，党和政府沉着应对，采取有力措施平息了政治风波，捍卫了社会主义国家政权。坚持改革开放不动摇，根据邓小平南方谈话指明的改革方向，中共十四大确立了社会主义市场经济体制的改革目标。以经济体制改革为重点的各项改革深入推进，社会主义市场经济体制初步建立，中国政府成功恢复对香港、澳门行使主权。

一 面临挑战的改革之路

中共十二大以后，随着改革开放的展开，中国经济建设在取得重大成就的同时，也出现了明显的通货膨胀和物价大幅度上涨问题。特别是1988年夏季，不适当地全面推进物价改革，诱发了全国性抢购风潮，经济秩序一度陷入混乱局面。

1989年春夏，极少数敌对势力利用经济工作中存在的问题和人民群众对腐败现象的不满，掀起了一场有计划、有组织的反党、反社会主义的政治动乱。从5月13日起，北京的非法组织在天安门广场煽动一些不明真相的人绝食。随即，许多大中城市出现未经批准的大规模游行活动，党政机关受到冲击。5月20日，国务院发布命令，在北京部分地区实行戒严。动乱的组织者利用政府的克制态度，继续占领天安门广场，煽动拦截参加戒严的军车，最终发展成反革命暴乱。在关键时刻，中共中央总书记赵紫阳犯了支持动乱和分裂党的严重错误。中共中央政治局在邓小平和其他老一辈革命家坚决有力的支持下，果断采取措施，于6月4日平息了这场政治风波，捍卫了社会主义国家政权，维护了人民的根本利益。

6月23—24日，中共中央召开十三届四中全会，全会决定撤销赵紫阳担任的党内领导职务，并对中央领导机构部分成员进行调整，选举江泽民为中央委员会总书记。全会强调，要继续坚决执行中共十一届三中全会以来的路线、方针和政策，继续坚决执行中共十三大确定的"一个中心、两个基本点"的基本路线。11月，中共十三届五中全会批准了邓小平辞去中共中央军事委员会主席职务的请求，决定江泽民为中共中央军事委员会主席。党的中央领导集体顺利实现新老交替，保证了党的理论、路线、方针、政策的稳定性、连续性和国家稳定。

新的中央领导集体卓有成效地开展工作。先后通过《关于近期做几件群众关心的事的决定》《关于加强党同人民群众联系的决定》等文件。中共中央政治局常委带头，深入基层，深入群众，认真开展调查研究工作，对全党转变工作作风起了极大的推动作用。

一度被延误的国民经济治理整顿工作重新提上了日程。1989年11月，中共十三届五中全会通过《关于进一步治理整顿和深化改革的决定》，明确了治理整顿的主要目标和必须抓好的重要环节。治理整顿进展顺利，取得了明显成效：到1990年年底，国民经济保持一定的增长速度，粮食生产扭转了前四年的徘徊局面，通货膨胀得到有效控制，产业结构调整开始起步，流通领域的混乱现象得到初步整顿，党政机关办企业的问题得到解决。"七五"计划胜利完成，国民经济治理整顿任务全面实现。

改革进一步深化，推出了搞活国有大中型企业的一系列措施。1990年4月，启动了上海浦东新区开发开放的战略举措。在农业改革与发展方面，1990年3月，邓小平提出"两个飞跃"的思想。他指出：中国社会主义农业的改革和发展，从长远的观点看，要有两个飞跃。第一个飞跃，是废除人民公社，实行家庭联产承包为主的责任制，第二个飞跃是发展集体经济。1992年7月，他在审阅中共十四大报告时指出，社会主义经济以公有制为主体，农业也一样，最终要以公有制为主体。从长远的观点看，科学技术发展了，管理能力增强了，又会产生一个飞跃。农村经济最终还是要实现集体化和集约化。仅靠双手劳动，仅是一家一户的耕作，不向集体化集约化经济发展，农业现代化的实现是不可能的。就是过一二百年，最终还是要走这条路。

对外工作在打破以美国为首的西方国家的对华"制裁"中全方位推进。从1989年9月到1990年，邓小平多次接见美国政要和学者，指出：第一，中国目前的局势是稳定的；第二，中国人吓不倒。在判断中国局势的时候，这两点必须看清楚。结束中美关系的严峻事态要由美国采取主动。随后，邓小平又根据东欧剧变、苏联解体后国际格局的重大变化，提出正确的方针，使党和国家在打破美国等西方国家"制裁"，应对东欧剧变、苏联解体后的国际局势的过程中始终处于主动地位。

中国政府继续坚持全方位对外开放的方针。继1985年和1988年外商在华投资两次高潮后，在1991年出现了第3次外商在华投资高潮。到1992年，中国已同200多个国家和地区发展贸易、科技、文化交流与合作，赢得了更加有利的国际环境和周边环境。

改革开放和现代化建设在经受风险考验中前进。1997年爆发的亚洲金融危机，对中国经济产生了严重冲击。1998年，长江、嫩江和松花江等流域发生了历史上罕见的特大洪涝灾害。1999年，又接连发生以美国为首的北约袭击中国驻南斯拉夫使馆，李登辉抛出"两国论"，"法轮功"邪教组织策划非法聚众闹事等事件。面对这些风险和考验，中共中央、国务院冷静分析，正确把握，果断决策，采取一系列有力措施，取得了一个又一个胜利，保证了改革开放和现代化建设的航船沿着正确方向破浪前进。

二　以经济体制改革为重点的各项改革

为了将改革开放事业继续向前推进，1992年1月18日至2月21日，邓小平先后视察武昌、深圳、珠海、上海等地，发表一系列重要谈话。

邓小平强调，革命是解放生产力，改革也是解放生产力。不坚持社会主义，不改革开放，不发展经济，不改善人民生活，只能是死路一条。他指出，改革开放胆子要大一些，敢于试验。看准了的，就大胆地试，大胆地闯。判断的标准，应该主要看是否有利于发展社会主义社会的生产力，是否有利于增强社会主义国家的综合国力，是否有利于提高人民的生活水平。

邓小平明确指出，计划多一点还是市场多一点，不是社会主义与资本主义的本质区别。计划经济不等于社会主义，资本主义也有计划；市场经济不等于资本主义，社会主义也有市场。计划和市场都是经济手段。社会主义的本质，是解放生产力，发展生产力，消灭剥削，消除两极分化，最终达到共同富裕。他强调，基本路线要管100年，动摇不得。右可以葬送社会主义，"左"也可以葬送社会主义。中国要警惕右，但主要是防止"左"。发展才是硬道理。抓住时机，发展自己，关键是发展经济。科学技术是第一生产力。中国要出问题，还是出在共产党内部，对这个问题要清醒。要坚持两手抓，一手抓改革开放，一手抓打击各种犯罪活动。这两只手都要硬。在整个改革开放过程中都要反对腐败。我们搞社会主义才几十年，还处在初级阶段。巩固和发展社会主义制度，还需要一个很长的历史阶段，需要我们几代人、十几代人，甚至几十代人坚持不懈的努力奋斗，决不能掉以轻心。社会主义经历一个长过程发展后必然代替资本主义。这是社会历史发展不可逆转的总趋势，但道路是曲折的。一些国家出现严重曲折，社会主义好像被削弱了，但人民经受锻炼，从中吸取教训，将促进社会主义向着更加健康的方向发展。

邓小平的南方谈话，在重大历史关头科学地总结了十一届三中全会以来党的基本实践和基本经验，明确回答了长期困扰和束缚人们思想的许多重大认识问题，对整个社会主义现代化建设事业产生了重大而深远的影响。

根据南方谈话精神，1992年10月召开的中共十四大明确提出，中国经济体制改革的目标是建立社会主义市场经济体制。社会主义市场经济，是同社会主义基本制度结合在一起的，就是要使市场在社会主义国家宏观调控下对资源配置起基础性作用。大会要求，围绕社会主义市场经济体制的建立，抓紧制定总体规划，有计划、有步骤地进行相应的体制改革和政策调整。

以邓小平南方谈话和中共十四大为标志，中国改革开放和社会主义现代化建设事业进入从计划经济体制向社会主义市场经济体制转变的新阶段。

为了将中共十四大提出的社会主义市场经济体制改革的目标和基本原则具体化，设计社会主义市场经济体制的基本框架，1993年11月召开的中共十四届三中全会，通过了《关于建立社会主义市场经济体制若干问题的决定》。这个决定，成为20世纪90年代进行经济体制改革的行动纲领。

根据决定明确的国有企业改革的基本方向，从1994年起，国有企业按照建立现代企业制度的总体思路推进改革，全国选择2700多家国有企业进行公司制、股份制改革的试点。同时，财政、税收、金融、外贸、外汇、计划、投资、价格、流通、住房和社会保障等方面的体制改革也积极推进。市场在资源配置中的基础性作用明显增强，市场经济体制中的国家宏观调控体系框架初步建立，为国民经济和社会发展注入了新的活力。

　　在经济高速发展过程中，也逐渐暴露出经济过热等问题。中共中央采取果断措施，大力加强宏观调控，正确处理改革、发展、稳定的关系。1993年6月中共中央、国务院下发《关于当前经济情况和加强宏观调控的意见》，提出了以紧缩银根、整顿金融秩序为重点的16条重要措施。这些措施推行后，过度投资逐步得到控制，金融秩序迅速好转，物价涨幅明显回落，通货膨胀得到抑制，同时又保持了较高的经济发展速度，实现了从发展过快到"高增长、低通胀"的"软着陆"，避免了经济发展的大起大落。

　　1998年、1999年，中共中央专门通过关于农业和农村工作、关于国有企业改革和发展的决定，进一步推动解决农业、农村、农民问题，推进国有企业战略性改组，建立和完善现代企业制度。这期间，还出台了推进城镇住房制度改革、医疗保险制度改革和财政税收改革的措施。1999年下半年，根据邓小平关于现代化建设的战略思想，中央作出了实施西部大开发战略的部署，多次召开会议，研究推动加快西部发展的基本思路和措施。1999年3月，九届全国人大二次会议通过宪法修正案，明确规定，"中华人民共和国实行依法治国，建设社会主义法治国家"，使中共十五大提出的依法治国的基本方略从国家根本法上得到了保障。2001年9月颁布的《公民道德建设实施纲要》强调，要把法制建设与道德建设、依法治国与以德治国紧密结合起来，促进物质文明与精神文明协调发展。精神文明建设与民主法制建设不断加强。

在推进社会主义市场经济改革过程中，对外开放迈出重大步伐。加入世界贸易组织是中共中央、国务院从经济发展和改革开放需要出发作出的重大战略决策。早在1986年7月中国政府就作出申请恢复中国关税及贸易总协定缔约国地位的决定，成立专门机构组织对外谈判工作。1993年11月，江泽民同美国总统克林顿会晤时，阐明了中国处理"复关"问题的三项总原则：第一，关贸总协定是一个国际性组织，如果没有中国这个最大的发展中国家参加是不完整的；第二，中国要参加，毫无疑问是作为发展中国家参加；第三，中国加入这个组织，其权利和义务一定要平衡。1995年，关贸总协定改为世界贸易组织，此项谈判随之变为加入世贸组织谈判。

中国"复关"和"入世"的谈判，历经15年的艰难过程。2001年11月10日，在卡塔尔首都多哈举行的世界贸易组织第四届部长级会议审议通过了中国加入世贸组织的决定。12月11日，中国正式成为世界贸易组织的第143个成员。

加入世界贸易组织，中国不仅有分享经济全球化成果的权利，还能够参与制定有关贸易规则，在建立国际经济新秩序中更好地掌握主动权，并且可以利用世贸组织争端解决机制在国际贸易争端中占据更加有利位势，是中国进一步推进全方位、多层次、宽领域对外开放的重要契机，对于中国扩大开放、促进改革和经济发展具有十分重大的意义，标志着中国对外开放进入了一个新的阶段。

在加入世贸组织前后，中共中央、国务院在实施沿海经济发展战略的同时，出台了沿边开放、沿江开放和内陆开放等一系列重大政策措施，推动对外开放。1992年，决定开放长江沿岸的芜湖、九江、岳阳、武汉、重庆5个沿江城市和三峡库区，形成了以上海浦东为龙头的长江开放带。随后又陆续开放合肥等17个内陆省会城市，开放珲春等15个沿边城市，开放一批符合条件的内陆市县。中国大陆所有省份都有对外开放的旅游城市。为满足中国大陆公民出境旅游的需要，经国务院批准可以由指定的旅行社组织中国大陆公民出境旅游的目的国（地区）不断增加，到2001年年底已达18个。从1992年到2002年3月，国务院在全国还先后批准设立15个国家级出口加工区、

图15-4　2001年11月11日，中国加入世界贸易组织签字仪式现场

14个国家级保税区和14个国家级边境经济合作区。

在申请加入世贸组织过程中，中国实施了对外开放"引进来"和"走出去"相结合的战略，推动对外开放迈上新台阶。1990—2001年，实际利用外资5108亿美元，其中外商直接投资3780亿美元，占改革开放以来全部外商直接投资的96%。2001年，中国进出口贸易总额达5098亿美元，比1990年增长3.4倍，在世界贸易中的排名由1990年的第16位上升到第6位。中国的对外开放由南到北、由东到西层层推进，基本上形成了"经济特区—沿海开放城市—沿海开放经济带—沿江和内陆开放城市—沿边开放城市"全方位、多层次、宽领域、有重点、点线面结合的对外开放格局。

三 社会主义市场经济体制初步建立

把建立社会主义市场经济体制确立为中国经济体制改革的目标，是中共十四大作出的一项具有深远意义的重大决定。中共十四大报告明确指出："实践的发展和认识的深化，要求我们明确提出，我国经济体制改革的目标是建立社会主义市场经济体制，以利于进一步解放和发展生产力。"

经济体制改革确定什么样的目标，是关系中国整个社会主义现代化建设全局的一个重大问题，其核心是正确认识和处理计划与市场的关系。在固有观念中，市场经济为资本主义所特有，计划经济才是社会主义经济的基本特征。

中共十一届三中全会以来，随着改革的深入和思想的解放，中国共产党逐步摆脱这种固有观念，不断形成新的认识。中共十二大提出计划经济为主，市场调节为辅；十二届三中全会指出商品经济是社会经济发展不可逾越的阶段，中国社会主义经济是在公有制基础上的有计划的商品经济；中共十三大提出社会主义有计划商品经济的体制应该是计划与市场内在统一的体制；十三届四中全会后，提出建立适应有计划商品经济发展的计划经济与市场调节相结合的经济体制和运行机制。

邓小平南方谈话对计划与市场的关系问题进行了精辟论述，为中共十四大确立经济体制改革的目标模式奠定了思想基础，提供了理论依据。对此，江泽民在中共十四大报告中作了明确阐述。他说，邓小平关于计划经济和市场经济的精辟论断，从根本上解除了把计划经济和市场经济看作属于社会基本制度范畴的思想束缚，使我们在计划与市场关系问题上的认识有了新的重大突破。

社会主义市场经济体制是同中国社会主义基本制度结合在一起的。在所有制结构上，以公有制（包括全民所有制和集体所有制）经济为主体，个体经济、私营经济、外资经济为补充，多种经济成分长期共同发展，不同经济成分还可以自愿实行多种形式的联合经营。国有企业、集体企业和其他企业都进入市场，通过平等竞争发挥国有企业的主导作用。在分配制度上，以按劳分配为主体，多种分配方式并存。运用包括市场在内的各种调节手段，既能够鼓励先进，促进效率，合理拉开收入差距，又可以防止两极分化，逐步实现共同富裕。在宏观调控上，社会主义国家能够把人民的当前利益与长远利益、局部利益与整体利益结合起来，更好地发挥计划和市场两种手段的长处。国家计划是宏观调控的重要手段之一，重点是合理确定国民经济和社会发展的战略目标，搞好经济发展预测、总量调控、重大结构与生产力布局规划，集中必要的财力物力进行重点建设，综合运用经济杠杆，促进经济更好更快地发展。把社会主义制度与市场经济结合起来，是中国共产党人对马克思主义的重大发展，是社会主义发展史上的重大突破。

社会主义市场经济体制改革目标的确立，使中国经济体制改革和社会主义现代化建设的方向更加明确，对中国经济体制改革具有重大指导意义。

中共十四大建立社会主义市场经济体制的目标确立后，1993年11月，十四届三中全会审议通过了《中共中央关于建立社会主义市场经济体制若干问题的决定》（以下简称《决定》），明确了建立社会主义市场经济体制的基本任务和要求。《决定》指出，社会主义市场经济体制是同社会主义基本制度结合在一起的。建立社会主义市场经济体制，就是要使市场在国家宏观调控下对资源配置起基础性作用。建立新体制的目的是要最大限度地解放和发展生产力，增强国家的综合国力，提高人民的生活水平。为实现这个目标，必须坚持以公有制为主体、多种经济成分共同发展的方针，进一步转换国有企业经营机制，建立适应市场经济要求，产权清晰、权责明确、政企分开、管理科学的现代企业制度；建立全国统一开放的市场体系，实现城乡市场紧密结合，国内市场与国际市场相互衔接，促进资源优化配置；转变政府管理经济的职能，建立以间接手段为主的完善的宏观调控体系，保证国民经济健康运行；建立以按劳分配为主体，效率优先、兼顾公平的收入分配制度，鼓励一部分地区、一部分人先富起来，走共同富裕的道路；建立多层次的社会保障制度，为城乡居民提供同中国国情相适应的社会保障，促进经济发展和社会稳定。

《决定》提出了建立社会主义市场经济体制的总体规划，勾画了社会主义市场经济体制的基本框架，回答了改革实践中提出的许多重大问题，是建立社会主义市场经济体制的纲领性文件，标志着中国经济体制改革开始向建立社会主义市场经济体制的目标整体性推进。

按照中共十四大和十四届三中全会要求，中国加快了建立社会主义市场经济体制的步伐。经过长期不懈努力，到2000年，中国成功实现了由计划经济体制向社会主义市场经济体制的转变，社会主义市场经济体制基本框架初步建立。其主要表现是：

第一，国有大中型企业建立现代企业制度的改革取得重要进展，三年脱困的目标基本实现；在公有制经济进一步发展的同时，非公经济得到较快发展，多种所有制经济共同发展的格局迅速形成。

第二，市场体系建设继续推进，资本、技术、劳动力等要素市场迅速发展，以市场价格为主的价格形成机制逐步建立，到2000年，市场调节价在社会商品零售总额、农副产品收购总额和生产资料销售总额中所占比例分别达到95.8%、92.5%和87.4%，市场在资源配置中的基础性作用明显增强。

第三，政府经济职能转变与财税体制改革继续深化，金融改革步伐加快，国家宏观调控体系进一步健全。

第四，以养老、失业、医疗保险为主要内容的社会保障体系初步建立，城镇住房制度和政府机构等方面改革取得重大进展。

社会主义市场经济体制的初步建立，意味着中国经济发展的体制环境发生重大变化。"在社会主义条件下发展市场经济，是前无古人的伟大创举，是中国共产党人对马克思主义发展作出的历史性贡献，体现了中国共产党坚持理论创新、与时俱进的巨大勇气。由计划经济体制向社会主义市场经济体制的转变，实现了改革开放新的历史性突破，打开了中国经济、政治和文化发展的崭新局面。"

四　祖国统一大业持续推进

20世纪70年代末80年代初，邓小平提出了"一个国家、两种制度"的构想：在一个中国的前提下，国家的主体坚持社会主义制度；香港、澳门、台湾是中华人民共和国不可分离的部分，它们作为特别行政区保持原有的资本主义制度长期不变。在国际上代表中国的，只能是中华人民共和国。这个构想，是对马克思主义国家学说的创造性发展，开辟了以和平方式实现祖国统一的新途径。

根据"一国两制"的构想，中国政府先后同英国和葡萄牙政府举行谈判，并分别于1984年12月和1987年4月签署了中英《关于香港问题的联合声明》和中葡《关于澳门问题的联合声明》。

1985年5月，中英联合声明正式生效后，中英两国政府在解决香港问题上的前期合作基本顺利。但1989年后，英国政府错估了形势，违背中英联合声明精神，在香港平稳过渡问题上设置障碍，阻挠和对抗中国政府对香港恢复行使主权。中共中央从确保香港平稳过渡和维持香港长期繁荣稳定大局出发，于1992年年底提出"以我为主，两手准备"的方针，根据1990年4月七届全国人大三次会议通过的《中华人民共和国香港特别行政区基本法》，加紧了对香港恢复行使主权和筹建香港特别行政区的有关工作。1996年1月26日，香港特别行政区筹备委员会成立，标志着中国政府对香港恢复行使主权的准备工作进入具体实施阶段。

1997年，中国恢复对香港行使主权工作有序推进。6月30日，国家主席江泽民发布中国人民解放军驻香港部队进驻香港的命令，并率中国政府代表团抵达香港，出席中英香港政权交接仪式。6月30日午夜至7月1日凌晨，中英香港政权交接仪式在香港会议展览中心举行。江泽民代表中国政府庄严宣告："中国政府对香港恢复行使主权。中华人民共和国香港特别行政区正式成立。"交接仪式后，香港特别行政区首任行政长官董建华和第一届政府主要成员宣誓就职，

图15-5　1997年7月1日，香港政权交接仪式在香港会议展览中心举行

国务院总理李鹏宣布《中华人民共和国香港特别行政区基本法》从7月1日起实施。中国人民解放军驻香港部队1997年7月1日零时整接管了香港防务。当天，香港特别行政区成立庆典、庆祝香港回归招待会和首都各界庆祝香港回归祖国大会分别在香港会议展览中心、北京人民大会堂、北京工人体育场举行。历经百年沧桑的香港胜利回到祖国怀抱，香港同胞从此成为祖国这块土地上的真正主人，香港从此走上同祖国共同发展、永不分离的宽广道路。这是彪炳中华民族史册的千秋功业。

在香港回归的各项准备工作紧张进行的同时，澳门回归问题也提上日程。由于中葡双方一直保持着较好的合作关系，澳门回归祖国问题的谈判进展顺利。《中华人民共和国澳门特别行政区基本法》的制定也进行得平稳顺利。1998年4月29日，九届全国人大常委会第二次会议审议并通过了澳门特别行政区筹备委员会组成人员名单。5月5日，澳门特别行政区筹备委员会正式成立。从9月起，筹委会就澳门特别行政区第一届政府推选委员会的具体产生办法在澳门开展了广泛的咨询活动，在充分吸纳澳门居民意见基础上，制定了《中华人民共和国澳门特别行政区第一届政府推选委员会具体产生办法》。

1999年4月10日，筹委会全体会议以无记名和差额选举方式，选举产生了澳门特别行政区第一届政府推选委员会。5月15日，推选委员会选举何厚铧为澳门特别行政区首任行政长官人选。5月20日，国务院总理朱镕基签署国务院令，任命何厚铧为澳门特别行政区第一任行政长官。澳门回归的各项准备工作顺利完成。

1999年12月19日午夜至20日凌晨，中葡两国政府举行澳门政权交接仪式。国家主席江泽民庄严宣告："中国政府对澳门恢复行使主权。历史将永远记住这一举世关注的重要时刻。从这一刻起，澳门的发展进入了一个崭新的时代。"

1999年12月28日，国务院将新华社香港分社、澳门分社分别正式更名为中央人民政府驻香港特别行政区联络办公室、驻澳门特别行政区联络办公室，作为中央政府授权的工作机构继续在香港、澳门地区履行职责。

中国政府恢复对香港、澳门行使主权，祖国和平统一大业取得历史性进展。香港、澳门回归祖国后，"一国两制"方针和基本法得到全面贯彻执行。在中央政府有力支持下，特别行政区政府沉着应对，香港、澳门各界人士携手努力，妥善处理一系列经济和社会问题，保持了社会稳定、经济发展。香港、澳门的回归，使"一国两制"从科学构想变为现实。

在香港、澳门回归过程中，中共中央稳步推进海峡两岸关系发展。自1987年台湾当局有限制地开放台湾居民赴大陆探亲后，两岸人员往来和经济文化交流迅速展开。

1990年9月，两岸红十字会就双方居民遣返事宜达成了"金门协议"。11月，台湾当局成立由辜振甫任董事长的海峡交流基金会（"台湾海基会"），负责两岸交往。1991年年初，台湾当局成立"国家统一委员会"，通过"国家统一纲领"，8月又通过"关于'一个中国'的涵义"的文件。12月，中国大陆成立海峡两岸关系协会（"海协会"），汪道涵出任会长。海协会和台湾海基会建立了双方往来。

1992年10月，海协会和台湾海基会就两岸事务性商谈中如何表述一个中国原则这一问题在香港举行会谈。会后，双方以函件达成共识，核心要义是"海峡两岸同属一个中国，共同努力谋求国家统一"，该成果史称"九二共识"。其核心意涵是大陆和台湾同属一个中国，两岸不是国与国关系，从而明确界定了两岸关系的根本性质。

在此基础上，1993年4月，汪道涵、辜振甫在新加坡举行会谈，签署《汪辜会谈共同协议》《两岸公证书使用查证协议》《两岸挂号函件查询、补偿事宜协议》《两会联系与会谈制度协议》。"汪辜会谈"是海峡两岸高层人士在长期隔绝之后的首度正式接触，突破了台湾当局原本同大陆"不接触、不谈判、不妥协"的"三不"政策。

1993年8月，国务院新闻办公室发表《台湾问题与中国的统一》白皮书，把"和平统一、一国两制"的方针概括为"一个中国、两制并存、高度自治、和平谈判"四个基本点，并把一个中国原则表述为：世界上只有一个中国，台湾是中国不可分割的一部分，中央政府在北京。

从1993年8月至1995年1月，海协会和台湾海基会先后举行3次副会长、副董事长级的会谈及6次副秘书长级的工作商谈，以解决两岸交往中的若干具体问题，推进协商进程。1994年3月，八届全国人大常委会第六次会议通过《中华人民共和国台湾同胞投资保护法》，将保护台商投资纳入法制化轨道，进一步促进了两岸经济关系的发展。4月，中共中央、国务院专门召开对台经济工作会议，要求各地区各部门高度重视对台经济工作，采取切实措施保护台商在祖国大陆的合法权益，改善台商在祖国大陆的投资环境，为台商投资创造更为便利的条件。

为进一步促进两岸关系平稳发展，1995年1月，江泽民发表《为促进祖国统一大业的完成而继续奋斗》的重要讲话，提出现阶段发展两岸关系、推动祖国和平统一进程的八项主张，强调：坚持一个中国的原则，是实现和平统一的基础和前提。我们不承诺放弃使用武力，决不是针对台湾同胞，而是针对外国势力干涉中国统一和搞"台湾独立"的图谋的。讲话既体现中国政府完成祖国统一大业的坚定决心，又充分考虑到台湾同胞的愿望和台湾实际情况，引起海内外高度关注和积极反响。

正当两岸关系处在良性发展的关头，台湾当局在李登辉推动下背离"一个中国"的原则，并采取了一系列分裂步骤，破坏两岸关系健康平稳发展，导致两岸关系迅速转坏。2000年5月，台湾民进党领导人陈水扁赢得台湾地区领导人"选举"后作出"四不一没有"[①]的承诺，但拒不接受一个中国原则。不久又否认存在"九二共识"。2002年8月，陈水扁公然声称"台湾跟对岸中国一边一国"，鼓吹要用"公民投票"方式决定"台湾的前途、命运和现状"。

针对台湾岛内和外国敌对势力不断加剧的"台独"分裂活动，中央政府果断采取措施，从政治、军事、外交、舆论等方面开展反分裂反"台独"斗争，1995年下半年至1996年上半年，人民解放军在台湾海峡和台湾附近海域进行了一系列大规模军事演习，有力打击了"台独"分裂势力和外国敌对势力的气焰。

---

① "四不一没有"，即不会宣布"独立"、不会推动"两国论入宪"、不会更改"国号"、不会推动"统独公投"，没有废除"国统纲领"和"国统会"的问题。

第四节　全面建设小康社会与科学发展

进入21世纪，在十分复杂的国内外形势下，中国共产党领导中国人民坚持以人为本、全面协调可持续发展的科学发展观，加快转变经济发展方式，全面建设小康社会；取得战胜非典疫情、抗击汶川特大地震等严重自然灾害的重大胜利；构建社会主义和谐社会与各项工作取得新进展。社会生产力、经济实力、科技实力迈上一个大台阶，人民生活水平、居民收入水平、社会保障水平迈上一个大台阶，综合国力、国际竞争力、国际影响力迈上一个大台阶，国家面貌发生新的历史性变化。

一　全面建设小康社会的新部署

2000年年底，中国初步建立起社会主义市场经济体制，人民生活总体上达到小康水平。但达到的还只是低水平、不全面、发展很不平衡的小康。2002年11月召开的中共十六大，形成了以胡锦涛为总书记的中共中央，进一步明确了全面建设小康社会的奋斗目标，提出要在21世纪头20年，集中力量，全面建设惠及十几亿人口的更高水平的小康社会，使经济更加发展、民主更加健全、科教更加进步、文化更加繁荣、社会更加和谐、人民生活更加殷实。

全面建设小康社会是实现现代化建设第三步战略目标必经的承上启下的发展阶段，也是完善社会主义市场经济体制和扩大对外开放的关键阶段。

为了实现全面建设更高水平小康社会的目标，2006年10月，中共十六届六中全会专门作出《关于构建社会主义和谐社会若干重大问题的决定》，进一步进行了部署。2007年10月召开的中共十七大在全面建设小康社会目标基础上，又对中国发展提出了新的更高要求。

中共中央根据全面建设小康社会的总体部署，明确提出"坚持以人为本，树立全面、协调、可持续的发展观"，并将其确定为深化经济体制改革、统领经济和社会发展的指导思想和原则。中国共产党带领中国人民按照科学发展观的要求，完善社会主义市场经济体制的目标和任务，进一步加强和完善宏观调控，努力推动经济又好又快发展。从2003年年底开始，针对经济运行中出现的一些矛盾和问题，党和政府根据区别对待、有保有压的原则，主要运用经济、法律手段，把加强宏观调控同推进体制改革相结合，逐步解决影响经济平稳较快发展的突出问题，取得明显成效。国民经济呈现增长较快、效益较好、价格较稳的良好局面，为后来成功应对国际金融危机打下了坚实基础。

二　全面建设小康社会的新实践

自2001年加入世界贸易组织后，中国对外开放进入了新的发展阶段。在"引进来"的同时，加快实施"走出去"战略。中国非金融类对外直接投资从2007年的248亿美元上升到2012年的772亿美元，年均增长25.5%，跻身对外投资大国行列。2012年，中国外贸进出口总额从1978年的206亿美元提高到38668亿美元，跃居世界第二，其中出口额跃居世界第一位，进出口结构优化，贸易大国地位进一步巩固。外汇储备跃居世界第一，对外投资大幅增长，实际使用外资额累计超过 1 万亿美元。中国经济对世界经济增长的贡献率不断提升。2002—2012 年的十年间，中国经济总量从世界第六位跃升到第二位，对世界经济增长的年均贡献率超过 20%。

统筹城乡、区域协调发展，积极推进社会主义新农村建设。2004—2012 年，中央连续下发 9 个有关"三农"问题的"一号文件"，对完善促进农民增加收入、提高农业综合生产能力、深化农村改革、统筹城乡发展等作出部署，出台一系列支农惠农政策，加快社会主义新农村建设步伐。2005 年 10 月召开的中共十六届五中全会，部署了建设社会主义新农村的战略任务，提出了"生产发展、生活宽裕、乡风文明、村容整洁、管理民主"的要求。同年 12 月，中央发布了《关于推进社会主义新农村建设的若干意见》。2006 年 1 月 1 日起，正式废除农业税。随后，国务院颁布了《关于解决农民工问题的若干意见》。新农村建设扎实推进，农村经济和农村面貌发生新的深刻变化。

大力建设创新型国家。2005 年 10 月，胡锦涛在中共十六届五中全会上，明确提出建设创新型国家的任务。2006 年 1 月，他在全国科学技术大会上指出，要坚持走中国特色自主创新道路，用十五年左右时间把中国建设成为创新型国家，阐述了"自主创新、重点跨越、支撑发展、引领未来"的指导方针，并提出要突出抓好重点工作。随后，中共中央、国务院下发了《关于实施科技规划纲要增强自主创新能力的决定》《国家中长期科学和技术发展规划纲要（2006—2020年）》，建设创新型国家的战略正式启动。国家创新体系、科技基础设施和自主创新能力建设得到加强。正负电子对撞机、籼型杂交水稻、亿次"银河"巨型计算机、低温核反应堆、纳米技术、载人航天飞船成功返回和绕月探测卫星成功发射、神舟八号飞船与天宫一号目标飞行器实现首次交会对接、载人深潜、北斗卫星导航系统、第一艘航母"辽宁舰"入列等，标志着中国在科技研究的一些"高、精、尖"领域，取得重大进展。

随着改革开放的不断深化和经济社会的持续发展，人民群众的政治参与积极性大大提高，中国坚持把党的领导、人民当家作主和依法治国统一起来，把民主法治建设和政治体制改革摆在改革发展全局的重要位置加以推进，坚持走中国特色社会主义政治发展道路。进一步加强社会主义民主法制建设，加强党的执政能力建设和先进性建设。正确认识和准确把握文化改革发展的特点和规律，作出建设社会主义文化强国的重大战略决策，繁荣发展社会主义先进文化，中国特色社会主义文化建设不断向前迈进。

为解决经济社会发展"一条腿长、一条腿短"的问题，在发展经济的同时，中国加快以改善民生为重点的社会建设步伐，推动社会主义和谐社会建设。各级党委和政府坚持民生优先，把保障和改善民生作为一切工作的出发点和落脚点，逐步健全公共服务体系，加强和创新社会管理，保障全体人民切实共享改革发展成果。坚持以人为本、全面协调可持续发展，统筹人与自然和谐发展，积极推进生态文明建设。生态文明、环境保护不再是一个空洞的概念，而是变成实实在在的行动。很多人自觉提着环保袋购物，争当环保志愿者，全民环保意识不断增强。

三 社会主义和谐社会的新进展

进入21世纪，中国社会主义现代化建设迎来一个新的战略机遇期。2004年9月，中共十六届四中全会提出构建社会主义和谐社会的战略任务。2005年2月，胡锦涛对构建社会主义和谐社会的重大战略思想作了全面论述。构建社会主义和谐社会战略思想的提出，使中国特色社会主义事业的总体布局由经济建设、政治建设、文化建设"三位一体"发展为经济建设、政治建设、文化建设、社会建设"四位一体"，丰富和发展了马克思主义关于社会主义社会建设的理论。2006年10月，中共十六届六中全会审议通过了《中共中央关于构建社会主义和谐社会若干重大问题的决定》，号召全国各族人民"为把我国建设成为富强民主文明和谐的社会主义现代化国家而奋斗"，首次将"和谐"列入现代化建设的奋斗目标。

社会和谐是中国特色社会主义的本质属性。中国要构建的和谐社会，是在中国特色社会主义道路上，中国共产党领导全体人民共同建设、共同享有的和谐社会。

国家先后启动了东部地区率先发展战略、西部大开发战略、东北等老工业基地振兴战略和中部地区崛起战略，激发各大经济区域的发展活力。通过积极推进城镇化建设，2007—2012年共转移农村人口8463万人，城镇化率由45.9%提高到52.6%。

进一步加强民族团结和促进民族地区经济社会发展，促进民族地区加速实现全面建成小康社会的宏伟目标。2005年5月，中共中央、国务院召开第三次中央民族工作会议暨国务院第四次全国民族团结进步表彰大会，提出了"促进民族地区实现全面建成小康社会的宏伟目标，进一步开创我国各民族共同团结奋斗、共同繁荣发展的新局面"的任务。会后，中共中央、国务院作出《关于进一步加强民族工作，加快少数民族和民族地区经济社会发展的决定》，系统阐述了党和国家关于民族问题的基本观点、政策原则和工作要求。2000年"兴边富民"行动正式启动后，2005年纳入国家"十一五"规划。国家资金投入不断增多，2011年、2012年两年安排"兴边富民"行动专项资金达24.2亿元，超过前10年的总和。为了维护民族团结和社会稳定，党和政府采取了一系列重大措施，坚决打击暴力恐怖势力、民族分裂势力和宗教极端势力的破坏活动。民族工作部门配合有关部门及时深入寺庙开展法制宣传教育，对民族宗教界人士和宗教信徒及各族群众进行积极引导，协助有关部门为维护社会稳定发挥了重要作用。党和政府加大对少数民族地区加快发展的支持力度。2010年1月、5月，中央先后召开第五次西藏工作座谈会、新疆工作座谈会，推进西藏、新疆跨越式发展和长治久安工作全面有序展开。2010—2012年，中央相继召开三次全国对口支援新疆工作会议，建立起人才、技术、管理、资金等方面援助新疆的有效机制。围绕《中华人民共和国民族区域自治法》的实施，逐步建立健全了与之配套的法规体系和监督机制。截至2012年10月，全国民族自治地方共制定自治条例、单行条例和变通或补充规定近700个，中国民族法律法规体系初步建立。对破坏民族关系、民族团结和社会稳定的突发事件，中共中央、国务院及有关部门及时采取措施，坚决将其解决在萌芽状态，促进了各民族关系长期和睦。

香港、澳门回归后，中央政府贯彻"一国两制""港人治港""澳人治澳"、高度自治的方针，严格按照宪法和基本法办事，支持特别行政区政府依法施政，着力发展经济、改善民生、推进民主；同时，加强内地与香港、澳门的合作，实现优势互补、共同发展。在香港、澳门遭受1997年亚洲金融危机、2003年"非典"疫情、2008年国际金融危机冲击时，中央政府努力维护港澳经济发展和社会大局稳定，集中推出支持港澳稳定金融、发展经济、改善民生的政策措施，支持港澳参与国际和区域经济合作，坚决反对外部势力干预香港、澳门事务。

鉴于进入21世纪海峡两岸关系的新形势，中国政府将反对和遏制"台独"势力摆在对台工作更为突出的位置上，把"文攻武备"作为反"台独"斗争的总方略，综合运用政治、经济、外交、法律等手段，全面开展反"台独"斗争。2005年3月14日，十届全国人大三次会议高票通过《反分裂国家法》，坚决遏制"台独"势力、促进祖国统一，有力挫败各种制造"两个中国""一中一台""台湾独立"的图谋。中共十七大前后，台湾海峡两岸关系出现和平发展新局面。实现60年来国共两党主要领导人首次正式会谈，达成并共同发布"两岸和平发展共同愿景"。随后，两岸"三通"（通邮、通航、通商）全面实现。两岸关系朝着和平发展的方向前行。2008年12月31日，胡锦涛在纪念《告台湾同胞书》发表30周年座谈会上，系统阐述了两岸关系和平发展的思想，提出努力开创两岸关系和平发展新局面。

注重军队与国防的现代化建设，积极开展外交工作，推动建设和谐世界。中共十六大以后，中共中央准确把握新世纪新阶段对国防和军队建设提出的新要求，深刻揭示军队力量建设与运用应遵循的基本指导规律，推进党的军事指导理论创新发展，人民解放军在军事、政治、后勤、装备各领域的建设取得巨大进步，有效履行了党和人民赋予的历史使命。党和国家在坚持一贯奉行的独立自主的和平外交政策的同时，提出了坚持走和平发展道路的主张。2005年11月，胡锦涛在英国伦敦发表演讲，系统地阐述了走和平发展道路的基本内涵和重大意义。中国遵循走和平发展道路的要求，按照大国是关键、周边是首要、发展中国家是基础的外交工作部署，全方位开展对外交往，积极参与国际事务，努力为全面建设小康社会争取和平良好的国际环境和周边环境。中国还致力于建设一个持久和平、共同繁荣的和谐世界，反对各种形式的霸权主义和强权政治，永远不称霸。

在建设和谐社会中，民族工作、国防和军队建设、外交工作取得新的进展。社会生产力、经济实力、科技实力迈上一个大台阶，人民生活水平、居民收入水平、社会保障水平迈上一个大台阶，综合国力、国际竞争力、国际影响力迈上一个大台阶，国家面貌发生新的历史性变化。

第五节　实现中华民族从站起来到富起来的伟大飞跃

改革开放是新时期中国最鲜明的特色，是中国人民和中华民族发展史上一次伟大革命。经过持续推进改革开放，中国实现了从生产力相对落后的状况到经济总量跃居世界第二的历史性突破，实现了人民生活从温饱不足到总体小康、奔向全面小康的历史性跨越，实现了从高度集中的计划经济体制到充满活力的社会主义市场经济体制、从封闭半封闭到全方位开放的历史性转变。中国国家经济实力和综合国力大幅度提升，国际地位和影响力显著提高，人民生活水平大大提升，社会长期保持安定团结，推进了中华民族从站起来到富起来的伟大飞跃。在成功应对各种挑战中，中国特色社会主义呈现勃勃生机。

一　综合国力大幅提升

中共十一届三中全会后，中国经济保持快速增长，国民经济蓬勃发展、经济总量连上新台阶，综合国力和国际竞争力由弱变强，成功实现从低收入国家向上中等收入国家跨越。

1979—2012年，中国国内生产总值由3645亿元跃升至518942亿元，年均增长9.8%，比同期世界经济年均增速2.8%高7个百分点。中国经济高速增长持续的时间和增长速度都超过了经济起飞时期的日本和亚洲"四小龙"，创造了人类经济发展史上的伟大奇迹。中国经济总量占世界的份额由1.8%提高到11.5%。中国经济总量居世界位次稳步提升，从1978年居世界第10位，到2008年超过德国，居世界第3位；再到2010年超过日本，居世界第2位，成为仅次于美国的世界第二大经济体。

人均国内生产总值不断提高。1978—2012年，人均国内生产总值从381元增至38420元，扣除价格因素，2012年比1978年增长16.2倍，年均增长8.7%。人均国民总收入也同步快速增长，根据世界银行统计，中国人均国民总收入由1978年的190美元上升至2012年的5680美元，由低收入国家跃升至上中等收入国家。

国家财政实力明显增强。1978年国家财政收入1132亿元，2012年财政收入达到117254亿元，比1978年增长103倍，年均增长14.6%。外汇储备大幅增长。1978年，外汇储备1.67亿美元，位居世界第38位，人均只有0.17美元。2012年达到33116亿美元，稳居世界第一位，实现从外汇短缺国到世界第一外汇储备大国的巨大转变。

对外开放的广度和深度不断拓展。中国日益融入国际市场，从大规模"引进来"到大踏步"走出去"，紧紧抓住全球化机遇一跃成为世界贸易大国，实现了从封闭半封闭到全方位开放的伟大历史转折。

对外贸易总量不断攀升。1978—2012年，中国货物进出口总额从206亿美元、世界排名第29位，增至38671亿美元、世界排名第2位，增长186倍，年均增长16.6%。2012年，中国货物出口总额和进口总额分别占世界的11.2%和9.8%。进出口商品结构不断优化。改革开放初期对外贸易方式主要是以初级产品换制成品，1980年初级产品净出口21.6亿美元，制成品净进口40.5亿美元；从20世纪90年代中期开始，以制成品换初级产品的格局逐渐定型，2012年，初级产品净进口5344亿美元，制成品净出口7647亿美元。

利用外资规模不断扩大。中国充分发挥资源、劳动力等要素优势和巨大的潜在市场优势，成为国际直接投资的热土，外商直接投资成为推动经济发展和技术进步的重要力量。1979—2012年，实际使用外商直接投资12761亿美元，1984—2012年以年均18.0%的高速度增长。连续多年成为吸收外商直接投资最多的发展中国家，世界排名上升至第2位。随着我国企业实力的提升，"走出去"的步伐加大。

中国对外直接投资净额由2007年的265亿美元快速提高到2012年的878亿美元，2012年年末对外直接投资存量达到5319亿美元。

文化事业长足发展。中国坚持走中国特色社会主义文化发展道路，坚持"二为"方向和"双百"方针，坚持贴近实际、贴近生活、贴近群众的原则，大力推进社会主义文化建设，初步形成了覆盖全国的公共文化服务体系。2012年与1978年比，全国文化系统有艺术表演团体7321个，增长1.3倍；公共图书馆3076个，增长1.5倍；博物馆3069个，增长7.8倍。2012年，生产故事影片745部，而1978年仅生产46部；出版各类报纸482.3亿份，各类杂志33.5亿册，图书79.2亿册（张），分别比1978年增长2.8倍、3.4倍和1.1倍。2012年，档案馆4067个，已开放各类档案7957万卷（件），分别比1991年增长

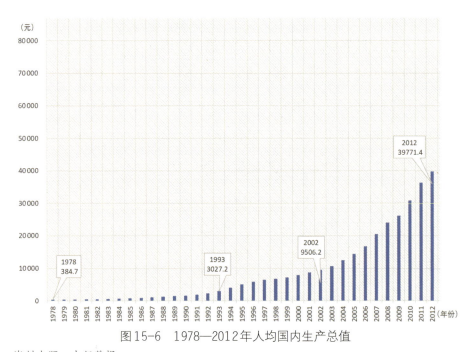

图15-6　1978—2012年人均国内生产总值

资料来源：中经数据。

13.9%和2.8倍；广播、电视综合人口覆盖率分别为97.51%和98.2%。

1984年，新中国首次参加在洛杉矶举办的夏季奥运会，实现了中国奥运史上金牌"零"的突破。在2000年悉尼夏季奥运会上，首次进入奥运会金牌榜前3名，金牌总数位居第三，取得了历史性突破。2008年，北京成功举办了第29届夏季奥运会，中国体育代表团首次名列奥运会金牌榜首位，实现了中国人的百年梦想，极大扩大和提升了中国国际影响力。1978—2012年，中国运动员共获得世界冠军2752个，创超世界纪录1076次。

二 人民生活水平实现历史性跨越

人民生活实现了从温饱不足到总体小康并向全面小康迈进的历史性跨越。

就业规模持续扩大。1978—2012年，中国就业人员从40152万人增加到76704万人，年均增加1075万人；城镇登记失业率长期保持基本稳定。大量农村富余劳动力向非农产业转移。2012年，农民工数量达到2.6亿人。城乡居民收入显著提高。2012年，城镇居民人均可支配收入24565元，比1978年增长71倍，年均增长13.4%，扣除价格因素，年均增长7.4%；农村居民人均纯收入7917元，比1978年增长58倍，年均增长12.8%，扣除价格因素，年均增长7.5%。城乡居民拥有的财富显著增加。2012年年末，城乡居民人民币储蓄存款余额39.96万亿元，比1978年年末增长1896倍，年均增长24.9%。城镇居民拥有的财产性收入从无到有，2012年占人均全部年收入比重上升到2.6%。

居民生活水平和质量极大改善。2012年，城镇居民人均现金消费支出 16674 元，比 1978 年增长 52.6 倍，年均名义增长 12.4%；农村居民人均消费支出 5908 元，增长 49.9 倍，年均名义增长 12.3%。居民消费结构明显优化。2012 年，城镇居民、农村居民恩格尔系数分别为 36.2%、39.3%，比 1978 年分别下降 21.3 个百分点、28.4 个百分点。居住条件极大改善。2012 年，城镇居民人均住宅建筑面积 32.9 平方米，农村居民人均住房面积 37.1 平方米，比 1978 年分别增加 26.2 平方米、29 平方米。消费领域不断拓展，物质生活极大丰富。彩电、电冰箱、空调、电话等耐用消费品逐步普及，汽车、电脑等高档耐用消费品拥有量大幅提高。2012 年年末，城镇居民家庭平均每百户移动电话、计算机和家用汽车拥有量分别为 212.6 部、87 台和 21.5 辆，分别比 2000 年年末增加 193.1 部、77.3 台和 21 辆。

覆盖城乡的社会保障体系基本建成。按照全覆盖、保基本、多层次、可持续方针，以增强公平性、适应流动性、保证可持续性为重点，党和政府积极推进社会保障事业建设。2012 年年末，全国参加城镇职工基本养老保险人数 30426.8 万人，比 1989 年末增加 24716.5 万人；参加城镇职工基本医疗保险和失业保险人数分别为 19861.3 万人和 15224.7 万人，比 1994 年分别增加 19486.7 万人和 7256.9 万人；参加城乡居民社会养老保险人数 48369.5 万人；2566 个县（市、区）开展了新型农村合作医疗工作，新型农村合作医疗参合率 98.3%；2143.5 万城市居民和 5344.5 万农村居民得到政府最低生活保障。到 2012 年年底，全国共有 2142.5 万城市居民、5340.9 万农村居民得到政府提供的最低生活保障，545.9 万人纳入农村五保供养。人民的总体健康水平已超过中等收入国家的平均水平，处于发展中国家前列。

1978—2012年，中国先后采用过不同的农村贫困标准。根据1978年标准，1978年全国农村绝对贫困人口约2.5亿人，约占总人口的1/4，2007年下降为1479万人，平均每年脱贫811万人。按照2008年标准，2007年农村贫困人口为4320万人，2010年下降为2688万人，平均每年脱贫544万人。按照2010年制定的新扶贫标准，2010年农村贫困人口为16567万人，2012年为9899万人，不足总人口的10%，平均每年脱贫3334万人。

科教文卫等各项社会事业取得长足进展，社会和谐稳定得到巩固和发展，经济社会发展协调性不断增强。

教育普及程度明显提高，城乡免费九年义务教育全面实现。国民受教育程度大幅提升。6岁及以上人口平均受教育年限由1982年的5.2年提高到2012年的8.9年。2012年，普通高等教育本专科招生人数达689万人，比1978年增长16.1倍；在校生2391万人，增长26.9倍；毕业生625万人，增长36.9倍。

科技投入不断加大。2012年，研究与试验发展（R&D）经费支出达到10298亿元，比1995年增长28.5倍，占国内生产总值的比重为1.98%，上升1.4个百分点；发明专利申请授权21.71万件，增长63倍。一批重大科技成果相继问世。建成了正负电子对撞机等重大科学工程，秦山、大亚湾核电站并网发电成功，银河系列巨型计算机不断升级并全部研制成功。在载人航天、载人深潜、基因工程、高性能计算机、新材料、量子信息、3D打印等领域取得了重大突破，为成功转型为创新型国家奠定良好基础。

完善国民健康政策，医疗卫生体制改革进展顺利，公共卫生事业发展取得明显成效。2012年年末，全国共有卫生机构95万个，比1978年增长4.6倍；卫生技术人员668万人，增长1.7倍；医院和卫生院床位527.1万张，增长1.9倍。医疗卫生服务体系建设不断强化，初步建成全民医保体系，建立重特大疾病保障和救助机制，基本建成突发公共卫生事件应急和重大疾病防控机制，妥善应对了"非典"和高致病性禽流感等重大疫情，艾滋病、血吸虫病、结核病、肝炎等重大传染病、地方病和慢性非传染病的防治取得积极进展。

体育和健身基础设施日趋完善，民间体育快速发展，越来越多的城乡居民投入到强身健体的体育运动和锻炼中，国民体质明显增强。居民预期寿命由1981年的67.8岁提高到2010年的74.8岁。

改革开放和社会主义现代化建设取得举世瞩目的伟大成就，中国实现了从生产力相对落后的状况到经济总量跃居世界第二的历史性突破，实现了人民生活从温饱不足到总体小康、奔向全面小康的历史性跨越，中华民族实现了从站起来到富起来的伟大飞跃。中国大踏步赶上了时代。

三　体制充满活力

中国积极推进经济、政治、文化、社会等各领域体制改革，不断形成和发展符合当代中国国情、充满生机活力的体制机制。经过持续推进改革开放，我国实现了从高度集中的计划经济体制到充满活力的社会主义市场经济体制、从封闭半封闭到全方位开放的历史性转变。

坚决推进经济体制改革。中国改革从农村实行家庭联产承包责任制率先突破，逐步转向城市经济体制改革并全面铺开，确立社会主义市场经济的改革方向，社会主义市场经济体制初步建立并日益完善。确立公有制为主体、多种所有制经济共同发展这一社会主义初级阶段的基本经济制度，实行按劳分配为主体、多种分配方式并存的基本分配制度。财税、金融、流通、住房、医疗、教育等改革不断深化。国有企业改革稳步推进。加快推进以改善民生为重点的社会建设，不断推进学有所教、劳有所得、病有所医、老有所养、住有所居，促进社会和谐稳定。把对外开放确立为基本国策，从兴办深圳等经济特区、开发开放浦东、推动沿海沿边沿江沿线和内陆中心城市对外开放到加入世界贸易组织，从"引进来"到"走出去"，充分利用国际国内两个市场、两种资源。

积极稳妥推进政治体制改革。坚持党的领导、人民当家作主、依法治国有机统一，发展社会主义民主政治，建设社会主义政治文明。人民代表大会制度、中国共产党领导的多党合作和政治协商制度进一步健全和完善。更好地发挥全国人大作为国家最高权力机关的作用，积极促进政治协商进一步制度化、规范化，巩固和发展最广泛的爱国统一战线。以农村村民委员会、城市居民委员会和企业职工代表大会为主要内容的基层民主自治体系开始形成。坚持实行民族区域自治制度，积极支持各少数民族参与管理国家事务，充分行使宪法和法律赋予的各项自治权利，自主管理本地区、本民族的内部事务，形成了中华各族人民团结奋斗、共同繁荣发展的良好局面。民族自治地方经济迅速发展。尊重和保护各民族宗教信仰自由，积极引导宗教与社会主义社会相适应。坚持依法治国和以德治国相结合，制定新宪法，建设社会主义法治国家，形成以宪法为基础的中国特色社会主义法律体系，尊重和保障人权。

加强理想信念教育，坚持用马克思主义中国化最新成果武装全党、教育人民，大力推进马克思主义理论研究和建设工程，努力繁荣和发展哲学社会科学。推进社会主义核心价值体系建设，建设社会主义精神文明，发展社会主义先进文化，推动社会主义文化大发展大繁荣。全国城乡广泛开展爱国主义、集体主义、社会主义教育。建设中国特色社会主义的共同理想形成广泛共识。

深化教育领域综合改革，大力促进教育公平，教育普及程度明显提高，城乡免费九年义务教育全面实现。国民受教育程度大幅提升，较好地满足了经济社会发展对各类人才的需求。中共中央、国务院始终把科技创新摆在国家发展全局的核心位置，不断加大科技投入，深化科技体制改革，完善科技创新评价标准、激励机制和转化机制。一批重大科技成果相继问世。文化体制改革不断深化，文化事业和文化产业繁荣发展，国家对文化事业的投入加大。促进公共文化服务体系建设，推进全国文化信息资源共享工程，提高农村广播电视"村村通"水平，加强文化基础设施建设。

人民解放军坚持以新时期军事战略方针为统揽，以推进中国特色军事变革为主线，以军事斗争准备为龙头，按照建设信息化军队、打赢信息化战争的战略目标，全面推进国防和军队现代化建设。先后完成三次大规模裁军，共裁减军队员额170万人。军队、武警和民兵在保卫和建设祖国中，在抢险救灾中，发挥了重要作用。

面对深刻变化的国际形势，中国坚持维护世界和平、促进共同发展的外交政策宗旨，调整同主要大国的关系，发展同周边国家的睦邻友好关系，深化同广大发展中国家的友好合作，积极参与国际和地区事务，建立起全方位多层次的对外关系新格局。截至2011年7月，中国已同172个国家建立了外交关系。在睦邻、安邻、富邻政策指导下，同周边国家的睦邻友好关系日益加强。努力推动南南合作和南北对话，同广大发展中国家的传统友好合作关系进一步巩固。向亚洲、非洲最不发达国家提供了优惠关税待遇，并减免了几十个亚非发展中国家的债务；积极推动建立中国同非洲国家和阿拉伯国家的合作论坛。顺利建成中国—东盟自由贸易区，推动上海合作组织等区域合作机制发展，同新兴国家合作取得重大实质性进展。中国还积极参与应对国际金融危机、气候变化等全球性问题的国际合作，积极开展公共外交。

20世纪80年代以后，中苏关系的紧张局面趋于缓和。1987年2月，中苏开始第三次国界谈判。1991年5月，中苏两国领导人签署了《中华人民共和国和苏维埃社会主义共和国联盟关于中苏国界东段的协定》，1995年10月17日，中俄两国又互换了《中华人民共和国和俄罗斯联邦关于中俄国界西段的协定》的批准书。2001年7月，中俄进行第四次谈判，签署《中俄睦邻友好合作条约》。2004年10月，中俄签署《关于中俄国界东段的补充协定》。2005年6月，互换补充协定批准书。2008年10月，两国外交部通过换文确认《关于中俄国界线东段补充叙述议定书》及其附件正式生效，中俄历史遗留的边界问题得到解决。2000年12月25日，中国和越南在北京签署《中华人民共和国和越南社会主义共和国关于两国在北部湾领海、专属经济区和大陆架的划界协定》及《中华人民共和国政府和越南社会主义共和国政府北部湾渔业合作协定》。

四　成功应对挑战

正当加快建设小康社会的步伐的时候，中国先后经受了"非典"疫情等多场历史上罕见自然灾害的考验。

2003年2月中下旬，"非典"疫情开始在广东局部地区流行，3月上旬传播和蔓延至华北地区。中国内地24个省（自治区、直辖市）先后发生"非典"疫情，共波及266个县和市（区），累计报告病例5327例，治愈出院4959例，死亡349例。全球有30多个国家和地区也陆续发生"非典"疫情。面对严峻疫情，中共中央、国务院果断决策将防治"非典"列为各项工作的重中之重。4月24日，国务院组建由30多个中央国家机关部门组成的全国防治非典型肺炎指挥部，按照"沉着冷静、措施果断，依靠科学、有效防治，加强合作、完善机制"的总要求，全力以赴开展疫情防治工作。5月9日，国务院公布实施《突发公共卫生事件应急条例》，将防治工作纳入依法、科学、规范、有序的轨道。经过不懈努力，从5月中旬开始，疫情形势趋于平缓。6月24日，世界卫生组织宣布解除对北京的旅行警告，中国取得抗击"非典"的伟大胜利。

2008年1月中旬至2月上旬，中国南方遭遇一场50年来罕见的低温雨雪冰冻灾害，先后造成21个省（自治区、直辖市）不同程度受灾。京广、沪昆铁路因断电运输受阻，京珠高速公路出现严重阻塞，近22万千米的普通公路不能正常通车，14个民航机场被迫关闭；电网设施大面积受损，13个省（自治区、直辖市）输电线路因覆冰发生电塔垮塌断线事故，170个县（市）供电中断。农作物受灾面积2.17亿亩，工业企业大面积停产，居民正常生活受到严重影响。灾情发生后，胡锦涛、温家宝等党和国家领导人先后深入灾区指导抗灾救灾。国务院成立煤电油运和抢险抗灾应急指挥中心，领导部署具体工作。在全社会共同努力下，抗击低温雨雪冰冻灾害斗争取得重大胜利。

2008年5月12日，四川省汶川县发生里氏8.0级特大地震，地震波及四川、甘肃、陕西、重庆等10个省（自治区、直辖市），灾区总面积约50万平方千米，造成69227人遇难，17923人失踪，受灾群众达4625万多人，直接经济损失8451亿多元，引发的崩塌、滑坡、泥石流、堰塞湖等次生灾害举世罕见。中共中央、国务院及时启动应急响应机制，在全国范围内组织军队、公安民警、抢险救灾专业队伍和医疗救援队伍以及设备、物资等，赶赴四川地震灾区抗震、抢险、救人。举国上下形成了全党动员、全军集结、全民行动的救灾局面，组织开展了中国历史上救援速度最快、动员范围最广、投入力量最大的抗震救灾斗争，最大限度地挽救了受灾群众生命，最大限度地降低了灾害造成的损失。84017名群众被从废墟中抢救出来，149万名被困群众得到解救，430多万名伤病员得到及时救治，1510万名紧急转移安置的受灾群众基本生活得到妥善安排，881万名灾区受困群众得到救助，中小学校在新学期开始时全面复课开学。震后第14天，中共中央又作出"建立对口支援机制，举全国之力，加快恢复重建"的决策。在夺取抗震救灾斗争胜利后，国家迅速制定了灾区灾后恢复重建计划，决定用3年时间完成灾后恢复重建任务，并动员全国力量实行对口支援。到2010年9月底，三年重建任务在两年内基本完成，受灾地区的基础设施和群众的生产生活大大超过灾前水平，创造了灾后重建的奇迹。

2010年，中国又接连发生了严重自然灾害。4月14日，青海省玉树藏族自治州玉树县发生了里氏 7.1 级地震，造成 2698 人遇难，270 人失踪。8 月 8 日，甘肃省舟曲县发生特大山洪泥石流灾害，造成 1557 人遇难，208 人失踪。全国人民一方面全力以赴支援灾区渡过难关，一方面继续推进经济社会各项建设。

在应对各种挑战的同时，中国改革开放不断深化，现代化建设顺利推进，成功地举办了北京奥运会、残奥会和上海世界博览会。

举办奥运会是中华民族的百年期盼。从 2001 年 7 月 13 日中国北京获得 2008 年第二十九届夏季奥运会主办权起，中国政府和人民就开始积极扎实地准备举办这一盛典。2008 年 8 月 8—24 日，以"同一个世界，同一个梦想"为口号的第二十九届夏季奥运会在北京成功举行。204 个国家和地区的 11438 名运动员参加了北京奥运会，成为奥运会历史上参赛国家、地区及运动员最多的一届。在这届奥运会上，多个国家和地区实现了奥运会金牌和奖牌零的突破，刷新了 38 项世界纪录和 85 项奥运会纪录。中国体育代表团取得了 48 枚金牌、21 枚银牌、28 枚铜牌的优异成绩，首次位居奥运会金牌榜第 1 位。中国人民为办成一届有特色、高水平奥运会付出的巨大努力，赢得了奥林匹克大家庭和国际社会广泛的好评和赞誉。

2008 年 9 月 6 日晚，北京夏季残奥会在国家体育场隆重举行。来自全世界 147 个国家和地区的 3951 多名残疾人运动员参加了残奥会。在 11 天的比赛中，有 1700 人次创造了残奥会或残疾人运动世界纪录，展现出高超的竞技水平，诠释了"超越、融合、共享"这一北京残奥会主题。中国体育代表团以 89 枚金牌、70 枚银牌和 52 枚铜牌的骄人成绩居于奖牌榜首位。国际残奥会主席克雷文称赞"北京残奥会是有史以来最伟大的一届残奥会"。

2010年5月1日至10月31日，上海市举办了以"城市，让生活更美好"为主题的世界博览会。这是中国首次举办综合性世界博览会，也是历史上第一次在发展中国家举行注册类世界博览会。在184天的时间里，有246个国家和国际组织参展，7308万人次参观展览，创造了世博会历史上的新纪录。为了兑现"给中国一个机会，世界将添一份异彩"的承诺，中国人民举全国之力，集世界之智慧，创造和演绎了一场精彩纷呈、美轮美奂的世界文明大展示。

2008年下半年，爆发了国际金融危机。中共中央和国务院及时果断地调整宏观调控着力点，出台进一步扩大内需、促进经济平稳较快增长的10项措施，全面实施一揽子计划。中国经济发展经受住了国际金融危机的严峻考验，国内生产总值年均增长显著高于同期全球和新兴经济体的增速。中国成为带动世界经济复苏的重要引擎。

中国能够在抗击特大自然灾害的斗争中，迅速动员前所未有的大量人力、物力和财力，把灾害的损失降到最低限度；能够在较短的时间内渡过难关，成功地举办了世界性大会；能够在全球率先实现经济企稳回升，有效应对外部经济风险冲击，保持经济平稳较快发展，充分体现了中国特色社会主义制度的优越性，充分体现了中国通过改革开放建立起来的空前强大的综合国力和雄厚的物质基础。

五 中国特色社会主义生机勃勃

中共十一届三中全会后，中国共产党领导和支持开展真理标准问题大讨论，深刻认识到，开创改革开放和社会主义现代化建设新局面，必须以理论创新引领事业发展。在领导改革开放和现代化建设实践中，提出了一系列新思想、新观点、新论断，先后形成了邓小平理论、"三个代表"重要思想和科学发展观等重大战略思想。

在改革开放实践取得初步成功的基础上，中共十二大明确提出"建设有中国特色的社会主义"崭新命题，指出"把马克思主义的普遍真理同我国的具体实际结合起来，走自己的道路，建设有中国特色的社会主义，这就是我们总结长期历史经验得出的基本结论"，确定了全面开创社会主义现代化建设新局面的奋斗纲领。中共十三大阐明社会主义初级阶段理论和党在社会主义初级阶段基本路线，提出"建设有中国特色的社会主义理论"概念，从12个方面对改革开放和社会主义现代化建设实践中形成和发展的科学理论观点进行归纳，使建设有中国特色的社会主义理论有了比较清晰的轮廓。中共十四大确立了邓小平建设有中国特色社会主义理论在全党的指导地位，概括了建设有中国特色社会主义理论的主要内容。

中共十一届三中全会后，以邓小平同志为主要代表的中国共产党人，团结带领全党全国各族人民，深刻总结中华人民共和国成立以来正反两方面经验，围绕什么是社会主义、怎样建设社会主义这一根本问题，借鉴世界社会主义历史经验，创立了邓小平理论，解放思想，实事求是，作出把党和国家工作中心转移到经济建设上来、实行改革开放的历史性决策，深刻揭示社会主义本质，确立社会主义初级阶段基本路线，明确提出走自己的路、建设中国特色社会主义，科学回答中国这样的经济文化比较落后的国家如何建设、巩固和发展社会主义的一系列基本问题，制定到21世纪中叶分三步走、基本实现社会主义现代化的发展战略，成功开创了中国特色社会主义。

中共十三届四中全会后，以江泽民同志为主要代表的中国共产党人，高举邓小平理论伟大旗帜，坚持党的基本理论、基本路线，准确把握时代特征，科学判断中国共产党所处的历史方位，围绕建设中国特色社会主义这个主题，集中全党智慧，以马克思主义的巨大勇气进行理论创新，逐步形成了"三个代表"重要思想这一系统的科学理论。加深了对什么是社会主义、怎样建设社会主义和建设什么样的党、怎样建设党的认识，在国内外形势十分复杂、世界社会主义出现严重曲折的严峻考验面前捍卫了中国特色社会主义，确立了社会主义市场经济体制的改革目标和基本框架，确立了社会主义初级阶段公有制为主体、多种所有制经济共同发展的基本经济制度和按劳分配为主体、多种分配方式并存的分配制度，制定了跨世纪战略，开创全面改革开放新局面，推进党的建设新的伟大工程，成功把中国特色社会主义全面推向21世纪。中共十六大把"三个代表"重要思想同马克思列宁主义、毛泽东思想、邓小平理论一道确立为中国共产党必须长期坚持的指导思想，并写入党章，实现了党的指导思想的又一次与时俱进。

中共十六大以后，以胡锦涛同志为主要代表的中国共产党人，以邓小平理论和"三个代表"重要思想为指导，立足社会主义初级阶段基本国情，总结中国发展实践，借鉴国外发展经验，在全面建设小康社会进程中推进实践创新、理论创新、制度创新，深刻认识和回答了新形势下实现什么样的发展、怎样发展等重大问题，形成了科学发展观，抓住重要战略机遇期，聚精会神搞建设，一心一意谋发展，强调坚持以人为本、全面协调可持续发展，着力保障和改善民生，促进社会公平正义，推进党的执政能力建设和先进性建设，成功在新形势下坚持和发展了中国特色社会主义。

科学发展观，第一要义是发展，核心是以人为本，基本要求是全面协调可持续，根本方法是统筹兼顾。中共十七大强调，高举中国特色社会主义伟大旗帜，以邓小平理论和"三个代表"重要思想为指导，深入贯彻落实科学发展观，继续解放思想，坚持改革开放，推动科学发展，促进社会和谐，为夺取全面建设小康社会新胜利而奋斗。大会号召，全党同志必须始终保持清醒头脑，坚持把以经济建设为中心同四项基本原则、改革开放这两个基本点统一于发展中国特色社会主义的伟大实践。

邓小平理论、"三个代表"重要思想和科学发展观这些新思想，从新的实践和时代特征出发坚持和发展马克思主义，科学回答了建设中国特色社会主义的发展道路、发展阶段、根本任务、发展动力、发展战略、政治保证、祖国统一、外交和国际战略、领导力量和依靠力量等一系列基本问题，丰富和发展了马克思主义，形成了中国特色社会主义理论体系，实现了马克思主义中国化新的飞跃。

在改革开放接力探索中，中国共产党逐步深化对国情和社会主义建设规律的认识，开创并不断发展了中国特色社会主义，坚定不移高举中国特色社会主义伟大旗帜，既不走封闭僵化的老路，也不走改旗易帜的邪路。在新的实践基础上既继承前人，又突破陈规，不断开拓马克思主义新境界，使科学社会主义在中国呈现出勃勃生机与活力。

本章参考文献

《邓小平文选》第2卷，人民出版社1994年版。

《邓小平文选》第3卷，人民出版社1993年版。

《新中国70年》，当代中国出版社2019年版。

《中共中央关于党的百年奋斗重大成就和历史经验的决议》，人民出版社2021年版。

《中华人民共和国简史》，人民出版社、当代中国出版社2021年版。

本章图片来源

图15-1 《光明日报》1978年5月11日第1版。

图15-2 中新社发。

图15-3 《中国共产党执政兴国图集》，浙江人民出版社、中共党史出版社2012年版，第208页。

图15-4 《中华人民共和国简史》，当代中国出版社2019年版，第234页。

图15-5 《中华人民共和国简史》，当代中国出版社2019年版，第252页。

第十六章

中国特色社会主义新时代

章首语

　　中共十八大以来，中国特色社会主义进入新时代。党和国家面临的主要任务是，实现第一个百年奋斗目标，开启实现第二个百年奋斗目标新征程，朝着实现中华民族伟大复兴的宏伟目标继续前进。以习近平同志为核心的党中央，高举中国特色社会主义伟大旗帜，坚持以习近平新时代中国特色社会主义思想为指导，全面贯彻党的基本路线、基本方略，统筹把握中华民族伟大复兴战略全局和世界百年未有之大变局，统筹推进"五位一体"总体布局和协调推进"四个全面"战略布局，采取一系列战略性举措，推进一系列变革性实践，实现一系列突破性进展，取得一系列标志性成果，攻克了许多长期没有解决的难题，办成了许多事关长远的大事要事，经受住了来自政治、经济、意识形态、自然界等方面的风险挑战考验，党和国家事业取得历史性成就、发生历史性变革，推动中国迈上全面建设社会主义现代化国家新征程。进入新时代，改革开放和社会主义现代化建设深入推进，中国共产党在革命性锻造中更加坚强有力，中国人民过上幸福美好生活，中国国际影响力、感召力、塑造力显著提升，中华民族迎来从站起来、富起来到强起来的伟大飞跃，中国特色社会主义彰显出强大生机活力，中华民族伟大复兴进入不可逆转的历史进程。新时代十年的伟大变革，在党和国家事业发展进程中极不寻常、极不平凡，在党史、新中国史、改革开放史、社会主义发展史、中华民族发展史上具有里程碑意义。中共二十大郑重宣示以中国式现代化全面推进中华民族伟大复兴，擘画了全面建设社会主义现代化国家、全面推进中华民族伟大复兴的宏伟蓝图，指明了新时代新征程党和国家事业发展的前进方向。

第一节　为实现中华民族伟大复兴中国梦而奋斗

中国特色社会主义进入新时代，这是中国发展新的历史方位。中共十八大以来，以习近平同志为核心的党中央，在新的历史条件下续写坚持和发展中国特色社会主义这篇大文章，坚定不移在中国特色社会主义道路上全面推进中华民族伟大复兴事业。全党全国各族人民紧紧围绕实现"两个一百年"奋斗目标，统筹推进"五位一体"总体布局和协调推进"四个全面"战略布局，贯彻新发展理念，胜利完成"十二五"规划、"十三五"规划，顺利实施"十四五"规划，推动党和国家事业取得全方位、开创性成就，实现深层次、根本性变革，中华民族伟大复兴展现出无比灿烂的前景。

一　中共十八大与确立"两个一百年"奋斗目标

2012年11月8—14日，中国共产党第十八次全国代表大会胜利召开。这是进入全面建成小康社会决定性阶段召开的一次十分重要的大会。大会的主题是：高举中国特色社会主义伟大旗帜，以邓小平理论、"三个代表"重要思想、科学发展观为指导，解放思想，改革开放，凝聚力量，攻坚克难，坚定不移沿着中国特色社会主义道路前进，为全面建成小康社会而奋斗。

大会确立"两个一百年"奋斗目标，擘画了实现中华民族伟大

图16-1　中国共产党第十八次全国代表大会会场

复兴中国梦的宏伟蓝图。十八大报告提出，在中国共产党成立一百年时全面建成小康社会，在新中国成立一百年时建成富强民主文明和谐的社会主义现代化国家。大会根据"五位一体"总体布局和全面建成小康社会目标要求，对新的时代条件下推进中国特色社会主义事业作出全面部署，对全面提高党的建设科学化水平提出明确要求。

大会通过《中国共产党章程（修正案）》的决议，选举产生第十八届中央委员会和中央纪律检查委员会。中共十八届一中全会选举习近平为中共中央总书记，决定习近平为中共中央军事委员会主席。2013年3月，十二届全国人民代表大会第一次会议选举习近平为中华人民共和国主席、中华人民共和国军事委员会主席。

2012年11月，习近平在参观《复兴之路》展览时提出"实现中华民族伟大复兴的中国梦"，强调实现中华民族伟大复兴是中华民族近代以来最伟大的梦想。2013年3月，他进一步指出，实现中华民族伟大复兴的中国梦，就是要实现国家富强、民族振兴、人民幸福。这些论述，深刻阐释实现中华民族伟大复兴中国梦的基本内涵、实践途径和依靠力量，开启了中国人民持续奋斗、实现伟大梦想的新征程。

实现中华民族伟大复兴的中国梦，是以习近平同志为核心的党中央对全体中国人民作出的庄严承诺，是党和国家面向未来的政治宣言，充分体现了中国共产党高度的历史担当和使命追求，为新时代坚持和发展中国特色社会主义注入崭新内涵，为激励中华儿女团结奋进、赢得未来树起一面精神旗帜。

二 统筹推进"五位一体"总体布局

中共十八大提出，建设中国特色社会主义总布局是经济建设、政治建设、文化建设、社会建设、生态文明建设五位一体。进入新时代，面对复杂严峻的外部环境和中国经济发展进入新常态等一系列深刻变化，中共中央总揽全局、科学决策，迎难而上、开拓进取，统筹推进"五位一体"总体布局，经济建设取得重大成就，民主法治建设迈出重大步伐，思想文化建设取得重大进展，人民生活水平不断提高，生态文明建设取得显著成效，推动中国特色社会主义事业全面发展、全面进步。

用新发展理念引领高质量发展，经济建设取得重大成就 面对2008年国际金融危机后世界经济持续低迷和国内经济结构性体制性矛盾不断积累，以及发展不平衡、不协调、不可持续等突出问题，中共中央完整、准确、全面贯彻新发展理念，坚持稳中求进工作总基调，成功驾驭经济发展大局，取得来之不易的经济建设成就。

作出中国经济进入新常态重大论断。2013年12月，习近平在中央经济工作会议上首次提出"新常态"概念。中国经济发展进入新常态，已由高速增长阶段转向高质量发展阶段，面临增长速度换挡期、结构调整阵痛期和前期刺激政策消化期"三期叠加"的复杂局面，不能简单以生产总值增长率论英雄，必须推动高质量发展、深化供给侧结构性改革。2015年12月，中央经济工作会议对供给侧结构性改革作出全面部署。会议强调抓好去产能、去库存、去杠杆、降成本、补短板五大任务，明确宏观政策要稳、产业政策要准、微观政策要活、改革政策要实和社会政策要托底五大政策支柱。

贯彻新发展理念。这是关系我国发展全局的一场深刻变革。2015年10月，中共十八届五中全会提出以人民为中心的发展思想，提出创新、协调、绿色、开放、共享的新发展理念。在新发展理念指引下，中国坚持以创新理念提高发展质量和效益，以协调理念形成平衡发展结构，以绿色理念改善生态环境，以开放理念实现合作共赢，以共享理念增进人民福祉，推动实现更高质量、更有效率、更加公平、更可持续、更为安全的发展。

鼓励各类市场主体健康发展。毫不动摇巩固和发展公有制经济，支持国有资本和国有企业做强做优做大。2021年，全国国有资产系统监管企业资产总额达259.3万亿元，比2012年增长2.6倍。在电网、通信、电力、建筑等行业，多家央企的主要效率指标达到世界一流水平。毫不动摇鼓励、支持、引导非公有制经济发展，构建亲清政商关系。民营企业数量由2012年的1000多万户增长到2021年的近4500万户，企业总量占比提高到92.1%，资产总额超过千亿规模的民营企业增至98家。深化"放管服"改革、全面实施市场准入负面清单制度，推动各类企业活力迸发、竞相发展。2021年，市场主体总量历史性达到1.54亿户，比2012年增长1.8倍，日均新设企业近2.5万户。

实施创新驱动发展战略。科技自强自立是国家强盛之基、安全之要。2015年3月，中共中央、国务院印发《关于深化体制机制改革加快实施创新驱动发展战略的若干意见》，对推进科技创新作出顶层设计。2016年5月，中共中央、国务院印发《国家创新驱动发展战略纲要》，提出把创新驱动发展战略作为国家的优先战略，建设高水平的创新型国家，推动经济社会发展动力根本转变。中国科技事业发生历史性、整体性、格局性重大变化，一些关键核心技术领域实现突破，战略性新兴产业发展壮大，载人航天、探月探火、深海深地探测、超级计算机、卫星导航、量子信息、核电技术、大飞机制造、生物医药等取得重大成果，进入创新型国家行列。中国在全球创新指数的排名由2012年的第34位上升到2022年的第11位。2021年，中国高新技术企业增至33万家，570多家工业企业入围全球研发投入2500强，研发经费总额投入强度成倍提升。

实施制造强国战略。制造业是立国之本、强国之基，抓实体经济一定要抓好制造业。2015年5月，国务院印发《中国制造2025》，推动中国制造向中国创造、中国速度向中国质量、中国产品向中国品牌转变。中国迈入制造强国行列，制造业规模稳居世界第一。中国制造业高端化、智能化、绿色化发展取得新成效，实体经济基础性地位更加牢固。2012—2021年，中国工业增加值从20.9万亿元增至37.3万亿元，年均增长6.3%，远高于同期全球工业增加值2%左右的年均增速。

实施更加积极主动的开放战略。这是根据中国改革发展客观需要作出的自主选择，有利于推动经济高质量发展。2013年9月，中国（上海）自由贸易试验区挂牌成立。2018年4月，中共中央决定支持海南全岛建设自由贸易试验区。随后，印发《海南自由贸易港建设总体方案》，制定《中华人民共和国海南自由贸易港法》，放宽市场准入特别措施、贸易自由化便利化若干措施、金融改革开放意见等相继落地。2018年11月，中国在上海举办首届中国国际进口博览会。这是世界上首个以进口为主题的国家级展会。

实施乡村振兴战略。这是新时代做好"三农"工作的总抓手。中共十九大提出，要按照产业兴旺、生态宜居、乡风文明、治理有效、生活富裕的总要求，实施乡村振兴战略。2018年9月，中共中央、国务院印发《乡村振兴战略规划（2018—2022年）》，提出乡村振兴的远景谋划，即：到2035年乡村振兴取得决定性进展，农业农村现代化基本实现；到2050年乡村全面振兴，农业强、农村美、农民富全面实现。2021年1月，成立国家乡村振兴局，实现由集中资源支持脱贫攻坚向全面推进乡村振兴过渡。农业现代化取得重大进展，农业综合生产能力迈上新台阶，中国粮食连年丰收，谷物总产量稳居世界首位，确保了谷物基本自给、口粮绝对安全的国家粮食安全战略。新型城镇化战略有序实施，城镇化率年均提高1.2个百分点，8000多万农业转移人口成为城镇居民。

针对关系全局、事关长远的问题，党和国家提出和实施一系列重大发展战略，主要有：以疏解北京非首都功能为重点的京津冀协同

图16-2　2016年9月25日，世界最大单口径巨型射电望远镜——500米口径球面射电望远镜（FAST）宣告落成启用

发展战略，设立国家级新区河北雄安新区；以共抓大保护、不搞大开发为导向的长江经济带建设；以促进合作共赢为落脚点的"一带一路"建设、粤港澳大湾区建设；以促进人的城镇化为核心、提高质量为导向的新型城镇化战略；谷物基本自给、口粮绝对安全的国家粮食安全战略；制定实施制造强国行动纲领，促进大数据发展，实施"互联网+"行动计划；推动能源消费、能源供给、能源技术、能源体制革命和加强能源国际合作的能源安全新战略，等等。

发展全过程人民民主，社会主义民主政治建设迈出重大步伐　以什么样的思路来谋划和推进社会主义民主政治建设，在国家政治生活中具有管根本、管全局、管长远的作用。进入新时代，通过全过程人民民主实践，中国特色社会主义民主的内容日趋丰富、程序日趋完善、成效日趋显现，人民依法实行民主选举、民主协商、民主决策、民主管理、民主监督，生动活泼、安定团结的政治局面得到巩固和发展。

坚定不移走中国特色社会主义政治发展道路。2012年12月，在首都各界纪念现行宪法公布施行30周年大会上，习近平概括了中国特色社会主义政治发展道路的核心内涵，强调关键是要坚持党的领导、人民当家作主、依法治国有机统一。在新时代民主实践中，形成评判民主的"八个能否"①"四个要看、四个更要看"②标准，提出全过程人民民主理念，增强走中国特色社会主义政治发展道路的信心和决心。

用制度体系保证人民当家作主。制定关于加强和改进全国人大代表工作的具体措施，支持和保障代表更好依法履职，完善民主民意表达平台和载体。加强县乡人大工作和建设，夯实国家政权建设和党长期执政基础。2021年，中共中央首次召开中央人大工作会议，印发《关于新时代坚持和完善人民代表大会制度、加强和改进人大工作的意见》，推动新时代人大制度建设和人大工作高质量发展。坚持

---

① 评价一个国家政治制度是不是民主的、有效的"八个能否"包括：国家领导层能否依法有序更替；全体人民能否依法管理国家事务和社会事务、管理经济和文化事业；人民群众能否畅通表达利益要求；社会各方面能否有效参与国家政治生活；国家决策能否实现科学化、民主化；各方面人才能否通过公平竞争进入国家领导和管理体系；执政党能否依照宪法法律规定实现对国家事务的领导；权力运用能否得到有效制约和监督。

② "四个要看、四个更要看"指：要看人民有没有投票权，更要看人民有没有广泛参与权；要看人民在选举过程中得到了什么口头许诺，更要看选举后这些承诺实现了多少；要看制度和法律规定了什么样的政治程序和政治规则，更要看这些制度和法律是不是真正得到了执行；要看权力运行规则和程序是否民主，更要看权力是否真正受到人民监督和制约。

图16-3　2015年2月，浙江省温岭市泽国镇举行参与式公共财政预算选民协商民主恳谈会，当地选民代表、人大代表在恳谈会上进行分组讨论

和完善中国共产党领导的多党合作和政治协商制度，人民政协履行职能制度化、规范化、程序化建设不断深化。2019年，首次召开中央政协工作会议，进一步科学回答人民政协"是什么""干什么""怎样干"等重大问题，为新时代人民政协事业发展指明前进方向。

推进协商民主广泛、多层、制度化发展。社会主义协商民主是人民民主的重要形式。2015年1月，中共中央印发《关于加强社会主义协商民主建设的意见》，为构建程序合理、环节完整的社会主义协商民主体系作出顶层设计。政党协商、人大协商、政府协商、政协协商、人民团体协商、基层协商、社会组织协商等多种形式的协商民主全面展开。"十四五"规划编制工作开展网上征求意见，广大群众踊跃参与，留言100多万条，从中整理出1000余条建议，成为协商民主的成功典范。

巩固和发展最广泛的爱国统一战线。2015年5月，中共中央印发《中国共产党统一战线工作条例（试行）》（以下简称《条例》），促进政党关系、民族关系、宗教关系、阶层关系、海内外同胞关系和谐发展。这是关于统一战线的第一部党内法规，标志着统战工作进入制度化、规范化和程序化的新阶段。《条例》把新的社会阶层人士①作为统一战线成员的单独方面，作出明确政策规定。2017年2月，首次召开全国新的社会阶层人士统战工作会议，加强对新的社会阶层人士的团结引导，增进政治认同，与中国共产党同心奋进。全面贯彻党的民族政策、宗教政策。2014年9月和2021年8月，中共中央先后两次召开中央民族工作会议，强调铸牢中华民族共同体意识是新时代党的民族工作的"纲"。各族群众牢固树立正确的祖国观、民族观、文化观、历史观，不断增强对伟大祖国、中华民族、中华文化、中国共产党、中国特色社会主义的认同。宗教界广泛开展国旗、宪法和法律法规、社会主义核心价值观、中华优秀传统文化进宗教活动场所等活动。中国现有信教公民近2亿人，宗教教职人员38万余人，宗教信仰自由得到充分保障。

坚定文化自信，扎实推进社会主义文化强国建设 文化是一个国家、一个民族的灵魂。进入新时代，中共中央准确把握世界范围内思想文化相互激荡、中国社会思想观念深刻变化的趋势，围绕举

---

① 新的社会阶层人士是伴随社会主义市场经济发展而逐步成长起来的新的社会群体，主要包括：民营企业和外商投资企业管理技术人员、中介组织和社会组织从业人员、自由职业人员、新媒体从业人员等。

旗帜、聚民心、育新人、兴文化、展形象，坚持走中国特色社会主义文化发展道路，不断夯实中国特色社会主义文化自信，加强社会主义意识形态建设，构筑中国精神、中国价值、中国力量，主旋律更加响亮，正能量更加强劲，国家文化软实力和中华文化影响力大幅提升，全党全社会思想上的团结统一更加巩固。

建设具有强大凝聚力和引领力的社会主义意识形态。2013年8月，召开全国宣传思想工作会议，为从根本上扭转一度出现的意识形态领域被动局面提供遵循。2018年5月，召开纪念马克思诞辰200周年大会，强调马克思主义始终是我们党和国家的指导思想。2019年8月，中共中央印发《中国共产党宣传工作条例》，这是第一部关于宣传工作的主干性、基础性党内法规。中共十九届四中全会第一次把"坚持马克思主义在意识形态领域的指导地位"作为中国特色社会主义的一项根本制度明确提出来，并作出一系列重大部署。分别召开文艺工作、党的新闻舆论工作、网络安全和信息化工作、哲学社会科学工作座谈会和全国高校思想政治工作会议，阐明原则立场，廓清理论是非，校正工作导向，全面重塑宣传思想工作格局。2023年6月，召开文化传承发展座谈会，强调担负起新的文化使命，努力建设中华民族现代文明。2023年10月，全国宣传思想文化工作会议正式提出并系统阐述习近平文化思想，为做好新时代新征程宣传思想文化工作、担负起新的文化使命提供了强大思想武器和科学行动指南。

大力弘扬中华民族伟大精神。党和国家成功举办2022年北京冬奥会和冬残奥会，展现新时代中国自信、包容、开放的大国气象；隆重纪念中国人民抗日战争胜利暨世界反法西斯战争胜利七十周年、中国人民志愿军抗美援朝出国作战七十周年，颁布《中华人民共和国国家勋章和国家荣誉称号法》《中国共产党党内功勋荣誉表彰条例》《军队功勋荣誉表彰条例》，设立烈士纪念日，营造崇尚英雄、学习英雄、捍卫英雄、关爱英雄的浓厚氛围。

推动中华优秀传统文化创造性转化、创新性发展。2017年1月，中共中央办公厅、国务院办公厅印发《关于实施中华优秀传统文化传承发展工程的意见》，强调要赋予中华优秀传统文化新的时代内涵和现代表达形式，激活其生命力。2019年1月，组建中国历史研究院，实施《（新编）中国通史》纂修工程，深入推进中国文明历史研究。加强文物考古工作，增强文物保护意识，加大文化遗产保护力量。全党全国各族人民文化自信明显增强，精神风貌更加奋发昂扬。

坚持人民至上理念，人民群众获得感、幸福感、安全感显著增强

增进民生福祉是坚持立党为公、执政为民的本质要求，让老百姓过上好日子是党和国家一切工作的出发点和落脚点。进入新时代，人民对美好生活的向往更加强烈，期盼有更好的教育、更稳定的工作、更满意的收入、更可靠的社会保障、更高水平的医疗卫生服务、更舒适的居住条件、更优美的环境、更丰富的精神文化生活，期盼孩子们能成长得更好、工作得更好、生活得更好。中共中央坚持以人民为中心的发展思想，把补齐民生保障短板、解决好人民群众急难愁盼问题作为社会建设的紧迫任务，统筹发展和安全两件大事，努力为人民创造更美好、更幸福的生活。

坚持不懈推动以保障和改善民生为重点的社会建设。推进收入分配制度改革，老百姓腰包越来越鼓，城乡居民收入差距不断缩小。2021年全国居民人均可支配收入35128元，比2012年实际增长78%，城乡居民收入比缩小到2.5。就业状况持续改善。2015年，国务院先后印发《关于进一步做好新形势下就业创业工作的意见》《关于大力推进大众创业万众创新若干政策措施的意见》，把创业和就业结合起来，深入实施就业优先战略。推进义务教育均衡发展和城乡一体化，规范校外培训机构，为学生和家长减轻负担。中国建成世界上规模最大的社会保障体系，截至2022年年底，10.5亿人拥有基本养老保险，13.4亿人拥有基本医疗保险。中国建成世界上规模最大的医疗卫生体系，形成覆盖城乡的医疗卫生服务网。坚持房子是用来住的、不是用来炒的定位，加快建立多主体供给、多渠道保障、租购并举的住房制度，低保、低收入住房困难家庭基本实现应保尽保。为促进人口长期均衡发展，2021年6月，中共中央、国务院印发《关于优化生育政策促进人口长期均衡发展的决定》，实施一对夫妻可以生育三个子女政策，并取消社会抚养费等制约措施、清理和废止相关处罚规定，配套实施一系列积极生育支持措施。

把安全发展贯穿国家发展各领域全过程。安全成为人民群众最基本、最普遍的愿望。中共十八届三中全会对加强国家安全作出顶层设计，提出"设立国家安全委员会，完善国家安全体制和国家安全战略，确保国家安全"。2014年4月，十八届中央国家安全委员会召开第一次会议，首次提出总体国家安全观。中央政治局会议先后审议通过《国家安全战略纲要》《关于加强安全工作的意见》，强调必须坚持以总体国家安全观为指导，坚决维护国家核心和重大利益，以人民安全为宗旨，在发展和改革开放中促安全，走中国特色国家安全道路。2015年，十二届全国人大常委会第十五次、第十八次会议分别通过《中华人民共和国国家安全法》《中华人民共和国反恐怖主义法》，国家安全法治建设取得迅速进展。根据法律规定，将每年4月15日确定为全民国家安全教育日，深入开展国家安全宣传教育，切实增强全民国家安全意识。

续写社会长期稳定奇迹。坚持和发展新时代"枫桥经验"，完善社会治理体系，推动社会治理重心向基层下移，建设更高水平的平安中国。制定实施《关于加快推进社会治理现代化开创平安中国建设新局面的意见》，社会治理社会化、法治化、智能化、专业化水平大幅度提升。推进市域社会治理现代化试点，北京"朝阳群众"、天津"小巷管家"等基层治安志愿者成为维护平安的重要力量。中国是命案发案率最低、刑事犯罪率最低、枪爆案件最少的国家之一。根据国家统计局调查，2021年人民群众的安全感达到98.6%，较2012年提升11个百分点，中国成为世界公认的最安全的国家之一。加强国家应急管理体系和能力建设，组建国家综合性消防救援队伍，提高防灾减灾救灾和安全生产工作水平。

坚持绿水青山就是金山银山，建设美丽中国　过去一个时期，资源环境约束趋紧，环境污染等问题突出。进入新时代，中共中央坚持把生态文明建设作为关系中华民族永续发展的根本大计，污染治理力度之大、制度出台频度之密、监管执法尺度之严、环境改善速度之快前所未有，生态环境保护发生历史性、转折性、全局性变化，美丽

图16-4 浙江省安吉县余村走出一条"生态美、产业兴、百姓富"绿色之路

中国建设迈出重大步伐。

全方位、全地域、全过程加强生态环境保护。完善生态文明顶层设计和制度体系，建立健全生态文明建设目标评价考核和责任追究制度、生态补偿制度、河湖长制、林长制、环境保护"党政同责"和"一岗双责"等制度，制定土壤污染防治法、长江保护法、噪声污染防治法等法律。2015年，启动中央生态环境保护督察试点，成为推动落实生态环境保护责任的硬招实招。坚决查处破坏生态环境的重大典型案件，长江岸线保护、洞庭湖非法矮围整治、祁连山生态修复、秦岭违建别墅整治等问题，取得明显整改成效。

绿水青山的"生态颜值"和人民生活的"幸福指数"同步提升。推进蓝天保卫战，2021年全国地级及以上城市空气质量优良天数比率提高到87.5%，比2015年上升6.3%，重污染天数减少51%，中国成为世界上空气质量改善最快的国家；推进碧水保卫战，2021年全国地表水Ⅰ—Ⅲ类断面比例上升至84.9%，比2015年上升18.9个百分点，水生态环境质量保持了持续改善的势头；推进净土保卫战，农用地和建设用地土壤环境安全得到基本保障，土壤环境风险得到有效管控。全面禁止洋垃圾入境，2017—2020年累计减少固体废物进口约1亿吨。生态系统得到持续修复，2012—2021年累计完成造林9.6亿亩，占全球人工造林的1/4。中国森林覆盖率达到23.04%，森林面积和森林蓄积连续30多年保持"双增长"，成为近20年来全球森林资源增长最多的国家。

建立健全碳达峰碳中和"1+N"政策体系。中国积极参与全球环境与气候治理，作出力争2030年前实现碳达峰、2060年前实现碳中和的庄严承诺。推动绿色低碳循环发展，建成全球规模最大的碳市场和清洁发电体系，水电、风电、太阳能发电、生物质发电装机容量居世界第一。截至2023年10月，全国新能源汽车保有量超过1800万辆，产销量居世界第一。新时代十年，中国单位国内生产总值二氧化碳排放下降约34%，绿色日益成为经济社会高质量发展的鲜明底色。2016年，联合国环境规划署发布《绿水青山就是金山银山：中国生态文明战略与行动》报告，向世界介绍中国的生态文明理念与实践。

三 协调推进"四个全面"战略布局

统筹推进"五位一体"总体布局，要求针对实践中面临的突出矛盾，强化问题意识，抓住战略重点，实现关键突破。经过深入研究和判断，中共中央将全面深化改革、全面推进依法治国、全面建成小康社会、全面从严治党这四个问题，确定为战略重点。中共十八届三中、四中、五中、六中全会，相继就上述问题进行了专题研究。在这个过程中，逐步形成并推动"四个全面"战略布局，确立了党和国家各项工作的战略目标和战略举措。

"四个全面"战略布局是一个整体战略部署的有序展开，全面建成小康社会是战略目标，全面深化改革、全面依法治国、全面从严治党是三大战略举措。全面建成小康社会任务如期完成后，"四个全面"战略布局的内涵发展为全面建设社会主义现代化国家、全面深化改革、全面依法治国、全面从严治党。

全面深化改革，为新时代坚持和发展中国特色社会主义提供根本动力 改革开放是决定当代中国命运的关键一招，新时代推进改革开放的决心坚定不移。2012年12月，习近平担任总书记后第一次赴地方考察调研，将地点选在广东。他表示：要到在中国改革开放中得风气之先的地方，现场回顾中国改革开放的历史进程，将改革开放继续推向前进。

2013年11月，中共十八届三中全会审议通过《中共中央关于全面深化改革若干重大问题的决定》，对全面深化改革作出顶层设计和全面部署，开创了改革开放新局面。中共中央成立中央全面深化改革领导机构，习近平亲自主持，擘画改革总体方案，部署改革试验探索，推动改革落实。2018年12月，举行庆祝改革开放40周年大会，总结改革开放的伟大成就和宝贵经验。2019年10月，中共十九届四中全会系统集成十八届三中全会以来全面深化改革的理论成果、制度成果、实践成果，对新时代全面深化改革勾勒出更加清晰的顶层设计。改革全面发力、多点突破、蹄疾步稳、纵深推进，从夯基垒台、立柱架梁到全面推进、积厚成势，再到系统集成、协同高效，各领域基础性制度框架基本确立，许多领域实现历史性变革、系统性重塑、整体性重构。截止到2022年9月，中央全面深化改革领导小组共召开40次会议，中央全面深化改革委员会召开27次会议，审议通过500多个重要改革文件，推出2000多项改革方案。

全面依法治国，确保中国社会在深刻变革中既生机勃勃又井然有序 法治兴则国家兴，法治衰则国家衰。全面依法治国是国家治理领域一场广泛而深刻的革命。2014年10月，中共十八届四中全会审议通过《中共中央关于全面推进依法治国若干重大问题的决定》。这是中国共产党历史上第一个关于加强法治建设的专门决定。中共中央成立中央全面依法治国委员会，习近平亲自担任主任。进入新时代，科学立法、民主立法、依法立法不断推进，制定法律行政法规125件、修改法律行政法规560多件次，法律规范体系的系统性、整体性、协同性进一步增强。十三届全国人大三次会议通过《中华人民共和国民法典》，这是中华人民共和国成立以来第一部以"法典"命名的法律，是新时代中国特色社会主义制度建设、法治建设的重大标志性成果。从制定《中华人民共和国反食品浪费法》减少"舌尖上的浪费"，到制定《中华人民共和国个人信息保护法》剑指"大数据杀熟"等难点问题，再到深化司法体制改革，让人民群众在每一个司法案件中感受到公平正义，人民群众最关心最直接最现实的利益问题在法治建设中不断得到回应。2020年8月，创刊40年的《法制日报》更名为《法治日报》，一字之变，折射出坚持和拓展中国特色社会主义法治道路的历史性进步。

全面从严治党，把党建设得更加坚强有力 打铁必须自身硬。以习近平同志为核心的党中央，以深沉的忧患感和强烈的紧迫感，将全面从严治党摆在事关党和国家生死存亡的高度，以前所未有的勇气和定力推进党风廉政建设和反腐败斗争，管党治党宽松软得到根本扭转。

坚持全面从严治党，首先从作风建设抓起，从制定和落实中央八项规定破题。2012年12月，中央政治局审议通过《关于改进工作作风、密切联系群众的八项规定》。从这一天起，"八项规定"成为新时代作风建设的"金色名片"，中国迎来一场激浊扬清的风气巨变。各地各部门自觉对标对表中共中央，扎实推进中央八项规定精神落地生根，锲而不舍整治"四风"。截至2022年10月，全国纪检监察机关共查处违反中央八项规定精神问题76.9万件。以"八项规定"为抓手的作风建设，深刻改变了中国，党心民心军心为之一振，党风政风社风为之一新。

严明政治纪律和政治规矩，坚持以党的政治建设为统领。2016年10月，中共十八届六中全会专题研究全面从严治党问题。全会审议通过《关于新形势下党内政治生活的若干准则》《中国共产党党内监督条例》。全会正式提出"以习近平同志为核心的党中央"，明确习近平总书记党中央的核心、全党的核心地位。2019年1月，中共中央印发《关于加强党的政治建设的意见》，要求全党牢固树立政治意识、大局意识、核心意识、看齐意识，坚决维护党中央权威和集中统一领

导，坚决维护习近平总书记党中央的核心、全党的核心地位。

加强学习教育，不断夯实全面从严治党思想基础。中共十八大以来，先后开展党的群众路线教育实践活动、"三严三实"专题教育、"学党章党规、学系列讲话，做合格党员"学习教育、"不忘初心、牢记使命"主题教育、党史学习教育、学习贯彻习近平新时代中国特色社会主义思想主题教育等，教育引导广大党员干部筑牢信仰之基、补足精神之钙、把稳思想之舵。

贯彻新时代党的组织路线，培养选拔党和人民需要的好干部。提出信念坚定、为民服务、勤政务实、敢于担当、清正廉洁的新时代好干部标准，修订《党政领导干部选拔任用条例》，印发《关于防止干部"带病提拔"的意见》，强化党组织领导和把关作用，纠正选人用人不正之风。出台《推进领导干部能上能下若干规定》，营造干事创业良好环境。颁布《领导干部配偶、子女及其配偶经商办企业管理规定》，促进领导干部家风建设，把从严治吏推向深入。

加强纪律建设，反腐败斗争取得压倒性胜利并全面巩固。修订《中国共产党廉洁自律准则》《中国共产党纪律处分条例》，强化纪律执行，使纪律真正成为带电的高压线。以"得罪千百人、不负十四亿"的使命担当，开展史无前例的反腐败斗争。坚持不敢腐、不能腐、不想腐一体推进，惩治震慑、制度约束、提高觉悟一体发力，从"打虎"零容忍，到"拍蝇"不手软，再到"猎狐"不止步。聚焦政治问题和经济问题交织的腐败案件，防止党内形成利益集团，查处周永康、薄熙来、孙政才、令计划等严重违纪违法案件。完善党和国家监督体系，设立国家监察委员会和地方各级监察委员会，构建巡视巡察上下联动格局，加强对权力运行的制约和监督。中共十八大以来，全国纪检监察机关共立案464.8万余件，其中，立案审查调查中管干部553人，处分厅局级干部2.5万余人、县处级干部18.2万余人。

坚持依规治党，推动党的制度优势更好转化为治国理政实际效能。印发《关于加强党内法规制度建设的意见》，对党内法规制度建设进行顶层设计。中共十八大以来，共制定修订中央党内法规156部、占现行有效中央党内法规的70.5%，其中制定修订起"四梁八柱"作用的准则、条例45部，占现行有效准则、条例的90%。中国共产党已经形成比较完善的党内法规体系，全面从严治党做到有规可依。

根据国家统计局调查显示，2021年97.4%的人民群众认为全面从严治党卓有成效，比2012年提高了22.4个百分点。事实证明，没有全面从严治党的革命性锻造和自我革命，就不会有今天这样一个高度团结、坚强有力的中国共产党，就不会有在困难面前万众一心、众志成城的党群关系。

四 全面推进国防和军队现代化

强国必须强军，军强才能国安。建设一支听党指挥、能打胜仗、作风优良的人民军队，把人民军队建设成为世界一流军队，是实现中华民族伟大复兴的重要标志。进入新时代，人民军队全面实施改革强军战略，实现政治生态重塑、组织形态重塑、力量体系重塑、作风形象重塑，军队体制一新、结构一新、格局一新、面貌一新，在中国特色强军之路上迈出坚实步伐。

确立新时代强军目标。2013年3月，在出席十二届全国人大一次会议解放军代表团全体会议时，习近平明确指出：建设一支听党指挥、能打胜仗、作风优良的人民军队是党在新形势下的强军目标。2016年2月，习近平在中央军委扩大会议上进一步提出实现强军目标、建设世界一流军队的要求。按照强军目标，中共中央确立新时代军事战略方针，制定到2027年实现建军一百年奋斗目标、到2035年基本实现国防和军队现代化、到21世纪中叶全面建成世界一流军队的国防和军队现代化新"三步走"战略，推进政治建军、改革强军、科技强军、人才强军、依法治军。

贯彻新时代政治建军方略。2012年11月，中央军委修订《中央军事委员会工作规则》，明确写入军委主席负责制，建立和完善相关工作机制。2014年10月，全军政治工作会议在古田召开，对新时代政治建军作出全面部署，明确提出军队政治工作的时代主题，即紧紧围绕实现中华民族伟大复兴的中国梦，为实现党在新形势下的强军目标提供坚强政治保证。2018年8月，中央军委党的建设会议召开，对全面加强新时代人民军队党的领导和党的建设作出全面部署。2020年9月，颁布《中国共产党军队党的建设条例》，对军队党的建设作出整体设计和全面规范。

坚持依法治军、从严治军。深入推进军队党风廉政建设和反腐败斗争，人民军队政治生态实现根本好转。中共十八大以来，中央军委在军队建立巡视制度、设置巡视机构、开展巡视工作。中央军委印发《关于军队和武警部队全面停止有偿服务活动的通知》，铲除不良作风和腐败现象滋生蔓延的土壤，保持人民军队性质和本色。

　　国防和军队改革取得历史性突破。2015年11月，召开中央军委改革工作会议，开启了中华人民共和国成立以来最为广泛、最为深刻的一次国防和军队改革，重构人民军队领导指挥体制，打破长期实行的总部体制、大军区体制、大陆军体制，形成军委管总、战区主战、军种主建新格局。优化职能配置和机构设置，把总部制改为多部门制，调整组建军委机关15个职能部门。完善军兵种领导管理体制，组建陆军领导机构，成立火箭军、战略支援部队、联勤保障部队，构建起中央军委—军种—部队的领导管理体系。健全军委联合作战指挥机构，调整划设五大战区，分别是东部战区、南部战区、西部战区、北部战区、中部战区，构建起中央军委—战区—部队的作战指挥体系。组建新的军委纪律检查委员会（军委监察委员会）、军委政法委员会，组建军委审计署，改革审计监督体制，形成决策权、执行权、监督权既相互制约又相互协调的权力运行体系。理顺武警部队领导管理和指挥使用关系，实行中央军委—武警部队—部队领导指挥体制。改革预备役部队管理体制，确保党对全国武装力量的绝对领导。建立健全退役军人管理保障体制，国防动员更加高效，军政军民团结更加巩固。2019年10月1日，举行庆祝中华人民共和国成立70周年阅兵仪式。改革强军大潮中出现的新名称、新方队纷纷亮相，展示了新时代人民军队的新构成、新风貌。

五　坚持"一国两制"和推进祖国统一

　　实现祖国完全统一是中华民族根本利益所在。进入新时代，中共中央全面准确、坚定不移贯彻"一国两制"方针，坚持和完善"一国两制"制度体系，坚持依法治港治澳，形成新时代党解决台湾问题的总体方略，促进"一国两制"的理论与实践行稳致远。

准确把握"一国"与"两制"的关系，确保香港、澳门长期繁荣稳定。一个时期，受各种内外复杂因素影响，"反中乱港"活动猖獗，香港局势一度出现严峻局面。2019年6月，香港爆发"修例风波"，"一国两制"在香港的实践遭遇前所未有挑战。在局势发展的关键时刻，中共中央果断决策，坚定支持香港特别行政区依法止暴制乱、恢复秩序，支持行政长官和特别行政区政府依法施政，坚决防范和遏制外部势力干预港澳事务，严厉打击分裂、颠覆、渗透、破坏活动。中共中央作出健全中央依照宪法和基本法对特别行政区行使全面管治权、完善特别行政区同宪法和基本法实施相关制度机制的重大决策，推动建立健全特别行政区维护国家安全的法律制度和执行机制，制定《中华人民共和国香港特别行政区维护国家安全法》。中央政府依法设立驻香港特别行政区维护国家安全公署，香港特别行政区依法设立维护国家安全委员会。颁布实施香港国安法，是香港回归以来中央处理香港事务最为重大的举措。

中央政府全面支持香港、澳门更好融入国家发展大局，高质量建设粤港澳大湾区，推进深圳前海、珠海横琴等粤港澳合作平台建设。在祖国支持下，香港战胜各种风雨挑战，国际金融、航运、贸易中心地位稳固。粤港澳大桥、广深港高铁、新横琴口岸等大型跨境基础设施的建成，加强了粤港澳之间的联系。

推进两岸关系和平发展，坚决反对"台独"分裂行径。中共十八大以来，中央政府坚持"和平统一、一国两制"基本方针，秉持"两岸一家亲"理念，推动两岸关系和平发展、融合发展，出台《关于促进两岸经济文化交流合作的若干措施》，修改《中华人民共和国台湾同胞投资保护法》，持续完善保障台湾同胞福祉的制度安排和政策措施。

2015年11月7日，习近平在新加坡与台湾地区领导人马英九会面，就坚持"九二共识"、进一步推进两岸关系和平发展达成积极共识。这是1949年以来两岸领导人首次会面，开创了两岸领导人直接对话沟通的先河。

2016年以来，台湾当局加紧进行"台独"分裂活动，致使两岸关系和平发展势头受到严重冲击。中共中央坚持一个中国原则和"九二共识"，坚决反对"台独"分裂行径，坚决反对外部势力干涉，牢牢把握两岸关系主导权和主动权。2022年8月，国务院台湾事务办公室、国务院新闻办公室发表《台湾问题与新时代中国统一事业》白皮书，进一步重申台湾是中国的一部分的事实和现状，展现中国共产党和中国人民追求祖国统一的坚定意志和坚强决心，阐述中国共产党和中国政府在新时代推进实现祖国统一的立场和政策。

第二节　推动构建人类命运共同体

中国特色社会主义新时代，是中国不断为人类做出更大贡献的时代。中国从来没有像今天这样如此紧密地与世界联系在一起。以习近平同志为核心的党中央，洞察国际风云、把握时代脉搏，深刻分析世界之变、时代之变、历史之变带给中国的机遇和挑战，坚定不移走和平发展道路，创造性提出构建人类命运共同体理念。中国始终高举和平、发展、合作、共赢旗帜，紧扣"服务民族复兴、促进人类进步"这条主线，统筹国内国际两个大局，提出和促进"一带一路"国际合作，推进中国特色大国外交，推动构建人类命运共同体，引领促进全球治理体系改革和建设，充分展现负责任大国形象，为人类和平与发展的崇高事业做出新的更大贡献。

一 倡导推动构建人类命运共同体

当今世界正经历百年未有之大变局，人类又一次站在十字路口。构建人类命运共同体理念是破解世界之问、时代之问的中国智慧和中国主张。

2013年3月，习近平在莫斯科国际关系学院发表题为《顺应时代前进潮流，促进世界和平发展》的演讲，首次阐释人类命运共同体的理念，对"世界怎么了、我们怎么办"这个时代之问作出回答。讲话指出，各国相互联系、相互依存的程度空前加深，人类生活在同一个地球村里，生活在历史和现实交汇的同一个时空里，越来越成为你中有我、我中有你的命运共同体。此后，习近平在不同场合密集提出一系列相关具体理念，包括：周边命运共同体、亚洲命运共同体、亚太命运共同体、中非命运共同体、中拉命运共同体、海洋命运共同体、网络空间命运共同体、核安全命运共同体、人类卫生健康共同体、人与自然生命共同体、全球发展命运共同体，等等。

人类命运共同体内涵不断丰富发展，说明"共同体"理念符合当今时代特征和世界大势。

在不断深化对推动构建人类命运共同体认识的基础上，习近平在一系列多边国际场合全面而深入地阐发打造人类命运共同体的战略构想。2015年9月，习近平在联合国总部出席第七十届联合国大会一般性辩论时发表的讲话，首次阐明打造人类命运共同体的总路径和总布局。讲话指出，要继承和弘扬《联合国宪章》的宗旨和原则，构建以合作共赢为核心的新型国际关系，打造人类命运共同体。在这次会议上，习近平还站在全人类共同利益高度，提出和平、发展、公平、正义、民主、自由的全人类共同价值，为推动构建人类命运共同体提供价值支撑。2017年1月，在日内瓦出席"共商共筑人类命运共同体"高级别会议时的主旨演讲中，习近平呼吁国际社会共同推进构建人类命运共同体伟大进程。讲话指出，构建人类命运共同体，要坚持对话协商，建设一个持久和平的世界；要坚持共建共享，建设一个普遍安全的世界；要坚持合作共赢，建设一个共同繁荣的世界；要坚持交流互鉴，建设一个开放包容的世界；坚持绿色低碳，建设一个清洁美丽的世界。这些论述，与联合国的崇高事业实现全面对接，将构建人类命运共同体理念从中国的外交理念上升为全人类的发展理念。

推动构建人类命运共同体理念，得到国际社会广泛认同。2017年3月，"构建人类命运共同体"被写入联合国安理会第2344号决议。同年11月，中国共产党与世界政党高层对话会在北京举行，会议主题为"构建人类命运共同体、共同建设美好世界：政党的责任"，引起海内外关注。2018年，"人类命运共同体"被相继写入中非合作论坛北京峰会、上合组织青岛峰会、中阿合作论坛部长级会议以及诸多双多边高层交往的成果文件，汇聚起各方共建人类命运共同体的磅礴力量。

二 推进高水平对外开放，共建"一带一路"高质量发展

"一带一路"倡议根植历史，更面向未来。共建"一带一路"，是中国参与全球开放合作、改善全球经济治理体系，推进一大批关系沿线国家经济发展、民生改善的合作项目。

2013年9月，习近平在哈萨克斯坦纳扎尔巴耶夫大学发表演讲，提出共同建设"丝绸之路经济带"的合作倡议。10月，习近平在印度尼西亚国会发表演讲，提出共同建设"21世纪海上丝绸之路"的合作倡议。11月，中共十八届三中全会将"推进丝绸之路经济带、海上丝绸之路建设，形成全方位开放新格局"作为全面深化改革的重大决策部署之一。2015年3月，经国务院授权，国家发展和改革委员会、外交部、商务部联合发布《推动共建丝绸之路经济带和21世纪海上丝绸之路的愿景与行动》，将"一带一路"国际合作平台更加清晰地展现在世界面前。2017年5月，首届"一带一路"国际合作高峰论坛在北京召开。习近平出席开幕式并发表主旨演讲，强调要将"一带一路"建成和平之路、繁荣之路、开放之路、创新之路、文明之路。

共建"一带一路"，全方位推进沿线国家间务实合作，成为当今世界广泛参与的国际合作平台和普遍欢迎的国际公共产品。中国成为140多个国家和地区的主要贸易伙伴，货物贸易总额居世界第一，吸

图16-5　2017年10月28日，中国首趟由外国零售企业定制的中欧班列发车

引外资和对外投资居世界前列，形成更大范围、更宽领域、更深层次对外开放格局。在各方共同努力下，"六廊六路多国多港"①的互联互通架构基本形成。其中，最抢眼的当属中欧班列，82条运行线通达欧洲24个国家的200多个城市，成为贯穿亚欧大陆的国际贸易大动脉。截至2023年年底，中国已与150多个国家、30多个国际组织签署了200多份共建"一带一路"合作文件，涵盖世界上2/3的国家和1/3的国际组织。一大批合作项目落地生根，一个个"世纪工程""民生

① "六廊六路多国多港"是共建"一带一路"的主体框架。其中，"六廊"是指新亚欧大陆桥、中蒙俄、中国—中亚—西亚、中国—中南半岛、中巴和孟中印缅六大国际经济合作走廊。"六路"是指铁路、公路、航运、航空、管道和空间综合信息网络。"多国"是指一批先期合作国家。"多港"是指若干保障海上运输大通道安全畅通的合作港口。

工程""未来工程"为各国民众带来实实在在的好处。种植中国杂交水稻的非洲农民喜获丰收，实现了吃饱饭、吃好饭的梦想；智利车厘子、秘鲁青提"飞入"中国寻常百姓家；中老铁路通车，老挝人民圆了铁路梦……共建"一带一路"，为世界经济增长开辟了新空间，为增进各国民生福祉做出了贡献。

共建"一带一路"倡议及其核心理念，得到国际社会认同和支持。2015年7月，上海合作组织发表《上海合作组织成员国元首乌法宣言》，支持关于建设"丝绸之路经济带"的倡议。2017年3月，联合国安理会一致通过第2344号决议，呼吁国际社会通过"一带一路"建设加强区域经济合作。2018年，中拉论坛第二届部长级会议、中国—阿拉伯国家合作论坛第八届部长级会议、中非合作论坛北京峰会先后召开，分别形成中拉《关于"一带一路"倡议的特别声明》《中国和阿拉伯国家合作共建"一带一路"行动宣言》《关于构建更加紧密的中非命运共同体的北京宣言》等重要成果文件。

三 全面推进中国特色大国外交

推动建设新型国际关系，是构建人类命运共同体的基本路径。中国主动适应"走近世界舞台中央"的历史性身份转变，开创性推进中国特色大国外交，为全面建成小康社会、进而全面建设社会主义现代化国家创造有利条件。

2014年11月，中央外事工作会议召开。习近平明确提出，中国必须有自己特色的大国外交。这是从中国社会主义初级阶段和发展中大国的国情出发提出的重大命题。习近平对如何开创中国特色大国外交作了深刻阐述，强调要在总结实践经验基础上，丰富和发展对外工作理念，使我国对外工作有鲜明的中国特色、中国风格、中国气派。以这次会议为标志，中国特色大国外交迈出新的步伐。

中国积极践行人类命运共同体理念，发挥"一带一路"合作平台作用，整体推进大国、周边、发展中国家外交和多边合作，推进和完善全方位、多层次、立体化的外交布局，积极发展全球伙伴关系。中俄新时代全面战略协作伙伴关系在高水平上不断深化，成为和平共处、合作共赢的典范。2013年3月，习近平访非期间提出，中国外交要树立正确的义利观，加强同发展中国家团结合作。2013年6月，习近平访美与奥巴马会晤，一致同意共同致力于构建中美新型大国关系。2013年10月，首次召开周边外交工作座谈会，提出亲诚惠容理念，确立与邻为善、以邻为伴周边外交方针，开创周边睦邻外交和互利合作新局面。2014年3月，习近平访问欧盟总部，这是中国国家元首首次访问欧盟总部，中欧关系取得突破性发展。2017年9月，习近平主持在厦门举行的金砖国家领导人第九次会晤，发表《深化金砖伙伴关系，开辟更加光明未来》的重要讲话。2021年7月，举办中国共产党与世界政党领导人峰会，以"为人民谋幸福：政党的责任"为主题进行深入交流，这是中国共产党有史以来主办的规格最高、规模最大的全球性政党峰会。2022年9月，习近平在撒马尔罕出席上海合作组织成员国理事会第二十二次会议并发表重要讲话，强调秉持"上海精神"，推动构建更加紧密的上海合作组织命运共同体。

坚持以国家核心利益为底线，维护国家主权、安全、发展利益，是中国对外工作的出发点和落脚点。中国坚决捍卫领土主权和海洋权益，有效遏制侵害国土安全的各种图谋和行为。发表《中华人民共和国政府关于在南海的领土主权和海洋权益的声明》等多份官方声明文件，同时坚持通过对话谈判解决争议，全面有效落实《南海各方行为宣言》，有力维护了南海和平稳定。中国排除干扰，完成南沙群岛部分驻守岛礁建设。2014年7月，成立海南省三沙市永兴（镇）工委、管委会，标志着中国在三沙市西沙岛礁首个基层政权城市雏形诞生。在钓鱼岛问题上，中方采取一系列维权措施，有效维护合法正当权益，实现对钓鱼岛海域的正常巡航执法。人民军队在海外利益保护中发挥重要作用。2015年，也门形势紧张之际，人民海军作战舰艇首次靠泊外国港口，直接执行撤离中国公民任务。身处海外的同胞深切感受到，无论什么时候祖国都是最坚强的依靠。

四　为世界共同发展作贡献

当前百年未有之大变局加速演进，世界处于历史的十字路口，面临团结还是分裂、合作还是对抗、开放还是封闭、多边还是单边的重大考验。中国坚定地站在历史正确的一边，站在人类进步的一边。2015年10月和2016年9月，十八届中央政治局就全球治理分别进行两次集体学习，强调要推动全球治理体系向着更加公正合理方向发展，为中国发展和世界和平创造更加有利的条件。

积极参与全球治理体系改革和建设。中国坚定维护以联合国为核心的国际体系、以国际法为基础的国际秩序、以《联合国宪章》宗旨和原则为基础的国际关系基本准则，维护和践行真正的多边主义，坚决反对单边主义、保护主义、霸权主义、强权政治。2013年10月，习近平在访问印度尼西亚期间提出筹建亚洲基础设施投资银行，2016年1月银行开业，成为首个由中国倡议设立的多边金融机构。2014年2月，习近平在会见联合国秘书长潘基文时表示，中国将坚定不移做维护和平的实践者、共同发展的推动者、多边体系的参与者。中国作为安理会常任理事国，履行自己应尽的国际义务，积极参与联合国各领域工作，推动和平解决国际争端，为维护世界和平安全、促进人类共同发展贡献更多中国智慧和中国力量。2014年11月，在北京举行的亚太经合组织第二十二次领导人非正式会议决定，共建面向未来的亚太伙伴关系，启动亚太自贸区进程，批准《亚太经合组织互联互通蓝图（2015—2025）》。2014年12月，中国为支持"一带一路"建设而专门设立的丝路基金开始运行。2015年7月，中国推动成立的金砖国家新开发银行开业，总部设在上海，为金砖国家和其他发展中国家的基础

图16-6　位于北京的亚洲基础设施投资银行总部

设施建设提供融资。中方将2016年9月二十国集团领导人杭州峰会主题确定为"构建创新、活力、联动、包容的世界经济"，形成"杭州共识"，引导协调各方在创新增长、结构性改革、多边投资、气候变化、可持续发展等重要问题上，制定出一系列指导原则和指标体系。

在一系列事关人类命运的重大问题上，展现出大国担当。2020年9月，习近平在第七十五届联合国大会一般性辩论上宣布：中国将提高国家自主贡献力度，采取更加有力的政策和措施，二氧化碳排放力争于2030年前达到峰值，努力争取2060年前实现碳中和。中国积极推进气候变化《巴黎协定》生效落实，协调一致行动，共同应对气候变化，推动构建合作共赢、公正合理的全球气候治理体系。中国自2014年起发起主办世界互联网大会，致力于与国际社会一道打造网络安全新格局，构建网络安全命运共同体。中国在国际减贫领域发挥积极作用，脱贫攻坚为全球减贫事业做出重大贡献，形成全球减贫事业可借鉴的"中国方案"。中国在发展公共卫生事业、履行国际义务、参与全球公共卫生治理方面取得重要进展，全面展示秉持国际人道主义和负责任大国形象。

加强国际发展合作和对外援助。随着中国综合国力和国际地位日渐提升，中国肩负国际责任的能力不断增强，对外合作、对外援助工作多角度、全方位开展起来。2018年国务院机构改革时，新组建国家国际发展合作署，加强对外援助的战略谋划和统筹协调，更好服务国家外交总体布局。2021年1月，国务院新闻办发布《新时代的中国国际发展合作》白皮书，中国对外援助发展理念由单纯的"对外援助"进入"发展合作"新时代。2021年年底，中老铁路全线正式通车运营，老挝实现从"陆锁国"到"陆联国"的跨越，这是中国加强国际发展合作的典范。中国设立南南合作援助基金，成立南南合作与发展学院，帮助发展中国家增强自主发展能力。中国稳步提高对外援助资金规模，进一步扩大援助范围，创新对外援助方式手段，同时减免有关国家债务。2021年11月，习近平在中非合作论坛第八届部长级会议开幕式上宣布，中非双方共同制订了《中非合作2035年愿景》，中国将同非洲国家密切配合，共同实施"卫生健康工程""减贫惠农工程""文化交流工程""和平安全工程"等九项工程，推动构建高水平中非命运共同体。

在新时代中国特色大国外交实践的推动下，构建人类命运共同体已经成为引领时代潮流和人类前进方向的鲜明旗帜，中国国际影响力、感召力、塑造力显著提升。携手推动构建人类命运共同体，使不同社会制度、不同意识形态、不同历史文化、不同发展水平的国家在国际事务中利益共生、权利共享、责任共担，形成共建美好世界的最大公约数，日益成为国际社会共识。进入新时代，中国建交国总数从172个增加到182个，同世界各国和地区组织建立伙伴关系的数量从41对增加到113对，全方位、多层次、立体化的外交布局日益完善。

第三节　全面建成小康社会

全面建成小康社会是实现中华民族伟大复兴中国梦的关键一步。以习近平同志为核心的党中央，顺应经济社会发展和人民群众新期

待，提出全面建成小康社会新的目标要求，实施一批具有标志性的重大战略、重大工程、重大举措，着力解决突出问题和明显短板，部署打赢脱贫攻坚战，确保如期全面建成高质量的小康社会。2021年7月1日，习近平总书记在庆祝中国共产党成立100周年大会上庄严宣告："经过全党全国各族人民持续奋斗，中国实现了第一个百年奋斗目标，在中华大地上全面建成了小康社会，历史性地解决了绝对贫困问题，正在意气风发向着全面建成社会主义现代化强国的第二个百年奋斗目标迈进。"

一 中共十九大与创立习近平新时代中国特色社会主义思想

2017年10月18—24日，中国共产党第十九次全国代表大会胜利召开。这是全面建成小康社会决胜阶段、中国特色社会主义进入新时代的关键时期召开的一次十分重要的大会。大会的主题是：不忘初心，牢记使命，高举中国特色社会主义伟大旗帜，决胜全面建成小康社会，夺取新时代中国特色社会主义伟大胜利，为实现中华民族伟大复兴的中国梦不懈奋斗。

大会确立习近平新时代中国特色社会主义思想为党必须长期坚持的指导思想。十三届全国人民代表大会第一次会议将习近平新时代中国特色社会主义思想载入宪法，反映了全国各族人民共同意志和全社会共同意愿。

大会强调，中国特色社会主义进入新时代，中国社会主要矛盾已经转化为人民日益增长的美好生活需要和不平衡不充分的发展之间的矛盾。这是关系全局的历史性变化，对党和国家工作提出了许多新要求。中国社会主要矛盾的变化，没有改变中国共产党对中国社会主义所处历史阶段的判断，中国仍处于并将长期处于社会主义初级阶段的基本国情，与中国是世界最大发展中国家的国际地位，均未改变。

大会明确提出新时代中国特色社会主义发展的战略安排，从全面建成小康社会到基本实现现代化，再到全面建成社会主义现代化强国。通过综合分析国际国内

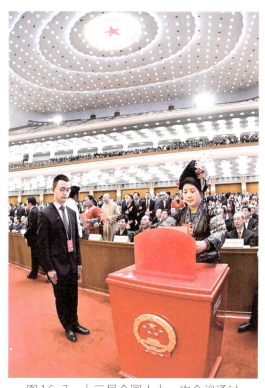

图16-7　十三届全国人大一次会议通过《中华人民共和国宪法修正案》

形势和中国发展条件，明确从2020年至本世纪中叶分两个阶段全面建成社会主义现代化强国。第一个阶段，从2020年至2035年，在全面建成小康社会的基础上，再奋斗十五年，基本实现社会主义现代化。第二个阶段，从2035年至本世纪中叶，在基本实现现代化基础上，再奋斗十五年，把中国建成富强民主文明和谐美丽的社会主义现代化强国。大会强调，从中共十九大到中共二十大是"两个一百年"奋斗目标的历史交汇期，既要全面建成小康社会，实现第一个百年奋斗目标，又要乘势而上开启全面建设社会主义现代化国家新征程，向第二个百年奋斗目标进军。

　　大会通过《中国共产党章程（修正案）》，把习近平新时代中国特色社会主义思想同马克思列宁主义、毛泽东思想、邓小平理论、"三个代表"重要思想、科学发展观一道确立为党的指导思想并载入党章。大会选举产生第十九届中央委员会和中央纪律检查委员会。在中共十九届一中全会和十三届全国人民代表大会第一次会议上，习近平连任中共中央总书记、国家主席、中央军委主席，得到全党全军全国各族人民的衷心拥护。

　　中共十九大吹响了决胜全面建成小康社会、夺取新时代中国特色社会主义伟大胜利的号角，制定了适应时代要求、顺应人民意愿的行动纲领和大政方针，对开启全面建设社会主义现代化国家新征程、实现中华民族伟大复兴的中国梦，发挥了十分重要的指导和保证作用。确立习近平新时代中国特色社会主义思想为党的指导思想，系统阐述这一思想的科学内涵，是中共十九大的重大政治贡献和理论贡献。

　　新时代的中国正经历着广泛而深刻的社会变革，进行着伟大而艰巨的实践创新。习近平新时代中国特色社会主义思想，正是在这样的时代应运而生、顺势而成。

　　中共十八大以来，以习近平同志为核心的党中央，坚持把马克思主义基本原理同中国具体实际相结合、同中华优秀传统文化相结合，坚持毛泽东思想、邓小平理论、"三个代表"重要思想、科学发展观，深刻总结并充分运用党成立以来的历史经验，创立了习近平新时代中国特色社会主义思想。习近平同志对关系新时代党和国家事业发展的一系列重大理论和实践问题进行了深邃思考和科学判断，就新时代坚持和发展什么样的中国特色社会主义、怎样坚持和发展中国特色社会主义，建设什么样的社会主义现代化强国、怎样建设社会主义现代化强国，建设什么样的长期执政的马克思主义政党、怎样建设长期执政的马克思主义政党等重大时代课题，提出一系列原创性的治国理政新理念新思想新战略。习近平新时代中国特色社会主义思想是当代中国马克思主义、二十一世纪马克思主义，是中华文化和中国精神的时代精华，实现了马克思主义中国化新的飞跃。

习近平新时代中国特色社会主义思想，紧紧抓住改革发展稳定、内政外交国防、治党治国治军中最重要的领域和关键点，进行理论创新、实践创新和制度创新，不断丰富和发展理论内涵，展现出强大真理力量。立足国家安全和发展战略全局，习近平围绕国防和军队建设提出一系列新思想新观点新论断新要求，确立"习近平强军思想"在国防和军队建设中的指导地位并写入党章。为贯彻中共十九大提出的推动经济高质量发展、建设现代化经济体系战略目标，2017年12月，中央经济工作会议确立"习近平新时代中国特色社会主义经济思想"即"习近平经济思想"在经济建设中的指导地位。为积极回应人民群众对优美生态环境的需要，推进生态文明建设迈上新台阶，2018年5月，全国生态环境保护大会确立"习近平生态文明思想"在生态文明建设中的指导地位。为推进新时代中国特色大国外交，2018年6月，中央外事工作会议确立"习近平外交思想"在对外工作中的指导地位。随着全面依法治国实践的不断深化，"习近平法治思想"不断形成并发展完善，2020年11月，中央全面依法治国工作会议确立"习近平法治思想"在全面依法治国中的指导地位。2023年10月，全国宣传思想文化工作会议正式提出"习近平文化思想"，构成了习近平新时代中国特色社会主义思想的文化篇。

习近平同志作为党中央的核心、全党的核心，是习近平新时代中国特色社会主义思想的主要创立者。习近平以马克思主义政治家、思想家、战略家的非凡理论勇气、卓越政治智慧、强烈使命担当，以"我将无我，不负人民"的赤子情怀，应时代之变、立时代潮头、发时代先声，对关系新时代党和国家事业发展的一系列重大理论和实践问题进行深邃思考和科学判断，为创立习近平新时代中国特色社会主义思想，发挥了决定性作用、做出了决定性贡献。

二　"十三五"规划辉煌成就

到2020年年底，"十三五"规划主要目标任务胜利完成。这五年，中国经济社会发展取得新的历史性成就。经济运行总体平稳，经济结构持续优化，国内生产总值从不到70万亿元增加到101.6万亿元，稳居世界第2位，占世界经济比重达到17%左右。2013—2019年中国对世界经济增长的年均贡献率接近30%，成为世界经济增长的火车头。中国人均国民总收入（GNI）突破1万美元，按世界银行标准，达到中高收入国家水平。2015—2020年粮食产量连续6年稳定在6.5亿吨以上，制造业增加值多年位居世界首位，220多种工业产品产量居世界第一。基础设施日益完善，高速铁路、高速公路、发电装机容量、互联网基础设施规模均居世界第一。中国成为世界第一货物贸易大国、第一外汇储备大国。中国综合国力和国际影响力持续增强。

推动产业结构不断优化升级。消费对经济增长的贡献率进一步提升，社会消费品零售总额接近40万亿元规模。高技术产业、农业、社会领域等重点领域投资持续较快增长。装备制造业和高技术产业快速增长，数字经济、平台经济蓬勃兴起，第三产业成为经济增长"新引擎"。京津冀协同发展、长江经济带发展、粤港澳大湾区建设、长三角一体化发展、黄河流域生态保护和高质量发展等重大区域战略加快落实。新型城镇化稳步推进，到2019年年底，常住人口城镇化率达60.6%。

创新型国家建设成果丰硕，研发投入持续扩大。2020年，中国研发（R&D）经费支出24426亿元，比2015年增长10256亿元，稳居世界第二；科技进步贡献率达到60.2%。在一些基础和前沿领域取得一大批标志性成果，若干领域实现从"跟跑"到"并跑""领跑"的跃升。知识产权产出居世界前列，2019年通过《专利合作条约》途径提交的专利申请量跃居世界第一。2020年，中国创新指数居世界第14位。在载人航天、探月工程、深海工程、超级计算、量子信息等领域取得一批重大科技成果。教育、卫生、文化等领域发展取得新成就，教育水平跃居世界中上行列。劳动年龄人口平均受教育年限由2000年的7.18年提高至2019年的10.72年，基础教育巩固发展，高等教育进入普及化阶段，教育公平和质量较大提升。

生态环境明显改善。中共十九大把污染防治攻坚战确立为决胜全面建成小康社会的三大攻坚战之一。全方位、全地域、全过程加强生态环境保护，推动划定生态保护红线、环境质量底线、资源利用上线，开展一系列根本性、开创性、长远性工作。建立健全自然资源资产产权制度、国土空间开发保护制度、生态文明建设目标评价考核制度和责任追究制度等一系列制度安排。打赢污染防治攻坚战，深入实施大气、水、土壤污染防治三大行动计划，打好蓝天、碧水、净土保卫战，开展农村人居环境整治，全面禁止进口"洋垃圾"。开展中央生态环境保护督察，坚决查处一批破坏生态环境的重大典型案件、解决一批人民群众反映强烈的突出环境问题。

人民生活水平显著提高。2020年，全国居民人均可支配收入达到32189元，比2015年实际增长31.3%，快于同期人均国内生产总值增速。居民生活质量显著提升，消费较快增长，吃穿用有余，家电全面普及，汽车快速进入寻常百姓家。2020年，全国居民恩格尔系数为30.2%，比2000年下降12个百分点。居民平均预期寿命从1949年的35岁提高到2020年的77.93岁。城镇棚户区住房改造超过2100万套，城镇新增就业超过6000万人，建成世界上规模最大的社会保障体系，截至2020年12月底，全国基本养老、失业、工伤保险参保人数分别达到9.99亿人、2.17亿人、2.68亿人，基本医疗保险覆盖超过13亿人，社会保障卡持卡人数超过13亿人，覆盖94.6%的人口。居民居住条件显著改善，2020年城镇居民和农村居民人均住房建筑面积分别达39.9平方米和49.6平方米。

三 庆祝中国共产党成立一百周年

2021年，无论在中国共产党历史上，还是在中华民族历史上，都是具有里程碑意义的一年。中国共产党迎来百年华诞，中共十九届六中全会通过第三个历史决议，第一个百年奋斗目标胜利实现。

2021年2月20日，中共中央召开党史学习教育动员大会。同月，印发《关于在全党开展党史学习教育的通知》，要求全党同志做到学史明理、学史增信、学史崇德、学史力行，学党史、悟思想、办实事、开新局，以昂扬姿态奋力开启全面建设社会主义现代化国家新征程，以优异成绩迎接建党100周年。广大党员干部把学习党史同总结经验、观照现实、推动工作相结合，立足行业实际和主责主业，扎实开展"我为群众办实事"实践活动。全社会掀起弘扬红色文化、赓续红色血脉的热潮，更加深刻地理解中国共产党的性质宗旨和奋斗历史，坚定"永远跟党走"的决心和信心。

为激发中国共产党党员的责任感、荣誉感，中共中央决定，向为党做出杰出贡献、创造宝贵精神财富的党员颁授"七一勋章"这一党内最高荣誉，向健在的截至2021年7月1日党龄达到50周年、一贯表现良好的党员颁发"光荣在党50年"纪念章。"光荣在党50年"纪念章首次颁发以后，作为一项经常性工作，一般每年"七一"集中颁发一次。

2021年3月，中共中央举行新闻发布会，宣布在中国共产党百年华诞之际将举行系列庆祝活动，营造"党的盛典、人民的节日"浓厚氛围。在集中统一安排下，庆祝活动隆重热烈、务实节俭、安全有序。6月18日，在中国共产党历史展览馆开馆之际，习近平前往参观"'不忘初心、牢记使命'中国共产党历史展览"，并带领党员领导同志重温入党誓词。

2021年7月1日上午，庆祝中国共产党成立100周年大会在北京天安门广场隆重举行，各界代表7万余人以盛大仪式欢庆中国共产党百年华诞。习近平在庆祝大会上发表重要讲话，号召全体中国共产党党员：牢记初心使命，坚定理想信念，践行党的宗旨，永远保持同人民群众的血肉联系，始终同人民想在一起、干在一起，风雨同舟、同甘共苦，继续为实现人民对美好生活的向往不懈努力，努力为党和人民争取更大光荣！

图16-8　2021年7月1日，庆祝中国共产党成立100周年大会在天安门广场隆重举行

2021年11月，中共十九届六中全会召开。这次全会是在中国共产党成立一百周年的重要历史时刻，在党和人民胜利实现第一个百年奋斗目标、全面建成小康社会，正在向着全面建成社会主义现代化强国的第二个百年奋斗目标迈进的重大历史关头召开的。全会审议通过了《中共中央关于党的百年奋斗重大成就和历史经验的决议》，审议通过了《关于召开党的第二十次全国代表大会的决议》。

《中共中央关于党的百年奋斗重大成就和历史经验的决议》（以下简称《决议》）是继《关于若干历史问题的决议》《关于建国以来

党的若干历史问题的决议》之后，中国共产党所作的第三个历史决议。《决议》将百年党的奋斗历史划分为四个阶段，从十个方面总结概括党百年奋斗的历史经验，深刻解释了中国共产党过去为什么能够成功、未来怎样才能继续成功的根本所在。《决议》是一篇马克思主义的纲领性文献，是新时代中国共产党人牢记初心使命、坚持和发展中国特色社会主义的政治宣言，是以史为鉴、开创未来、实现中华民族伟大复兴的行动指南。

四　如期全面建成小康社会

全面建成小康社会，是中国共产党确定的第一个百年奋斗目标，是中国共产党向人民、向历史作出的庄严承诺，是14亿中国人民的共同期盼。进入新时代，全面建成小康社会到了一鼓作气、决战决胜的历史时刻。

中共十八大召开后不久，中共中央就拉开新时代精准扶贫、打赢脱贫攻坚战的序幕，强调"小康不小康，关键看老乡，关键在贫困的老乡能不能脱贫"。2015年10月，中共十八届五中全会为决胜全面建成小康社会描绘了蓝图。习近平指出，全面建成小康社会，强调的不仅是"小康"，而且更重要的也是更难做到的是"全面"。为顺应人民群众对全面小康社会的新期待，全会特别突出了就业、教育、社保、住房、医疗等民生指标，进一步提高绿色指标在"十三五"规划全部指标中的权重，更加注重通过改善二次分配促进社会公平。2015年11月，中央扶贫开发工作会议在北京召开，部署脱贫攻坚。会后，中共中央、国务院作出《关于打赢脱贫攻坚战的决定》，明确提

图16-9　2021年2月25日，全国脱贫攻坚总结表彰大会召开

出脱贫攻坚的总体目标。[①] 习近平先后7次主持召开中央扶贫工作座谈会，50多次调研扶贫工作，走遍14个集中连片特困地区，亲自谋划和推动脱贫攻坚战。全国累计选派25.5万个驻村工作队、300多万名第一书记和驻村干部奋战在扶贫一线。实施精准扶贫以来，平均每年1000多万人脱贫，相当于一个中等国家的人口脱贫。贫困人口全部实现"不愁吃、不愁穿，义务教育、基本医疗、住房安全有保障"，告别了溜索桥，天堑变成通途；告别了苦咸水，喝上清洁水；告别了四面漏风的泥草屋，住上宽敞明亮的砖瓦房。2021年2月25日，中

　　[①] 脱贫攻坚总体目标是：到2020年，稳定实现农村贫困人口不愁吃、不愁穿，义务教育、基本医疗和住房安全有保障。实现贫困地区农民人均可支配收入增长幅度高于全国平均水平，基本公共服务主要领域指标接近全国平均水平。确保中国现行标准下农村贫困人口实现脱贫，贫困县全部摘帽，解决区域性整体贫困。

共中央、国务院召开全国脱贫攻坚总结表彰大会。习近平代表党中央宣布：现行标准下9899万名农村贫困人口全部脱贫，832个贫困县全部摘帽，12.8万个贫困村全部出列，近1亿名农村贫困人口实现脱贫，提前10年实现联合国《2030年可持续发展议程》减贫目标，历史性地解决了绝对贫困问题。纵览古今、环顾全球，没有哪一个国家能在这么短时间实现几亿人脱贫，中国创造了人类减贫史上的奇迹。

经过持续努力，2020年中国如期全面建成小康社会。中国经济实力、综合国力迈上新的大台阶，成为世界性大国。中国经济总量从50万亿元量级跃至114万亿元，人均国内生产总值突破1万美元。"嫦娥"系列飞天揽月、"天问一号"造访火星、中国空间站迎来"常驻民"、"九章"量子计算机问世等大国重器震惊世界，5G、大数据、云计算、物联网、新能源汽车、智能手机、工业机器人等最新应用领先全球。

全面建成小康社会，给人民群众生活带来实实在在的巨大变化。2021年，全国居民人均可支配收入为35128元，全国居民恩格尔系数为29.8%，达到联合国划定的富足标准，正迈向高收入国家行列。中国人曾渴望拥有的自行车、手表、缝纫机、收音机"老四大件"，以及后来的彩电、冰箱、洗衣机、录音机"新四大件"，已经彻底成为历史。据不完全统计，2021年中国彩电、冰箱、洗衣机、空调、电脑等主要电子产品生产量达10.65亿台，中国家电保有量超21亿台，扫地机器人、吸尘器、洗碗机等绿色、智能、健康的小家电产品更受追捧。如今，中国人民衣食无忧、富足殷实，彻底告别缺衣少食、物资匮乏的年代，真正过上"无人不饱暖，无处不小康"的幸福生活。

中国建成全球最为庞大、生机勃勃的数字社会，正从网络大国向网络强国迈进。互联网深刻地影响了中国社会，改变了人民生活；同时，也带来了全新挑战，拓展了国家治理领域。数据显示，中国网民规模、国家顶级域名注册量等均为全球第一，互联网发展水平居全球第二。2012—2021年，网民从5.64亿人增加到10.32亿人，互联网普及率从42.1%提升到73%，互联网站1846个，应用程序2910个，公众账号7671个。所有地级市全部建成光网城市，行政村通宽带率达100%。人均每周上网时长达28.5个小时，手机上网比例达99.7%，即时通信、网络视频、短视频用户达10.07亿、9.75亿和9.34亿。云计算、大数据、物联网、移动互联网、人工智能等新一代信息技术广泛深入应用，移动支付、共享出行、工业互联、智慧城市等数字经济加快推进。"互联网＋教育""互联网＋医疗"等深入发展，加快建设数字政府、数字乡村，信息惠民便民成效显著。为营造安全网络空间，颁布《中华人民共和国网络安全法》，实现网络安全和发展同步推进，互联网建设管理水平和网络空间治理能力得到提升。

全面建成小康社会，是中国对人类社会的重大贡献，提升了人类社会整体发展水平。根据国际货币基金组织统计，2019年全球共有69个国家和地区人均国内生产总值超过1万美元，总数约为28亿人。其中，中国有14亿多人口，使世界上人均国内生产总值超过1万美元的人口数量翻了将近一番，充分彰显了中国特色社会主义制度的强大生命力和巨大优越性。全面建成小康社会的理论和实践，深化了对社会主义本质的认识和理解，开拓了社会主义发展新境界。全面建成小康社会的成功探索，拓展了发展中国家走向现代化的路径，给世界上那些既希望加快发展又希望保持自身独立性的国家和民族提供了全新选择，为解决人类问题贡献了中国智慧和中国方案。

五　推进国家制度和治理体系建设

经国序民，正其制度。能够打赢脱贫攻坚战这场硬仗，如期全面建成高质量小康社会，中国特色社会主义制度和新时代治国理政能力发挥了重要保证作用。

中共十八届三中全会提出"推进国家治理体系和治理能力现代化"的重大命题，并把"完善和发展中国特色社会主义制度、推进国家治理体系和治理能力现代化"确定为全面深化改革的总目标。中共十九大将制度建设和治理能力建设列为建成社会主义现代化强国的重要目标。中共中央以坚持和完善中国特色社会主义制度、推进国家治理体系和治理能力现代化为主轴，继续深化各领域各方面体制机制改革，在制度建设和治理能力建设上迈出新的步伐。

2018年2月，中共十九届三中全会专门研究深化党和国家机构改革问题，下决心解决机构设置和职能配置中存在的突出矛盾和问题。总思路是，以加强党的全面领导为统领，以国家治理体系和治理能力现代化为导向，以推进党和国家机构职能优化协同高效为着力点，从完善坚持党的全面领导的制度、优化政府机构设置和职能配置、统筹党政军群机构改革、合理设置地方机构、推进机构编制法定化等方面，深化党和国家机构改革。

从中央到地方扎实推进，各项机构改革部署迅速落实到位。2018年3月，新组建的国家监察委员会正式揭牌运行，党和国家机构改革全面铺开。9月，《海南省机构改革方案》正式印发，成为首个获中共中央批准的省级机构改革方案。按照先中央、后省级、再省以下的路线图，经过一年多努力，机构改革任务总体完成。这次机构改革，对党和国家组织结构和管理体制进行了系统性、整体性重构。新组建和重新组建部级机构25个，调整优化领导管理体制和职责部级机构31个，制定印发39个部门"三定"规定和25个部门调整职责的通知，部门机构编制职数总体实现精简。各类机构设置和职能配置，更加适应统筹推进"五位一体"总体布局和协调推进"四个全面"战略布局的需要，为推进国家治理体系和治理能力现代化提供有力组织保障。

2019年10月，中共十九届四中全会专门研究国家制度和国家治理问题。全会紧扣坚持和完善党的领导制度作为国家治理的关键和根本，全面回答在中国国家制度和国家治理体系上应该坚持和巩固什么、完善和发展什么的重大问题。全会明确提出坚持和完善中国特色社会主义制度、推进国家治理体系和治理能力现代化的总体目标，即：到中国共产党成立100年时，在各方面制度更加成熟更加定型上取得明显成效；到2035年，各方面制度更加完善，基本实现国家治理体系和治理能力现代化；到中华人民共和国成立100年时，全面实现国家治理体系和治理能力现代化，使中国特色社会主义制度更加巩固、优越性充分展现。围绕这个总体目标，全会聚焦坚持和完善支撑中国特色社会主义制度的根本制度、基本制度、重要制度，概括了13个方面的制度体系①，构筑了中国特色社会主义的制度图谱，奠定了国家治理体系和治理能力现代化的制度基石。

第四节　新时代发展新阶段

全面建成小康社会、实现第一个百年奋斗目标之后，全党全国各族人民乘势而上开启全面建设社会主义现代化国家新征程、向第二个百年奋斗目标进军，这是中华民族伟大复兴历史进程的大跨越，标志着中国进入一个新的发展阶段。在新的历史起点上，以习近平同志为核心的党中央，科学研判我国发展面临的新的战略机遇、新的战略任务、新的战略阶段、新的战略要求、新的战略环境，有效应对严峻复杂的国际形势和接踵而至的巨大风险挑战，坚持底线思维，坚定斗争意志，增强斗争本领，以正确的战略策略应变局、育新机、开新局，以奋发有为的精神把新时代中国特色社会主义不断推向前进。

一　"两个大局"的历史交汇

当前，世界百年未有之大变局加速演进，世界之变、时代之变、历史之变的特征更加明显，新时代中国特色社会主义处于中华民族

---

① 13个方面的制度体系分别是：党的领导制度体系，人民当家作主制度体系，中国特色社会主义法治体系，中国特色社会主义行政体制，社会主义基本经济制度，繁荣发展社会主义先进文化的制度，统筹城乡的民生保障制度，共建共享的社会治理制度，生态文明制度体系，党对人民军队的绝对领导制度，"一国两制"制度体系，独立自主的和平外交政策，党和国家监督体系。

伟大复兴战略全局与世界百年未有之大变局的历史交汇期。

中国正处于实现中华民族伟大复兴的关键时期。2021年，经过全党全国各族人民持续奋斗，中国如期实现第一个百年奋斗目标，为实现中华民族伟大复兴提供了更为完善的制度保证、更为坚实的物质基础、更为主动的精神力量。7月1日，习近平在庆祝中国共产党成立一百周年大会上向世界庄严宣告：中华民族迎来了从站起来、富起来到强起来的伟大飞跃，实现中华民族伟大复兴进入了不可逆转的历史进程。同时，也要清醒认识到，中华民族伟大复兴绝不是轻轻松松、敲锣打鼓就能实现的，必须准备付出更为艰巨、更为艰苦的努力。国内改革发展稳定面临不少长期没有解决的深层次矛盾和问题以及新出现的一些矛盾和问题，改革进入深水区；国内经济发展进入新常态，不平衡、不协调、不可持续问题更加突出，长期积累的深层次结构性矛盾不断显现；各种思想文化渗透交锋激烈，意识形态领域"看不见的战争"无处不在；人民对美好生活的向往更加强烈、需要日益广泛，不仅对物质文化生活提出更高要求，而且在民主、法治、公平、正义、安全、环境等方面的要求日益增长；中美博弈、国际关系更加尖锐复杂，"黑天鹅""灰犀牛"时隐时现；党的创造力、凝聚力、战斗力还有待提升，新时代治国理政仍面临重大考验。

当今世界正经历百年未有之大变局。大变局的突出特点是世界格局呈现"东升西降"趋势。以中国为代表的大批发展中国家群体性崛起，成为影响国际政治经济格局的重要力量。世界经济重心加快"自西向东"位移，发达国家和发展中国家在国际分工体系中的地位角色发生重大转变。这场变局，不限于一时一事、一国一域，而是深刻而宏阔的世界之变、时代之变、历史之变。和平与发展仍然是时代主题，但国际形势中不稳定、不确定、不安全因素日益突出。2022年4月，习近平在博鳌亚洲论坛年会开幕式上发表题为"携手迎接挑战，合作开创未来"的主旨演讲，首次提出全球安全倡议，回答"世界需要什么样的安全理念、各国怎样实现共同安全"的时代课题。他形象地说，国际社会发展到今天已经成为一部复杂精巧、有机一体的机器，拆掉一个零部件就会使整个机器运转面临严重困难，被拆的人会受损，拆的人也会受损。特别要看到，新冠疫情全球大流行，成为世界百年未有之大变局的新变量、催化剂。这次百年一遇的大疫情，让复苏乏力的世界经济雪上加霜，一些发展中国家因疫返贫、因疫生乱，甚至发达国家中也有不少民众生活陷入困境。联合国《2021年可持续发展目标报告》显示，2020年全球共有1.19亿人至1.24亿人重新回到极端贫困状态，饥饿人口大幅增加。

从人类历史发展大势看，大国走向强盛无一不是国内国际各种因素相互交织、相互作用的结果；大国崛起需要有全局性的战略规划作为引领，也离不开大变局带来的难得机遇。中华民族伟大复兴是造成世界百年未有之大变局的重要原因，同时，百年未有之大变局也给中华民族伟大复兴带来重大机遇。2017年12月，习近平在接见回国参加年度驻外使节工作会议的全体使节时指出，放眼世界，我们面对的是百年未有之大变局。此后，他在不同场合反复强调，领导干部要胸怀"两个大局"，一个是中华民族伟大复兴的战略全局，另一个是世界百年未有之大变局，这是我们谋划工作的基本出发点。这个重要论断，为在新的历史条件下正确把握国际国内形势发展变化，准确认识两个大局相互制约、相互促进的互动关系，科学预见历史发展趋势和世界格局演变走向，谋划和做好新时代发展新阶段各项工作，提供了战略指引。

二 "两个确立"的决定性意义

中国特色社会主义进入新时代，以习近平同志为核心的党中央统筹中华民族伟大复兴战略全局和世界百年未有之大变局，有效应对严峻复杂的国际形势和接踵而至的巨大风险挑战，党和国家事业取得全方位、开创性历史成就，发生深层次、根本性历史变革，根本在于以习近平同志为核心的党中央的坚强领导，在于习近平新时代中国特色社会主义思想的科学指导。确立习近平同志党中央的核心、全党的核心地位，确立习近平新时代中国特色社会主义思想的指导地位，反映了全党全军全国各族人民共同心愿，对新时代党和国家事业发展、对推进中华民族伟大复兴历史进程具有决定性意义。

习近平同志党中央的核心、全党的核心地位是在新时代的伟大实践中形成的。中共十八大以来，习近平总书记带领全国各族人民开创了中国特色社会主义新时代，开辟了马克思主义中国化新境界，展现出作为党的核心、人民领袖、军队统帅的坚定信仰信念、鲜明人民立场、非凡政治智慧、顽强意志品格、强烈历史担当、高超政治艺术，赢得全党全国各族人民衷心拥护，赢得国际社会高度赞誉。中共十八届六中全会正式确立习近平同志党中央的核心、全党的核心地位，中共十九大把习近平同志党中央的核心、全党的核心地位写入

《中国共产党章程》。坚决维护习近平同志党中央的核心、全党的核心地位，坚决维护党中央权威和集中统一领导，是实现中华民族伟大复兴的坚强政治保证。

习近平新时代中国特色社会主义思想是新时代中国共产党的思想旗帜，是中华民族实现伟大复兴的行动指南。这一科学思想，源自实践，又指导实践，是从新时代中国特色社会主义实践中产生的理论结晶，是经过实践检验、富有实践伟力的强大思想武器。中共十九届六中全会通过的《中共中央关于党的百年奋斗重大成就和历史经验的决议》，在中共十九大的基础上，对习近平新时代中国特色社会主义思想的核心内容作出进一步系统概括，使其科学内涵不断丰富和拓展。

"两个确立"是新时代中国特色社会主义理论创新、实践创新取得的最为重大的成果。中共中央开展一系列集中学习教育，在维护习近平同志党中央的核心、全党的核心地位，在学懂弄通做实习近平新时代中国特色社会主义思想上下功夫。通过深入学习宣传，广大干部群众对"两个确立"形成高度政治认同、思想认同、理论认同、情感认同，更加自觉地用习近平新时代中国特色社会主义思想武装头脑、指导实践、推动工作，更加自觉地在政治上思想上行动上同以习近平同志为核心的党中央保持高度一致。

三　增强忧患意识，防范风险挑战

坚持底线思维，增强忧患意识，着力防范重大风险，是习近平新时代中国特色社会主义思想的重要内容，是新时代治国理政的重大原则。

2018年1月，习近平在新进中央委员会的委员、候补委员和省部级主要领导干部研讨班上，专门阐述增强忧患意识、防范风险挑战要一以贯之的问题。2019年1月，习近平在省部级主要领导干部专题研讨班上，就防范化解政治、意识形态、经济、科技、社会、外部环境、党的建设等领域重大风险进行深刻分析，向全党特别是领导干部提出坚持底线思维、增强忧患意识、履行好防范化解重大风险政治责任的明确要求。

保持战略定力，牢牢掌握斗争的主动权。2019年9月，习近平在2019年秋季学期中共中央党校（国家行政学院）中青年干部培训班开班式上强调，我们面临着难得的历史机遇，也面临着一系列重大风险考验。胜利实现我们党确定的目标任务，必须发扬斗争精神，增强斗争本领。2022年3月6日，在看望参加全国政协十三届五次会议的农业界、社会福利和社会保障界委员并参加联组会时，习近平明确提出中国发展仍具有"五个战略性有利条件"，即：有中国共产党的坚强领导；有中国特色社会主义的显著优势；有持续快速发展积累的坚实基础；有长期稳定的社会环境；有自信自强的精神力量。从总体上讲，我们面临的机遇大于挑战，中国的发展仍处于战略机遇期。这是中国能够在大变局时代保持战略定力、坚定历史自信的根本原因。

进入2018年后，中国的外部形势发生深刻复杂变化。美国单方面执意挑起中美经贸摩擦，对中国进行全方位遏制打压，在涉疆、涉藏和台湾、香港问题上一再挑衅，粗暴干涉中国内政，给中美关系发展带来严重不利影响。面对中美关系的复杂局面，中共中央密切关注、稳妥应对，同美方开展针锋相对斗　，采取有力反制措施，坚决捍卫中国的主权、安全、发展利益；同时，始终坚持通过对话协商解决争议的基本立场，提出并积极推动构建以协调、合作、稳定为基调的中美关系。经过十几轮中美经贸高级别磋商，2020年1月，中美双方签署第一阶段经贸协议。这一协议有利于中国，有利于美国，有利于世界和平繁荣。

"台独"分裂是祖国统一的最大障碍，是民族复兴的严重隐患。2020年5月，《反分裂国家法》实施15周年座谈会在北京举行。会议强调，坚决粉碎"台独"分裂图谋，坚决捍卫国家主权和领土完整。2020年8月，针对个别大国在涉台问题上的消极动向及向"台独"势力发出的严重错误信号，中国人民解放军东部战区多军种多方向成体系出动兵力，在台湾海峡及南北两端连续组织实战化演练，坚决回击一切制造"台独"、分裂中国的挑衅行为。

2020年暴发的新冠疫情，是一场突如其来的严峻挑战。这是百年来全球发生的最严重的传染病大流行，是中华人民共和国成立后遭遇的传播速度最快、感染范围最广、防控难度最大的重大突发公共卫生事件。中共中央科学决策、沉着应对，坚持人民至上、生命至上，开展抗击疫情人民战争、总体战、阻击战，高效统筹疫情防控和经济社会发展，根据病毒变化和防疫形势，优化调整疫情防控措施，取得重大决定性胜利。

新冠疫情发生后，中国政府发起中华人民共和国成立以来最大规模的全球紧急人道主义行动。中国与180个国家、十多个国际和地区组织分享疫情防控和诊疗方案，向34个国家派出37支医疗专家组，向153个国家和15个国际组织提供数亿件抗疫物资，向120多个国家和国际组织提供超过22亿剂疫苗，为全球抗疫贡献中国智慧、中国力量。

四　满足人民对美好生活的向往

江山就是人民、人民就是江山。中国共产党始终把人民放在心中最高位置，与人民心心相印、同甘共苦、团结奋斗，与人民同呼吸、共命运、心连心，勤勤恳恳为人民服务，牢牢守好人民江山。2012年11月15日，习近平在中共十八届中央政治局常委同中外记者见面时郑重宣示："人民对美好生活的向往，就是我们的奋斗目标。"

图16-10　2019年10月1日，庆祝中华人民共和国成立70周年大会在北京天安门广场隆重举行

这句话，深深打动和感染了中国人民。

2015年10月，中共十八届五中全会明确提出以人民为中心的发展思想。全会强调，必须坚持以人民为中心的发展思想，把增进人民福祉、促进人的全面发展作为发展的出发点和落脚点。在新时代治国理政的各方面各领域，中共中央坚持把高质量发展同满足人民美好生活需要紧密结合起来，不断提升百姓的获得感、幸福感、安全感。"厕所革命"、垃圾分类、清洁取暖，保护学生视力，减轻学生负担，提高养老院服务质量，加强食品安全监管……困扰百姓的这些"小麻烦"，一项项列入中共中央重要会议日程，成为改革的关注点、发力点，改善和提高人民群众的生活。

实现全体人民共同富裕，是人民群众过上美好生活的具体展现。进入新时代，中共中央把握发展阶段新变化，把逐步实现全体人民共同富裕摆在更加重要的位置上，为促进共同富裕创造良好条件。中共十九大报告指出，必须始终把人民利益摆在至高无上的地位，让改革发展成果更多更公平惠及全体人民，朝着实现全体人民共同富裕不断迈进。中共十九届五中全会在表述基本实现社会主义现代化的远景目标时，提出"全体人民共同富裕取得更为明显的实质性进展"，实现共同富裕的目标和路径更加清晰。

幸福源自奋斗，奋斗才会成功。新时代是奋斗者的时代。团结奋斗是中国共产党和中国人民最显著的精神标识。在每次迎贺新年、新春团拜这样的喜庆时刻，习近平都发表热情洋溢讲话，关心各行各业的劳动者，鼓励发扬奋斗精神，强调"空谈误国，实干兴邦"，激发全社会"撸起袖子加油干"的精气神。2022年7月26日，习近平在省部级主要领导干部"学习习近平总书记重要讲话精神，迎接党的二十大"专题研讨班上指出，我们取得的一切成就都是党和人民一道奋斗出来的。历史和实践告诉我们，团结就是力量，奋斗开创未来；能团结奋斗的民族才有光明前途，能团结奋斗的政党才能立于不败之地。只要14亿多中国人民始终手拉着手一起向未来，只要9600多万中国共产党人始终与人民心连着心一起向未来，新时代中国就一定能在新的赶考之路上继续创造令人刮目相看的奇迹。

五　开启全面建设社会主义现代化国家新征程

中共十八大描绘了建党一百年时全面建成小康社会、中华人民共和国成立一百年时建成社会主义现代化国家的宏伟蓝图。中共十九大对实现第二个百年奋斗目标作出分两个阶段推进的战略安排，提出到2035年基本实现社会主义现代化，到本世纪中叶把中国建成富强民主文明和谐美丽的社会主义现代化强国。2021年，中国共产党领导全国各族人民实现第一个百年奋斗目标，开始向第二个百年奋斗目标进军，迈上全面建设社会主义现代化国家新征程。

"十四五"时期是进入新发展阶段后的第一个五年，也是中国实现新的更大发展的关键时期。2020年10月，中共十九届五中全会深入分析中国发展环境面临的深刻复杂变化，作出加快构建以国内大循环为主体、国内国际双循环相互促进的新发展格局的战略抉择。全会展望2035年，明确了基本实现社会主义现代化的远景目标。全会提出"十四五"时期经济社会发展的指导思想、必须遵循的原则和主要目标，并从科技创新、产业发展、国内市场、深化改革、乡村振兴、区域发展、文化建设、绿色发展、对外开放、社会建设、安全发展、国防建设12个方面作出具体部署。全会对科技创新作出专章部署，并放在各项规划任务的首位，这在研究制定五年规划的历史上是首次，凸显对科技创新前所未有的重视。

2021年3月，十三届全国人大四次会议批准了《中华人民共和国国民经济和社会发展第十四个五年规划和2035年远景目标纲要》(以下简称《纲要》)。《纲要》共19篇、65章，分三个板块。第一板块重点阐述发展环境、指导方针和主要目标，第二板块是17个方面的战略任务和举措，第三板块是规划实施保障。《纲要》阐明了国家意图，是中国开启全面建设社会主义现代化国家新征程的宏伟蓝图。

六　中共二十大与全面建设社会主义现代化国家的战略擘画

2022年10月16—22日，中国共产党第二十次全国代表大会在北京举行。中共二十大是在全党全国各族人民迈上全面建设社会主义现代化国家新征程、向第二个百年奋斗目标进军的关键时刻召开的一次十分重要的大会。大会的主题是：高举中国特色社会主义伟大旗帜，全面贯彻新时代中国特色社会主义思想，弘扬伟大建党精神，自信自强、守正创新、踔厉奋发、勇毅前行，为全面建设社会主义现代化国家、全面推进中华民族伟大复兴而团结奋斗。

大会指出，中共十八大召开十年来，我们经历了对党和人民事业具有重大现实意义和深远历史意义的三件大事：一是迎来中国共产党成立一百周年，二是中国特色社会主义进入新时代，三是完成脱贫攻坚、全面建成小康社会的历史任务，实现第一个百年奋斗目标。这

图16-11　中国共产党第二十次全国代表大会会场

是中国共产党和中国人民团结奋斗赢得的历史性胜利，是彪炳中华民族发展史册的历史性胜利，也是对世界具有深远影响的历史性胜利。新时代十年的伟大变革，在党史、新中国史、改革开放史、社会主义发展史、中华民族发展史上具有里程碑意义。中国共产党在革命性锻造中更加坚强有力，中国人民焕发出更为强烈的历史自觉和主动精神，实现中华民族伟大复兴进入了不可逆转的历史进程，科学社会主义在21世纪的中国焕发出新的蓬勃生机。新时代十年的伟大变革，是在以习近平同志为核心的党中央坚强领导下、在习近平新时代中国特色社会主义思想指引下全党全国各族人民团结奋斗取得的。新时代新征程上把中国特色社会主义事业推向前进，最紧要的是深刻领悟"两个确立"的决定性意义，增强"四个意识"、坚定"四个自信"、做到"两个维护",自觉在思想上政治上行动上同以习近平同志为核心的党中央保持高度一致。

大会强调,中共十九大、十九届六中全会提出的"十个明确""十四个坚持""十三个方面成就"概括了习近平新时代中国特色社会主义思想的主要内容,必须长期坚持并不断丰富发展。继续推进实践基础上的理论创新,首先要把握好习近平新时代中国特色社会主义思想的世界观和方法论,坚持好、运用好贯穿其中的立场观点方法,即坚持人民至上,坚持自信自立,坚持守正创新,坚持问题导向,坚持系统观念,坚持胸怀天下。

大会提出,从现在起,中国共产党的中心任务就是团结带领全国各族人民全面建成社会主义现代化强国、实现第二个百年奋斗目标,以中国式现代化全面推进中华民族伟大复兴。

大会强调,全面建设社会主义现代化国家、全面推进中华民族伟大复兴,关键在党。中国共产党作为世界上最大的马克思主义执政党,要始终赢得人民拥护、巩固长期执政地位,必须时刻保持解决大党独有难题的清醒和坚定。持之以恒推进全面从严治党,深入推进新时代党的建设新的伟大工程,以党的自我革命引领社会革命,落实新时代党的建设总要求。

大会号召,全党全军全国各族人民紧密团结在以习近平同志为核心的党中央周围,牢记空谈误国、实干兴邦,坚定信心、同心同德、埋头苦干、奋勇前进,为全面建设社会主义现代化国家、全面推进中华民族伟大复兴而团结奋斗!

中共二十大是一次高举旗帜、凝聚力量、团结奋进的大会,在党和国家发展进程中具有极其重大的历史意义。大会的政治报告是党和人民智慧的结晶，是党团结带领全国各族人民夺取中国特色社会主义新胜利的政治宣言和行动纲领，是马克思主义的纲领性文献。大会作出的各项决策部署、取得的各项成果，必将对全面建设社会主义现代化国家、全面推进中华民族伟大复兴，对夺取中国特色社会主义新胜利发挥十分重要的指导和保证作用。

2022年10月23日，中国共产党第二十届中央委员会第一次全体会议召开，习近平继续当选中共中央总书记，赢得全党全军全国各族人民的衷心拥护。在会后举行的中央政治局常委同中外记者见面会上，习近平郑重宣告：现在，我们正意气风发迈上全面建设社会主义现代化国家新征程，向第二个百年奋斗目标进军，以中国式现代化全面推进中华民族伟大复兴。新征程是充满光荣和梦想的远征。蓝图已经绘就，号角已经吹响。我们要踔厉奋发、勇毅前行，努力创造更加灿烂的明天。

历史如潮、大道如砥。中国的过去、现在、未来，因为新时代的伟大实践而紧密相连在一起。历史充分证明，中国共产党是敢于斗争、敢于胜利的伟大政党，中华民族是历经磨难、不屈不挠的伟大民族，中国人民是勤劳勇敢、自强不息的伟大人民。在新时代坚持和发展中国特色社会主义道路，具有无比广阔的时代舞台，具有无比深厚的历史底蕴，具有无比强大的前进定力。实现伟大复兴的中华民族、全面建成现代化的社会主义强国、展现真理伟力的21世纪马克思主义、赢得光辉未来的中国共产党，必将历史性地共同呈现在中国人民和全世界面前。

面向美好未来，奋斗新时代、奋进新征程，中国共产党壮志在胸，中华民族豪情满怀，中国人民充满信心。赢得伟大胜利和荣光的中国共产党，必将带领全国各族人民在新时代新征程上赢得更加伟大的胜利和荣光，以中国式现代化全面推进中华民族伟大复兴。

本章参考文献

《习近平著作选读》第1卷、第2卷，人民出版社2023年版。

《中国共产党的一百年》，中共党史出版社2022年版。

《中国共产党简史》，人民出版社、中共党史出版社2021年版。

《中华人民共和国简史》，人民出版社、当代中国出版社2021年版。

《改革开放简史》，人民出版社、中国社会科学出版社2021年版。

《社会主义发展简史》，人民出版社、学习出版社2021年版。

本章图片来源

图16-1、16-2、16-4、16-11　新华社发。

图16-3　《中国共产党的一百年》，中共党史出版社2022年版，第1018页。

图16-5　《改革开放简史》，人民出版社、中国社会科学出版社2021年版，第356页。

图16-6　《改革开放简史》，人民出版社、中国社会科学出版社2021年版，第360页。

图16-7　《中国共产党简史》，人民出版社、中共党史出版社2021年版，第472页。

图16-8　《中国共产党的一百年》，中共党史出版社2022年版，第1276页。

图16-9　《中国共产党的一百年》，中共党史出版社2022年版，第1261页。

图16-10　《中华人民共和国简史》，人民出版社、当代中国出版社2021年版，第449页。

附录

大事编年

文明起源与奴隶制国家形成（史前—夏商）

约163万—115万年前，陕西蓝田出现中国最早的直立猿人。

约70万—20万年前，北京周口店、南京葫芦洞、和县龙潭洞、池州华龙洞等地均出现直立人，并已会使用天然火。

约30万—10万年前，大荔人、许家窑人、许昌人、金牛山人、华龙洞人、夏河人等所属支系，在亚洲已经演化了数十万年，和智人有最近的共同祖先。

约12万—8万年前，湖南道县福岩洞人具有完全现代型人类特征，出现时间比欧洲和西亚早至少3.5万年至7.5万年。

约4万年前，北京田园洞人已呈现亚洲人遗传特征。

约1.8万年前，北京山顶洞人已会人工取火，掌握磨制、钻孔技术。江西仙人洞遗址、湖南玉蟾岩遗址发现中国最早的陶器。

约公元前1万（以下省"公元"二字）—前8000年，先民开始人工驯化栽培粮食作物，形成北方粟黍、南方稻谷两大传统，后续种植区域互有交错，推进了从采集到原始农业的飞跃。

前7000—前5800年，舞阳贾湖遗址的人工栽培稻、契刻符号、礼仪用具、世界最早的管乐器骨笛，凸显裴李岗文化的聚落遗址具备文明因素的萌芽。

前4000—前3000年，红山文化牛河梁遗址方台圆形祭坛、女神像、精美玉器等，折射出带有国家雏形的文明程度。

约前3900—前1800年，大型城址、祭祀场所、高等级玉敛葬、专业制陶作坊等说明石家河及周边遗址是新石器时代长江中游规模最大、等级最高的都邑聚落。

约前3500年，玉龟玉版、大型祭坛、高等级贵族墓葬、红烧土建筑、礼制玉石器等，标志凌家滩文化明显的等级分化。

约前3300—前2500年，良渚古城、依山而建的拦水坝，暗含细致社会分工和大型工程组织管理系统，属于文明阶段的社会形态，经济生产和城市建设较为发达。

前2600—前2000年，起源于西亚的小麦经河西走廊、蒙古高原等地传入中国，改变了北方地区的食物结构和饮食习俗。

约前2600—前2200年，方正形制规划的淮阳平粮台城址，具有迄今最早的"中轴线"布局、车辙和完整的早期城市排水系统，直溯中国古代城市规划思想的源头。

约前2600—前2000年，传说中的五帝时期：黄帝、颛顼、帝喾、帝尧、帝舜。尧命羲、和观测天象，制定历法；命鲧、禹治理洪水。舜驱逐四凶；禹会诸侯于涂山，东巡狩会稽而死。

约前2300—前1900年，陶寺遗址全面拥有文明起源形成的必要条件和标志（最早的测日影天文观测系统、文字、建筑材料板瓦），为探索传说时代的尧提供了有力支撑。

前2300—前2000年，石峁遗址外城东门址所见的内、外瓮城及周边城墙上的马面等遗迹系国内最早同类城防设施，规划复杂、形制完整、设施齐备。

夏

约前2070年，启继承禹帝位，从部族禅让制变为世袭君主制下以血缘为基础的家族奴隶制，建立第一个王朝夏。

约前2000年，启子太康无道失国，后羿因夏民以代夏政。后羿、寒浞相继乱夏。相遗腹子少康借助外力复国成功。

约前1800—前1500年，二里头遗址号称最早的中国，展现夏文化与夏朝文明进阶到主次严整的国家结构。

约前1600年，夏桀卒于南巢，夏朝传十七世灭亡。

商

约前1600年，商朝建立，定都于亳。汤盟诸侯于景亳，即天子位，氐、羌来朝。

约前1550年，伊尹软禁汤孙太甲于桐宫，代摄政事，观其悔过，迎回太甲而还政。

约前1300—前1251年，盘庚迁都于殷，传位诸弟，至小乙传子武丁。

前1250—前1192年，武丁举傅说为相，民众大治，战胜鬼方、荆楚。

前1075—前1046年，帝辛（纣）克东夷，国力大损；宠信妲己，迫害贤良，失去民心。西伯昌拘于羑里而演《周易》。

前1046年，武王甲子日伐纣，一举克殷，纣自焚于鹿台，商朝传三十一王，至此灭社亡国。

宗法封建制时代（西周—战国）

西周

前1046—前1043年，周武王分封同姓和异姓诸侯，肃慎进贡矢石。西周进入宗法封建制社会。

前1042—前1040年，周公摄政，东征平叛，伐诛武庚，杀管叔，放蔡叔，向东灭奄、蒲姑等国，巩固了周朝统治。

前1039年，封殷贤微子启于宋，封康叔于卫，以治殷遗民。

前1038年，营建东都洛邑成周，"宅兹中国"，治理天下。

前1036年，周公还政于成王，成王盟诸侯于岐阳。

前980年，昭王南征楚荆。

前977年，周丧六师于汉水，昭王溺亡。

前841年，厉王禁止谤言，国人暴动。厉王奔彘，共和改元，是中国传统史学准确年代上限。

前828年，厉王卒，宣王继位，不籍千亩，任用贤良，重整朝纲，国势中兴。

前822年，秦仲奉命伐西戎身亡，其五子续志，遂破西戎，长子秦庄公封西垂大夫，得大骆、犬丘之地。

前780年，幽王二年地震，泾水、渭水、洛水三川竭，岐山崩。

前778年，幽王废申后与太子宜臼，立褒姒子伯服为太子，宜臼奔申。

前771年，申侯与缯、西夷、犬戎攻杀周幽王于骊山下，西周灭亡。周平王、携王并立。

春秋

前770年，郑、秦、晋等护卫周平王迁都洛邑，史称东周。

前760年，晋文侯攻杀周携王。

前722年，《春秋》纪年肇始。鲁隐公即位。

前685年，齐桓公即位，管仲执国政，任贤能，利渔盐。

前679年，齐桓公主盟于鄄，称霸诸侯。

前678年，晋曲沃武公攻杀晋侯缗，周王命之为晋侯。

前656年，齐率诸侯压服楚国，盟于召陵。

前651年，齐桓公葵丘会盟。

前632年，晋文公城濮之战大败楚军，主持践土之盟，成为侯伯。

前623年，秦穆公攻灭戎十二国，开地千里，称霸西戎。

前606年，楚庄王侵陆浑戎，驻军于洛，问鼎中原。

前597年，楚庄王邲之战击败晋国，奠定霸主地位。

前594年，鲁国推行初税亩。

前546年，向戌倡议弭兵，诸侯会盟于宋。

前538年，郑国子产作丘赋。

前536年，郑子产铸刑鼎。

前506年，吴大败楚于柏举，挥师入郢，楚昭王奔随。

前496年，勾践大败吴军于檇李，阖闾卒。吴王夫差即位。

前497年，晋国范氏、中行氏作乱。孔子开始周游列国。

前484年，吴王夫差赐死伍子胥。孔子结束周游列国，回鲁专心著述。

前482年，夫差在黄池会盟取得霸主地位。越俘吴太子。

前481年，田恒弑齐简公，《春秋》至此绝笔。

前479年，孔子卒。

前473年，越王勾践灭吴，夫差自尽。

前453年，晋阳之役韩、赵、魏三家暗中联合，反灭智氏。

战国

前403年，韩、赵、魏三家分晋，始为诸侯。战国时代开始。

前386年，周王命田和为诸侯，取代姜吕齐国，史称田齐。

前356年，秦孝公任卫鞅为左庶长，主持变法。

前316年，司马错灭巴、蜀，设秦蜀郡。燕王哙禅让君位于宰相子之，引发内乱。孟子再次游齐辩学，备受宣王优待。正当稷下先生上千人，各著书言治乱之事，百家争鸣，极一时之盛。

前307年，赵武灵王推行"胡服骑射"。

前301年，赵伐中山，破林胡、楼烦，设云中、雁门、代郡。

前295年，赵主父与齐、燕共灭中山，旋因内乱饿死沙丘宫。

前278年，秦大良造白起伐楚，拔郢，烧夷陵。秦以郢为南郡，封白起为武安君。楚襄王徙都于陈，屈原投汨罗江殉国。

前272年，秦宣太后诱杀义渠王于甘泉宫，出兵灭义渠戎，置北地郡。

前260年，秦、赵长平之战，秦白起大破赵括，坑杀四十多万赵降卒。

前256年，秦昭王灭周。

前239年，吕不韦组织门客杂取各家之长，编成先秦诸子的总括集成之作《吕氏春秋》。

前238年，秦王政亲政，平嫪毐之乱。

前228年，王翦虏赵王迁，置邯郸郡。赵公子嘉自立为代王。

前225—前221年，秦王政依次灭魏、楚、燕、赵（代王嘉）、齐，统一六国。战国时期结束，进入地主封建制社会。

地主封建制的早期发展（秦汉—魏晋南北朝）

秦

前221年，秦朝建立，秦王政自称始皇帝，分天下为三十六郡，统一货币、度量衡。

前220年，治驰道。

前216年，使黔首自实田。

前214年，置桂林等三郡。筑万里长城。

前213年，令焚书；欲学法令者，以吏为师。

前212年，使蒙恬除直道，扶苏监军。以诸生谤议，坑儒四百余人。

前210年，始皇帝病卒沙丘。赵高拥立胡亥，是为秦二世。扶苏自杀，蒙恬下狱死。

前209年，陈胜、吴广于大泽乡起义。刘邦起兵于沛。

前207年，项羽大破秦将章邯、王离于巨鹿。刘邦从武关道西入

秦。秦二世自杀，赵高立孺子婴为秦王。

前206年，刘邦霸上受子婴降，秦亡。项羽自立西楚霸王，封刘邦为汉王。

前203年，汉王初定算赋。

西汉

前202年，项羽兵败垓下，自刎乌江。刘邦即帝位，是为汉高祖。

前201年，叔孙通制朝仪。

前198年，迁六国旧族等至关中。

前195年，剪除异姓王，同姓诸侯王渐成大患。

前191年，废除秦挟书律。

前188年，惠帝卒。吕后临朝称制。

前187年，废除秦三族罪、妖言令。

前183年，赵佗自称南越帝。令戍卒每岁更直轮换。

前180年，吕后卒，平定诸吕之乱，迎立代王，是为文帝。

前167年，废除肉刑，张苍改定律令。

前158年，匈奴入上郡、云中郡，烽火传于长安。

前157年，文帝卒，太子刘启即位，是为景帝。

前156年，令田租三十税一。减笞刑。

前154年，吴楚七国之乱，周亚夫等平定之。

前152年，遣公主嫁匈奴单于。

前141年，景帝卒，武帝即位。

前140年，举贤良方正之士。

前138年，张骞应募出使大月氏。东瓯举国内徙。

前136年，置五经博士。

前130年，唐蒙、司马相如通西南夷。张汤、赵禹定律令。

前127年，令诸侯王推私恩，分子弟邑。徙郡国豪杰、高訾于茂陵。卫青取河南地。

前126年，张骞使月氏还。

前124年，霍去病追击匈奴至祁连山。

前119年，盐铁官营，初算缗钱。霍去病北击匈奴，封狼居胥山。张骞再度出使西域。

前118年，初行五铢钱。

前117年，令民告缗。

前115年，张骞出使乌孙还汉，西域遣使入贡，汉朝与西域沟通渐密，丝绸之路开启。

前111年，杨仆等灭南越，置九郡。创建七校尉。

前110年，武帝封禅泰山。桑弘羊行平准法。

前108年，赵破奴虏楼兰王，破车师。

前106年，置十三州部刺史。

前104年，定《太初历》。贰师将军伐大宛。设羽林军。

前102年，再伐大宛。大宛降。

前98年，国家专营酒酤。

前91年，江充治巫蛊狱。太子刘据发兵，战败自杀。

前90年，李广利降匈奴。

前89年，武帝下轮台诏，使赵过教民代田。

前87年，武帝卒。刘弗陵即位，是为昭帝。

前81年，盐铁之议起。苏武归汉。罢榷酤官，与民休息，外和匈奴。

前74年，昭帝卒，霍光等迎立昌邑王刘贺，旋废之；再立刘病已，是为宣帝。

前66年，诛除霍氏。宣帝始亲政。

前61年，罢征羌骑兵，令赵充国屯田。

前51年，匈奴呼韩邪单于来朝。诏诸儒讲五经同异。

前49年，宣帝卒。史高等辅政。太子奭即位，是为元帝。昭宣时期，史称"中兴"。

前48年，置戊己校尉。

前42年，冯奉世屯田御西羌。羌破，罢吏士，颇留屯田。

前41年，复盐铁官；置博士弟子员。

前39年，元帝好儒术，改宣帝之政。

前36年，甘延寿、陈汤斩郅支单于。

前33年，赐嫁王昭君于呼韩邪单于。元帝卒。太子刘骜即位，是为成帝。王凤辅政。

前29年，罢中书宦官，初置尚书员。

前26年，求书于天下。刘向等整理皇室藏书。

前8年，置三公官。罢刺史，置州牧。

前7年，成帝卒，哀帝即位。刘歆奏《七略》。丞相等奏请限田，限奴婢，未果。

前5年，恢复御史大夫、刺史职官。

前1年，哀帝卒。王莽为大司马，领尚书事。

公元4年（以下省"公元"），王莽对职官多所改作。

6年，王莽称"假皇帝"。

7年，翟义讨王莽，郡国震动。

8年，王莽代汉建新。实行"王田""私属"，不得买卖，旋即作罢。

10年，实行"五均""六筦"。

19年，税天下吏民，三十取一。

22年，刘縯、刘秀起兵南阳。

23年，更始帝刘玄即位。刘秀大败王寻等于昆阳。王莽伏诛。刘秀行大司马事，持节渡河。

东汉

25年，刘秀于鄗南即帝位。赤眉立刘盆子为帝，杀更始帝。

27年，刘盆子降。

29年，初起太学。

30年，并省400余县，减损吏职。令郡国田租三十税一。

31年，罢郡国轻车、骑士、材官。

39年，州郡度田，检核垦田不实。

46年，鄯善、车师复附匈奴。

49年，复置乌桓校尉。

56年，光武帝封禅泰山。

57年，光武帝卒。光武帝时期，史称"中兴"。明帝即位。

65年，置度辽将军。佛教初入中国。

73年，班超出使鄯善国。西域与汉朝恢复交通往来。

74年，复置西域都护、戊己校尉。

75年，明帝卒，章帝即位。

79年，白虎观议五经同异。章帝临决。

86年，班超斩疏勒王，通西域南道。

87年，班超破龟兹、莎车，威震西域。

88年，章帝卒，和帝即位，皇太后临朝，窦宪辅政。

89年，耿夔等大破北单于，登燕然山。

92年，和帝与宦官诛窦宪，宦官开始用权。

94年，西域50余国纳质称臣。

101年，令边郡户口10万以上，每岁举孝廉1人。

105年，和帝卒。迎立刘隆即帝位。邓太后临朝。

106年，立清河王子祜为安帝。

107年，罢西域都护。

109年，京师大饥，民相食。令吏民入钱谷得为关内侯等。

115年，庞参招诱诸羌，河西道通。

124年，班勇降龟兹，击走匈奴伊蠡王，车师前部始复开通。

125年，班勇斩车师国后部王。中常侍孙程等立济阴王为帝，是为顺帝。

126年，车师六国悉平。

131年，伊吾复屯田，置司马。

158年，南匈奴与乌桓、鲜卑寇缘边九郡。

159年，桓帝与单超等诛梁冀宗族及党羽。

166年，清议盛行，党锢之祸起。

168年，窦武等迎立刘宏为帝，是为灵帝。

175年，诏诸儒校正五经文字，刻石立于太学门外，是为熹平石经。

184年，张角等率黄巾军起义。

188年，置州牧、西园八校尉。

189年，董卓立刘协为帝，是为献帝。

192年，王允杀董卓。曹操讨黄巾军，收精锐降卒。

196年，改元建安。定都许昌，曹操迁汉献帝。曹操许下屯田，州郡并置田官。

200年，官渡之战，曹操大败袁绍。

208年，曹操自为丞相，与孙权战于赤壁，大败。

215年，曹操征张鲁，统一北方。

219年，刘备夺汉中，自为"汉中王"。关羽樊城大破曹军。孙权袭杀关羽，占荆州。

三国

220年，曹操卒，曹丕称帝，国号魏，都洛阳。东汉亡。魏创九品中正制。

221年，刘备称帝，国号汉，史称蜀，都成都。

223年，刘备卒，后主刘禅继位，丞相诸葛亮辅政，吴蜀修好，共抗曹军。

226年，魏文帝曹丕卒，子曹叡继位，是为魏明帝。

228年，诸葛亮兵出祁山，开始伐魏。

229年，吴王孙权称帝，国号吴，迁都建业。

230年，吴遣将军卫温、诸葛直率万人船队渡海到达夷洲，即今台湾。

234年，诸葛亮卒于五丈原。

239年，魏明帝卒，齐王芳即位。

241年，魏兴屯田，开渠300余里，溉田2万顷。

249年，魏司马懿发动高平陵事变，专掌国政。

254年，魏司马师废曹芳，立高贵乡公曹髦。

260年，司马昭杀曹髦立曹奂，是为魏元帝。

263年，魏邓艾、钟会攻蜀，后主降，蜀亡。

264年，魏罢屯田官，诸典农官皆为郡守、县令。吴孙皓立。

西晋

265年，司马炎废魏主称帝，国号晋，是为晋武帝。都洛阳，史称西晋。

275年，中原大疫，洛阳死者以万数。

280年，晋灭吴，统一全国。颁户调式，包括占田课田制、户调制和品官占田荫客制。

281年，汲郡战国墓中《竹书纪年》等竹简出土。

290年，晋惠帝立，杨骏辅政。

291年，贾后杀杨骏及汝南王亮、楚王玮，八王之乱始。

296年，氐人齐万年起兵于关中。

298年，关中连年饥荒，巴氐豪酋李特率流民入蜀。

300年，晋赵王伦杀贾后。

301年，张轨据河西。赵王伦废惠帝自立，齐王冏等起兵杀伦，专掌朝政，迎惠帝复位。李特率流民兵于绵竹。

304年，李雄称成都王，建立成汉。匈奴刘渊起兵反晋，建国号汉。十六国始，少数民族纷纷建立政权，北方陷入连年战乱。

306年，惠帝卒，司马炽继位，是为晋怀帝。八王之乱结束。

311年，石勒围歼西晋主力10余万人，刘曜陷洛阳，俘怀帝。北方士民为躲避战乱，纷纷渡江南下，史称"永嘉南渡"。

316年，刘曜进兵关中，俘晋愍帝，西晋亡。

东晋十六国

317年，琅邪王司马睿即晋王位，史称东晋。祖逖北伐。

318年，司马睿称帝，是为晋元帝。刘聪卒，靳准杀刘粲，汉亡。

319年，刘曜徙都长安，改国号赵，史称前赵。羯人石勒称赵王，定都襄国，史称后赵。

322年，东晋王敦之乱。元帝忧愤死，明帝即位。

324年，晋明帝讨伐王敦，王敦病卒，兵众溃散。

327年，东晋苏峻、祖约之乱爆发。

329年，后赵攻占上邽，前赵亡。

330年，东晋始行度田收租制，亩税三升。后赵石勒称帝。

335年，后赵迁都于邺。

337年，鲜卑慕容皝称燕王，建燕国，史称前燕。

338年，鲜卑拓跋什翼犍继代王位。

341年，东晋诏王公以下至庶人皆土断、著白籍。

347年，东晋桓温灭成汉。

350年，冉闵灭后赵，自立为帝，国号大魏，史称冉魏。

351年，苻健在长安称天王、大单于，国号大秦，史称前秦。

354年，桓温北伐前秦，逼近长安，因缺粮退兵。

356年，桓温第二次北伐，入洛阳，留兵戍守而还。

357年，前秦苻坚即位，称大秦天王，汉人王猛辅政。

364年，东晋大阅户口，令所在土断，史称庚戌土断。

369年，桓温北伐前燕，至枋头大败。

370年，前秦灭前燕。

376年，前秦灭前凉、代，统一北方。

377年，东晋建北府兵。

383年，东晋在淝水之战大败前秦，原前秦统治下的各部族纷纷复国，北方重新分裂。

384年，鲜卑慕容垂重建燕国，史称后燕；慕容泓建西燕，姚苌杀苻坚称帝，史称后秦。

386年，鲜卑拓跋珪称代王，都盛乐，改称魏，北魏立国。后秦姚苌入长安，称帝。吕光称凉州牧、酒泉公，都姑臧，史称后凉。

394年，后燕慕容垂攻灭西燕。前秦苻登为后秦姚兴所杀，前秦亡。

398年，慕容德自立为燕王，史称南燕。拓跋珪迁都平城，称帝，是为北魏道武帝。

399年，东晋孙恩率众起义。

400年，李嵩自称凉公，都敦煌，史称西凉。

401年，沮渠蒙逊建北凉。后秦姚兴迎鸠摩罗什至长安，主持翻译佛经。

403年，东晋桓玄废安帝自立。后秦灭后凉。

404年，刘裕起兵讨桓玄，桓玄败死。

407年，赫连勃勃称大夏天王，都统万城。

409年，后燕亡。冯跋建立北燕。

410年，刘裕破广固，南燕亡。

412年，名僧法显西行往天竺求经，自海路返回建康，著有《佛国记》。

413年，刘裕主持"义熙土断"。

414年，西秦袭取乐都，秃发傉檀降，南凉亡。

417年，刘裕北伐入长安，后秦亡。

418年，赫连勃勃陷长安，称帝。

南北朝

420年，刘裕废晋恭帝自立，国号宋，史称刘宋，南朝开启。

421年，宋武帝刘裕卒，少帝刘义符立。北凉沮渠蒙逊攻破敦煌，灭西凉。

424年，宋少帝被废杀，宋文帝刘义隆立。

431年，夏灭西秦，北魏攻灭夏。

436年，北魏灭北燕。

439年，魏太武帝拓跋焘灭北凉，统一北方，十六国时期结束，北方民族融合进入新阶段，北朝由此开启。

446年，北魏太武帝禁佛教。

449年，北魏大破柔然，收人户畜产百余万，柔然从此衰落。

450年，北魏司徒崔浩因"国史之狱"被杀。宋文帝北伐失败，北魏太武帝率大军南进，与宋隔江对峙。

453年，宋太子劭杀宋文帝自立，刘宋宗室内乱。

457年，宋实行土断，流寓之人编入当地户籍。

460年，柔然攻高昌，以阚伯周为高昌王，高昌称王始此。

462年，祖冲之奏上《大明历》，并对圆周率进行了计算。

465年，北魏献文帝即位，冯太后杀乙浑，临朝称制。

469年，北魏攻占宋青、冀等地，徙青冀之民于平城，置平齐郡。

470年，宋明帝建立总明观，掌儒、玄、文、史四学。

471年，北魏太子拓跋宏即位，是为孝文帝。

479年，萧道成迫宋顺帝禅位，宋亡。萧道成称帝，国号齐。

482年，齐高帝卒，太子萧赜即位，是为齐武帝。

484年，北魏开始实行"班禄制"。

485年，齐唐寓之起兵。北魏颁行均田制。

486年，北魏改宗主督护为三长制。

493—494年，北魏孝文帝迁都洛阳，诏禁士民胡服。

495年，北魏禁鲜卑语，禁迁洛代人还葬北方。

496年，北魏定族姓，改拓跋氏为元氏，其余鲜卑诸姓均改为汉姓。

500年，齐雍州刺史萧衍在襄阳起兵。

501年，高昌立麴嘉为王，麴氏政权始此。

502年，萧衍称帝，国号梁，齐亡。

507年，梁范缜著《神灭论》。

515年，北魏孝明帝立，胡太后临朝称制。

518年，北魏遣惠生、宋云往北天竺取经。

523年，破六韩拔陵率沃野镇兵民起义，六镇起义开始。

528年，北魏尔朱荣举兵入洛阳，杀朝士2000余人，史称"河阴之变"。尔朱荣专擅朝政，击败葛荣统帅的数十万六镇义兵。

531年，高欢起兵讨尔朱氏。

532年，高欢立元修为帝，是为孝武帝，自为大丞相。

534年，孝武帝奔关中，依宇文泰。高欢入洛阳，立元善见为帝，是为东魏孝静帝，魏从此分东西。东魏迁都于邺。宇文泰毒杀孝武帝，立元宝炬为帝，是为西魏文帝，都长安。

537年，沙苑之战，宇文泰胜高欢。

547年，东魏高欢卒，子澄嗣。杨衒之撰《洛阳伽蓝记》。

548年，侯景于寿阳起兵反梁，入建康，围台城。

549年，侯景陷台城，梁武帝萧衍卒，侯景立萧纲为帝，是为简文帝。

550年，高洋废东魏孝静帝自立，是为齐文宣帝。国号齐，都邺。史称北齐。西魏宇文泰创立府兵制。

552年，王僧辩、陈霸先攻克建康，杀侯景。萧绎在江陵即位，是为梁元帝。

554年，西魏攻陷江陵，俘梁元帝。

555年，萧詧在江陵称帝，称藩西魏，史称后梁。

557年，陈霸先代梁称帝，国号陈。宇文泰卒，宇文护迫魏恭帝

禅位，西魏亡，北周立。

560年，宇文护废明帝，立宇文邕为帝，是为周武帝。

574年，北周武帝禁佛、道两教。

577年，周武帝率兵攻入邺城，北齐亡。下诏确定部曲身份。

580年，北周杨坚总揽国政，先后平定尉迟迥等的叛乱。

地主封建制的成熟与变革（隋唐—明中叶）

隋

581年，杨坚称帝，是为隋文帝，定都长安，颁《开皇律》。

582年，营建大兴城。颁均田及租调新令。

583年，突厥分为东西两部。行州县二级制。

584年，凿广通渠。605年，凿通济渠，疏浚邗沟、江南河，至610年，大运河全线通航。

589年，隋灭陈，全国统一。

590年，诏府兵入州县户籍。丁男年50免役收庸。

599年，东突厥突利可汗内附，封启民可汗。

600年，废太子杨勇，改立杨广。

604年，杨广即位，是为隋炀帝。除妇人、奴婢、部曲之课。

605年，营建东都洛阳。开科举。

607年，北巡榆林，启民可汗来朝；遣使至流求。颁《大业律》，改州为郡。

609年，亲征吐谷浑，置四郡。大索貌阅。

611年，王薄、窦建德、翟让、杜伏威等陆续起义。

612年，一征高丽，败归。

613年，二征高丽，杨玄感起兵于黎阳。

614年，三征高丽，言和后撤兵。

616年，炀帝至江都，越王侗留守洛阳。

617年，瓦岗军与王世充相持。李渊晋阳起兵，攻占长安，立恭帝杨侑。

唐

618年，宇文化及杀隋炀帝，恭帝禅位于李渊，隋朝灭亡。李渊称帝，是为唐高祖。

624年，颁《武德律》及均田、租庸调法。

626年，秦王李世民发动玄武门兵变，高祖让位，是为太宗。

627年，分全国为十道。改元贞观。

630年，李靖俘颉利可汗，东突厥亡。太宗称"天可汗"。

636年，府兵军府改名折冲府。

638年，高士廉等撰成《氏族志》。

640年，侯君集灭高昌，置安西都护府，丝绸之路重新畅通。

641年，文成公主和亲吐蕃赞普松赞干布。

645年，玄奘自印度取经返长安，进《大唐西域记》。太宗征辽东败还。

648年，置安西四镇。

649年，高宗李治即位。

651年，颁《永徽律》。大食第三任哈里发奥斯曼遣使来唐。

653年，长孙无忌等撰成《唐律疏议》。

655年，高宗废王皇后，改立武则天为皇后。

657年，苏定方等擒获西突厥可汗阿史那贺鲁，其地隶安西都护府。

659年，诏改《氏族志》为《姓氏录》。

663年，吐蕃灭吐谷浑，可汗诺曷钵率众内附。

668年，李勣等灭高句丽，以其地置安东都护府。

670年，吐蕃陷龟兹拨换城，安西四镇废。

679年，裴行俭重建安西四镇。

683年，中宗李显即位。

684年，武则天废中宗，立睿宗李旦。徐敬业扬州起兵。

686年，吐蕃攻西域，安西四镇再失守。

690年，武则天建周称帝，改元天授。

692年，王孝杰夺回安西四镇。

702年，置武举。

705年，张柬之等逼武则天退位中宗，复国号唐，改元神龙。

706年，唐与吐蕃首次会盟。

709年，金城公主和亲吐蕃赞普赤德祖赞。

710年，韦皇后毒杀中宗，临淄王李隆基等发动政变，睿宗李旦即位，立隆基为太子。

711年，置二十四都督、十道按察使。

712年，睿宗让位于太子，是为玄宗。

713年，以大祚荣为渤海郡王。改元开元。

716年，拔曳固、回纥、同罗、霫、仆固等部皆来降，置于大武军北。

719年，置剑南节度使。

721年，宇文融主持括户。置朔方节度使。

723年，招募兵上番，号长从宿卫。诸州置医学博士。

724年，僧一行主持天文测量。

728年，颁《大衍历》。户籍3岁一定，分9等。

732年，封奚酋李诗琐高归义王，徙部落于幽州境内。萧嵩上《大唐开元礼》。

733年，分天下为十五道，各置采访处置使。

734年，李林甫拜相。唐蕃会盟于赤岭。

735年，新罗遣使朝献。

736年，科举主管机构由吏部改为礼部。

737年，定令27篇。行和籴法于两畿。废杀太子李瑛。

738年，册南诏蒙归义为云南王。李林甫上《唐六典》。立李玙为太子。

741年，改赈饥法。以安禄山为四府经略使。分北庭、安西为二节度。

744年，定百姓18岁以上为中男，23岁以上为成丁。每岁庸调八月起征。

745年，回纥灭突厥，尽占其旧地。

749年，停折冲府上下鱼书，府兵制废。

750年，封安禄山东平郡王。南诏王阁罗凤背唐附吐蕃。

751年，怛罗斯之战，高仙芝败于大食。

752年，杨国忠拜相。以史思明为卢龙军使。

753年，哥舒翰悉收九曲部落。鉴真抵日本。

755年，安禄山反于范阳，安史之乱爆发。

756年，安禄山在洛阳称大燕皇帝，玄宗奔蜀。马嵬驿兵变后，太子至灵武即位，是为肃宗。叛军陷长安。

757年，安庆绪杀安禄山自立。唐军收复长安、洛阳，安庆绪逃往邺郡。

759年，史思明杀安庆绪，自称大燕皇帝，复占洛阳。

761年，史朝义杀史思明自立。

762年，玄宗、肃宗卒，宦官拥立代宗李豫即位。

763年，史朝义自缢，安史之乱结束。

765年，唐蕃会盟于兴唐寺。

766年，吐蕃陷凉州，河西节度使徙镇沙州。

779年，淮西节度使李希烈反。德宗李适即位。

780年，废租庸调制，行两税法。册回纥武义成功可汗。

781年，成德、淄青、魏博三镇叛。

782年，卢龙镇叛，四镇节度使称王，李希烈称帝。

783年，唐蕃会盟清水。长安突发泾原兵变，德宗出奔奉天，叛军拥立朱泚称帝。始征茶税。

786年，"四王二帝之乱"平。吐蕃攻占沙州，河陇之地尽失。

788年，回纥改称回鹘。

796年，置左右神策军护军中尉，由宦官统领。

801年，贾耽绘《海内华夷图》，杜佑撰成《通典》。

805年，顺宗李诵即位。永贞革新失败。内禅宪宗李纯。

813年，李吉甫撰成《元和郡县图志》。

814年，淮西镇吴元济自领军务，宪宗立志削藩。

817年，李愬擒吴元济，淮西叛乱平。

819年，藩镇割据局面暂时平定。

820年，宦官陈弘志等杀宪宗，拥立穆宗李恒。

821年，李德裕与李宗闵交恶，形成牛李党争。

823年，立唐蕃会盟碑于大昭寺。

824年，敬宗李湛即位。

826年，宦官刘克明等杀敬宗，立文宗李昂。

835年，文宗与李训、郑注谋杀宦官败，史称甘露之变。

837年，国子监刻《石经》成。

838年，吐蕃赞普赤祖德赞卒，此后吐蕃势衰。

840年，宦官立武宗李炎。回鹘为黠戛斯所灭。

845年，武宗灭佛，史称会昌法难。

846年，宦官立宣宗李忱。李德裕罢相，牛李党争结束。

851年，沙州人张议潮率众起义，河湟之地复归唐，以其为归义军节度使。

859年，宦官立懿宗李漼。

868年，庞勋于桂州起义，北上攻占徐州。

873年，宦官立僖宗李儇。

875年，王仙芝与尚让等起义于长垣，黄巢起义于冤句。

878年，王仙芝战死，尚让推黄巢为黄王。

880年，黄巢攻占洛阳，僖宗奔蜀。义军入长安，黄巢称帝，国号大齐。

883年，黄巢弃长安东撤。次年卒于狼虎谷。

885年，僖宗返京。李克用、王重荣攻长安，僖宗又奔凤翔。

888年，宦官立昭宗李晔。

902年，杨行密建南吴国。

903年，废神策军，尽杀宦官。封王建蜀王。

904年，朱温杀昭宗，立哀帝李柷。

五代十国

907年，哀帝禅位朱温，唐朝灭亡。朱温建后梁，都开封。封马殷楚王，南楚国立；封钱镠吴越王，吴越国立。王建建前蜀。耶律阿保机统一契丹八部。

909年，迁都洛阳。王审知封闽王。

913年，末帝朱友贞继，复都开封。

916年，耶律阿保机建辽。

917年，刘岩建南汉。

920年，辽太祖推行契丹字。定法律、正班爵。

923年，李存勖建后唐，都洛阳，后梁亡。

925年，后唐灭前蜀，以孟知祥为西川节度使。

926年，王延翰建闽。契丹灭渤海国。辽太宗耶律德光继。

934年，孟知祥建后蜀。

936年，石敬瑭建后晋，都开封，后唐亡。幽云十六州归契丹。

938年，李昪建南唐。

942年，出帝石重贵继。

946年，辽兵攻陷开封，出帝被俘北迁，后晋亡。

947年，刘知远建后汉，都开封。辽世宗耶律阮继。

948年，隐帝刘承祐继。郭威攻入开封，后汉亡。

951年，郭威建后周。南唐灭楚。刘崇建北汉。

954年，后周世宗柴荣继，置禁军殿前军。

955年，后周世宗灭佛。

958年，南唐主李璟献江北、淮南十四州于后周，称臣，去年号。

959年，恭帝柴宗训继。

宋辽夏金

960年，后周军将陈桥兵变，拥赵匡胤即皇帝位，国号宋，建元建隆，是为宋太祖。后周亡。宋平定李筠、李重进之乱。

961年，宋太祖收兵权，罢石守信等典禁兵。

964年，宋置参知政事，为副宰相。

965年，宋灭后蜀。

969年，宋罢节度使领节镇，令节镇支郡直隶京师。

971年，宋灭南汉。宋置市舶司于广州。

973年，宋行科举殿试制度。

978年，陈洪进、钱俶纳土归宋。

979年，宋灭北汉。宋太宗率师攻辽幽州城，大败。

982年，李继捧献其世据银、夏、绥、宥四州于宋。

983年，宋雕印大藏经成。宋修《太平总类》成，寻赐名《太平御览》。辽改国号为大契丹。

988年，契丹置贡举。

992年，宋殿试行糊名考校制。

993年，宋西川青城县民王小波聚众起事，王小波病死，李顺为帅，众至数万。

994年，李顺入据成都，号大蜀王，改元应运，宋遣兵讨平。

997年，宋以李继迁为定难军节度使，赐名赵保吉。宋始分天下为十五路。

1000年，宋益州军乱，奉军将王均为主，号称大蜀，建元化顺，宋遣兵平定。

1002年，李继迁攻陷灵州，反宋。

1003年，李继迁侵西凉府，因伤死，子德明嗣。

1004年，宋与契丹定议和盟约，宋每年以绢20万匹、银10万两与契丹，是为澶渊之盟。

1006年，宋封赵德明为西平王。

1008年，宋诈称天书降，宋真宗封泰山。宋封孔子为文宣王。

1012年，宋取占城稻种给江淮、两浙路种植。

1013年，宋修《册府元龟》成。

1020年，宋雕印《四时纂要》《齐民要术》颁付诸路劝农司，用以勉励指导农务。

1023年，宋始置益州交子务，掌交子流通事务。

1027年，宋校定医书，摹印颁行。宋医官院铸铜人。宋燕肃造指南车成。

1029年，宋复置制举。

1032年，宋颁行《天圣令》。赵德明卒，子元昊嗣。契丹册元昊为夏国王。

1034年，赵元昊建元开运，拥夏、银、绥、甘、凉等州。

1036年，元昊自制文字。

1038年，元昊称帝，建国号大夏。

1043年，宋以范仲淹、富弼推行明黜陟、抑侥幸、厚农桑、修武备、减徭役等事，是为庆历新政。

1044年，宋令州、县立学校。元昊称臣于宋，宋册封元昊为夏国主。

1047年，宋贝州军卒王则据城起事，自称东平郡王，国号安阳，建元得圣。

1048年，夏元昊卒，子谅祚嗣。宋官军攻破贝州，王则败死。宋册封谅祚为夏国主。

1041—1048年，宋毕昇创制活字印刷术。

1052年，侬智高聚众起事，建大南国，号仁惠皇帝。

1053年，宋军大破侬智高。

1055年，宋封孔子后裔为衍圣公。

1060年，契丹置国子监。

1066年，契丹改国号为辽。宋司马光奉诏编历代君臣事迹，后赐名《资治通鉴》。

1067年，夏国主谅祚卒，子秉常嗣。

1068年，辽册封李秉常为夏国主。

1069年，宋以王安石为参知政事，筹划变法。宋册封李秉常为夏国王。宋颁行青苗法。

1070年，宋以王安石为相，主持推行新法，宋颁行免役法。

1071年，宋以经义、论、策试进士，立太学生三舍法。

1072年，宋立武学。

1074年，宋沈括主掌制成浑仪、浮漏。宋置茶马司，掌以茶市马于边地。

1076年，交趾侵宋邕州，屠城。宋出军征讨交趾，大败之。

1084年，宋与交趾划分疆界。

1085年，宋哲宗即位，高太后听政，重用司马光，废改熙宁新法。

1086年，夏国主李秉常卒，子乾顺嗣。

1087年，宋册封李乾顺为夏国主。宋增置市舶司于泉州。

1092年，宋立考察县令课绩法。

1094年，宋哲宗行绍述之说，渐复熙宁新法，责降元祐旧臣。

1103年，宋销毁元祐党人文字。

1104年，宋重定元祐、元符党籍。宋罢解试、省试，取士皆由学校。

1105年，宋置应奉局于杭州，总领花石纲事，专掌搜刮百姓，导致祸乱天下。

1106年，宋以星变，大赦元祐党人。

1115年，女真首领完颜阿骨打称帝，国号金，建元收国。

1120年，金太祖自将兵，陷辽上京。宋睦州民方腊不堪花石纲之扰，率众起义，自号圣公，建元永乐，宋遣兵围剿。

1121年，宋军俘方腊，其众遂溃。宋恢复解试、省试。

1122年，辽五京悉为金攻占。

1123年，宋遣使航海赴高丽，船队以指南浮针揆南北。

1125年，辽天祚帝为金所俘，辽亡。耶律大石西迁，建立西辽。

1126年，金军攻陷宋东京开封。

1127年，靖康之难，金俘宋徽宗、钦宗北去，北宋亡。宋康王赵构即皇帝位，是为宋高宗，改元建炎。宋高宗南下至扬州。

1129年，金兵大举南侵。宋高宗移驻杭州，升杭州为临安府。

1130年，金焚掠明州、杭州。金立刘豫为皇帝，国号齐。

1134年，宋岳飞军复郢州、唐州、随州、襄阳等地，韩世忠军连破伪齐、金联军。

1137年，金废刘豫。

1138年，金颁行女真小字。宋定都临安。宋秦桧二次为相，专主和议。

1140年，金人南侵，岳飞军屡破金兵，大败金兵于郾城、朱仙镇，朝廷迫令班师。

1141年，宋以"莫须有"罪名杀害岳飞。宋金和议成，史称"绍兴和议"。

1151年，金迁都燕京。

1160年，宋初行纸币会子。

1161年，金海陵王完颜亮自将兵侵宋，宋虞允文大败金军于采石矶。完颜亮为部将所杀，金军北退。

1163年，宋以张浚为枢密使出兵攻金，大溃。宋金讲和。

1164年，宋金和议成，史称"隆兴和议"。

1176年，金以女真文译《史记》等书。

1190年，金初设应制及宏词科。

1194年，宋外戚韩侂胄擅权，朱熹等被指为朋党遭罢黜。

1195年，宋赵汝愚罢相，其支持者皆被列为党人罢免，史称庆元党禁。

1196年，宋禁道学。

1198年，金于北部边界掘界壕、筑长城，以御蒙古等部。

1205年，宋以韩侂胄主持北伐。

1206年，宋伐金多路兵败，金攻宋陷诸多州县。蒙古铁木真统一草原各部，号成吉思汗，是为元太祖。

1207年，宋金议和，杀韩侂胄。

1208年，金宋签订"嘉定和议"，送韩侂胄首赎淮南地。蒙古灭蔑里乞部。

1209年，蒙古取西夏河西地。畏吾儿归附蒙古。

1211年，成吉思汗率兵攻金。西辽亡。

1214年，金迁都南京开封。

1215年，蒙古下金中都。

1217年，金侵宋。宋下诏伐金。

1219年，成吉思汗率军攻西域，取讹答剌城。

1221年，蒙古攻克西域卜哈儿、薛迷思干等城。宋与蒙古互遣使通好。

1227年，蒙古攻灭西夏，成吉思汗卒于六盘山下。

1232年，蒙古约宋攻金，蒙古军围汴京。

1233年，金哀宗奔蔡州。蒙古、宋军合攻蔡州。

1234年，蔡州城破，金亡。

1235年，蒙古出兵侵宋。蒙古建哈剌和林城为都城。

1247年，西藏地区始归属蒙古。

1251年，蒙古蒙哥登大汗位，命忽必烈总理漠南汉地军国庶事。

1253年，蒙古忽必烈率军征大理。

1256年，蒙哥汗自将兵攻宋。

1259年，蒙哥汗率兵围攻宋合州，数月不克。蒙哥卒于城下，蒙古退兵。

1260年，忽必烈取得汗位，建元中统，是为元世祖。蒙古尊八思巴为国师，统领天下佛教。蒙古颁行中统元宝交钞。

1261年，蒙古置诸路提举学校官。蒙古设劝农司，遣使分道劝农。

1262年，蒙古以郭守敬提举河渠，大兴水利。

1263年，蒙古改开平府为上都。

1264年，蒙古置诸路行中书省。蒙古设总制院，以八思巴兼领，管理全国佛教和吐蕃地方，西藏正式归属中央管辖。

1267年，蒙古遣兵进攻宋襄阳。

1269年，蒙古颁行八思巴所创新字。蒙古军围攻宋樊城。

1270年，蒙古立尚书省。

元

1271年，忽必烈建国号"大元"。禁行金《泰和律》。中原地区第三次户籍整理完成，颁行《户口条画》。

1272年，改中都为大都。

1273年，襄樊战役结束。《农桑辑要》成，为中国现存最早的官修农书。置云南行省。行省制的施行奠定了后代省制作为地方行政区划的基础。西南地区推行土司制度。

1274年，忽必烈第一次征日本。

1276年，元军进入临安，统一全国。大都城基本完工。置江淮行省于扬州。

1277年，立江西行省。置行御史台于扬州。

1279年，崖山海战，宋朝灭亡。

1280年，诏颁《授时历》，为当时世界最先进历法。

1281年，忽必烈第二次征日本。设澎湖巡检司，经略台湾。

1282年，阿合马被刺杀，和礼霍孙主持朝政。

1283年，首次海运南粮至大都。

1284年，卢世荣任中书右丞，主持财政改革。

1285年，太子真金去世。

1287年，叶李主持钞法改革，颁行至元宝钞。置尚书省，以桑哥为平章政事，六部和行省皆划归尚书省。

1288年，改总制院为宣政院，掌全国佛教，兼治吐蕃。江南设大司农司及营田司，主持垦荒事宜。设都漕运使司于直沽河西务和大都。平定乃颜之乱。

1289年，会通河成，自安山至临清，全长约250里。

1289年，在江南地方设木棉提举司。

1291年，废尚书省。改提刑按察司为肃政廉访司。颁行《至元新格》。立河南江北行省于汴梁。

1292年，劝农司并入各道肃政廉访司。

1293年，通惠河竣工，至此京杭大运河全线贯通。设市舶司7处，颁行《市舶法则》。

1294年，铁穆耳即位，是为成宗。

1295—1297年，黄道婆将黎族的棉纺织技术带到松江。

1300年，何荣祖作《大德律令》成。

1303年，朱清、张瑄之狱，8名相关中书执政官被罢免。平阳、太原大地震，现代地震学测定震级达8级。郑介夫上《太平策》。置四川等处行中书省。平定海都之乱。

1304年，陈大震《大德南海志》刊行。

1307年，海山即位，是为武宗。于旺兀察都建行宫，次年落成，称中都。加封孔子为大成至圣文宣王。

1309年，颁行至大银钞，行用铜钱"大元通宝"和"至大通宝"，不久废置。复立尚书省。

1311年，爱育黎拔力八达即位，是为仁宗。

1313年，诏行科举，3年一试，定乡试、会试、殿试三级，确立理学的国家正统地位。

1314年，延祐经理，核查江浙、江西、河南三省田粮。

1315年，蔡五九起义，延祐经理告终。

1320年，硕德八剌即位，是为英宗。

1323年，颁行《大元通制》。南坡之变，元英宗被杀。也孙铁木儿即位，是为泰定帝。

1328年，图帖睦耳即位，是为元文宗。两都之战爆发。

1329年，元明宗和世㻋即位后暴死，文宗图帖睦耳复位。建奎章阁，诏修《经世大典》。海运粮总数达350余万石。

1330年，《经世大典》成。

1331年，立广教总管府，掌僧尼之政。

1332年，懿璘质班即位，是为元宁宗。

1333年，妥欢帖睦尔即位，是为元惠宗，即元顺帝，建元元统。

1335年，改年号至元。伯颜任中书右丞相。废科举。

1338年，彭莹玉袁州起义。

1340年，恢复科举。罢黜伯颜。

1341年，改年号为至正。脱脱更化。改奎章阁为宣文阁，设经筵。

1344年，《辽史》《金史》成。脱脱辞相。黄河北决白茅堤、金堤，瘟疫暴发，饥荒频仍。

1345年，《宋史》成，三国各与正统，各系年号。《至正条格》成，次年颁行。遣官分道奉使宣抚。

1348年，《六条政类》成。黄河济宁段决，汇入运河。

1350年，武祺议更钞法，印行至正交钞，发行至正通宝。

1351年，贾鲁治河。韩山童、刘福通颍州起义，红巾军起义爆发。徐寿辉建立天完政权。

1353年，张士诚建立大周政权。

1355年，北方红巾军建立龙凤政权。

1358年，红巾军攻破上都。

1360年，陈友谅建立大汉政权。

1363年，明玉珍建大夏政权。张士诚称吴王。朱元璋陈友谅鄱阳湖之战。

1364年，大汉政权亡。朱元璋称吴王。

1367年，张士诚割据政权灭亡。方国珍投降朱元璋。

明

1368年，朱元璋称帝，建都应天（今南京），国号大明。徐达等北伐，元帝逃往上都，元朝灭亡。

1369年，定封建诸王之制。命天下府州县均立学校。

1370年，定科举法。大封功臣。

1371年，推行粮长制。

1373年，颁定《大明律》。

1374年，申定卫所制。

1375年，正式发行大明宝钞。空印案发，诛杀甚多。

1377年，大破吐蕃。

1380年，杀丞相胡惟庸，株连15000余人，史称"胡惟庸党案"。罢中书省，废丞相制。改大都督府为五军都督府。

1381年，推行里甲制，编订赋役黄册。

1382年，平云南，置云南布政司。设锦衣卫。

1385年，郭桓案发，诛连甚多。颁《御制大诰》。

1387年，元将纳哈出降，辽东平。

1393年，蓝玉案发，株连15000余人。

1398年，建文帝即位，议削藩，监视燕王朱棣。

1399年，燕王举兵"靖难"，"靖难之役"始。

1402年，燕军至京（今南京），朱棣即皇帝位。

1403年，宦官侯显第一次使西域。

1405年，郑和一下西洋。至1433年，郑和先后七下西洋，前后28年，途经30余国，各国先后遣使来朝。

1407年，《永乐大典》成。

1411年，宦官亦失哈巡视奴儿干地区，置奴儿干都司，管理今黑龙江和乌苏里江等流域及库页岛。1413年立永宁寺碑。

1413年，改土归流，设立贵州布政司。

1417年，修曲阜孔庙成。

1420年，白莲教唐赛儿起义，旋败。设立东厂，太监掌领。

1421年，迁都北京，南京为留都。

1425年，会试始分南北卷取士；其后，又行南、北、中卷取士。

1426年，汉王朱高煦反，宣宗亲征平叛。

1429年，初设税关，开始征收船税。

1433年，郑和卒于七下西洋归途。

1435年，英宗即位，"三杨"辅政。

1436年，定江南岁赋部分折银入内承运库，谓金花银。

1444年，福建叶宗留起义。

1448年，福建沙县邓茂七起义，自称铲平王，后败。

1449年，英宗亲征瓦剌，"土木之变"，英宗被俘。于谦负责北京保卫战。广东黄萧养起义，后败。

1450年，明军击败瓦剌，议和。英宗回北京，幽居南宫。

1453年，黄河多处决口，山东、河南、徐、淮连年灾荒，大饥。

1457年，"夺门之变"，英宗复辟，杀于谦等。

1461年，曹吉祥、石亨叛乱，史称曹石之乱。

1465年，荆襄流民起义。

1467年，鞑靼内讧，毛里孩攻杀孛来，后多年扰边。

1470年，荆襄流民再起，李原称太平王。

1474年，筑边墙（长城），东自清水营紫城砦，西至宁夏花马池，东西长约1170里。

1476年，设郧阳府，将荆襄部分流民编入户籍。

1477年，置西厂，宦官汪直领。四川巡抚张瓒镇压松潘民变。

1482年，赈南畿饥，灾民得救甚多。

1488年，鞑靼小王子连年扰边，孝宗即位后改变策略，准许通贡。

1497年，吐鲁番归附忠顺王陕巴于哈密，明政府准许通贡。

1506年，宦官刘瑾入掌司礼监，开始专权乱政。

1510年，安化王朱寘鐇叛乱，杨一清讨平之。刘瑾下狱被诛，治刘瑾党。罢西厂、内行厂。河北民杨虎、刘六、刘七起义，京师戒严。

1517年，王守仁行"十家牌法"（连坐保甲法），破赣南农民起义军。佛朗机（葡萄牙）炮舰来华。

1518年，佛朗机使臣等贡方物，请封并给勘合，被拒。

1519年，宁王朱宸濠反，王守仁平叛。

1521年，世宗即位。朝廷兴起"大礼议"。

1523年，日本贡使挑起"宁波争贡"之役，引发明朝严厉海禁。

1529年，思想家、"心学"集大成者王守仁卒。

1536年，整饬茶马法，严禁私茶易马。

1542年，鞑靼俺答汗遣使求贡市，使者被诱杀；俺答入雁门，攻太原等地，大犯山西。

1547年，曾铣击鞑靼。朱纨抗倭。

1548年，严嵩攻夏言、曾铣轻开边衅；曾铣被杀。严嵩出任首辅。

1550年，俺答进逼京师附近，大掠，史称"庚戌之变"。

1553年，葡萄牙人窃据澳门。

1555年，张经、俞大猷败倭于王江泾镇。

1556年，胡宗宪败倭于乍浦，海盗徐海被杀。

1557年，胡宗宪抗倭，诱捉海盗首领王直。

1560年，戚继光和"戚家军"浙江抗倭。

1565年，戚继光、俞大猷破广东倭寇，倭乱基本平定。

1571年，俺答封贡。封俺答为顺义王，开互市和贡市，西北边境暂宁。

早期近代化与封建制鼎盛而衰
（晚明—鸦片战争）

晚明

1572年，朱翊钧十岁即位，是为神宗。冯保掌司礼监。张居正任首辅，主持并推行新政。

1574年，建州女真大举进犯，为辽东总兵李成梁所败，其首领王杲被俘。

1578年，潘季驯大规模治理黄河。柯尚迁《数学通轨》成，此书在珠算发展史上占重要地位。

1579年，张居正毁天下书院。

1581年，"一条鞭法"全面推行。

1582年，张居正卒。后被夺官、籍没，家属戍边。

1583年，努尔哈赤因父祖之仇起兵，后来逐渐统一女真各部。利玛窦在广州开始传播天主教。

1587年，封鞑靼三娘子忠顺夫人。

1588年，努尔哈赤统一建州五部。

1592年，宁夏哱拜反，宁夏之役始。日本丰臣秀吉侵朝，李如松为总兵援朝，朝鲜之役始。

1593年，李时珍卒。其著作《本草纲目》堪称中国药物学大全。播州土司杨应龙叛，播州之役开始。

1594年，争"国本"，东林党议兴。

1598年，明军援助朝鲜，大败日本，抗倭援朝战争结束。

1600年，平定播州杨应龙叛乱，播州始改土归流。

1601年，改播州为遵义、平越二府。为反抗矿监税使盘剥，苏州、武昌爆发民变。利玛窦进京。

1602年，广东、广西民变，反矿监税使。李贽卒于狱中。

1603年，努尔哈赤于赫图阿拉建城筑宫室，初立制度。

1607年，徐光启与利玛窦完成《几何原本》前6卷的翻译。

1615年，努尔哈赤定八旗制度。

1616年，努尔哈赤于赫图阿拉称汗，国号金，建元天命。

1618年，努尔哈赤以"七大恨"誓师征明。

1619年，萨尔浒之战，明军大败。

1620年，光宗即位，红丸案发。光宗病故，熹宗即位，移宫案发。德国耶稣教士汤若望来华。

1624年，荷兰修筑热兰遮等要塞，窃据台湾南部，至崇祯十四年（1641）侵占整个台湾岛。

1626年，袁崇焕败努尔哈赤于宁远，努尔哈赤伤后亡故，子皇太极嗣位。

1627年，陕北大饥荒愈剧，陕西爆发王二农民起义，揭开明末农民大起义序幕。

1630年，袁崇焕被杀。张献忠米脂起义。

1633年，徐光启卒，其著作《农政全书》是古代农业集大成之作。

1635年，高迎祥、李自成、张献忠起义军大会荥阳。

1636年，皇太极称帝，改后金为大清。

1637年，宋应星《天工开物》刊行，总结了中国古代手工业和农业技术。

1640年，李自成入河南，提"均田免粮"口号。

1641年，徐弘祖卒，其著作《徐霞客游记》在地理学和文学上有重要价值。李自成入洛阳，杀福王朱常洵。张献忠入襄阳。

清

1644年，李自成于西安建大顺政权。旋攻入北京，崇祯帝自缢，明朝灭亡。清军入关，击败李自成，定都北京。史可法等拥福王朱由崧在南京即位，建元弘光，"南明"始。张献忠于成都建大西政权。

1645年，清军下江南，弘光政权亡。申禁逃人法，下薙发、圈地令。开科取士。

1647年，清军克梧州，永历帝走桂林。

1650年，郑成功袭厦门，据金门。

1652年，李定国攻占桂林。顺治帝册封达赖五世。台湾郭怀一起义，反抗荷兰殖民者。

1655年，令沿海不准片帆下海。此后，多次颁布禁海令。

1661年，郑成功入台，驱逐荷兰殖民者。

1662年，郑成功接受荷兰侵略者揆一投降，收复台湾全岛。吴三桂杀永历帝。

1663年，庄廷鑨《明史》案结案。处死者70余人。

1669年，以南怀仁为钦天监副。擒鳌拜。诏永停圈地。

1673年，吴三桂据云南叛清，"三藩之乱"起。后，福建耿精忠、广东尚之信叛应吴三桂。

1674年，王辅臣反，杀经略莫洛，陕西大震。后势穷降清。

1678年，吴三桂在衡州称帝。旋卒，其孙吴世璠即帝位。

1679年，首开博学鸿儒科，取中50人，俱授翰林院官。

1681年，清军入昆明，吴世璠自杀，三藩之乱平定。

1682年，顾炎武卒。其经世致用思想对清代学术影响深远。

1683年，清军入台湾，郑氏政权降。至此清廷统一台湾。

1685年，都统彭春围攻雅克萨，俄军被迫撤走。明年再战。

1689年，清与俄订立《尼布楚条约》，确定中俄东段边界。

1690年，康熙帝亲征噶尔丹。

1691年，康熙帝在多伦与喀尔喀蒙古首领会盟。废长城之防，实现长城内外大一统。

1696年，康熙帝二征噶尔丹，次年三征，噶尔丹自尽。

1711年，宣布自明年始，"滋生人丁，永不加赋"，3年内全国地丁钱粮全免一次。

1712年，宣布自明年会试起，分省取士。

1715年，意大利传教士画家郎世宁来华，入值内廷。

1717年，拉藏汗卒。

1719年，颁《皇舆全览图》。此图采用经纬图法，梯形投影，开中国近代地图之先河。

1721年，朱一贵起义，占台湾全岛，旋败。

1722年，康熙帝卒，隆科多宣布遗诏，以皇四子胤禛嗣位。

1723年，准直隶巡抚李维钧请，将丁银摊入地亩征收。建秘密立储制。

1724年，设西宁办事大臣，直辖青海。取消封驳权。

1725年，《古今图书集成》成书。

1726年，鄂尔泰开始在西南推行改土归流，进一步加强了对西南地区的管理，加快了边疆地区与内地一体化进程。

1727年，设驻藏大臣，以加强对西藏的管理。与俄国订立《布连斯奇界约》，划定中俄中段边界。

1728年，与俄国订立《恰克图条约》。

1729年，曾静、张熙、吕留良狱结案。雍正帝撰《大义觉迷录》。设军机处，后成为中枢决策机构。

1731年，准部攻喀尔喀，郡王策凌大破之。

1732年，策凌大破噶尔丹策零军于光显寺。

1733年，命各省建书院。

1734年，苏州纺织机匠发生大规模罢工，立"永禁机匠叫歇碑"。

1735年，乾隆帝继位。收缴《大义觉迷录》。

1736年，张广泗镇压台拱苗民起义。

1745年，自是年始，其后乾隆三十五年、四十二年、五十五年，清廷4次普免全国一年钱粮，总计1.2亿两。

1747年，大金川之役起，以土司莎罗奔攻打附近土司，派张广泗出兵攻之。两年后莎罗奔降。

1753年，准部阿睦尔撒纳入伊犁，后杀喇嘛达尔札，立达瓦齐为汗。

1755 年，清军入伊犁，俘达瓦齐。

1757 年，清军两路进兵，阿睦尔撒纳逃至俄国，至此，长达数十年的准噶尔部叛乱被平定。禁外国商船至江、浙、闽海关贸易，限于广州一处开放。

1759 年，平定南疆大小和卓之乱。至此，天山南北路悉平。

1762 年，设伊犁将军，统辖天山南北路。

1771 年，小金川之役起，以小金川土司僧格桑侵附近土司，出兵讨伐。土尔扈特部历经 8 个月，行程上万里，从俄国伏尔加河下游回归祖国。

1773 年，开《四库全书》馆，纪昀等一批学者入馆纂修。

1774 年，山东王伦以清水教发动起义。阿桂、明亮攻金川，索诺木杀僧格桑，献尸。

1776 年，索诺木等降，金川之役结束。

1784 年，第一艘来华美国商船"中国皇后"号到广州。

1786 年，台湾林爽文起义，1788 年初被俘失败。

1790 年，廓尔喀兵入藏境。全国总人口超过 3 亿。

1791 年，福康安率兵往击廓尔喀入后藏兵。

1792 年，廓尔喀求和撤兵。定"金奔巴"掣签决定达赖、班禅转世之制。

1793 年，公布《钦定藏内善后章程二十九条》。英使马戛尔尼来华，要求派员入京，增加贸易点，不准。

1795 年，贵州、湖南苗民石柳邓、石三保等起义。

1796年，川楚陕白莲教大起义。此次起义，历时九载，波及五省，国家元气大伤。苗疆军事结束。

1799年，嘉庆帝亲政，杀和珅。

1805年，湖南永绥苗民起义。

1811年，命各省查禁西洋人，禁民人习天主教。

1813年，天理教起义，教徒林清攻入皇宫，败死。

1815年，申禁外国商船夹带鸦片烟。定《查禁鸦片烟章程》。

1820年，新疆张格尔叛乱。

1826年，江苏巡抚陶澍等试办海运漕粮成功。

1827年，杨遇春、长龄收复喀什噶尔等地，擒获张格尔。

1830年，定《查禁鸦片分销章程》。

1831年，两江总督陶澍在淮北行票盐法，税课大增。

1834年，申禁贩运鸦片，时鸦片输入已增至每年2万箱左右。

1835年，广东奏定《防范洋人贸易章程》。

1836年，太常寺少卿许乃济主张开放烟禁，照药材纳税。是年，中国人口突破4亿。

1837年，命沿海各省认真查禁白银出口，规定广州对外贸易商行限为13家。

1838年，鸿胪寺卿黄爵滋疏请严禁鸦片。清廷命林则徐为钦差大臣，赴广东禁烟。

1839年，林则徐虎门销烟。

半殖民地半封建社会与反帝反封建斗争
（1840—1949）

1840年，英军封锁广州，第一次鸦片战争爆发。自此中国进入半殖民地半封建社会。

1841年，广州三元里民众奋起抗击英军，中国人民开始了自发的反帝反封建斗争。

1842年，中英《南京条约》签订，是为中国近代史上第一个不平等条约。

1845年，中英《上海租地章程》公布，此为外国在中国设立租界之始。

1849年，广州民众坚拒英人进入广州城。葡萄牙霸占澳门，得到英、美、法三国公开支持。

1851年，拜上帝会在金田村起义，建号"太平天国"。

1853年，曾国藩协同湖南巡抚办理本省团练。太平军建都南京，改名天京。

1856年，英国借口广东水师查扣走私鸦片船"亚罗号"，联合法国发动第二次鸦片战争。

1858年，英法联军攻占大沽炮台。中俄《瑷珲条约》与中俄、中美、中英、中法《天津条约》分别签订。

1859年，大沽守军抗击闯入内河之英法军舰，取得大胜。

1860年，英法联军侵入北京，将圆明园抢劫一空后纵火焚毁。中英、中法《北京条约》签订，半殖民地半封建社会程度进一步加深。

1861年，设立总理各国事务衙门，专事办理洋务。慈禧太后与恭亲王奕䜣合谋发动政变，夺取最高统治权。

1864年，湘军曾国荃部攻陷天京。中俄《勘分西北界约记》签订。

1865年，中亚细亚浩罕汗国阿古柏侵入新疆喀什。李鸿章奏请在上海设立江南制造总局。

1866年，准左宗棠设立福州船政局，次年附设船政学堂。

1867年，美国海军陆战队在台湾琅峤（今恒春）登陆，被高山族民众击退。

1870年，天津民众击毙持枪行凶之法国领事丰大业，焚毁教堂多处，是为"天津教案"。

1871年，沙俄乘阿古柏侵占乌鲁木齐并向东进犯之机，派兵侵占伊犁。

1872年，陈兰彬、容闳率第一批幼童30人赴美留学。

1874年，日本派侵略军在琅峤登陆，被高山族民众击退。

1875年，命左宗棠以钦差大臣督办新疆军务。

1876年，刘锦棠部克复乌鲁木齐。

1879年，崇厚擅自与沙俄签订《里瓦几亚条约》。

1881年，曾纪泽在圣彼得堡与俄签订《中俄伊犁条约》。中国第一条电报线路——上海至天津陆路电线通电。

1884年，法军突袭福建水师，炮轰马尾船厂。法舰分头进犯基隆与沪尾（今台湾淡水），被刘铭传部与台湾人民击退。

1885年，冯子材率部大破法军于镇南关（今友谊关），是为"镇南关大捷"。李鸿章与法国公使巴德诺在天津签订《中法会订越南条约》。

1887年，闽浙总督杨昌濬、台湾巡抚刘铭传会奏请将台湾改建行省。

1888年，英军入侵西藏。北洋海军正式成军。

1889年，光绪亲政，慈禧归政。

1890年，张之洞筹办之广东枪炮厂移设湖北汉阳。

1892年，杨衢云、谢缵泰在香港设立辅仁会社。

1894年，日军在牙山口外丰岛海面偷袭中国军舰和运输船只，甲午中日战争爆发。孙中山在檀香山建立兴中会。

1895年，李鸿章在日本马关（今下关）与伊藤博文签订《中日马关条约》。康有为、梁启超联合参加会试的举人签名上书，反对与日议和，是为"公车上书"。

1896年，清特使李鸿章与俄官员在莫斯科签订《中俄密约》。

1898年，光绪帝颁诏宣布变法。慈禧发动宫廷政变，幽禁光绪帝于中南海瀛台。

1899年，朱红灯和心诚和尚率义和拳众在山东起义。

1900年，八国联军侵入北京，慈禧挟光绪帝西逃。

1901年，清特使奕劻、李鸿章与11国公使在北京签订《辛丑条约》，半殖民地半封建社会完全形成。

1903年，《苏报》案发，章炳麟、邹容被捕下狱。

1904年，日俄战争爆发，外务部宣布中国严守局外中立，并将辽河以东划为"交战区"。英军侵入西藏拉萨。

1905年，中国同盟会在日本东京成立，选举孙中山为总理。诏准自丙午科（1906）始，所有乡、会试一律停止。

1906年，颁发上谕宣布"仿行宪政"。

1908年，颁布《钦定宪法大纲》。

1909年，外务部奏准建游美肄业馆于清华园，后改名清华学校。

1910年，第一次全国运动会在上海开幕。

1911年，民政部奏请将各省土司一律改设流官。同盟会在广州举行武装起义，是为"黄花岗之役"。湖北武昌新军起义，是为"武昌首义"，结束了两千多年的封建帝制。

中华民国

1912年

1月，孙中山在南京就任中华民国临时大总统，宣告中华民国成立。

3月，袁世凯在北京就任临时大总统。

1913年

3月，革命党人宋教仁在上海被暗杀。

7月，李烈钧在江西组织讨袁军，革命党称之为"二次革命"。

1914年

3月，英国政府代表麦克马洪与西藏政府代表在印度新德里以秘密换文方式，擅自划定中印边界线，即所谓"麦克马洪线"。

1915 年

1月，日使向袁世凯提出"二十一条"要求。

5月，袁世凯接受"二十一条"。

9月，陈独秀主编的《青年杂志》在上海创刊。

1916 年

1月，袁世凯恢复帝制，定年号"洪宪"。蔡锷通电讨伐袁世凯，护国战争爆发。

1917 年

8月，冯国璋布告对德、奥宣战。

9月，孙中山在广州就任海陆军大元帅，发起护法运动。

1919 年

5月4日，五四运动爆发，是为新民主主义革命的开端。

6月28日，巴黎和会中国代表团拒签对德和约。

1920 年

8月，陈独秀等人在上海成立"上海共产主义小组"。陈望道翻译的《共产党宣言》首次出版发行。

1921 年

7月23日，中国共产党第一次全国代表大会在上海召开，这是开天辟地的大事变。

1922 年

7月16日，中国共产党第二次全国代表大会在上海举行，会议通过了反帝反封建的民主革命纲领。

1923 年

1 月 28 日，孙中山与苏俄代表越飞发表《孙文越飞宣言》。

1924 年

1 月 20—30 日，中国国民党第一次全国代表大会在广州举行，标志着国民党改组的完成和第一次国共合作的正式形成。

6 月 16 日，黄埔军校在广州长洲岛举行开学典礼。

1925 年

5 月 15 日，日本大班开枪射杀上海工人顾正红，引发"五卅"运动。

10 月 10 日，故宫博物院成立并向社会开放。

1926 年

3 月 20 日，蒋介石借"中山舰"调动事件，逮捕共产党员，是为"中山舰事件"。

7 月 9 日，国民革命军举行北伐誓师大会，北伐战争开始。

1927 年

4 月 12 日，蒋介石发动"四一二"反革命政变。18 日，在南京成立国民政府。

8 月 1 日，八一南昌起义爆发，打响中国共产党武装反抗国民党反动派的第一枪。

9 月 9 日，毛泽东领导的湘赣边界秋收起义爆发。

1928 年

4 月下旬，朱德、陈毅率南昌起义余部到达井冈山与毛泽东领导的秋收起义部队会师。

12月29日，张学良通电东北"易帜"，服从国民政府。

1929 年

1月14日，红军第四军主力向赣南闽西进军，开辟中央革命根据地。

12月28—29日，中国工农红军第四军在福建省上杭县古田村召开第九次党的代表大会，即"古田会议"。

1930 年

4月1日，蒋、冯、阎、李四军阀大混战爆发。

1931 年

9月18日，日军制造"九一八"事变，东三省随后沦陷。

11月7日，"中华苏维埃共和国"临时中央政府在江西瑞金成立。

1932 年

1月28日，日军侵犯上海，制造"一·二八"事变。

3月9日，日本傀儡政权伪"满洲国"在吉林长春成立，扶植清废帝溥仪任执政。

1933 年

5月31日，国民政府与日本签订《塘沽协定》。

1934 年

10月10日，中央红军主力从江西瑞金出发，开始长征。

1935 年

1月15—17日，中共中央政治局扩大会议在贵州遵义召开。此次会议是中国共产党历史上一个生死攸关的转折点。

12月9日，北平学生在中国共产党的领导下发动"一二·九"抗日救亡运动。

12月17—25日，中共中央在陕北子长县召开政治局扩大会议，即瓦窑堡会议，确立建立抗日民族统一战线政策。

1936 年

10月9日、22日，红军三大主力在甘肃会宁和宁夏西吉将台堡会师，长征结束。

12月12日，张学良、杨虎城发动"西安事变"。

1937 年

7月7日，卢沟桥事变爆发，日本发动全面侵华战争。

8月22—25日，中共中央在陕北召开政治局扩大会议，即洛川会议，决定把党的工作重心放在战区和敌后，开展独立自主的游击战争，开辟敌后战场，建立敌后抗日根据地。

9月22日，国民党中央通讯社正式发布《中共中央为公布国共合作宣言》。

1938 年

4月2日，"长沙临时大学"迁至昆明，更名为"国立西南联合大学"。

5月26日至6月3日，毛泽东发表《论持久战》讲演。

10月21、25日，广州、武汉相继沦陷，抗日战争进入相持阶段。

1939 年

12月10日，国民党掀起抗战期间的第一次反共高潮。

1940 年

3月30日，由汪精卫出面组织的伪"国民政府"在南京正式成立。

8月20日，华北敌后抗日根据地八路军105个团发起"百团大战"。

1941 年

1月6日，国民党制造"皖南事变"，是为抗战以来的第二次反共高潮。

5月19日，毛泽东在延安高级干部会议上作《改造我们的学习》的报告，延安整风运动开始。

6月5日，日机滥炸重庆，发生大隧道窒息案，死伤民众千余人。

1942 年

1月1日，中、苏、美、英等26国在华盛顿签订《联合国家共同宣言》。

3月1日，中国远征军入缅对日作战。

1943 年

6月18日，国民党掀起抗战以来的第三次反共高潮。

11月22日，中、美、英三国政府首脑在开罗举行会议。

1944 年

4月17日，日军发动打通大陆交通线的豫湘桂战役。

1945 年

4月20日，中国共产党六届七中全会通过《关于若干历史问题的决议》，历时4年的延安整风运动胜利结束。

4月23日，中国共产党第七次全国代表大会在延安开幕。

8月15日，日本宣布投降，抗日战争胜利结束。

8月28日至10月10日，国共重庆谈判，签署《政府与中共代表会谈纪要》。

1946 年

1 月 10 日，政治协商会议在重庆召开。

6 月 26 日，国民党进攻中原解放区，全面内战由此爆发。

1947 年

3 月 13 日，胡宗南部进犯延安。

3 月 19 日，中共中央主动撤出延安。

7 月，刘邓大军千里跃进大别山，人民解放战争开始战略反攻。

10 月 10 日，中共中央公布《中国土地法大纲》。

1948 年

9 月 12 日，东北野战军发起辽沈战役。

11 月 6 日，华东野战军与中原野战军发起淮海战役。

12 月 5 日，华北野战军、东北野战军发起平津战役。

1949 年

3 月 5—13 日，中共七届二中全会在河北平山县西柏坡举行。

4 月 23 日，人民解放军占领南京，国民政府垮台。

9 月 21—30 日，中国人民政治协商会议在北平举行。

中华人民共和国成立与社会主义建设
（1949 年至今）

中华人民共和国

1949 年

10 月 1 日下午 3 时，庆祝中华人民共和国中央人民政府成立典礼

在北京天安门广场隆重举行，毛泽东宣告中央人民政府成立。

1950年

2月14日，中苏签订《中苏友好同盟互助条约》及有关协定。

10月19日，中国人民志愿军赴朝鲜作战。

1951年

5月23日，中华人民共和国政府同西藏地方政府在北京签署《关于和平解放西藏办法的协议》。

1952年

8月9日，中央人民政府公布施行《中华人民共和国民族区域自治实施纲要》。年底，土地改革在全国基本完成。

1953年

12月，中共中央批准中央宣传部《为动员一切力量把我国建设成为一个伟大的社会主义国家而斗争——关于党在过渡时期总路线的学习和宣传提纲》。

1954年

9月15—28日，第一届全国人民代表大会第一次会议举行，通过《中华人民共和国宪法》。

1955年

4月18日，周恩来率中国代表团出席在印度尼西亚万隆举行的有29个国家参加的亚非会议。

1956年

9月15—27日，中国共产党第八次全国代表大会在北京举行。

是年，社会主义三大改造完成，社会主义基本制度在中国确立。

1957 年

4月25日，第一届中国出口商品交易会在广州举行（简称"广交会"）。

4月27日，中共中央发出《关于整风运动的指示》。6月，运动的重点开始由党内整风转向反右派。

1958 年

5月5—23日，中共八大二次会议正式通过"鼓足干劲、力争上游、多快好省地建设社会主义"的总路线。"大跃进"、人民公社化运动在全国展开。

1959 年

7月2日至8月1日，中共中央政治局扩大会议在庐山召开。随后，开展了"反右派"斗争。

9月26日，中国石油地质勘探工作者发现大庆油田。

1960 年

11月3日，中共中央发出《关于农村人民公社当前政策问题的紧急指示信》，要求坚决纠正农村人民公社的"共产风"。

1961 年

1月14—18日，中共八届九中全会正式通过对国民经济实行"调整、巩固、充实、提高"的"八字方针"。

1962 年

1月11日至2月7日，中共中央召开扩大的工作会议（即7千人大会）。

10月20日，中国边防部队奉命对印度军队的武装进攻进行自卫反击作战。

1963 年

1月4日，周恩来将毛泽东提出的对台湾问题的有关原则概括为"一纲四目"，通过有关渠道转达给台湾方面。

1964 年

10月16日，中国第一颗原子弹爆炸成功。

1965 年

9月17日，中国在世界上首次人工合成结晶牛胰岛素。

1966 年

5月4—26日，中共中央政治局扩大会议通过《中国共产党中央委员会通知》（简称"五一六通知"）。8月1—12日，中共八届十一中全会做出《中国共产党中央委员会关于无产阶级文化大革命的决定》。这两次会议的召开，是"文化大革命"全面发动的标志。

1967 年

6月17日，中国第一颗氢弹空爆试验成功。

1968 年

10月13—31日，中共扩大的八届十二中全会召开。会议对刘少奇作出完全错误的政治结论和组织处理。

1969 年

3月，苏联军队入侵乌苏里江主航道中国一侧的珍宝岛，造成严重流血事件。中国边防部队被迫进行自卫反击作战。

4月1—24日，中国共产党第九次全国代表大会在北京举行。

1970 年

4月24日，中国第一颗人造地球卫星——"东方红一号"发射成功。

1971 年

9月13日，林彪等人外逃叛国，客观上宣告了"文化大革命"理论和实践的失败。

10月25日，第26届联合国大会通过2758号决议，恢复中华人民共和国在联合国的一切合法权利。

11月15日，中华人民共和国代表团首次出席联合国大会。

1972 年

2月21—28日，美国总统尼克松访问中国。28日在上海发表《中美联合公报》，标志着两国关系正常化的开始。

1973 年

8月24—28日，中国共产党第十次全国代表大会在北京举行。

本年，中国籼型杂交水稻科研协作组袁隆平等人，在世界上首次培育成功强优势的籼型杂交水稻。

1974 年

4月6—16日，邓小平率中国代表团出席联合国大会第六届特别会议。

1975 年

2月，邓小平在毛泽东、周恩来支持下，开始主持国务院日常工作，对全国各方面的工作进行整顿，11月整顿被迫中断。

1976 年

1月，周恩来逝世，各地群众冲破阻力，举行悼念活动。

7月28日，河北唐山、丰南地区发生里氏7.8级强烈地震。

9月9日，毛泽东逝世。18日，首都百万群众在天安门广场隆重举行追悼大会。

10月6日，中共中央政治局采取断然措施，一举粉碎"四人帮"。延续了十年之久的"文化大革命"结束。

1977 年

8月12—18日，中国共产党第十一次全国代表大会举行。

10月12日，国务院决定从本年起恢复高考制度。

1978 年

12月18—22日，中共十一届三中全会在北京举行，开启了改革开放和社会主义现代化建设新时期。

1979 年

2月17日至3月16日，中国边防部队实施对越自卫反击战。

7月15日，中共中央、国务院批准在深圳、珠海、汕头和厦门试办出口特区。

1980 年

8月18日，邓小平在中共中央政治局扩大会议上发表《党和国家领导制度的改革》讲话。

1981 年

6月27日，中共十一届六中全会通过《关于建国以来党的若干历史问题的决议》。

1982 年

1月1日，中共中央批转《全国农村工作会议纪要》，肯定包产到户等各种生产责任制都是社会主义集体经济的生产责任制。

9月1—11日，中国共产党第十二次全国代表大会举行。

1983年

10月1日，邓小平为景山学校题词："教育要面向现代化，面向世界，面向未来。"

1984年

12月19日，中英两国政府在北京正式签署《中华人民共和国政府和大不列颠及北爱尔兰联合王国政府关于香港问题的联合声明》。

1985年

2月20日，中国第一个南极考察站——长城站在南极乔治王岛建成。

5月23日至6月6日，中央军委召开扩大会议，决定人民解放军裁军100万。

1986年

3月5日，邓小平对王大珩等四位科学家提出的关于跟踪研究外国高技术发展的建议作出批示，又称"863计划"。

1987年

4月13日，中葡两国政府在北京正式签署《中华人民共和国政府和葡萄牙共和国政府关于澳门问题的联合声明》。

10月25日至11月1日，中国共产党第十三次全国代表大会举行。

1988年

3月25日至4月13日，七届全国人大一次会议决定设立海南省、建立海南经济特区。

1989年

春夏之交，北京和其他一些城市发生政治风波，党和政府依靠人民，旗帜鲜明地反对动乱，平息了在北京发生的反革命暴乱。

1990年

9月22日至10月7日，第十一届亚洲运动会在北京举行。

11月26日，上海证券交易所正式成立。

1991年

12月15日，中国第一座自行设计、自行建造的核电站——秦山核电站并网发电。

1992年

1月18日至2月21日，邓小平视察武昌、深圳、珠海、上海等地并发表谈话。

10月12—18日，中国共产党第十四次全国代表大会在北京举行。

11月，海峡两岸关系协会与台湾海峡交流基金会达成"海峡两岸同属一个中国、共同努力谋求国家统一"的共识，后被称为"九二共识"。

1993年

11月14日，中共十四届三中全会通过《关于建立社会主义市场经济体制若干问题的决定》。

1994年

2月28日至3月3日，国务院召开全国扶贫开发工作会议，要求力争在20世纪末基本解决全国8000万贫困人口的温饱问题。

1995年

1月30日，江泽民在中共中央台湾工作办公室等单位举办的新春茶话会上，就发展两岸关系推动祖国和平统一进程提出八项主张。

5月6日，中共中央、国务院作出《关于加速科学技术进步的决定》，提出科教兴国战略。

1996年

3月8—25日，为震慑"台独"势力，人民解放军在东海、南海进行海空实弹演习和在台湾海峡进行陆海空军联合演习。

1997年

2月19日，邓小平逝世。

6月30日午夜至7月1日凌晨，中英两国政府香港政权交接仪式在香港举行，宣告中国政府对香港恢复行使主权。

9月12—18日，中国共产党第十五次全国代表大会在北京举行。

11月8日，长江三峡水利枢纽工程成功实现大江截流。

1998年

6月中旬至9月上旬，中国出现历史上罕见的特大洪灾。全党全军全国人民团结奋战，取得了抗洪抢险斗争的全面胜利。

1999年

12月19日午夜至20日凌晨，中葡两国政府澳门政权交接仪式在澳门举行，宣告中国政府对澳门恢复行使主权。

2000年

2月25日，江泽民在广东考察时，首次提出"三个代表"重要思想。

10月26日，国务院发出《关于实施西部大开发若干政策措施的通知》。

2001年

2月9日，国务院做出《关于2000年度国家科学技术奖励的决定》，自2000年起设立国家最高科学技术奖。

12月11日，中国正式成为世界贸易组织成员。

2002年

11月8—14日，中国共产党第十六次全国代表大会在北京举行。

2003年

春，中国遭遇一场过去从未出现过的非典型肺炎重大疫情。

10月15—16日，神舟五号载人飞船成功升空并安全返回，中国首次载人航天飞行获得圆满成功。

2004年

7月28日，中国第一个北极科学考察站——黄河站在挪威斯匹次卑尔根群岛的新奥尔松建成并投入使用。

2005年

3月5—14日，十届全国人大三次会议召开。会议通过《反分裂国家法》。

12月29日，十届全国人大常委会第十九次会议决定，《中华人民共和国农业税条例》自2006年1月1日起废止。

2006年

11月4—5日，中非合作论坛北京峰会举行。

2007年

10月15—21日，中国共产党第十七次全国代表大会在北京举行。

10月24日，中国第一颗绕月探测卫星嫦娥一号发射成功。

2008年

5月12日，四川汶川发生里氏8.0级特大地震。

8月8—24日，中国成功举办第二十九届夏季奥林匹克运动会。

2009年

8月31日，两岸定期航班正式开通。

2010年

1月1日，中国—东盟自由贸易区正式全面启动。

本年，中国国内生产总值超过40万亿元，成为世界第二大经济体。

2011年

2月22日至3月5日，中国政府分批组织船舶、飞机，安全有序撤离中国在利比亚人员（包括港澳台同胞）35860人。

2012年

9月25日，中国第一艘航空母舰辽宁舰正式交付海军。

11月8—14日，中国共产党第十八次全国代表大会在北京举行，中国特色社会主义进入新时代。

2013年

9月7日、10月3日，习近平先后提出共同建设"丝绸之路经济带"与"21世纪海上丝绸之路"，即"一带一路"倡议。

11月5—10日，首届中国国际进口博览会在上海举行。

2014年

11月19—21日，首届世界互联网大会在浙江乌镇举行。

2015年

11月7日，中共中央总书记、国家主席习近平同台湾地区领导人马英九在新加坡会晤。

12月25日，亚洲基础设施投资银行正式成立。

2016 年

9 月 25 日，世界最大单口径巨型射电望远镜——500 米口径球面射电望远镜（FAST）在贵州平塘落成启动。

2017 年

5 月 5 日，中国自主研制的 C919 大型客机首飞成功。

10 月 18—24 日，中国共产党第十九次全国代表大会在北京举行。

2018 年

1 月 2 日，中共中央、国务院印发《关于实施乡村振兴战略的意见》。

10 月 23 日，世界上最长的跨海大桥——港珠澳大桥建成通车。

2019 年

9 月 17 日，习近平签署主席令，授予 42 人国家勋章、国家荣誉称号。

2020 年

是年，中国成功控制住了新冠疫情，脱贫攻坚战和全面建成小康社会总目标全面收官。

2021 年

5 月 15 日，"天问一号"火星探测器携"祝融号"火星车成功着陆火星。

7 月 1 日，中国共产党成立 100 周年庆祝大会在北京举行。

11 月 11 日，中共十九届六中全会通过《中共中央关于党的百年奋斗重大成就和历史经验的决议》。

2022 年

2 月 4—20 日，中国成功举办第二十四届冬季奥林匹克运动会。

10 月 16—22 日，中国共产党第二十次全国代表大会在北京举行。

后记

《（新编）中国通史纲要》与《中华文明史简明读本》是国家重大学术文化工程"十四五"规划项目《（新编）中国通史》纂修工程重要阶段性成果，在中央宣传部指导下，由中国社会科学院中国历史研究院承担具体编写任务。两部著作是中国历史研究院学习贯彻习近平文化思想、担负新时代文化建设使命的具体实践。希望通过两部著作，站在历史科学的视角，揭示中华民族成长壮大的宏伟进程，昭示新时代在五千多年文明史上的伟大意义。

项目启动以后，编写组从中国历史研究院院属各研究所、当代中国研究所和部分高校中遴选以中青年学者为主的优秀专家，组成一支立场坚定、专业过硬、视野开阔的撰写团队。具体分工如下：

《（新编）中国通史纲要》第一章：李新伟；第二、三章：徐义华；第四、五章：张荣强；第六章：雷闻、刘子凡；第七、八章：张国旺；第九章：张晓慧；第十章：王剑；第十一章：朱昌荣、刘文星；第十二章：朱浒；第十三章：蒋建农；第十四章：刘国新；第十五章：李正华；第十六章：万建武；附录大事编年：李世愉。

《中华文明史简明读本》第一章：李新伟；第二、三章：刘源；第四章：苏辉；第五章：杨博；第六章：陈爽；第七章：刘子凡；第八、九章：罗玮；第十章：刘文鹏；第十一章：倪玉平；第十二章：左玉河；第十三章：储著武；第十四章：周进；第十五章、结语：吴超。

在两书撰写过程中，中宣部领导同志始终给予关怀和指导，中宣部、财政部等部委相关部门的同志们热忱帮助、大力支持。中国社会科学院院长、党组书记，中国历史研究院院长、党委书记高翔同志始终给予莫大关心，反复斟酌、打磨框架结构，多次审阅书稿，全面指导、亲自部署两书编写工作。中国历史研究院副院长李国强靠前指挥、统筹谋划，余新华、万建武、路育松、陈秋霖等同志予以关心和指导。中国历史研究院相关处室为两书立项、出版、宣传倾力协作，贡献良多。众多资深专家学者为两书修改完善提出许多宝贵意见。

截至交付出版前，两书共计完成9轮修订。编写组分别于2022年7月和9月，两次集中统稿修订，除各章主撰外，周群、张旭鹏、邱志红、赵庆云等同志参与通读校阅，对结构文字进行了必要调整、改写。张凌晖、黄旭同志承担学术联络与编务工作。吴杰、梁奎、解红玉、杨富强等《通史》办工作人员参与了图文资料补充、核查与校对等工作。

两书的出版，得到中国社会科学出版社大力支持。中国社会科学出版社党委书记、社长赵剑英亲自督导、全面统筹，编校、印制、美编人员等多部门同志倾注大量心血，为两书顺利付梓面世付出辛勤劳动。

在此谨向为两书高质量编写出版尽心竭力的所有部门与同志们，致以诚挚感谢！

两书编著参考了许多先贤今哲的论著，然限于体裁，未能在书中一一注明，只能将有关专著与重要论文列入参考书目，敬请见谅。由于时间和水平所限，两书定有未臻完善之处，恳请广大读者批评指正。

两书编写组

2023年12月